清华大学法学系列教材

法理学
JURISPRUDENCE

（第四版）

高其才 著

清华大学出版社
北 京

图书在版编目(CIP)数据

法理学/高其才著. —4 版. —北京:清华大学出版社,2021.9(2025.10 重印)
清华大学法学系列教材
ISBN 978-7-302-59082-8

Ⅰ.①法… Ⅱ.①高… Ⅲ.①法理学—高等学校—教材 Ⅳ.①D90

中国版本图书馆 CIP 数据核字(2021)第 181048 号

责任编辑:朱玉霞
封面设计:阿　东
责任校对:宋玉莲
责任印制:丛怀宇

出版发行:清华大学出版社
　　　　　网　　　址:https://www.tup.com.cn,https://www.wqxuetang.com
　　　　　地　　　址:北京清华大学学研大厦 A 座　　　邮　　编:100084
　　　　　社 总 机:010-83470000　　　　　　　　　邮　　购:010-62786544
　　　　　投稿与读者服务:010-62776969,c-service@tup.tsinghua.edu.cn
　　　　　质量反馈:010-62772015,zhiliang@tup.tsinghua.edu.cn
印 装 者:小森印刷(天津)有限公司
经　　销:全国新华书店
开　　本:185mm×260mm　　　印　张:32.5　　　字　数:600 千字
版　　次:2007 年 8 月第 1 版　2021 年 9 月第 4 版　　印　次:2025 年 10 月第 2 次印刷
定　　价:99.00 元

产品编号:089723-01

作 者 简 介

高其才,男,1964年9月出生,浙江省慈溪市人。法学博士,清华大学法学院教授。

1985年7月在重庆西南政法学院(现西南政法大学)获法学学士学位;1993年8月在武汉大学获法学硕士学位;2002年5月在中国政法大学获法学博士学位。

1985年7月至1997年11月,在武汉中南政法学院(现中南财经政法大学)法律系工作;1997年12月至今,在清华大学法律系、法学院任教。

主要从事法理学、法社会学的教学和研究工作,研究专长为中国习惯法、中国司法、乡村治理。独著有《中国习惯法论(初版、修订版、第三版)》《中国少数民族习惯法研究》《瑶族习惯法》《习惯法的当代传承与弘扬》《村规民约传承习惯法研究》《通过村规民约的乡村社会治理》《民法典编纂与民事习惯研究》《国家政权对瑶族的法律治理研究》《多元司法——中国社会的纠纷解决方式及其变革》《桂瑶头人盘振武》《乡土法学探索》《法社会学》《司法制度与法律职业道德(第二版)》《野行集——与法有缘三十年》《跬步集——五十自述》等;合著有《农民法律意识与农村法律发展》《瑶族经济社会发展中的法律问题研究》《司法公正观念源流》《基层司法——社会转型时期的三十二个先进人民法庭实证研究》《乡土司法——社会变迁中的杨村人民法庭实证分析》《政治司法——1949—1961年的华县人民法院》《当代中国法律对习惯的认可研究》《乡土法杰研究》《乡规民约实证研究》等;主编"中国司法研究"书系、"习惯法论丛""乡土法杰"丛书,第一总主编"南方主要少数民族乡规民约与社会治理研究"丛书;发表《当代中国法治建设的两难境地》《法理学发展值得思考的几个问题》《现代立法理念论》《论中国少数民族习惯法与国家制定法的关系》《当代中国法律适用中的关系因素——文化视角的实证分析》《法社会学中国化思考》《民法典中的习惯法:界定、内容和意义》等论文。

写在前面

这是一本主要为法学院学生编写的教科书。

从目录上看,本书似乎与一般法理学教材区别不大,不过仔细阅读定能体察我的独特理念和努力。

我希望提供关于法的全面的认识,注重基本理论的知识传承,通过多角度的总结和分析,完整地了解人类社会规范和秩序的意义。

我加大了对中国问题的讨论,从中国传统中理解我们所处时代的法规范,从全球背景下的社会生活中思考中国社会发展的基本法律问题。

我在兼顾现行法理学内容的基础上,增加了对前沿性论题的探讨,拓展了讨论范围。

我重视运用案例、法规等材料讨论法理学基本问题,注重法理学的可理解性。同时,注意基本资料的积累,通过所提供的文献,为进一步的阅读和思考提供方便。

我也适当阐发了自己有关法理学的一些体会和心得,期望使本书有个人风格和个性色彩。

目　录

第二编　法律价值理论

第三编　法律演进理论

第四编 法律运行理论

第五编 法律与社会理论

导　论

人类为什么组织社会？社会为什么需要法？创制法的权威来自哪里？社会为什么会形成秩序？法规范有好坏、优劣之分吗？法规范之间发生冲突应该如何解决？对于这些问题，古今中外曾有许多人试图回答，并仍吸引着一代又一代的年轻学子结合新的社会状况去思考、去探索。

法律是现代社会的主要社会规范，是人类共同的理性结晶，对于社会资源分配、社会关系调整、个人权利保障、社会秩序维系、社会冲突解决、人类社会发展都具有重要意义。法律具有说理性，表现了人类的实践理性，反映了人类采用和平方式处理利益纠纷和冲突的政治智慧。"法律伴随着人类进步，尤其是政治社会进步的整个历史，在此过程中人类前仆后继地用流血的双脚在充满荆棘的道路上由受奴役到走向自由。"[1]

法律由人类群体协商、互相妥协、达成合意而订立，与每个人息息相关，是现代社会和现代人的必需品。英国18世纪的著名法学家威廉·布莱克斯通爵士（William Blackstone，1723—1780）在1758年10月25日的"维内里讲座"上就这样指出："能够懂得我们借以生活的那个社会的各项法律，乃是每一个绅士和学者应有教养；是自由文明教育中极有用的、甚至可以说是最主要的组成部分。"[2]

法的世界是一个庞大而复杂的系统，涉及规范与理念、制度与秩序、客观与主观、应然与实然、个人与社会、民族国家与人类全球等方面，需要多视角、全方位的进行认识。

一、法学

法学是以法律这一特定的社会现象及其发展规律为研究对象的社会科学，包括理论法学、应用法学；立法学、法解释学、法社会学等。古罗马法学家乌尔比安（Ulpianus，约170—228）认为："法学是神事和人事的知识，正义和非正义的科学。"[3]

---

〔1〕 詹姆斯·贝克语，见［美］赞恩：《法律的故事》，刘昕等译，序言2页，南京，江苏人民出版社，1998。

〔2〕 ［英］威廉·布莱克斯通：《英国法释义》，转引自［英］丹宁勋爵：《法律的正当程序》，李克强等译，扉页，北京，群众出版社，1984；第2版，北京，法律出版社，2011。

〔3〕 参见［意］桑德罗·斯奇巴尼选编：《民法大全选译 I.1. 正义和法》，黄风译，39～40页，北京，中国政法大学出版社，1992。

法学具有双重任务,"一方面是解释,另一方面是构造和体系",[1]法学阐释要努力探究立法者的意志,即在法和法律中体现的民众意志或国家意志;而在法律解释将确定法律制度的个别规则逐字地阐明清楚之后,构造应将其作为一种统一原则的必然结果加以概括和发展,从社会整体上、从法律目的的角度进行再创造,法学是理解性的学问。[2]

法学具有鲜明的实践性,法学的本源是包括法律实践在内的社会实践,法学的发展有赖于实践的推动;法学也是人类关怀的产物,是人类经验、智慧的体现,是人类理性的升华,是人类文明的结晶。[3]法学与哲学、历史学、经济学、政治学、社会学、逻辑学、语言学等学科的联系非常紧密。

"法学"在中国先秦时期称为"刑名法术之学"或"刑名之学"。作为一个专门用语"法学"来使用,我国最早是在南北朝时期。《南齐书·孔稚珪传》中云:"寻古之名流,多有法学。故释之、定国,声光汉台;元常、文惠,绩映魏阁。"[4]在近人梁启超的《论中国宜讲求法律之学》(1896)一文中,不仅突出强调了"法律之学",而且明确提出了"法学"之用语:"……天下万世之治法学者,……"[5]不过,梁启超 这里所讲的"法学"一词的内涵与沈家本在《法学盛衰说》中对"法学"一词所阐述的相同,基本上接近于中国古代的"律学"。"法学"或"法律科学"在中国的广泛使用是近代西方文化传入中国之后的事情。

西方法学起始于古希腊,在政治学、伦理学、文学、美学等作品中涉及一系列法律问题,苏格拉底、柏拉图、亚里士多德等人在这些问题上的论述,对西方法学一直有着深刻的影响。古罗马法学十分繁荣,由于奥古斯都大帝建立了法学家官方解答权制度,令法学家的声誉大振,法学不仅获得了相对独立的地位,而且成为罗马法的渊源之一。刑法学、民法学、诉讼法学等开始出现。西方中世纪后期形成了注

---

〔1〕[德]拉德布鲁赫:《法学导论》,米健等译,173 页,北京,中国大百科全书出版社,1997。

〔2〕拉伦兹认为,"'法学'是指:以某个特定的,在历史中逐渐形成的法秩序为基础及界限,借以探求法律问题之答案的学问。"参见[德]卡尔·拉伦兹:《法学方法论》,陈爱娥译,1 页,北京,商务印书馆,2003。

〔3〕王泽鉴先生认为,一个人经由学习法律,通常可以获得以下能力:"法律知识:明了现行法制的体系、基本法律的内容、各种权利义务关系及救济程序。法律思维:依照法律逻辑,以价值取向的思考、合理的论证,解释适用法律。解决争议:依法律规定,作合乎事理规划,预防争议发生于先,处理已发生的争议于后,协助建立、维护一个公平和谐的社会秩序。"参见王泽鉴:《法律思维与民法实例》,1 页,北京,中国政法大学出版社,2001。

〔4〕《南齐书》。

〔5〕梁启超:《饮冰室文集》,93 页,北京,中华书局,1989。一般认为,这是中国近代最早提出"法学"一词的论著。当然,梁启超此处虽然用了"法学"一词,但其关于"法学"的观念还是中国传统型的。因为他认为这种法学"是研究规范人群同类不相互吞食的号令"的学问,而这种号令是"明君贤相"为百姓所立。为此,他对中国历史上法学的兴衰作了简单的回顾,强调在"发明西人法律之学以文明我中国"的同时,"愿发明吾圣人法律之学,以文明我地球"。

释法学派。[1] 自 14 世纪开始的文艺复兴和宗教改革运动,使西方法学朝着世俗化的方向发展和变革。人文主义法学派主张把罗马法作为整个古典文化的组成部分对待,把哲学方法和历史方法运用于罗马法研究,以便更有说服力地复兴罗马法。17 世纪开始的资产阶级革命使法学教育和法学研究得到极大的发展,自然法学派主张人性和人权,要求法治。宪法学、行政法学、国际法学逐渐形成。18 世纪末,西方出现以反对古典自然法学派、强调法律民族精神或历史传统为特征的历史法学派。19 世纪上半期,开始形成以功利主义和实证主义哲学为理论和方法论基础、以对实在法律的逻辑分析为己任的分析法学派。19 世纪末 20 世纪初,随着社会的变迁,西方社会出现了强调研究法律与社会关系、关注法律的实际运作的社会法学派。20 世纪 50 年代中期以来,自然法学派、社会法学派和分析法学派以新的姿态出现。以行为主义心理学和行为主义政治学为理论基础和原型的行为主义法学,作为存在主义哲学组成部分的存在主义法学,试图折中调和各派,实现法的概念、法的价值、法学方法三统一的综合(统一)法学派也开始出现。20 世纪 70 年代以后,主张运用经济学的理论和方法分析、以实现最大经济效益的目标改革法律制度的经济分析法学派,以批判西方法律制度和法律文化为宗旨的批判法学派,以人本主义为哲学基础、宣扬非意识形态化、宣布对马克思主义实行"扬弃"的"新马克思主义法学派"等具有一定的影响。[2]

中国古代的法学思想较为丰富,[3]如沈家本在《法学盛衰说》一文中,就详细论述了中国古代法学在战国、秦汉、魏晋、隋唐、宋元以及明清等各个阶段的发展过程,并得出了"法学之盛衰,与政之治忽,实息息相通。然当学之盛也,不能必政之皆盛;而当学之衰也,可决其政之必衰"的论断。[4]陈顾远也在《中国法制史》一书中指出,战国时代是中国古代法学的最盛时期,具体表现为"法理探讨,战国为最

---

[1] 注释法学派因以意大利北部的伦比亚大学为中心,故又称"伦比亚学派"。

[2] 进一步的了解可参见沈宗灵的《现代西方法理学》(北京,北京大学出版社,1992)、吕世伦主编的《西方法律思潮源流论》(北京,中国人民大学出版社,1993)、张乃根的《当代西方法哲学主要流派》(上海,复旦大学出版社,1993)等。

[3] 关于汉语中"法学"的含义,可参见何勤华:《汉语"法学"一词的起源及其流变》,《中国社会科学》,1996(6)。作者认为,汉语"法学"一词在中国古代即已出现,但多用为"律学",且与现代意义上的汉语"法学"一词有着重大区别;古代意义上的汉语"法学"一词与现代意义上的汉语"法学"一词的根本区别在于两者所依据的世界观不同:前者强调的是统治者的权力意识和臣民的义务、责任,将法视为役使臣民的工具;后者强调的是法的平等性、公正性、权威性,将法视为保障公民权利的手段。

[4] 沈家本:《历代刑法考》,2143 页,北京,中华书局,1985。

著","律文整理,战国集其成"等。[1]根据古籍记载,夏、商时期已有不少关于法、法律的论述,出现了以天命为核心的法律思想,西周时代的法律思想以宗法制度为核心,在礼与法关系等方面有系统的阐述。春秋战国时期是中国古代法学兴起和大发展的时期,儒家、法家、墨家、道家等各种学派、学说百花竞放。儒家提出了一整套旨在维护"礼治"、重视"德治"、强调"人治"的法律思想。[2]法家以"好利恶害"的人性论和历史进化观作为论法的理论基础,强调有法必依,赏罚严明。墨家提出了以"天志"为表现形式,以"兼爱"为中心内容的理想法观念。道家提出了自然法主张和无为而治的法律思想。汉以后的儒家法律思想是以儒学为主的条件下实行儒法合流,在德主刑辅的原则下实行礼法合一。在中国古代法学的发展中,形成了丰富独特的注释方法,根据儒学原则对以律为主的制定法进行研习、注解,律学极为发达。三国魏明帝时曾设律博士,专门传授律学,律博士官制一直延续到宋代。[3]19世纪末,西方法学开始传入中国,中国固有法学逐渐消衰。[4]

马克思主义法学以辩证唯物主义和历史唯物主义作为世界观和方法论,在无产阶级革命斗争实践中产生和发展,在社会主义国家经济建设、社会发展和法制建设中不断丰富和更新。马克思、恩格斯创立了马克思主义法学,两人合著的《德意志意识形态》是马克思主义法学诞生的标志,他们揭示了法律根源于社会物质生活条件、根源于利益的冲突、法律随着经济条件的发展而发展等客观规律,指出法律是特定社会历史时期的产物,揭示了法律与阶级、国家的联系。马克思和恩格斯在《共产党宣言》《论住宅问题》《哥达纲领批判》《家庭、私有制和国家的起源》《路德维

---

[1] 陈顾远:《中国法制史》,42~43页,北京,商务印书馆,1934。中国古代的"律学"是不是法学,一向有争论,可参见何勤华编《律学考》(北京,商务印书馆,2005)。也有一些学者认为,中国古代没有法学,法学是西方文化的产物,是至近代才传入中国的"舶来品"。如梁治平认为:"中国古代虽有过律学的兴盛,却自始便不曾产生何种法学。"参见梁治平:《寻求自然秩序中的和谐——中国传统法律文化研究》,286页,上海,上海人民出版社,1991。张中秋进一步指出,中国古代只有律学,而无法学,因为"'律学'与'法学'绝不是一个简单的名字之别,也不是一个无关紧要的措词之争,而是反映了两种形态的法律学术不仅仅在外延上(这是次要的),尤其是在内涵即质的规定性上,存在着根本的区别。"而区别就是法学以正义为核心,而律学中则无正义的位置,而"离开了围绕正义而展开的上述诸问题(即关于法的本质和法律价值等——引者)探讨的法律学术,不应该称之为法学。"参见张中秋:《中西法律文化比较研究》,233~234页,南京,南京大学出版社,1991。

[2] 高恒先生在《论"引经决狱"》(载高恒:《秦汉法制论考》,厦门,厦门大学出版社,1994)中,将符合封建正统思想即儒家思想的法律观念表现为:"君亲无将,将而诛焉""亲亲得相首匿""恶恶止其身""以功覆过""原心定罪"。俞荣根先生在《儒家法思想通论》(13页以下,南宁,广西人民出版社,1992)中,将中国民族传统法心理归结为"权即法""法即刑""贱诉讼""重调解""轻权利""有罪推定""重预防"七个方面。

[3] 张伟仁先生在《清代的法学教育》(载台湾大学《法学论丛》第18卷第1,2号,1988)中对府县衙门中幕僚和胥吏之间一种学徒式法律学习方式有很好的阐述,可参阅。

[4] 李贵连主编的《二十世纪初期的中国法学》(北京,北京大学出版社,1998)对此有较详细的讨论,可供进一步阅读。

希·费尔巴哈和德国古典哲学的终结》《英国工人阶级状况》《法兰西内战》《资本论》《反杜林论》《法学家的社会主义》等著作中,进一步丰富和发展了他们的法学理论。列宁在《新工厂法》《立宪民主党人的胜利和工人政党的任务》《杜马的解散和无产阶级的任务》《国家与革命》《苏维埃政权的当前任务》《论国家》《关于用自由平等口号欺骗人民》《关于司法人民委员会在新经济政策条件下的任务》《论"双重"领导和法制》等著作中,深化了马克思和恩格斯关于法律的产生、本质、特征、作用、发展规律的基本观点。中国共产党人把马克思主义原理与中国革命的实践相结合,丰富和发展了马克思主义法学,重要的文献包括毛泽东的《关于中华人民共和国宪法草案》《在省市自治区党委书记会议上的讲话》《关于正确处理人民内部矛盾的问题》,周恩来的《专政要继续,民主要扩大》,刘少奇的《中国共产党中央委员会向第八次全国代表大会的政治报告》,董必武的《关于党在政治法律方面的思想工作》《进一步加强人民民主法制,保障社会主义建设事业》《在军事检察院检察长、军事法院院长会议上的讲话》,[1]邓小平的《中央政治局党委会上的讲话》《贯彻调整方针,促进安定团结》,2014年10月23日中国共产党第十八届中央委员会第四次全体会议通过的《中共中央关于全面推进依法治国若干重大问题的决定》等。[2]

当代中国法学经历了曲折的发展过程,[3]现今发展迅速,在研究范围拓展、研究成果应用等方面令人注目。[4]当代中国法学具有转型期社会科学的特点,我们

---

[1] 关于董必武的法律观点、思想,详见董必武文集编辑组:《董必武政治法律文集》(北京,法律出版社,1986)。

[2] 进一步的了解可参阅李光灿、吕世伦主编《马克思恩格斯法律思想史》(北京,法律出版社,1991)等。

[3] 在20世纪50年代,陈守一就指出目前各高等学校中的法律教育工作的基本情况一般是:教学干部量少质弱,教学质量不高,教材、图书资料缺乏,教学任务负担很重,社会活动相当多。他认为法律教育工作的改进,教学质量的提高,需要克服教条主义问题。在他看来,我们有些教师不善于学习,把学习苏联先进经验作教条主义的了解,不懂得学习苏联这一概念本身,就包括必须密切结合中国的实际在内;同时教学工作中存在简单化和公式化现象,简单化是指简单地肯定一切与否定一切而缺乏具体分析。参见陈守一:《改进高等法律教育工作,提高教学质量——读董必武同志在中共第八次全国代表大会发言后》,《法学研究》,1956(6)。在回顾新中国法学30年历程、分析法学落后原因后,陈守一分析了法学研究的对象、人治与法治问题、党的领导与业务部门的关系、政策与法律的关系、法律的稳定性与连续性、法律的原则性与灵活性等需要进一步探讨的问题。参见陈守一:《新中国法学三十年回顾》,《法学研究》,1980(1)。

[4] 姜明安主编的《中国法学三十年(1978-2008)》(北京,中国人民大学出版社,2008)描绘了中国法学30年发展的大致路径,展示了中国改革开放30年以来所形成的中国法制和法学独特模式的大致轮廓,总结和归纳了中国法律学人30年来探索和构建中国法制和法学独特模式的经验及其成败得失的大致要点,对中国法学30年来走过的弯路及其教训进行了多角度的反思。邓正来的《中国法学向何处去:建构中国法律理想图景时代的论纲》(北京,商务印书馆,2006)也可一阅。

应对之有充分的认识。[1]中国法学的发展需要保持独立地位、发扬批判精神、克服浮躁心态、接续固有法统、重视研究方法,需要进行全面的、清醒的反思。[2]

我们需要思考当代中国法学发展的方向,明晰当代中国法学中国化的主题,进行当代中国法学中国化的努力,以养成当代中国法学的独立品性,形成当代中国法学的本土风格,促进当代中国法学的成熟,推进中国问题的解决和中国社会的进步。[3]

当代中国法学需要关注电子科技、生物技术、计算机信息处理技术、新材料技术等科学技术发展对人类社会的影响和挑战,回应人工智能、大数据等对人类行为的改变及其引起的争论,大力发展计算法学、卫生法学等法学交叉学科、边缘学科、新兴学科,使法学回应、阐明乃至一定程度的引领当代中国社会的发展,增进民众的福祉。

二、法理学

法理学是法学的主要理论学科,法律教育的基础课程、核心课程。法理学通过研究法的现象来探寻法的内在规律,它研究整体的法、一般的法,探讨法的普遍原理或最高原理,讨论法学和法律实践中带有共同性、根本性的问题。一般认为,汉语中的"法理学"一词来自于日语。1881年,日本法学家惠积陈重在东京帝国大学法学部讲授"法论"时,认为当时流行日本的"法哲学"(德文 Rechtsphilosophie 的日文译名)名称的形而上学气味太重,提出了"法理学"这个译名,并在日本历史上第一次开设法理学课程。[4]在中国,梁启超在《法理学发达史论》中最早使用"法理学"一词。

美国法学家波斯纳(Richard A. Posner,1939—)指出:法理学,我指的是对所

〔1〕 法学者为知识分子,关于知识分子的起源、角色,可参见[法]皮埃尔·布尔迪厄:《现代世界知识分子的角色》,赵晓力译,载《天涯》,2000(4)。关于当代中国的知识分子,可参阅朱苏力:《公共知识分子的社会建构》,《社会学研究》,2003(2)。需要注意当代中国知识分子批判精神的弱化。

〔2〕 我们需要注意千叶正士所指出的法学的西方化倾向。继受而来的西方法学是否已成功地支持了非西方的法律制度?答案是否定的。首先,由于许多非西方国家很大程度上倾向于实用的法律教育,很少通过法学加以哲学上反思。其次,因为其法学的教材和模式更确切地说是从西方法学中借鉴来的东西或模仿来的东西,因此很少或根本没有考虑其文化的、伦理的或宗教的独特趋向,而倾向于走到作为其基础的固有法学的反面。参见[日]千叶正士:《法律多元:从日本法律文化迈向一般理论》,强世功等译,北京,中国政法大学出版社,1997。

〔3〕 详可参阅高其才的《法社会学中国化的若干思考》一文,载《甘肃政法学院学报》,2017(1)。

〔4〕 参见洪逊欣:《法理学》,4~5页,台北,三民书局,1994。

谓法律的社会现象进行的最基本、最一般、最理论化层面的分析。就其总体而言，法理学所涉及的问题，其运用的视角，都与法律实务者的日常关心的事相距甚远。法理学的问题无法参照常规法律文件或依据常规法律文件的推理予以解决，它运用的视角也无法简约为一些法律原理和法律推理。许多法理学的问题都跨越了学理的、时间的和民族的界限。[1]《牛津法律大辞典》也释为："法理学"一词包括许多含义，如作为最一般的研究法律的法律科学的一个分支，有别于某一特定法律制度的制定、阐述、解释、评价和应用，是对法律的一般性研究，着重于考察法律中最普遍、最抽象、最基本的理论和问题。[2] 我国当代著名学者李达先生在 20 世纪 40 年代撰著的《法理学大纲》一书中，对法理学也作了精确的说明：法理学的研究，首先要阐明世界法律发展的普遍原理，认识法律的发展与世界发展的关系，认识特定历史阶段上的法律与社会的关系，其次要应用那个普遍原理来认识中国的法律与特殊的中国社会的关系，由中国社会发展的特殊路线，展开与之相适应而又能促进其发展的法律理论，作为改造法律充实法律的指导。[3]

法理学具有这样一些特点：

(1) 理论性。法理学讨论一般性的法律现象以及法律现象之间的规律性联系，法理学分析具体的法律现象，仅仅是过程性的、手段性的，它试图通过对社会生活中千变万化、形态繁杂的法律现象的讨论，从中抽象出一般性的结论来。法理学的目的不是解决什么具体问题，它要为所有的法律现象提出一个普遍的解释，找到一个永恒的根据。法理学最后的结论都是非常简明扼要的，任何一个法理学家希望通过对所有的具体的法律现象的讨论得出一个放之四海而皆准的结论、普适性的结论，找到法律现象、法律世界的终极性真理，适用于人类社会的一切时间和空间。因此，法理学比较抽象、概括性强，带有一种很强烈的思辩色彩。

---

〔1〕 [美]波斯纳：《法理学问题》，苏力译，原文序 1 页，北京，中国政法大学出版社，2002。

〔2〕 [英]戴维·M.沃克著：《牛津法律大辞典》，北京社会与科技发展研究所组织翻译，489 页，北京，光明日报出版社，1988。

〔3〕 支振锋主编的《西方法理学研究的新发展》(中国社会科学出版社，2013)包括导论：西方法理学的研究对象与历史使命、西方法理学研究的基本问题、古希腊古罗马与中世纪法律思想研究、西方法理学流派的研究、法律经济学研究、新法律正统观的生成、结语：中国法理的产生等章，围绕国内法学界近十年来对西方法理学的研究，对其主要领域的研究进展、重要的理论演进过程、主要学术观点的讨论等作了详尽而又精练的梳理与探讨。沿袭学科发展的内在理路，《西方法理学研究的新发展》还上溯清末民国，并对未来中国的西方法理学研究趋势和方向提出了展望，力争提炼出其内在结构性和规律性因素，向读者展示中国的西方法理学研究全景与最新进展，为西方法理学在中国的知识再生产及未来"中国法理"的诞生提供参考和镜鉴。

(2)基础性。法理学是其他法学学科的基础,通过提出最根本的和复杂的问题,为其他法学学科的展开和深入提供了一个理论依据、理论指导、理论前提,为法律实践问题的解决提供思想指导。应用法学的发展有赖于法理学的成熟和繁荣。学好刑法学、民法学、诉讼法学等学科需要法理学的扎实基础。正如荀子所言:"不知法之义而正法之数者,虽博,临事必乱。"[1]

(3)多元性。法律现象非常复杂,需要从多个角度进行认识,正如美国学者博登海默(Edgar Bodenheimer,1908—1991)所指出的:"法律是一个带有许多大厅、房间、凹角、拐角的大厦,在同一时间里想用一盏探照灯照亮每一间房间、凹角和拐角是极为困难的。尤其当技术知识和经验受到局限的情况下,照明系统不适当或至少不完备时,情形就更是如此了。"[2]诺内特和塞尔尼茨克也认为:"法律秩序是一种多维事物,只有把多种维度当作变项,才能对法律进行彻底的研究。"[3]因而,对法律的认识的结论不可能是一元的,法理学的理论呈现多元态势,法理学是一个开放的理论体系。

同时,法理学是法学的方法论,提供一系列研究法律现象的基本方法。

关于法理学的重要性,梁启超先生在1904年在《中国法理学发达史》中讲得非常精辟:"法律先于法理耶?亦法理先于法律耶?此不易决之问题也。以近世学者之所说,则法律者,发达的而非创造的也。盖法律之大部分,皆积惯习而来,经国家之承认,而遂有法律之效力。而惯习固非一一焉能悉有理由者也。谓必有理而有法,则法之能存在者寡矣。故近世解释派(专解释法文者谓之解释派)盛行,其极端说,至有谓法文外无法理者,法理实由后人解剖法文而发生云尔。虽然,此说也,施诸成文法大备之国,犹或可以存立,然固已稍沮法律之进步。若夫在诸法樊然淆乱之国,而欲助长立法事业,则非求法理于法律以外,而法学之效用将穷。故居今日之中国而治法学,则抽象的法理其最要也。"[4]

---

[1]《荀子·君道》。

[2] [美]E.博登海默:《法理学:法律哲学与法律方法》,邓正来译,198页,北京,中国政法大学出版社,1999。

[3] [美]诺内特、塞尔尼茨克:《转变中的法律与社会》,张志铭译,10页,北京,中国政法大学出版社,1994。

[4] 梁启超:《中国法理学发达史》,载梁启超:《梁启超法学文集》,69页,北京,中国政法大学出版社,2000。

　　随着社会的变迁,当代中国法理学也在不断地内省和发展。[1]法理学在独立地位、面对实践、多元视角、扩大视域、专题探索等方面需要进一步的反思和努力。

---

　　[1] 朱景文的《在合与分之间:中国法理学60年反思》(载李林主编:《新中国法治建设与法学发展60年》北京,社会科学文献出版社,2010)值得一读。另可参阅《中国法理学三十年(1978—2008)》,载姜明安主编:《中国法学三十年(1978—2008)》,北京,中国人民大学出版社,2008。张恒山主编的"共和国六十年法学论争实录"丛书法理学卷(厦门,厦门大学出版社,2009)分10个专题对法理学的有关争论进行了讨论。第一专题为"承续与再创——关于法的继承性问题之争论":一、革命后的法律:论争的背景;二、旧法问题:论争的缘起;三、百家争鸣:论争的展开;四、学术和政治:论争的转向;五、政治革命与法律变革:论争的实质。第二专题为"阶级与社会——关于法本质问题之争论":一、引言;二、80年代以前的争论;三、80年代以来的争论:(一)质疑法的统治阶级意志论命题,(二)对法的阶级意志论的坚持和完善;四、简评。第三专题为"法治与人治——关于法治问题之争论":一、引言;二、改革开放以前关于法治与人治的看法;三、改革开放初期的法治与人治大讨论:(一)论战拉开序幕:一石激起千层浪,(二)论争渐入佳境:法治论,(三)不同声音:法治、人治结合论和取消论;四、世纪之交的法治与人治问题的讨论:(一)市场经济是法治经济,(二)依法治国,建设社会主义法治国家,(三)法治的原则和法治的价值。第四专题为"平等与分层——关于法律平等问题之争论":一、引言;二、1978—1982年:"法律面前人人平等"是否包括立法平等:(一)"法律面前人人平等"是否包括立法平等,(二)"法律面前人人平等"的"人人"的主体范围是什么,(三)"法律面前人人平等"与"平等的权利与义务"的关系如何,(四)本次论争的结果及其对法学理论界的影响;三、1992年之后:市场经济与立法平等;四、21世纪之后:和谐社会与立法平等:(一)重申1978—1982年大讨论中"公民在法律面前一律平等,不仅包括适用法律的平等,也应包括立法上的平等"的观点,(二)对"适用法律平等说"(实施法律平等说)的质疑与批判,(三)重构以"立法平等"为核心理念的法律平等理论,(四)关于"构建社会主义和谐社会"与立法平等的关系,(五)近些年关于"法律面前人人平等"原则的困惑与回应;五、结语。第五专题为"独立与附从——关于司法独立问题之争论":一、关于第一个历史时期(1949—1978年)的司法独立问题的争论:(一)1954年以前司法改革工作以及对"司法独立"观点的批判,(二)1954—1957年夏的"司法独立"主张,(三)1957年夏季之后的对"司法独立"的批判,(四)"大跃进运动"及其之后的对"司法独立"的彻底否定;二、关于第二个历史时期(1978—2008年)中"司法独立"问题的争论:(一)改革开放以后的宪法、法律、党的政策文件等为司法独立问题的重提和讨论提供了条件和依据,(二)改革开放以来关于司法独立问题的要点概述;三、对建国60年关于司法独立论争的总体评价:(一)司法独立之争从以"姓资姓社"为争论的焦点,转到以如何改善党领导司法的方式和改革我国政治体制为争论的中心问题,(二)党的文件放宽了司法独立的程度,(三)关于司法独立的争论有了国际视野和国际背景,(四)司法独立之争由过去的精英化、政治化,逐渐转变为"大众化"和"去意识形态化",(五)关于司法独立的理论研究呈现出系统、全面、深入的特点;四、余论:客观认识司法独立之争:(一)主张司法独立观点的合理性,(二)完全照搬西方的司法独立是行不通的,(三)司法独立是一种理念、观念、理想,也是一个过程。第六专题为"本位与重心——关于法本位问题之争论":一、法本位问题提出的历史背景;二、"法本位"争论中的各派观点:(一)"权利本位说"的主要观点;(二)义务重心论的主要观点;(三)关于法本位的其他观点;三、对"本位说"与"重心论"之争中的各观点的比较与评述:(一)对"权利本位说"的评价,(二)对"义务重心论"的评价,(三)对"法本位"讨论中其他观点的评价。第七专题为"国情与普世——关于人权问题之争论":一、改革开放之前对人权的认识;二、改革开放初期的人权争论;三、90年代以后的人权讨论;四、小结。第八专题为"主观与客观——关于法律解释问题之争论":一、争论的由起及争论的形成过程;二、争论各方的观点分述:(一)理论层面的客观主义和主观主义之争,(二)实践层面的关于立法解释和司法解释的争论;三、对争论的简要评价。第九专题为"切分与融合——关于公法私法划分问题之争论":一、引言;二、公法私法之论争的各派观点:(一)否定论的主要观点,(二)肯定论的主要观点,(三)融合论的主要观点,(四)观点评析与辨正;三、公法私法之论争与中国法治发展。第十专题为"本土与移植——关于法律现代化道路选择问题之争论":一、前言:法律现代化——历史拐弯后的路径依赖;二、法律现代化的当代争论;三、围绕法律移植之争论:(一)法律可否移植之争,(二)法律移植的不可能理论:法律现代化的本土资源之争论,(三)法律移植的模式之争论,(四)法律移植的效果之争论。

法理学需要面对中国社会发展的实践,汲取部门法学的成果。[1]

关于法理学的学科体系,一般认为法理学包括六个部分,第一个部分是法学论,一般放在导论、绪论部分,主要讨论什么是法学、法学的体系、法学的历史、法理学的学科特点、法理学的方法等。[2]

其他五个部分的内容包括:

(1)法的本体理论。所谓本体是一个哲学上的概念,世界的本源。法的本体理论讨论的是"什么是法",或者说"法是什么"的问题。本书的第一章即《法概念》专门讨论这一内容。第一章通过分析法律的词义、法律的特征、法的本质而直接回答"什么是法""法是什么",法理学其他的内容都是间接地回答"什么是法""法是什么"。法理学的学科核心、重点即为此。

(2)法律价值理论。法律价值理论探讨人类社会为什么会有法律的存在,它的存在对民众的生活、民众的行为的意义和影响。法律价值论是从法律存在的意义、法律对社会影响的角度来进一步认识"什么是法"。法律价值论具体讨论法律作用与法律价值两方面的内容。本书第二编专门讨论法律的规范作用、法律的社会作用、法律作用的有限性以及法律与秩序、安全、平等、自由、正义、效率的关系。

(3)法律演进理论。法律演进理论是从纵向的角度来进一步讨论"什么是法"。通过研究法律的产生、发展、演进的过程,讨论法律的内在联系和发展规律,从一个侧面进一步分析"什么是法""法是什么"。本书第三编《法律演进理论》讨论法律起源,分析法律历史类型、法律继承、法律移植、法制现代化等法律发展形式,对法治这一法律发展的趋向进行总结。

(4)法律与社会理论。本书第五编讨论法律与其他社会规范、社会现象的关系。法律是一种社会现象、社会事实,需要通过社会认识法律;通过比较法律与道德、法律与经济、法律与科学技术、法律与国家、法律与政治、法律与宗教、法律与人

---

[1] 详可参见高其才:《法理学发展值得思考的几个问题》,《法商研究》,1996(2);舒国滢:《法理学学科的缘起和在当代所面临的问题》,《法学》,1998(10)。徐爱国在2016年发表的论文《中国法理学的"死亡"》,载《中国法律评论》2016(2),可值一阅。钱继磊的《迈向法理时代的中国法学——兼与徐爱国教授商榷》,载《法学评论》2018(1)有所回应。其他如季卫东等的《中国需要什么样的法理学》(《中国法律评论》2016年第3期)和张文显的《法理:法理学的中心主题和法学的共同关注》(《清华法学》2017年第4期)也可参阅。

[2] 周红阳的《法理教科书的知识结构》(南宁,广西师范大学出版社,2014)从一个独特的视角对张文显主编的《法理学》教科书进行解读,阐述了法理教科书的写作背景和条件,阐述了教科书的知识传递和教化的关系,解读了教科书的内部观念脉络和外部观念氛围。关于域外法理学方面的作品,可参看[德]伯恩·魏德士的《法理学》(丁晓春等译,法律出版社,2013)、[德]N·霍恩的《法律科学与法哲学导论(第3版)》(罗莉译,法律出版社,2005)、[德]阿图尔·考夫曼、温弗里德·哈斯莫尔主编的《当代法哲学和法律理论导论》(郑永流译,法律出版社,2002)、[澳]维拉曼特的《法律导引》(张智仁等译,上海人民出版社,2003)、[美]瑟亚·P.辛哈的《法理学:法律哲学》(英文版影印本,法律出版社,2004)等。

权等,分析其联系和不同,从而对"什么是法律"有一个更全面的了解。

(5)法律运行理论。这部分的内容最多,也相对比较具体,探讨法律的运行、运动、运作,涉及立法问题,也涉及法律的实施问题。法律运行论部分知识性内容比较多一些。本书第四编《法律运行理论》讨论法律制定、法律执行、法律适用、守法与违法、法律监督以及与法律实施相关的法律解释与法律推理,第一编的第二章到第八章也都是与法律运行相关联的一些概念,如法律要素、法律体系、法律渊源、法律分类、法律效力、法律关系、法律行为、法律责任等。通过对法律的运行、运作的分析,更完整地理解和把握"什么是法"。

法理学属于理论性的学科,因此学习时要注意以下几点:法理学探讨一般的法律问题,是对法律现象的抽象和概括,要注意掌握基本概念、基本知识,进而理解基本原理,能够对相关知识点的联系和区别进行分析、判断;法理学的学习要注意理论学习与实践分析两方面的结合,既尽可能地广泛阅读,增加自身的理论功底,亦应关注中国现实,了解当代中国法律发展实践,从法律现象、法律实践的分析中提高判断能力、理解能力、分析能力和解决问题的能力,通过具体问题来思索普遍规律;学习法理学须注意法学思维的培养。

需要注意的是,法理学的讨论对象为全部的法、整体的法、宏观的法、一般的法,是社会生活中的法,因而要注意相关知识背景的准备,注意法理学知识与法律应用学科知识的结合,不应就法论法,而应从多种角度、各个层面进行分析。法理学的学习和思考需要广博的人文社会科学基础。孙晓楼先生早就指出:"我们研究法律,决不可以闭关自守,专就法律来研究法律,应当由社会人事的各方面来推求法律之所以然。"为此,"我们研究法律的学生,至少于法律以外的各种学科,都有些相当的涉猎,其中比较最重要的,要推经济学、心理学、逻辑学、哲学、历史学、生物学、人类学、伦理学、社会学、政治学等几门"。如果学生没有修习以上几种基本科目,那么他(她)"一定不配研究种种关于以上各科所发生的法律问题,便不配在现代做一个完善的法律学生"。[1]这正如美国法学家博登海默所指出的:"研读法律的学生如果对其本国历史相当陌生,那么他就不可能理解该国法律制度的演变过程,也不可能理解该国法律制度对其周边的历史条件的依赖关系。如果他对世界历史和文明的文化贡献不了解,那么他也就很难理解那些可能对法律产生影响的重大国际事件。如果他不精通一般政治理论、不能洞察政府的结构与作用,那么他在领悟和处理宪法与公法等问题时就会遇到障碍。如果他缺乏经济学方面的训

〔1〕 参见孙晓楼:《法律教育》,17~18页,北京,中国政法大学出版社,1997。

练,那么他就无法认识在许多法律领域中都存在的法律问题与经济问题之间的紧密关系。如果他没有受过哲学方面的基础训练,那么他在解决法理学和法学理论一般问题时就会感到棘手,而这些问题往往会对司法和其他法律过程产生决定性影响。"[1]因此,学习法理学需要有开阔的视野,注意通过法与社会关系的分析以完整地认识法。

---

〔1〕[美]博登海默:《法理学:法律哲学与法律方法》,邓正来译,506 页,北京,中国政法大学出版社,1999。

第一编　法律一般理论

第一章 法 概 念

第一节 法 的 词 义

对"什么是法"的直接理解和把握,可从法的词义、法的特征、法的本质三方面进行,即通过讨论法的表述符号、法的形式特征、法的内在特质等内容,来完整地、全面地认识法,掌握法的概念。

一、古代汉语中法的词义

社会现象需要用符号、语言来概括和表达,通过梳理法的词义有助于我们从一个侧面认识"什么是法"。

在中国古代社会,"法"一词含义较为广泛。从语源上看,汉字的"法"古体为"灋"。[1] 我国第一部字典、由东汉文字学家许慎所著的《说文解字》十部上"廌"部释为:"灋,刑也。平之如水,从水;廌,所以触不直者去之,从去。"据此,"灋"大体有三层含义:第一,"法"与"刑"是通用的。古代的"刑"字,含刑戮、罚罪之意,也还有"规范"的意义。第二,法者平之如水,含有"公平"之意。第三,法含有"明断曲直"之意。同时,古代的法具有神明裁判的特点。[2]

通常,中国古代的"法"在国法意义、典章制度意义上和在哲理意义、抽象意义上两方面使用。典章制度意义上的"法"与"律""法律""法制"等相通解。《管子·七臣七主》中说:"法者,所以兴功惧暴也;律者,所以定分止争也;令者,所以令人知事也。法律政令者,吏民规矩绳墨也。"《唐律疏义·名例篇》曰:"律之与法,文

---

〔1〕 作为一种象形文字,"灋"字由三部分组成:左部在中国文字中代表"水",象征法的公平;右上部"廌"指獬豸,代表中国古代传说中的一种能辨曲直、断疑案的独角神兽;右下部表示凡被该神兽的独角顶触的当事人均应败诉。另可参见武树臣:《寻找最初的"法"——对古"法"字形成过程的法文化考察》,《学习与探索》,1997(1)。

〔2〕 钱锦宇认为,将蚩尤的"方相"上升为视觉符号"廌",参与到表示"五虐之刑"的"灋"字的创制过程中,就在表示刑罚的"灋"这一符号中反映出初民视法为灾恶的特定法文化观念。参见钱锦宇:《互渗律之下的门神信仰与蚩尤"方相"——兼谈"灋"字的形构》,《山东大学学报(哲学社会科学版)》,2006(3)。温慧辉认为,上古洪水的治理直接导致了古代中国法律的产生和早熟。在治水害兴水利的斗争中,先民们衍生出对某种超自然神力的崇拜,"法"字中的"水"则折射出远古神判的色彩,并透漏出流放惩罚的功能,反映了古人要求对违反社会秩序者的审判得到公正解决,以保护整个部族的平安的愿望,这是"法"字含有公平正直之义的体现,亦符合"水"有"平""准"之意的特征。参见温慧辉:《"水"与"法"之渊源》,《中国海洋大学学报(社会科学版)》,2006(5)。

虽有殊,其义一也。"中国古代秦汉以后的法律文件,采用过许多名称,如律、令、典、格、式、科、比、敕、例等,它们都是典章制度意义上、国法意义上的"法"。在哲理意义上,汉语的"法",与"理""常"通用,指"道理""天理"或常行的范型和标准。《尔雅·释诂》:"法,常也。"具体而言,抽象的"天命""天志""礼""理""情""天理""法度""道"等,都属于"法"的范畴。如强调"以天之志为法也";[1]"天下有道则礼乐征伐自天子出,天下无道则礼乐征伐自诸侯出";[2]"人法地,地法天,天法道,道法自然";[3]"道常无为而无不为,侯王若能守,万物将自化";[4]"为国以礼";[5]"礼乐不兴,则刑罚不中";[6]"礼者,法之大分(本),类之纲纪也";[7]"礼者所以正身也。……故非礼。是无法也。"[8]清末民初,由于受日本的影响,国法意义上的"法",则逐渐由"法律"一词代替。

在现代汉语中,"法律"一词有广义和狭义两种用法,广义的法律指所有由国家制定的规范性法律文件,包括宪法、狭义的法律、行政法规、地方性法规、规章等以及经国家认可的习惯法。"法律面前人人平等"中的"法律"即为此意。狭义的法律仅指由全国人民代表大会制定的基本法律和全国人民代表大会常务委员会制定的基本法律以外的法律。

二、西文中法的词义

在西文中,"法"也在典章制度意义上、国法意义上和哲理意义上使用。在英语国家,法的名称虽然统一以"law"表示,但在具体的场合则要通过单复数或冠词的变化来表达"法"的一般意义和特殊意义。在欧洲大陆国家,同样也有表示哲理意义上的"法"与国法(人定法)意义上的"法"(法律)之不同名词。在拉丁文中,jus 就是一个具有哲理意义的模糊概念,其语义不仅是指"法",也兼指"权利""正义""公平"等。后世衍生的欧洲文字,如德语 Recht,法语 droit,俄语 право,大抵上与 jus 具有相同的用法。在西文中,真正在国法意义上使用的"法"(法律),通常是另一类词,如拉丁文 lex、法文 loi、德文 Gesetz、俄文 закон 等。因此,有学者认为,法指永恒存在的、普遍有效的正义原则和道德公理,即自然法;法律指由国家机关制定和颁布的具体的法律规范,即实在法,这类法律与国家相联系,出自于国家。

本书主要在国法意义上讨论法律,用"法律"表示,唯在涉及哲理意义上时用

---

〔1〕《墨子·天志下》。
〔2〕《论语·季氏》。
〔3〕《老子》二十五章。
〔4〕《老子》三十七章。
〔5〕《论语·先进》。
〔6〕《论语·子路》。
〔7〕《荀子·礼经》。
〔8〕《荀子·修身》。

"法"表示。

第二节　法律特征

　　法律的特征,是法律区别于其他社会规范的征象和标志。任何事物的特征都是在与其他事物的比较中表现出来的。通过认识法律的特征,把握法律外部的特殊性,有助于我们理解法律的性质、作用,认识法律的自身规律。

　　对于法律特征的理解,从不同的视角有不同的认识,如美国法人类学家霍贝尔(E.Adamson Hoebel,1906—1993)认为识别法时有三个要素:①特许的强制力;②官方的权威;③常规性。"法是这样一种社会规范,当它被忽视或者违犯时,享有社会公认的特许权的个人或团体,通常会对违犯者威胁使用或事实上使用人身的强制。"[1]

　　美国学者庞德(Roscoe Pound,1870—1964)从社会控制论着手,认为法律是一种社会控制的制度,是依照一批在司法和行政过程中使用的权威性法令来实施的高度专门形式的社会控制。他认为法律一词有三种意义:①法学家们现在所称的法律秩序——即通过有系统、有秩序的使用政治组织社会的强力来调整关系和安排行为的制度;②一批据以作为司法或行政决定的权威性资料、根据或指示,包括各种法令、技术和理想;③司法过程和行政过程——为了维护法律秩序依照权威性的指示以决定各类案件的争端的过程。[2]

　　美国学者伯尔曼(Harold J. Berman,1918—2007)在讨论法律与宗教时,指出仪式、传统、权威、普遍性是法律与宗教的共同要素,这些要素赋予法律价值以神圣性。在他看来,法律不只是一整套规则,它是在进行立法、判决、执法和立约的活生生的人;它是分配权利与义务,并据以解决纷争,创造合作关系的活生生的程序。[3]

一、马克思主义法学的法律特征观

　　马克思主义法学认为法律的特征主要表现在规范性、国家意志性、权利义务统一性、国家强制性等几方面。

(一)法律是调整人们行为或社会关系的规范,具有规范性

　　法律是一种规范,是对人们行为的标准和模式。法律不是通过调整人们的内心观念、思想来调整社会关系的。这是法律区别于其他社会规范的重要特征之一。

---

〔1〕　[美]E.A.霍贝尔:《初民社会的法律》,周勇译,30 页,北京,中国社会科学出版社,1993。
〔2〕　[美]庞德:《通过法律的社会控制　法律的任务》,沈宗灵等译,22 页,北京,商务印书馆,1984。
〔3〕　[美]伯尔曼:《法律与宗教》,梁治平译,46、39 页,北京,三联书店,1991。

法律不是一般的规范,而是一种社会规范。法律调整人与人之间的相互关系,即具有社会意义的行为。马克思(Karl Marx,1818—1883)就说过:对于法律来说,除了我的行为以外,我是根本不存在的,我根本不是法律的对象。我的行为就是法律在处置我时所应依据的唯一东西,因为我的行为就是我为之要求生存权利、要求现实权利的唯一东西,而且因此我才受到现行法的支配。[1] 法律是针对行为而设立的。

作为社会规范,法律具有规范性。法律的规范性,是指为人们的行为提供了一个模式、标准、方向。它表现在:法律规范规定了人们的一般行为模式,从而为人们的相互行为提供一个模型、标准或方向,法律所规定的行为模式包括三种:①人们可以怎样行为(可为模式);②人们不得怎样行为(勿为模式);③人们应当或必须怎样行为(应为模式)。同时,法律具有概括性,法律的规定抽象,它的对象是一般的人,而不是特定的人;它是反复适用的而不是仅仅一次适用的。法律也具有效率性,每个人可以根据法律而行为,不必事先经过任何人核准。

(二) 法律出自于国家,是由国家制定或认可的,具有国家意志性

法律是一种特殊的社会规范,是因为法律是由国家制定或认可的,体现了国家意志。没有国家,就不可能有法律。国家的存在是法律存在的前提条件。

国家造法的方式主要有两种方式:①制定:制定是立法机关或立法机关授权的机关创制法律的行为。通过这种方式产生的法律,称为制定法,即具有一定文字表现形式的规范性文件,如我国的各种法律(《宪法》《民法典》《刑法》等)就属于此类。②认可:指国家立法机关或立法机关授权的机关赋予的社会上已经有的某种行为规范以法律效力。通过这种方式产生的法律,一般称为习惯法,如经过国家认可的商事惯例、宗规族约、村规民约、行会规范行业规范等。我国 1950 年《婚姻法》第 5 条规定:除兄弟姐妹外的其他五代内旁系血亲间禁止结婚的问题,从习惯。《民法典》第 10 条规定:"处理民事纠纷,应当依照法律;法律没有规定的,可以适用习惯,但是不得违背公序良俗。"这是典型的通过认可进行造法。

此外,国家与其他国家或国际组织签订条约的行为也是国家造法的方式。通过这种方式产生的法律,为国际法。

有的国家,国家的惯常行为受到社会承认,惯常行为所形成的模式就成为法律,国家在其后的类似行为中有遵守的义务。如英国作为宪法渊源之一的宪法性惯例就是由国家惯常行为所形成的。

法律是由国家制定和认可,具有国家意志性。法律具有国家意志性,这是法律与其他社会规范的区别之一。宗教教规、风俗礼仪、道德规范虽然都具有一定的规

---

[1]《马克思恩格斯全集》,2 版,第 1 卷,121 页,北京,人民出版社,1995。

范性,但由于都不是国家或以国家的名义制定或认可的,因而不具有国家意志的属性。这也表明了法律的权威性。从外在形式上看,国家是表现为最有权威的社会组织。

同时,法律具有普遍性。一般认为,普遍性包括普世性和一般性两方面,普世性是指跨越国界适用于不同的民族和文化,一般性是指跨越社会脉络而适用于整个社会。按照马克思主义法学,法律的普遍性更倾向于一般性层面。马克思曾指出:"法律是肯定的、明确的、普遍的规范",[1]法国的卢梭(Jean Jacques Rousseau,1712—1778)也认为"法律的对象永远是普遍性的,我的意思是指法律只考虑臣民的共同体以及抽象的行为,而绝不考虑个别的人及个别的行为",[2]法律从来只对它所调整的社会关系作普遍的规定,它反映社会成员的共同要求,是对个体共性的一般抽象和提炼,不考虑具体的、个别的、特殊的情况。在德国哲学家黑格尔(Georg Wilhelm Friedrich Hegel ,1770—1831)看来,"法对于特殊性始终是漠不关心的。"[3]在现代社会,法律在国家主权所及范围内普遍有效,具有普遍约束力。法律的效力对象具有广泛性,在一国范围之内,任何人的合法行为都无一例外地受法律的保护;任何人的违法行为,也都无一例外地受法律的制裁。法律不是为特别保护个别人的利益而制定,也不是为特别约束个别人的行为而设立。

当然,不同性质、级别、类型的法律,其约束力的范围有差异,普通法大于特别法,全国性法律的范围大于地方性法。法律具有普遍性并不等于说法律效力具有绝对性和无限性。

(三)法律规定了人们的权利和义务,具有权利义务统一性

法律以法律规范为主要内容,而法律规范中的行为模式是以授权、禁止和命令的形式规定了权利和义务。法律既规定了权利,也规定了义务,法律规定了公民、法人的权利、义务,也规定了国家、国家机构、国家机构工作人员的权利、义务(职权、职责)。法律对人们行为的调整主要是通过权利和义务的设定和运行来实现的,法律的内容主要表现为权利和义务。

法律具有权利义务的一致性,具有"两面性",权利义务相辅相成、不可分割。法律是社会中主要规定权利义务的规范,规定了社会主要的权利义务,但不是唯一规定权利义务的规范,其他社会规范如社团章程、企业章程甚至秘密社会团体规范都规定一定的权利义务,因此并不是只有法律才规定人们的权利和义务。

从一般意义上说,权利表征利益,义务表征负担,法律通过规定权利义务对社会资源进行分配,对各种利益关系进行调整,因而具有利导性(利益导向性)。通过

[1]《马克思恩格斯全集》,2版,第1卷,176页,北京,人民出版社,1995。
[2] [法]卢梭:《社会契约论》,何兆武译,50页,北京,商务印书馆,1980。
[3] [德]黑格尔:《法哲学原理》,范扬等译,58页,北京,商务印书馆,1961。

法律的规定,影响人们的动机和行为,从而调整社会关系,维持社会秩序,实现社会正义。

(四)法律由国家强制力保证实施,具有国家强制性

一切社会规范都具有强制性,都有其保证实施的社会力量。所谓强制性,就是指各种社会规范所具有的、借助一定的社会力量强迫人们遵守的性质。日本法学家高柳贤三认为法律以"强制可能性"为其本质,他认为法律规范"被破坏之可能性同时,常有外部强制可能性"。[1]

法律是以国家强制力为后盾,由国家强制力保证实施的,因而具有国家强制性。由于法律调整利益冲突双方,引起一方的抵制或反对;同时,法律有可能招致人们的妨碍、破坏,违法犯罪现象也就不可避免。法律要对侵犯他人权利方做出否定性反应,必须以强制力为后盾。对违法犯罪行为的制裁,靠任何个人的力量或社会舆论,是不可能有保障的,而必须通过国家强制力才能得以实现。法律具有国家强制性主要是一种威慑,具有间接性和潜在性。国家的强制力是法律的实施的最后的保障手段。国家强制力也不是保证法律的实施的唯一力量。在一定程度上,法律的实施,也还要依靠社会舆论、人们的道德观念和文化修养、思想教育等多种手段来保证。

法律具有国家强制性还意味着法律具有程序性。国家强制力并不等于纯粹的暴力。国家运用强制力保证法律的实施,也必须依法进行,应受法律规范的约束。国家强制力在什么情况下、由哪些机关按照什么样的程序以及如何制裁各种违法行为,也是必须由法律予以规定的。这意味着国家强制力是有一定限度的,而不是无限的,必须根据法定程序进行。近现代法律更对法律的程序标准加以正当化,使法律实施的方式更科学、更富有理性和公正性。英国的丹宁勋爵(Alfred Thompson Denning,1899—1999)就认为正当程序"系指法律为了保持日常司法工作的纯洁性而认可的各种方法:促使审判和调查公正地进行,逮捕和搜查适当地采用,法律救济顺利地取得,以及消除不必要的延误等"。[2]法律程序有助于克服人们行为的恣意。[3]

二、对法律特征的进一步理解

关于法律特征和特性,我们还应当从下列几方面进行进一步理解。

---

〔1〕 [日]高柳贤三:《法律哲学原理》,汪翰章译,210页,上海,大东书局,1932。

〔2〕 [英]丹宁勋爵:《法律的正当程序》,李克强等译,1页,北京,群众出版社,1984。

〔3〕 关于法律程序,可参见季卫东:《法律程序的意义》,《中国社会科学》,1993(1);季卫东:《程序比较论》,《比较法研究》,1993(1)。

（一）法律的主观性与客观性

法是不以人的意志为转移的客观存在的社会现象,受到客观规律的制约,受物质生活条件的决定,具有客观性。法律是一种客观实在,为一种客观存在的社会现象。中国古代的法家管仲(约前723—前645年)就以度量衡来比喻法律,以强调法律的客观性:"尺寸也,绳墨也,规矩也,衡石也,斗斛也,角量也,谓之法。"[1]

同时,法律是人们对客观现象的认识和总结,表现了人的智慧,具有主观性。法律体现了人的意志,是人的主观能动性的结果,但这种主观性并不表示任意或者任性。"立法者应该把自己看作一个自然科学家。他不是在创造法律,不是在发明法律,而仅仅是在表述法律,他用有意识的实在法把精神关系的内在规律表现出来。如果一个立法者用自己的臆想来代替事情的本质,那么我们就应该责备他极端任性。"[2]

人们试图通过法律来全面、完整、真实地揭示法的本来面目,法律是对法的认识的结果和产物。从某种意义上认识,法律是一种标签、一种符号。本体论意义上的法与认识论意义上的法存在差异。[3]

（二）法律是调整人的行为的规范

现代法律与古代法律的不同之处在于,法律是调整人的行为的规范,不直接调整人的思想,不直接对人的意识、观念发生影响;并且法律也不调整单纯表达思想的行为。西方有法谚云:不能因思想绞死任何人。[4] 现代社会不存在类似古代社会如中国古代汉朝的"腹非罪"那样的所谓"思想犯"。[5] 这是法律与道德、宗教

---

[1] 《管子·七法》。

[2] 《马克思恩格斯全集》,第1卷,183页,北京,人民出版社,1956。

[3] 卡西尔曾指出:"人不再生活在一个单纯的物理宇宙之中,而是生活在一个符号宇宙之中。语言、神话、艺术和宗教则是这个符号宇宙的各部分,它们是织成符号之网的不同丝线,是人类经验的交织之网。人类在思想和经验之中取得的一切进步都使这符号之网更为精巧和牢固。"参见[德]恩斯特·卡西尔:《人论》,甘阳译,33页,上海,上海人民出版社,1985。格尔茨认为:"我主张的文化概念实质上是一个符号学的概念。马克斯·韦伯提出,人是悬在由自己所编织的意义之网中的动物,我本人也持相同的观点。"参见[美]克利福德·格尔茨:《文化的解释》,韩莉译,5页,南京,译林出版社,1999。

[4] 转引自[德]拉德布鲁赫:《法学导论》,米健等译,4页,北京,中国大百科全书出版社,1997。

[5] 在我国的"文化大革命"时期,曾经存在所谓的"思想犯"。2010年,《徐星:寻找"反革命"者》一书作者徐星发现了一些40多年前的"现行反革命"犯人登记表,这些犯人都是农民。这些人所获之罪,如今看来荒诞不经。比如"吹捧刘少奇"的罪名。"都是言罪,用农民自己的话说就是,我们当时说话不谨慎,被人举报了。"在一个叫山坑村的地方,他找到了一个叫林品新的人。年轻的时候,林品新在周围几个村很有名,因为他的农活干得特别好特别快,在农村,这就是最大的本事。这个村子里有个姑娘也特别有名,因为长得漂亮。这姑娘的爸妈看上了林品新,觉得把闺女嫁给他会过上好日子。漂亮姑娘勉强从了父母之命,但自己不太乐意,结婚不久就偷偷找了情人。"文革"来了之后,农民被要求参加批斗大会。林品新在会上看到那些受罪的人,就想着让离婚的前妻也受这个罪。他写了一封反动的信,署上前妻的名字,寄到北京。没过两个月,公安局把这件事情一查,把林品新给抓了。林品新是这批人里获罪最重的,判了20年,因为是"重犯",第一年还戴着脚镣。脚镣56斤,还得天天劳动。周明夫是因为在会计室里拿着生锈的气枪玩耍时,不小心对准了毛主席像而入狱。参见卫毅、乔芊:《徐星:寻找"反革命"者》,《南方人物周刊》2012-03-19。

的主要区别之所在。孟德斯鸠就强调法律的责任只是惩罚外部的行动,他说:"言语只有在准备犯罪行为、伴随犯罪行为或追从犯罪行为时,才构成犯罪。"[1]因为在有的时候,"讽刺的文字能够使一般人的怨愤转为嬉娱,使不满的人得到安慰,减少人们对官职的嫉妒,增加人们对痛苦的忍耐,使他们对所受的痛苦,一笑置之。"[2]发生在 21 世纪的"重庆彭水诗案"就值得深思。

<h3 style="text-align:center">重庆彭水诗案</h3>

重庆市彭水县教委人事科科员秦中飞因写了《沁园春·彭水》,一夜之间成为当地的"名人"。这首词写道:

马儿跑远,伟哥滋阴,华仔脓包。看今日彭水,满眼瘴气,官民冲突,不可开交。城建打人,公安辱尸,竟向百姓放空炮。更哪堪,痛移民难移,徒增苦恼。官场月黑风高,抓人权财权是绝招。叹白云中学,空中楼阁,生源痛失,老师外跑。虎口宾馆,尽落虎口,留得沙坨彩虹桥。俱往矣,当痛思痛,不要骚搞!

词中提到的"马儿跑远、伟哥滋阴和华仔脓包"被指影射彭水县原县委书记马平、现任县长周伟和县委书记蓝庆华。

有民警报告公安局领导后,局领导又报告县委领导。当时,县委领导认为目前是换届敏感期和抗旱关键时期,为防止事态扩大,同意对此事展开调查。2006 年 8 月 31 日,秦中飞被彭水县公安局传讯调查。9 月 1 日,秦中飞因涉嫌诽谤罪被刑事拘留。9 月 11 日以涉嫌诽谤罪被逮捕。此外,县公安局还调查了 100 多名接收并转发这条短信的人,使得"秦中飞短信事件"越闹越大,彭水人"谈词色变"。

2006 年 9 月 19 日,重庆彭水人李星辰在其博客上发表了署名文章《现代文字狱惊现重庆彭水》,引发了全国网民的关注,秦中飞也迅速成为话题人物。网民们通过各种途径,向重庆市有关部门反映情况,质疑彭水县公安局的行为。在舆论的关注下,这一事件在 9 月 27 日发生了戏剧性的变化,秦中飞被"强行保释",结束了 30 天的牢狱生活。

2006 年 10 月 24 日,彭水县公安局以彭公字 2006 第 4 号文作出撤销案件决定书,对公安机关办理的秦中飞涉嫌诽谤一案,因发现不应对秦中飞追究刑事责任,根据《刑事诉讼法》第 130 条之规定,决定撤销此案。彭水县公安局预审科姚科长通知秦中飞,公安局已经撤销了对其"取保候审"的决定,承认了诽谤案属于错案,对给秦造成的伤害表示道歉。彭水县检察院主动提出申请国家赔偿问题。按照国家赔偿法的规定,错羁押一天赔偿上年度全国职工日平均工资(2005 年度为 73.3 元/天),秦中飞被关押了 29 天,10 月 25 日下午拿到 2125.7 元的国家赔偿金。[3]

———————————

〔1〕〔2〕 [法]孟德斯鸠:《论法的精神》(上册),张雁深译,198～200 页,北京,商务印书馆,1961。

〔3〕 参见《孙文祥重庆公务员编短信讽刺腐败被捕 百余人被调查》,《瞭望东方周刊》2006-10-23;王金涛、朱薇:《重庆彭水诗案调查:政法机关滥用公权酿错案》,《瞭望新闻周刊》2006-11-13。

（三）法律的强制性

法律具有强制性,但强制性不是法律独有的。马克思主义法学认为,法律和其他社会规范都有强制性,只是法律的强制性表现为国家强制性,是由国家强制力保证实施的,其他社会规范一般不具有这一性质。法律的强制性有其独特之处,在强制的形式、程度、程序以及实施强制的主体等方面异于道德等其他社会规范。

（四）法律的安定性

为了维护社会秩序,发挥法律的作用,法律应具有安定性特性。[1] 我国古代的法家代表人物韩非(约前280—前233)就认为:"法莫如一而固,"[2]"法禁变易,号令数下者,可亡也。"[3]"国有常法,虽危不亡。"[4]唐太宗李世民(599—649)认为:"法令不可数变,数变则烦。"[5]北宋包拯(999—1062)反对法律朝令夕改,要求追求"经久之制"或"常格"。[6]明人丘浚(1420—1495)主张"法有定制",不仅"能施行于一时",且应"为法于百世"。[7] 德国法学家拉德布鲁赫(Gustav Radbruch,1878—1949)认为法律的安定性是法律的第一项使命,法律的安定性要求"缘起于它的深层要求(如对自然法则之理念的需求):这种需求渴望将现实既定的纷乱纳入秩序之中,渴望对纷乱有事先的防范,并使之在人的控制之内。"[8]

为此,法律必须明确,法律不得轻易变更,法律必须确实实行,法律保持相对不变。正如管仲所言:"法立令行,则民之用者众矣。法不立令不行,则民之用者寡矣。"[9]基于法律安定性的考虑,有时候会将某些事实合法化,以促进社会的和谐,例如民法上的时效制度的设计和安排。法律的安定性须从社会角度进行认识。在转型社会,法律的安定性是在应对法律移植与本土资源、法里空间和法外空间与法上空间等紧张关系中实现的。[10]

（五）法律的共同性

法律具有阶级性,这并不意味着法律没有相同或者共同的方面,不同历史阶段的法律、不同性质国家的法律或者不同统治阶级制定的法律存在着相同性或相似

---

〔1〕 戴建华认为法的安定性包括法律关系或法律状态之安定性和法律所规定的权利义务之安定性两方面。参见戴建华:《论法的安定性原则》,《法学评论》,2020(5)。

〔2〕《韩非子·五蠹》。

〔3〕《韩非子·亡征》。

〔4〕《韩非子·饰邪》。

〔5〕《资治通鉴》卷一九四。

〔6〕《包拯集·论诏令数改易》。

〔7〕《大学衍义补·经制之义》。

〔8〕［德］拉德布鲁赫:《法律智慧警句集》,舒国滢译,16～17页,北京,中国法制出版社,2001。

〔9〕《管子·法法》。

〔10〕 参见贾唤银:《论法律的安定性》,《云南大学学报(法学版)》,2007(1)。

性,因而法律具有共同性。

法律是一种社会规范,是社会管理的重要手段,执行着重要的社会公共事务职能,并且在近代以来的社会中日益强化;法律的秩序、正义等价值具有超历史性;法律是对客观规律的反映,法律的规律性反映了不同法律的某些共同的内容;法律的一些形式性、技术性、程序性的内容有其内在一致性;随着世界各国交往的更加频繁,法律的交流也日益广泛,各国法律之间的趋同倾向更为明显。这些因素都表明了法律的共同性。

(六) 法律的社会性

法律是社会的组成部分,是社会关系的反映,表现为一种社会现象;法律是社会生活的产物,是人们共同生产、集体活动的结果,是人们在社会生活中形成的一种共识;法律受社会文化的影响;法律是社会资源分配的主要手段,解决社会由于社会资源有限与人的欲望无限的矛盾而引起的冲突;法律是一种社会规范,对人们的行为进行控制,对社会关系进行调整;法律对维护社会秩序、实现社会正义具有重要意义。

中国古代的慎到(约前 395 年—约前 315 年)就认为要兴"公"去"私",行"法"弃"私":"法之功莫大于使私不行";"有法而行私,谓之不法";"令立法而行私,是私与法争,其乱甚于无法。"[1]强调法律是社会的公器。

西方的社会法学派也强调法律与社会的紧密联系,如庞德强调法律的社会效果和作用,认为法律是一种社会工程,是社会控制工具之一或首要工具,其任务在于调整各种相互冲突的利益;20 世纪的法律是法律社会化的阶段。[2]

(七) 法律的可诉性

法律既是行为规则,又是裁判规则,可以作为裁判的依据。法律作为一种规范人们外部行为的规则,可以被任何人(特别是公民和法人)在法律规定的机构中(特别是法院和仲裁机构中)通过争议解决程序(特别是诉讼程序)加以运用。[3] 德国法学家坎特罗维其(Hemann Kantorowicz)认为,法律是规范外部行为并可被法院适用于具体程序的社会规则的总和。坎特罗维其分析了法律与其他社会规范的区别后指出:以内容、国家渊源和强制性来解释法律的特殊性都不甚令人满意,最为明显的区别应是法律的可诉性。[4]

法律的可诉性一般包括两个方面含义:①可争讼性,即任何人均可以将法律作

---

[1] 《慎子·佚文》。

[2] [美]罗斯科·庞德:《法理学(第一卷)》,邓正来译,438～469 页,北京,中国政法大学出版社,2004。

[3] 王晨光:《法律的可诉性:现代法治国家中法律的特征之一》,《法学》,1998(8)。

[4] Hemann Kantorowicz:The Definition of Law,Cambridge University Press,1958,79

为起诉和辩护的根据;②可裁判性(可适用性),法律能否用于裁判作为法院适用的标准是判断法律有无生命力、有无存续价值的标志。法律的可诉性与法律规范规定的明细性之间没有必然的联系。[1]

法律的可诉性来源于法律制度的基础概念即权利与义务。它赋予法律以生命和能动性,是现代法治的标志,也是现代法治形成的基本条件之一。法律的可诉性赋予公民更大的自由和主动性,呈现了法律的双向运行模式。

第三节　法的本质

本质是事物的根本性质,是事物内部相对稳定的联系,由事物所具有的特殊矛盾构成。法的本质指法律这一事物自身组成要素之间相对稳定的内在联系,本质掌握着可理解的世界的内容。法的本质是法理学的一个重要的本体论的问题,是法理学的核心问题。[2]

一、西方关于法的本质的各种学说

人类对法的本质的认识过程相当漫长。英国学者哈特(H.L.A.Hart,1907—1992)在《法律的概念》中一开始就指出:"在与人类社会有关的问题中,没有几个像'什么是法律'这个问题一样,如此反反复复地被提出来并且由严肃的思想家们用形形色色的、奇特的甚至反论的方式予以回答。"[3]

山　洞　案

富勒(Lon L. Fuller,1902—1978)曾经讨论过这样一个虚拟的案件:一个由4人组成的探险小组正在一个山洞里考察时,洞口突然崩塌。探险小组通过手机与外面取得了联系,救援队、地质专家和生理专家等迅速赶来。经过测量和研究,地质专家告诉被困在洞内的探险人员,打开洞口需要10天的时间。探险人员问外面的生理专家,说他们没有带任何食物,能够活多少天,生理学家说最多7天;洞里的人又问,如果杀死其中的一个人,其他3个人吃死者的肉,能够活到洞口被打开吗?生理学家极不情愿地作了肯定的回答。这以后,洞里的人就再也没有和外面联系了。第10天,洞口被打开了,有3个人还活着。原来,这4个人在洞内进行了抓阄,3个幸运者将抽到那个死亡之签的人杀死并把他的肉给吃了。这3个人身体

---

〔1〕 参见舒国滢:《法律原则适用的困境——方法论视角的四个追问》,载戚渊、郑永流等:《法律论证与法学方法》,176~197页,济南,山东人民出版社,2005。

〔2〕 需要注意的是,后现代法学者普遍倾向于认为法无本质,法律的本质是虚构的神话,法无本质实际上反映了哲学上的不可知论和怀疑论的倾向。

〔3〕 [英]哈特:《法律的概念》,张文显等译,1页,北京,中国大百科全书出版社,1996。

恢复后，被送上了法庭。法官应该如何处理呢？

富勒和萨伯对此提出了尊重法律条文、探究立法精神、法律与道德的两难、维持法治传统、以常识来判断、撇开己见、判案的酌情权、一命换多命、动机与选择、生命的绝对价值、契约与认可、设身处地、判决的道德启示、利益冲突而提出回避等14种判决意见。[1] 这些不同判决的根据来自于对法的本质的不同认识。[2]

在历史上，哲学家和法学家们曾对法的本质问题进行过认真地思考，从不同的角度进行了探讨，提出过各种各样的法的本质学说。这些学说反映了人类认识法的本质的发展历程，对我们把握法的本质极为重要。

（一）神意论

神意论者认为法是由神创造的，是神的理性和意志，将法的本质与神意等同划一起来，这是人类最早的对法的本质的认识。

我国古代夏、商就有"天命""天罚"观念，如夏启在讨伐有扈氏时以代行天罚的身份声称："天用剿绝其命，今予惟恭行天之罚。"[3] "天命玄鸟，降而生商。"[4] 商汤伐夏时，指责"夏氏有罪"，"予畏上帝，不敢不正，……尔尚辅予一人，致天之罚"。[5] 商王每事必卜，无日不卜，刑人杀人都要告之于天，征求天的意见。古印度的《摩奴法典》声称《摩奴法典》是自在神（梵天）之子摩奴制定的。古巴比伦王国

---

[1] 1842年美国费城曾经发生霍姆斯案（U.S.v.Holmes）这一真实的类似案件。一艘由英国利物浦驶往费城的邮轮撞冰山沉没，其中一艘救生艇上爬上了42人，包括船长和水手和乘客。救生艇因为超重，海水不断由舷边渗进来，同时开始出现漏洞；超重情形下，漏洞在不断扩大，需要不停地泼水出去；而且眼看就要沉没，如果那样的话，全部人都要淹死。船长急忙叫水手想办法减轻负重，水手霍姆斯于是先后把8男2女抛出船，最后船得以不沉并漂流几星期，在法国海岸获救。该艇的经历震惊全世界。事件真相暴露后，水手霍姆斯是当时唯一一个住在费城的人，他于是被捕并被告上法庭。大陪审团不愿意指控他谋杀，迫使检察官将起诉减轻为误杀罪（非预谋故意杀人）。霍姆斯的申辩理由为，因为紧急避难，如果杀人对于船上更多人存活是必要的，那在法律上就是正当的。鲍尔温法官告知陪审团，一定数量的水手是大艇航行所必需的，但超过这一数量的其他水手与乘客相比并没有任何特权，这些水手必须与乘客一起经受命运的考验。在这些告知下，陪审团认定非预谋故意杀人成立。最后鲍尔温法官宣布处以霍姆斯六个月监禁和20美元罚金；霍姆斯在被执行监禁刑之后，泰勒（John Taylor）总统赦免了罚金。详情参见[美]萨伯：《洞穴奇案的十四种判决》，陈福勇、张世泰译，序言，香港，商务印书馆（香港）有限公司，2006。进一步可参考雨果·亚当·贝多著的《要命的选择》（常云云译，北京大学出版社，2016）、托马斯·卡思卡特著的《电车难题——该不该把胖子推下桥》（朱沉之译，北京大学出版社，2014）、弗朗西丝·卡姆著的《电车难题之谜》（常云云译，北京大学出版社，2019）等作品。

[2] 国家司法考试、国家统一法律职业资格考试曾考察这方面内容。如国家司法考试2013年卷一第53题为多项选择题：一外国电影故事描写道：五名探险者受困山洞，水尽粮绝，五人中的摩尔提议抽签吃掉一人，救活他人，大家同意。在抽签前摩尔反悔，但其他四人仍执意抽签，恰好抽中摩尔并将其吃掉。获救后，四人被以杀人罪起诉并被判处绞刑。关于上述故事情节，下列哪些说法是不正确的？A. 其他四人侵犯了摩尔的生命权 B. 按照功利主义"最大多数人之福祉"的思想，"一命换多命"是符合法理的 C. 五人之间不存在利益上的冲突 D. 从不同法学派的立场看，此案的判决存在"唯一正确的答案"。参考答案为C、D项。

[3] 《尚书·甘誓》。

[4] 《诗经·商颂·玄鸟》。

[5] 《尚书·汤誓》。

制定的《汉谟拉比法典》(迄今所发现的最早的一部完整保留下来的成文法典)也强调是遵照神的旨意进行的,即"发扬正义于世,消灭不法邪恶之人",篇首用很长的篇幅强调法典是国王受地神、天神、众神之王、巴比伦守护神之命而发布的。

古罗马的奥古斯丁(Aurelius Augustin,354—430)是当时最伟大的神学家,他的著作《忏悔录》《上帝之城》《论三位一体》等在整个中世纪对基督教学说和观点产生了深刻的影响。奥古斯丁主张神权政治论,对原罪说予以发挥,区别神国与俗国、神法与人法,提出战争与和平论等。他将法律分成两类:世俗法与永恒法。在奥古斯丁看来,法律产生于上帝,是正义的体现,是上帝统治人类的工具。统治外部的有形之法是世俗法,而统治人内心的法是永恒法,有形来自于无形。这个法等同于上帝的意志和智慧,正是上帝的意志和智慧引导一切事物达到它们各自的目的。

在西欧中世纪,罗马天主教教会占据统治地位,正如恩格斯(Friedrich Engels,1820—1895)在《路德维希·费尔巴哈和德国古典哲学的终结》中所指出的:"中世纪把意识形态的其他一切形式——哲学、政治、法学,都合并到神学中,使它们成为神学中的科目。"[1]

作为西欧中世纪最大的神学家、经院主义哲学家,托马斯·阿奎那(Thomas Aquinas,约1225—1274)的神学中就包括了当时最为系统的神学法思想。阿奎那将法律分为四种:永恒法即上帝的法律,是最高的法律;自然法是沟通上帝和人的桥梁,其首要原则是"行善避恶";神法是上帝通过《圣经》所赋予的法律,用以补充比较抽象的自然法;人定法,通常包括世俗统治者制定的法律。在阿奎那看来,法律是种种有关公共幸福事项的合理安排,由任何负有管理社会之责的人予以公布。对"公共幸福""合理"等,他都做了神学上的解释。在他看来,上帝是万物的创造者,又是智慧的化身。神的智慧本身具有法律性质。这种学说更为系统和完整,有其独有的概念和解释体系,有一定的内在逻辑性,理论形态较为完美。

以后又出现新托马斯主义法学(新经院主义法学)。他们继承和发展中世纪托马斯·阿奎那的学说。如法国的雅克·马里旦(Jacques Maritain,1882—1973)提倡以基督教教义改造社会为核心的新人道主义或人格主义;主张国家应为人服务,最终为人能参与上帝生活这一目的服务;自然法是对上帝的永恒法的参与,是人权的哲学基础。他认为阿奎那"不是中世纪的一个遗迹……不单纯是研究历史和学问的一个对象。他完完全全是当代使徒的体现"。[2]他试图使神学的灵光环绕在体现西方资产阶级民主的政治、法律制度上。

---

〔1〕《马克思恩格斯选集》2版,第4卷,251页,北京,人民出版社,1995。

〔2〕[法]马里旦:《论圣托马斯·阿奎那》,转引自沈宗灵:《现代西方法理学》,92页,北京,北京大学出版社,1992。

神意论对法作了多元的理解，区分法与法律，并将法律的力量源泉归结于法律之外的神。这些对以后的法本质观有重要的影响。

（二）理性论

理性论为西方自然法学派关于法的本质的学说。这一学说在西方具有很大影响，对资本主义国家法律制度的建立具有奠基意义。理性论把法理解为一种理想、一种价值、一种道德，认为存在着一种高于实在法、并指导实在法的普遍原则，即自然法，宇宙运行不变之自然法则。

这一学说大致经历了三个发展阶段：古代自然法说、古典自然法学、新自然法学。

1. 古代自然法说

古希腊是自然法观念的发源地。古希腊较早摆脱了原始宗教神学的束缚，而致力于从自然本原探索法产生的原因。不少人认为，国家法就如同山川河流一样是一种自然现象，因而应当从"自然"着手，把握国家和法的真谛，形成了早期的自然法观念。亚里士多德（Aristotle，前384—前322）提出了自然正义和法律正义（约定正义）或普通的法律和特殊的法律，即自然法和实在法的区分问题。

罗马共和国末期的哲学家、政治家西塞罗（Marcus Tulius Cicero，前106—前43），在西方法思想上首先比较系统地提出了自然法的学说。真正的法律是和自然一致的正当理性，它是普遍适用的、不变的和永恒的，它命令人尽本分，禁止人们为非作歹；自然法早在任何成文法或国家产生以前就已存在；它对整个人类，不分国家、不分时期都普遍有效，任何人都不得违反、改变或取消这种法律；所有残暴的法令根本不能称为法律，而只是一群暴徒在集会中通过的规则而已。[1] 他相信自然理性是宇宙的主宰力量，认为法的本质是正义，但正义不是柏拉图所说的"天然秩序"，而是作为自然界组成部分的人所固有的人性。

在西欧中世纪时，自然法观念也成为神学法律思想的一个工具，阿奎那对法律进行分类时就有自然法。

2. 古典自然法说

商品经济和科学技术的发展唤醒了人们的个性意识，人们开始用理性来追寻法的本源。

在近代，自然法观念发展到高峰，17、18世纪的古典自然法学派是新兴资产阶级用以反对封建压迫、民族压迫和教会神学的法律思想。主要代表人物有荷兰的格劳秀斯（Hugo Grotius，1583—1645）；英国的霍布斯（Thomas Hobbes，1588—1679）、洛克（John Locke，1632—1704）；法国的孟德斯鸠（Charles Louis

---

〔1〕［罗马］西塞罗：《法律篇》，转引自法学教材编辑部西方法律思想史编写组编：《西方法律思想史资料选编》，63～64、78、83页，北京，北京大学出版社，1983。

Montesquieu,1689—1755)、卢梭;德国的普芬道夫(Samuel von Pufendorf,1632—1694);意大利的贝卡利亚(Cesare Bonesana marquis Beccaria,1738—1794)等。

他们从人的理性出发,认为存在一个"自然状态",在这一状态下人们享有由自然法保障的天赋自然权利,但是自然状态具有三大缺陷:缺乏明确与规定性的判断是非的共同尺度;缺乏公认与公正的裁判者;缺乏权力执行判决。人们为了保护自然权利,由理性引导进入政治状态,人们在协商的基础上订立契约,交出部分自然权利,联合成为国家。国家是人们通过社会契约建立的;自然法体现了永恒的正义。他们认为自然法代表人类的理性或本性,是最高的法律。自然法是"真正理性的命令",连上帝也要受它的支配,是永恒的。法是以普通的人性为基础的,因而凡是全体人民的共同意志而且同样适用于每一个社会成员,因而每个人不论其阶级地位、财富状况、社会地位如何,在法律上都是平等的,都是有同样的自由、权利。如格劳秀斯认为"自然法是正当的理性准则";[1]霍布斯认为"自然法就是公道、正义、感恩,以及根据它们所产生的其他道德";[2]洛克认为"自然法也就是上帝的意志的一种宣告"。[3]

古典自然法学为美国《独立宣言》、法国《人权宣言》以及近代资产阶级民主、法治理论提供了理论基础,成为反对封建专制制度、指导资产阶级革命建立资产阶级法制的理论武器。劳特派特在《奥本海国际法》中指出:"如果没有自然法体系和自然法先知者的学说,近代宪法和近代国际法都不会有今天这个样子。在自然法的帮助下,历史教导人类在它走出中世纪的制度而进入近代的制度。"[4]

3. 新自然法学

自然法学在 19 世纪中期至 20 世纪初期衰落后,在 20 世纪中期又开始复兴。主要代表人物有美国的朗·富勒(Lon L.Fuller,1902—1978)和约翰·罗尔斯(John Rwals,1921—2002)、德沃金(Ronald M.Dworkin,1931—2013)等。富勒的思想是法西斯政权战败在法律思想领域中所引起的冲击的产物,是在反对英国哈特的法律实证主义中形成和发展起来的。他认为法律与道德是不可分的,法律的外在道德是指法律的实体目标,即实体自然法;法律的内在道德是指法律的解释和执行的方式问题,即一种特殊的、扩大意义上的程序问题,即程序自然法,有 8 个法律原则(法律的普遍性、法律的公布、适用于将来而非溯及既往的法律、法律的明确性、避免法律中的矛盾、法律不应要求不可能实现的事情、法律的稳定性、官方行动

---

〔1〕 [荷兰]格劳秀斯:《战争与和平法》,转引自法学教材编辑部西方法律思想史编写组编:《西方法律思想史资料选编》,143 页,北京,北京大学出版社,1983。

〔2〕 [英]霍布斯:《利维坦》,黎思复等译,207 页,北京,商务印书馆,1985。

〔3〕 [英]洛克:《政府论(下篇)》,叶启芳等译,84 页,北京,商务印书馆,1964。

〔4〕 [英]赫希·劳特派特:《奥本海国际法(上卷第一分册)》,石蒂等译,63 页,北京,商务印书馆,1971。

和法律的一致性)。[1] 富勒更多的是把自然法看成是提供一种方法的理论,而这种方法是法律程序为达到某种社会组织形式的目的所必须运用的,主要为程序自然法。

罗尔斯、德沃金思想是西方社会动荡的产物。20 世纪 60—70 年代西方社会特别是美国社会出现大动荡,表现为战后最严重的经济危机,社会矛盾激化,黑人运动、学生运动、反战运动蓬勃发展,社会内部矛盾相应加剧。对西方法律制度的"信任危机"需要用新的理论来回答。罗尔斯于是提出一种新的正义论,以代替在道德思想领域中长期占统治地位的功利主义。罗尔斯虽然没有直接使用自然法一词,但认为法律必须基于某种抽象的道德概念,强调实体问题——正义。他的正义论的内容包括正义的至上性、对制度的正义原则与对个人的正义原则、形式正义(对法律和制度的公正和一贯执行)和实质正义(制度本身的正义)等。罗尔斯的正义主要是指社会正义。[2]

德沃金的学说以"权利论"作为核心。他主张道德哲学的有用性,因此德沃金从他自己的道德哲学出发,提出了权利论,主张通过整体性阐释可发现权利乃是美国宪政的一项基本原则,德沃金尤其强调当法律争议涉及道德权利时,必然要对其有一个立场,而不可能选择回避。他之所以强调规则、政策与原则之分,就是为了强调个人权利,即原则。他又认为,在所有个人权利中,最重要的是平等权利,即"政府必须不仅仅关心和尊重人民,而且必须平等地关心和尊重人民"。[3]

理性论更关注应然的法,将法律的权威基础归结为道德,法律的效力来自于法律之外的道德。[4]

(三) 民族精神论

这一学说为西方历史法学派关于法的本质的观点,首先在 19 世纪的德国兴起。法国资产阶级革命胜利后,在整个欧洲出现了一股思潮,矛头直接指向法国的

---

〔1〕 [美]朗·富勒:《法律的道德性》,转引自沈宗灵:《现代西方法理学》,58~62 页,北京,北京大学出版社,1992。详见[美]富勒:《法律的道德性》,郑戈译,北京,商务印书馆,2005。

〔2〕 参见[美]约翰·罗尔斯:《正义论》,何怀宏等译,第一篇理论,北京,中国社会科学出版社,1988。

〔3〕 [美]罗纳德·德沃金:《认真对待权利》,信春鹰等译,357 页,北京,中国大百科全书出版社,1998。

〔4〕 菲尼斯对自然法学说进行了重述,就以下方面展开叙述:基本的人类的善和实践理性的必要条件、共同体以及"共同的善";正义;权利话语(rights-talk)的逻辑结构;人权的基础、具体要求和限度;权威以及由非权威人员和程序制定的权威性规则;法律、法治、实践理性原则中推导出法律;法律和道德义务之间的复杂关系;由非正义的法律产生的实践和理论问题。参见[美]约翰·菲尼斯:《自然法与自然权利》,董娇娇等译,北京,中国政法大学出版社,2005。

关于自然法,还可以参阅[美]列奥·施特劳斯:《自然权利与历史》,彭刚译,北京,三联书店,2006;[德]海因里希·罗门:《自然法的观念史和哲学》,姚中秋译,上海,上海三联书店,2007;[意]登特列夫:《自然法:法律哲学导论》,李日章等译,北京,新星出版社,2008;[美]约翰·戈耶特等编:《圣托马斯·阿奎那与自然法传统》,杨天江译,北京,商务印书馆,2015;李猛:《自然社会:自然法与现代道德世界的形成》,北京,三联书店,2015。

启蒙学说,竭力维护在欧洲残存的封建统治,其在法学界的表现就是历史法学派的产生。

当时德国半封建的君主专制在政治上处于分裂状态,资产阶级已经形成,但其力量弱小;法律制度极为混乱,罗马法与日耳曼法同时存在,并经常发生冲突;各邦的法律也相互矛盾。这种政治上的分裂和法律上的混乱,既不利于资产阶级成长,又阻碍经济的发展。为改变这种状况,实现国家和法律的统一,海德堡大学教授蒂堡于 1814 年提出了制定统一民法典的建议,但遭到了萨维尼(Friedrich Karl von Savigny,1779—1861)等人的坚决反对。萨维尼发表了题为《论立法与法学的当代使命》的论文;萨维尼还与艾希霍恩创办了《历史法学杂志》,在创刊号上他们指出:历史法学的任务与其说是研究法的历史,不如说首先主要是重新把法学理解为立足在历史基础上的科学。萨维尼在论战中系统地阐述了历史法学派的基本观点。[1]

萨维尼等认为古典自然法学派所谓体现人类理性的自然法仅仅是一种假设,不能说明法律的渊源和本质,这种观点只能是幻想;法律像语言、风俗、政制一样,具有民族特性,是"民族精神"的体现,它"随着民族的成长而成长,随着民族的壮大而壮大,最后,随着民族对于其民族的丧失而消亡";[2]一个民族的法律制度,就像艺术和音乐一样,是其文化的自然体现,在民族内部力量推动下形成的,只有"民族精神"或"民族意识"才是实在法的真正创造者;每个民族的共同信念才是法律的真正渊源。

在他看来,法律主要体现为习惯法,习惯法是法律的真正基础,因为习惯法最能体现"民族精神",它是最有生命力的,其地位远超过立法;而且德国当时也无能力制定更好的法典。

英国的梅因(Sir Henry Maine,1822—1888),通过广泛收集整理和研究古代法律史的资料,发展了历史法学派的观点。他比较注重对法律发展规律的研究,甚至直接把法律的本质特征与法律进化的规律等同起来。"所有进步社会的运动在有一点上是一致的。在运动发展的过程中,其特点是家族依附的逐渐消灭以及代之而起的个人义务的增长。"[3]各国法律制度的历史表明,某些法律制度会在不同社会的相同历史条件下重新出现,法律的发展可以归结为法律形式的发展,即"从身份到契约",[4]个人成为社会生活的基本单位。他反对"社会契约论",但并不否认契约的存在,认为契约是从古就有的,只是表现形式和发展程度不同而已,强调契约在人类社会发展过程中的重大作用,把社会和法律的发展史等同于契约的发

---

[1] 对此,舒国滢的《德国 1814 年法典编纂论战与历史法学派的形成》一文(《清华法学》2016 年第 1 期)有较详细的介绍。

[2] [德]萨维尼:《论立法与法学的当代使命》,许章润译,9 页,北京,中国法制出版社,2001。

[3][4] [英]梅因:《古代法》,沈景一译,96~97 页,北京,商务印书馆,1959。

展史。

通过历史法学派的分析,我们可以了解一个国家的法自始至终的精神、特质、统一、个性化、发展等整体的存在与运作。到19世纪末20世纪初,历史法学派作为一种研究方法,已融化在分析法学或社会法学中。

(四)规范论

中国古代的思想家管仲认为:"法律政令者,吏民规矩绳墨也。"指出了法律的技术规范因素。[1]

在西方,规范论为分析法学关于法律本质的学说。这一学说曾长期在英国法学界占统治地位,创始人为英国法学家奥斯丁(John Austin,1790—1859)。英国资产阶级革命是以妥协告终的,这种革命的不彻底性在法律方面的直接后果,是旧的诉讼程序被继续运用,许多封建法律被虔诚地保存下来,这使得当时英国的法律显得杂乱无章,重迭牵制,互相矛盾。奥斯丁认为,造成英国法律混乱状态的原因,并不在于法律的历史传统,而是因为混乱而散漫的思想方法,尤其是因为古典自然法学说的传播。因此他给自己规定的任务,是把法律和法学从自然法学说中解放出来,通过对法律的逻辑分析提供一套共同的原则、概念和特征,明确它们彼此之间的逻辑关系,形成有条理的法律体系,以完善资产阶级法制,提高统治效能。

奥斯丁认为,法学的对象仅限于实在法,"实际存在的由人制定的法",通过对实在法的分析找出它们共同的原则,而这些共同原则实际上都建立在功利的基础之上;法律或严格意义上的法律,是命令,是以制裁作为保证的一种命令,"是政治优势者对政治劣势者制定的法",[2]而政治优势者,是指他在社会地位、财富和品德等方面的优越性超过其他人。

他强调,法律和道德是无关的,至少没有必然的联系,一个不道德、不正义的法,只要是合法地制定的,就应该认为具有法律效力,即"恶法亦法"。[3]在《法理学的范围》中,奥斯丁指出:"法的存在是一回事。法的优劣,则是另外一个问题。法是否存在,是一种需要研究的问题。法是否符合一个假定的标准,则是另外一种需要研究的问题。一个法,只要是实际存在的,就是一个法,即使我们恰恰并不喜欢它,或者,即使它有悖于我们的价值标准。"[4]

规范论以后为原籍奥地利后入美国籍的凯尔森(Hans Kelsen,1881—1973)的

〔1〕《管子·七臣七主》。
〔2〕[英]约翰·奥斯丁:《法理学的范围》,刘星译,13页,北京,中国法制出版社,2002。
〔3〕法律由于违背正义达到不能容忍的程度,则应被视为"非正确法""恶法""非法之法"。这个观点是德国法学家古斯塔夫·拉德布鲁赫提出的,其被后世称为"拉德布鲁赫公式"(Radbruchsche Formel)。见[德]古斯塔夫·拉德布鲁赫:《法律的不法与超法律的法》,载拉德布鲁赫:《法律智慧警句集》,舒国滢译,170~171页,北京,中国法制出版社,2001。
〔4〕[英]约翰·奥斯丁:《法理学的范围》,刘星译,209页,北京,中国法制出版社,2002。

纯粹法学和哈特的新分析法学等所继承和发展。

凯尔森认为纯粹法理论不能回答"某一个法律是否合乎正义以及什么是正义的基本要素的问题",[1]强调法律与正义不能混为一谈;从"法律纯粹分析"入手,凯尔森通过对法规则(规范)的概念和体系结构分析,对法律的效力根源以及法律作用方式进行了阐明。凯尔森提出了一个法律定义,并创造了自己的法律规范体系。他说,法律的定义有政治定义与科学定义之分,政治定义就是使法律概念服从特定的政治、道德理想(根据个人价值判断来确定);纯粹法学所追求的是科学定义,它表明法律是"个人行为的一种秩序",[2]"是一种社会组织的特定技术"。[3]法律是由规范构成的,"'规范'是表达某人应当如何行为这一事实的一个规则,而并没有任何人真正'要'他这样做的含义"。由此,他提出了一个叙述法律问题的基本原则,即区别"应当"和"是",这就是说,应当发生的事或应当有的行为,如果法律作了规定,它就有约束力。至于实际是不是发生这种事或行为,并不影响法律规范的存在和效力。凯尔森详细地分析了法律规范的等级体系,认为每一个规范效力的理由都来自另一个更高的规范,不能从一个更高规范中得来自己效力的规范则为基础规范。[4]

从 20 世纪 50 年代中期开始,在西方法学界,以哈特与富勒为中心,开展了分析实证主义法学和新自然法学的长期论战。英国的哈特是在"二战"后"复兴自然法"的条件下提出自己的新分析法学的,因此他的学说中具有向自然法学靠近的特征。他不仅接受了奥斯丁的基本观点,而且吸收了现代西方哲学的一个重要派别——逻辑实证主义的概念和语言分析法,作为其学说的一个思想基础。哈特试图用其"法律的规则说"取代或者弥补奥斯丁的"法律命令说"。哈特的法律规则说,即第一性规则和第二性规则的结合;基本规则或者第一性规则要求人们做一定的行为或者禁止人们去做一定的行为,第二性规则是附属性的,它引入新的规则,以废除、修改旧的规则,决定它们的范围和运作的方式。第一类规则设定义务,第二类规则授予权力。第一类规则涉及物质运动和变化有关的行为,第二类规则此外还引起义务或者责任的产生和变更。哈特指出,"法理学科学的关键"就在于"这两类规则的结合中"。[5]在法律与道德关系上,哈特提出了著名的"自然法的最低限度的内容"理论,即"这些以有关人类、他们的自然环境和目的的基本事实为基础的、普遍认可的行为原则,可以被认为是自然法的最低限度的内容"。[6]

---

〔1〕〔2〕〔3〕　[奥]凯尔森:《法与国家的一般理论》,沈宗灵译,1~6 页,北京,中国大百科全书出版社,1996。

〔4〕　参见[奥]凯尔森:《法与国家的一般理论》,沈宗灵译,125~126 页,北京,中国大百科全书出版社,1996。

〔5〕　[英]哈特:《法律的概念》,张文显等译,83 页,北京,中国大百科全书出版社,1996。

〔6〕　[英]哈特:《法律的概念》,张文显等译,188~189 页,北京,中国大百科全书出版社,1996。

规范论主张法律的一元论,强调讨论法律本身,排除法律之外因素的影响。

(五) 社会控制论

社会控制论为西方社会法学派关于法的本质的学说。这一学说以社会学观点和方法研究法律现象,从社会本位角度认识法,注重探讨法律在社会中的实际运作,把法律作为社会控制的工具。社会法学派强调独立于国家利益、个人利益的社会利益的客观存在,法律保障社会利益。它研究法律与其他社会因素的相互作用,特别是要研究法律的社会目的和效果。

在社会变迁、国内外各种矛盾不断加剧的情况下,资产阶级要求充分利用国家权力、社会权威,加强法律对社会生活的统治特别是经济生活的干预,以缓和社会矛盾,并为加强社会控制、适应社会发展提供法律依据,维护资本主义的社会关系和社会秩序。

为说明资产阶级法律的变化,从理论上指导和完善资产阶级法律制度,社会法学派逐步形成。奥地利法学家埃利希(Eugen Ehrlich,1862—1922)指出法的发展的重心不在立法、法学或判决,而在社会本身。他认为法比国家出现得更早,国家制定和执行的法仅是法中很小的一部分;即使在现代,国家对法所起的作用也是有限的,而大量存在的是"活法";应当自由地发现法律。[1] 法国的狄骥(Léon Duguit,1859—1928)通过把法律与"社会连带关系"联系起来,进而说明法律的本质问题。美国的庞德(Roscoe Pound,1870—1964)主张从社会控制论着手,站到一个更高的层次来理解法律概念,认为法律是一种社会控制的制度,是依照一批在司法和行政过程中使用的权威性法令来实施的高度专门形式的社会控制。在他看来,在人类本性中存在着与人的社会性相对应的自我扩张的本性,尽管个人也往往对它采取摈弃的态度,但不能排除它潜在的存在和以不同方式、不同程度地被激发出来,这就要求在一种强有力的控制工具,在现代社会,只有法律才能完成这个任务。法律通过对人们自我扩张的本性的控制来保证和实现社会利益。[2] 庞德强调法律的社会效果和作用,认为法律是一种社会工程,是社会控制工具之一或首要工具,其任务在于调整各种相互冲突的利益;20世纪的法律是法律社会化的阶段。

社会法学派重视法律与社会关系的探讨,强调法律的根源不在于人类的本性,而在于社会的需要和约束人们的团结精神;法律的目的首先是保障社会的、公共的利益,而不是孤立的个人权利和自由,因为个人不能离开社会而存在。

---

〔1〕 参见[奥]欧金·埃利希:《法律社会学基本原理》,转引自沈宗灵:《现代西方法理学》,271~277页,北京,北京大学出版社,1992。详见[奥]欧根·埃利希:《法社会学原理》,舒国滢译,北京,中国大百科全书出版社,2009。

〔2〕 参见[美]庞德:《通过法律的社会控制 法律的任务》,沈宗灵等译,9~10页,北京,商务印书馆,1984。

二、中国古代的法观念

中国古代社会以"和谐"为最高追求,法也立基于此,从人伦、天常获得法的权威来源,形成了律法观念、伦理法观念和法自然的自然法观念。[1]

(一) 律法观念

"律"为"法规、法则、法令、规章""约束""遵循""格式""效法"等意。《尔雅·释诂》载:"律,法也。"《说文》也载:"律,均布也。"

中国古人重视律法,对此有不少论述。荀子主张"隆礼重法"。他说:"明礼义以化之,起法正以治之,重刑罚以禁之,使天下皆出于治,合于善也。此圣王之治而礼义之化也。"(《荀子·性恶》)韩非子也说:"故其治国也,正明法,陈严刑,将以救群生之乱,去天下之祸,使强不凌弱,众不暴寡,耆志得遂,幼孤得长,边境不侵,君臣相亲,父子相保,而无死亡杀虏之患,此亦功之至厚者也"。(《韩非子·妃劫弑臣》)[2]南朝梁朝的刘勰在《文心雕龙·议对》中也指出:"田谷先晓于农,断讼务精于律。"《汉书·高帝纪》载:"天下既定,令萧何次律令。"律法为中国古代社会的主要法律,为官方颁布的具有一定表现形式的规条。

律法以成文的制定法为主,主要有刑、法、律、令、典、式、格、诏、诰、科、比、例、敕等形式,各朝有所不同,较为全面的调整各方面的社会关系。

在夏、商、西周和春秋时期,刑指刑律。法是商鞅变法之前常用的法律形式,如魏国的《法经》(包括《盗法》《贼法》《囚法》(亦作《网法》)、《捕法》《杂法》《具法》等六篇)、晋国的《被庐之法》。律是商鞅变法后中国古代社会主要的法律形式,如秦的《田律》、汉朝《九章律》,魏晋之后有《魏律》《晋律》《北齐律》《隋律》《唐律》《大明律》《大清律》。令是君王就某一具体事务颁布的命令,涉及官府的组织形式、运行程序等,如隋唐时期的《开皇令》和《贞观令》、宋代的《天圣令》。典最早为唐朝的《唐六典》,是一部行政法典,后来的宋元明清都有此类法典。式是朝廷就某一机关工作原则、工作程序而制定、颁布的法律文件。式为官府的公文程式和行政活动的细则,在唐朝还有一定地位,是唐朝律令格式法律体系的重要组成部分,但到了元明清时期,地位下降了很多,不再起主要作用。格也是一种行政法规,规范各机构和官吏的办事行为,最早出现于东魏的《麟趾格》,明清时将格的内容归入了会典和其他形式的法规中,不再独立。诏是古代皇帝发布的命令,又叫诏令;皇帝的诏令具

---

[1] 江山认为中国法形态为礼法、仁法、理法的三重结构,参见江山的《中国法理念(第四版)》(北京,中国政法大学出版社,2005)第五、第六、第七章有关内容。

[2] 中国古代的法家认为人在本性上是趋利避害的,决定了人与人之间不免发生利益冲突,因此需要严格的制度进行管理。"法者,宪令著于官府,刑罚必于民心,赏存乎慎法,而罚加乎奸令者也。"(《韩非子·定法篇》)"法者,编著之图籍,设之于官府,而布之于百姓者也。"(《韩非子·难三》)法家的主张在秦国实践中获得了短暂的成功,以后为儒家所部分吸收。

有最高的法律效力,既可以认可、公布律条,也可以改变、废除律条。诰为明太祖朱元璋以判例形式出现,带有特别法性质的重刑法令,包括《大诰》《大诰续编》《大诰三编》《大诰武臣》四部分,统称《御制大诰》。例是以君王命令的形式发布、补充和修订律典的特别法。敕是皇帝诏令的一种,宋代的敕是皇帝对特定人或特定事所作的命令。

中国古代社会的律法可从下面的《明律·脱漏户口》可见一斑。

钦定四库全书

明会典卷一百三十四

刑部九

比科

诸司职掌

律令

户役　　　　　田宅　　　　　仓库

课程　　　　　钱债　　　　　市廛

　　　　户役

明律

脱漏户口

凡一户全不附籍有赋役者家长杖一百无赋役者杖八十附籍当差　若将他人隐蔽在户不报及相冒合户附籍有赋役者亦杖一百无赋役者亦杖八十若将另居亲属隐蔽在户不报及相冒合户附籍者各减二等所隐之人并与同罪改正立户别籍当差其同宗伯叔弟侄及婿自来不曾分居者不在此限　其见在官役使办事者虽脱止依漏口法　若隐漏自己成丁人口不附籍及增减年状妄作老幼废疾以免差役者一口至三口家长杖六十每三口加一等罪止杖一百不成丁三口至五口笞四十每五口加一等罪止杖七十入籍当差　若隐蔽他人丁口不附籍者罪亦如之所隐之人与同罪发还本户附籍当差　若里长失于取勘致有脱户者一户至五户笞五十每五户加一等罪止杖一百漏口者一口至十口笞三十每十口加一等罪止笞五十本县提调正官首领官吏脱户者十户笞四十每十户加一等罪止杖八十漏口者十口笞二十每三十口加一等罪止笞四十知情者并与犯人同罪受罪者计赃以枉法从重论若官吏曾经三次立案取勘已责里长文状叮咛省谕者事发罪坐里长

这种律法规范的内容比较具体,权利义务与法律责任较为明确。

(二) 伦理法观念

中国古代存在以礼为核心的伦理法观念。《礼记·乐记》曰:乐者,通伦理者也。东汉郑玄注:伦,大类也;理,分也。"伦"训为"类","类"又可训为"辈",引申为同类同层次,父辈为一伦,兄弟辈又一伦。"伦"又有"道"意义,"道"即规则、道理。"伦理"一词,实指古代宗法社会中以血缘关系为基础的人伦尊卑等级秩序,也即"伦常",即人伦之常道,推而广之,也是宇宙万物的大化规则、人类社会的政治秩序。

关于礼,《礼记·礼运》曰:"夫礼,必本于大一,分而为天地,转而为阴阳,变而为四时,列而为鬼神。"言下之意,人世间的礼乐制度最核心、最根本的问题是起源于"一",孔颖达解释说,"极大曰大,未分曰一,其气既极大而未分,故曰大一也。礼理既与大一而齐,故制礼者用至善之大理以为教本,是本于大一也。"故此,《论语·为政》载:"子曰:道之以政,齐之以刑,民免而无耻;道之以德,齐之以礼,有耻且格。"《论语·学而》载:"有子曰:礼之用,和为贵。先王之道,斯为美;小大由之。有所不行,知和而和,不以礼节之,亦不可行也。"

一般认为,中国古代的伦理法观念、伦理法思想基本含义有两方面:①伦理凌驾于法律之上,宗法人伦道德价值高于法律价值,伦理评价高于法律评价,以"三纲五常"为主要内容的宗法主义伦理为立法、司法的根本原则。②伦理与法律之间没有明确的界限,宗法伦理道德被直接赋予法的性质,具有法的效力,即伦理法律化。

中国古代的立法以礼为指导,执法以教化为首务。法律条款的确立要体现人伦道德的宗旨,统治者为政要先教而后刑。礼法并举、刑教结合的目的是建造一个"父子有亲,君臣有义,夫妇有别,长幼有序,朋友有信"充满人情味的有序王国。[1]

伦理法观念植根于古代以宗法家庭和自然经济相结合的农业社会的深厚土壤之中,其伦理是实实在在的活生生的世俗伦理,不同于以超凡出世为特征的宗教伦理,也有别于那种在人类社会之上或之外的以自然主义为基础的理性主义伦理。这种世俗伦理不是一种神秘的信仰,而是安身立命的基础。

中国古代以"祖述尧舜,宪章文武"相标榜,认定尧舜和文武王是将伦理价值和法律价值融为一体的最高典范,是完美的道德、优良的法律的直接体现者,"法先王"是其基本的思维模式,先验的"先王之法"是一切现实法的最高评价标准和价值目标。[2]

(三)法自然的自然法观念

崇拜自然、效法自然是中国古代为政的传统。自然界的博大和谐、万物有所归及变化规律,为中国传统法律提供了最好的模式。礼法并举、恩威并用及执法平等的思想主张,也常常源于自然界的启发。法律的权威基础来自于自然的本源。老

---

〔1〕《孟子·滕文公》。梁治平由"礼法"一词在古代经籍和史乘中的基本用法入手,进而对古代礼、法观念的渊源和流变,尤其是二者关系的演变,予以系统的梳理和说明,借以展示古代中国人的秩序观、法律观,以及传统的秩序观和法律观在近代经历的挑战和变迁。参见梁治平:《"礼法"探原》,《清华法学》,2015(1)。

〔2〕 江山认为,构成传统中国法理念的主要是三大支柱,即礼法、仁法、理法。参见江山:《中国法理念》,165~301页,台北,元照出版有限公司,2008。

子有言:

有物混成,先天地生,寂兮寥兮,独立不改,周行不殆,可以为天下母。吾不知其名,字之曰"道",强为之名曰"大"。大曰逝,逝曰远,远曰反,故道大,天大,地大,人亦大。域中有四大,而人居其一焉。人法地,地法天,天法道,道法自然。[1]

……道生之,德畜之,物形之,势成之。是以万物莫不尊道而贵德。道之尊,德之贵,夫莫之命而常自然。故道生之,德畜之;长之育之;成之熟之;养之覆之。[2]

崇拜自然是人类社会发展伊始的普遍现象。原始社会时,由于生产力的低下,人们对自然界的一些现象无法理解,无论是出于恐惧,还是出于依赖,他们相信自然之中存在着神力无边的主宰,因而对自然便顶礼膜拜。中国先民的智慧之处表现于在崇拜自然的同时,更注重仿效自然,以求用"人事"应"天道",用"天道"制约"人事"。传说开天辟地的伏羲"仰观象于天,俯察法于地,因夫妇,正五行,始定人道"。[3] 成书于战国秦汉之际的《周礼》,仿效自然,设天、地、春、夏、秋、冬六官,以人事应天道。《汉书·刑法志》开篇便道出法律的诞生是圣人受大自然启发的结果:"圣人既躬明哲之性,必通天地之心,制礼作教,立法设刑,动缘民性,而则天象地。故曰:先王立礼'则天之明,因地之性'也。刑罚威狱,以类天之震曜杀戮也。温慈惠和,以效天之生殖长育也。《书》云:'天秩有礼'、'天讨有罪'。故圣人因天秩而制五礼,因天讨而作五刑。"这段话的意义在于说明礼与法、教与刑都是圣人与大自然沟通的产物,是圣人对沉默不语的大自然底蕴的领悟。因为效法自然,中国传统法律在发展之始便迅速摆脱了几乎所有法系发展中都经历过的漫长的神权时代,并从未坠入神权笼罩的深渊。

中国不存在天人分离的二重结构,不存在超自然、超人类纯自然法则,以"天人调谐""天人合德"为寄托,强调人对自然的参与而不是征服,人与天、地并称"三才",人可以参天地赞化育,兼天地之才而用之,所谓自然法则原本也同时就是人的法则。[4]

应当看到,从文化背景、语境到法的体系、特征再到概念、词语等各方面,中国

---

[1] 《道德经》二十五章。

[2] 《道德经》五十一章。龙大轩将"道"与中国法律传统关联论证,认为"道"是世俗世界只能顺应不能违背的总法则,是宇宙的总根源,是万事得以形成的总规律,是万物得以生存的总纲领,更是中国古代法精神的集中表达。参见龙大轩:《道与中国法律传统》,20~229 页,济南,山东人民出版社,2004;龙大轩:《道与中国法律传统》,《现代法学》,2004(2),第 54-61 页。

[3] 《白虎通·号篇》。

[4] 在这方面,马小红的《礼与法——法的历史连接》(北京,北京大学出版社,2004)值得我们注意。

古代法与西方法都存在着很大的差异。对中国古代法的认识不能以西方的为标准。[1] 法国 18 世纪伟大思想家伏尔泰有言:"对中国的礼仪的极大误会,产生于我们以我们的习俗为标准来评判他们的习俗,我们要把我们的偏执的门户之见带到世界各地。"[2]

对此,主持清末修律的清廷大臣沈家本以为中西法"道理自在天壤,说道真确处,古今中外归于一,不必左右袒也"。中西法的道理是"大抵中说多出于经验,西学多本于学理。不明学理,则经验者无以会其通;不习经验,则学理亦无从证其是。经验与学理,正两相需也"。[3] 再看程树德作于 1926 年的《九朝律考》对中国古代"律"历代相袭的精辟概括:"九章之律,出于李悝《法经》,而《法经》则本于诸国刑典,其源最古。春秋时齐有管子七法,楚有仆区法、茆门法,晋有刑书刑鼎,郑有刑书竹刑,其见于记载者如此。商君有言,不观时俗,不察国本,则其法立而民乱。自汉以后,沿唐及宋,迄于元明,虽代有增损,而无敢轻议成规者,诚以其适国本,便民俗也。"[4]

我们需要注意,"在清算旧的传统和制度的时候,我们也要注意随意地斥责古

---

〔1〕 对中国古代社会的法,我们常常受西方学者的影响而给予消极的评价。如孟德斯鸠这样评价中国法律:"在中国,腐败的统治很快便会受到惩罚。这是事物的性质自然的结果。人口这样众多,如果生计困乏便会突然发生纷乱。在别的国家,改革弊政所以那么困难,是因为弊政的影响不那么明显,不像在中国那样,君主受到急遽的显著的警告。""中国的皇帝所感悟到的和我们的君主不同。我们的君主感到,如果他统治得不好的话,则来世的幸福少,今生的权力和财富也要少。但是中国的皇帝知道,如果他统治得不好的话,就要丧失他的帝国和生命。""中国虽然有弃婴的事情,但是它的人口却天天在增加,所以需要有辛勤的劳动,使土地的生产足以维持人民的生活。这需要有政府的极大注意。政府要时时刻刻关心,使每一个人都能够劳动而不必害怕别人夺取他的劳苦所得。所以这个政府与其说是管理民政,毋宁说是管理家政。""这就是人们时常谈论的中国的那些典章制度的由来。人们曾经想使法律和专制并行,但是任何东西和专制主义联系起来,便失掉了自己的力量。中国的专制主义,在祸患无穷的压力之下,虽然曾经愿意给自己带上锁链,但都徒劳无益;它用自己的锁链武装了自己,而变得更为凶暴。""因此中国是一个专制的国家,它的原则是恐怖。"参见[法]孟德斯鸠:《论法的精神(上册)》,张雁深译,128～129 页,北京,商务印书馆,1961。再如梅因在《古代法》中认为一个国家民事制度的变化和发展是产生"静止的社会"和"进步的社会"的原因。梅因这样评价东方的法律:"世界有物质文明,但不是文明发展法律,而是法律限制着文明。研究现在处在原始状态下的各民族,使我们得到了某些社会所以停止发展的线索。我们可以看到,婆罗门教的印度还没有超过所有人类各民族历史都发生过的阶段,就是法律的统治尚未从宗教的统治中区分出来的那个阶段。在这类社会中的成员,认为违犯了一条宗教命令应该用普通刑罚来处罚,而违背了一个民事义务则要使过失者受到神的惩戒。在中国,这一点是过去了,但进步又似乎就到此为止了,因为在它的民事法律中,同时又包括了这个民族所能想象到的一切观念。"参见[英]梅因:《古代法》,沈景一译,14 页,北京,商务印书馆,1959。

〔2〕 [法]伏尔泰:《风俗论(上册)》,梁守锵译,221 页,北京,商务印书馆,1995。18 世纪末至 20 世纪初,欧洲,包括美国的思想家对中国文化基本都持批判和歧视的态度。参见[德]夏瑞春编:《德国思想家论中国》,陈爱政等译,南京,江苏人民出版社,1995;[美]明恩溥:《中国人的特性》,匡雁鹏译,北京,光明日报出版社,1998;[美]何天爵:《真正的中国佬》,鞠方安译,北京,光明日报出版社,1998;周宁:《2000 年西方看中国》,北京,团结出版社,1999。1904 年梁启超在《论中国成文法编制之沿革得失》中以西方法为标准,指出了几千年来一脉相承的中国法的不足:"法律之种类不备""私法部分全付阙如"、"法律固定性太过""法典之体裁不完善""法典之文体不适宜"。参见梁启超:《饮冰室合集》,40-53 页,北京,中华书局,1989。

〔3〕 沈家本:《历代刑法考》,第 4 册,2217 页,北京,中华书局,1985。

〔4〕 程树德:《九朝律考》,1 页,北京,中华书局,1963。

人、斥责祖先、斥责他们创造的观念和制度,无视其中所蕴涵的智慧、知识和普遍道德,是 20 世纪中国人的文化病,即由中西文化冲突所导致的紧张症。"[1]我们应当抱有同情理解的态度。

三、马克思主义法学的法律本质观

马克思主义法学的本质学说认为,法律的关系既不能从它们本身来理解,也不能从人类精神的一般发展来理解,相反,它们都根源于社会物质的生活关系。

马克思主义认为,"以往的全部历史,除原始状态外,都是阶级斗争的历史;这些互相斗争的社会阶级在任何时候都是生产关系和交换关系的产物,一句话,都是自己时代的经济关系的产物;因而每一时代的社会经济结构形成现实基础,每一个历史时期的由法的设施和政治设施以及宗教的、哲学的和其他的观念形式所构成的全部上层建筑,归根到底都应由这个基础来说明。"[2]

马克思主义认为,由于根本利益的不同,在阶级对立的社会里不能形成统一的全社会意志,而只有统治阶级意志才能上升为国家意志。法律是统治阶级或取得胜利并掌握国家政权的阶级的意志的体现。在《德意志意识形态》中,马克思和恩格斯指出,在一定的物质生产中,"占统治地位的个人除了必须以国家的形式组织自己的力量外,他们还必须给予他们自己的由这些特定关系所决定的意志以国家意志即法律的一般表现形式。""由他们的共同利益所决定的这种意志的表现,就是法律。"[3]列宁(Vladimir Ilich Lenin,1870—1924)指出:"意志如果是国家的,就应该表现为政权机关所制定的法律,否则'意志'这两个字只是毫无意义的空气震动而已。"[4]统治阶级利用掌握国家政权这一政治优势,有必要也有可能将本阶级的意志上升为国家意志,然后体现为国家的法律。然而,法律体现的统治阶级意志具有整体性。法律体现的统治阶级意志不是统治阶级内部成员意志的简单相加,也不是少数人的任性。而是统治阶级的整体意志、共同意志或根本意志。这种共同意志或根本意志是统治阶级作为一个整体在政治、经济上的根本利益的反映。或者说,体现为法律的统治阶级意志是与统治阶级的政治统治、根本经济利益相关联的意志。但就个别意志而言,不仅对立阶级之间的意志是矛盾的,而且即使在统治阶级内部,其各个人、党派、集团之间的意志也可能存在冲突和不一致。在某些情况下,个别意志甚至与统治阶级的整体意志相抵触,危及整个统治阶级的根本利益。此时,统治阶级就会通过惩罚的手段,迫使与整体意志冲突的个别意志符合统

〔1〕 夏勇主编:《走向权利的时代——中国公民权利发展研究》,21 页,北京,中国政法大学出版社,2000。

〔2〕《马克思恩格斯全集》,2 版,第 25 卷,392~393 页,北京,人民出版社,2001。

〔3〕《马克思恩格斯全集》,第 3 卷,378 页,北京,人民出版社,1960。

〔4〕《列宁全集》,第 25 卷,75 页,北京,人民出版社,1958。

治阶级的根本利益。因此,法律具有意志性、主观性,是阶级统治的工具。[1]

马克思主义法学强调,法律体现统治阶级意志,要经历一个复杂的过程。它取决于统治阶级同被统治阶级的阶级斗争状况,也取决于统治阶级内部各阶层、集团或个人的矛盾和斗争。在一定情况下,法律的内容不仅反映统治阶级的意志,而且同时又反映被统治阶级以及统治阶级的同盟者的某些要求和愿望。这包括:①法律的内容规定对全社会都有利,不同程度地反映全社会各阶级、阶层的共同利益(如各种技术法规)。②在阶级斗争激烈对抗的条件下,统治阶级为了缓和与被统治阶级的某些矛盾,把被统治阶级的反抗控制在一定的范围和限度内,而在立法中对被统治阶级作出一定的让步,规定一些符合被统治阶级利益、反映其某些愿望和要求的内容,例如,在资产阶级法律中也往往有一些保护劳动人民利益的条款,诸

---

〔1〕 1938 年 7 月 19 日,在莫斯科召开了第一次全苏法律科学工作者会议,当时任苏联检察长的 А.Я.维辛斯基(А.Я.Вышйиский,1883—1954)在会上作了《苏维埃社会主义法律科学的基本任务》的报告,在这个报告中他提到科学院法律研究所讨论和通过了他提出的一个提纲,在这个提纲的第 24 条,他给法律下了这样一个定义:"法是以立法形式规定的表现统治阶级意志的行为规则和为国家政权认可的风俗习惯和公共性规则的总和,国家为了保护、巩固和发展对于统治阶级有利的和惬意的社会关系和秩序,以强制力量保证它的施行。"维辛斯基在分析时又说明:"法是各该社会统治阶级的利益的表现,法的内容是从社会上占统治地位的某种经济条件或生产条件中产生的。归根到底,生产和交换决定着社会关系的整个性质。法是这些社会关系的调节者。"(〔苏〕А.Я.维辛斯基:《苏维埃社会主义法律科学的任务》,载《国家和法的理论问题》,郑华译,100～101 页,北京,法律出版社,1955。)维辛斯基的这一定义经过讨论,被一致通过,在很长一段时间占据统治地位,并且对我国法学界有极大影响。如 С.С.阿列克谢耶夫认为:"法的定义可表述如下:法是具有普遍约束力的正式确定的规范体系,这些规范反映并应该保证阶级规定的,同责任统一的行为自由,从而是国家政权衡量行为合法和不合法的标准。"(〔苏〕С.С.阿列克谢耶夫:《法的一般理论》,丁文琪译,上册,102 页,北京,法律出版社,1988。)苏共二十大展开了对斯大林的批判,同时也展开了对斯大林时代在法律和法学方面担负重要领导责任的 А.Я.维辛斯基的批判。苏联法学界对维辛斯基法的定义的批判主要集中在仅仅强调了法律的阶级意志性而没有指出法律的物质制约性、过分强调国家强制力的作用而忽略了人们自觉遵守法律的意义、夸大了法律是阶级斗争的工具而忽略了法律还是社会关系的调整器等方面。值得注意的观点如"法是在该社会中得到承认的并受到官方保护的平等和正义标准的总和,它们调节自由意志在彼此的相互关系中的对抗和协调"。(参见〔俄〕B.B.拉扎列夫主编:《法与国家的一般理论》,王哲等译,31 页,北京,法律出版社,1999。)因此,必须注意到,那时苏联法律文化中有不少和高度集中的计划经济体制、个人崇拜以及大国沙文主义相联系的因素。近年来俄罗斯关于国家与法的理论的论述,可参见〔俄〕M. H.马尔琴科(M. H. Марченко)的《国家与法的理论》(许晓晴译,北京,中国政法大学出版社,2010)。该书分为 24 章,内容包括:国家与法律论在其他科学体系中的地位和作用、国家的概念和基本特征、法的概念和基本特征、国家与法的起源、国家与法律体系的类型学、过渡型国家与法、当代世界的法律体系等。作者根据近二十多年俄罗斯及独联体各国在政治、经济和社会领域发生的巨变,结合历史上及当今世界各国有关国家与法的理论、观点和流派,对苏联的国家与法的理论进行了彻底的、根本性的批判和修正,深入地思考和分析了当代俄罗斯的国家法律现象,深刻地论述了在俄罗斯实现法治国家、三权分立、多党制等资产阶级宪政思想的利弊、现状及前景,提出并论证了过渡型国家与法的历史形态的新观点。作者马尔琴科为法学博士、教授,莫斯科大学法律系国家与法及政治学教研室主任、莫斯科大学博士论文答辩委员会主席、俄罗斯法科高校联合会主席,为俄罗斯联邦委员会联邦议会法律委员会成员、莫斯科大学二级罗蒙诺索夫奖金获得者(1985)、《国家与法》《法学》及《莫斯科大学学报·法学类》等杂志编委;曾经担任莫斯科大学副校长(1992—1996)、莫斯科大学学术委员会副主席(1992—1996)、莫斯科大学法律系主任(1982—1992)。

如限制劳动时间、劳动保护、最低工资、失业救济、罢工自由等。这些条款是劳动人民同有产阶级进行长期斗争所取得的成果。从这个意义上，我们可以说法律具有共同性，是社会管理的手段。但从本质上看，这一部分规范或条款仍然是通过统治阶级所掌握的政权机关来制定或认可的，它仅具有局部的意义，并不能改变一国法律的整体性质。

马克思主义法学同时指出，不仅统治阶级意志的内容，而且包括法律本身，都是由统治阶级所处的社会物质生活条件所决定的。1848年马克思和恩格斯在《共产党宣言》中指出，资产阶级法不过是被奉为法律的资产阶级意志，而这种意志的内容是由资产阶级的物质生活条件决定的。[1] 这里的所谓"物质生活条件"，是指人类社会包括地理环境、人口、物质资料的生产方式诸方面，其中主要指统治阶级赖以建立其政治统治的经济基础。从根本上说，法律决定于一定的经济关系（经济基础）。法律的产生、变更和消灭都取决于一定的经济关系（基础）的产生、变更和消灭。马克思主义认为，"以往的全部历史，除原始状态外，都是阶级斗争的历史；这些互相斗争的社会阶级在任何时候都是生产关系和交换关系的产物，一句话，都是自己时代的经济关系的产物；因而每一时代的社会经济结构形成现实基础，每一个历史时期的由法的设施和政治设施以及宗教的、哲学的和其他的观念形式所构成的全部上层建筑，归根到底都应由这个基础来说明。"[2] 这也意味着，法律不是统治阶级任性和专横的表现，它不应当违背客观历史条件，违背客观规律。否则，它就没有生命力，终将被修改、废除或取消，从而失去法律效力。所以，马克思说："只有毫无历史知识的人才不知道，君主们在任何时候，都不得不服从经济条件，并且从来不能向经济条件发号施令，无论是政治的立法或市民的立法，都只是表明和记载经济关系的要求而已。"[3] 因而，法律具有物质制约性、客观性、规律性。

因此，马克思主义认为法律是国家意志性与物质制约性的统一，两者具有辩证统一的关系。不能把二者割裂开来、截然对立起来。[4] 只有全面理解它们之间的关系，才能正确理解法律的本质。马克思主义法学着重讨论法律与经济、政治的关系，揭示了经济力量对于法律的影响；指出资产阶级的意识形态的手段掩盖了法律

---

[1] 参见《马克思恩格斯全集》第4卷，485页，北京，人民出版社，1958。

[2] 《马克思恩格斯全集》，2版，第25卷，392～393页，北京，人民出版社，2001。

[3] 《马克思恩格斯全集》，第4卷，121～122页，北京，人民出版社，1958。

[4] 孙国华、黄金华提出，按照马克思主义法学观，法是"理"与"力"的结合，"理"是基本的，是法的内容；"力"是必要的，是法的形式，是以国家权力为核心的一系列因素，两者体现着法的内容与形式的辩证关系。参见孙国华、黄金华：《法是"理"与"力"的结合》，《法学》，1996(1)。

不公平的真面目;对资产阶级的法律、压制性的法律的剖析和批判较为清楚。[1]

认识法的本质需要多角度地进行,许许多多的学者进行了努力、作出了贡献,我们要全面理解其思考方法、进入途径、分析框架、基本结论、局限之处,体会其特点和差异,在此基础上才能全面理解法的本质,并进行适应新时代需要的学术创新。

四、后现代法学

在讨论法的本质时,我们需要关注后现代法学这一学术思潮。

美国研究后现代主义法学的学者李特维茨(Douglas E.Litowitz)认为当今的"后现代主义"可以在三个层面上来理解。[2]第一,后现代主义是指近几十年来在绘画、电影、音乐、建筑和文学等艺术生活方面的一个运动,后现代主义艺术强调多维视角,解构现代艺术中的宏大叙事方式,从而瓦解现代艺术的作者身份和中心主题。第二,后现代主义是对西方工业社会的一种描述。后现代社会的两个显著的特点:一是由于信息交流的加快,导致文化多元和文化融合;二是资本的扩张导致了经济的全球化。这样的后现代主义基本上可以和"后工业社会"一词等同起来。第三,后现代主义作为一种批判启蒙、批判现代性的哲学思想。后现代主义哲学认为启蒙以来的近代西方哲学是建立在一些虚构的概念之上的,诸如主体、自我意识、理性、真理等,都是启蒙哲学的意识形态。我们主要从第三种含义上进行讨论。

后现代主义思潮表达了对于人类生存状况的不安和焦虑,以及对一个更为合理的物质和精神世界的渴求。后现代哲学主要表现为对理性主义和科学主义的否定,反对用单一的、固定不变的逻辑和公式来阐释和衡量世界,方法论上则主张多元和差异性。后现代主义的思维方式是以强调否定性、非中心化、破碎性、反正统性、不确定性、非连续性以及多元性为特征,其理论表现为反基础主义、反本质主义、非理性主义、解构主义等。但是以后在回应激进后现代主义过程中,又逐渐产生了建设性后现代主义,即"不仅有摧毁、解构、否定性的一面,而且蕴含着积极的、肯定的、建构性内涵。它的建设性向度主要在于倡导创造性和对世界的关爱、鼓励

---

[1] 林喆认为,马克思主义法学的基本理论渊源于科学社会主义,在当代中国,其支柱和支点理论受到了不同程度的挑战。马克思主义法学的概念、法的本质属性、法功能的局限性、法学研究方法、法的主体和客体、法学的基本问题和基本范畴、法与科学技术的关系、西方法学思想价值的重新评价、中国传统法文化的整理、马克思主义法学在当代中国发展的百年历史的梳理和总结以及国内法与国际法的衔接点和转化系统的系统研究,是马克思主义法学在当代中国发展所面临的十大难题。参见林喆:《马克思主义法学在当代中国的难题》,《北京行政学院学报》,2005(3)。刘星对法的概念,特别是它作为统治阶级意志的命题有过分析。参见刘星:《中国"法"概念与现代法治观念的关系》,《清华法治论衡》第1辑,北京,清华大学出版社,2000。[奥]凯尔森的《共产主义的法律理论》(王名扬译,北京,中国法制出版社,2004)也可供参考。

[2] Ian Ward, Kantianism, Postmodernism and Critical Legal Thought, Kluwer Academic Publishers, 1997, 117

多元的思维风格。"[1]

现代性的哲学话语影响到法学上就产生了天赋人权、正义公平、自由民主等政治法律口号。[2]后现代主义的学者则质疑这些现代性的哲学话语,追问它们的合法性,最终解构自我、理性、正义等宏大叙事。后现代哲学的某些主张和方法进入法学,动摇了人们曾经深信不疑的那些作为现代法学基石的理念,如理性、个人权利、社会契约、正当程序等。这些理念互相论证,要证明的核心思想是,法律是现代文明的外壳,它保证人们追求理性的理想和幸福。面对20世纪后半叶以来西方法律传统的危机,后现代法学向现代法学的基本理念发出挑战:否定理性个人作为法律主体的存在,否定对于法律发展的乐观描述,否定法律的普遍性意义,否定法律中立的原则。后现代法学是20世纪中叶以来的后现代主义哲学影响法学的发展,从而导致学科交融的结果。

后现代法学比较成型的三个主要流派为批判法学(the critical legal studies movement)、女权主义法学(Feminist Jurisprudence)、法律与文学运动。

批判法学以批判西方的法律制度和法律思想,尤其是美国的法律制度和法律思想为己任。代表人物主要有昂格尔、肯尼迪(D. Kennedy)、楚贝克(D. Trubek)等,其思想主要来源于西方马克思主义和美国的现实主义法学。批判法学认为,启蒙思想家所高扬的诸如正义、自由、人权等只具有相对性而非代表绝对真理,主张法律制度的多元化,自由主义法学构建的所谓法律具有自治性、确定性、统一性、独立性、中立性的法学理论只不过是一种人为的神话;法律具有明显的意识形态色彩,法不是适应社会需要的必然产物,而是阶级统治的偶然产物。批判法学认为,法律推理的大前提和小前提都具有非确定性,某一案件究竟适用什么法律规则,确认哪些事实,都不是客观决定的,而是法官或陪审员选择和认定的,它们是人的选择的产物,因此无客观性可言,判决的结果依司法人员的选择为转移,必然是非确定的。在此基础上,批判法学的支持者进一步提出,法律推理并不像传统的自由主义法学所主张的那样具有不同于政治的特殊模式,它只不过是穿着不同外衣的政治。"法律推理是政治的,"是批判法学的著名口号。[3]

女权主义法学内部主要可以分为自由女权主义法学、文化女权主义法学、激进女权主义法学和后现代女权主义法学等不同的流派,代表人物有麦金农(C. Mackinnon)、米诺(Martha Minow)等。女权主义法学认为国家权力不是中立的,

---

[1] 王治河:《后现代主义的建设性向度》,《中国社会科学》,1997(1)。关于后现代主义思潮,可参见王治河:《扑朔迷离的游戏——后现代哲学思潮研究》,北京,社会科学文献出版社,1998;[法]利奥塔:《后现代状况——关于知识的报告》,岛子译,长沙,湖南美术出版社,1996。

[2] 关于现代性与后现代性,可参见陈嘉明等:《现代性与后现代性》,北京,人民出版社,2001。

[3] 详可参见沈宗灵:《批判法学在美国的兴起》,《比较法研究》,1989(2);吴玉章:《批判法学评析》,《中国社会科学》,1992(2);朱景文主编:《对西方法律传统的挑战——美国批判法律研究运动》,北京,中国检察出版社,1996。

而是男权制在政治上的体现；呼吁以妇女的视角来审视法律，要求法律体现妇女的
要求和价值观。女权主义法学主要以社会性别概念为基础，揭露了国家和法对妇
女的父权统治功能；批判地指出对妇女的暴力是维护男性统治的主要手段；认为就
业中的性别歧视和工作中的性骚扰也是男权压迫的重要表现和延伸；对拥有堕胎
权的辩护和对传统法学中的男权性质的批评也构成它的一部分。[1]

法律是有性别的吗？

美国作家苏珊格·拉斯佩尔的小说《她同辈人之陪审团》讲述了一个发生在美
国中西部的爱达荷州的故事。有人发现一个农民在自己的卧室中被人勒死了。因
为没有暴力闯入杀人或自杀的迹象，因此被害者的妻子就成了怀疑的对象。警长
彼德斯会同最初发现尸体的证人希尔前去勘查现场。两人分别带来了自己的妻
子，她们待在楼下，而男人们则到楼上的发案现场寻找线索。在厨房里四处查看
时，男人们没有想到要仔细搜寻一下，而细心女人们却发现了一只宠物鸟的尸体，
它的脖子被人残忍地折断了。希尔太太立即明白了：在这个没有孩子的农民妻子
的生活中，这只鸟是唯一的精神寄托，而她的丈夫——一个冷漠、强硬的男人——
杀死了这只鸟。他的行为促使她做出了杀人的举动。实际上，女人要比男人对犯
罪的全部细节（整体的语境）更为敏感，即她们是以具体的而非抽象的方式来思考
法律问题的。可见，从事法律事务的男性常从一个争议情节中抽象出几个显著的
事实，然后给它们以法律上的决定力，这就是规则之治。而女人则更愿意把判决基
于一个案件的所有情况，不受那些要求主观狭隘见解规则的阻碍，不关心那种让最
终判定服从一般的、"中性的"原则的需要。[2]

法律与文学（Law and Literature）运动指出，理解法律需要超越法律，通过文
学等途径进行认识。法律与文学的奠基之作是1973年美国密西根大学詹姆斯·
怀特教授的《法律的想象、法律思想与法律表现性质之研究》。法律与文学运动强
调法律与文学之间的密切联系和相互影响；他们当中的激进人士更主张，将法律实

---

[1] 详可参见吕世伦、范季海：《美国女权主义法学述论》，《法律科学》，1998(1)；刘小楠：《从二分视
角到多元世界——论美国女权主义法学的发展趋势》，《法治论丛——上海政法学院学报》，2005(1)；刘小楠：
《美国女权主义法学：从中心到边缘》，《河北法学》，2005(8)；郭义贵：《美国女权主义法学评介》，《焦作大学
学报》，2004(3)。

[2] 参见[美]波斯纳：《法律与文学》，李国庆译，导论1～7页、127页，北京，中国政法大学出版社，
2002。波斯纳最初专注于"法律的经济分析研究"，专门同提倡研究"法律与文学"关系的人唱对台戏。这场
对台戏的结果就是其1988年发表的《法律与文学——一场误会》一书。但数年后，他却在该领域反客为主，
鸠占鹊巢，成了法律与文学运动的领军人物之一。也可参见苏力：《法律与文学：以中国传统戏剧为材料》，
北京，三联书店，2006，导论《在中国思考法律与文学》尤其值得注意。其他阅读材料包括卡多佐的《法律与文
学》（北京，中国法制出版社，2005）、冯象的《木腿正义——关于法律与文学》（广州，中山大学出版社，1999）、
徐忠明的《法律与文学之间》（北京，中国政法大学出版社，2000）、余宗其的《法律与文学的交叉地》（沈阳，春
风文艺出版社，1995）、《中国文学与中国法律》（北京，中国政法大学出版社，2002）、《外国文学与外国法律》
（北京，中国政法大学出版社，2003）等。

践本身当作一种文学活动,将控辩双方活动当作一种叙事或修辞。法律与文学的核心内容是不把法律看作一系列的原则和规则,而是看作人类的故事、解释、表演和语言交流,看作叙述和修辞。把法律看作人类的故事打破了法律的神圣和严谨。法律与文学运动主要表现为使用文学方法来解释法典和宪法、使用虚构文学及其技术来处理那些远离法理学的问题,如法律是怎样产生于复仇的? 什么是自然法? 什么是对于文本的客观解释? 司法意见在什么意义上具有"文学性"或是不是应该具有"文学性"? 修辞和正义/司法之间的关系是什么? 总体而言,法律与文学运动强调文学中的法律、法律中的文学、应将法律作为文学现象来对待。需要注意的是,法律与文学是一个以研究领域或材料而勉强组合的法学学派,其内部其实一直没有一个统一的理论纲领或核心命题。[1]

此外,西方后现代法学思潮中还包括法学诠释学、新实用主义法学、对话论法学等。法学诠释学源于伽达默尔哲学诠释学的影响。伽达默尔认为,传统的法学诠释学之所以脱离整个理解理论,是因为它有一个独断论的目的,即认为法律理解本身是完美无缺的,解释仅仅是适用。事实上,诠释者不可能脱离其身处的传统和当下实际处境而对文本进行理解和诠解,理解和诠解必须在每一个当下、每一个处境重新进行。伽达默尔强调理解和应用(即实践)的统一性,认为理解在任何时候都包含一种旨在过去和现在进行沟通的具体应用。"解释的任务就是使法律具体化于每一种特殊情况(法律制度的具体化产生于法官的判决),这也就是应用的任务。""法学诠释学成为可能的本质条件是,法律(解释)对于法律共同体的一切成员都具有同样的约束力。"[2]

新实用主义法学源于以罗蒂为代表的新实用主义,其主要代表人物是波斯纳。波斯纳认为法学并非一个自给自足的演绎体系,而是一种实践理性活动。这种法学"强调科学的优点(思想开放、实实在在的探讨),重视研究的过程而不是研究的结果,偏好活动性而讨厌停滞,不喜欢'形而上学'——对在任何研究领域里发现的'客观真理都表示怀疑,缺乏为其思想行动建立一个充分哲学基础的兴趣,喜好实验,讨厌装腔作势吓唬人。"[3]总之,新实用主义法学强调的是必须从经验、学习和反思中,从生活本身中获得对法律的认识和理解。

对话论法学的主要代表是哈贝马斯。哈贝马斯主张应对现代的理性加以理性的批判,提出交往沟通理论,主张建构一种人与人可以沟通、信赖的价值标准,通过对话沟通人类理性,在沟通上建立理性的共识。哈贝马斯认为,他的对话论"是为政治、道德和法律辩论提供正当理由,用以代替老的自然法";"法律或司法判决都

〔1〕 详见波斯纳:《法律与文学》,李国庆译,北京,中国政法大学出版社,2002。
〔2〕 [德]伽达默尔:《真理与方法》洪汉鼎译,上卷423页,上海,上海译文出版社,1999。
〔3〕 [美]波斯纳:《法理学问题》,苏力译,38页,北京,中国政法大学出版社,1994。

不能是武断的,都可以在对话论的框架内加以批评和评价"。[1] 能够证明法的正当性和有效性的唯一基础,就是理性的、符合对话理论要求的民主立法程序。同时,法律所设定的权利体系的内容不是不证自明、一成不变的,而需要通过公开讨论和对话来阐释和塑造。[2]

后现代法学无论从整个运动来看或者从它的一些代表人的代表作来看,都难说是深入、系统的。不过,后现代法学挑战了研究法律的传统模式,挑战了传统的法律概念,挑战了现代法治模式,给我们提出了许多建设性的启发,例如它从外部的视角重新审视传统法学,使得一些法学概念和观点问题化,从而导致研究者反思传统法学的一些假设的、不证自明的前提;它摧毁了法律规则的形而上学的基础,把规则奠定在具体的游戏参与者的沟通和交流之上;它使人们认识到传统法学话语和概念具有的压制性和权力性特点,从而提醒我们如何以更民主的方式来制定和实施法律。[3] 后现代法学突出解构也值得注意。耶鲁大学法学院的巴尔金(Jack M.Balkin)教授曾经指出:"法律人应因至少三个原因而对解构技术感兴趣:第一,解构为批判现有诸多法律教条提供了一种方法,特别地,一个解构性的解读能够表明观点怎样提供了支持一个破坏其自身的独特规则,并且改为支持了一个相反的规则;第二,解构技术能够表明学说上的论辩怎样被意识形态的思想所渗透并且怎样伪装成意识形态的思想,这不但对于试图改革现存诸多制度的法律人而且对于法律哲学家和法律史家都是有价值的;第三,解构技术既提供了一种新的解释策略,也提供了一种有关法律文本惯常解释的批评。"[4]

后现代法学作为对西方现代法学之反动,最主要的是提醒我们,不要以西方现代理论作为全人类的普适准则,而忽视了西方法律霸权主义意识形态和文化的影响。我们研究中国,需要寻找符合中国实际的概念和理论来分析解决中国社会的法律问题,而不能盲目地抄袭西方的概念和理论。[5] 我们有必要不断反省,努力打破具体的知识模式,去了解和发现其他的认识法本质的途径;通过和外界的交流,使自己对法现象的认识更加全面,从而更加接近真理。

---

[1] 转引自沈宗灵:《赫格特著〈当代德国法律哲学〉的摘要》,《中外法学》,2000(1)。
[2] 侯猛:《中国的后现代法学研究及其前景》,《法商研究》,2001(2)。
[3] 苏拉图:《后现代法学的知识谱系》,载 http://www.studa.net/2003/4-23/2003423134056-14.html,最后访问时间 2007-01-07。
[4] 转引自朱振:《哲学的方法与后现代法理学》,《现代法学》,2005(4)。另可参见刘星:《西方法学中的"解构"运动》,载《中外法学》,2001(5)。
[5] 进一步阅读可参见信春鹰:《后现代法学:为法治探索未来》,《中国社会科学》,2000(5);陈金全、王薇:《后现代法学的批判价值与局限》,《现代法学》,2005(2);朱苏力:《后现代思潮与中国法学和法制》,载《法学》,1996(4);高中:《后现代法学思潮》,北京,法律出版社,2005;朱景文:《当代西方后现代法学》,北京,法律出版社,2002;李栗燕:《后现代法学思潮评析》,北京,气象出版社,2010。

第二章 法律要素

第一节　法律要素概述

法律要素是指组成法律系统所不可缺少的各种因素。法律要素质量的优劣是衡量法律合理化、科学化程度的重要标志。法律要素在法律的适用中承担着不同的功能。

西方关于法律要素的模式主要有这样四种。

(1)"命令"模式。"命令"模式将法律归结为单一"命令"要素。分析法学派的代表人物奥斯丁就认为,法律是由主权者的命令组成的。根据奥斯丁的理论,实在法最为本质的特征乃是法律的强制性或命令性。法律被认为是主权者的一种命令。"任何一种实在法都是由特定的主权者对其统治下的某个人或某些人制定的,"但是,他又认为,并非每一种命令都是法律,只有一般性的命令——强制某个人或某些人必须为某类行为或不为某类行为——才具有法律的性质。[1]

(2)规则模式。新分析法学派的代表人物英国的哈特将法律归结为单一的规则要素,他认为法是规则体系,法是主要规则和次要规则的结合。哈特在《法律的概念》中把法律解释为一种规则体系,规则分为第一性规则(Primary Rule)和第二性规则(Secondary Rule),第一性规则是义务性的规则,第二性规则"在某种意义上依附于前者或对前者来说是第二性的,因为它们规定人们可以通过做某种事情或表达某种意思,引入新的第一性规则,废除或修改旧规则,或者以某种方式决定它们的作用范围或控制它们的运作"。[2] 第二性规则分为承认规则(rule of Recognition)、改变规则(rule of Change)和审判规则(rule of Adjudication),而其中居于核心地位的是"承认规则"。承认规则是关于第一性规则(义务性规则)是否具有法律效力的条件性规定和检验标准。从语义学角度来说,一个义务性规则要符合什么条件(比如,什么机构、以什么方式发布了它)才是法律;从认识论角度来说,法官和其他国家官员在司法活动和执法活动中依据什么标准去判定一个规范具不具有法律效力、可不可以在裁判文书中作为裁判依据而引用。这个条件和这

---

〔1〕 [英]约翰·奥斯丁:《法理学的范围》,刘星译,201,22~24页,北京,中国法制出版社,2002。
〔2〕 [英]哈特:《法律的概念》,张文显等译,83页,北京,中国大百科全书出版社,1996。

个标准就是"承认规则"本身。[1] 一个规范能够成为法律规则,就是因为它符合承认规则所设定的条件,而不是因为它本身具有什么道德价值或别的什么价值。

(3)规则、政策、原则模式。这是新自然法学派代表人物德沃金在批判实证主义法学理论中提出的。针对哈特提出的这种规则模式,德沃金提出了不同意见。德沃金通过对里格斯诉帕尔默(Riggs v. Palmer 1889)一案的分析,指出原则也是法律必不可少的一个组成成分,而原则之所以也是有效的法律,不是因为它的渊源,不是因为它符合哪一个"承认规则",而是因为它本身所具有的道德价值,"作为法律原则的这些原则并不源于某些立法机关或者法院的特定的决定,而是源于在相当长的时间里形成的一种职业和公共正当意识。这些原则的持续的力量,来源于这种意识的保持。"[2]

(4)法令、技术、理想模式。这是由社会法学派学者美国的庞德所提出。法令成分:由规则、原则、概念、标准、系统组成;技术成分:解释和适用法律的规定、概念的方法和在权威性资料中寻找审理特殊案件的根据的方法;理想成分:最终归结为一定时间和地点的社会秩序的图画,归结到有关那个社会秩序是什么以及社会控制的目的是什么的法律传统,这是解释和适用法律的背景。[3]

这些关于法律要素的不同认识,有助于我们完整地理解法律要素。

我国学者一般是从微观结构角度认识法律要素。法律要素一般包括法律原则、法律规则、法律概念、法律技术性事项。

第二节　法律原则

一、法律原则的含义

原则为分析和处理事物的根本准则。[4] 法律原则是指能够作为法律规则基础或本源的原理或准则,法律原则是法律诉讼、法律程序和法律裁决的确认规范。

法律原则的特征:(1)一般性。法律原则是从社会生活、社会关系中抽象、演化、概括出来的,体现了法律的精神,思想性更丰富。法律原则对社会关系具有广

---

〔1〕　参见 Jules L. Colman, Negative and Positive Positivism, 11 Journal of Legal Studies:139 .1982。承认规则一般规定在宪法中,但它不见得肯定是明确表述在法律文件中的,要知道一个特定的社会颁布或遵循了什么样的承认规则,必须观察它的公民们尤其是它的官员们如何行为。另可参见德沃金:《认真地对待权利》,信春鹰等译,39 页,北京,中国大百科全书出版社,1998。

〔2〕　[美]德沃金:《认真地对待权利》,信春鹰等译,39 页,北京,中国大百科全书出版社,1998。

〔3〕　参见[美]庞德:《通过法律的社会控制 法律的任务》,沈宗灵等译,22～24 页,北京,商务印书馆,1984。

〔4〕　庄世同认为原则具有规约性、普遍性、可证立性三种基本存在特征。参见庄世同:《论法律原则的地位——为消极的法律原则理论而辩》,《辅仁法学》(台湾地区),总第 19 期(2000)。

泛的指导意义,具有更普遍的适用性。法律原则是对法律规则的深化,是法律规范的基础和集中表达。(2)稳定性。法律原则体现了基本价值追求和社会发展的总体目标,是一定时期社会利益的集中反映,更具延展性和活力。

从不同角度,可以对法律原则进行不同的分类。

(一) 政策性原则与公理性原则

按照法律原则产生依据的不同,可以把法律原则分为政策性原则和公理性原则。政策性原则是指国家必须达到的政治目标或所作出的政治决策。如我国1980年《婚姻法》中"实行计划生育"的原则也属此类。政策性原则具有较强的政治性,与国家特定时期的历史任务相联系;具有号召性、民族性和时代性。公理性原则指人类生活的一般规则在法律中的体现,具有道义基础和社会基础;例如法律平等原则、诚实信用原则、等价有偿原则、无罪推定原则、罪刑法定原则等,它们在国际范围内具有较强的普适性。

(二) 基本原则和具体原则

按照法律原则的适用性不同,可以把法律原则分为基本原则和具体原则。基本原则体现法律的本质和根本价值,决定法律的统一性与稳定性,反映了法律的基本精神,是整个法律的出发点,如宪法所规定的各项原则。具体原则是在某一特定法律领域实施的法律原则,是某类法律活动的直接出发点,是基本原则在具体部门的应用。

(三) 实体性原则和程序性原则

按照法律原则涉及的内容和问题不同,可以把法律原则分为实体性原则和程序性原则。实体性原则是直接指涉实体法问题(实体性权利和义务等)的原则,例如,宪法、民法、刑法、行政法中所规定的多数原则属于此类。程序性原则是直接指涉程序法(诉讼法)问题的原则,如诉讼法中规定的"一事不再理"原则、辩护原则、非法证据排除原则、无罪推定原则等。

此外,法律原则还可以分为宪法原则与部门法原则。宪法原则是部门法原则的依据。

二、法律原则的作用

法律原则体现了法律的精神,反映了社会生活的趋势、要求和规律,表现了人类对法律问题认识的深化。

根据美国学者贝勒斯的分析,法律原则有分量,互相冲突的原则必须互相衡量或平衡。它们通常来评价比较具体的原则或规则。法律规则是以要么有效要么无效的方式适用的,法律规则通常是由法律原则证成的,法律规则之间发生冲突时必定有一个是无效的。而法律原则出现矛盾时则不能宣布其中的一个无效,只能是更优越于另一个原则;有制定良好或不好之特征,可以互相衡量或权衡出来的。[1]

　　法律原则在法律制定和法律实施方面都有重要的作用。在法律制定方面,法律原则是国家制定法律的依据,立法时一般是先原则后规则,确定框架,约束内容;法律原则是后继立法的基础;法律原则是创制次级规则的准则;法律原则也是保证法律体系的有机统一,使法律规则保持连续性、稳定性、协同一致性,保障法律制度内部的协调统一;法律原则对法制改革具有导向作用。

　　在法律实施方面,理解法律原则有助于完整地把握法律整体,指导法律解释和法律推理,更好地适用法律;法律原则能够弥补法律规则的缺漏与不足,强化法律的调控能力;法律原则将自由裁量权限制在合理的范围内。公民理解法律原则也能够更好地保障自身权利,规范自己行为。

三、法律原则的适用

　　法律原则是法律,法律原则是可以用来处理案件、解决纠纷的,即法律原则既可以与法律规则结合起来适用,也可以单独适用,不应认为法律原则仅仅具有认识意义、不能在司法实践中解决具体问题。不少疑难、复杂案件正是根据法律原则才得以妥善解决。[2] 对此,庞德就指出:"法律的确定性不是靠一个预先设计的、包罗万象的完整法律规则体系来获得,而是通过一个完整的原则体系以及对这些原则的适用和逻辑阐释的完整体系来获得。"[3]

四川张学英、蒋伦芳案

　　蒋伦芳是四川省泸州市人,1963 年 6 月与泸州市纳溪区某厂职工黄永彬恋爱登记结婚,婚后夫妻关系一直较好。从 20 世纪 80 年代初开始,由于家庭经济方面的原因,黄永彬和蒋伦芳夫妻之间的矛盾开始逐步升级。1996 年,年近六旬的黄永彬与比他小近 30 岁的张学英相识。1997 年,黄永彬干脆就从家里搬了出来,和张学英住在了一起;1998 年,张学英还生下了一个女儿。2001 年初,黄永彬因患肝癌晚期住院治疗。2001 年 4 月 18 日,黄永彬立下书面遗嘱:我决定将自己依法所得的住房补贴金、公积金、抚恤金,还有出售泸州市一套住房款的一半所得,以及手

---

　　[1]　参见[美]迈克尔·D.贝勒斯:《法律的原则——一个规范的分析》,张文显等译,13 页,北京,中国大百科全书出版社,1996。

　　[2]　黄茂荣认为,通常来说,由于法律原则的内容相当抽象,只有经具体化以后,才能作为其他法律规定的解释或补充的基础,一般不能直接适用。但是,由于"原则"的不同存在样态,他也并不一概地认为法律原则都不可直接适用,作为法律基础的原则和作为法哲学基本价值的原则因其内容高度抽象并与政治、道德有着密不可分的联系,非一般适用法律者仅依特定要素所能具体化,因此不能直接适用,只能作为解释和补充其他法律规定的基础。如果法律原则一经明文规定于制定法中,它就取得了法规范的地位,可以直接加以适用。参见黄茂荣:《法学方法与现代民法》,509 页,北京,中国政法大学出版社,2001。

　　[3]　[美]罗科斯·庞德:《普通法的精神》,唐前宏等译,126 页,北京,法律出版社,2001。

机一部全部留给我的朋友张学英一人所有。在遗嘱中,黄永彬还特意提到:他的骨灰由张学英负责安葬。黄永彬将夫妻共同财产中属于自己的部分总计6万元的财产遗赠给张学英。4月20日,泸州市纳溪区公证处对该遗嘱出具了公证书。4月22日,黄永彬病逝后,张学英索要财产未果,以黄永彬之妻蒋伦芳侵害其财产权为由,向四川省泸州市纳溪区人民法院提起诉讼,要求法院保护她受遗赠的权利。纳溪区法院对本案十分慎重,先后4次开庭审理,查明事实。2001年10月11日上午,纳溪区人民法院依照《民法通则》第7条"民事活动应当尊重社会公德,不得损害社会公共利益"的规定,认定遗赠人黄永彬的遗赠行为无效,判决驳回原告张学英的诉讼请求。[1]

本案判决是法官运用其自由裁量权,适用《民法通则》原则,依据公序良俗和法律的整体精神,解释法律、适用法律的结果。通过这一判决,法官试图协调社会公德、法律原则与具体法律规则的关系。

可见,在法律适用的过程中,法律原则具有三大功能:一是指导功能,二是评价功能,三是裁判功能。法律原则可以作为法律规则之规定和适用的指导准则;法律原则在个案中可以作为对某个具体的法律规则、法律制度的合理性、正当性或正确性进行评价的标准;法律原则可以作为实质性标准,对整个实在法本身是否具有合法性加以评判;在法律规则出现规制的"漏洞"时,法律原则可以作为"法源"运用于案件事实的规范涵摄过程。[2]

法律原则具有不确定性、模糊性和非规范性的特征。[3]它不具有作为法律规定所要求的明确的行为模式和确定的保证手段的构成成分,这本身并未提供具体的可操作的行为模式。它的存在是为了帮助人们准确地理解和正确地适用法律。法律原则必须与法律规则结合起来或者在法律规则对具体生活事实缺乏规定时才能发挥法律调整的作用。[4]正如有学者在讨论民法基本原则时所指出的那样,"民法基本原则对社会生活关系的调整是通过如下两条途径实现的:民法规范将民法基本原则的一般要求具体化并将之与一定的法律效果相联系,从而间接地实现民法基本原则的法律强制性。在民法基本原则的一般要求无相应民法规范加以具体化的场合,民法基本原则以抽象的强制性补充规定的形式内化为民事法律关系的默示条款,由法官行使自由裁量权,根据立法的一般精神将其具体化为具体的

〔1〕 参见《法制日报》2001-11-05;《南方周末》2001-11-01;《中国妇女报》2001-11-01;中央电视台《社会经纬》2002-03-07。对此判决,学界有不同的认识。
〔2〕 刘治斌认为,制定法中明确规定的"法律原则"具有实在法规范的效力,其直接适用不仅可弥补制定法规则的不足,而且能扩大通过法律机制解决社会纠纷的合法性根据。参见刘治斌:《论法律原则的可诉性》,《法商研究》,2003(4)。
〔3〕 徐国栋:《民法基本原则解释》,19~30页,北京,中国政法大学出版社,1992。
〔4〕 彭万林主编:《民法学》,38~40页,北京,中国政法大学出版社,1997。

补充规定,并选择相应的制裁或奖励措施,以实现民法基本原则的法律强制性"。[1] 因此,法律原则作为审判准则的功能是有限的,在有相同的法律规则时,应适用法律规则,而不能适用法律原则。

法律原则直接作为规范标准用于案件的裁判过程,对案件事实进行涵摄,这是法律原则可诉性的根本点,但也是法律原则适用的难点,是法律实践中真正的难题。[2]

从人类的认识论和逻辑规律要求出发,愈确定、具体的规范愈有适用的优先性。从法理和逻辑上讲,我们不可能不讲情境优先选择法律原则作为法官裁判的依据。法律原则适用需要考虑三个方面的条件:穷尽法律规则;实现个案正义;更强理由。①穷尽法律规则。在通常情况下,法律适用的基本要求是有规则依规则。法官法律发现的主要任务是尽可能全面彻底地寻找个案裁判所应适用的规则。在出现无法律规则可以适用的情况下,法律原则才可以作为弥补"规则漏洞"的手段发生作用。所以,从技术的层面看,若不穷尽规则的适用就不应适用法律原则。②实现个案正义。在通常情况下,适用法律规则不至于要进行本身的正确性审查。但假如适用法律规则可能导致个案的极端不公正的后果,那么此时就需要对法律规则的正确性进行实质审查,首先通过立法手段,其次通过法官之"法律续造"的技术和方法选择法律原则作为适用的标准。③更强理由。在判断何种规则在何时及何种情况下极端违背正义,其实难度很大,法律原则必须为适用第二个条件规则提出比适用原法律规则更强的理由,否则上面第二个条件规则就难以成立。德国学者罗伯特·阿列克西对此曾作过比较细致的分析。他指出:当法官可能基于某一原则 P 而欲对某一规则 R 创设一个例外规则 R'时,对 R'的论证就不仅是 P 与在内容上支持 R 的原则 R.p 之间的衡量而已。P 也必须在形式层面与支持 R 的原则 R.pf 作衡量。而所谓有在形式层面支持 R 之原则,最重要的就是"由权威机关所设立之规则的确定性"。要为 R 创设例外规则 R',不仅 P 要有强过 R.p 的强度,P 还必须强过 R.pf。或者说,基于某一原则所提供的理由,其强度必须强到足以排除支持此规则的形式原则,尤其是确定性和权威性。而且,主张适用法律原则的一方

---

〔1〕　徐国栋:《民法基本原则解释》,17 页,北京,中国政法大学出版社,1992。

〔2〕　刘克毅认为,适用法律原则处理个案纠纷就是法官以自己所"造"之法进行司法裁判,其适用困境的实质在于,以立法机关制定的(成文)法律规则为中心运行的司法制度(尤其是司法程序)难以为法官行使自由裁量权提供有效的正当性论证。在实体法、法律适用技术的范围内,以构建适用条件、适用规则、完善适用方法等方式来破解此困境,作用极为有限。重构司法程序制度,使当事人、社会能够以恰当的方式参与到具体的裁判过程以制约法官的裁量权,或许是解决此难题的可能途径。参见刘克毅:《法律原则适用与程序制度保障——以民事法为中心的分析》,《现代法学》,2006(1)。李鑫的《法律原则适用的方法模式研究》(北京,中国政法大学出版社,2014)试图构建一个适合法律原则适用的方法模式,提出类型—衡量模式为一种包括适用方法和论证形式的法律原则的适用模式。

(即主张例外规则的一方)负有举证(论证)的责任。[1] 显然,在已存有相应规则的前提下,若通过法律原则改变既存之法律规则或者否定规则的有效性,却提出与适用该规则分量相当甚至更弱的理由,那么适用法律原则就没有逻辑证明力和说服力。[2]

法律原则需要谨慎适用,防止法官滥用自由裁量权,以免对我国现行法律秩序的安定性和法律适用的统一性造成损害,且可能增添未来司法改革的成本,加大建构良性的司法传统的难度。[3]

第三节 法 律 规 则

一、法律规则的含义

"规则"源于拉丁文"norma",含有模式、标准、规则、尺度等意思。规则分为技术规则和社会规则。技术规则为事物内部或事物相互之间存在的客观规则,经人们的认识、概括后所形成的,表现为人与自然之间的关系,如操作规程、交通规则等。社会规则为人们进入群体和社会生活后,为了维持社会秩序所形成的,表现为人与人之间的关系,如道德规范、宗教规范等。

马克思主义法学认为,法律规则是指由国家制定或认可,由国家强制力保证实施的,以权利义务为中心内容的行为规则。法律规则具体规定权利和义务以及具体法律后果的准则。法律规则规定普遍的行为模式,具有可重复适用性,具有适用的普遍性;法律规则具有微观的指导性;法律规则的可操作性较强,而且确定性程度较高。[4]

法律规则是对人们行为自由的认可与对人们行为责任的设定。法律的外在形式主要表现为具体的行为规范。从法律的实际运行状况看,没有规则的法律不是真正意义上的法律。在法律的整体结构中,法律规则是在法律原则指导下组成具

---

〔1〕 Robert Alexy,Zum Begriffdes Rechtsprinzips,S.79.转引自颜厥安:《法与道德——由一个法哲学的核心问题检讨德国战后法思想的发展》,《政大法学评论》(台湾地区)第 47 期。

〔2〕 参见舒国滢:《法律原则适用的困境——方法论视角的四个追问》,载戚渊、郑永流等:《法律论证与法学方法》,176~197 页,济南,山东人民出版社,2005。

〔3〕 关于法律原则,也可参见庄世同:《论法律原则的地位——为消极的法律原则理论而辩》,《辅仁法学》(台湾地区)总第 19 期(2000)。作者认为,法律原则是存在的,它是原则的一种类型,是法官在具体司法推理过程中应该加以考量的规范性理由,不过它不是法律。作者将这种消极地主张法律原则并非有效法律的理论,称之为"消极的法律原则理论"(Negative Theory of Legal Principles),以与主张它是法律一部分之"积极的法律原则理论"(Positive Theory of Legal Principles)相互对照。消极的法律原则理论的最大特色,在于把法律原则界定为:介于法律以及道德原则之间的第三种规范标准。唯法律原则并非有效的法规范,而是法律上可适用的证立理由,旨在调和法确定性、法保障性以及法可论争性的法治价值。另可参见林立:《论"法律原则"的可争议性及为"柔性的法价值秩序"辩护》,《清华法学》第 1 卷,清华大学出版社,2002。

〔4〕 法律规则与法律规范有联系也有区别,我认为法律规范包括法律规则、法律原则。

体法律内容的主要组成部分。法律规则并不仅仅是国家权力的产物,它也是社会需要和价值观念的体现,反映了社会发展的状况。[1]

规则有其发展过程,由对自然规则、技术规则的信仰、遵从到对习惯法规则的遵从,再到对国家制定法规则的遵从。国家立法机关创制的法律规则的权威是在资产阶级革命过程中随着以法制对抗专制的法治观念的产生而形成的。

法律规则的作用是为人们提供行为标准和为司法机关提供审判案件的依据。法律规则由最具权威性的国家机构制定,也可以为人们的行为提供最大限度的具体标准,为审判活动提供最强有力的依据,并能够在一定意义上建立和维护体现现代民主精神的秩序,因此它在现代法制中的地位是不容忽视的。

不过,法律规则也有其局限,阿列克西认为法律规则的局限至少表现在四方面:①法律语言的模糊性;②规则之间有可能发生冲突;③可能存在这样的事实,即有些案件需要法律上的调整,但却没有任何事先有效的规范适合来用于调整;④在特定案件中,所作出的裁判有可能背离规范的条文原义。[2] 因此,我们需要全面认识法律规则。

法律规则与法律原则的区别,主要表现在:

第一,在内容上,法律规则的规定是明确具体的,它着眼于主体行为及各种条件(情况)的共性;其明确具体的目的是削弱或防止法律适用上的"自由裁量"。与此相比,法律原则的着眼点不仅限于行为及条件的共性,而且关注它们的个别性。

第二,在适用范围上,法律规则由于内容具体明确,它们只适用于某一类型的行为。而法律原则对人们的行为及其条件有更大的覆盖面和抽象性,它们是对从社会生活或社会关系中概括出来的某一类行为、某一法律部门甚或全部法律体系均通用的价值准则,具有宏观的指导性,其适用范围比法律规则宽广。

第三,在适用方法上,法律规则是以"全有或全无的方式"应用于个案当中的:如果一条规则所规定的事实是既定的,或者这条规则是有效的,在这种情况下,必须接受该规则所提供的解决办法。或者该规则是无效的,对裁决不起任何作用。而法律原则的适用则不同,它不是以"全有或全无的方式"应用于个案当中的,因为不同的法律原则是具有不同的"强度"的,而且这些不同强度的原则甚至冲突的原

---

[1] 丁建峰在《对法律规则的规范性评价——道义论、后果主义与社会演化》(《中山大学学报(社会科学版)》2014 年第 3 期)文中指出,对法律规则的规范性评价是法律哲学中的重要问题。其中,道义论和后果主义是最为重要的两个理论框架。由于道义论可能导致对社会福祉的损害以及广泛的决断性缺失,因此不适合作为真实世界中法律规范评价的可行基础。由于法律为在社会—文化演化过程中形成的规则体系,社会—文化演化遵循后果主义规律,因此,相对于道义论,后果主义是符合演化稳定性的较为可行的法律评价标准。运用演化理论,可以很好地把非后果主义的优长融入后果主义之中,其中,规则后果主义尤其适合被运用于法律制度的评价和改进。

[2] [德]罗伯特·阿列克西:《法律论证理论》,舒国滢译,2 页,北京,中国法制出版社,2002。

则都可能存在于一部法律之中。[1]

第四,对于法官来说,法律规则的自由裁量度要小一些,而法律原则能够保持法律制度的一种弹性和张力,同时也为法官的自由裁量提供了一定的空间。[2]

法律规则与法律、规范性法律文件、法律条文等既有密切联系,又有区别。

法律规则与法律的关系是要素与系统的关系,法律规则是组成法律的基本单位。离开了法律,法律规则也不复存在,法律规则只有在整体的法律中方能显示其具体内容,表现出存在意义。

法律规则与规范性法律文件也有联系。规范性法律文件是法律规则的载体,没有规范性法律文件就不会有具体的法律规则。但规范性法律文件的内容又不完全限于法律规则,还包括法律原则等。

法律规则与法律条文的关系是内容和形式的关系,法律规则要通过法律条文来加以表达,完整地表达具体的法律规则是法律条文所追求的目的。不过,并不是所有的法律条文都直接规定法律规则,也不是每一个条文都完整地表述一个法律规则或只表述一个法律规则,一个法律条文可以完整地包括一个法律规则,也可以包括几个法律规则;一个法律规则可以体现在同一法律条文中,也可以体现在同一规范性法律文件的其他条文中,还可以体现在不同规范性法律文件的条文中。法律条文表达法律规则的主要方式有:明示表达与暗含表达;完整表达与省略表达;集中表达与分列表达;概括表达与具体表达;列举表达与空留表达等。[3]

从其表述的内容来看,法律条文可以分为规范性条文和非规范性条文。规范性条文是直接表述法律规则的条文,非规范性条文是指不直接规定法律规则,而规定某些法律技术内容(如专门法律术语的界定、公布机关的时间、法律生效日期等)的条文。

还应注意法律规则与非规范性法律文件的区别。国家专门机关制作的判决书、搜查证、逮捕证、公证书、结婚证等法律文件,是依据法律规则制作的,但只对特

---

[1] 美国法理学家德沃金在说明这一点时,曾举棒球规则的例子:在棒球比赛中,击球手若对投球手所投的球三次都未击中则必须出局。裁判员不能一方面承认三击不中者出局的规则有效,另一方面又不判三击不中者出局。这种矛盾在规则的情况下是不允许的。参见[美]罗纳德·德沃金:《认真对待权利》,信春鹰、吴玉章译,43 页,北京,中国大百科全书出版社,1998。

[2] 法律规则与法律原则有不同的规范吸引力,并非由于法律规则具有较明确的行为指引功能,而是因为法律规则的实证性、正规性以及形式性的外部特征,使之成为较佳的公共选择规范。参见庄世同:《论法律原则的地位——为消极的法律原则理论而辩》,《辅仁法学》(台湾地区)总第 19 期(2000)。国家司法考试、国家统一法律职业考试常有题目涉及此,如 2003 年国家司法考试卷一第 81 题为不定项选择题:"下列何种表述不属于法的规则? A.公民的权利能力一律平等;B. 民事活动应当自愿、公平、等价有偿、诚实信用;C. 合同的当事人应当按照合同的约定,全部履行自己的义务;D.党必须在宪法和法律范围内活动。"参考答案为 A、B、D 三项。

[3] 关于由于逻辑结构存在瑕疵而欠缺适用可能或实益的法律条文,有的学者称为僵尸法条、注意规定、倡导性规范、训示规范等。详可参见贺剑:《民法的法条病理学——以僵尸法条或注意规定为中心》,载《法学》2019 年第 8 期;王轶:《论倡导性规范——以合同法为背景的分析》,载《清华法学》2007 年第 1 期。

定的对象有法律效力,并不具有普遍约束力;而法律规则则是调整大量同类社会关系的共同规则,具有普遍约束力。

二、法律规则的分类

从不同的角度,可以对法律规则进行分类,从而对法律规则有更全面的认识。

(一)授权性规则、义务性规则、权义复合性规则

按照规则的内容规定不同,法律规则可以分为授权性规则和义务性规则、权义复合性规则。

授权性规则为规定人们可以作出某种行为的法律规则。其在立法中的用语表达式为:"有权……","享有……权利","可以……"等。《宪法》第 40 条规定:"中华人民共和国公民的通信自由和通信秘密受法律的保护。除因国家安全或者追查刑事犯罪的需要,由公安机关或者检察机关依照法律规定的程序对通信进行检查外,任何组织或者个人不得以任何理由侵犯公民的通信自由和通信秘密。"此规定为授权性规则。

义务性规则是指规定人们必须作出某种行为或不作出某种行为的法律规则。它分为两种:命令性规则,是指规定人们的积极义务,即人们必须或应当作出某种行为的规则,其在立法中的用语表达式为:"有……义务","须得……","要……","应……","必须……"等。禁止性规则,是指规定人们的消极义务(不作为义务),即禁止人们作出一定行为的规则,其在立法中的用语表达式为:"禁止……","不准……","不得……","不应当……","严禁……","不要……"等。《律师法》第 13 条规定:"没有取得律师执业证书的人员,不得以律师名义从事法律服务业务;除法律另有规定外,不得从事诉讼代理或者辩护业务。"此规定为义务性规则。

权利义务复合性规则,绝大多数为有关国家机关活动的规则。如委任规则、组织规则、审判规则、承认规则等,既有职权又有职责(义务)。

(二)强制性规则和任意性规则

按照表现形式的不同,法律规则可分为强制性规则和任意性规则。

强制性规则是指所规定的义务具有确定的性质,不允许任意变动和伸缩的法律规则。义务性规则属于强行性规则。

任意性规则是指在法定范围内允许行为人确定其权利的具体内容的法律规则。它允许人们自行选择或协商确定为与不为、为的方式以及法律关系中的权利义务内容。在权利性规则中,有些属于任意性规范。其内容大都是国家赋予人们某种意志表达力更大的权利和自由,或者说法律规范一般只对人们的权利(可以做什么或不做什么)作原则性的规定,当事人个人自行确定或选择自己权利和自由的

内容或方式。

（三）确定性规则、委任性规则和准用性规则

按照规则内容的确定性程度不同,可以把法律规则分为确定性规则、委任性规则和准用性规则。

所谓确定性规则,是指内容本已明确肯定,无须再援引或参照其他规范来确定其内容的法律规则。在法律条文中规定的绝大多数法律规则属于此种规则。

所谓委任性规则,是指内容尚未确定,而只规定某种概括性指示,由相应国家机关通过相应途径或程序加以确定的法律规则。例如,我国《选举法》第59条规定:"省、自治区、直辖市的人民代表大会常务委员会根据本法可以制定选举法实施细则,报全国人民代表大会常务委员会备案。"此规定即属委任性规则。

所谓准用性规则,是指内容本身没有规定人们具体的行为模式,而是可以援引或参照其他相应内容规定的规则。例如,我国《刑事诉讼法》第242条规定:第二审人民法院审判上诉或者抗诉案件的程序,除本章已有规定的以外,参照第一审程序的规定进行。此规定即属准用性规则。

（四）调整性规则和构成性规则

从功能上考虑,可将法律规则分为调整性规则和构成性规则。

调整性规则是对已有行为方式进行调整的规则,它的功能在于控制行为。构成性规则是组织人们按规范规定的行为去活动的规则。

调整性规则所涉及的行为在逻辑上先于或独立于规则之外。无论规则是否存在,人们可以从事此类行为,规则的作用在于设定行为的界限和范围。构成性规则先于它所涉及的行为的存在,没有这些规则的存在,就不可能有这些活动和行为的存在。如《民事诉讼法》中大部分程序规则为构成性规则。

三、法律规则的结构

法律规则的结构是指法律规则的构成要素,说明法律规则是由哪些因素或部分组成的以及各部分之间的关系。由于是从内在的、逻辑的意义上进行考察的,因而也称为法律规则的逻辑结构。

对法律规则的结构,目前学界尚有不同看法。主要有"三要素说"和"两要素说"两种观点。"三要素说"认为,每一法律规则通常由假定、处理和制裁三个要素构成。[1]"两要素说"认为,法律规则是由行为模式和法律后果两部分构成的。

我们认为,上述学说各有不足,故而综合两方面的观点,提出新的"三要素说",

---

[1] 对此的质疑,可参见邹爱华:《质疑"法律规范由假定、处理和制裁构成"》,《湖北大学学报》,2003(4)。

认为法律规则均由条件、模式和后果三个部分构成。[1]

条件,指法律规则中适用法律规则的条件和情况的部分,即行为发生的时空、各种条件等实际状态的预设。它包含两个方面:①法律规则的适用条件,其内容为有关法律规则在什么时间生效,在什么地域生效以及对什么人生效等。②行为主体的行为条件,主要是法律关系产生、变更或消灭的事实规定,内容包括行为主体的资格构成(行为主体的国籍、权利能力、行为能力、免责条件等)和行为的情境条件(行为的时间、地点、程序和状态等)。

模式,指法律规则所规定的行为规则部分,具体规定人们可以做什么或禁止人们做什么的部分。根据行为要求的内容和性质不同,法律规则中的模式分为三种:①可为模式,指在什么假定条件下,人们"可以如何行为"的模式。②应为模式,指在什么假定条件下,人们"应当或必须如何行为"的模式。③勿为模式,指在什么假定条件下,人们"禁止或不得如何行为"的模式。

后果,指法律规则中指出的行为应当承担的法律后果的部分,是法律规则对人们具有法律意义的行为的态度。根据人们对行为模式所作出的实际行为的不同,后果又分为两种:①肯定式的法律后果,又称合法后果,是法律规则中规定人们按照行为模式的要求行为而在法律上予以肯定的后果,它表现为法律规则对人们行为的保护、许可或奖励。②否定式的法律后果,又称违法后果,是法律规则中规定人们不按照行为模式的要求行为而在法律上予以否定的后果,它表现为法律规则对人们行为的制裁、不予保护、撤销、停止,或要求恢复、补偿等。法律后果是任何法律规则都不可缺少的要素。

总之,在逻辑结构上,法律规则是由条件、模式和后果三部分构成的。其中,条件、模式是后果的前提,后果是对人们遵守或违反假定条件和行为模式的认定。它们之间在逻辑上是可以相互推导的。

需要注意的是,在许多情况下,法律条文仅规定法律规则的某个要素或若干要素。(1)法律条文仅规定"模式"。如我国《民法典》第1061条规定:"夫妻有相互继承遗产的权利。"第1070条规定:"父母和子女有相互继承遗产的权利。"(2)法律条文规定了"条件"和"模式"两个要素。如我国《商标法》第42条规定:"转让注册商标的,转让人和受让人应当签订转让协议,并共同向商标局提出申请。"(3)法律条文既规定"肯定式的后果",又规定"否定式的后果"。我国《刑法》第20条和第21条有关"正当防卫"和"紧急避险"的规定,即属此类。

---

〔1〕 国家司法考试、国家统一法律职业资格考试常考这方面的知识点。如国家司法考试2013年卷一第54题为多项选择题:《老年人权益保障法》第18条第1款规定:"家庭成员应当关心老年人的精神需求,不得忽视、冷落老年人。"关于该法款,下列哪些说法是正确的? A. 规定的是确定性规则,也是义务性规则　B. 是用"规范语句"表述的　C. 规定了否定式的法律后果　D. 规定了家庭成员对待老年人之行为的"应为模式"和"勿为模式"。参考答案为 A、B、D 三项。

有些法律规则在制定中由于种种原因而没有法律后果的规定。西方学者将这种缺乏具体行为模式或法律后果的法律规范称为象征性立法（symbolic legislation）或叙述性立法（narrat-ive legislation）。[1] 第十四次国际比较法协会曾经对没有制裁的法律进行过讨论，但其讨论的前提是法官面对这类法律时应当起什么作用。可见叙述性法律的可诉性仍然存在，并未因制裁的缺少而失去可诉性这一重要的法律特征。[2]

第四节　法律概念

法律概念是对各种法律事实进行概括，抽象出它们的共同特征而形成的权威性范畴，具有对内同质性和对外区隔性。如我国《律师法》第 2 条："本法所称律师，是指依法取得律师执业证书，接受委托或者指定，为当事人提供法律服务的执业人员。"法律概念往往不是一个抽象、普遍的概念，而是一个"类型概念"，并不都是清晰的。法律概念是人类社会内一种特定沟通形式，是一种合乎目的性的界定，是为了有效率地解决社会纠纷而发展起来的。

法律概念是人类社会发展的结晶，正如卡多佐所指出的，"某些法律的概念之所以有它们现在的形式，这几乎完全归功于历史。除了将它们视为历史的产物外，我们便无法理解它们"。[3] 法律概念又是法律实践的产物，法律概念一方面是由立法者通过立法明示，在法律规定中直接载明法律概念的含义；另一方面是由法律的适用者（主要是法官）在法律适用过程中根据法律原则和精神对概念的意义所作的具体确认。[4]

法律概念是对法律所欲调整之对象所进行的特殊归纳，这种归纳主要是受法律思维方式的影响，对所要概括事物的特征进行穷尽地列举，从中找出不可替代、不可缺少的最显著特征，然后对概念进行总结、下定义。

法律概念包括主体方面的概念，如公民、法人、立法机关、法院等；权力与权利方面的概念：如自由权、管辖权、决定权等；义务方面的概念，如监护、责任、赡养

---

〔1〕 Roger Cotterell:The Sociology of Law: AnIntroduction,Butterworths,1984,p.58. Jan Van Dunne: Narrative Coherence and ItsFunction in Judicial Decision making and Legislation,The Amer-ican Journal of Comparative Law,1996,vol.44,463-478.

〔2〕 参见 Bulle-tin,The American Journal of Comparative Law,Vol.42,1994,827.王晨光：《法律的可诉性：现代法治国家中法律的特征之一》，《法学》，1998(8)。

〔3〕 ［美］本杰明·卡多佐：《司法过程的性质》，苏力译，31 页，北京，商务印书馆，1998。

〔4〕 关于法律概念的特征，可参见魏凤荣、司国林：《试论法律概念的特征》，《当代法学》，2001(1)。林玫的《法律概念的语言学研究》一文（《法制与社会》2014 年第 33 期）认为法律概念不同于语言中一般事物的概念，具有规定性、开放性和衍生性的特征。从训诂学角度而言，法律概念是一种处于不断构建中的概念，构建的因素包括社会的发展、技术的变迁。法律概念的定义不仅仅是语言层面的界定，更是对概念在当下社会形态中所代表事物的准确界定。

等。客体方面的概念：如土地、产品、标的等；事实方面的概念，如事件（出生等）、行为（正当防卫、违约、侵权等）；其他方面的概念，如民族自决，共同体，司法独立；有关诉讼法的：如起诉、第一审、第二审、上诉、执行、调解等。如《中华人民共和国畜禽遗传资源进出境和对外合作研究利用审批办法》第3条规定："本办法所称畜禽，是指列入依照《中华人民共和国畜牧法》第11条规定公布的畜禽遗传资源目录的畜禽。本办法所称畜禽遗传资源，是指畜禽及其卵子（蛋）、胚胎、精液、基因物质等遗传材料。"

从来源来看，有些法律概念是法律特有的、专有的概念，如不可抗力、当事人；有的法律概念则从普通语言中移用过来，但有了特殊含义，如"善意"。

掌握法律概念，有利于对法律基本精神和内容的理解，[1]如弄懂犯罪的概念，有助于理解刑法的基本精神，刑法就是定罪量刑的法规；有利于对法律规则与法律原则的适用，适用法律复杂的过程，首先要明确案件涉及的有关法律概念，才能正确运用法律处理案件，如审理联营纠纷案件时，首先要弄懂联营的概念；有利于法学理论研究，提高法律科学化程度的功能。因此，有学者指出："社会学上的因素，不论多么重要，就法律上的目的而言，必须呈现于概念架构之中，否则，就不能成为法律体系里面有意义的因素。"[2]

法律概念有省略定义法、直接定义法、补充定义法等，一般通过法规、法律解释对有争议的概念进行定义。[3]

此外，法律技术性事项是法律的要素之一，与法律原则、法律规范、法律概念等构成完整的法律，它的重要作用是解决法律的可操作性问题，或对某些具体事项作出安排，从而使法律能够调整社会关系、解决现实问题。

法律技术性事项如法律的生效时间、解释机关、修正的程序、公布的文字形式等。

法律技术性事项一般放在法律的最后部分，有的在附则、附录中。

如2020年7月6日七届海南省人民政府第53次常务会议审议通过，自2020年8月1日起施行的《海南省公共场所外语标识管理规定》的第23条即属此例：

〔1〕　陈金钊在《法律定义的意义阐释》（《江海学刊》2020年第4期）中强调法律定义对法律思维、法治的意义。

〔2〕　Dennis Lloyd：《法律的理念》，张茂柏译，309页，台北，台北联经出版事业公司，1984。

〔3〕　西方的分析法学派十分注重对法律基本概念的分析，它以边沁为先锋，历经奥斯丁、霍兰德、萨尔蒙德、凯尔森、格雷、霍菲尔德等几代大师的努力，逐步形成了一个完整的关于法律概念分析的方法和体系。而在上述的分析法学家中，霍菲尔德可谓是法律概念分析的集大成者，他的思想为美国的《财产法重述》所采用，参见王涌：《寻找法律概念的"最小公分母"——霍菲尔德法律概念分析思想研究》，《比较法研究》，1998(2)。霍菲尔德的《司法推理中应用的基本法律概念》（陈端洪译，http://www.duozhao.com/lunwen/da/lunwen_59209.html，最后访问时间2007-01-24）一文值得一读。我国法学界对法律基本概念和逻辑的研究有待进一步重视和深入。

第二十三条　本规定自 2020 年 8 月 1 日起施行。

又如 2020 年 6 月 30 日第十三届全国人民代表大会常务委员会第二十次会议通过《中华人民共和国香港特别行政区维护国家安全法》，其中规定：

第六章　附　　则

第六十二条　香港特别行政区本地法律规定与本法不一致的，适用本法规定。

第六十三条　办理本法规定的危害国家安全犯罪案件的有关执法、司法机关及其人员或者办理其他危害国家安全犯罪案件的香港特别行政区执法、司法机关及其人员，应当对办案过程中知悉的国家秘密、商业秘密和个人隐私予以保密。

担任辩护人或者诉讼代理人的律师应当保守在执业活动中知悉的国家秘密、商业秘密和个人隐私。

配合办案的有关机构、组织和个人应当对案件有关情况予以保密。

第六十四条　香港特别行政区适用本法时，本法规定的"有期徒刑""无期徒刑""没收财产"和"罚金"分别指"监禁""终身监禁""充公犯罪所得"和"罚款"，"拘役"参照适用香港特别行政区相关法律规定的"监禁""入劳役中心""入教导所"，"管制"参照适用香港特别行政区相关法律规定的"社会服务令""入感化院"，"吊销执照或者营业许可证"指香港特别行政区相关法律规定的"取消注册或者注册豁免，或者取消牌照"。

第六十五条　本法的解释权属于全国人民代表大会常务委员会。

第六十六条　本法自公布之日起施行。

《香港特别行政区维护国家安全法》的附则共有五条，内容比较多。

法律技术性事项不是所有法律所必须具备的。一部法律是否需要设置附则，要看该法律是否需要附加有关资料，以便使该法律得到某种说明，更好地为人们所理解和实施。

第三章 法律体系

第一节 法律体系概述

体系是指若干有关事物或某些意识相互联系而形成的一个整体。因此,体系是以系统存在和运行的整体,是由整体的构成要素在相互联系和配合中构成的以系统运行和存在的和谐整体。

法律体系,也称为部门法体系,是指一国的全部现行法律规范,按照一定的标准和原则,划分为不同的法律部门而形成的内部和谐一致、有机联系的整体。法律体系是一国国内法构成的体系,不包括完整意义的国际法。法律体系是一国现行法律构成的体系,反映一国法律的现实状况,它不包括历史上废止的已经不再有效的法律,一般也不包括尚待制定、还没有制定和生效的法律。

英国学者约瑟夫·拉兹认为,法律体系包括存在问题(一种法律体系存在的标准)、特征问题(法律体系的特质、归属标准)、结构问题(法律体系的共同结构)、内容问题(对于所有法律体系都不可缺少的内容)等四方面内容。[1] 苏联学者阿列克谢耶夫认为,法律体系的概念从其构成来讲,包括了法律、法律实践、指导法律和法律实践的法律意识等要素。[2] 中国明清之际的王夫之(1619—1692)对法律的体系进行过讨论,提出"同条共贯""相互成治"的观点,认为必须全面考虑,统一规划,内部协调,自成体系,并使法律与政权、道德等相一致:"经天下而归于一正,必同条而共贯,杂则虽距先王之步趋而迷其真。唯同条而共贯,统天下而经之,则必乘时以精义,而大业以成。"[3]强调法律内部应当有主有次,有本有末,排列有序,形成完整的体系。

法律体系是一种客观存在的社会生活现象,反映了法律的统一性和系统性。法律体系的形成是某一国家的法学工作者对现行法律规范进行科学抽象和分类的结果,具有主观性。同时法律体系必须同一国经济文化状况相适应,必须符合法律自身的发展规律,因而又有客观性。法律体系的客观性更多地源于法律体系所调整的社会现象和社会关系的客观性。法律体系的形成还受到一国的法律传统、法律的历史发展状况的影响。

---

[1] 参见[英]约瑟夫·拉兹:《法律体系的概念》,吴玉章译,2~3页,北京,中国法制出版社,2003。
[2] [苏]C.C.阿列克谢耶夫:《法的一般理论》,黄良平等译,83~88页,北京,法律出版社,1988。
[3] 《读通鉴论》卷三。

法律体系为能系统存在和运行的法律整体，即不仅是静态的法律整体，而且必须是以动态存在和运行的法律整体。要求法律体系不仅在静态上是和谐和协调的法律整体，而且在动态上也必须是和谐和协调的法律整体。

研究法律体系，对于科学地进行立法预测、立法规划，正确地适用法律解决纠纷，全面地进行法律汇编和法典编纂，合理地划分法律学科、设置法学课程等都具有重要的意义。完善的法律体系，能全面、协调、有效地调整社会关系，对社会资源进行有效、合理的分配，保证法律自身目的和价值的实现，并为法学研究提供丰富的实践资料。

法律体系与立法体系是不同的。法律体系指的是历史地形成的法律的内部结构，而立法体系（或称规范性文件体系、法律的渊源体系）则是指法律的外在表现形式的系统，二者是内容与形式的关系。立法体系反映法律体系，以法律体系为基础，但并不等于法律体系。

法律体系是法学体系赖以建立和存在的前提和基础，但法学体系的范围比法律体系要广泛得多。法律体系在一个国家中一般只有一个，而法学体系在一个国家中会出现多个体系并存的情况。

法律体系与法系也是两个不同的概念。法系是指根据法律的历史传统对法律所作的分类，往往涉及多个国家的法律；而法律体系由一国的法律构成。

第二节　法　律　部　门

一、法律部门含义

法律部门，也叫部门法，是根据一定标准和原则所划定的调整同一类社会关系的法律规范的总称。具体的法律制度，如知识产权制度、回避制度、死刑制度等也是调整同类社会关系的法律规范的总称，这些制度同法律部门既有联系又有区别。法律制度中包含的法律规范及其调整的社会关系的范围比法律部门窄，它往往按照其调整社会关系的主导性质从属于某个法律部门，同时又分属其他几个法律部门。如死刑制度主要属于刑法，但也是刑事诉讼法的一个重要组成部分。

由于社会关系复杂交错，彼此联系，因此法律部门之间往往很难截然分开。事实上，有的社会关系需要由几个法律部门来调整，如经济关系就需要由经济法、民法、行政法、劳动法等法律部门的法律予以调整。

法律部门离不开成文的规范性法律文件，但二者并不是一个概念。有的法律部门的名称是用该部门基本的规范性法律文件的名称来表述，如作为一个法律部门的"刑法"和作为一个规范性文件的《刑法》或《刑法典》。但是单一的规范性法律文件不能包括一个完整的法律部门，作为一个法律部门的刑法部门并不仅仅为刑法典,而是所有刑事法律规范的总和。同时,大多数规范性法律文件并非各自包含一个法律部门的规范,可能还包含属于其他法律部门的规范。如大量的经济法、行政法的规范性文件中都含有规定刑事责任的刑法规范。

有不少规范性文件按规范的性质,从不同角度可把它归为不同的法律部门,对这类规范性文件,应该根据其内容的主导性质来确定其法律部门的归属。如专利法,依其对专利事务进行行政管理可划归到行政法;但其主导方面是保护公民个人的知识产权,因此划入民法更为合适。

二、划分法律部门的标准和原则

建立一国法律体系的关键问题是划分法律部门的根据,即标准和原则是什么。一般认为划分法律部门的主要标准是法律所调整的不同社会关系,即调整对象;其次是法律调整方法。

法律调整的社会关系领域是很广泛的,包括经济、政治、文化、教育、科技等,各种社会关系的内容、性质不同,国家调整社会关系的活动范围、方式也不同,因而决定了调整社会关系的法律规范的种类不同,这就形成了不同的法律部门。

由于社会关系的广泛和复杂,除了法律调整对象作为主要标准外,法律调整方法也是划分法律部门的标准。法律调整方法主要是指实施法律制裁的方法和确定法律关系主体不同地位、权利义务的方法,包括确定权利义务的方式、方法,权利和义务的确定性程度和权利主体的自主性程度,法律关系主体的地位和性质,法律事实的选择,保障权利的手段和途径等。

法律调整对象和法律调整方法都是客观存在的事实,都是不依划分者的主观认识和意志为转移的,都是划分法律部门的客观标准。

在划分法律部门时仅依靠调整对象和调整方法这两个客观标准是不够的,还应考虑一些原则,使法律部门的划分更加科学、合理。划分法律部门的原则主要有这样几方面。

第一,粗细恰当。社会关系的领域是极为广泛的,但凡受法律所调整的任何一种社会关系领域不可能都成为一个独立的法律部门。划分法律部门时应注意在粗细之间保持适当平衡,既不应太粗,也不宜过细,以利于人们了解和掌握本国全部现行法。

第二,多寡合适。在划分法律部门时要考虑有关法律、法规的多寡。实际生活中,法律、法规的数量往往并不与社会生活基本关系的情形相均衡。有些社会关系领域虽然重要,但相应的法律规范很少,不足以形成一个独立的法律部门;有的社会关系领域如经济关系领域,十分广泛,法律规范数量众多,一个法律部门难以容纳,因而宜划为几个法律部门。

第三,主题定类。实际生活中,有一些法律规范兼及不同领域,可以从不同角度归类为不同的法律部门,在这种情形下,就需要考虑这些规范的主题或主导精神来定其部类归属。原则上是一项规范、一个规范性文件不得兼跨不同法律部门。著作权法属于民法,即属此类。

第四,逻辑与实用兼顾。划分法律部门,本身既是为了求得对现行法律规范的一种理论说明,便于了解和掌握,也是为了实际地运用法律规范来指引人们如何行为,因而具体划分中还要考虑实践中的便利要求。既要有一定的逻辑根据,又不必过于拘泥,从实用出发,还应该考虑正在制定或即将制定的法律,把握法律的发展趋势。划分法律部门时要善于区别各法律部门之间必要的交错和不应有的重复以至混乱,善于使逻辑与实用兼顾。

第三节　当代中国的法律体系

关于当代中国的法律体系,在 2011 年 3 月 10 日上午第十一届全国人民代表大会第四次会议第二次全体会议上,全国人大常委会委员长吴邦国作全国人大常委会工作报告时表示,中国特色社会主义法律体系已经形成。[1] 截至 2019 年 8 月底,现行有效法律 274 件,行政法规 600 多件,地方性法规 12000 多件。[2]

全国人大常务委员会 2011 年 工作报告(节选)

当代中国的法律体系通常包括下列法律部门:宪法、行政法、民法、商法、经济法、劳动与社会保障法、自然资源与环境保护法、刑法、诉讼与非诉讼程序法。

一、宪法

宪法作为一个法律部门,在当代中国的法律体系中具有特殊的地位,是整个法律体系的基础。它不但反映了当代中国法律的本质和基本原则,也确定了其他法

---

〔1〕 雷磊在《融贯性与法律体系的建构——兼论当代中国法律体系的融贯化》一文(《法学家》,2012 年第 2 期)中指出,法律体系的融贯性具有重要意义。它意味着法律体系各个部分之间的相互支持与证立,这是对于法律体系的道德要求,也是法治的目标之一。法律体系的融贯性具有程度差异,它包含连贯性、体系融贯性与理念融贯性三个层次的要求。融贯的法律体系主要是裁判者的诠释活动带来的,它是借助于一定的诠释方法建构出的产物。当代中国法律体系的融贯化面临特殊的难题,只有从制度体系、背景体系与方法体系三个方面努力,才能建构出满足三个层面融贯性要求的法律体系。

〔2〕 许安标:《新中国 70 年立法的成就与经验》,《中国人大》,2019(21)。

律部门的指导原则。

宪法规定我国的各种基本制度、原则,公民的基本权利和义务,各主要国家机关的地位、职权和职责等。宪法部门最基本的规范,主要反映在《中华人民共和国宪法》这一规范性法律文件中。宪法是我国的根本法,具有最高的法律效力,其他任何法律、法规都不能违反宪法,与宪法相抵触。

除了《宪法》这一主要的、居于主导地位的规范性法律文件外,宪法部门还包括以下几个附属的较低层次的法律。

(1) 主要国家机关组织法。这些组织法包括《全国人民代表大会组织法》《全国人民代表大会和地方各级人民代表大会代表法》《国务院组织法》《地方各级人民代表大会和地方各级人民政府组织法》《人民法院组织法》《人民检察院组织法》以及《全国人民代表大会议事规则》《全国人民代表大会常务委员会议事规则》等。

(2) 选举法。主要有《全国人民代表大会和地方各级人民代表大会选举法》《中国人民解放军选举全国人民代表大会和地方各级人民代表大会代表的办法》等。

(3) 民族区域自治法。主要是《民族区域自治法》,它是我国实行民族区域自治制度的基本法。

(4) 特别行政区基本法。包括《香港特别行政区基本法》《澳门特别行政区基本法》。

(5) 授权法。授权法指全国人民代表大会及其常务委员会为授权国务院或其他国家机关制定某种规范性文件而颁布的法律,不包括根据授权而制定的规范性文件。如全国人大于 1985 年制定的《关于授权国务院在经济体制改革和对外开放方面可以制定暂行的规定或者条例的决定》、全国人大常委会于 1992 年制定的《关于授权深圳市人民代表大会及其常务委员会和深圳市人民政府分别制定法规和规章在深圳经济特区实施的决定》等。

(6) 立法法。主要是《立法法》。

(7) 国籍法和公民权利法。主要包括《国籍法》《集会游行示威法》《义务教育法》《残疾人保障法》《未成年人保护法》《妇女权益保障法》《人口与计划生育法》等。

此外,还包括《各级人民代表大会常务委员会监督法》《国旗法》《国徽法》等。

二、行政法

行政法是调整国家行政管理活动中各种社会关系的法律规范的总和。它包括规定行政管理体制的规范,确定行政管理基本原则的规范,规定行政机关活动的方式、方法、程序的规范,规定国家公务员的规范等。行政法包括一般行政法和特别行政法,涉及范围很广,如治安、民政、工商、文化、教育、卫生、税务、财政、交通、环境等各方面的行政管理活动的法规。

我国一般行政法方面的规范性法律文件主要有《行政复议法》《行政处罚法》《行政监察法》《政府采购法》《行政许可法》《公务员法》《公职人员政务处分法》等。特别行政法方面有《食品卫生法》《药品管理法》《邮政法》《海关法》《铁路法》《公路法》《治安处罚法》《非物质文化遗产法》《食品安全法》《防震减灾法》《测绘法》《气象法》《消防法》《城乡规划法》《道路交通安全法》《禁毒法》《突发事件应对法》《城市房地产管理法》《国有土地上房屋征收与补偿条例》《国家赔偿费用管理条例》《公路安全保护条例》《音像制品管理条例》《出版管理条例》《城镇燃气管理条例》《价格违法行为行政处罚规定》《自然灾害救助条例》《古生物化石保护条例》《全国人口普查条例》《气象灾害防御条例》《全民健身条例》《农业机械安全监督管理条例》《保安服务管理条例》《民用机场管理条例》《彩票管理条例》《基础测绘条例》《旅行社条例》《公路管理条例》《水路运输管理条例》《航道管理条例》等。随着改革开放的深入进行，我国在行政管理领域要求国家行政机关及其工作人员认真依法行政，坚持法治原则，并接受社会各方面监督，这方面的法律制定工作将会更加重视。

三、民法

民法是调整作为平等主体的公民之间、法人之间、公民和法人之间的财产关系和人身关系的法律。财产关系是人们在占有、使用和分配物质财富过程中所发生的社会关系，民法并非调整所有的财产关系，而只是调整平等主体之间发生的财产关系，如所有权关系、债权关系等。

我国民法部门主要由《民法典》和单行民事法律组成。《民法典》是民法部门的基本法。单行民事法律主要有《商标法》《专利法》《著作权法》等。此外还包括一些单行的民事法规，如《婚姻登记管理条例》《著作权法实施条例》《商标法实施细则》《专利法实施细则》《知识产权海关保护条例》等。

四、商法

在我国明确提出建立市场经济体制以后，商法作为法律部门的地位才为人们所认识。商法是调整平等主体之间的商事关系或商事行为的法律。我国的商法包括《公司法》《证券法》《票据法》《保险法》《企业破产法》《海商法》《公司登记管理条例》等。商法是一个法律部门，但民法规定的有关民事关系的很多概念、规则和原则也通用于商法。从这一意义上讲，我国实行"民商合一"的原则。

五、经济法

经济法是调整国家在经济管理中发生的经济关系的法律。作为法律部门的经济法是随着商品经济的发展和市场经济体制的逐步建立,适应国家宏观经济实行间接调控的需要而发展起来的一个法律部门。经济法这一法律部门主要包括有关企业管理的法律规范,如《全民所有制工业企业法》《中外合资经营企业法》《外资企业法》《中外合作经营企业法》《乡镇企业法》《中小企业促进法》《农民专业合作社法》等;有关财政、金融和税务方面的法律、法规,如《中国人民银行法》《商业银行法》《银行业监督管理法》《反洗钱法》《个人所得税法》《税收征收管理法》《车船税法》《契税法》《城市维护建设税法》等;有关宏观调控的法律、法规,如《预算法》《统计法》《会计法》《计量法》《外商投资法》等;有关市场主体、市场秩序的法律、法规,如《产品质量法》《反不正当竞争法》《反垄断法》《消费者权益保护法》《拍卖法》《招标投标法》《农产品质量安全法》《电子商务法》等。

六、劳动与社会保障法

劳动与社会保障法法律部门有的称为社会法部门。劳动法是调整劳动关系的法律,社会保障法是调整有关社会保障、社会福利的法律。这一法律部门的法律包括有关用工制度和劳动合同方面的法律规范,有关职工参加企业管理、工作时间和劳动报酬方面的法律规范,有关劳动卫生和劳动安全的法律规范,有关劳动纪律和奖励办法的法律规范,有关劳动保险和社会福利方面的法律规范,有关社会保障方面的法律规范,有关劳动争议的处理程序和办法的法律规范等。劳动与社会保障法这一法律部门的主要规范性文件包括《劳动法》《工会法》《矿山安全法》《安全生产法》《劳动合同法》《社会保险法》《就业促进法》《工伤保险条例》《社会保险费征缴暂行条例》《特种设备安全监察条例》等。这一法律部门在我国目前还较弱,需要进一步完善。

七、自然资源与环境保护法

自然资源与环境保护法是关于保护环境和自然资源、防治污染和其他公害的法律,通常分为自然资源法和环境保护法。自然资源法主要指有关各种自然资源的规划、合理开发、利用和保护等方面的法律。环境保护法是保护环境、防治污染和其他公害的法律。

这一法律部门的规范性文件,属于自然资源法方面的有《森林法》《草原法》《渔业法》《矿产资源法》《土地管理法》《水法》《野生动物保护法》《可再生能源法》《水土保持法》《循环经济促进法》《野生药材资源保护管理条例》《取水许可和水资源费征收管理条例》《抗旱条例》等;属于环境保护法方面的有《环境保护法》《海洋环境保护法》《水污染防治法》《大气污染防治法》《放射性污染防治法》《环境影响评价法》《固体废物污染环境防治法》《石油天然气管道保护法》《节约能源法》《清洁生产促进法》《土地复垦条例》《规划环境影响评价条例》《风景名胜区条例》《自然保护区条例》《放射性物品运输安全管理条例》《消耗臭氧层物质管理条例》《防治船舶污染海洋环境管理条例》《防治海洋工程建设项目污染损害海洋环境管理条例》《废弃电器电子产品回收处理管理条例》等。

自然资源与环境保护法是当代中国法律体系中的一个新兴法律部门,虽然已经制定了许多法律、法规,但仍然不够完备,需要进一步完善,以促进人与自然的和谐发展、社会的可持续发展。

八、刑法

刑法是规定犯罪和刑罚的法律,是当代中国法律体系中的一个基本法律部门。在人们日常生活中,刑法也是最受人关注的一种法律。刑法这一法律部门中,占主导地位的规范性文件是《刑法》,同时还包括《国家安全法》等一些单行法律、法规。

在有关经济、行政管理的法律(如《商标法》《文物保护法》《专利法》《枪支管理法》等)中,规定了"依照""比照"刑法的有关规定追究刑事责任的条款,这些法律规范也是刑法的组成部分。

九、诉讼与非诉讼程序法

诉讼法,又称诉讼程序法,是有关各种诉讼活动的法律,它从诉讼程序方面保证实体法的有效实施,保证实体权利、义务的实现。非诉讼程序法是解决非讼案件的程序法。诉讼与非诉讼程序法这一法律部门中的主要规范性文件为《刑事诉讼法》《民事诉讼法》和《行政诉讼法》。同时,这一法律部门中还包括以下法律、法规:①律师法、法官法、检察官法,主要是《律师法》《法官法》《检察官法》等;②公证法,主要是《公证法》等;③调解法,主要是《人民调解法》《人民调解委员会组织通则》等;④仲裁法,主要是《仲裁法》《劳动争议调解仲裁法》《农村土地承包经营纠纷调解仲裁法》等;⑤监狱法,主要是《监狱法》等。此外也包括《涉外民事关系法律适用法》等。

在法律实践中,应当从整体上认识法律体系,进行全局性的把握,不能单纯孤立地只看到某一个法律条文,特别是在研究和处理具体的问题时,只从表面看到与之有直接联系的相关部门法,而忽略了其他与之有潜在、内在联系的法律规范,就很可能作出错误的判断。

在当代中国,法律体系是统一的。但由于"一国两制"的实行,出现了不同的社会制度、不同基本性质的法律和不同法系的法律,因此当代中国法律体系的建构就出现了特殊的情况,需要进一步说明。

我们认为,在"一国两制"之下,中国的法律虽然有着大陆与香港、澳门地区的种种差异,但仍然可以看作是一个法律体系,中国不存在两个或两个以上法律体系并存的情形。①在"一国两制"之下,我国的国家主权无论对内对外,都是统一的,我国的最高立法权是统一的,尽管大陆与香港、澳门地区在具体享有和行使立法权有些不同,但我国制定国家根本大法的最高立法权是唯一的。②尽管香港、澳门地区在法律制定和法律实施上可以有种种较大的不同,也可以根据基本法制定和实施不同于大陆地区的法律制度,但这并不与全国的法律体系的统一相矛盾,因为基本法是根据我国的宪法而制定的,而宪法是我国全部法律统一的中心和出发点。③香港、澳门地区的法律制度分属于不同的法系,但法系背景的差异并不影响一国法律体系的统一。[1]

第四节　规范性法律文件的规范化和系统化

为了提高规范性法律文件的质量,使其更好地为人们所掌握,并在社会生活中实施、发挥作用,必须使规范性法律文件规范化和系统化。

一、规范性法律文件的规范化

规范性法律文件的规范化是指有权的国家机关在制定规范性法律文件时,必须遵循有关要求,使规范性法律文件符合一定的规格和标准,从而使一个国家的规范性法律文件成为内部和谐、外部协调的整体。规范性法律文件的规范化是对规范性法律文件制定过程中的要求。

规范性法律文件的规范化要求不同等级或不同层次的规范性法律文件只能由不同的国家机关制定;应明确不同等级或不同层次的规范性法律文件的不同法律地位、效力及其相互关系,不同等级或不同层次的规范性法律文件的名称、特定的表达方式,法律文字的简练明确,法律术语的严谨统一等。

为了实现规范性法律文件的规范化,有必要制定专门的法律。我国的《立法法》对此作了一些规定,但还不够详细和全面,需要进一步的完善。

二、规范性法律文件的系统化

规范性法律文件的系统化是指采用一定的方式,对已制定颁布的法律、法规等规范性文件进行归类、整理或编纂,使之集中起来作有系统的排列的活动。规范性法律文件的系统化是规范性法律文件制定后的要求。它既可以是一种立法性质的活动,也可以是立法的准备活动和立法之后对法律、法规进行再整理的活动。它便于查阅,对于司法、执法和守法都有重要意义;也有助于法制统一,提高立法的质量。法律汇编与法律编纂是规范性文件系统化的两种基本方法。

(一)法律汇编

法律汇编,也叫法规汇编,是对已经颁布的规范性法律文件按照一定的目的或标准进行系统的排列,汇编成册。法律汇编不改变汇编的规范性法律文件的内容,不制定新的法律规范,因而不是国家的立法活动,仅是一项技术意义上的工作。

法律汇编的目的是便于人们查阅各种法律法规,以利于法律的遵守和适用。官方编制的某些权威性法规汇编,还有助于人们确定现行法律的范围。

法律汇编有按发布的年代顺序进行的,有按调整的社会关系进行的,也有按发布的机关进行的。既有官方的汇编,也有民间的汇编。

我国政府部门以前曾有《中央人民政府法令汇编》《中华人民共和国法规汇编》,起止年限为1949—1963年。以后全国人大常委会法制工作委员会定期编辑《中华人民共和国法律汇编》。国务院法制局编辑了《中华人民共和国现行法规汇编(1949—1985)》,以后又按年度编辑《中华人民共和国新法规汇编》。

(二)法律编纂

法律编纂是指对散见于不同规范性法律文件中的属于某一部门法的全部现行法律规范,进行审查、修改和补充,编纂成具有完整结构、严谨统一的法典的活动。法律编纂是以制定法典为目的,因而也称为法典编纂。法律编纂可以改变原来的规范的内容,即可以删除已经过时或不正确的内容,消除其中矛盾重叠的部分,还可以增加新的内容。它要根据某些共同的原则形成有内在联系的、和谐的统一体,因此,它是国家的立法活动之一,只能由国家的立法机关进行,其他任何机关、团体和个人均无权进行。

进行法律编纂要考虑到整个国家的法律体系,应当尽可能把某一部门的法律规范编入同一法典中去。法律编纂要求较高的立法技术。[1]

因此,法律汇编与法律编纂在目的、机构、性质(即是否属于国家立法活动)等方面有着明显的区别。

此外,有些学者还认为法律清理也是规范性法律文件系统化的一种方法。法律清理对于树立法律的权威、明确法律的范围具有重要意义。如2001年10月国

---

[1] 关于法律编纂,进一步阅读可参见青锋、罗伟主编:《法律编纂研究》,北京,中国法制出版社,2005。该书内容包括大陆法系和英美法系主要国家法典编纂的比较与中国应选择的模式初探、美国联邦法律和行政法的法典化、欧洲大陆法典编纂的历史及其特征、美国法律编纂制度的启示、近代欧洲大陆法典化运动及其对现代法治的贡献、中国古代法典编纂的沿革与传统、六法全书的编纂及分类、关于编纂《中国海关法典》的初步设想、中国的法律汇编制度、中国法规清理、法规汇编的现状和展望、中国法规出版的现状与展望等。

务院进行法律清理后发布了《关于废止 2000 年底以前发布的部分行政法规的决定》。自 1949 年中华人民共和国成立以来至 1993 年底,国务院(含政务院)发布或者批准发布的行政法规进行全面清理以来,客观情况又发生了很大变化。为了适应改革开放和建立健全社会主义市场经济体制及我国加入世界贸易组织新形势的需要,国务院对截至 2000 年底现行行政法规共 756 件进行了全面的清理。经过清理,国务院在这一决定中规定:对主要内容与新的法律或者已经修改的法律、党和国家新的方针政策或者已经调整的方针政策不相适应的,以及已被新的法律或者行政法规所代替的《进出口列车、车员、旅客、行李检查暂行通则》(已被 2000 年 7 月 8 日全国人大常委会修订并公布的《中华人民共和国海关法》、1989 年 3 月 6 日国务院批准卫生部发布的《中华人民共和国国境卫生检疫法实施细则》、1995 年 7 月 20 日国务院发布的《中华人民共和国出境入境边防检查条例》代替)等 71 件行政法规,予以废止;对适用期已过或者调整对象已经消失,实际上已经失效的《轮船旅客意外伤害强制保险条例》(适用期已过,实际上已经失效)、《市镇粮食定量供应暂行办法》(调整对象已消失,实际上已经失效)等 80 件行政法规,宣布失效;对 1994 年至 2000 年底公布的法律、行政法规已经明令废止的《中华人民共和国审计条例》(被 1994 年 8 月 31 日第八届全国人民代表大会常务委员会第九次会议通过、1994 年 8 月 31 日中华人民共和国主席令第 32 号公布的《中华人民共和国审计法》明令废止)等 70 件行政法规,统一公布。

2008 年 7 月 21 日,全国人大常委会办公厅发出了《关于开展法律清理工作的通知》(常办秘字[2008]110 号),2008 年 8 月 8 日国务院办公厅下发《关于做好法律清理工作的通知》(国办发[2008]109 号)。对现行法律进行清理,是进一步加强和改进立法工作,完善中国特色社会主义法律体系的一项重要举措,对推进依法治国,加快依法行政,建设法治政府,促进经济社会的发展,具有十分重要的意义。这次法律清理工作的任务,是围绕确保到 2010 年形成中国特色社会主义法律体系的要求,对现行法律规定存在的明显不适应、不协调等问题进行一次集中梳理。2009 年,我国大规模清理修改了 59 部法律当中的 141 个"过时"条款。2010 年,我国集中开展行政法规和地方性法规清理工作,废止了 7 件行政法规,修改了 107 件行政法规中的 172 个条款,废止了 455 件地方性法规,修改了 1417 件地方性法规。[1]

2012 年 10 月 26 日电十一届全国人大常委会第二十九次会议 26 日经表决通过了关于修改部分法律的决定,对《监狱法》《律师法》等 7 部法律个别条款进行"打包"修改。这次修改对《监狱法》作了 7 处修改,对《律师法》作了 6 处改动,对《未成年人保护法》《治安管理处罚法》等作了 1 处修改,共 18 条。这次修改旨在解决法

---

[1] 郭金超、余湛奕:《中国法律清理渐趋常态化》,载中国新闻网, http://www.chinanews.com/fz/ 2012/10-26/4279924.shtml,2012-10-26,最后访问时间 2015-03-18。

律规定间的衔接协调,确保修改后的《刑事诉讼法》得到正确有效实施。

2013年6月29日,第十二届全国人大常委会第三次会议通过了修改《文物保护法》等12部法律的决定;7月18日,国务院公布了《国务院关于废止和修改部分行政法规的决定》,废止了1部、修改了25部行政法规;12月7日,国务院公布了《国务院关于修改部分行政法规的决定》,修改了16部行政法规;12月28日,全国人大常委会表决通过了全国人大常委会关于修改《海洋环境保护法》等七部法律的决定。按照法定程序修改这些法律、行政法规,是贯彻第十二届全国人民代表大会第一次会议《关于国务院机构改革和职能转变方案的决定》的重要举措,目的就是要在法律层面减少和下放行政审批项目,依靠法治的力量,充分发挥地方政府贴近基层的优势,促进和保障政府管理由事前审批更多地转为事中事后监管,进一步激发市场、社会的创造活力。各地区、各部门根据修改后的法律、行政法规对本地区、本部门的规章和规范性文件及时进行清理,该修改的修改,该废止的废止,需要制定衔接和配套制度的,要及时制定。

最近这些年,适应法治国家、法治政府、法治社会建设需要,全国人大常委会重视法律清理工作,如2019年4月23日第十三届全国人民代表大会常务委员会第十次会议就通过《全国人民代表大会常务委员会关于修改〈中华人民共和国建筑法〉等八部法律的决定》。

在地方,广东在全国率先开展法规清理工作。广东省十二届人大常委会第十一次会议2014年9月25日下午在广州闭幕,会议表决通过关于《广东省人民代表大会常务委员会关于废止〈广东省资产评估管理条例〉等四项地方性法规的决定》《广东省人民代表大会常务委员会关于修改〈广东省商品房预售管理条例〉等二十七项地方性法规的决定》。废止的四项地方性法规包括《广东省资产评估管理条例》《广东省珠海市饮用水源水质保护条例》《广东省高速公路管理条例》《广东省流动人员劳动就业管理条例》等,建议废止的法规条例的依据和标准是法规条文已不符合上位法规定或已被后来制定的上位法涵盖,不符合省内经济社会的发展需求,与全面深化改革不相适应。地方性法规的全面清理工作于2013年12月启动,广东省人大常委会委托中山大学、华南理工大学、广东外语外贸大学、广州大学四个立法咨询和服务研究基地对现行有效的214项地方性法规,按经济类、行政类、社会类三方面进行清理,至2014年5月,各基地提出了详细的地方性法规清理工作研究报告。广东省人大常委会法工委在认真研究基地清理意见的基础上形成了关于废止和修改部分地方性法规的总体清理建议。其中,建议打包废止10项,部分修改49项,全面修改41项,待新条例或国家有关规定出台时予以废止4项,保留

110 项。[1]

为推进全面深化改革,确保重大改革于法有据、有序进行,实现立法决策与改革决策相结合,加强对地方性法规的清理,进一步完善法规案审议程序,及时推进有关地方性法规的修改、废止,2014 年 3 月 27 日广东省第十二届人民代表大会常务委员会第七次会议通过了《广东省人民代表大会常务委员会关于全面清理地方性法规和进一步完善地方性法规案审议程序的决定》,积极开展地方性法规清理工作,对现行有效的地方性法规进行全面清理,及时修改、废止与全面深化改革不相适应的地方性法规,更好地发挥立法的引领和推动作用。

为完善政府规章清理工作机制,推动政府规章清理工作制度化、规范化和常态化,维护法制统一,广东省人民政府于 2009 年就通过了《广东省政府规章清理工作规定》,就清理方式与标准、清理程序、清理要求、法律责任等进行了规定。

不独广东,其他地区也都重视法律清理工作。如湖北省《武汉市人民政府关于规章清理结果的决定》经 2020 年 6 月 16 日武汉市人民政府第 121 次常务会议审议通过,予以公布施行。这一决定指出,为贯彻落实《中共中央国务院关于印发法治政府建设实施纲要(2015—2020 年)的通知》(中发〔2015〕36 号)、《中共湖北省委湖北省人民政府关于印发湖北省法治政府建设实施方案(2016—2020 年)的通知》(鄂发〔2016〕37 号)精神,全面推进依法行政,加强法治政府建设,深化"放管服"改革,促进生态文明建设,优化全市经济社会发展环境,经对截至 2019 年 12 月 31 日为止现行有效的市人民政府规章进行清理和研究,对《武汉市公共场所禁止吸烟规定》等 6 部规章予以废止,对《武汉市印铸刻字业治安管理规定》等 7 部规章的部分条款进行修改,对《武汉市城市生活垃圾管理办法》等 4 部规章进行全面修改。

---

〔1〕 参见辛均庆、任宣:《广东人大率先对不符合改革要求的地方性法规开展集中清理》,《南方日报》,2014-12-03;《广东省十二届人大常委会第十一次会议闭幕》,广东人大网,2014-09-25;http://www.npc.gov.cn/npc/xinwen/dfrd/guangdong/2014-09/26/content_1879910.htm,最后访问时间 2015-03-18。

第四章 法律渊源

第一节 法律渊源概述

从字面上看,水积为渊,水之所出为源,法律渊源是指法律的源泉、来源、源头。

对法律渊源,通常的认识有:(1)历史渊源:引起特定法律制度、法律原则、法律规范产生的历史事件和行为,如11世纪的普通法和14—15世纪的衡平法,可以理解为现代英国法的历史渊源。(2)本质渊源:本质渊源为法律现象产生、存在、发展的根本原因,如西方的古典自然法理论认为法渊源于人类理性,马克思主义认为法渊源于一定的物质生活条件。(3)思想理论渊源:思想理论渊源指对一国法律制度、法律规范起指导作用的理论原则和思想体系。如中国固有法的思想理论渊源为儒家思想,中国社会主义法的思想理论渊源为马克思列宁主义、毛泽东思想。(4)效力渊源:效力渊源为法律规范的效力根源,强制性效力的来源或根据。西方的分析法学派认为应从主权者(国家及统治者)的命令中、从国家权力中寻求法律的渊源,而历史法学认为法的权威性来自民族的法律信念。(5)文件渊源:文件渊源指法律出自于何种法律文件,即包含着对法律规范的权威性的文件,如我国的各种法律法规汇编,英美国家判例法汇编,著名法学家著作。(6)形式渊源:形式渊源为被承认具有法律效力和法律强制力及法律的权威性的法律的形式,人们认识、运用、研究的法律规范必须来自于这些形式,法官审理案件的法律依据也存

在于这些形式中。〔1〕

我国目前所说的法律渊源一般有实质意义的法律渊源和形式意义的法律渊源两种不同的解释。在实质意义上,法律渊源指法律内容的来源,如法律渊源于经济或经济关系。形式意义上的法律渊源,指一定的国家机关依照法定职权和程序制定或认可的具有不同法律效力和地位的法律的不同表现形式,即根据法律的效力来源不同,而划分的法律的不同形式,如制定法(包括宪法、法律、行政法规等)、判例法、习惯法、法理等。〔2〕在我国,对法律渊源的理解,一般指形式意义上的渊源,主要是各种制定法。〔3〕

从立法意义上理解,法律渊源为法律规范产生的原因。凡是能够成为法律规范或者能够成为法律规范产生的根据的,都可以成为法律的渊源。从司法上来看,凡是成为裁判依据的规范,不论其是否为法律规范,只要能够作为法官判案的依据都应当成为法律渊源。而从行为规范角度认识,不仅能够作为裁判规范而且能够

〔1〕 李龙、刘诚认为,从法律方法的角度看法律适用是一个关于"法律是什么"的认识理性,而法律适用中法律渊源内部冲突的解决是一个"如何实现法律"的技艺理性。从两者的关系上看,认识"法律是什么"是"如何实现法律"的起点,"法律是什么"也仰赖于"法律如何实现"。参见李龙、刘诚:《论法律渊源——以法学方法和法律方法为视角》,《法律科学》,2005(2)。

关于法律渊源这个术语的含义,罗斯科·庞德进行过梳理,他指出:"曾经很长一段时间在运用'法律渊源'这个术语时很混乱。实际上是,这个术语仍然在多重意义上使用,常常对同一名称下的不同事物不加以区别。在一般的著作里,至少在五种意义上使用这个词。第一种,它通常意指从分析法学的立场上称之为法律源泉的东西(比如常说的国王是正义的源泉),也就是法律规范之权威的现实来源,换句话说,即国家。奥斯丁就是在这种意义上使用它的。第二种,它通常意味着是权威的文献,构成一个法律体系之传统因素的理论和学说的发展基础。在民法法系里术语'Fontes iuris'就是在这种意义上使用的,德国法学家使用'Rechtsquellen';对大陆法学家来说这个词义源于罗马法,对我们来说它们是权威的案例汇编。第三种,格雷用'渊源'(source)表示原始资料,正如事实上的那样,包括成文的和习惯的,法官从中发展出判决案件的依据。第四种,这个术语通常意味着是一种制定规范的机构,从这个机构里形成的规则、原则或者概念,并通过立法机关或者司法判决赋予它们一种权威性。第五种,这个术语通常意味着相关著作,在这些著作里,我们可以发现法律规则以及表达这种法律规则的形式。"参见[美]罗斯科·庞德:《法理学(第三卷)》,廖德宇译,法律出版社 2007 年版,第 284～285 页。进而,庞德认为法律渊源是"形成法律规则内容的因素,即发展和制定那些规则的力量,作为背后由立法和执法机构赋予国家权力的某种东西"。参见[美]罗斯科·庞德:《法理学(第三卷)》,第 287 页。

〔2〕 关于法律渊源的具体内容及分类,国外法学界也有不同的观点和进路。约翰·奇普曼·格雷在《法律的性质与渊源》一书中列举了制定法、司法先例、专家意见、习惯、道德与衡平法等五种。参见[美]约翰·奇普曼·格雷:《法律的性质与渊源》,马驰译,中国政法大学出版社 2012 年版,第 131～265 页。罗斯科·庞德认为法律渊源包含惯例、宗教信仰、道德和哲学的观点、判决、科学探讨立法等六个方面。参见[美]罗斯科·庞德:《法理学(第三卷)》,第 287～361 页。

〔3〕 与法律渊源相关,法律形式泛指法律内容的表现形态,即法律的内容的各种结构或组织,包括各种部门法的划分、形式意义的法律渊源、其他各种法律分类以及各种具体法律制度、法律关系等。在个别法学著作中,将法律形式和法律渊源等同起来。参见沈宗灵主编:《法学基础理论》,46 页,北京,北京大学出版社,1994。法律形式对于法律是十分重要的,任何法律都必须借助一定的表现形式才得以存在。从不同角度考察法律,法律的形式就不完全相同。在法律的存在形式上,法律形式包括成文法律和不成文法律,简称成文法和不成文法。在法律的效力形式上,法律形式包括宪法、法律、行政法规、地方性法规(含民族自治地区自治条例和单行条例、特别行政区的法、经济特区的法)和国际条约等。参见卓泽渊主编:《法学导论》,46 页,北京,法律出版社,1998。也可参见周旺生:《法的渊源与法的形式界分》,《法制与社会发展》,2005(4)。

成为行为规范的规范才能成为法律渊源。

由于社会制度、国家管理形式和结构形式的不同及受政治、道德、历史与文化传统、宗教、科技发展水平、国际交往的影响,在不同国家或不同历史时期,有各种各样的法律渊源,法律渊源是不断发展的。在西方,古希腊最早的法律渊源是神谕,这是早期的习惯法,人们假托神的名义规定许多强制性要求或禁令;最主要最常见的法律渊源是民众大会决议。古罗马的法律渊源则有人民大会决议、平民大会决议、元老院决议、皇帝敕令等;共和时代还有一种法律渊源,即所谓裁判官法,这是内事裁判官关于诉讼程序规则的告示以及外事裁判官、罗马警监、外省省长的告示的总称。罗马帝国时期,除皇帝的命令这一主要渊源外,还有一种法律渊源,即法学家的解答。奥古斯都时代,皇帝公开赋予一些法学家以"公开解释法律的特权",426 年,狄奥多西二世颁布《引证法》(*Lex Citationis*),规定伯比尼安、保罗、盖尤斯、乌尔比安、弗洛伦丁五大法学家著作具有法律权威性,遇有疑难问题,成文法无明确规定时,要按照五大法学家著作来解决,意见分歧时依多数人观点,持平情况下以伯比尼安的观点为优先。中世纪欧洲的法律渊源,主要有王室法令、习惯法、罗马法、教会法、普通法和衡平法、诏令等。近代以来西方国家的法律渊源,在英美法系国家主要是判例法,如普通法、衡平法,20 世纪以来也开始重视制定法;在大陆法系国家,制定法成为主要的法律渊源,但判例和司法解释越来越有影响力。

中国先秦时代法律渊源有作为习惯法的礼和刑、律、令等,刑、律为君主制定的成文刑事法律规范,令为君主有关施政的法令。西汉时法律渊源有律即国家刑事立法,令即各项施政的专门法令,如"狱令""田令""宫卫令"等,科为就司法事宜发布的单行法令,比即可以比附参据司法判例或判例中形成的零散规范,据说在汉武帝统治时期,仅仅"死事决事比"就多达 13472 事。[1]董仲舒(前 179—前 104)还创立《春秋》决狱制度,以儒家思想指导司法审判,儒家经典成为法律渊源。后汉魏晋,有一种特别的法律渊源,即"法律章句",当时法学家用《周礼》《仪礼》《礼记》等经典对法律进行解释,到东汉中期,可以援引判案的"章句"总计有 26272 条7732200 多字;后由于章句互相冲突,"天子乃下诏:但用郑(玄)氏章句,不得杂用余家"。[2]隋唐时的法律渊源有律、令、格、式:"律以正刑定罪,令以设立范立制,格以禁违止邪,式以轨物程事。"[3]宋代的法律渊源除律、令、格、式外,还开始出现例、敕(皇帝就具体刑事案件的处理发布的带一般规范性的处理决定)。中国历代封建王朝的法律渊源,总的来说以制定法为主,也包括习惯法、判例法、学说、法理

---

[1] 《汉书·刑法志》。
[2] 《晋书·刑法志》。
[3] 《唐六典·刑部》。

等。法律渊源包括律、令、格、式、典、敕、比、例等。自清末沈家本修订法律以来,近代中国在法律渊源方面也以大陆法系国家为模式,以制定法为主。在南京国民政府时期,判例和解释例为重要的法律渊源。

"春秋决狱"之例

甲夫乙将船,会海风盛,船没溺流死亡,不得葬。四月,甲母丙即嫁甲,欲皆何论？或曰:甲夫死未葬,法无许嫁,以私为人妻,当弃市。议曰:臣愚以为,春秋之义,言夫人归于齐,言夫死无男,有更嫁之道也。妇人无专制擅恣之行,听从为顺,嫁之者归也,甲又尊者所嫁,无淫行之心,非私为人妻也。明于决事,皆无罪名,不当坐。〔1〕

法律渊源也可以从国家主义与非国家主义两个角度进行认识,国家主义的法源理论强调法律渊源与国家联系在一起,唯有国家制定或认可的行为规范才能成为法律渊源;非国家主义的法源理论认为除了国家制定或认可的行为规范作为法律渊源外,社会生活中实际存在和发挥效力的各种规范、学说等也是法律渊源,而且可能是更重要的法律渊源。如"实在法(从国家派生出来)的渊源可理解为国家意志的表现形式,国家意志旨在承认法存在的事实,法的形式和变化,或者旨在确认有一定内容的法的终止的事实。非实在法(实在法之上的)渊源表现在客观思想(理智)'事务的本性'、上帝的意志体现等之中。"〔2〕

第二节　法律渊源的分类

一、法的正式渊源与非正式渊源

法律渊源多种多样,可以从不同的角度作不同的分类:①根据法律渊源的载体形式的不同,可将法律渊源分为成文法渊源与不成文法渊源,表现为条文形式为成文法渊源,不表现为条文形式的为不成文法渊源。②从法律渊源与法律规范关系的角度,可将法律渊源分为直接渊源与间接渊源。制定法等与法律规范、法律条文直接相关的渊源为法律的直接渊源,学说等与法律规范、法律条文间接相关的渊源为法律的间接渊源。③根据是否经过国家制定程序,法律渊源可以分为制定法渊源与非制定法渊源。④根据法律渊源的相对地位而分为主要渊源与次要渊源。

〔1〕　参见程树德:《九朝律考》,164～165页,北京,中华书局,1963。对"春秋决狱",程树德这样评价之:"汉时去古未远,论事者多传以经义。《食货志》公孙弘以春秋之义绳天下,取汉相。……按汉时大臣,最重经术,武帝且诏太子受《公羊春秋》。《盐铁论》为春秋之治狱,论心定罪,志善而违于法者免,志恶而合于法者诛。故其治狱,时有出于律之外者。古意纷纶,迥异俗吏,固不独董仲舒如是也。"参见程树德:《九朝律考》,163页,北京,中华书局,1963。

〔2〕　[俄]B.B.拉扎列夫主编:《法与国家的一般理论》,王哲等译,31页,北京,法律出版社,1999。

在法律实践中,法律渊源最主要的分类为正式渊源与非正式渊源。法律的正式渊源与非正式渊源是根据是否表现于国家制定的法律文件中的明确条文形式而进行的分类。法律的正式渊源是指那些可以从体现于国家制定的规范性法律文件中的明确条文形式中得到的渊源,如宪法、法律、法规等,主要为制定法,即不同国家机关根据法定职权和程序制定的各种规范性法律文件。[1] 1907 年通过的《瑞士民法典》和 1929 年中华民国政府制定公布的《民法》均规定,民事事件适用之顺序为:有法律依法律;法律未规定者,依习惯(法);无习惯(法)者,依法理。这里的法律(制定法)、习惯法、法理均为正式渊源。

法律的非正式渊源则指那些具有法律意义的准则和观念,这些准则和观念尚未在国家正式法律中得到权威性的明文体现,如正义标准、理性原则、公共政策、道德信念、社会思潮、习惯、生活常理、判例、司法解释等。[2]

二、习惯法

习惯法是最早的法律渊源。我国学界一般认为,习惯法是国家特定机关对社会上已经存在的规范上升为法律规范,赋予其法律效力,从而使其得到国家强制力的保障;习惯法来自于习惯,但与其有本质的不同,习惯法属于国家法的范畴,习惯则为一般的社会规范。

不过,我认为对习惯法应作广义的理解,习惯法是独立于国家制定法之外,依据某种社会权威和社会组织,具有一定的强制性的行为规范的总和。正如英国学者沃克所指出的:"当一些习惯、惯例和通行的做法在相当一部分地区已经确定,被人们所公认并被视为具有法律约束力,像建立在成文的立法规则之上一样时,它们就理所当然可称为习惯法。"[3]

中国的习惯法历史悠久、内容丰富,包括宗族习惯法、村落习惯法、行会习惯法、行业习惯法、秘密社会习惯法、宗教寺院习惯法、少数民族习惯法等。习惯法有自然俗成的,也有人为约定的。习惯法有以文字形式表现的,也有以实物、语言等

---

〔1〕 法律的正式渊源其实比较广泛,如苏维埃行政法的渊源包括国家政权机关和国家管理机关颁布的、含有行政法规范的那些法律规范性文件,其中主要是条例、章程、法典、工作指示规则、现行立法文件。参见[苏]B.M.马诺辛等:《苏维埃行政法》,黄道秀译,46~51 页,北京,群众出版社,1983;[苏]瓦西林科夫主编:《苏维埃行政法总论》,姜明安、武树臣译,1215 页,北京,北京大学出版社,1984。

〔2〕 参见[美]E.博登海默:《法理学:法律哲学与法律方法》,邓正来译,414~415 页,北京,中国政法大学出版社,1999。

〔3〕 [英]戴维·M.沃克主编:《牛津法律大辞典》,北京社会与科技发展研究所组织翻译,236 页,北京,光明日报出版社,1989。其他如美国的《韦伯斯特词典》(1923)也认为:"习惯法是成立已久的习惯,是不成文法,因公认既久,遂致其发生效力。"美国的《牛津词典》(1970)释为:"习惯法是一种已获得法律权力的成立已久的习惯,特别是某一地区、贸易、国家等所成立的习惯。"

非文字形式表现的。[1] 习惯法在当代中国仍有一定的效力。

装修工自缢装修屋案

1999 年 4 月,25 岁的上海市民李建海,花了 18.5 万元买下了市区的一套商品房作结婚新房。8 月,李建海和上海百姓家庭装潢有限公司签订了《家庭居室装饰、装修合同》,委托该公司装修新居。12 月 5 日,李建海和百姓公司的施工人员来到新房,准备就一再拖延的工期问题进一步商谈。谁知打开房门,只见一个人赫然吊在客厅里,慌得众人赶紧拨打"110"报警。事后才知,上吊者系百姓装潢公司的油漆工崔某,死亡时间已有一周。嗣后,双方无法就经济赔偿问题达成共识,李建海遂诉至法院。其诉状称,由于这起意外事件的发生,原告一家的美好憧憬被死亡的恐怖所笼罩,原定于 2000 年春节举行的婚礼至今无法举办,且此房不能再作结婚新房。请求法院判令被告赔偿经济损失、精神损害金共三十余万元。

上海市黄浦区人民法院审理后认为,被告承包装潢原告住所,在房屋装潢竣工交付前,负有妥善管理装修施工人员与房屋的义务。由于其没有尽到管理职责,致使员工崔某得以在施工现场自缢并给原告造成一定的精神损害,应依法承担相应的民事责任,判决上海百姓装潢有限公司赔偿原告精神抚慰金五千元,准许装潢公司自愿补偿原告经济损失二万元。[2]

此案反映了习惯法与国家制定法之间的某种不一致。李建海认为沾了"晦气",其女友称坚决不能在死过人的房间内结婚,这是有民间的习惯法依据的。

固有的习惯法多通过村规民约等形式在当今乡村等地存在并发挥作用。下面这两件瑶族村规民约的有关规范即为当地传统习惯法的承继。

(广西壮族自治区金秀瑶族自治县六巷乡)六巷村石牌公约(节选)[3]

13. 凡是搞嫖、赌、打人、无理取闹的,每次罚米 45 斤、酒 45 斤、肉 45 斤。

……

16. 凡是偷别人的东西,每次罚米 40 斤、酒 40 斤、肉 40 斤。

17. 偷他人的木耳、香菇、铁夹、老鼠等,除退回原物外,罚米 20 斤、酒 20 斤、肉 20 斤。

---

[1] "就语言作为纯粹的外表工具来说,它的循环起始于并且终结于声音的领域。""书面形式是口语形式的第二重符号——符号的符号。"参见[美]爱德华·萨丕尔:《语言论:言语研究导论》,陆卓元译,16~17页,北京,商务印书馆,1985。关于中国习惯法,详可参见高其才:《中国习惯法论(第三版)》,北京,社会科学文献出版社,2018。

[2] 据悉法院当时之所以如此判决,是认为王某的所谓损失和诉诸是因受封建迷信思想的影响,房屋的居住功能或其他物理属性并没有受到任何破坏,所以支持其诉情有赞同封建迷信之嫌。该案之所以被大多数人认为不合理,就是因为法官的裁判犯了超越时间、空间的错误。参见刘建:《装修工自缢装修屋 房主向装潢公司索赔》,《法制日报》2000-06-14。

[3] 这一村规民约由六巷村民委员会制定,自 1991 年 2 月 1 日起执行。

（广西壮族自治区金秀瑶族自治县金秀镇六拉村）奋战屯村规民约（节选）[1]

二、村风民俗及邻里关系

1. 村里出现红白喜事，均由本屯红白喜事理事会主持管理（正常情况下由队长任理事长并担任主持），本屯村民应主动上门帮忙，至少一户不能少于一人，帮忙者应服从主持人的工作安排。如村户中出现无故不到场参加帮忙的，今后该户的红白喜事，本屯其他户均不派人参加帮忙做事。

我国习惯法与国家制定法的关系非常复杂，由于历史、现实的种种因素的影响，两者既有其一致性，也不可避免地存在矛盾和冲突，并且习惯法还表现出对国家制定法一定的补充性。习惯法是国家制定法的重要来源，也是解释国家制定法的重要根据。[2]

习惯法与国家制定法在法的目标和功能、法的内容、解纷方式等方面具有一些内在的共同性。这主要表现在习惯法所反对、不容的某些行为也为国家制定法所禁止，习惯法所提倡、鼓励、赞成的某些行为也为国家制定法所确认和保护。习惯法与国家制定法具有共源、同生、并行的关系，客观上互相支撑、相互影响。

习惯法与国家制定法的冲突表现在习惯法与现行的国家制定法的不一致甚至对立上。[3]这既有民事方面规范的冲突和矛盾，也有刑事方面内容的差异，诉讼程序的规定两者也是各有不同的。这是基于习惯法赖以存在的基础、价值、实施等

---

[1] 这一村规民约由奋战屯村民小组制订，自2016年6月1日实施。

[2] 关于国家制定法或国家法与习惯法的关系、区别，在王铭铭等主编的《乡土社会的秩序、公正与权威》（北京，中国政法大学出版社，1997。）中有多篇文章涉及，可资参考。郑永流的《现代化的秩序依赖——国家法何为及对民间法、自然法作用评析》（载高鸿钧主编：《清华法治论衡》第一辑，87～103页，北京，清华大学出版社，2000）一文也对国家法与习惯法关系进行了有价值的分析，可供参考。

关于国家法对非国家的习惯法的认可，可参阅高其才主编的《当代中国法律对习惯的认可研究》（法律出版社2013年）。

[3] 20世纪40年代，费孝通先生在《乡土中国》一书中曾提到一个国家法与农村习惯法冲突的例子：某地乡间有某男子同某个有夫之妇通奸，被女人的丈夫抓住，打了一顿；奸夫居然到法院告状，要求获得国家法律的保护。费先生用这样一个例子说明了当时国家法律与社会生活习俗的脱节。费孝通：《乡土中国》，58页，北京，三联书店，1985。在当代中国农村，这样农村习惯法与国家法冲突的情形依然存在。

与国家制定法有异。[1]

　　由于国家制定法的局限和资源供给的不足，习惯法就以其内生秩序特性自然填补空白，满足社会的规则需要。习惯法在调整范围、功能等方面补充国家制定法。

　　国家在法律制定过程中，应当考虑社会发展的实际情况，汲取习惯法的合理内容，吸纳习惯法的积极因素，使国家法有坚实的社会基础，否则形式的法律与社会实际的生活滋生距离，国家立法的目的终亦无法实现。习惯法所规范的内容与民众的利益密切相关，所保护的是民众的日常权利，因而为乡人们所信赖和依从。具有生命力的习惯法的一些内容、形式能够成为国家法律制定的有益借鉴和有机组成部分。我们应该检讨我们以往的国家法的立法思路，使国家法的制定与社会的实际相契合。[2] 国家制定法回应社会成员的法律需求，避免民众对国家制定法的放弃或规避。[3]

---

　　[1]　1999年元月，安徽凤阳县一对农村男女青年按照当地习惯法（尚未领取结婚证）举行了婚礼，谁料一周之后新娘吉某出逃并控告新郎李某强奸了她。李某以吉某借婚姻骗取彩礼为由提起民事诉讼，要求吉某返还彩礼，当地法院判决解除双方的同居关系并责令吉某返还了部分彩礼；后来，在吉某不懈的控告下，当地公安机关以李某涉嫌强奸正式立案并将其逮捕，2000年6月6日法院认定李某犯强奸罪并判处有期徒刑3年。这种新娘控告新郎犯强奸罪的怪事在当地引起了较大的反响，不少村民包括吉某的亲戚对吉某的行为感到难以理解，并对法院的判决感到困惑，因为在乡亲们看来这桩婚事是经明媒正娶的，按习惯法办完喜事吉某就是李家的人了，强奸之说实属荒唐。

　　当地村民普遍认为喝喜酒这种民间仪式和明媒正娶这种民间风俗就是约定俗成的结婚形成要件，至于领不领结婚证并不重要，而《婚姻法》则将领取结婚证视为婚姻成立的法定形式要件。正是代表村民这种"地方性知识"的习惯法与代表官方主流法律意识形态的国家制定法的遭逢、冲突、对峙，使得当地多数村民对李某的遭遇和法院的判决感到困惑。参见《法律的故事》撰写组：《在乡村习俗与现代法律之间》，《检察日报》，2000-06-11。

　　[2]　例如，我们进行民法典制定时，就应该像20世纪20年代那样在包括少数民族地区在内的全国各地进行大规模的民事调查，了解和总结民间的习惯法，使民法典符合社会状况、适应社会需要。关于当时的调查情况，请见南京国民政府司法行政部编：《民事习惯调查报告录》，北京，中国政法大学出版社，2000。可供我们参照的是，德国的茨威格特等就指出，习惯法调查、记录习惯法对于一种法国共同习惯法的逐渐形成，并最终导致习惯法与成文法的融合都是十分必要的，这为《法国民法典》的成功奠定了坚实的基础。参见［德］康德拉·茨威格特、海因·克茨：《比较法总论》，潘汉典等译，147～149页，贵阳，贵州人民出版社，1992。

　　[3]　值得注意的是，2014年10月23日中国共产党第十八届中央委员会第四次全体会议通过的《中共中央关于全面推进依法治国若干重大问题的决定》提出：推进多层次多领域依法治理。坚持系统治理、依法治理、综合治理、源头治理，提高社会治理法治化水平。深入开展多层次多形式法治创建活动，深化基层组织和部门、行业依法治理，支持各类社会主体自我约束、自我管理。发挥市民公约、乡规民约、行业规章、团体章程等社会规范在社会治理中的积极作用。发挥人民团体和社会组织在法治社会建设中的积极作用。建立健全社会组织参与社会事务、维护公共利益、救助困难群众、帮教特殊人群、预防违法犯罪的机制和制度化渠道。支持行业协会商会类社会组织发挥行业自律和专业服务功能。发挥社会组织对其成员的行为导引、规则约束、权益维护作用。参见《人民日报》，2014-10-29。

三、制定法

制定法一般是现代国家最主要的法律渊源,是国家特定机关依照一定职权和程序创制的成文法。制定法较为系统、抽象、严谨,对社会关系进行全面的调整,充分体现了人类的认识水平和智慧。制定法结构严谨、逻辑严密、表述准确;制定法简洁明确,适用方便;制定法有法可依,客观准确;制定法具有可预测性,有利于普通民众知法用法。[1] 制定法是理性主义的产物。制定法是民众意愿的集中表达,体现了人民主权原则,具有较高的权威性。制定法以法典为主要表现形式,但在当代西方社会,法典的地位有所下降,而各种单行法和特别法的数量则大量上升。

同时,制定法具有的封闭、僵硬的局限性,制定法要保持一定的稳定性,不能朝令夕改,但社会生活却时刻处于变迁状态,因而制定法表现出滞后性。制定法的抽象性决定了其难以达到同种情况同种对待的效果,并难以保证司法公正。制定法只规定了法律所要求或禁止的行为的整齐划一的一般模式,而出现在法律适用者面前的常常却是异常丰富的形态,不同的法官在理解上难免有所差异,进而导致对同类案件的审理的结果却不同,从而难以实现法律适用的统一。制定法的局限性在一定程度上来源于人类认识的局限性。[2]

制定法与成文法既有联系又不同一。制定法是成文法的一种而非全部。[3]

滥觞于德国的潘德克顿学派,强调罗马法体系对现实生活的"涵摄"能力,认为罗马法有应付现实生活中一切问题的能力。《法国民法典》制定后,以制定法为中心的法研究把概念法学推向了高峰。概念法学否定法律渊源的多元化,强调以国家制定法为唯一的法律渊源。耶林强调制定法的重要性,认为"法律非演进,而是斗争的产物"。在他看来,制定法的效力是组织者才智的产物,同时,制定法的诞生伴随着巨大的艰难困苦,在巨大的痛苦中,在不断地与和平的利益做斗争中发生。[4]

中国古代重视国家制定法,成文的法典是传统法律的主要形式,但在司法实践中也适用判例法弥补律文的不足。

---

〔1〕 参见董茂云:《比较法律文化:法典法与判例法》,186 页,北京,中国人民公安大学出版社,2000。

〔2〕 关于制定法的局限性,可参见饶艾:《制定法局限性与判例法借鉴》,《四川师范大学学报(社科版)》,2003(2)。

〔3〕 有的认为制定法即为成文法。我认为两者不能完全等同。制定法是由国家享有立法权的机关依照法定职权和程序制定和公布的法律,成文法是指以文字形式表述并于生效前公布的法律。制定法是成文法的一种而非全部。凡以文字加以表现并进行公布,因而符合成文法既约束执法者又约束守法者的双重约束性的行为规范,皆为成文法。判例法也算是成文法。判例法是以文字记载的,一经公布,它也是成文法,因为它符合由执法者与守法者所共知的法律这一成文法的基本特征。关于制定法、法典编纂,进一步可参见封丽霞:《法典编纂论——一个比较法的视角》,北京,清华大学出版社,2002。

〔4〕 [德]耶林:《为权利而斗争》,胡宝海译,载梁慧星主编:《为权利而斗争》,1~26 页,北京,中国法制出版社,2000。

四、判例法

判例法是重要的法律渊源,在英美法系国家的法律渊源中尤处于明显优越的地位,"遵循先例"为判例法基本原则,而区别技术则是对判例的解释。判例法为法官造法,是专家经验、智慧的结果,反映了司法权的扩张。判例法具有如下特点:①生成机制的自组织性。司法体制内部生成,法官是法律的解释者、发现者、创造者。②运行机制的超稳定性。判例是法官遵循先例基础上创造的,受历史上判例拘束,也在横向上、特定时空内产生拘束力。判例法强调历史纵向上以及一国的不同地区,对同一问题的处理基本一致,既维护了法律的统一和尊严,也体现法律面前人人平等原则。③个案判决形成机制的说理性。判例法能够弥补制定法的稳定性和保守性、原则性与抽象性、滞后性,调谐成文法的稳定性与社会生活变化之间的矛盾。判例法可以在很大程度上弥补制定法的不足。判例法在协调普遍性与特殊性、稳定性与适应性、确定性与灵活性、抽象性与具体性、相似性与差异性方面有其特点。判例法对法官的素质要求较高。但是,民众对判例法理解和把握非常不易。

中国古代社会存在判例法,如秦朝的廷行事、汉代的比、明代的例等。《易经》的《比》专门记录了适用判例的方法和原则:

有孚比之,无咎。有孚盈缶,终来有它,吉。比之自内,贞吉。比之匪人,[凶]。外比之,无咎。显比,王用三驱,失前禽,邑人不诫,吉。比之无首,凶。

此文中,孚:信,证据;缶:器皿;内:由法官内部掌握的判例;匪:非;外:众所周知的判例;三驱:三宥,三次赦免;禽:擒;诫:惊恐;首:要领。此段大意是:得到可信的证据后再参考判例,证据逐渐增加,结果改变了原来拟定的罪名,这都是对的;先用内部掌握的判例来比较;注意当事人的身份,用贵族的判例来适用平民,或用平民的判例适用贵族,这是不行的;适用众所周知的判例,没有坏处;把疑难案件上报国王,国王三次赦免,释放罪犯,当地人并不惊异,这样处理是对的;适用判例不得要领,茫然无序,这样不行。这就清楚地表明判例的地位和作用。

在当代中国,不采用判例法制度,判例不具有拘束力,不是法律的正式渊源之一。当代中国是否实行判例法的问题比较复杂,一方面,可能有助于解决改革中的"违法"问题;有助于法律权威的实现,让自发出现的"违法"个案通过判例法,自发地形成法律规范,调整社会关系,自发的制度改革比有意的制度模仿更有意义;另一方面,通过判例结合司法解释,可使抽象、概括的制定法条文具体化,保持司法的统一,对审判中的自由裁量权起到规范、制约作用。但是也可能出现更严重的司法腐败现象。

不过,至少中国现在应重视判例的示范效应,重视判例的制作,强调判决理由的全面性;定期发布有影响的判例,进行判例汇编、整理。[1] 我国最高人民法院已经发布了多批指导性案例。为总结审判经验,统一法律适用,提高审判质量,维护司法公正,最高人民法院于 2010 年 11 月 26 日发布了《关于案例指导工作的规定》(法发[2010]51 号)。

应当明确,我国最高人民法院所作的判决书,不是规范性法律文件,也不能作为法律的正式渊源。[2]

五、法理

法理通常为非正式法律渊源,也有明确规定为正式法律渊源的,如我国台湾地区"民法典"(南京国民政府于 1929—1930 年制定施行,2000 年 4 月 26 日修正)第一编总则第一章"法例"第 1 条就规定:"民事,法律所未规定者,依习惯;无习惯者,依法理。"法理是指由法律精神演绎而来的一般法律原理、法律原则,是与社会生活相和谐所要求的常理。法理的具体参考资料包括外国法例、学术论著、教科书、法院裁判、立法沿革资料等,法理的抽象衡量原则包括平等原则、公平原则、诚信原则、法律安定性原则等。

法律有限而社会生活复杂,因此针对少数特定的事实,需用法理进行补充。法理一般只在民事领域适用,不能作为刑事法的法律渊源。在下面这一机动车交通

---

[1] 为总结审判经验,统一法律适用,提高审判质量,维护司法公正,最高人民法院于 2010 年 11 月 26 日发布《关于案例指导工作的规定》,从指导性案例的筛选、适用等方面建立了案例指导制度的基本框架。人民法院的指导性案例,是正确适用法律和司法政策,切实体现司法公正和司法高效,得到当事人和社会公众一致认可,实现法律效果和社会效果有机统一的案例。构建案例指导制度,根本缘由是适应公正处理各类案件的具体需要,坚持法律的原则性与灵活性的统一、平等性与多样性的统一,实现裁判尺度的统一和司法个案的公正。

为了在全国检察机关推行案例指导制度,最高人民检察院提出建立案例指导制度的工作方案,明确了案例指导的范围、工作机构、指导性案例的遴选和发布程序等主要问题。2010 年 7 月 29 日,最高人民检察院第十一届检察委员会第四十次会议审议通过了《最高人民检察院关于案例指导工作的规定》,最高人民检察院组成了案例指导工作委员会。参见蒋安杰:《"两高"研究室主任详谈"中国特色案例指导制度"的构建》,《法制日报》,2011-01-05。

雷磊在《指导性案例法源地位再反思》(《中国法学》,2015 年第 1 期)中认为指导性案例的分量低于制定法与司法解释,已成为司法裁判中基于附属的制度性权威并具有"准法源"的地位。

[2] 关于判例法与当代中国实行判例法问题,可参见汪建成的《对判例法的几点思考》(《烟台大学学报(哲社版)》,2000(1)),作者认为在中国没有实行判例法的基础,也没有实行判例法的必要;崔敏的《"判例法"是完备法制的重要途径》(《法学》,1998(8)),作者主张在刑事法领域应当引进判例法制度,充分论证了实行判例法制度的合理性和可行性;张建的《论我国判例法的创制》(《华东政法学院学报》,1999(6)),作者认为,我国古代主要以成文法为本位,但亦有判例法的传统,根据目前我国法制建设的实际状况和社会发展的客观需求,很有必要创设判例法制度,以形成具有中国特色的以成文法系为主轴,以判例法系为次轴的共栖法律体系;袁明圣的《我国建立判例法制度的条件分析》(《法学》,2000(3)),作者认为判例法制度能否在我国建立以及能否有效运作,取决于以下条件,完善和规范司法解释体制,赋予法官独立解释法律的权力,确保最高法院对所有案件享有实际上的终审权,以及法官整体素质的提高等。更全面的讨论,可参见武树臣:《判例制度研究(上、下)》,北京,法律出版社,2003;徐景和:《中国判例制度研究》,北京,中国检察出版社,2006。

事故责任纠纷二审民事判决书中,法官根据法理阐明"交通事故责任只能是驾驶人因过失而非故意造成"。

北京市第二中级人民法院民事判决书
(2019)京 02 民终 9762 号

……

本院认为:根据双方诉辩情况,本案争议焦点为案涉交通事故赔偿主体的认定问题。

《最高人民法院关于审理人身损害赔偿案件适用法律若干问题的解释》第九条规定,雇员在从事雇佣活动中致人损害的,雇主应当承担赔偿责任;雇员因故意或者重大过失致人损害的,应当与雇主承担连带赔偿责任。雇主承担连带赔偿责任的,可以向雇员追偿。本案中,根据查明的事实,张爱民与王智中系雇佣关系,案涉交通事故发生在雇佣期间,孙胜坤因交通事故造成的合理经济损失应当由雇主张爱民赔偿。根据法理,交通事故责任只能是驾驶人因过失而非故意造成,张爱民上诉主张案涉事故系王智中故意造成,该意见与公安交通部门对于该起交通事故的责任认定不一致,其未提供充足证据予以证明,故对于张爱民的上诉理由,本院不予采信。此外,张爱民作为车辆的实际控制人,对王智中驾驶保险尚未生效的车辆上路的行为未进行有效管理,其作为车辆投保义务人及雇主均存在过错,亦应承担直接赔偿责任。

综上所述,张爱民的上诉请求缺乏事实和法律依据,本院不予支持;一审判决结果并无不当,应予维持。依照《中华人民共和国民事诉讼法》第一百七十条第一款第一项规定,判决如下:

驳回上诉,维持原判。[1]

……

法理、生活常理指法官在其日常生活中认识和领悟的客观事物的必然联系或一般规律,具有普遍公认或不证自明的性质。法理、生活常理具有以下基本特征:第一,它是一种客观意义上的普通知识,作为基本常识而为公众普遍认可;第二,它是法官对一般生活经验加以提炼而作为认定待证事实的根据。最高人民法院《关于民事诉讼证据的若干规定》(2001 年 12 月 6 日最高人民法院审判委员会第 1201 次会议通过根据 2019 年 10 月 14 日最高人民法院审判委员会第 1777 次会议《关于修改〈关于民事诉讼证据的若干规定〉的决定》修正)第 85 条第二款规定:"审判人员应当依据法定程序,全面、客观地审核证据,依据法律的规定,遵循法官职业道德,运用逻辑推理和日常生活经验,对证据有无证明力和证明力大小独立进行判

---

〔1〕 中国裁判文书网,https://wenshu.court.gov.cn/website/wenshu/181107ANFZ0BXSK4/index.html? docId=9cceb7ee8c8a465d974caac1002b80b5,2020 年 10 月 4 日最后访问。

断,并公开判断的理由和结果。"这是我国司法解释首次明确规定以生活常理评判证据价值和认定案件事实。

实践中,法理、生活常理对于认定事实和适用法律具有重要的作用。通常体现在以下五个方面:一是决定证据的关联性,说明诉讼证据与案件的待证事实之间有客观联系。二是决定证据的可采性。证据是否需排除,是证据可采性的应有之义。三是发挥证据间的推理作用,减轻当事人的举证责任。有些案件难以找到直接证据,无法证明当事人主张的事实,在此情况下,依据各种间接证据,借助于生活常理以推定待证事实,就会减轻当事人的举证负担,有利于保护当事人的合法权益。四是适用生活常理有利于正确认定事实和公正作出裁判。五是适用生活常理有利于法官正确地理解和适用法律。[1]

第三节　当代中国的法律渊源

当代中国的法律渊源主要为以宪法为核心的各种制定法,包括宪法、法律、行政法规、地方性法规、规章、特别行政区的法律、国际条约和国际惯例等,习惯法等也为当代中国的法律渊源。这是由我国的政治体制和法律状况所决定的。

一、宪法

宪法是每一民主国家最根本的法律渊源,其法律地位和效力是最高的。它是国家最高权力的象征或标志,宪法的权威直接来源于人民。

我国宪法规定了当代中国的根本的社会、经济和政治制度,各种基本原则、方针、政策,公民的基本权利和义务,各主要国家机关的组成和职权、职责等,涉及社会生活各个领域的最根本、最重要的方面,而一般法律如民法等只规定社会或国家生活中某一方面的问题。宪法是由我国最高权力机关——全国人民代表大会制定和修改的,宪法的地位决定了其制定和修改的程序比较严格,不同于一般法律。宪法的修改必须由全国人大常委会或 1/5 以上的全国人大代表提议,并由全国人大以全体代表的 2/3 以上多数通过。宪法具有最高的法律效力,一切法律、行政法规和地方性法规都不得同宪法相抵触。在中国,全国人大监督宪法的实施,全国人大常委会解释并监督宪法的实施,并对违反宪法的行为予以追究。

二、法律

在我国,"法律"通常有广义、狭义两种理解。广义上讲,法律泛指一切规范性

---

〔1〕 参见杨慧、杨志平:《持有人对欠条保存不完整承担不利后果》,《人民法院报》,2006-12-20。

法律文件；狭义上讲，仅指全国人大及其常委会制定的规范性法律文件。我们这里仅用狭义。在当代中国的法律渊源中，法律的地位和效力仅次于宪法。

由于制定机关的不同，法律可分为两类：一类为基本法律，即由全国人大制定和修改的刑事、民事、国家机构和其他方面的规范性文件，如《刑法》《民法典》等；另一类为基本法律以外的其他法律，即由全国人大常委会制定和修改的规范性文件，如《公职人员政务处分法》《商标法》等。在全国人大闭会期间，全国人大常委会也有权对全国人大制定的法律在不同该法律基本原则相抵触的条件下进行部分补充和修改。

我国的《立法法》规定，下列事项只能制定法律：国家主权的事项；各级人民代表大会、人民政府、人民法院、人民检察院的产生、组织和职权；民族区域自治制度、特别行政区制度、基层群众自治制度；犯罪和刑罚；对公民政治权利的剥夺、限制人身自由的强制措施和处罚；税种的设立、税率的确定和税收征收管理等税收基本制度、对非国有财产的征收、征用；民事基本制度；基本经济制度以及财政、海关、金融和外贸的基本制度；诉讼和仲裁制度等。

全国人大及其常委会作出的具有规范性的决议、决定、规定、办法等，也属于"法律"类的法律渊源。

当代中国在制定法律的同时十分重视该法律的实施细则和配套法律的制定。我国的实施细则一般都比较详尽、具体。

三、行政法规

行政法规是指作为国家最高行政机关的国务院所制定的规范性文件，其法律地位和效力仅次于宪法和法律。国务院所发布的决定和命令，凡属于规范性的，也属于法律渊源之列。目前我国行政法规的数量远远超过全国人大和全国人大常委会制定的法律的数量。

国务院制定的行政法规，不得与宪法和法律相抵触。因此，全国人大常委会有权撤销国务院制定的同宪法、法律相抵触的行政法规、决定和命令。

行政法规调整的范围包括为了执行法律而进行的国家行政管理活动中涉及的各种事项和《宪法》第 89 条规定的国务院行政管理职权的事项，如关于国家行政机关在行政管理活动中的职权、职责，国家行政机关在行政管理活动中同其他国家机关、社会组织、企业事业单位和公民之间的关系等，内容较为广泛，如《保障中小企业款项支付条例》(2020)、《化妆品监督管理条例》(2020)等。

根据《立法法》的规定，国务院法制机构应当根据国家总体工作部署拟订国务院年度立法计划，报国务院审批。国务院年度立法计划中的法律项目应当与全国人民代表大会常务委员会的立法规划和年度立法计划相衔接。国务院法制机构应当及时跟踪了解国务院各部门落实立法计划的情况，加强组织协调和督促指导。

行政法规由国务院有关部门或者国务院法制机构具体负责起草，重要行政管理的法律、行政法规草案由国务院法制机构组织起草。行政法规在起草过程中，应当广泛听取有关机关、组织、人民代表大会代表和社会公众的意见。听取意见可以采取座谈会、论证会、听证会等多种形式。行政法规草案应当向社会公布，征求意见，但是经国务院决定不公布的除外。

有关国防建设的行政法规，可以由国务院总理、中央军事委员会主席共同签署国务院、中央军事委员会令公布。

我国行政法规的名称，按照 2001 年 11 月国务院发布、2017 年 12 月修订的《行政法规制定程序条例》第 5 条的规定为"条例""规定""办法"。行政法规签署公布后，及时在国务院公报和中国政府法制信息网以及在全国范围内发行的报纸上刊载。

此外，《立法法》第 103 条规定中央军事委员会根据宪法和法律，制定军事法规。如《军队安全管理条例》（2020）、《中国人民解放军军营开放办法》（2017）等。

四、监察法规

根据 2019 年 10 月 26 日第十三届全国人民代表大会常务委员会第十四次会议通过的《全国人民代表大会常务委员会关于国家监察委员会制定监察法规的决定》，为了贯彻实施《中华人民共和国宪法》和《中华人民共和国监察法》，保障国家监察委员会依法履行最高监察机关职责，根据监察工作实际需要，国家监察委员会根据宪法和法律，制定监察法规。

监察法规可以就下列事项作出规定：（1）为执行法律的规定需要制定监察法规的事项；（2）为履行领导地方各级监察委员会工作的职责需要制定监察法规的事项。监察法规不得与宪法、法律相抵触。

监察法规应当经国家监察委员会全体会议决定，由国家监察委员会发布公告予以公布。监察法规应当在公布后的三十日内报全国人民代表大会常务委员会备案。全国人民代表大会常务委员会有权撤销同宪法和法律相抵触的监察法规。

五、地方性法规、民族自治法规、经济特区的规范性法律文件

这三类都是由地方国家机关制定的规范性文件。

地方性法规是一定的地方国家权力机关，根据本行政区域的具体情况和实际需要，依法制定的在本行政区域内具有法律效力的规范性文件。根据《宪法》《立法法》、1986 年修改后的《地方各级人民代表大会和地方各级人民政府组织法》的规定，省、自治区、直辖市人民代表大会及其常务委员会在不同宪法、法律、行政法规

相抵触的前提下,可以制定地方性法规;设区的市、自治州人民代表大会及其常务委员会在不同宪法、法律、行政法规和本省、自治区的地方法规相抵触的前提下,可以制定地方性法规,报省、自治区的人民代表大会常务委员会批准。此外,地方设区的市、自治州及以上的各级国家权力机关及其常设机关所制定的决定、命令、决议,凡属规范性者,在其行政区域内,也都属于法律渊源之列。

除《立法法》第 8 条规定的事项外,其他事项国家尚未制定法律或者行政法规的,省、自治区、直辖市和设区的市、自治州根据本地方的具体情况和实际需要,可以先制定地方性法规。设区的市、自治州制定地方性法规,限于城乡建设与管理、环境保护、历史文化保护等方面的事项。在国家制定的法律或者行政法规生效后,地方性法规同法律或者行政法规相抵触的规定无效,制定机关应当及时予以修改或者废止。地方性法规可以就下列事项作出规定:为执行法律、行政法规的规定,需要根据本行政区域的实际情况作具体规定的事项;属于地方性事务需要制定地方性法规的事项。如广东省《深圳市实施〈中华人民共和国工会法〉办法》(2003)、《湖北省消防条例》(2011)、江苏省《无锡市企业工资集体协商条例》(2011)、《上海市教育督导条例》(2015)、黑龙江省《哈尔滨市城市环卫作业人员安全保障条例》(2015)、山西省《太原市博物馆促进条例》(2020)、山东省《枣庄市城市绿化条例》(2020)等。制定地方性法规,对上位法已经明确规定的内容,一般不作重复性规定。

我国的地方性法规,一般采用"条例""规定""办法""实施细则"等名称。

地方性法规的效力高于本级和下级地方政府规章。地方性法规与部门规章之间对同一事项的规定不一致,不能确定如何适用时,由国务院提出意见,国务院认为应当适用地方性法规的,应当决定在该地方适用地方性法规的规定;认为应当适用部门规章的,应当提请全国人民代表大会常务委员会裁决。全国人民代表大会常务委员会,有权撤销同宪法、法律和行政法规相抵触的地方性法规;省、自治区、直辖市的人民代表大会有权改变或者撤销它的常务委员会制定的和批准的不适当的地方性法规。

省、自治区、直辖市的人民代表大会及其常务委员会制定的地方性法规,报全国人民代表大会常务委员会和国务院备案;设区的市、自治州的人民代表大会及其常务委员会制定的地方性法规,由省、自治区的人民代表大会常务委员会报全国人民代表大会常务委员会和国务院备案。[1]

民族区域自治是我国的一项基本政治制度。根据宪法和《民族区域自治法》,民族自治地方的自治机关除行使《宪法》第 3 章第 5 节规定的地方国家机关的职权外,同时依照宪法和有关法律行使自治权。民族自治地方的人民代表大会有权依照当地民族的政治、经济和文化的特点,制定自治条例和单行条例,自治区的自治条例和单行条例,报全国人民代表大会常务委员会批准后生效。[2] 自治州、自治

---

[1] 根据《最高人民法院关于裁判文书引用法律、法规等规范性法律文件的规定》,对于应当适用的地方性法规可以直接引用。关于地方性法规适用问题,河南省高级人民法院曾经有一个调查。河南省现行有效的地方性法规一共 179 部,其中,涉及人大自身建设的 27 部,其余 152 部涉及社会政治经济文化生活等各个方面。据统计,近五年来,河南省全省法院一共在 4573 件行政案件和 7658 件民事案件中适用了地方性法规,适用的相关法规约 30 余部。在行政案件审判中,适用地方性法规的案件相对比较多,类型也相对集中,主要为工伤认定、土地管理、城市规划、林业、盐业等方面因行政处罚、行政确认等行为引起的纠纷。与上述案件类型相对应,行政案件适用的地方性法规也较为集中,主要有《河南省工伤保险条例》《河南省实施〈中华人民共和国土地管理法〉办法》等。在民事案件审判中,适用地方性法规进行审理的案件类型主要是与地方经济发展和人民群众切身利益较密切的民事纠纷,如交通事故、劳动争议、物业管理、宅基地纠纷等案件,涉及的地方性法规主要有《河南省道路交通安全条例》《河南省物业管理条例》等。由于地方性法规对有关犯罪与刑罚的事项无权制定规范加以调整,故刑事案件审判中没有直接适用地方性法规作为定罪量刑依据进行裁判的情况。但在对有关犯罪事实和证据进行认定时会参照一些地方性法规的规定,如在职务犯罪案件中,在认定证据时会涉及《河南省国有资产评估管理条例》等一些地方性法规,以确认是否为国有资产,是否属于国有资产流失等。法院在地方性法规适用方面存在的问题:①地方性法规在司法审判中适用率较低。与每年法院审理的大量案件相比,地方性法规在司法裁判中适用比例较低。另外,在所适用的地方性法规中,主要集中在其中的 30 多部,占全部地方性法规的比例不高,主要是涉及责任划分、赔偿数额等一些操作性较强的规定。②对地方性法规的适用不规范。在适用地方性法规时,有的在评判证据认定事实时适用,有的在说理时适用,有的作为判决依据适用,有的只用其原理,却未援引相关条文,模糊适用、规避适用等情况较为普遍。③个别地方性法规立法质量不高,使得一些法官在适用地方性法规时比较困惑。比如,一些地方性法规超越立法权限设定处罚主体和种类,一旦发生纠纷诉至法院,因法院无权对该规定的效力作出评价,导致陷入两难境地。④地方性法规适用中的请示汇报机制不畅通。当发现地方性法规与上位法相冲突或不一致情况时,没有畅通有效的请示汇报及沟通机制,上级法院和立法部门无法及时掌握实践中的情况和问题,不利于加强和改进立法、司法工作。地方性法规适用中的问题主要有以下几方面原因:①一些法院和法官对地方性法规的重要性认识不足,适用地方性法规的自觉性、主动性不强。有的法官对地方人大的立法权限认识不清,对地方性法规的地位存在模糊认识,学习掌握不够,认为地方性法规的效力层级较低,只能作为案件裁判的参考。②地方性法规的适用方式尚不明确,导致适用中随意性较大。最高人民法院相关司法解释仅仅规定在案件审判中可以适用地方性法规,但何种情况下可以适用,何种情况下可以不适用,在发现地方性法规与上位法相冲突的情况下究竟该如何处理等,均没有明确具体的规定,使得审判实践中许多法官采取了消极回避的态度。③一些地方性法规立法质量不高,也使得一些法官不敢大胆适用。近年来,地方人大加大了地方性法规立法力度,制定出台了大量的地方性法规,但一些地方性法规修改不够及时,清理工作较为迟缓,使得一些地方性法规落后过时甚至与上位法相抵触,成为地方性法规在审判中适用率不高的原因之一。另外,随着上位法及相关司法解释越来越多、越来越完善,地方性法规的适用空间也相应地减少了。参见王少禹等:《依法适用地方性法规 努力提高审判质量——河南省高院关于地方性法规适用情况的调研报告》,《人民法院报》,2013-11-26。

[2] 自治条例和单行条例是我国民族区域自治法律制度的重要部分,但目前对于它们的法律地位的研究颇显不足,有人认为主要原因之一在于对作为"法律地位"构成要素的"规范位阶"和"效力位阶"两个概念的混淆。实应采取分别研究的进路。就规范位阶而言,自治条例和单行条例应定位为地方立法中独立的自治法规;就效力位阶而言,不同级别的自治条例、单行条例同法律、行政法规、地方性法规和规章之间的冲突或竞合则应当区分不同情形进行具体研究。参见郑毅:《再论自治条例和单行条例的法律地位》,http://www1.chinalawinfo.com/index.aspx,最后访问时间 2014-1-23。

县的自治条例和单行条例,报省、自治区、直辖市的人民代表大会常务委员会批准后生效。自治条例和单行条例不得违背法律或者行政法规的基本原则,不得对宪法和民族区域自治法的规定以及其他有关法律、行政法规专门就民族自治地方所作的规定作出变通规定。自治州、自治县的人民代表大会制定的自治条例和单行条例,由省、自治区、直辖市的人民代表大会常务委员会报全国人民代表大会常务委员会和国务院备案;自治条例、单行条例报送备案时,应当说明对法律、行政法规、地方性法规作出变通的情况。自治条例是一种综合性法规,内容比较广泛。单行条例是有关某一方面事务的规范性文件,一般采用"条例""规定""变通规定""变通办法"等名称,如青海省《果洛藏族自治州藏传佛教事务条例》(2010)、辽宁省《宽甸满族自治县自治条例》(2010)、《宁夏回族自治区禁牧封育条例》(2011)、《云南省景谷傣族彝族自治县民族民间传统文化保护条例》(2013)、内蒙古自治区《鄂伦春自治旗鄂伦春民族民间传统文化保护条例》(2014)、贵州省《务川仡佬族苗族自治县农村公路养护管理条例》(2020)、四川省《阿坝藏族羌族自治州文物保护条例》(2020)等。民族自治法规只在本自治区域有效。[1]

伊犁哈萨克自治州施行《中华人民共和国婚姻法》补充规定

(1987年1月17日伊犁哈萨克自治州第七届人民代表大会常务委员会第十三次会议通过　1987年2月14日新疆维吾尔自治区第六届人民代表大会常务委员会第二十五次会议批准　2005年3月27日伊犁哈萨克自治州第十一届人民代表大会第三次会议修订　2005年7月29日新疆维吾尔自治区第十届人民代表大会常务委员会第十八次会议批准)

第一条　根据《中华人民共和国婚姻法》第五十条规定,制定本规定。

第二条　结婚必须男女双方完全自愿。禁止强迫、包办及以宗教和其他方式干涉婚姻自由的行为。

第三条　男女双方未办理结婚登记同居生活的,其婚姻关系不受法律保护。

第四条　禁止直系血亲和三代以内旁系血亲结婚。保持哈萨克族七代以内不结婚的传统习惯。

第五条　少数民族公民的结婚年龄,男不得早于二十周岁,女不得早于十八周岁。提倡晚婚晚育。

---

[1] 我国的内蒙古、新疆、西藏等自治区以及四川省甘孜、阿坝、凉山自治州,云南、甘肃、贵州、湖南、吉林等省的一些民族自治州、自治县,制定了婚姻家庭方面的某些变通规定或补充规定,在一定程度上承认了各少数民族习惯法中关于早婚、结婚手续、夫妻关系、离婚、订婚等方面的若干内容。云南德宏傣族景颇族自治州针对本地刑事犯罪的特点制定了禁毒条例,青海化隆回族自治县等制定了教育方面的补充规定,四川省凉山彝族自治州等制定了选举方面的变通补充规定,四川省峨边彝族自治县等制定了选举方面的变通补充规定,四川省阿坝藏族羌族自治州等制定了义务教育方面的变通补充规定,四川省甘孜藏族自治州等制定了计划生育方面的变通补充规定,四川省甘孜藏族自治州制定了实施草原法的补充规定,这些民族自治变通立法在社会生活中起到了较好的作用。

第六条　禁止买卖婚姻和借婚姻索取财物。

第七条　订婚不是结婚的法定程序,不受法律保护。严禁借订婚索取财物或干涉婚姻自由。

第八条　婚姻登记应体现便民的原则,交通不便的偏远农牧区,可由各婚姻登记机关设流动站(点)办理婚姻登记手续。

第九条　婚嫁应当从简。对巧立名目、加重经济负担的结婚习俗,村(居)民自治组织应制定村规民约、村(居)民章程加以规范。当地人民政府对婚嫁从简应予引导、支持。

第十条　为防止传染病的传播,实现优生优育,提倡婚前体检。

第十一条　本规定对《中华人民共和国婚姻法》未加补充和变通的,均按《中华人民共和国婚姻法》《新疆维吾尔自治区执行〈中华人民共和国婚姻法〉的补充规定》执行。

第十二条　本规定自 2005 年 10 月 1 日起施行。[1]

地方性法规、自治区的自治条例和单行条例公布后,及时在本级人民代表大会常务委员会公报和中国人大网、本地方人民代表大会网站以及在本行政区域范围内发行的报纸上刊载。

经济特区是指我国在改革开放中为发展对外经济贸易,特别是利用外资、引进先进技术而实行某些特殊政策的地区。经济特区所在地的省、市的人民代表大会及其常务委员会根据全国人民代表大会的授权决定,制定法规,在经济特区范围内实施。1981 年全国人大常委会授权广东省、福建省人大及其常委会制定所属经济特区的各项单行经济法规。1988 年全国人大授权海南省人大及其常委会制定在海南经济特区实施的法规。1992 年全国人大授权深圳市人大和深圳市政府分别

---

[1]　关于修订的具体情况,可参见《新疆法制报》发表的文章:20 年前,一部地方性法规结束了伊犁哈萨克自治州强迫、包办婚姻、借婚姻索取财物、直系血亲结婚等现象。如今,这部法规的修订案又解决了偏远牧区牧民领证难的问题,并大力提倡婚嫁从简。

1987 年 1 月,伊犁州人大常委会根据该州各民族婚姻家庭的实际情况制定了《伊犁哈萨克自治州施行〈婚姻法〉补充规定》(下称《补充规定》),《补充规定》弥补了婚姻法内容过于原则的问题,使之切合当地实际并便于操作。它对禁止强迫、包办或利用宗教和其他方式干涉婚姻自由,以及买卖婚姻、借婚姻索取钱物等现象做出了明确的规定,提出了具体措施。同时鼓励在哈萨克族中提倡七代以内直系血亲不结婚的良好习惯。

《补充规定》的颁布实施,为自治州各族人民确立新型家庭关系,促进精神文明建设和经济发展起到了积极作用。随着市场经济的发展、人们婚姻家庭观念的转变和相关法律的修订,2005 年,伊犁州人大常委会又对《补充规定》进行了修订。

《补充规定修订案》根据新的婚姻法和婚姻登记条例做出了调整,增加了"婚姻登记应体现便民原则,交通不便的偏远农牧区,可由婚姻登记机关设流动站点办理结婚登记手续"这一条。

为了预防各种传染病给人民群众的身心健康造成危害,《补充规定修订案》特增加了"为了防治传染病的传播,实现优生优育,提倡婚前体检"这一条。"修订案"还对巧立名目、大办婚事、加重经济负担的结婚习俗等进行了严厉制止。参见隋云雁:《伊犁州让婚姻法"入乡随俗"》,《新疆法制报》,2008-09-01。

制定法规和规章,在深圳经济特区实施。以后又先后授权厦门市、汕头市和珠海市享有经济特区的立法权。这些地区制定经济特区法规数量较多,如《海南经济特区旅游价格管理规定》(2011)、《深圳经济特区加快经济发展方式转变促进条例》(2010)、《海南经济特区土地管理条例(1994,2014 修正)》《厦门经济特区生态文明建设条例》(2015)、《深圳经济特区居住证条例》(2015)、《汕头经济特区社会工作者条例》(2015)、《珠海经济特区相对集中行政处罚权条例》(2015)、《深圳经济特区电梯使用安全若干规定》(2020)、《厦门经济特区闽南文化保护发展办法》(2020)、《珠海经济特区禁止食用野生动物条例》(2020)等。1992 年深圳市制定了《深圳市人民代表大会常务委员会制定深圳经济特区法规规定》、1996 年汕头市制定了《汕头市人民代表大会常务委员会制定汕头经济特区法规规定》。经济特区的这些规范性文件,是由全国人大及其常委会授权制定的,其法律地位和效力不同于一般的法规、规章,因而是当代中国的法律渊源之一。根据授权制定的法规应当报授权决定规定的机关备案;经济特区法规报送备案时,应当说明对法律、行政法规、地方性法规作出变通的情况。

六、规章

规章是行政性法律规范文件,[1]从其制定机关而言可分为两类:一是由国务院组成部门及直属机构在它们的职权范围内制定的规范性文件,部门规章规定的事项应当属于执行法律或者国务院的行政法规、决定、命令的事项,如《物业服务收费管理办法》(国家发展和改革委员会、建设部,2003)、《地方国有资产监管工作指导监督办法》(国有资产监督管理委员会,2011)、《国家旅游局规章和规范性文件制定程序规定》(国家旅游局,2011)、《气象预报发布与传播管理办法》(国家气象局,2015)、《食品召回管理办法》(国家食品药品监督管理总局,2015)、《基本医疗保险用药管理暂行办法》(国家医疗保障局,2020)、《报废旧机动车回收管理办法实施细则》(商务部等,2020)等。没有法律或者国务院的行政法规、决定、命令的依据,部门规章不得设定减损公民、法人和其他组织权利或者增加其义务的规范,不得增加本部门的权力或者减少本部门的法定职责。

另一类是省、自治区、直辖市和设区的市、自治州的人民政府,根据法律、行政法规和本省、自治区、直辖市的地方性法规,依照法定程序制定的规范性文件。地方政府规章可以就下列事项作出规定:为执行法律、行政法规、地方性法规的规

---

〔1〕　关于规章是否为当代中国的法律渊源问题有不同的看法,有的法律如我国《行政诉讼法》规定规章仅具有"参照"意义。《行政诉讼法》第 65 条规定:"人民法院审理行政案件,以法律和行政法规、地方性法规为依据。地方性法规适用于本行政区域内发生的行政案件。人民法院审理民族自治地方的行政案件,并以该民族自治地方的自治条例和单行条例为依据。人民法院审理行政案件,参照规章;认为规章之间不一致的,由最高人民法院送请国务院作出裁决。"

定,需要制定的事项;属于本行政区域的具体行政管理事项,如西藏自治区《拉萨市造林绿化管理办法》(西藏自治区拉萨市人民政府,2003)《江苏省餐厨废弃物管理办法》(江苏省人民政府,2011)、浙江省《杭州市网络交易管理暂行办法》(浙江省杭州市人民政府,2015)、《甘肃省农村集体财务管理办法》(甘肃省人民政府,2015)、《广东省城市轨道交通运行安全管理办法》(广东省人民政府,2020)、河北省《廊坊市城镇二次供水管理办法》(河北省廊坊市人民政府,2020)等。设区的市、自治州的人民政府地方政府规章,限于城乡建设与管理、环境保护、历史文化保护等方面的事项。应当制定地方性法规但条件尚不成熟的,因行政管理迫切需要,可以先制定地方政府规章。规章实施满两年需要继续实施规章所规定的行政措施的,应当提请本级人民代表大会或者其常务委员会制定地方性法规。没有法律、行政法规、地方性法规的依据,地方政府规章不得设定减损公民、法人和其他组织权利或者增加其义务的规范。

此外,《立法法》第103条规定,中央军事委员会各总部、军兵种、军区、中国人民武装警察部队,可以根据法律和中央军事委员会的军事法规、决定、命令,在其权限范围内,制定军事规章。如《军队文职人员聘用合同管理暂行规定》(中央军委办公厅,2019)《军事法院涉案文物移交办法(试行)》(解放军军事法院,2019)等。

根据《立法法》的规定,部门规章之间、部门规章与地方政府规章之间具有同等效力,在各自的权限范围内施行。部门规章之间、部门规章与地方政府规章之间对同一事项的规定不一致时,由国务院裁决。省、自治区的人民政府制定的规章的效力高于本行政区域内的设区的市、自治州的人民政府制定的规章。

国务院有权改变或者撤销不适当的部门规章和地方政府规章。地方人民代表大会常务委员会有权撤销本级人民政府制定的不适当的规章;省、自治区的人民政府有权改变或者撤销下一级人民政府制定的不适当的规章。

部门规章和地方政府规章报国务院备案;地方政府规章应当同时报本级人民代表大会常务委员会备案;设区的市、自治州的人民政府制定的规章应当同时报省、自治区的人民代表大会常务委员会和人民政府备案。[1]

部门规章签署公布后,及时在国务院公报或者部门公报和中国政府法制信息网以及在全国范围内发行的报纸上刊载。地方政府规章由省长、自治区主席、市长或者自治州州长签署命令予以公布。地方政府规章签署公布后,及时在本级人民政府公报和中国政府法制信息网,以及在本行政区域范围内发行的报纸上刊载。

〔1〕 关于地方政府规章,进一步的阅读可参见沈荣华、周传铭:《中国地方政府规章研究》,上海,上海三联书店,1999。

七、特别行政区的法律

我国《宪法》规定，国家在必要时得设立特别行政区，在特别行政区内实行的制度按照具体情况由全国人民代表大会以法律规定。这是"一个国家、两种制度"的构想在法律上的体现。特别行政区实行不同于全国其他地区的经济、政治、法律制度，即在若干年内保持原有的资本主义制度和生活方式，因而在立法权限和法律形式上也有特殊性，特别行政区的法律、法规在当代中国的法律渊源中成为单独的一类。全国人民代表大会已于 1990 年 4 月和 1993 年 3 月先后通过了《香港特别行政区基本法》和《澳门特别行政区基本法》。根据特别行政区基本法的规定，特别行政法依法享有高度的自治权，除外交、国防事务属中央人民政府管理外，特别行政区享有行政管理权、立法权、独立的司法权和终审权，现行的法律基本不变，现行的社会、经济制度和生活方式不变。上述基本政策在 50 年内不变。

八、国际条约、国际惯例

国际条约是指我国作为国际法主体同外国缔结的双边、多边协议和其他具有条约、协定性质的文件。条约生效后，根据"条约必须遵守"的国际惯例，对缔约国的国家机关、团体和公民就具有法律上的约束力，因而国际条约也是当代中国的法律渊源之一。[1] 国际条约的名称很多，如条约、公约、和约、协定、宣言、公报、议定书、盟约、换文、宪章等。

我国全国人大常委会于 1990 年通过了《中华人民共和国缔结条约程序法》，其中规定中央人民政府即国务院，同外国缔结条约和协定；全国人大常委会决定同外国缔结的条约和重要协定的批准和废除；中华人民共和国主席根据全国人大常委会决定，批准和废除同外国缔结的条约和重要协定。同时还规定加入多边条约和协定，分别由全国人大或国务院决定；接受多边条约和协定由国务院决定。

中华人民共和国成立以来，特别是实行对外开放政策以来，同世界各国的交往日益频繁，我国与他国签订的条约或加入其他国家已经签订的国际条约也日益增多，涉及政治、法律、边界、边境问题、经济、文化、科学技术、农林、渔业、卫生保健、邮政电讯、交通运输、军事等领域，内容相当广泛。如《中华人民共和国政府和斯里兰卡民主社会主义共和国政府关于对所得避免双重征税和防止偷漏税的协定》(2003)、《中华人民共和国和柬埔寨王国领事条约》(2010)、《关于就某些持久性有机污染物采取国际行动的斯德哥尔摩公约》(2000 年 12 月 9 日联合国环境规划署政府间谈判委员会于约翰内斯堡通过，2001 年 5 月 22 日中国政府代表于斯德哥尔

---

〔1〕《联合国宪章》明确规定了这一原则：各会员国为了保证全体会员享有加入本组织而产生的权利和利益，应善意履行依照本宪章所承担的义务，尊重由条约与国际法其他渊源而起的义务。

摩签署该公约)、《濒危野生动植物种国际贸易公约》附录Ⅰ、附录Ⅱ和附录Ⅲ(2010年3月13—25日在卡塔尔多哈举行的第15届缔约国大会对附录Ⅰ和附录Ⅱ作修订,并调整物种的标准命名。根据公约秘书处2010/007号通知,中国于2010年7月15日以濒危物种进出口管理办公室公告2010年第2号将修订后的公约附录予以公告,修订后的附录自2010年6月23日起生效)《中华人民共和国和泰王国关于移管被判刑人的条约》(2012)、《中国—加拿大气候变化和清洁增长联合声明》(2017)、《中国和阿拉伯国家团结抗击新冠肺炎疫情联合声明》(2020)等。

国际惯例是指以国际法院等各种国际裁决机构的判例所体现或确认的国际法规则和国际交往中形成的共同遵守的不成文的习惯。国际惯例是国际条约的补充。

我国国内法中还规定了国际条约和国际惯例的法律效力,如1987年1月1日起施行现已失效的《民法通则》第142条规定:"中华人民共和国缔结或者参加的国际条约同中华人民共和国的民事法律有不同规定的,适用国际条约的规定,但中华人民共和国声明保留的条款除外。中华人民共和国法律和中华人民共和国缔结或者参加的国际条约没有规定的,可以适用国际惯例。"《民事诉讼法》第260条规定:"中华人民共和国缔结或者参加的国际条约同本法有不同规定的,适用该国际条约的规定,但中华人民共和国声明保留的条款除外。"第261条规定:"对享有外交特权与豁免的外国人、外国组织或者国际组织提起的民事诉讼,应当依照中华人民共和国有关法律和中华人民共和国缔结或者参加的国际条约的规定办理。"

作为国内法的法律渊源,国际条约、国际惯例有直接作为法律适用的,如引渡方面的条约;也有专门制定法律始能适用的。

九、习惯法

我国法律规定习惯在特定情况下经国家认可成为习惯法而具有正式的法律渊源地位。[1] 如《宪法》第4条规定:"各民族都有使用和发展自己的语言文字的自由,都有保持或者改革自己的风俗习惯的自由。"《民法典》第10条规定:"处理民事纠纷,应当依照法律;法律没有规定的,可以适用习惯,但是不得违背公序良俗。"第298条规定:"法律、法规对处理相邻关系有规定的,依照其规定;法律、法规没有规定的,可以按照当地习惯。"第888条规定:"保管合同是保管人保管寄存人交付的保管物,并返还该物的合同。寄存人到保管人处从事购物、就餐、住宿等活动,将物品存放在指定场所的,视为保管,但是当事人另有约定或者另有交易习惯的除

---

〔1〕 需要说明的是,这里使用的"习惯法"为国家法意义上的习惯法,与本章前面所述的"习惯法"含义不同。

外。"第 1015 条规定:"少数民族自然人的姓氏可以遵从本民族的文化传统和风俗习惯。"

　　除了经国家认可的习惯而成为习惯法具有正式的法律渊源外,其他习惯则为我国法律的非正式渊源。习惯是指人们在长期的生产、生活中俗成或约定所形成的一种行为规范。我国幅员辽阔,历史悠久,各地有许多良好的习惯和传统。[1]

---

　〔1〕 这里的"习惯"实为本章前面所述的非国家法意义上的"习惯法"。

第五章　法律分类与法律效力

第一节　法 律 分 类

根据不同的标准,可以对法律作不同的分类。[1]事实上,法律渊源、法律部门等也是从一定角度对法律所作的分类,法律历史类型、法系也属于对法律的一种分类。但通常所讲的法律分类是指没有专门讨论到的其他方面的划分,包括法律的一般分类和法律的特殊分类两种。

一、法律的一般分类

法律的一般分类是世界各国都基本运用的一种法律分类,主要有以下几种。

（一）一般法与特别法

按照法律的效力范围的不同,法律可以分为一般法与特别法。

一般法是指在一国范围内,对一般的人和事有效的法。特别法是指在一国的特定地区、特定期间或对特定事件、特定公民有效的法,如戒严法、兵役法、特别行政区法、教师法等。一般情况下,在同一领域,同一位阶的法律适用遵循特别法优于一般法的原则。

（二）实体法与程序法

按照法律规定的具体内容的不同,法律可以分为实体法与程序法。

实体法是指主要规定权利和义务(或职权和职责)的法律,如民法、刑法、行政法等。程序法是指为保障权利和义务的实现而规定程序、步骤的法律,如民事诉讼法、刑事诉讼法等。实体法与程序法有着密切的关系,实体法是主要的,一般称为主法;程序法保障实体法的实现,称为辅助法。但这并不意味着程序法不重要,程序法表明决定的形成必须经过法律所设定的步骤,并且向所有参加者开放,当事人有表达意见的机会,并将参加者、实施者的不同意愿和要求组织、整合为一个结果;这是基本的人权保护机制。人们可以通过法律程序对法律现象给予评判,实现形

---

〔1〕 根据不同的标准,可对法律作出不同的划分。①依法律的实质,可分为：公法与私法;主法与助法;强行法与随意法。②依法律的形式可分为成文法与不成文法。③依法律的系统,可分为固有法与继受法,母法与子法。④依法律的效力,可分为普通法与特别法。⑤依法律的范围,可分为国际法与国内法。参见李龙、汪习根：《二十世纪中国法理学回眸》,《法学评论》,1999(4)。

式公平,因而程序法具有独立的价值。

须注意实体法与程序法的区分并不是绝对的,往往实体法中有关于程序规定的条文,而程序法中也有属于实体性质的内容。

(三) 国内法与国际法

按照法律的创制与适用主体的不同,法律可以分为国内法与国际法。

国内法是由特定国家创制并适用于该国主权管辖范围内的法律,包括宪法、民法、诉讼法等。国内法的主体一般为公民、社会组织和国家机关,国家只能在特定的法律关系中成为主体。国际法是指在国际交往中,由不同的主权国家通过协议制定或公认的、适用于国家之间的法律。国际法的主体一般是国家,在一定条件下或一定范围内,类似国家的政治实体以及由一定国家参加和组成的国际组织也可以成为国际法的主体。

(四) 成文法与不成文法

按照法律的创制和表达形式的不同,法律可以分为成文法与不成文法。成文法是指由特定国家机关创制和公布,以条文形式表达或者文字形式表现的法律。不成文法是指由国家认可的不以条文形式表现的法律。随着法律的发展,成文法日益增多,已成为法律的主要组成部分,而不成文法则逐渐减少。成文法具体明确,易于施行;周密完善,易于遵守。不成文法比较适应社会实际,较能形成社会的法律共识。

不成文法主要为习惯法。在法律发展的早期,作为不成文法的习惯法是重要的甚至是最主要的正式法律渊源;即使在当代中国,习惯法也是正式的法律渊源。当代中国是实行成文法的国家,但是也有习惯法,存在不成文法。

(五) 根本法与普通法

按照法律的效力、内容和制定程序的不同,法律可以分为根本法与普通法。

根本法是宪法的别称,它规定了国家基本的政治制度和社会制度、公民的基本权利和义务、国家机关的设置、职权等内容,在一个国家中占据最高的法律地位,具有最高的法律效力,是其他法律制定的依据。普通法是指宪法以外的其他法律,它规定国家的某项制度或调整某一方面的社会关系。在制定和修改程序上,根本法比普通法更为严格。

二、法律的特殊分类

有些法律的分类仅在部分地区适用,因而称为法律的特殊分类,这包括以下几种。

(一) 公法与私法

按照法律的调整对象和调整主体的范围的不同,法律可以分为公法与私法。把法律体系要素分为公法与私法,是从社会经济生活的本源上进行的——公法与权力强行干预相适应,私法与市场自行调节相适应。无论是简单商品经济社会,还是现代复杂的市场经济社会,法律内部本身应当存在这两种差异,也就是说,这一分类具有客观性。

古罗马法学家乌尔比安最先提出了公法与私法的划分,查士丁尼《学说汇纂》的前言中引用了乌尔比安的一句话:"公法是关于罗马国家的法律,私法是关于个人利益的法律。"公法与私法的划分在民法法系国家被普遍采用。划分标准有利益说(保护公共利益或私人利益)、主体说(国家或公共团体为一方、双方或私人)、法律关系说(国家与公民之间权力服从关系或公民相互间平等关系)、生活关系说(国家生活关系或个人生活关系)等。一般认为,保护国家利益,调整国家与公民之间、国家机关之间关系的法律为公法;保护个人利益,调整公民之间关系的法律为私法。公法一般包括宪法、刑法、行政法、诉讼法等。私法一般包括民法、商法等。私法遵循当事人意思自治原则,确立财产所有权,保障自身利益的追求。公法是利用国家权力,宏观调整社会财富分配,对市场主体滥用权利行为进行约束。公法与私法的划分有助于法律救济途径的确定。

随着社会的发展,"法律社会化"现象的出现,形成了一种新的法律即社会法,如社会保障法等。这是因为存在既非国家利益,又非私人利益的独立的社会利益。社会法主要强调公共秩序的和平与安全;经济秩序的健康、安全及效率化;社会资源与机会的合理保存与利用;弱者利益保障;公共道德维护等。

通常认为,公法、私法与社会法是西方大陆法系国家最主要的法律分类,在调整对象、调整方式、法律本位、价值目标等方面存在不同。①调整对象:私法的主要调整对象是个人(法人)与个人(法人)的利益关系,公法的调整对象主要是国家与个人(法人)的利益关系,社会法的调整对象是社会经济生活中的市场主体与社会间的关系。②调整方式:私法与市场的自行调节相适应,保证市场主体的权利、自由和平等;私法的方式以个人自行调节为主;公法的方式以国家的强行干预为主。社会法结合了上述两种调节方式,从社会总体妥当性角度利用市场结构和机制本身的态势进行宏观调节。③法律本位,公法一般以国家为本位,私法一般以个人为本位。社会法是以社会利益为本位的法。④价值目标。传统公法与私法在价值取向方面往往对某一方面有所偏好和倾向,传统公法偏重于秩序与公平,传统私法偏重于自由、效益,而社会法比较周全地体现社会整体利益和要求。

(二) 普通法与衡平法

普通法与衡平法是普通法法系国家主要的法律分类。普通法是一个多义词,这里专指在 11 世纪诺曼人征服英国后由法官通过判决形式逐步形成的适用于全英格兰的一种法律。衡平法是英国在 14 世纪开始作为对普通法的修正和补充而出现的一种法律。普通法与衡平法均为判例法。[1]

1873 年英国颁布《司法条例》以后,普通法法院和衡平法法院两大系统虽然在形式上合二为一,但根据该条例成立的最高法院王座庭和大法官庭实际上仍然是普通法与衡平法划分的继续。[2]

(三)联邦法与联邦成员法

这一法律的分类是联邦制国家所独有的。根据联邦宪法,有的法律可能仅由联邦制定,有的可能仅由各联邦成员制定,有的可能由联邦和联邦成员共有。联邦法与联邦成员法的地位,各国并不一致。就美国而言,各州的法律对于美国人是最重要的。

此外,法律还有原则法与例外法、强行法与任意法、直接法与间接法、母法与子法、固有法与继受法、准则法与技术法等分类。

第二节 法律效力

一、法律效力的含义

法律效力,通常有广义狭义两种理解。广义上法律效力,泛指法律的约束力和法律的强制性。无论是《中华人民共和国刑法》等规范性法律文件还是判决书、许可决定等非规范性法律文件,对人的行为都有法律拘束力。狭义上的法律效力,是指法律的生效范围或适用范围,即法律对什么人、在什么时间和什么地方适用,包括法律对人的效力、法律的时间效力、法律的空间效力。[3] 凯尔森指出,既然规范调整人的行为,而人的行为是在时间和空间中发生的,那么,规范也就对一定时间和一定空间是有效力的……因而我们就可以讲一个规范的属时(temporal)效力范围和属地(territorial)效力范围。为了要决定人们必须如何行为,就一定要决定何时和何地他们才必须在所规定的方式下行为。至于他们应如何行为,什么行为他们应做或不做,那是一个规范的属事(material)效力范围。然而,讲到一定规范,人

---

〔1〕 关于普通法,可参见美国霍姆斯的《普通法》(冉昊、姚中秋译,中国政法大学出版社,2006)一书。

〔2〕 需要明确普通法有两方面截然不同的含义:一为与根本法相对的普通法,指宪法以外的其他法律,规定国家的某项制度或调整某一方面的社会关系的法律;另一为与衡平法相对的普通法,指在 11 世纪诺曼人征服英国后由法官通过判决形式逐步形成的适用于全英格兰的一种法律。

〔3〕 有学者从作用力角度理解法律效力:所谓法律效力是指,法律及其部分派生文件,文书所具有的、以国家强制力为保证的、在所适用的时间、空间范围内,赋予有关主体行使其权利(或权力)的作用力以及约束有关主体履行其义务(或责任)的作用力之总和。参见陈世荣:《法律效力论》,《法学研究》,1994(4)。

们可以不仅提出什么应做或避免做的问题,而且也可以提出谁应做或避免做的问题。后一问题就关系到规范的属人(personal)效力范围。在规范的四个效力范围(sphere of validity)中,属人和属事这两个范围先于属地与属时的范围。[1] 本节所讲的法律效力,是就狭义上的法律效力而言的。

正确理解法律效力问题,是适用法律的重要条件。法律效力与法律本身的科学、合理有密切关系,与人们的法律意识也有重要关系。法国的罗伯斯比尔(Maximillien de Robesperre,1758—1794)认为:"法律的效力是以它所引起的爱戴和尊重为转移的,而这种爱戴和这种尊重是以内心感到法律公正和合理为转移的。"[2]

法律实证主义比较关注法律效力的来源问题。法律实证主义认为:"在任何法律体系中,一个给定的规范是否在法律上是有效的,并且它是否成为这个法律体系的一部分,取决于它的渊源(source),而不是它的价值(merits)。"[3]法律实证主义是一种客观描述法律性质尤其是描述法律效力的理论,它不涉及法律本身的目的问题,它同自然法学以及其他很多研究法律本身目的的理论并非直接针锋相对,只是各自关注不同的问题。"承认一个规范在法律上是有效的,和认为这个规范是完全无意义的并且应当被一致谴责、回避、忽视甚至嘲弄,这二者之间并不是不能和谐共处的。"[4]

法律效力与法律实效有联系,但不是一回事。法律实效是指具有法律效力的规范性法律文件在实际社会生活中被遵守、执行、适用的状况,即法律的实际有效性。法律效力是指法律的拘束力,法律实效表示具有法律效力的规范性法律文件的实际实施状况;法律具有统一的效力,而法律实施却不一定具有同样的实效;法律效力着重讨论静止状态的法律的"应然"要求,法律实效关注行动中的法律的"实然"结果。

二、法律效力层次

在法学理论中,法律效力层次有时也被称为法律效力等级,或法律效力位阶。影响法律效力层次的因素主要有:①制定主体;②适用范围;③制定时间。法律效力体系是以宪法(或根本法)为核心,由不同层次或等级的法律有机结合组成的整体,在这个整体中,宪法(或根本法)属于第一层次,而民法、刑法、行政法、诉讼法等

---

[1] [奥]凯尔森:《法与国家的一般理论》,沈宗灵译,45～46页,北京,中国大百科全书出版社,1996。

[2] [法]罗伯斯比尔:《革命法制和审判》,赵涵舆译,73页,北京,商务印书馆,1965。

[3] John Garner, Legal Positivism:5 and half myths, 46 American Journal of Jurisprudence,2001, 199.

[4] John Garner, Legal Positivism:5 and half myths, 46 American Journal of Jurisprudence:2001, 210.

基本法律属于第二层次,基本法之下还可能有第三和第四层次的法律等。与此相适应,较低一级层次的法律的效力是或应当是来自并服从于(即低于)较高一级层次的法律的效力,而其他所有层次的法律的效力都是或者应当是来自并服从于第一层次的宪法或根本法的效力。[1]

由于法律本身是有层次或等级划分的,因而其效力当然具有层次或等级性。我们都有一个基本的共识,那就是一个国家或地区的法律如果是地方性的法律,则其效力范围施于其所辖地方范围内。全国性法律的效力层次高于地方性法律的效力层次。[2]法律效力层次遵循一定的原则,主要包括:①宪法至上原则;②特别法优先原则;③后法优先或新法优先原则;④实体法优先原则;⑤国际法优先原则。

我国《立法法》第87条至92条规定了法律的效力:①宪法具有最高的法律效力,一切法律、行政法规、地方性法规、自治条例和单行条例、规章都不得同宪法相抵触。②法律的效力高于行政法规、地方性法规、规章。行政法规的效力高于地方性法规、规章。③地方性法规的效力高于本级和下级地方政府规章。省、自治区的人民政府制定的规章的效力高于本行政区域内的设区的市、自治州的人民政府制定的规章。④自治条例和单行条例依法对法律、行政法规、地方性法规作变通规定的,在本自治地方适用自治条例和单行条例的规定。经济特区法规根据授权对法律、行政法规、地方性法规作变通规定的,在本经济特区适用经济特区法规的规定。⑤部门规章之间、部门规章与地方政府规章之间具有同等效力,在各自的权限范围内施行。⑥同一机关制定的法律、行政法规、地方性法规、自治条例和单行条例、规章,特别规定与一般规定不一致的,适用特别规定;新的规定与旧的规定不一致的,适用新的规定。

《河南省农作物种子管理条例》与《种子法》的效力

2001年5月22日,伊川县种子公司(简称伊川公司)委托汝阳县种子公司(简称汝阳公司)代为繁殖"农大108"玉米杂交种子并约定全部收购,但后者繁殖了种子后一粒都没有卖给前者。汝阳公司要求伊川公司赔偿损失。但是,赔偿的数额到底应该依据市场确定价还是按政府指导价来计算,双方在法庭上提出了不同的看法。

按双方合同约定,汝阳公司接收种子的价格为基地收购价加代繁费,基地种子收购价的确定按收购种子时当地市场商品玉米单价的2.2～2.5倍计算。伊川公司认为,《河南省农作物种子管理条例》(以下简称《河南种子条例》)36条明确规定"种子的收购和销售必须严格执行省内统一价格,不得随意提价"。这样算出的即使伊川公司履行合同,汝阳公司的可得利益最多也就是2.5万元。而汝阳公司方

〔1〕 姚建宗:《法律效力论纲》,《法商研究》,1996(4)。
〔2〕 参见张根大:《法律效力论》,180页,北京,法律出版社,1999。

面则认为,依据《中华人民共和国种子法》(以下简称《种子法》)的立法精神,种子价格应由市场决定。汝阳公司按市场利润 3.4~3.9 元计算出的损失为 70 万元。最终,(2003)洛民初字第 26 号民事判决书采纳了汝阳公司的观点。参照当年"农大108"玉米种子在两地的批发价格,在扣除成本及代繁费后,确定为计算汝阳公司预期可得利益的单位价格,据此判伊川公司赔偿汝阳公司经济损失 597001 元。[1]

在 5 月 26 日,对是否考虑天气原因在赔偿数额中降低亩产 10%,合议庭合议后形成两种意见:多数人认为应不予考虑,少数人则认为应该考虑。随后主管副庭长赵广云与承办人李慧娟一起向高效田院长汇报,高院长认为应提请中院审判委员会讨论。5 月 27 日洛阳中院审判委员会就该案的法律适用及处理意见进行了讨论,并按少数人的意见形成了决议。当时的决议中亦包含"自然无效"的这句话,但无人异议。当天,李慧娟按审委会决议草拟了(2003)洛民初字第 26 号民事判决书,并送交主管领导签发。

洛阳中院的(2003)洛民初字第 26 号民事判决书中的一句话引出了大问题——"《种子法》实施后,玉米种子的价格已由市场调节,《河南省农作物种子管理条例》作为法律位阶较低的地方性法规,其与《种子法》相冲突的条(原文如此)自然无效……"

7 月 15 日,洛阳市人大常委会向河南省人大常委会就该案种子经营价格问题发出一份请示。事隔三月,10 月 13 日,河南省人大常委会法制室发文明确答复(豫人常法[2003]18 号)表示,《河南种子条例》第 36 条关于种子经营价格的规定与《种子法》没有抵触,继续适用。同时,该答复重点指出:"(2003)洛民初字第 26 号民事判决书中宣告地方性法规有关内容无效,这种行为的实质是对省人大常委会通过的地方性法规的违法审查,违背了我国的人民代表大会制度,侵犯了权力机关的职权,是严重违法行为。"并责成洛阳市人大常委会"依法行使监督权,纠正洛阳市中级人民法院的违法行为,对直接负责人员和主管领导依法作出处理……"

之后的几天,河南省高级人民法院和洛阳中院均依此发布了通报。通报中指出,人民法院依法行使审判权,无权对人大及其常委会通过的地方性法规进行审查,更不能在裁判中对地方性法规的效力进行评判。洛阳中院党组于 11 月 7 日撤销李慧娟的审判长职务,并免去李慧娟的助理审判员资格。[2]

我们姑且不去评论上述案例中李慧娟的助理审判员职务被免公正与否。但是,该案是较为典型的法律效力冲突,即上位法与下位法发生冲突时,如何适用正

---

[1] 判决后双方均不服,上诉至河南省高级人民法院,后由河南省高级人民法院终审,二审结果维持洛阳市中级人民法院作出的判决。

[2] 参见田毅、王颖:《一个法官的命运与"法条抵触之辩"》,《21 世纪经济报道》,2003-11-18;王颖:《司法改革浪潮将至——法官权益如何保障?》,《21 世纪经济报道》,2003-12-29。

确的法律。①如果部门规章和地方性法规均属上位法的对应实施性规定,法官排除适用与上位法相抵触的规定;②若规章和地方性法规与上位法均不抵触,则分析上位法有无明文授权由谁制定实施性规定,被上位法授权制定的实施性规定优先适用;③若规章和地方性法规均非被授权,那就看是否涉及专属,若是的话,则优先适用。至于部门规章与地方政府规章冲突的选择适用。按照《立法法》的规定:部门规章与地方政府规章具有同等效力;部门规章与地方政府规章之间对同一事项的规定不一致时,则由国务院裁决。这其中的法律发现亦有规则,即上位法授权部门规章或者地方政府规章作出具体实施性规定的,依据上位法授权制定的部门或者地方政府规章优先适用;对于属于全国范围内统一执行的事项,部门规章优先适用;对于各地方可以根据当地实际情况分别规定的事项,地方政府规章作出的规定应当优先适用。

上述案例中的《河南省农作物种子管理条例》与《种子法》的有关规定相冲突,就是异位法之间的冲突,这涉及对上位法与下位法相抵触的司法审查问题。而本案主审法官在判决书中直接确认"法律位阶较低的地方性法规,其与《种子法》相冲突的条自然无效"的做法确实不妥。[1]

按照我国《立法法》第94、95条的规定,法律之间对同一事项的新的一般规定与旧的特别规定不一致,不能确定如何适用时,由全国人民代表大会常务委员会裁决。行政法规之间对同一事项的新的一般规定与旧的特别规定不一致,不能确定如何适用时,由国务院裁决。地方性法规、规章之间不一致时,由有关机关依照下列规定的权限作出裁决:(1)同一机关制定的新的一般规定与旧的特别规定不一致时,由制定机关裁决;(2)地方性法规与部门规章之间对同一事项的规定不一致,不能确定如何适用时,由国务院提出意见,国务院认为应当适用地方性法规的,应当决定在该地方适用地方性法规的规定;认为应当适用部门规章的,应当提请全国人民代表大会常务委员会裁决;(3)部门规章之间、部门规章与地方政府规章之间对同一事项的规定不一致时,由国务院裁决。根据授权制定的法规与法律规定不一致,不能确定如何适用时,由全国人民代表大会常务委员会裁决。

同时,《立法法》第96条规定,法律、行政法规、地方性法规、自治条例和单行条例、规章有下列情形之一的,由有关机关依照权限予以改变或者撤销:(1)超越权限的;(2)下位法违反上位法规定的;(3)规章之间对同一事项的规定不一致,经裁决应当改变或者撤销一方的规定的;(4)规章的规定被认为不适当,应当予以改变或者撤销的;(5)违背法定程序的。而《立法法》第97条规定的改变或者撤销法律、

---

[1] 大多数人认为,李慧娟法官应该通过法院上报最高人民法院并与全国人大协商,再由全国人大决定如何处理;或者就不要在判决书中明确写《河南省农作物种子管理条例》有关条款无效,而是直接写应当适用的法律,就可避免这样的情况了。

行政法规、地方性法规、自治条例和单行条例、规章的权限为：(1)全国人民代表大会有权改变或者撤销它的常务委员会制定的不适当的法律，有权撤销全国人民代表大会常务委员会批准的违背宪法和《立法法》第75条第二款规定的自治条例和单行条例；[1](2)全国人民代表大会常务委员会有权撤销同宪法和法律相抵触的行政法规，有权撤销同宪法、法律和行政法规相抵触的地方性法规，有权撤销省、自治区、直辖市的人民代表大会常务委员会批准的违背宪法和立法法第75条第二款规定的自治条例和单行条例；(3)国务院有权改变或者撤销不适当的部门规章和地方政府规章；(4)省、自治区、直辖市的人民代表大会有权改变或者撤销它的常务委员会制定的和批准的不适当的地方性法规；(5)地方人民代表大会常务委员会有权撤销本级人民政府制定的不适当的规章；(6)省、自治区的人民政府有权改变或者撤销下一级人民政府制定的不适当的规章；(7)授权机关有权撤销被授权机关制定的超越授权范围或者违背授权目的的法规，必要时可以撤销授权。

三、法律效力范围

法律效力范围也称法律的适用范围，是指法律对哪些人、在什么空间、时间范围内有效。一般认为，法律效力包括对人的效力、空间效力和时间效力三个方面。

（一）法律对人的效力

法律对人的效力，是指法律对哪些人具有拘束力，即法律对什么样的自然人和法人适用。

由于历史发展阶段和国情的不同，各国在法律对人的效力方面先后确立过不同的原则，主要有以下四种。

(1) 属人主义原则。一国的法律对具有本国国籍的公民和本国登记注册的法人适用，不论其是在本国领域内还是在本国领域外。在本国领域内的外国人，则不适用该国法。

(2) 属地主义原则。一国的法律对其主权管辖范围内的一切人均有效，包括本国人、外国人和无国籍人。本国人在本国领域外则不受约束。

(3)保护主义原则。任何人只要损害了一国的利益，不论损害者的国籍与所在地域，该国法律都对其有效。

(4) 以属地主义为基础，属人主义、保护主义为补充原则。这是近代以来大多数国家所采用的原则。我国的法律对人的效力方面也采用这一原则。

根据我国法律的规定，法律对人的效力包括两个方面。

---

〔1〕《立法法》第75条第二款为："自治条例和单行条例可以依照当地民族的特点，对法律和行政法规的规定作出变通规定，但不得违背法律或者行政法规的基本原则，不得对宪法和民族区域自治法的规定以及其他有关法律、行政法规专门就民族自治地方所作的规定作出变通规定。"

(1) 对中国人的法律效力。我国宪法和法律规定,我国法律适用于中国领域内的所有公民、国家机关、武装力量、政党、社团、企事业单位,法律面前人人平等。

中国人在中国领域外的法律适用问题比较复杂,原则上仍受中国法律的保护,并履行中国法律所规定的义务。但由于各国法律规定不同,既要尊重所在国司法主权,又要遵守国际条约或惯例,因而往往发生法律适用的冲突。对此,既要维护中国的主权,又要尊重他国主权,原则性与灵活性相结合协商解决。

(2) 对外国人的法律效力。根据国家主权原则,外国人在中国领域内,除法律另有规定者外,均适用中国法律,特别在刑事方面。我国《宪法》第 32 条规定:"中华人民共和国保护在中国境内的外国人的合法权利和利益,在中国境内的外国人必须遵守中华人民共和国的法律。"《民法典》第 12 条规定:"在中华人民共和国领域内的民事活动,适用中华人民共和国法律。法律另有规定的,依照其规定。"《民事诉讼法》第 259 条规定:"在中华人民共和国领域内进行涉外民事诉讼,适用本编规定。本编没有规定的,适用本法其他有关规定。"《刑事诉讼法》等法律也有类似的规定。需要指出的是,我国法律规定对于享有特权和豁免权的外国人犯罪应当追究刑事责任时,按照国际惯例通过外交途径解决。《国家赔偿法》第 40 条规定:"外国人、外国企业和组织在中华人民共和国领域内要求中华人民共和国国家赔偿的,适用本法。"

外国人在中国领域外适用中国法问题,主要在刑事方面。我国《刑法》第 8 条规定:"外国人在中华人民共和国领域外对中华人民共和国国家或者公民犯罪,而按本法规定的最低刑为 3 年以上有期徒刑的,可以适用本法,但是按照犯罪地的法律不受处罚的除外。"进行这样的规定,其目的是保护中国的国家利益,保障中国驻外工作人员、留学生、侨民的合法利益。

需要注意的是,法律对人的效力方面存在一些例外,如特殊身份者的例外、无行为能力者的例外等。如我国《宪法》第 74 条规定:"全国人民代表大会代表,非经全国人民代表大会会议主席团许可,在全国人民代表大会闭会期间非经全国人民代表大会常务委员会许可,不受逮捕或者刑事审判。"第 75 条规定:"全国人民代表大会代表在全国人民代表大会各种会议上的发言和表决,不受法律追究。"

(二) 法律的空间效力

法律的空间效力,是指法律生效的地域范围,即法律在哪些地方具有拘束力。根据国家主权原则,一国的法律在其主权管辖的全部领域有效,包括陆地、水域及其底土和领空。此外,还包括延伸意义上的领土,即本国驻外大使馆、领事馆,在本国领域外的本国船舶和飞行器。

对各个具体的法律来说,由于制定的机关和法律内容的不同,其空间效力有所不同。

法律的空间效力一般分为法律的域内效力和法律的域外效力两方面。

1. 法律的域内效力

法律的域内效力,指法律在本国主权管辖领域内的约束力问题,包括两种情况:①法律在全国范围内有效。宪法、全国人民代表大会及其常务委员会制定的法律、国务院制定的行政法规等,在全国范围内有效。②法律在国家局部区域有效。如中央国家机关制定的只限定在特定地区内生效的法,例如《民族区域自治法》《香港特别行政区基本法》《广东省经济特区条例》(由广东省人民代表大会通过、国务院提出并由1980年第五届全国人民代表大会常务委员会第十五次会议批准施行)等。省、自治区、直辖市及其他地方国家机关制定的地方性法规和民族区域自治地方的自治法规以及地方政府规章,如贵州省人民代表大会常务委员会《关于废止〈贵州省城市流浪乞讨人员收容遣送条例〉的决定》(2003)、西藏自治区人民代表大会常务委员会《西藏自治区地质环境管理条例》(2003)、《新疆维吾尔自治区流动人口服务和管理办法》(2011)、《成都市〈中华人民共和国献血法〉实施办法》(2011修订)、《湖南省现场救护条例》(2020)等。如《宁夏回族自治区眼角膜捐献条例》(2020年7月28日宁夏回族自治区第十二届人民代表大会常务委员会第二十一次会议通过,自2020年9月1日起施行)第2条规定:"本条例适用于自治区行政区域内眼角膜捐献的登记、接收、分配、使用及其管理活动。"地方性法规、民族区域自治地方的自治法规、地方政府规章只在这些法规的制定机关管辖范围内有效。我国《行政诉讼法》第63条就规定:"人民法院审理行政案件,以法律和行政法规、地方性法规为依据。地方性法规适用于本行政区域内发生的行政案件。人民法院审理民族自治地方的行政案件,并以该民族自治地方的自治条例和单行条例为依据。人民法院审理行政案件,参照规章。"

2. 法律的域外效力

法律的域外效力,指法律不仅在国内而且在本国主权管辖领域外有效。现代社会,国际经济贸易文化交流日益频繁,为了维护国家主权和利益,各国大多规定有些法律在一定条件下可以在本国领域外生效。如我国《刑法》第7条规定:"中华人民共和国公民在中华人民共和国领域外犯本法规定之罪的,适用本法,但是按本法规定的最高刑为3年以下有期徒刑的,可以不予追究。中华人民共和国国家工作人员和军人在中华人民共和国领域外犯本法规定之罪的,适用本法。"民事、经济等法律的效力,一般也及于我国领域外的中国公民、法人。

(三)法律的时间效力

法律的时间效力,是指法律何时生效和何时终止效力,以及法律对其颁布实施以前的行为和事件有无溯及力的问题。

1. 法律的生效时间

法律的生效时间,一般根据该法律的具体性质和实际需要来决定。通常有以下几种情况：①自法律公布之日起生效。如《全国人民代表大会关于修改〈中华人民共和国立法法〉的决定》由第十二届全国人民代表大会第三次会议于 2015 年 3 月 15 日通过并公布，自公布之日起施行。②由该法明文规定具体的生效时间。如 2020 年 6 月 20 日第十三届全国人民代表大会常务委员会第十九次会议通过的《公职人员政务处分法》第 68 条规定："本法自 2020 年 7 月 1 日起施行。"③规定法律公布后到达一定期限开始生效。如 1986 年 12 月通过的《企业破产法（试行）》第 43 条规定："本法自全民所有制工业企业法实施满三个月之日起试行。"而《全民所有制工业企业法》直到 1988 年 4 月才通过，其生效期为 1988 年 8 月 1 日。

2. 法律的终止效力

法律的终止效力，即法律被废止，绝对地失去其拘束力。一般分为明示的废止和默示的废止两种方式。

明示的废止，是在新法或其他法规中明文规定对旧法加以废止。这种终止法律效力的方式直接用语言文字明确表示，被称为"积极的表示方式"，是世界上大多数国家普遍采用的方式。如《民法典》第 1260 条规定："本法自 2021 年 1 月 1 日起施行。《中华人民共和国婚姻法》《中华人民共和国继承法》《中华人民共和国民法通则》《中华人民共和国收养法》《中华人民共和国担保法》《中华人民共和国合同法》《中华人民共和国物权法》《中华人民共和国侵权责任法》《中华人民共和国民法总则》同时废止。"

默示的废止，是在司法实践中确认旧法与新法规定相冲突时适用新法的原则，因而它实际上是废止旧法效力的一种法律效力终止方式。它不是以明确的语言文字来废止原有的法律。一般认为，只有立法机关所立新法客观上与原有的法律有矛盾，而立法时没有被发现的情况下，才采用"新法优于旧法""后法优于前法"的原则默示地废止原有法律。

法律的终止效力，一般有以下几种情况：①新法公布实施生效后，原有的相同内容的法律被废止而失去效力。如 2020 年 8 月 11 日第十三届全国人民代表大会常务委员会第二十一次会议通过的《契税法》第 16 条规定："本法自 2021 年 9 月 1 日起施行。1997 年 7 月 7 日国务院发布的《中华人民共和国契税暂行条例》同时废止。"《沈阳市绿化条例》（沈阳市第十四届人大常委会第二十三次会议于 2010 年 8 月 31 日通过，由辽宁省第十一届人大常委会第十九次会议于 2010 年 9 月 29 日批准，自 2010 年 12 月 1 日起施行）第 63 条规定："本条例自 2010 年 12 月 1 日起施行。《沈阳市城市绿化条例》同时废止。"②有权的国家机关颁布决定、命令等专门的法律文件，宣布某法律失效（废除）或修改其中某些条款（使旧条款失效）。如 2018 年 7 月 27 日浙江省第十三届人民代表大会常务委员会第四次会议通过的《浙江省人民代表大会常务委员会关于批准《宁波市人民代表大会常务委员会关于废止〈宁波市户外广告管理条例〉的决定》的决定》。③在法律中明文规定该法律的有效期限,期限届满时,该法律即自行终止效力;如国务院《北京奥运会及其筹备期间外国记者在华采访规定》第 9 条规定:"本规定自 2007 年 1 月 1 日起施行,2008 年 10 月 17 日自行废止。"④某些法律因其历史任务业已完成,其所依据的特定条件已消失或其所调整的社会关系不复存在而自然失效。如我国建国初期的有关土地改革、合作化等事项的法律,如 1956 年全国人大通过的《农业生产合作社示范章程》《高级农业生产合作社示范章程》等。

3. 法律溯及力

法律溯及力是指法律溯及既往的效力,即法律颁布施行后,对其生效前所发生的事件和行为是否适用的问题。如果适用,该法律就有溯及力;如果不适用,该法律就不具有溯及力。由于人们不可能根据尚未颁布实施的法律处理社会事务,因此近代以来各国的立法一般采用法不溯及既往的原则。如美国 1787 年《宪法》规定:"追溯既往的法律不得通过。"《法国民法典》规定:"法律仅仅适用于将来,没有溯及力。"但即使在现代刑法中,法律无溯及力也不是绝对的。刑法中确认法律有无溯及力一般有以下几种原则:从旧原则:新法没有溯及力;从新原则:新法有溯及力;从轻原则:比较新法与旧法,哪部法律对行为人的处罚较轻就按哪部法律处理;从新兼从轻原则:新法原则上有溯及力,但如果旧法的处罚较新法轻,就按旧法处理。从旧兼从轻原则:新法原则上没有溯及力,但如果新法不认为是犯罪或对行为人的处罚较轻时就适用新法。

现代各国刑法一般采用从旧兼从轻原则,我国也采用这一原则。我国《刑法》第 12 条规定:"中华人民共和国成立以后本法施行以前的行为,如果当时的法律不认为是犯罪的,适用当时的法律;如果当时的法律认为是犯罪的,依照本法总则第四章第八节的规定应当追诉的,按照当时的法律追究刑事责任,但是如果本法不认为是犯罪或者处刑较轻的,适用本法。"不过民事法律的规定有所不同,如我国《著作权法》第 60 条规定:"本法规定的著作权人和出版者、表演者、录音录像制作者、广播电台、电视台的权利,在本法施行之日尚未超过本法规定的保护期的,依照本法予以保护。"

程序法的溯及力问题,我国主流观点认为在新程序法生效时尚未处理的案件,应采用程序从新原则,依照新程序法来处理。另有不同观点认为,程序法的溯及力包含程序法的溯及保护力和溯及约束力两方面,涉及程序法的溯及保护力采用从新兼有利原则,而涉及程序法溯及约束力应采用从旧兼从轻原则。2012 年 12 月 24 日由最高人民法院审判委员会第 1564 次会议通过的《最高人民法院关于修改

后的民事诉讼法施行时未结案件适用法律若干问题的规定》(自 2013 年 1 月 1 日
起施行)兼采上述观点。这一规定的第 1 条明确规定:"2013 年 1 月 1 日未结案件
适用修改后的民事诉讼法,但本规定另有规定的除外。前款规定的案件,2013 年 1
月 1 日前依照修改前的民事诉讼法和有关司法解释的规定已经完成的程序事项,
仍然有效。"同时,该规定的第 4 条又规定:"在 2013 年 1 月 1 日未结案件中,人民
法院对 2013 年 1 月 1 日前发生的妨害民事诉讼行为尚未处理的,适用修改前的民
事诉讼法,但下列情形应当适用修改后的民事诉讼法:(一)修改后的民事诉讼法
第一百一十二条规定的情形;(二)修改后的民事诉讼法第一百一十三条规定情形
在 2013 年 1 月 1 日以后仍在进行的。"

《公司法》有无溯及力

　　上海良代有线电视有限公司成立于 2003 年 7 月,由陶某的父亲等 44 名股东
共同出资,由陶父担任法定代表人。2005 年 1 月陶父因病去世,工商登记载明陶
父生前持有良代公司 43.36%的股权。同年 5 月,陶父的所有继承人达成协议,明
确陶父遗产中所持的良代公司的股权,由陶某一人继承。陶某为此要求良代公司
将其父的股权变更至自己的名下。6 月,良代公司召开股东大会,形成不同意陶某
成为公司股东的决议。8 月,陶某欲将其继承的股权转让给案外人朱某,良代公司
也未同意。陶某为维护自己的合法权益,于 2006 年 1 月将良代公司告上法院,要
求良代公司按照相关法律规定,将自己记载于股东名册,并办理股东变更登记
手续。

　　一审法院作出了支持陶某诉讼请求的判决。良代公司不服提起上诉,称一审
判决适用法律错误,因陶某 2005 年 5 月向公司要求继承陶父的股东身份,当时的
公司法中并没有规定继承人可以继承死亡股东之股东身份。2006 年 1 月 1 日生效
的新公司法才作出了这一规定。良代公司认为,新法对既往发生的事件并没有溯
及力,一审法院机械地适用新公司法的规定是错误的。

　　上海市第二中级人民法院认为,本案涉及的继承行为发生于新修订的《中华人
民共和国公司法》施行之前,虽然修订前的公司法对自然人股东资格是否可继承的
问题没有明确规定,其他法律法规和司法解释对此问题也未进行规范,但根据《最
高人民法院关于适用〈中华人民共和国公司法〉若干问题的规定(一)》第 2 条的规
定:"因公司法实施前有关民事行为或者事件发生纠纷起诉到人民法院的,如当时
的法律法规和司法解释没有明确规定时,可参照适用公司法的有关规定。"因此,一
审法院适用现行公司法的有关规定,并无不当。[1]

---

　　[1] 李品才:《法律都是没有溯及力的吗? 有特殊规定的应除外》,新华网,2006-11-07。

　　我国《立法法》第 93 条规定：“法律、行政法规、地方性法规、自治条例和单行条例、规章不溯及既往，但为了更好地保护公民、法人和其他组织的权利和利益而作的特别规定除外。”这清楚地表明，法律的溯及力是从保护公民、法人和其他组织的权利和利益即有利公民、法人和其他组织的立场考虑的，防止政府权力的滥用和扩张。无论是法不溯及既往，还是法律的有限溯及，都是以保障和维护公民、法人和其他组织的权利和利益为核心的，要保护民众的既得权，保障民众的权利。同时，规定法不溯及既往也是法律安定性的要求，有利于维护法律尊严。

第六章 法律关系

第一节 法律关系概述

法律关系是根据法律规范产生的、以主体之间的法律权利与法律义务形式表现出来的特殊的社会关系。

在历史上，直到 19 世纪，法律关系才作为一个专门的概念而存在。在法学上，德国法学家卡尔·冯·萨维尼于 1839 年、1840 年第一次对法律关系（Rechtsverhaltnis）作了理论阐述。此后，德国学说汇纂派著名代表温德萨伊德（Bernhard Windscheid，一译"温德雪德"）的《学说汇纂教程》、法学家诺易纳（Neuner）的《私法关系的本质与种类》、彭夏尔特（Puntschart）的《基本的法律关系》、比尔林（Ernst Rudolf Bierling）的《法律原理论》等著作对法律关系进行了专门的研究。在英美国家，19 世纪法学家特利（Terry）在其出版的《英美法的指导原则》（1884）一书中最早论及"义务及其相应的权利"问题。1913 年，美国法学家霍菲尔德（W. N. Hohfeld，1879—1918）在《司法推理中适用的基本法律概念》中从逻辑角度对"权利—义务关系"（right-duty）、"特权—无权利关系"（privilege-no-right）、"权力—责任关系"（power-liability）、"豁免—无能力关系"（immunity-disability）作了分析和论证。[1] 1927 年，美国西北大学教授 A.考库雷克（Albert Kocourek）出版《法律关系》（*Jural Relations*）一书，分 20 章系统探讨了法律关系的一般理论。由此，法律关系就成为法理学的专门理论问题之一。

一般认为，法律关系具有如下特征。

（一）法律关系是一种思想社会关系

法律关系是根据法律规范建立的，而法律规范是国家意志的体现，因此法律关系像法律规范一样必然体现国家的意志。

但法律关系毕竟不同于法律规范，它是现实的、特定的法律主体所参与的具体

---

[1] 林孝文、金若山在《从法律概念中探寻法律关系——霍菲尔德法律关系理论研究》（湘潭大学学报（哲学社会科学版），2013 年第 4 期）文中指出，霍菲尔德从八个基本法律概念（权利、义务、特权、无权利、权力、责任、豁免、无能力）入手，重新构建了法律关系理论。他认为这八个法律基本概念作为一个整体，既可以从"相反关系"，也可以从"相关关系"进行分析。当把这个整体拆开时，就会发现权利、义务、特权、无能力是"针对行为的法律关系"；权力、责任、豁免、无能力则是"针对法律关系的法律关系"。详可参见霍菲尔德的《基本法律概念》，张书友译，中国法制出版社，2009。

社会关系。因此,特定法律主体的意志对于法律关系的建立与实现也有一定的作用。有些法律关系的产生,不仅要通过法律规范所体现的国家意志,而且要通过法律关系参加者的个人意志表示一致(如多数民事法律关系)。也有很多法律关系的产生,并不需要这种意志表示。例如,行政法律关系,往往基于行政命令而产生。总之,每一具体的法律关系的产生、变更和消灭是否要通过它的参加者的意志表示,呈现出复杂的情况,不可一概而论。

(二) 法律关系是以法律规范为前提而形成的社会关系

一个未纳入法律调整范围内的社会关系不是法律关系。法律关系是根据法律规范建立的一种社会关系,这是因为:第一,法律规范是法律关系产生的前提。如果没有相应的法律规范的存在,就不可能产生法律关系。第二,法律关系不同于法律规范调整或保护的社会关系本身。社会关系是一个庞大的体系,其中有些领域是法律所调整的,也有些是不属于法律调整或法律不宜调整的(如友谊关系、爱情关系、政党社团的内部关系),还有些是法律所保护的对象,这些被保护的社会关系不属于法律关系本身(如刑法所保护的关系不等于刑事法律关系)。即使那些受法律法规调整的社会关系,也并不能完全视为法律关系。例如,民事关系(财产关系和身份关系)也只有经过民法的调整(即立法、执法和守法的运行机制)之后,才具有了法律的性质,成为一类法律关系(民事法律关系)。第三,法律关系是法律规范的实现形式,是法律规范的内容(行为模式及其后果)在现实社会生活中得到具体地贯彻。换言之,人们按照法律规范的要求行使权利、履行义务并由此而发生特定的法律上的联系,这既是一种法律关系,也是法律规范的实现状态。在此意义上,法律关系是人与人之间的合法(符合法律规范的)关系。这是它与其他社会关系的根本区别。

无效的民事行为不消灭法律关系

朱菊凤与王洪庆于 2001 年 1 月 10 日登记结婚,同年 10 月 17 日生育一女。2001 年 11 月,朱菊凤患精神分裂症,自 2001 年 11 月 27 日起,朱菊凤的父母多次带其检查治疗,但未能治愈。2004 年 12 月 27 日,朱菊凤与王洪庆到婚姻登记部门填写了离婚登记申请书,双方订立了离婚协议书。同日,江苏省句容市民政局向朱菊凤、王洪庆颁发了离婚证。朱菊凤的父母得知后即向王洪庆提出异议。2005 年 1 月 7 日朱菊凤的法定代理人朱美柏、王道兰代向法院起诉,要求宣告朱菊凤与王洪庆的离婚无效。在此案的审理过程中,经原告方申请,法院委托了镇江市第四人民医院法医精神病鉴定所进行司法鉴定。镇江市第四人民医院法医精神病鉴定所于 2005 年 2 月 1 日作出精神疾病司法鉴定书,认为朱菊凤有明确的精神病史,无自知力,其患有精神分裂症,辨认和控制能力受损,对在离婚协议上签字这一行为缺乏实质性辨认能力,结论为精神分裂症,无行为能力。

江苏省句容市人民法院经审理认为,朱菊凤患精神分裂症已多年且未治愈,经鉴定为精神分裂症,属无民事行为能力人,在与王洪庆办理离婚手续时缺乏辨认能力,因此,依法应当认定朱菊凤与王洪庆的离婚无效。该无效的民事行为从行为开始就没有法律约束力。原告的请求符合法律规定,依法应予支持。据此,依照《民法通则》第 58 条第一款第(一)项、最高人民法院《关于贯彻执行〈中华人民共和国民法通则〉若干问题的意见》(试行)第 20 条、民事诉讼法第 128 条之规定,判决如下:原告朱菊凤与被告王洪庆于 2004 年 12 月 27 日的离婚无效。一审判决后,原、被告双方均未提起上诉。[1]

无效的民事行为没有法律约束力。确立"法律关系是合法的社会关系"这一观点,在法律实践中是具有重要意义的。在社会生活中,往往存在着大量的事实关系,如同居关系、未经认可的收养关系、以规避法律为目的的契约关系、无效或失效的合同关系等。这些事实关系,都不能看作是法律关系,但又可能与法律的适用相关联,是法律适用过程中必须认真处理的一类法律事实。

(三)法律关系是特定法律关系主体之间的权利和义务关系

法律关系是法律关系当事人之间具有权利、义务内容的关系,它是法律规范"指示"(行为模式,法律权利和义务)的规定在事实社会关系中的体现。没有特定法律关系主体的实际法律权利和法律义务,就不可能有法律关系的存在。因此,法律权利和义务的内容是法律关系区别于其他社会关系(如社团组织内部的关系)的重要标志。

(四)法律关系是以国家强制力作为保障手段的社会关系

法律关系需要国家强制力的保障,但法律关系受到破坏时,国家强制力是否立即发挥作用,则视法律关系的性质,即法律关系依据强行性规范还是任意性规范形成而定。[2]

---

[1] 张巧林:《法院应宣告有瑕疵的协议离婚无效》,《人民法院报》,2007-01-10。
[2] 律师资格考试、国家司法考试、国家统一法律职业资格考试常有题目考核法律关系,如 1998 年卷一第 69 题为多项选择题:"下列哪些情况不属于法律关系的范畴? A. 限制行为能力人之间的法律权利和义务关系;B. 奴隶主对奴隶之占有使用关系;C. 政党社团章程所规定的权利义务关系;D. 无效的合同关系。"参考答案为 C、D 项。

第二节 法律关系的分类

在法学上,由于根据标准和认识的角度不同,可以对法律关系作不同的分类。主要的有下列这样一些分类。

一、纵向(隶属)的法律关系和横向(平权)的法律关系

按照法律主体在法律关系中的地位不同,可以分为纵向(隶属)的法律关系和横向(平权)的法律关系。纵向(隶属)的法律关系是指在不平等的法律主体之间所建立的权力服从关系。其特点:①法律主体处于不平等的地位。如亲权关系中的家长与子女,行政管理关系中的上级机关与下级机关,在法律地位上有管理与被管理、命令与服从、监督与被监督诸方面的差别。②法律主体之间的权利与义务具有强制性,既不能随意转让,也不能任意放弃。与此不同,横向法律关系是指平权法律主体之间的权利义务关系,如民事财产关系、民事诉讼之原、被告关系等。其特点在于,法律主体的地位是平等的,权利和义务的内容具有一定程度的任意性。

二、调整性法律关系和保护性法律关系

按照法律关系产生的依据、执行的职能和实现规范的内容不同,可以分为调整性法律关系和保护性法律关系。调整性法律关系是基于人们的合法行为而产生的、执行法律的调整职能的法律关系,它所实现的是法律规范的行为规范(指示)的内容。调整性法律关系不需要运用法律制裁,法律主体之间即能够依法行使权利、履行义务,如各种依法建立的民事法律关系、行政合同关系等。

保护性法律关系是由于违法行为而产生的、旨在恢复被破坏的权利和秩序的法律关系,它执行着法律的保护职能,所实现的是法律规范的保护规范(否定性法律后果)的内容,是法律实现的非正常形式。它的典型特征是一方主体(国家)适用法律制裁,另一方主体(通常是违法者)必须接受这种制裁,如刑事法律关系。

三、单向法律关系、双向法律关系和多向法律关系

按照法律主体的多少及其权利义务是否一致为根据,可以将法律关系分为单向法律关系、双向法律关系和多向法律关系。所谓单向法律关系,是指权利人仅享有权利,义务人仅履行义务,两者之间不存在相反联系的法律关系,如借贷关系。单向法律关系是法律关系中最基本的构成种类。其实,一切法律关系均可分解为单向的权利义务关系。

双向法律关系,是指在特定的双方法律主体之间,存在着两个密不可分的单向权利义务关系,其中一方主体的权利对应另一方的义务,反之亦然。例如,买卖法律关系就包含着这样两个相互联系的单向法律关系。

而多向法律关系,是三个或三个以上相关法律关系的复合体,其中既包括单向法律关系,也包括双向法律关系,例如,行政法中的人事调动关系,至少包含三方面的法律关系,即调出单位与调入单位之间的关系,调出单位与被调动者之间的关系,调入单位与被调动者之间的关系,这三种法律关系相互关联、互为条件、缺一不可。

四、第一性法律关系(主法律关系)和第二性法律关系(从法律关系)

按照相关的法律关系作用和地位的不同,可以分为第一性法律关系(主法律关系)和第二性法律关系(从法律关系)。第一性法律关系(主法律关系),是人们之间依法建立的不依赖其他法律关系而独立存在的或在多向法律关系中居于支配地位的法律关系;由此而产生的、居于从属地位的法律关系,就是第二性法律关系或从法律关系。一切相关的法律关系均有主次之分,例如,在调整性和保护性法律关系中,调整性法律关系是第一性法律关系(主法律关系),保护性法律关系是第二性法律关系(从法律关系);在实体和程序法律关系中,实体法律关系是第一性法律关系(主法律关系),程序法律关系是第二性法律关系(从法律关系)等。

此外,法律关系还有一般法律关系、具体法律关系,绝对法律关系、相对法律关系,属人性的法律关系、属物性的法律关系,行为性的法律关系、财产性的法律关系,长期的法律关系、短期的法律关系等的区分。[1]

---

〔1〕 法律关系的分类研究,是一个复杂的认识过程,各种法律关系往往是相互交错、相互联系的,有时很难把它们严格地划分开来,而只能相对地、静止地从理论形态上加以区分,绝不能将它们绝对化、固定化。参见董国声、高云超:《论我国法律关系的分类》,《法律科学》,1990(4)。

第三节　法律关系的构成要素

法律关系一般由法律关系主体、法律关系客体、法律关系内容等构成。

一、法律关系主体

（一）法律关系主体的含义和种类

法律关系主体又称权利主体、义务主体，即法律关系的参加者，为法律关系中权利的享受者和义务的承担者。在现实社会生活中法律关系主体是多种多样的。从理论上讲，凡是能够参与一定的法律关系的任何人和组织，都可以是法律关系主体。在每一具体的法律关系中，主体的多少各不相同，但大体上都归属于相对应的双方：一方是权利的享有者，称为权利人；另一方是义务的承担者，称为义务人。

在中国，根据各种法律的规定，能够参与法律关系的主体包括以下几类。

1. 公民（自然人）

公民是指有生命的、具有法律人格的人，是最基本的法律关系主体，包括本国公民、外国人、无国籍人。具有中华人民共和国国籍的中国公民，是多种法律关系的参加者，公民与公民之间，公民与社会团体、企事业组织、国家机关以及国家之间可以发生多种形式的法律关系。在我国，还有一类由公民集合的特定主体（如个体户、农户、个人合伙等），可以参与一定范围的法律关系。外国侨民和无国籍人，参与法律关系的范围是有限制的，以我国有关法律以及中国与有关国家签订的条约为依据。

需要注意公民（自然人）在具体法律关系如婚约财产纠纷中的法律关系主体问题。

婚约财产纠纷主体

婚约财产纠纷是指以结婚为目的的男女双方在婚约关系存在期间因维持该关系而产生的财产纠纷。实践中，给付人和接受人不一定是订立婚约关系的男女双方，因此，对何人能作为原告主张权利，何人能作为被告承担义务认识不一。有人认为，婚约关系就是订婚男女双方之间的关系，因此，婚约财产产生纠纷的当事人应是男女双方而不应是其他人。这一观点不能成立。

这类案件的主体不应限于男女双方，原因是：就给付人而言，有时给付人是男方本人,有时给付人是男方父母或其他近亲属;就接受人而言,有时接受人是女方本人,有时接受人是女方父母或近亲属。从彩礼的来源看,有些是男方本人打工所挣,有些是全家共同财产,有些是全家共同举债。由此看来,给付彩礼的问题,并不单单是男女双方当事人的事情,它往往涉及双方的家庭关系。

基于此,在处理婚约财产纠纷案件确定原告时应注意的是:当给付的彩礼是来源于男方本人劳动收入或者其他合法收入时,纠纷发生后,原告只能是男方本人,其父母或其他近亲属均无权提起诉讼;当给付的彩礼来源于男方全家共同财产时,男方及其父母均可作为原告提起诉讼。确定被告时应注意的是,给付方在给付彩礼时已明确说明给付女方或其父母而女方或者其父母接受的,应将女方或者其父母列为被告;当给付方给付彩礼时,女方或其父母均在场,而给付人也没有明确表示彩礼是给付谁的,发生纠纷后,如果女方及其父母相互推诿的,可将女方及其父母作为共同被告。[1]

2. 机构和组织(法人)

机构和组织为团体人。在法律上被认为具有法律人格、能享受权利、承担义务的除自然人以外的任何实体,分法人团体和非法人团体。这主要包括三类:一是各种国家机关(立法机关、行政机关和司法机关等);二是各种企事业组织和在中国境内设立的中外合资经营企业、中外合作经营企业和外资企业;三是各政党和社会团体。这些机构和组织主体,在法学上可以笼统地称之为"法人"。其中既包括公法人(参与宪法关系、行政法律关系、刑事法律关系的各机关、组织),也包括私法人(参与民事或商事法律关系的机关、组织,如营利法人、非营利法人、特别法人等)。我国的国家机关和组织,可以是公法人,也可以是私法人,依其所参与的法律关系的性质而定。

3. 国家

在特殊情况下,国家可以作为一个整体成为法律关系主体。例如,国家作为主权者是国际公法关系的主体,可以成为对外贸易关系中的债权人或债务人。在国内法上,国家作为法律关系主体的地位比较特殊,既不同于一般公民,也不同于法人。国家可以直接以自己的名义参与国内的法律关系(如发行国库券),但在多数

---

〔1〕 孙明放:《婚约财产纠纷主体不限于男女双方》,《人民法院报》,2007-01-08。

情况下则由国家机关或授权的组织作为代表参加法律关系。[1]

---

[1] 关于动物能否成为法律关系主体问题,可参见高利红:《法律地位的本质——以动物为考察对象》,载《民商法论丛》32卷,北京,法律出版社,2005;高利红:《动物的法律地位研究》,北京,中国政法大学出版社,2005。高利红认为,主体概念已经成为法律对动物进行充分保护的主要障碍。由于主体的范围不包括动物,动物作为法律上的物,只是主体用以满足自己需要的手段,这直接导致了动物实际处境的悲惨状况。目前动物作为法律上客体的地位,是人类的利益在法律中极度扩张的结果,同时也是动物的利益被完全剥夺的原因。事实上,人类法律的主体观存在很大的理论漏洞,逻辑上也不周全。一旦我们认识到动物具有自己独立的利益,而且动物的利益又是不可剥夺的,法律主体的范围就应该扩大到动物,使动物从法律上的物上升为法律主体。动物拥有与人类一样的感情、语言、社会性、行为规则,在生物学上也与人类有着割不断的连续性。人类论证自己成为主体的理由,动物也都具备,因此,动物必须成为法律主体,而不是客体。

美国第一个以濒危物种作为共同原告的案件为帕里拉鸟诉夏威夷土地与自然资源部案。在本案中,原告们认为被告为了运动打猎的目的,在帕里拉鸟的关键性栖息地放养野生绵羊和山羊的行为违反了《濒危物种法》的规定。这些野生绵羊和山羊会吃树皮、小树苗和种子,阻止了森林的再生,破坏了帕里拉鸟的关键性栖息地。原告方要求被告清除该片森林里所有的野生绵羊和山羊。被告否认自己的行为"危害"(take)了帕里拉鸟的关键性栖息地。但法院最后认定被告的行为构成了"危害"。判决原告胜诉。但是在本案中,被告并没有对帕里拉鸟的诉讼资格提出质疑,法院也没有对这个问题发表意见。

无论是持动物完全法律人格论者,或是持动物限制法律人格论者,在论证上无一例外地援引《德国民法典》的修改作为主要的论据。德国于1990年8月20日以名为"关于在民事法律中改善动物的法律地位的法律修正案",在民法典中增加了三个条文,尤其是新增的第90a条"动物"规定:"动物不是物。它们由特别法加以保护。除另有其他规定外,对动物准用有关物的规定。"这一修改,被一些学者认为是动物由权利客体上升为权利主体的立法实例而加以引证,并认为这代表着最新的立法动态,代表着人类对动物态度的转变在法律上的体现。

2014年12月中旬,阿根廷一家法院判决一只苏门答腊猩猩属于"非人类的人"(Non-Human's Person)拥有法律上的自由权。2014年11月,阿根廷动物权利职业律师协会代表位于布宜诺斯艾利斯一家动物园中名叫桑德拉的红毛猩猩提交了一份人身保护令,认为桑德拉遭受了"对具有感知能力的动物不合理的限制"。这种感知能力包括对时间、自我意识、情感关系,以及在动物园中被限制20年所受挫折的感知。由于具备这些感知能力,律师主张桑德拉应被认定是"人"而非"物"。作为一个非人类的人,她已经被非法地剥夺了自由。桑德拉1986年出生在德国的一家动物园,出生时就处于被关状态。20年前1994年被转移至阿根廷。法院裁定其应该享有"非人类人"所应有的基本权利。参见黄斌:"阿根廷法院判决猩猩是'非人类的人'",《人民法院报》,2015-01-30。

动物权利的概念,出自一本1892年出版影响颇广的英国社会改革家亨利·斯蒂芬斯·索特(Henry Salt)著的《动物的权利:与社会进步的关系》;当代动物权利主义的概念由S.Godlovitch,R. Godlovitch和J. Harris在1971年合著的《动物、人和道德》中被重新提出。

关于动物福利、动物权利问题,可参见[澳]彼得·辛格的《动物解放》(祖述宪译,青岛,青岛出版社,2004;北京,中信出版社,2018)。该书历数人类在动物实验、工厂化养殖等活动中折磨动物的种种"恶行",讨论了按照伦理学的原则人类应当怎样对待动物,呼吁人们摆脱千百年来"物种歧视"的陈旧观念。该书主要是从功利主义的立场出发,强调既然动物也有感觉,就不该受到折磨。《动物解放》导致了世界范围内的"动物解放运动"的兴起,并在观念上给予人们以巨大的冲击,"动物解放"理论已成为当今环境伦理学的重要流派之一。辛格的《动物解放》有"动物保护运动的《圣经》"之称。另可参见[澳]彼得·辛格、[美]汤姆·雷根的《动物权利与人类义务(第2版)》(曾建平等译,北京,北京大学出版社,2010)。

在动物权利方面,不少学者主张动物要享有精神上的基本"人"权,这值得进一步关注。由澳洲学者彼得·辛格(Peter Singer)建立、基地位于美国西雅图的"泛类人猿计划",正在争取美国政府采纳其所提出的《泛人猿宣言》。这份宣言呼吁赋予一个由大猩猩、猩猩以及两个亚种的黑猩猩组成的"平等群落"以三项基本权利:生存权、个体自由权和免受折磨权。

动物权利者提出所有(或者至少某些)动物应当享有支配自己生活的权利;动物应当享有一定的精神上的权利;动物的基本权利应当受法律保障。如汤姆·睿根(Tom Regan)在著作《动物权利状况》和《空空的牢笼》中,从传统的自由权利的观点出发,认为动物是有自觉意识的生命主体,具有不被奴役的自由权利。将人类以外的动物看作"生命的载体",赋有与人类同样的权利,尽管这种权利未必要与人类的在程度上完全一致。弗兰西恩(Gary Francione)在《动物权利导言:孩子与狗之间》(张守东、刘耳译,北京,中国政法大学出版社,2005)中指出,如果动物被当作财货,那么任何赋权于动物的行为都将直接被这种所有权状况损害;如果不能获得与人同等的地位,动物什么权利都谈不上;只有动物在法律上不再是人的财产时,平等考虑原则才能生效,动物的权利保护才不至于成为一句空话。

（二）法律关系主体的权利能力和行为能力

公民和法人要能够成为法律关系的主体,享有权利和承担义务,就必须具有权利能力和行为能力,即具有法律关系主体构成的资格。

1. 权利能力

权利能力,又称权义能力(权利义务能力),是权利主体依法享有权利和承担义务的能力。它是法律关系主体实际取得权利、承担义务的前提条件。

公民的权利能力可以从不同角度进行分类。首先,根据享有权利能力的主体范围不同,可以分为一般权利能力和特殊权利能力。前者又称基本的权利能力,是一国所有公民均具有的权利能力,它是任何人取得公民法律资格的基本条件,不能被任意剥夺或解除。后者是公民在特定条件下具有的法律资格。这种资格并不是每个公民都可以享有,而只授予某些特定的法律主体。如国家机关及其工作人员行使职权的资格,就是特殊的权利能力。其次,按照法律部门的不同,可以分为民事权利能力、政治权利能力、行政权利能力、劳动权利能力、诉讼权利能力等。这其中既有一般权利能力(如民事权利能力),也有特殊权利能力(如政治权利能力、劳动权利能力)。

法人的权利能力没有上述的类别,所以与公民的权利能力不同。一般而言,法人的权利能力自法人成立时产生,至法人解体时消灭。其范围是由法人成立的宗旨和业务范围决定的。

法律关系主体的权利是特定的、实有的、个别化的,因而法律关系主体的权利和权利能力就是两个不同的概念,它们既有联系也有区别。两者的联系表现在:权利以权利能力为前提,是权利能力这一法律资格在法律关系中的具体反映。两者的区别是:第一,任何人具有权利能力,并不必然表明他可以参与某种法律关系,而要能够参与法律关系,就必须要有具体的权利。第二,权利能力包括享有权利和承担义务这两方面的法律资格,而权利本身不包括义务在内。

2. 行为能力

行为能力是指法律规定的法律关系参加者能够以自己的行为享有权利和承担义务的能力。

公民的行为能力与公民的智力、体力状况相适应。确定公民有无行为能力,其标准有二:一是能否认识自己行为的性质、意义和后果;二是能否控制自己的行为并对自己的行为负责。因此,公民是否达到一定年龄、神智是否正常,就成为公民享有行为能力的标志。例如,婴幼儿、精神病患者,因为他们不可能预见自己行为的后果,所以在法律上不能赋予其行为能力。在这里,公民的行为能力不同于其权利能力。具有行为能力必须首先具有权利能力,但具有权利能力,并不必然具有行为能力。这表明,在每个公民的法律关系主体资格构成中,这两种能力可能是统一的,也可能是分离的。

公民的行为能力问题,是由法律予以规定的。世界各国的法律,一般都把本国公民划分为完全行为能力人、限制行为能力人和无行为能力人。①完全行为能力人。这是指达到一定法定年龄、智力健全、能够对自己的行为负完全责任的自然人(公民)。例如,根据我国《民法典》的规定,18周岁以上的公民是成年人,具有完全的民事行为能力,可以独立进行民事活动,是完全民事行为能力人。16周岁以上的未成年人,以自己的劳动收入为主要生活来源的,视为完全民事行为能力人。②限制行为能力人。这是指行为能力受到一定限制,只具有部分行为能力的公民。例如,我国《民法典》规定,8周岁以上的未成年人、不能完全辨认自己行为的精神病人,是限制行为能力人。我国《刑法》将已满12周岁不满16周岁的公民视为限制行为能力人(不完全的刑事责任能力人)。③无行为能力人。这是指完全不能以自己的行为行使权利、履行义务的公民。在民法上,不满8周岁的未成年人、完全的精神病人是无行为能力人。在我国刑法上,不满12周岁的未成年人和精神病人,也被视为无刑事责任能力人。

关于公民的行为能力问题,我国《民法典》对公民的民事行为能力作出了比较详细的规定,一般都以公民的年龄、智力、精神健康状况等静态的参考因素作为判断标准,但我们还应运用运动变化的观点来对具体的人具体的行为加以分析。对一个特定的人来讲,在正常情况下,发生突然变化时,对其行为能力是否有影响呢?这是完全可能的,如突然发生地震灾害、飞机失事等情况下,由于人的大脑受到突如其来的外部恶劣环境的冲击,会造成短时间的智力失常,导致判断错误。而一旦当人从惊恐中清醒过来时,他的各方面生理表现又会归于正常,对这样的情况我们不能用简单的方法来判断其民事行为能力,而应针对具体情况作出分析。对于这种情况,我国《民法典》未作规定,比照法律规定的标准,在特定情况下其应为无民事行为能力人。

实践中,对精神病人的行为能力的认定,区分是无行为能力人还是限制行为能力人的关键在于,如何确定该精神病人对自己行为的辨认程度,是"不能辨认"还是"不能完全辨认"。一般认为,精神病人包括痴呆病人,如果没有判断能力和自我保护能力,不识其行为后果的,可以认定为是不能辨认自己行为的人,即无行为能力人。如果是对比较复杂的事物或者比较重大的行为缺乏判断能力和自我保护能力,并且不能预见其行为后果的,则可以认定为是不能完全辨认自己行为的人,即限制行为能力人。

法人、其他社会组织也具有行为能力,但与公民的行为能力不同。表现在:第一,公民的行为能力有完全与不完全之分,而法人的行为能力总是有限的,由其成立宗旨和业务范围所决定。第二,公民的行为能力和权利能力并不是同时存在的。也就是说,公民具有权利能力却不一定同时具有行为能力,公民丧失行为能力也并不意味着丧失权利能力。与此不同,法人的行为能力和权利能力是同时产生和同时消灭的。法人一经依法成立,就同时具有权利能力和行为能力,法人一经依法撤销,其权利能力和行为能力也就同时消灭。

我们应该注意到权利能力与行为能力之间的关系:权利能力是行为能力的基础,没有权利能力一般无行为能力,有权利能力不一定有行为能力;行为能力是自我实现权利的条件,没有行为能力就不能自主实现权利。

二、法律关系的客体

(一)法律关系客体的含义

法律关系客体是法律关系主体的权利和义务所指向的对象。法律关系客体是独立于人的意识之外,并能为人的意识所感知和人的行为所支配的客观世界中的各种各样的现象;它能够满足主体的物质利益和精神需要,是满足权利人的各种各样的物质的和非物质的财富,得到法律规范的确认和保护。同时,法律关系客体的范围受到一定生产力发展水平和社会历史条件的制约。

法律关系客体是一定利益的法律形式。任何外在的客体,一旦它承载某种利益价值,就可能会成为法律关系客体。法律关系建立的目的,总是为了保护某种利益、获取某种利益,或分配、转移某种利益。所以,实质上,客体所承载的利益本身才是法律权利和法律义务联系的中介。这些利益,从表现形态上可以分为物质利益和精神利益、有形利益和无形利益、直接利益和间接利益(潜在利益);从享有主体的角度,利益可分为国家利益、社会利益和个人利益等。

(二)法律关系客体的种类

法律关系客体是一个历史的概念,随着社会历史的不断发展,其范围和形式、类型也在不断地变化着。总体看来,由于权利和义务类型的不断丰富,法律关系客体的范围和种类有不断扩大和增多的趋势。归纳起来,有以下几类。

1. 物

法律意义上的物是指法律规定的被人类认识和控制、有用的财富。它可以是天然物,也可以是生产物;可以是活动物,也可以是不活动物。作为法律关系客体的物与物理意义上的物既有联系,又有不同,它不仅具有物理属性,而且应具有法律属性。物理意义上的物要成法律关系客体,须具备以下条件:第一,应得到法律之认可。第二,应为人类所认识和控制。不可认识和控制之物(如地球以外的天体)不能成为法律关系客体。第三,能够给人们带来某种物质利益,具有经济价值。

第四,须具有独立性。不可分离之物(如道路上的沥青、桥梁之构造物、房屋之门窗)一般不能脱离主物,故不能单独作为法律关系客体存在。至于哪些物可以作为法律关系的客体或可以作为哪些法律关系的客体,应由法律予以具体规定。在我国,大部分天然物和生产物可以成为法律关系的客体。

2. 行为

在很多法律关系中,其主体的权利和义务所指向的对象是行为。作为法律关系客体的行为是特定的,即义务人完成其行为所产生的能够满足权利人利益要求的结果。这种行为一般产生两种结果:一种是物化结果,即义务人的行为(劳动)凝结于一定的物体,产生一定的物化产品或营建物(房屋、道路、桥梁等);另一种是非物化结果,即义务人的行为没有转化为物化实体,而仅表现为一定的行为过程,直至终了,最后产生权利人所期望的结果(或效果)。例如,权利人在义务人完成一定行为后,得到了某种精神享受或物质享受,增长了知识和能力等。在此意义上,作为法律关系客体的行为结果不完全等同于义务人的义务,但又与义务人履行义务的过程紧密相关联。义务正是根据权利人对这一行为结果的要求而设定的。

3. 精神产品(非物质财富)

西方学者称之为"无体(形)物"。我国法学界常称为"智力成果"或"无体财产"。精神产品(非物质财富)应作扩大理解,包括国家、社会和个人的经济政治精神文化财富,平等、安全、所有制、健康、人的精神利益,智力活动所取得的成果即科学著作、发明发现,数据、网络虚拟财产等。[1]在法律规定的情况下,法律权利也可成为法律关系的客体。

4. 人身利益

人身是由各个生理器官组成的生理整体(有机体),它是人的物质形态,也是人的精神利益的体现,包括公民、法人的姓名权、名称权;公民的肖像权、名誉权、人身权、人格权等。人身利益是刑事法律关系等许多法律关系的客体。在现代社会,随着现代科技和医学的发展,使得输血、植皮、器官移植、精子提取等现象大量出现;由此也产生了此类交易活动及其契约,带来了一系列法律问题。这样,人身利益成为法律关系的客体更为复杂了。须注意的是:第一,活人的(整个)身体,不得视为法律上之"物",不能作为物权、债权和继承权的客体,禁止任何人(包括本人)将整个身体作为"物"参与有偿的经济法律活动,不得转让或买卖。贩卖或拐卖人口,买

---

〔1〕 需要指出的是,现有的法律关系概念主要从私法角度进行讨论,尤其是法律关系的客体方面存在这方面问题。我们需要进行全面的理解、扩张的理解,将宪法、刑法等方面的国家主权、领土完整和安全、国家利益、社会秩序、公共利益等列为客体。

卖婚姻,是法律所禁止的违法或犯罪行为,应受法律的制裁。第二,权利人对自己的人身不得进行违法或有伤风化的活动,不得滥用人身,或自践人身和人格。例如,卖淫、自杀、自残行为属违法行为或至少是法律所不提倡的行为。第三,对人身行使权利时必须依法进行,不得超出法律授权的界限,严禁对他人人身非法强行行使权利。例如,有监护权的父母不得虐待未成年子女的人身。

法律关系客体是一个历史的概念,随着社会历史的不断发展,其范围和形式、类型也在不断地变化着。总体看来,由于权利和义务类型的不断丰富,法律关系客体的范围和种类有不断扩大和增多的趋势。这一变化过程与人们对法律的应然状态和法律理想的认识有关;法律关系客体的范围和种类由法律规定,而立法者的主观认识和价值标准对于法律确定法律关系客体有直接关系。

在理解法律关系客体问题时,还必须看到,实际的法律关系有多种多样,而多种多样的法律关系就有多种多样的客体,即使在同一法律关系中也有可能存在两个或两个以上的客体。在分析多向(复合)法律关系客体时,我们应当把这一法律关系分解成若干个单向法律关系,然后再逐一寻找它们的客体。多向(复合)法律关系之内的诸单向关系有主次之分,因此其客体也有主次之分。其中,主要客体决定着次要客体;次要客体补充说明主要客体。它们在多向(复合)法律关系中都是不可缺少的构成要素。

三、法律关系的内容

(一)法律关系主体的法律权利和法律义务

法律关系的内容就是法律关系主体之间的法律权利和法律义务。它是法律规范的内容在实际的社会生活中的具体落实,是法律规范在社会关系中实现的一种状态。[1]

法律权利和法律义务是法学的基本范畴,是法律的核心内容,也是法律关系的内容。法律的制定、实施都是与法律权利和法律义务密切联系、不可分割的,围绕法律权利和法律义务而展开的。

对法律权利的理解主要有资格说、主张说、自由说、利益说、法力说、可能说、规

---

〔1〕 国家司法考试、国家统一法律职业资格考试常有题目考核法律权利这一知识点,如 2010 年卷一第 6 题为单项选择题:"法律格言说:'不知自己之权利,即不知法律。'关于这句法律格言涵义的阐释,下列哪一选项是正确的? A. 不知道法律的人不享有权利;B. 任何人只要知道自己的权利,就等于知道整个法律体系; C. 权利人所拥有的权利,既是事实问题也是法律问题;D. 权利构成法律上所规定的一切内容,在此意义上, 权利即法律,法律亦权利。"参考答案为 C 项。

范说、选择说等八种。[1] ①资格说:最初见于格劳秀斯的《战争与和平法》。格劳秀斯从自然权利的统治出发,把权利作为理性动物的人所固有的"道德品质","由于它,一个人有资格正当地占有某种东西或正当地做出某种事情"。英国法学家米尔恩认为"权利概念之要义是'资格'。说你对某物享有权利,是说你有资格享有它"。[2] ②主张说:把权利定义为:"法律上有效的、正当的、可强制执行的主张。"权利与主张有着深层的联系。除非一个"权利"能被主体有效地强制地主张、要求或坚持,否则,主体无权利可言。③自由说:斯宾诺莎首次提出权利是一种免于干扰的条件;霍布斯明确地把法律与自由相连,认为权利是法律允许的自由,即一种有限制的但受到法律保护的自由。④利益说:18世纪初,以边沁为代表的功利主义学派已经注意到法律是对各种利益的衡定以及权利和义务的功利主义基础;德国法学家耶林明确地指出权利是一种利益。[3] ⑤法力说:洛克、卢梭都把产生某种结果的力量与权利相联系;19世纪德国法学法家梅克尔明确提出并系统阐述了法力说,权利的本质是由法律和国家权力保证人们为实现某种特定利益而进行一定行为的"力"。[4] ⑥可能说:苏联多数学者一向坚持可能说,认为权利是法律规范规定的有权人作出一定行为的可能性、要求他人作出一定行为的可能性以及请

---

[1] 中国古代典籍中曾有"权利"出现:"是故权利不能倾也,群众不能移也,天下不能荡也。生乎由是,死乎由是,夫是之谓德操。"(《荀子·劝学》)"接之以声色、权利、忿怒、患险而观其能无离也。"(《荀子·君道》)"家累数千万,食客日数十百人。陂池田园,宗族宾客为权利,横于颍川。"(《史记·魏其武安侯列传》)中国古代"权利"一词的含意是"权势与货财"。当然,这些"权利"的含义与我们现在的权利的含义不同。

美国传教士丁韪良(William Alexander Parsons Martin)于1860年首次将惠顿(H. Wheaton)所著的《International Law》用《万国公法》这一中文名称表述,全书译成中文后由洋务官僚的支持而刻版成书。《万国公法》卷一出现"人民通行之权利"。因时人不解,因此丁氏在《公法便览》中特别解释"权利"一词之意:"公法既别为一科,则应有专用之字样。故原文内偶有汉文所难达之意,因之用字往往似觉勉强。即如一权字,书内不独指有司所操之权,亦指凡人理所应得之分。有时增一利字,如谓庶人本有之权利云云。此等字句,初见多不入目,屡见方知为不得已而用之。""有司所操之权"是"权利","凡人理所应得之分"也是"权利"。这就是当初创制的"权利"的含义。

[2] [英]A.J.M.米尔恩:《人的权利与人的多样性——人权哲学》,夏勇等译,111页,北京,中国大百科全书出版社,1995。法律关系的主体具有自己这样的行为(或不这样行为),或要求他人这样行为或不这样行为的能力或资格。参见陈守一、张宏生主编:《法学基础理论》,350页,北京,北京大学出版社,1981。

[3] "权利者,为法律所设定及保护之利益,而为特定人所享有者也。"参见袁坤祥:《法学绪论》,121页,台北,三民书局,1980。

[4] 日本学者川岛武宜认为,第一,所谓"权利",关系到个人(或以个人同等资格在社会关系中出现的团体及公司等)与个人之间的一定形式的社会关系。因此,若使问题简单化,则关系到A与B两者之间的社会关系。第二,"权利"的前提是,B对A负有完成某种行为的义务。这样,因B对A"负有完成某种行为的义务",而B若不实行该行为,则社会反应(社会性惩罚)中将出现认定这是不当行为(不予肯定)的社会性评价。像这样存在B的行为义务的情况下,从A有关该义务的利益基准点(point of reference)来观察该义务,则形成A对于B的"力量"——称A给B的行为以影响的可能性为"力量"——概念。第三,A对B的"力量"可以分为两种形式,我想用权利及权力二词来区分二者……这里所说的"权利"形式,原则上"控制"A根据自己的实力强制B。更准确地说,对于A根据自己的实力强制B。更准确地说,对于A的实力行使会产生认定其不当(不予肯定)的社会性反应,或存在这种可能性。参见[日]川岛武宜:《现代化与法》,王志安等译,143~144页,北京,中国政法大学出版社,1994。

求国家强制力量给予协助的可能性,这种可能性受到由法律规范所责成的他人的相应的义务的保障。⑦规范说:规范说强调权利是法律所保障允许的能够作出一定行为的尺度。⑧选择说:选择说是英国的哈特在意志说的基础上阐述的一种权利理论,也称"新意志论",正是法律对个人自由和选择效果的承认构成了权利观的核心。[1]

美国学者霍菲尔德(Hohfeld)将法律上的权利具体分解为"权利""特权""权力""豁免"四方面。"权利"为一个直接与"义务"相对的狭义的权利概念,相当于"请求权";"特权"是指不受他人的权利或请求权限制的行为自由;"权力"是指依自己意志,变更自己或者他人法律地位的能力;"豁免"是指不受他人课加的义务的法律保障。

我们认为,法律权利是国家通过法律规定对法律关系主体可以自主决定作出某种行为的许可和保障手段,是法律关系主体为一定行为的可能性。法律权利是三种可能性的统一,即权利享有者自己作出一定行为的可能性、要求他人作出一定行为的可能性、在必要时请求国家机关予以保护的可能性,这实际上表明法律权利是由自由权、请求权和诉权构成的,一个完整的法律权利应当包含这三方面的内容。

法律关系主体的权利和义务是法律规范的内容(法律规定的行为模式、法律权利和法律义务的一般规定)在实际的社会生活中的具体体现。法律关系主体的权利和义务与作为法律规范内容的权利和义务(法律上规定的权利和义务)虽然都具有法律属性、有直接的联系,但也存在一定的不同:①所属的领域不同。作为法律规范内容的权利和义务是有待实现的权利和义务,即"应有的"权利和义务,属于可能性领域;法律关系主体的权利和义务则为"实有的"权利和义务,属于现实性领域。②针对的主体不同。作为法律规范内容的权利和义务针对的是主权管辖范围内所有的不特定的主体,法律关系主体的权利和义务所针对的主体则为特定的、具体的主体。③法律效力不同。由于针对的是一国之内所有的不特定的主体,作为法律规范内容的权利和义务的效力是普遍的、一般的;而法律关系主体的权利和义务仅对特定的主体有效,不具有普遍的法律效力。

对法律义务的理解主要有尺度说(规范说)、责任说、约束说、手段说、利益说(不利说)、意思说、法律上之力说等七种。①尺度说或规范说:认为法律义务是满足权利人的利益需要而对义务人规定的必要的行为的尺度。②责任说:认为法律义务是指法律关系主体依法所承担的某种必须履行的责任。③约束说:认为法律义务是国家规定并体现在法律关系中的,人们应该和必须适应权利主体而作出或

---

[1]　详见夏勇:《人权概念起源》,40~58页,中国政法大学出版社,2001;张文显:《法哲学范畴研究》(修订版),300~308页,北京,中国政法大学出版社,2001。

抑制一定行为的负担和约束。[1] ④手段说：认为法律义务是指法律所规定的义务人应该按照权利人要求从事一定行为或不行为，以满足权利人的利益的法律手段。⑤利益说或不利说：认为法律义务为法律在某种情形下赋予义务主体为不利益之履行。⑥意思说：认为法律义务为法律在某种情形下对义务主体之意思自由加以限制。⑦法律上之力说：认为法律义务为义务主体应受法律上之拘束。[2]

我们认为，法律义务是国家通过法律规定对法律主体的行为的一种约束手段，是法律关系主体为一定行为的必要性。

（二）法律权利和义务的分类

根据不同的标准可以将法律权利和义务进行不同的分类。[3]

1. 基本权利和义务与普通权利和义务

根据根本法与普通法律规定不同，可以将法律权利和义务分为基本权利和义务与普通权利和义务。基本权利和义务是宪法所规定的人们在国家政治生活、经济生活、文化生活和社会生活中的根本权利和义务。普通权利和义务是宪法以外的普通法律所规定的权利和义务。

2. 个人权利和义务、集体权利和义务与国家权利和义务

根据权利和义务主体的性质，可以将法律权利和义务分为个人权利和义务、集体（法人）权利和义务与国家权利和义务。个人权利和义务是指公民个人（自然人）在法律所享有的权利和应履行的义务，集体（法人）权利和义务是国家机关、社会团体、企事业组织等的权利和义务。国家权利和义务是国家作为法律关系主体在国际法和国内法上所享有的权利和承担的义务。

3. 绝对权利和义务与相对权利和义务

根据主体范围的不同，可以将法律权利和义务分为绝对权利和义务与相对权利和义务。绝对权利和义务，又称"对世权利"和"对世义务"，是相对应不特定的法律主体的权利和义务：绝对权利对应不特定的义务人；绝对义务对应不特定的权利人。相对权利和义务又称"对人权利"和"对人义务"，是对应特定的法律主体的

---

〔1〕 "义务云者，谓应为一定作为或不作为之法律上拘束。"参见吴学义：《法学纲要》，94页，上海，中华书局，1935。

〔2〕 详见张恒山：《义务先定论》，65～67页，济南，山东人民出版社，1999。

〔3〕 根据不同的标准或尺度，权利可以划分为不同种类。如根据权利的成立方式可以划分为选择性权利和利益性权利；根据权利的不同内容，可划分为政治权利、经济权利、教育权利等；根据权利的行为方式又可划分为积极性权利和消极性权利等不同形式的划分。从法治的价值出发，有一种划分类型值得注意。这种划分是根据权利所具有的"正当性"和"现实性"为标准的。……法治就是自然权利、法定权利、主体的现实权利三者依次转化完成的结果。参见王人博、程燎原：《法治论》，171页，济南，山东人民出版社，1992。如果我们考虑权利本身的不同结构，也就是它们涉及的人和行为的特殊类型，那么，就可以区别出对人权和对世权、肯定权和否定权、主动权和被动权。参见[美]J.范伯格：《自由、权利和社会正义》，王守昌等译，83～84页，贵阳，贵州人民出版社，1998。

权利和义务:"相对权利"对应特定的义务人;"相对义务"对应特定的权利人。

此外,法律权利还有公权与私权、基本权(所有权等)与救济权、原权与救济权、主权利与从权利、财产权与非财产权、一身专属权(如人格权等)与非一身专属权(如财产权等)、完整权与期待权等分类,法律义务则与此对应。

(三)法律权利和法律义务的相互关系

权利和义务作为法律的核心内容和要素,它们之间的连接方式和结构关系是非常复杂的。可以从以下角度和方面来进行分析。

(1)从结构上看,法律权利和义务是紧密联系、不可分割的。权利和义务具有逻辑、社会的相关性。诚如马克思所言,"没有无义务的权利,也没有无权利的义务"。[1] 因此,权利和义务都不可能孤立地存在和发展,它们共处于法律关系的统一体中。它们的存在和发展都必须以另一方的存在和发展为条件。它们中的一方不存在了,另一方也无法存在。

(2)从价值上看,法律权利和义务代表了不同的法律精神和法律价值取向。它们在历史上受到重视的程度有所不同,因而两者在不同国家的法律体系中的地位是有主、次之分的。一般而言,在等级特权社会(如奴隶社会和封建社会),法律制度往往强调以义务为本位,权利处于次要的地位。而在民主法治社会,法律制度较为重视对个人权利的保护。此时,权利是第一性的,义务是第二性的,义务的设定的目的是为了保障权利的实现。

(3)从产生和发展看,权利和义务经历了一个从浑然一体到分裂对立再到相对一致的过程。在原始社会,由于还不存在法律制度,权利和义务的界限也不很明确,两者实际上是混为一体的。正如恩格斯所言,"在氏族制度内部,还没有权利和义务的分别;参与公共事务,实行血族复仇或为此接受赎罪,究竟是权利还是义务这种问题,对印第安人来说是不存在的;在印第安人看来,这种问题正如吃饭、睡觉、打猎究竟是权利还是义务的问题一样荒谬。"[2]随着阶级社会、国家的出现和法律的产生,权利和义务发生分离。在古代的法律制度中,两者甚至在数量分配上也出现不平衡:统治者集团只享受权利,而几乎把一切义务强加于被统治者。资本主义法律制度和社会主义法律制度的建立,实行"权利和义务相一致"的原则,使两者之间的关系发展到了一个新的阶段。

(4)从数量上看,权利和义务的总量是相等的。从总体上认识,一个社会的权利和义务的总量保持平衡。

此外,从法律运行的角度认识,法律权利与法律义务具有制约关系;从价值功

---

[1]《马克思恩格斯全集》,第16卷,16页,北京,人民出版社,1964。
[2]《马克思恩格斯选集》,2版,第4卷,159页,北京,人民出版社,1995。

能上认识,法律权利与法律义务具有互补关系。[1]

(四) 法律关系主体的权利和义务的实现

法律权利和法律义务在由法律的一般规定转化为法律关系主体的实有权利和义务以后,也还存在着一个实现问题,权利不能实现就歪曲了它的本质,而义务不能实现就造成了对权利人利益的损害。当然,法律权利和法律义务的实现是一个复杂的问题,从宏观方面讲,它取决于一个国家的物质生活条件和水平,取决于政治民主和法治(法制)发展的状况以及科学文化条件和道德人文环境的改善等。从主观方面讲,法律权利和法律义务能否实现还要看权利人的法律权利和法律义务观,法律关系主体之间各种关系的发展,法律关系主体的行为能力的状况,以及是否有法律认识上的错误和不以人的意志为转移的事件的发生等。例如,权利人出于友情或同情而放弃权利,免除义务人的义务。再如,由于发生了不可抗力的事件,义务人不能履行义务。在这两种情况下,权利自身并没有实现。从某种意义上说,权利应赋予那些最珍视它们的人。用著名经济学家科斯的话说,即"权利就应该让与那些能够最具生产性地使用权利并有激励他们这样使用的动力的人,而且要发现和维持这种权利分配,就应该通过法律的清楚规定,通过使权利让渡的法律要求不太繁重,而使权利让渡的成本比较低。"[2]

法律权利和义务的实现最重要的是通过国家来保障。国家除了要不断创造和改善物质条件、政治条件和文化条件以外,还必须建立和健全法制,通过法律手段的完善来保证两者在社会生活和社会关系中的落实。仅就法律权利的实现而言,国家通过法律的保障具体表现在:①通过明确规定行使权利的步骤和程序,使权利具有可操作性;②通过限制国家机关(尤其是行政机关)的权力,建立"依法行政""依法司法"的制度来保障权利;③通过及时制裁侵权行为,督促义务人积极履行义务从而使权利得以实现。

然而,也必须看到,就权利本身来讲,它在现实法律生活中总是表现为外在的行为,因此总归有一个适度的范围和限度。超出了这个限度,就不为法律所保护,甚至可能构成"越权"或"滥用权利",属于违法行为,必然招致法律的禁止甚或制裁。故此,法律对权利作适当的限制是完全必要的,严格地讲,限制是法律为人们行使权利确定技术上、程序上的活动方式及界限。但这种限制是以保障作为前提的,限制权利是为了更好地保障权利。如《德国民法典》第226条规定:"权利的行使,不得以损害他人为目的。"《瑞士民法典》第2条规定:"任何人在行使权利或履行义务时都必须遵守诚实信用原则,权利的明显滥用,不受法律保护。"《波兰民法

---

〔1〕 参见李龙主编:《法理学》,196～197页,武汉,武汉大学出版社,1996。
〔2〕 [美]R.H.科斯:《生产的制度结构》,《经济社会体制比较》,1992(2)。

典》第 5 条也规定："如果某人以作为或不作为而取得有悖于法典的社会经济目的和社会共同原则的利益,即认为是滥用权利。"诚然,权利不是绝对无限制的,同样法律也不能绝对无限制地剥夺或取消人们的权利。因此,这里的限制应当有一个适度的平衡。

关于权利滥用,《国际比较法百科全书》归纳了故意损害、缺乏正当利益、选择有害方式行使权利、损害大于索取的利益、不顾权利存在目的、违反侵权行为法的一般原则等权利滥用的六种标准。[1] 一般认为,法律权利行使时不得违反公共利益,即国家或社会不特定多数人利益;禁止权利滥用,反对恶意行使权利;权利行使时应遵循诚实信用原则,提高法律行为的伦理价值。[2]

我国法律对权利的行使也有一定的限制,如公民行使姓名权应当尊重社会公德,不得损害社会公共利益。

全国人民代表大会常务委员会关于《中华人民共和国民法通则》
第九十九条第一款、《中华人民共和国婚姻法》第二十二条的解释
（2014 年 11 月 1 日第十二届全国人民代表大会常务委员会
第十一次会议通过）

最高人民法院向全国人民代表大会常务委员会提出,为使人民法院正确理解和适用法律,请求对民法通则第九十九条第一款"公民享有姓名权,有权决定、使用和依照规定改变自己的姓名"和婚姻法第二十二条"子女可以随父姓,可以随母姓"的规定作法律解释,明确公民在父姓和母姓之外选取姓氏如何适用法律。

全国人民代表大会常务委员会讨论了上述规定的含义,认为:公民依法享有姓名权。公民行使姓名权属于民事活动,既应当依照民法通则第九十九条第一款和婚姻法第二十二条的规定,还应当遵守民法通则第七条的规定,即应当尊重社会公德,不得损害社会公共利益。在中华传统文化中,"姓名"中的"姓",即姓氏,体现着血缘传承、伦理秩序和文化传统,公民选取姓氏涉及公序良俗。公民原则上随父姓或者母姓符合中华传统文化和伦理观念,符合绝大多数公民的意愿和实际做法。同时,考虑到社会实际情况,公民有正当理由的也可以选取其他姓氏。基于此,对民法通则第九十九条第一款、婚姻法第二十二条解释如下:

公民依法享有姓名权。公民行使姓名权,还应当尊重社会公德,不得损害社会公共利益。

公民原则上应当随父姓或者母姓。有下列情形之一的,可以在父姓和母姓之外选取姓氏:

---

〔1〕 转引自李双元、温世扬:《比较民法学》,62 页,武汉,武汉大学出版社,1998。
〔2〕 关于权利滥用,进一步阅读可参见钱玉林:《禁止权利滥用原则的法理分析》,《现代法学》,2002 (1)。

（一）选取其他直系长辈血亲的姓氏；

（二）因由法定扶养人以外的人扶养而选取扶养人姓氏；

（三）有不违反公序良俗的其他正当理由。

少数民族公民的姓氏可以从本民族的文化传统和风俗习惯。[1]

像权利的享有是有限度的一样，法律义务的履行也不是绝对的，也是有限度的。要求义务人作出超出"义务"范围的行为，同样是法律所禁止的。履行法律义务的限度具体表现在：① 实际履行义务的主体资格的限制。例如，某人虽然按照法律规定应承担义务，但由于其不具备履行义务的行为能力，则权利人不得强迫该义务人履行义务。②时间的界限。义务在大多数情况下都是有一定的时效或时间界限的，超过了时效或时间界限，义务就不复存在。例如，父母对子女的抚养义务通常应以子女达到成年为限。③利益的界限。在权利和义务的资源分配上，既然权利人不可能永远无限制享有社会的利益，那么义务人也就不可能永远承担社会的不利和损害。要求义务人对国家、社会和他人无限制尽义务，而漠视义务人所应有的正当权益，同样是违背事物的性质和正义原则的，是不合理的。正如权利人在享受权利时必须履行相应的义务一样，义务人在尽义务时，也同样有自己的权利。

第四节　法律事实

一、法律关系产生、变更和消灭的条件

法律关系处在不断地生成、变更和消灭的运行过程。法律关系的产生指主体间形成法律上的权利和义务关系；法律关系的变更指法律关系诸要素的变化；法律关系的消灭指主体间法律权利和义务关系的消灭。

法律关系的形成、变更和消灭，需要具备一定的条件。其中最主要的条件有二：一是法律规范；二是法律事实。法律规范是法律关系形成、变更和消灭的法律依据，为法律关系形成、变更和消灭的抽象条件，没有一定的法律规范就不会有相应的法律关系。但法律规范的规定只是主体法律权利和义务关系的一般模式，还不是现实的法律关系本身。法律关系的形成、变更和消灭还必须具备直接的具体

---

〔1〕 这一解释与"北雁云依"案有关。2009 年，济南市民吕某给女儿起了一个既不随父姓、也不随母姓的诗意名字——"北雁云依"，在办理户口登记被拒后提起了行政诉讼，要求判令确认被告燕山派出所拒绝以"北雁云依"为姓名办理户口登记的行为违法。据悉，这也成为全国首例姓名权行政诉讼案。因案件涉及法律适用问题，该案于 2010 年 3 月被中止审理。5 年后的 2015 年 4 月，在这一解释通过以后，山东省济南市历下区人民法院作出一审判决，驳回原告"北雁云依"要求办理户口登记的诉讼请求。参见王阳："济南'北雁云依'案成指导性案例 公民创设新姓氏应符合中国传统"，https://www.chinacourt.org/article/detail/2017/11/id/3089114.shtml，2020 年 8 月 17 日最后访问。

条件,这就是法律事实。它是法律规范与法律关系联系的中介。

所谓法律事实,就是法律规范所规定的,能够引起法律后果即法律关系产生、变更、消灭的现象。法律事实首先是一种客观存在的外在现象,而不是人们的一种心理现象或心理活动。纯粹的心理现象不能看作是法律事实。其次,法律事实是由法律规定的、具有法律意义的事实,能够引起法律关系的产生、变更或消灭。在此意义上,与人类生活无直接关系的纯粹的客观现象(如宇宙天体的运行)就不是法律事实。

二、法律事实的种类

依是否以人们的意志为转移作标准,可以将法律事实分为两类,即法律事件和法律行为。

(一)法律事件

法律事件是法律规范规定的、不以权利主体的意志为转移的法律事实。法律事件又可分为社会事件和自然事件两类。前者如社会革命、战争等,后者如人的生老病死、自然灾害等,这两种事件对于特定的法律关系主体(当事人)而言,都是不可避免,是不以其意志为转移的。但由于这些事件的出现,法律关系主体之间的权利与义务关系就有可能产生,也有可能发生变更,甚至归于消灭。例如,由于人的出生便产生了父母与子女间的抚养关系和监护关系;而人的死亡又导致抚养关系、夫妻关系或赡养关系的消灭和继承关系的产生等。

(二)法律行为

法律行为是法律规定的具有法律意义的人的有意识的活动。法律行为可以作为法律事实而存在,能够引起法律关系形成、变更和消灭。人的行为可以分为合法行为与违法行为。合法行为能够引起法律关系的形成、变更和消灭。例如,依法登记结婚行为,导致婚姻关系的成立。同样,违法行为也能够引起法律关系的形成、变更和消灭。如犯罪行为产生刑事法律关系,也可能引起某些民事法律关系(损害赔偿、婚姻、继承等)的产生或变更。

在讨论法律事实时,我们还应当看到这样两种复杂的现象:①同一个法律事实(事件或者行为)可以引起多种法律关系的产生、变更和消灭。例如,人的死亡,不仅可以导致劳动关系、婚姻关系的消灭,而且也导致继承关系的产生。②两个或两个以上的法律事实引起同一个法律关系的产生、变更或消灭。例如,房屋的买卖,除了双方当事人签订买卖协议外,还须向房管部门办理登记过户手续方有效力,相互之间的关系也才能够成立。在法学上,人们常常把两个或两个以上的法律事实所构成的一个相关的整体,称为"事实构成"。

需要注意的是,法律事实中的法律事件。法律事件并不仅仅指不以人的意志为转移的自然事件;它还包括政变、叛乱等社会事件,这些都是以人的意志为转移的现象,与人的意志有关,但是它不以当事人的意志为转移的,不是法律关系主体的意志所能左右的。

第七章　法　律　行　为

第一节　法律行为概述

法律为调整人们行为的社会规范,法律事实中最重要、最广泛的就是法律行为,因此,法律行为的理论在法学中占有十分重要的地位。

行为是受思想支配而表现在外部的活动。意志作为主观的或道德的意志表现于外时,就是行为。[1] 我国法学界一般在以下三种意义上使用行为:① 单纯的外部举动,即非基于意识和意识支配的行为。②意识的外部举动。③行为在客观上表现为作为和不作为。专门形成"法律行为"(rechtgeschaeft)术语,来表达民法生活的全方位的自由气质,学界公认是德国法学的产物。德国启蒙时期法学家丹尼尔·耐特尔布莱德在 1748 出版的著作中借用过拉丁文"actus iurudicus"(可译为法律行为)和"delaration voluntatis"(可译为自愿表示)等,表示自由追求法律效果的行为,他甚至将"actus iurudicus"定义为"设定权利和义务的行为"。但是,首创德文术语来表示这种自由设权行为的,是历史法学派的创始人胡果,他在其《日耳曼普通法》一书中,使用德文 rechtgeschaeft 一语,并将"法律行为"的内涵解释为"具有法律意义的一切适法行为"。不过,德国法学家通常认为,法律行为概念的首创者,应是海瑟。他在 1807 年的《民法概论——潘德克顿学说教程》一书中,赋予 rechtgeschaeft 一语以设权的意思表示行为的含义,非常简要地揭示了按照当事人意思表示的内容设定权利、义务关系的法律行为概念的基本内涵。[2] 后来,萨维尼在其名著《当代罗马法律体系》中,把法律行为概念的内涵精致化,并阐明为:"行为人创设其意欲的法律关系而从事的意思表示行为",这一定义强调了法律行为的意思表示要素与所产生的私法效果。[3] 之后,1863 年,这一概念首先被《撒克逊民法典》采用。1900 年,《德国民法典》集学理之大成,第一次系统、完善地规

---

[1]　[德]黑格尔:《法哲学原理》,范扬、张企泰译,116 页,北京,商务印书馆,1961。

[2]　参见龙卫球:《民法总论》,422 页,北京,中国法制出版社,2002。

[3]　法律行为是一项行为,或若干项具有内在联系的行为,其中至少一项行为是旨在引起某种特定的法律后果的意思表示或意思实现。参见[德]拉伦茨:《德国民法通论》(下册),王晓晔等译,431 页,北京,法律出版社,2003。

定了法律行为制度。以后日本、瑞士等民法典均仿照德国。[1]

我国的法学家尤其是法理学家是在广义上使用法律行为的概念,基本上都把法律行为解释为"能发生法律效力的人们的意志行为"或"由法律所调整、能发生法律效力的行为"。法律行为是指由法律规定和调整的,能够引起法律关系产生、变更和消灭的人的有意识活动,包括合法行为与违法行为。[2]

租客损坏栏杆一走了之　物业张贴照片寻人成被告

2019 年 4 月 19 日下午,董某与李某酒后打车进入某小区,保安要求董某出示相关证件方可进入。董某是该小区租客,不愿按照保安要求进行外来人员及车辆登记,双方发生争执。董某强行要求进入,将抬起的栏杆折断,随后匆匆离开现场。物业公司当即报警,警察赶到,未找到董某等人。无奈之下,物业公司于当晚将董某与李某的照片张贴在小区门口等地的宣传栏,同时上传到物业微信群,并备注:"望广大业主提供图片上此人信息,有知情者及时联系物业办公室。"

4 月 20 日,物业公司找到董某的工作地点,并通知了警察。4 月 21 日,李某报警称物业公司张贴他的照片,此时物业公司并不知道李某已报警。4 月 22 日,物业公司将李某与董某照片撤下。4 月 23 日,双方经当地人民调解委员会调解,董某赔偿栏杆费用并道歉,双方握手言和。

4 月 24 日,李某来到法院,起诉物业公司侵害他的名誉权,要求赔偿损失 5000元。李某认为,物业公司将他的照片张贴在宣传栏,不知情者会认为他是公安部门通缉的犯人,给他的声誉造成严重影响。

对此,物业公司认为,他们是按照小区业委会的规定登记董某和李某的信息,这两人不但不配合且恶意扳断道闸杆,造成小区严重堵塞,涉嫌寻衅滋事。道闸杆

---

[1] 谢鸿飞认为,法律行为的概念与浪漫主义和精神科学对"理解"和"意义"的探求有关,而浪漫主义在法学领域推进的结果是历史法学派。最终创造法律行为的是理性法学派的体系化法学方法。参见谢鸿飞:《论法律行为概念的缘起与法学方法》,载《私法》第 4 卷,北京,北京大学出版社,2003。

窦海阳认为"法律行为"概念是在长期的历史演变过程中,基于各种因素的综合影响,最终由德国潘德克顿学者提出的。该概念在提出之时被界定为"意思表示"或以"意思表示"为核心的行为。尽管这种定义曾经作为学界的主流观点影响很大,但是也存在诸多缺陷,不断受到学者们的质疑,在很大程度上已经不再完全适合作为认识法律行为概念的唯一视角了。因此,学者们提出了各种新的学说定义,试图补充对法律行为概念的认识。在这些新的学说定义中,"规范说"能够对法律行为概念进行更为科学的界定。据此,法律行为就可以被定义为民事主体对与他人之间关系中自己的利益进行自我规制的规范性行为。法律行为具有"规范性"本质,这不仅可以在凯尔森的观点中找到理论层面的支持,而且还可以从与法律规范的关系中得到实践层面的证明。对于法律行为概念"规范性"的肯定具有重大的意义,可以更好地实现法律行为概念的存在价值。在法律行为概念的"规范性"定义中,个人的权限主要在于提出法律行为的内容,而法律的权限则主要在于确定法律行为的效果,两种权限不能混同。法律行为概念还会涉及自治与控制的问题。私人自治是形成法律行为的基础,但是,强行性法律规范以及社会的公序良俗会对自治行为进行控制,以使其在不损害社会公共利益的轨道上运行。在中国法中,应当采用"法律行为"这一概念。在对该概念的认识上,应当抛弃原来"合法行为"说的观点,除了应当回归传统的"意思表示"说之外,还应当以"规范说"为基础对法律行为概念进行重新认识。参见窦海阳:《论法律行为的概念》,北京,社会科学文献出版社,2013。

[2] 参见李龙主编:《法理学》,280~281 页,武汉,武汉大学出版社,1996。

被损坏后,物业公司要求董某赔偿,董某拒绝且逃离现场,在民警巡查未果下,物业公司才张贴出合影,且找到人后第一时间撤下了照片。同时,物业公司在张贴照片时没有侮辱、诽谤、捏造并散布虚假事实,不存在侵害李某名誉权的行为。

法院认为,董某和李某不配合登记,还扳断道闸杆,物业公司为找到侵权人在其管理的辖区内张贴照片、在业主微信群内发送照片并无不妥,且照片没有任何侮辱、诽谤等文字描述。但物业公司在找到董某后,应立即将照片撤回并及时在微信群告知,但物业公司过了两天才将照片撕毁,也未在微信群进行说明。同时,物业公司在张贴照片时,未对李某的头像进行处理,物业公司存在不足,但未达到侵害李某名誉权的程度。南京市溧水区人民法院经审理后判决,驳回李某的诉讼请求。[1]

从上例可以发现法律行为具有以下几方面特征:①法律性。法律行为是由法律规定和调整的行为,是发生法律效果的行为。合法行为会受到国家肯定、承认、保护、奖励;违法行为会受到国家否定、取缔、处罚、制裁。对此,凯尔森曾指出:"行为之所以成为法律行为正因为它是由法律规范所决定的。行为的法律性质等于行为与法律规范的关系。行为只是因为它是由法律规范决定并且也只在这一范围内才是一个'法律'行为。"[2]②意志性。法律行为是受人的意志所控制的活动,是人们有目的、有意识进行的。独立的意思表示和按照自己的意志确定并实现行为内容,这是法律行为成立的基本要素。③价值性。法律行为是自然人或法人为了满足一定的需要而作出的,反映了行为人的某种价值追求;同时,对法律行为的评价是一种价值评价活动,人们可以用好坏、善恶等进行评判。

法律行为的概念是人类追求"意义"的结果之一,它将人类的行为置于一个高度统合的体系之中,对各种表意行为予以抽象,强化其共同点,排除其不同点,然后赋予这类社会行为一个统一的名称。从而使这些纷繁芜杂的行为得以有机地集合在一起,这是对社会意义的一种梳理,也是获得社会意义的一种方法。[3]

第二节 法律行为的结构和种类

一、法律行为的结构

法律行为从结构上表现为行为的内在方面和外在方面,内在方面包括动机、目的、认知能力等要素,外在方面包括行动、手段、结果等要素。

---

〔1〕 邓雯婷:《租客损坏栏杆一走了之 物业张贴照片寻人成被告》,《现代快报》,2019-07-10。
〔2〕 [奥]凯尔森:《法与国家的一般理论》,沈宗灵译,42页,北京,中国大百科全书出版社,1996。
〔3〕 谢鸿飞:《论法律行为概念的缘起与法学方法》,载《私法》第4卷,北京,北京大学出版社,2003。

（一）法律行为的内在方面

动机是直接推动人去行动以达到一定目的的内在动力或动因，人类行为的秘密深藏于动机之中。动机的形成因素包括：① 需要激励。需要是指行为者由于心理上或心理上的某种缺乏而失去平衡，产生不适或紧张状态，从而要求自动追求新的平衡，消除不适或紧张状态的倾向。② 情境作用。情境是行为者身外的对行为者产生直接作用的客观条件，即直接环境。③ 人格因素。人格即人性，是一个人稳定的、深层的心理特征的总和，是人适应环境并作用于环境的心理机制，它给个人行为以一定的倾向性。包括信仰、态度、兴趣、情绪、利益观和价值观等。

目的是指行为者主观上预想达到并力求实现的某种目标和结果。目的构成行为的灵魂，给予行为以规定性，规定着行为的方向和路线。

认知能力主要是指判断和选择的能力和水平。行为的目的性以行为主体的认知能力为基础。认知的作用在于判断和选择。判断主要包括判断行为的意义、行为成功概率、行为的收益与代价、行为的法律意义与道德后果等。判断为行为选择提供了前提和基础。选择是对各种需要、利益、动机、目的的权衡和择取，特别是在各种互相冲突或重迭的价值、权利、义务之间作出抉择。人的认知能力和水平高低直接影响行为的法律意义。[1]

（二）法律行为的外在方面

法律行为的外在方面就是法律行为的客观表现。在法律行为结构中，外在方面具有决定意义：它是法律评价的对象和依据；是个人真实思想和感觉的判断标准；是行为有关法律意义及属何种性质法律行为的决定因素。

行动是行为者通过其身体或其一部分的动作而影响、作用于外部世界的活动，包括两类：一是以动行事，即以自身的物质力量直接作用于外部事物、人和社会关系，从而引起法律关系产生、变更或消灭的行为；二是以言行事，即通过信息而对他人施加影响，从而引起法律关系产生、变更或消灭的行为。

手段是指行为者为达到某种目的而采取的具体方式和方法，包括行动计划、措施、程序、技术和行动所使用的物品、工具、器械等。手段是实现目的所必须的，是由目的所选择和决定的。

---

[1] 关于动机、认知能力，可参见[美]理查德·格里格等：《心理学与生活》，王垒等译，北京，人民邮电出版社，2003。

结果是行为的完成(结束)状态。结果是评价行为法律意义的根据。[1]

二、法律行为的分类

根据不同的标准,法律行为可以作以下分类。

1. 根据法律行为的主体不同,法律行为可分为个人法律行为、集体法律行为、国家法律行为

个人法律行为是由自然人个人的意志所支配并实施的法律行为。集体法律行为是某一群体的成员、基于某种共同意志而作出的法律行为。集体法律行为如集团诉讼具有意志的共同性、人数的众多性的特征。国家法律行为是国家机关及其工作人员根据国家意志并代表国家所进行的活动,如法院的审判。

2. 根据法律行为主体的不同,法律行为可以分为单方法律行为、双方法律行为和多方法律行为

单方法律行为是根据一方当事人的意思表示或作为就可成立的法律行为,如放弃继承权。双方法律行为是当事人双方相对应的意思表示达成一致才可成立的法律行为,如结婚。多方法律行为是两个以上当事人并行的意思表示达成一致才可成立的法律行为,如两个以上的合伙人订立合伙合同。

3. 根据法律行为的效力对象、生效范围的不同,法律行为可以分为抽象法律行为和具体法律行为

抽象法律行为是针对一般对象而作出的、具有普遍效力的行为,如行政机关制定规章的行为。具体法律行为是针对特定对象而作出的具有个别效力的行为,如公民办理公证手续。

---

　　[1]　武步云认为,法律行为的结构是一个包括纵横两方面的、多层次的主体结构、系统结构。① 法律行为的表层结构。构成法律行为的第一个要素,就是法律行为的主体,它是法律行为的物质承担者、发动者、实施者。它的表现形态可以是自然人、法人、组织,也可以是国家和阶级等。构成法律行为的第二个要素。就是法律行为主体所指向的由法律所规定的对象,它可以是人的具体行为,可以是权利、义务,可以是财物,也可以是社会关系等。构成法律行为的第三个要素,就是相应的法律规范,包括实体规范和程序规范。②法律行为的深层结构。法律行为的深层结构,同样是指其过程的结构,即从动机到结果的动态结构,是指主体法律动机、法律意志表现于外的实现过程。组成这个过程的第一个要素是以动机形式出现的法律意志。组成法律行为深层结构的第二个要素,就是行动的手段。组成法律行为深层结构的第三个要素,就是法律行为的后果。参见武步云:《马克思主义法哲学引论》,157~164 页,西安,陕西人民出版社,1992。

　　郭宇昭认为,法律行为的构成要素,基本上可以分为两类:一是内在要素,也可以称为主体要素。主要包括法行为的动机,法律行为能力,法律意识——法律心理、法律思想、法律知识等;二是外在要素,也可以称为环境要素。主要包括自然环境和社会环境。从宏观方面说,自然环境是指国家所处的地理环境、气候、自然资源等;社会环境主要指社会生产力发展水平,社会基本制度、国家的方针和政策,以及社会的道德风貌和秩序等。从微观方面说,自然环境主要指人们的生活环境和工作(包括生产和学习)环境;社会环境主要指家庭邻里、学校、机关以及关系密切的亲友等。法律行为是在主体的内在因素和外在因素交互作用中产生和表现的。参见郭宇昭:《"法行为"研究的基本范畴》,载黎国智、马宝善主编:《行为法学在中国的崛起》,84 页,北京,法律出版社,1993。

4. 根据法律行为是否需要一定形式或履行一定程序,可将法律行为分为要式法律行为和非要式法律行为

要式法律行为是指依法律规定,必须采取一定形式或履行一定程序才可成立的法律行为,如房屋买卖必须办理过户手续才成立。非要式法律行为是指法律不要求采用特定形式,当事人可自由选择一种形式即能成立的法律行为,此为法律行为之多数。

5. 依行为的从属地位与相互关系,可将法律行为分为主法律行为和从法律行为

主法律行为指不需要有其他法律行为存在就可独立成立的法律行为;从法律行为是从属于其他法律行为而存在的法律行为。从法律行为的成立和效力取决于主法律行为,如为保证借贷合同的履行而订立的抵押合同。

此外,法律行为还可以分为行使权利的行为与履行义务的行为、自为行为与代理行为、角色行为与非角色行为、抽象行为与具体行为、积极行为与消极行为、意志行为与事实行为、有效行为与无效行为等。

当然,法律行为可以分为合法行为与违法行为。同时,还存在中性行为。中性行为即既不合法也不违法的行为,这在社会生活中是客观存在的。有些行为如同居行为等,法律既不明文肯定,也不明文否定,而是没有予以规范。法律空白地带的存在是必然的,法律不可能调整所有的社会关系和社会行为。中性行为介于合法行为与违法行为之间,虽没有得到法律的允许又没有受到法律的禁止,即处于现行法律的调整范围之外,无法以现行法律规定进行评价的行为,其存在的原因是由于法律调整的范围本身有一个界限,也可能是因为立法不完善,存在着"立法真空"或"法律漏洞"。[1]

第三节 合法行为

一、合法行为的含义

从字面上理解,合法行为就是符合法律规定、与法律规范的要求一致的行为。法理学上所称的合法行为,是指自然人、法人或其他团体受其意志支配的,符合法律规范或法律原则要求的,能够引起法律关系产生、变更或消灭的活动。

合法行为要求行为的内容和形式两方面都与法律要求相一致,这种行为是有

---

[1] 有学者提出了"法律容许行为"概念。法律容许行为是指那些虽然不为国家法律所积极倡导,但同时也不为国家法律所明令禁止,在一定范围和条件下为法律所容许的行为。在受法律调整的方式上,法律容许行为可以分为公开的法律容许行为和隐含的法律容许行为两大类。参见李双元、张茂:《法律容许行为初探》,《中国法学》,1993(6)。

益于社会或至少无害于社会的行为,因而受到国家法律的肯定和保护。

合法行为在很多情况下是一种有意识的自觉行为,是遵守法律的直接表现,遵守法律是合法行为的必然趋向。合法行为反映了法律规范的实现、法律目的的达到,有助于调整一定的社会关系,确立和维护一定的社会秩序。

二、合法行为的种类

由于社会生活的复杂性和法律调整的日益广泛,合法行为种类繁多。按照不同的标准可以作不同的分类。

(1) 按行为所实现的法律规范的性质的不同,合法行为可以分为禁令的遵守、积极义务的履行,合法权利的享用和法律适用(即法律在生活中实现的形式)等。

(2) 按行为主体的不同,合法行为可以分为自然人的合法行为、法人的合法行为、国家机关及其公职人员的合法行为等。

(3) 根据行为方式的不同,合法行为可以分为作为的合法行为和不作为的合法行为。作为的合法行为指行为人以直接对客体发生作用的方式进行的活动;不作为的合法行为是行为人以间接对客体发生作用的方式进行的活动,如遵守禁止性规范的行为。

(4) 根据行为人的内心动机的不同,合法行为可分为:①基于对法律的认知和认同而自觉作出的合法行为;②基于对法律的服从和惩罚的惧怕而被动作出的合法行为;③行为人主观上没有意识到,客观上与法律规范法律原则相一致的合法行为。

(5) 按照是否产生奖励性后果,合法行为可分为一般的合法行为和受奖励的合法行为。

三、合法行为的构成

合法行为由客体、客观方面、主体、主观方面等四方面要素构成。

(1) 合法行为的客体。合法行为的客体是合法行为维护或实现的法律所调整和保护的社会关系,也就是法律所保护的权益。合法行为是一种有益于或至少是无害的没有社会危害性的行为,它作用的对象是法律规定的社会关系,同时还包括公共利益、善良风俗等其他社会关系和社会利益。

(2) 合法行为的客观方面。这是指行为人作出了符合法律规定的、具有法律意义的行为。合法行为的客观方面是人的身体活动或动作,包括消极活动和积极活动,如不侵犯他人的财产所有权、依法服兵役等。

(3) 合法行为的主体。包括可以作出合法行为的自然人、法人、国家机关及其工作人员。除法律有特别规定外(如结婚年龄为男满 22 周岁、女满 20 周岁),可以作出合法行为的公民不受年龄、智力和精神状态的限制。法人是由法律赋予民事权利能力、设有章程和管理机构并有一定独立财产的组织。法人在实现其宗旨过程中可以作出合法行为。国家机关及其工作人员在执行政府职能、行使职责中可以作出合法行为,而且国家机关及其工作人员本身必须依法成立、依法录用。

(4) 合法行为的主观方面。这指行为人实施合法行为时的心理态度。一般情况下,只要行为人实施了符合法律规范法律原则的行为,就可以认定作出了法律行为,无须考虑主观动机和目的。在法律规定的某些领域如行政关系中,合法行为要区分行为人的主观心理态度。

第八章　法　律　责　任

第一节　法律责任概述

一、法律责任的含义

在现代汉语中,责任通常有以下两个密切联系的含义:分内应做的事,如尽责任,岗位责任,职责;没有做好分内的事,因而应当承担的过失,如追究责任。法律责任是指由于违法行为、违约行为或者由于法律规定而应承受的某种不利的法律后果。[1]欠债还钱,杀人偿命,是人们对法律责任的最通俗的解释。"还钱""偿命"对责任人来说,都是不利的法律后果,是一种法律上的负担。凯尔森就指出:"法律责任是与法律义务相关的概念。一个人在法律上要对一定行为负责,或者他为此承担法律责任,意思就是,他作相反行为时,他应受制裁。"[2]

产生法律责任的原因大体上可以分为下面三种:①违法行为,也就是侵权行为。侵犯他人的财产权利、人身权利、知识产权、政治权利或精神权利而产生的法律责任在全部法律责任中占多数。②违约行为,即违反合同约定,没有履行一定法律关系中的作为的义务或不作为的义务。③法律规定,这一般是指无过错责任。从表面上看,责任人并没有侵犯任何人的权利,也没有违反任何契约义务。仅仅由于出现了法律所规定的法律事实,就要承担某种赔偿责任,如产品致人损害所致的法律责任。

与道义责任或其他社会责任相比,法律责任有两个特点:①承担法律责任的最终依据是法律。承担法律责任的具体原因可能各有不同,但最终依据是法律。因为一旦法律责任不能顺利承担或履行,就需要司法机关裁断。司法机关只能依据法律作出最终裁决。②法律责任具有国家强制性。即法律责任的履行由国家强制力保证。当然,正如国家强制力有时是作为威慑力隐蔽于法律实施的幕后一样,

---

〔1〕　蔡宏伟认为法律责任为违法者在法律上必须受到惩罚或者必须做出赔偿,即存在于违法者和救济之间的必然联系。参见蔡宏伟:《"法律责任"概念之澄清》,《法制与社会发展》,2020(6)。

〔2〕　[奥]凯尔森:《法与国家的一般理论》,沈宗灵译,73页,北京,中国大百科全书出版社,1996。也可参见杜飞进:《试论法律责任的若干问题》,《中国法学》,1990(6)。在法律文本中,法律责任概念具有"惩罚""义务""不利后果""法律关系"等多重含义。有关责任的语义分析可参见孙笑侠:《法的现象与观念》,194～195页,济南,山东人民出版社,2001;另可参见张文显:《法学基本范畴研究》,185～187页,北京,中国政法大学出版社,1993。

在法律责任的履行上,国家强制力只是在必要时,在责任人不能主动履行其法律责任时,才会使用。

法律责任与法律义务的关系,原则上法律责任的产生必须以法律义务为基础,有法律义务才有法律责任,无法律义务则无法律责任;法律责任为履行法律义务的保障。但是法律责任与法律义务的关系也有例外,如有法律义务但无法律责任,如消灭时效完成后的债务;无法律义务但有法律责任,如为第三人提供担保的保证责任等。因此,法律责任与法律义务不可混同。第一,法律义务与法律责任有一种前后相继的关系:法律责任是因违反法律义务而产生的。第二,法律义务在实践上对所有的行为主体都适用,即所有的行为主体都负有法律义务。而实践中,只有少数违反法律义务者才承担法律责任。第三,法律义务并不必然同不利相关,而法律责任总是以不利为内容的。第四,法律义务是由行为主体自行履行的。即使不履行法律义务,也是出于行为者的自觉。而法律责任却不是违反法律义务的行为主体可以自我要求、自我决定的。法律责任的实际承担要由国家司法机关这种特定的主体通过法定的程序来确定。[1]

法律责任与法律权利也有密切的联系。首先,法律责任规范着法律关系主体行使权利的界限,以否定的法律后果防止权利行使不当或滥用权利;其次,在法律权利受到妨害时,法律责任又成为救济权利、强制履行义务或追加新义务的依据;最后,法律责任通过否定的法律后果成为对法律权利义务得以顺利实现的保证。

法律责任与法律权力更有着密切的联系。一方面,法律责任的认定、归结与实现都离不开国家司法、执法机关的权力(职权)。另一方面,法律责任规定了行使权力的界限以及越权的后果。

法律责任的设定大多基于正义的考虑,但是有些法律责任的设定则是从秩序、效率等方面考虑的。

法律责任是法律的内在组成部分,是完善法律的法理要求,是保障法律效力、权威的重要因素。通过法律责任的设定,法律实现有了基本保证。如我国《民法典》第1091条规定:法律规定的过错行为,"导致离婚的,无过错方有权请求赔偿"。第1148条规定:"遗产管理人应当依法履行职责,因故意或者重大过失造成继承人、受遗赠人、债权人损害的,应当承担民事责任。"这些法律责任规范,对于《民法典》婚姻、继承编的实施具有重要意义。

二、法律责任的种类

法律责任的种类,也是法律责任的各种表现形式,根据不同的标准,可以作不同的划分。比如,以责任的内容为标准,有财产责任与非财产责任;以责任的程度

---

[1] 参见吴昌宇、张恒山:《对法律责任的理解》,《中央政法管理干部学院学报》,1998(8)。

为标准,有有限责任与无限责任;以责任的人数为标准,有个人责任与集体责任;以责任的主体为标准,有自然人责任、法人责任和国家责任,就行为人有无过错为标准,有过错责任与无过错责任。[1] 以引起责任的行为性质为标准,可将法律责任划分为民事责任、刑事责任、行政责任、国家赔偿责任与违宪责任。

（一）民事责任

民事责任是指由于违反民事法律、违约或者由于民法规定所应承担的一种法律责任。民事责任的特点是:民事责任主要是财产责任;民事责任主要是一方当事人对另一方的责任;它主要是补偿当事人的损失;在法律允许的条件下,民事责任可以由当事人协商解决。民事责任可以分为违约责任、一般侵权责任、特殊侵权责任及公平责任。

（二）刑事责任

刑事责任是指行为人因其犯罪行为所必须承受的,由司法机关代表国家所确定的否定性法律后果。与民事责任不同,刑事责任不存在无过错责任的问题;同时,行为人在主观上是故意还是过失,以及故意或过失的形式和程度,对刑事责任的有无、刑事责任的种类与大小,都有重要的意义,这一点,也与民事责任明显不同。

（三）行政责任

行政责任是指因违反行政法或因行政法规定而应承担的法律责任。在我国,行政责任大体可以分为以下四类:①一般公民、法人违反一般经济、行政管理法律而应承担的法律责任。②无过错行政责任。③行政机关工作人员违法失职行为而应承担的法律责任,即行政处分。④行政机关及其工作人员在行政诉讼败诉后而产生的行政责任。

（四）国家赔偿责任

国家赔偿责任是指国家对于国家机关及其工作人员执行职务、行使公共权力损害公民、法人和其他组织的法定权利与合法利益所应承担的赔偿责任。国家赔偿责任的范围主要包括行政赔偿与刑事赔偿两部分。行政赔偿是指行政机关及其工作人员在行使职权时,侵犯人身权、财产权造成损害而给予的赔偿。刑事赔偿是指行使国家侦查、检察、审判、监狱管理职权的机关在刑事诉讼中,侵犯当事人人身权、财产权造成损害而给予的赔偿。此外,还有非刑事司法赔偿。根据我国《国家赔偿法》第38条的规定,人民法院在民事诉讼、行政诉讼过程中,违法采取对妨害

---

[1] 翁文刚认为,根据承担法律责任主体不同,可将法律责任划分为一般法律责任、特殊法律责任和无行为主体的法律责任。参见翁文刚:《法律责任外延探析》,《西南政法大学学报》,1999(2)。

诉讼的强制措施、保全措施或者对判决、裁定及其他生效法律文书执行错误,造成损害的,依法应按照刑事赔偿程序的规定由国家承担赔偿责任。

(五) 违宪责任

违宪责任是指由于有关国家机关制定的某种法律和法规、规章,或有关国家机关、社会组织或公民从事的与宪法规定相抵触的活动而产生的法律责任。我国《宪法》规定:"全国各族人民、一切国家机关和武装力量、各政党和各社会团体、各企业事业组织,都必须以宪法为根本的活动准则,并且负有维护宪法尊严、保证宪法实施的职责。""一切法律、行政法规和地方性法规都不得同宪法相抵触。一切国家机关和武装力量、各政党和各社会团体、各企业事业组织都必须遵守宪法和法律。一切违反宪法和法律的行为,必须予以追究。"宪法是国家的根本大法,是民主制度法律化的基本形式,是所有其他法律的立法依据和效力来源。维护宪法尊严、保证宪法实施,对于社会的稳定与发展具有特殊的意义。追究违宪责任对维护宪法的权威、保障宪法的实施具有重要意义。

三、法律责任的实质

为什么违法行为或违约行为,或仅仅由于法律规定,就要使当事人承担不利的法律后果?这就是法律责任的本质问题。西方法学家在研究法律责任时,就法律责任的本质问题出现过不同的理论。其中,影响较大的有道义责任论、社会责任论和规范责任论。

道义责任论是以哲学和伦理学上的非决定论亦即自由意志论为理论基础的,它假定人的意志是自由的,人有控制自己行为的能力,有自觉行为和行使自由选择的能力,由此推定,违法者应对自己出于自由意志作出的违法行为负责,应该受到道义上的责难。对违法者的道义责难就是法律责任的本质所在。德国思想家黑格尔(Georg Wilhelm Friedrich Hegel,1770—1831)就认为:"行动只有作为意志的过错才能归责于我。"[1]这强调故意与责任的直接关系。

与道义责任论相反,社会责任论是以哲学和伦理学上的决定论为理论基础的。它假定一切事物(包括人的行为)都有其规律性、必然性和因果制约性。由此推断,违法行为的发生不是由行为者自由的意志,而是由客观条件决定的,因而只能根据行为人的行为的环境和行为的社会危险性来确定法律责任的有无和轻重。确定和强制履行法律责任,一方面是为了维护社会秩序和社会存在,另一方面是为了使违

---

[1] [德]黑格尔:《法哲学原理》,范扬等译,119页,北京,商务印书馆,1961。

法者适应社会生活和再社会化,这就是法律责任的本质。[1]

规范责任论认为,法律体现了社会的价值观念,是指引和评价人的行为的规范。它对符合规范的行为持肯定(赞许)的态度,对违反规范的行为持否定(不赞许)的态度。否定的态度体现在法律责任的认定和归结中,这种责任就是法律规范和更根本的价值准则评价的结果。因此,行为的规范评价是法律责任的本质。

我们认为,法律责任与法定权利与义务有密切的联系。法律责任是国家对违反法定义务、超越法定权利或滥用权利的违法行为所作的否定的法律评价,是自由意志支配下的行为所引起的合乎逻辑的不利法律后果,是国家强制责任人作出一定行为或不作一定行为,补偿和救济受到侵害或损害的合法利益和法定权利,恢复被破坏的法律关系和法律秩序的手段。

第二节　法律责任的构成

法律责任的构成是指认定法律责任时所必须考虑的条件。由于法律责任会给责任主体带来法定的不利后果,表明了社会对责任主体的道德非难和法律处罚,因此,必须科学、合理地确定法律责任的构成,以保障行为人的行为自由,保护责任主体的利益,实现法律的功能,维护社会的秩序,促进社会发展。

由于违法行为和违约行为是最主要、最基本的产生法律责任的原因和根据,是认定和归结法律责任的前提,因此,违法行为或违约行为的构成要件与法律责任的构成有着密切的关系。根据构成违法行为或违约行为的要素,我们将法律责任的构成概括为违法行为或违约行为、损害后果、因果关系、责任主体、主观过错五方面。[2]

一、违法行为或违约行为

违法行为或违约行为在法律责任构成中居于重要地位,是法律责任的核心构成要素。违法行为或违约行为包括作为和不作为两类。作为是指人的积极的身体活动,直接做了法律所禁止或合同所不允许的事自然要导致法律责任。不作为是

---

〔1〕 余军认为,从法现象的角度看,法律责任与任何法律制度一样,均由逻辑、事实和价值三大要素组成,因此,对法律责任概念的诠释可以从上述三个维度分别展开。在价值论的路径上,法律责任的构造体现为道义责任论和社会责任论。现代法律责任是复合的责任,任何一种责任均表现为道义责任论与社会责任论的统一和融合。在责任的根据方面,道义责任论和社会责任论均为其提供了强有力的理论支撑;在责任的评价标准方面,归责技术倾向于寻求客观的、社会性的标准将抽象的价值判断转化为具体的、客观的行为标准,以实现法律评价的确定性和可预期性,从而赋予法律责任鲜明的社会责任论的色彩。参见余军:《法律责任概念的双元价值构造》,载《浙江学刊》,2005(1)。

〔2〕 需要注意的是,这五方面法律责任构成要素是就法律责任的一般情况而言的,有的法律责任的构成并不要求必须具备这五方面。

指人的消极的身体活动,行为人在能够履行自己应尽义务的情况下不履行该义务,例如不做法律规定应做的事或不做合同中约定的事,也要承担法律责任。区分作为与不作为,对于确定法律责任的范围、大小具有重要意义。

二、损害结果

损害结果是指违法行为或违约行为侵犯他人或社会的权利和利益所造成的损失和伤害,包括实际损害、丧失所得利益及预期可得利益。损害结果可以是对人身的损害、财产的损害、精神的损害,也可以是其他方面的损害。损害结果表明法律所保护的合法权益遭受了侵害,因而具有侵害性。同时,损害结果具有确定性,它是违法行为或违约行为已经实际造成的侵害事实,而不是推测的、臆想的、虚构的、尚未发生的情况。损害结果的确定性,表明损害事实在客观上能够认定。认定损害结果时一般根据法律、社会普遍认识、公平观念并结合社会影响、环境等因素进行。

三、因果关系

因果关系是违法行为或违约行为与损害结果之间的必然联系。因果关系是一种引起与被引起的关系,即一现象的出现是由于先前存在的另一现象而引起的,而这两个现象之间就具有因果关系。因果关系是归责的基础和前提,是认定法律责任的基本依据。因果关系对于确定行为主体、认定责任主体、决定责任范围具有重要意义。法律责任上的因果关系是一种特殊的因果关系,它既具有一般因果关系的特性,又有其特殊性。因果关系是客观的,不以人的意志为转移,我们只能根据事物之间的客观联系来判断因果关系的有无。事实上的因果关系极为复杂,一个结果可能由多个原因造成,法律只考虑其中与法律责任认定有关的因素。因果关系是法律规定的因果关系,具有法定性。

四、责任主体

责任主体是指因违反法律、违约或法律规定的事由而承担法律责任的人,包括自然人、法人和其他社会组织。责任主体是法律责任构成的必备条件。违法、违约首先是一种行为,没有行为就没有违法或违约,而行为是由人的意志支配的活动,因此,实施违法行为或违约行为必须有行为人。但是,并非任何人都可以成为违法行为或违约行为的实施者,没有行为能力的人就不可能成为实施违法行为或违约行为的人。因此,责任主体对于法律责任的有无、种类、大小有着密切的关系。

五、主观过错

主观过错是指行为人实施违法行为或违约行为时的主观心理状态。在人类社会的早期,按照客观原则进行归责,因而主观过错对法律责任的构成没有什么意义,仅仅对法律责任的大小有一定影响。现代社会将主观过错作为法律责任构成的要件之一,不同的主观心理状态对认定某一行为是否有责及承担何种法律责任有着直接的联系。主观过错作为犯罪的主观要件,是犯罪构成的必要条件之一,对于认定和衡量刑事责任即区分罪与非罪、此罪与彼罪、一罪与数罪、重罪与轻罪具有重要作用。在民事责任方面,一般也要考虑主观过错,采用过错责任原则。

主观过错包括故意和过失两类。故意是指明知自己的行为会发生危害社会的结果,希望或者放任这种结果发生的心理状态。过失是指应当预见自己的行为可能发生损害他人、危害社会的结果,因为疏忽大意而没有预见,或者已经预见而轻信能够避免,以致发生这种结果的心理状态。

第三节　法律责任的认定和归结

法律责任的认定和归结是对因违法行为、违约行为或法律规定而引起的法律责任,进行判断、认定、追究、归结以及减轻和免除的活动。法律责任的认定和归结是国家特设或授权的专门机关或社会组织依照法定程序进行的。在法律领域,认定违法责任并把它归结于违法者的,只能是具有归责权(追究权)的专门国家机关,而且认定和归责的过程表现为一系列的法律程序。在我国,违法者的民事责任和刑事责任的认定和归结属于人民法院;行政责任的认定和归结权属于公安、工商、税务、环保等有特定职权的国家行政机关和法律规定的社会组织;违宪责任的认定和归结权属于全国人民代表大会及其常务委员会。"认定"和"归结"两个概念的使用表明,当特定的违法行为发生后,法律责任的存在就是客观的,专门国家机关或社会组织所能做的,只是通过法律程序把客观存在的责任权威性地归结于有责主体。国家机关既不能任意创造或扩大法律责任,也不能任意消灭或缩小法律责任。国家机关认定法律责任和在此基础上的免责,是法律调整社会关系、维护社会秩序、保障公民权利、实现法律权威的重要环节。

法律责任的认定和归结是一个社会评价的过程,通过法律责任的实现,进行功利补救和道义谴责,以弥补社会损害,有效地分配社会资源,实现立法目的,体现法律权威,进行社会控制,保持社会平衡,恢复社会秩序,恢复社会常态,维护社会公正。

按照我国《民法典》第 187 条的规定,民事主体因同一行为应当承担民事责任、行政责任和刑事责任的,承担行政责任或者刑事责任不影响承担民事责任;民事主体的财产不足以支付的,优先用于承担民事责任。由于行政责任、刑事责任与侵权责任的性质不同,前两种责任主要借助于国家的公权力进行追究,而侵权责任主要是对私人权益的补偿,在侵权人财产不足以同时支付行政、刑事责任与侵权责任时,首先承担侵权责任体现了法律对私权的尊重和保护。

主动地承担法律责任由责任主体自动实现。被动地承担法律责任只能由法定的国家机关等有权主体通过法定程序实现,一般而言,有权追究法律责任的主体是多样的,实现法律责任的方式和程序也各不相同。

一、归责

归责,即法律责任的归结,是指国家机关或其他社会组织根据法律规定,依照法定程序判断、认定、归结和执行法律责任的活动。凯尔森认为"归责的概念指的是不法行为与制裁损害之间的特种关系"。[1] 台湾学者邱聪智认为:"在法律规范原理上使遭受损害之权益,与促使损害发生之原因者结合,将损害因而转嫁由原因者承担之法律价值判断因素,即为'归责'意义之核心。"[2] 归责是一个复杂的责任判断和责任归结过程,是由具有法定归责权的国家机关,如司法机关、行政机关,进行认定和归结的。此外,企业组织、仲裁机构、调解组织等社会组织根据法律规定而由国家机关授权或委托,也可以依法认定和归结法律责任。其他组织或个人都无权认定和归结法律责任。归责要严格按照法定程序进行,不能随心所欲、主观任性。

认定和归结法律责任必须遵循一定的原则。归责原则在不同历史时期、不同国家存在差别。根据我国法律的规定,适用法律认定和归结法律责任一般应遵循以下原则。

(一) 责任法定原则

责任法定原则是法治原则在归责问题上的具体运用。它的基本要求为:作为一种否定的法律后果,法律责任应当由法律规范预先规定;违法行为或违约行为发生后,应当按照事先规定的性质、范围、程度、期限、方式追究违法者、违约者或相关人的责任。责任法定原则的基本特点为法定性、合理性和明确性,即事先用成文的法律形式明确地规定法律责任,而且这种规定必须合理。

责任法定原则否定和摈弃责任擅断、非法责罚等没有法律依据的行为,强调

---

〔1〕 [奥]凯尔森:《法与国家的一般理论》,沈宗灵译,104 页,北京,中国大百科全书出版社,1996。

〔2〕 邱聪智:《庞德民事归责理论之评介》,载《台大法学论丛》(台湾地区),11(2)。孙笑侠认为,归责基础根据责任关系分为功利要求与道义要求两种。参见孙笑侠:《公、私法责任分析——论功利性补偿与道义性惩罚》,《法学》,1995(3)。

"罪刑法定""法无明文规定不为罪""法无明文规定不处罚",无法律授权的任何国家机关或社会组织都不能向责任主体认定和归结法律责任,国家机关和社会组织都不能超越权限追究责任主体的法律责任,国家机关都无权向责任主体追究法律明文规定以外的责任,向公民、法人实施非法的责罚,任何责任主体都有权拒绝承担法律明文规定以外的责任,并有权在被非法责罚时要求国家赔偿。中国晋代的刘颂就主张:"律法断罪,皆当以法律令正文;若无正文,依附名例断之;其正文、名例所不及,皆勿论。"[1]同时,责任法定原则也不允许法律的类推适用,特别是在刑事领域。

责任法定原则还否定和摈弃对行为人不利的溯及既往,强调"法不溯及既往",国家不能用今天的法律来要求人们昨天的行为,也不能用新法来制裁人们的根据旧法并不违法的先前的行为,不能以法有溯及既往的效力为由而扩大制裁面、加大制裁程度。下面这一案件的责任问题的处理就体现了这一点。

同居者应否承担扶养责任

原告陈某与被告孙某经人介绍于 2003 年 1 月相识并订立婚约,2004 年 10 月按照农村习俗举行了结婚仪式后同居生活,但一直未办理结婚登记手续。2005 年 3 月,原告经诊断患有肾病综合征,先后到莒县、五莲县、潍坊、济南等地医院住院治疗,支出医疗费 30000 余元,被告支付 11000 余元后不再陪同治疗,亦不再支付医疗费用。双方于 2005 年 11 月解除同居关系。2006 年 3 月,原告陈某诉至山东省莒县人民法院,要求被告履行扶养义务,给付必要的医疗费用。

莒县人民法院审理后认为,原告陈某与被告孙某未办结婚登记手续而以夫妻名义同居生活,属同居关系,不受法律保护。我国自 1994 年 2 月 1 日《婚姻登记管理条例》发布施行后就不再承认事实婚姻制度,原、被告虽以夫妻名义同居生活,但并未形成夫妻关系,不具有互相扶养的义务。原告请求被告承担医疗费用,没有法律依据,不予支持。鉴于原告与被告共同生活期间患有严重疾病尚未治愈,被告应当给予适当的经济帮助。2006 年 4 月 20 日,莒县人民法院作出判决:一、被告孙某于判决生效后十日内付给原告陈某经济帮助人民币 5000 元;二、驳回原告陈某要求被告孙某承担医疗费的诉讼请求。判决后,双方当事人均未上诉,判决已发生法律效力。[2]

(二)因果联系原则

在认定和归结法律责任时,必须首先考虑因果关系,即引起与被引起关系,具体包括:①人的行为与损害结果或危害之间的因果联系,即人的某一行为是否引

[1]《晋书·刑法志》。
[2] 参见张兴奎、许传伟:《同居关系人不具有互相扶养的义务——陈民燕诉孙立爱扶养纠纷案》,《人民法院报》,2006-09-18。

起了特定的物质性或非物质性损害结果或危害结果。②人的意志、心理、思想等主观因素与外部行为之间的因果联系,即导致损害结果或危害结果出现的违法行为或违约行为是否由行为人内心主观意志支配外部客观行为的结果。

因果关系本身是一个复杂的问题,可表现为一因一果、一因多果、多因一果、多因多果、内因外因、条件与原因、直接原因、间接原因、主要和次要原因等。从马克思主义哲学原理上讲,事物之因存在着普遍性的联系,不存在无因之果,也不存在无果之因,原因与结果这对哲学范畴无时不在,无处不有。

在认定和归结法律责任时,不仅要确认行为引起了损害结果或危害结果,且这种行为是违法行为或违约行为,而且要确认这一违法行为或违约行为与其所引起的损害结果或危害结果之间有内在的、直接的、逻辑的联系。这种因果联系表现为存在的客观性、因果的顺序性、作用的单向性、内容的法定性。法律上的因果关系的认定比较严格,它要在事实上的因果关系得到认定的基础之上,还要从法律规定、司法政策以及公平正义、案情发展的逻辑以及一般人的普遍感觉等方面综合考虑。

(三) 责任与处罚相当原则

责任与处罚相当原则是公平观念在归责问题上的具体体现,其基本含义为法律责任的大小、处罚的轻重应与违法行为或违约行为的轻重相适应,做到"罪责均衡""罚当其罪"。责任相当原则是实现法律目的的需要,通过惩罚违法行为人和违约行为人,发挥法律的积极功能,教育违法、违约者和其他社会成员,从而有利于预防违法行为、违约行为的发生。

许多学者讨论责任与处罚相当原则的重要性。中国古代有人强调"赏不在丰,所病在不均;罚不在重,所困在不当。"[1]荀子认为爵位和德行、官职与才能、赏赐与功劳、刑罚与罪恶之间是一种对等的报偿关系,不能随意轻重,只要有任何一方面不相称不得当,就会引起祸乱,"刑称罪则治,不称罪则乱,"[2]把罪刑相称原则提到国家治乱的高度加以说明,体现了严格的法制精神。在唐太宗李世民看来,赏与罚是国家的大事,必须十分慎重。"赏当其功,无功者自退;罚当其罪,为恶者咸惧。则知赏罚不可轻"。[3]英国学者哈耶克指出:"既然我们是为了影响个人的行动而对其课以责任,那么这种责任就应当仅指涉及两种情况:一是他预见课以责任对其行动的影响,从人的智能上讲是可能的;二是我们可以合理地希望他在日

---

〔1〕《南齐书·崔祖恩传》。

〔2〕《荀子·正论》:"治古不然,凡爵列、官职、赏庆、刑罚皆报也,以类相从者也。一物失称,乱之端也。夫德不称位,能不称官,赏不当功,罚不当罪,不详莫大焉。……夫征暴诛悍,治之盛也。杀人者死,伤人者刑,是百王之所同也,未有知其所由来者也。刑称罪则治,不称罪则乱。"

〔3〕《贞观政要·封建》。

常生活中会把这些影响纳入其考虑的范围。"[1]

责任与处罚相当原则的内容具体包括以下几方面:①法律责任的性质与违法行为或违约行为的性质相适应。不同性质的违法行为或违约行为表明了不同的社会危害程度,因而决定了法律责任的性质和法律责任的大小,因此就不能用刑事责任来追究民事违法行为。②法律责任的种类和轻重与违法行为或违约行为的具体情节相适应。违法行为或违约行为的情节是指反映主客观方面的各种情状或深度,从而影响违法、违约的社会危害程度的各种事实情况。不同的情节反映了不同的社会危害程度,因而在法律责任的归结方面就应有所不同。③法律责任的轻重与行为人的主观恶性相适应。行为人的主观方面的故意、过失,以及平时品行、事后态度等因素,对法律责任的具体归结有影响。国家机关和社会组织在认定和归结法律责任时,都应当坚持这三个"适应",全面衡量,不应偏废。在设定及归结法律责任时要考虑人的心智与情感因素,以其真正发挥法律责任的功能。

(四) 责任自负原则

与古代社会个体不独立不同,现代社会每个人都是独立的个人,在法律上具有独立的地位,因此在归责问题上要求遵循责任自负原则。凡是实施了违法行为或违约行为的人,应当对自己的违法行为或违约行为负责,必须独立承担法律责任;同时,没有法律规定不能让没有违法行为或违约行为的人承担法律责任,国家机关或其他社会组织不得没有法律依据而追究与违法行为者或违约行为者虽有血缘等关系而无违法行为或违约事实的人的责任,防止株连或变相株连。

当然,责任自负原则也不是绝对的,在某些特殊情况下,为了社会利益保护的需要,会产生责任转移承担问题,如监护人对被监护人、担保人对被担保人承担替代责任。

另外,法律归责原则还有公正原则(要综合考虑行为人承担责任的多种因素,做到合理地区别对待)、效益原则(进行责任追究的时候,要考虑到投入或产出的问题、成本或收益的问题)、合理性原则(在设定归结法律责任的时候考虑到人的心智与情感因素,以及真正发挥法律作用的功能)等。

二、法律责任的竞合

法律责任的竞合是指因某种法律事实的出现,导致两种或两种以上的法律责任的产生,而这些法律责任之间相互冲突的现象,其特点有以下四个方面:①数个法律责任的主体为同一法律主体。引起数个责任同时发生的同一不法行为,是由同一个民事主体实施的。②责任主体只实施了一个行为,而不是多个行为。竞合

---

〔1〕 [英]弗里德利希·冯·哈耶克:《自由秩序原理》,邓正来译,99页,北京,三联书店,1997。

责任必须是同一不法行为而造成的。一个不法行为产生数个法律责任是责任竞合构成的前提条件。如果行为人实施两个以上的不法行为引起侵权责任与违约责任同时发生的,应适用不同的法律规定,承担不同的责任。③该行为符合两个或两个以上的法律责任构成要件;④数个法律责任之间相互冲突,既无吸收关系也无并存关系。如我国《民法典》第 186 条规定:"因当事人一方的违约行为,损害对方人身权益、财产权益的,受损害方有权选择请求其承担违约责任或者侵权责任。"

法律责任竞合发生的原因在于,不同的法律规范是从不同的角度来规范社会关系的,由于法律规范的抽象性和社会关系的复杂性,这些法律规范在调整社会关系时难免就会产生重合,使得一个行为同时触犯了不同的法律规范,面临数种法律责任,从而引起法律责任的竞合问题。法律责任的竞合因某种法律事实的出现而发生,法律责任竞合往往是法官在法律事实的认定过程中发现的。

法律责任竞合的解决一般有按责任重者处之、禁止竞合、允许或限制竞合、赋予当事人选择请求权等方式。我国《行政处罚法》第 7 条规定:"公民、法人或者其他组织因违法受到行政处罚,其违法行为对他人造成损害的,应当依法承担民事责任。违法行为构成犯罪,应当依法追究刑事责任,不得以行政处罚代替刑事处罚。"此条规定,即是行政处罚与民事责任、刑事责任竞合的适用原则。[1]

三、法律责任的减轻与免除

法律责任的减轻和免除,即通常所说的免责。如我国《刑法》第 27 条规定:"在共同犯罪中起次要或者辅助作用的,是从犯。对于从犯,应当从轻、减轻处罚或者免除处罚。"法律责任"免责"同"无责任"或"不负责任"在内涵上是不同的。免责以法律责任的存在为前提,是指虽然违法者事实上违反了法律,并且具备承担责任的条件,但由于法律规定的某些主观或客观条件,可以被部分或全部地免除(即不实际承担)法律责任。"无责任"或"不负责任"则是指虽然行为人事实上或形式上违反了法律,但因其不具备法律上应负责的条件,故没有法律责任,即不承担法律责任。这两种情况时常被混淆。例如,许多论著和有些法规把未达到法定责任年龄、精神失常、不可抗力、正当防卫、紧急避险等不负法律责任的条件当作免除法律责任的条件。

必须指出的是,"免责"也不能混同为"证成"。部分或全部免除责任并不意味着特定的违法行为是合理的、法律允许或法律不管的,更不意味着这些被免责的行

---

[1] 国家司法考试、国家统一法律职业资格考试常有这方面的考题。如 2014 年国家司法考试卷一第 91 题为不定项选择题:下列构成法律责任竞合的情形是:A.方某因无医师资格开设诊所被卫生局没收非法所得,并被法院以非法行医罪判处 3 年有期徒刑 B.王某通话时,其手机爆炸导致右耳失聪,可选择以侵权或违约为由追究手机制造商法律责任 C.林某因故意伤害罪被追究刑事责任和民事责任 D.戴某用 10 万元假币购买一块劳力士手表,其行为同时触犯诈骗罪与使用假币罪。参考答案为 B、D 项。

为是法律赞成或支持的。

在我国的法律规定中,免责的条件和情况是多种多样的。如我国《民法典》规定,因不可抗力不能履行民事义务的,不承担民事责任;因正当防卫造成损害的,不承担民事责任,正当防卫超过必要的限度,造成不应有的损害的,正当防卫人应当承担适当的民事责任;因紧急避险造成损害的,由引起险情发生的人承担民事责任,危险由自然原因引起的,紧急避险人不承担民事责任,可以给予适当补偿,紧急避险采取措施不当或者超过必要的限度,造成不应有的损害的,紧急避险人应当承担适当的民事责任;因保护他人民事权益使自己受到损害的,由侵权人承担民事责任,受益人可以给予适当补偿。没有侵权人、侵权人逃逸或者无力承担民事责任,受害人请求补偿的,受益人应当给予适当补偿;因自愿实施紧急救助行为造成受助人损害的,救助人不承担民事责任。

一般而言,免责的条件和方式主要包括以下几类。

1. 时效免责

违法者在其违法行为发生一定期限后不再承担强制性法律责任。时效免责初看起来是不公正的,但实际上它对于保障当事人的合法权利,督促法律关系的主体及时行使权利,维护社会秩序的稳定,以及提高行政机关、司法机关的工作效率和质量,有着重要的意义。

2. 不诉免责

不诉免责即所谓"告诉才处理""不告不理"。在我国不仅大多数民事违法行为是受害当事人或有关人告诉才处理,而且有些轻微的刑事违法行为也是不告不理。不告不理意味当事人不告,国家就不会把法律责任归结于违法者,亦即意味着违法者实际上被免除了法律责任。在法律实践中,还有一种类似不诉免责的免责方式,即在国家机关宣布有责主体须承担法律责任的情况下,权利主体自己主动放弃执行法律责任。必须注意,作为免责形式的"不告诉"必须是出于被害人及其代理人的自由意志。如果"不告诉"之不作为是在某种压力或强制环境下作出的,则不构成免除有责主体的法律责任的条件和依据。

3. 自首、立功免责

自首、立功免责是对那些违法之后有立功表现的人,免除其部分或全部法律责任。

4. 补救免责

对于那些实施违法行为,造成一定损害,但在国家机关归责之前采取及时补救措施的人,免除其部分或全部责任。这种免责的理由是违法者在归责之前已经超前履行了义务。

5. 协议免责或意定免责

即基于双方当事人在法律允许的范围内的协商同意的免责,即所谓"私了"。

这种免责一般不适用于犯罪行为和行政违法行为(即"公法"领域的违法行为),仅适用于民事违法行为(即"私法"领域)。

6. 自助免责

自助免责是对自助行为所引起的法律责任的减轻或免除。所谓自助行为是指权利人为保护自己的权利,在情事紧迫而又不能及时请求国家机关予以救助的情况下,对他人的财产或自由施加扣押、拘束或其他相应措施,而为法律或社会公共道德所认可的行为。自助行为可以免除部分或全部法律责任。

7. 人道主义免责

权利是以权利相对人即义务人的实际履行能力为限度的。在权利相对人没有能力履行责任或全部责任的情况下,有关的国家机关或权利主体可以出于人道主义考虑免除或部分免除有责主体的法律责任。例如在损害赔偿的民事案件中,人民法院在确定赔偿责任的范围和数额时,应当考虑到有责主体的财产状况、收入能力、借贷能力等,适当减轻或者免除责任,而不应使有责主体及其家庭因赔偿损失而处于无家可归、不能生活的状态。在有责主体无履行能力的情况下,即使人民法院把法律责任归结于他并试图强制执行,也会因其不能履行而落空。

这些免责的条件包括法定的免责和意定的免责两类。公法方面的责任的减轻或免除,一般由法律明确规定,而私法方面的责任的减轻或免除,相当多地可由当事人自己的意思决定。

第四节 法律责任承担的方式

法律责任承担的方式是指承担或追究法律责任的具体形式。我国《侵权责任法》将过错责任、过错推定责任、无过错责任等责任构成进行了明确,从而在立法上将责任承担方式体系化。法律责任承担的方式包括惩罚、补偿、强制三种。

一、惩罚

惩罚即法律制裁,是国家通过强制对责任主体的人身、财产和精神实施制裁的责任方式。惩罚是最严厉的法律责任实现方式。惩罚主要针对人身进行。

(一)法律制裁的含义

法律制裁是指由特定国家机关对违法者依其法律责任而实施的强制性惩罚措施。国家使用强制力对责任主体的人身、精神施加痛苦,限制或剥夺财产,使责任主体受到压力、损失和道德非难,从而起到报复、预防和矫正的作用,平衡社会关系,实现社会的有序发展,维护社会正义。

法律制裁与法律责任有着密切的联系。法律制裁是承担法律责任的重要方

式。法律责任是前提,法律制裁是结果或体现。法律制裁的目的,是强制责任主体
承担否定的法律后果,惩罚违法者,恢复被侵害的权利和法律秩序。同时,法律制
裁与法律责任又有明显的区别。法律责任不等于法律制裁,有法律责任不等于有
法律制裁。比如在民事法律中,民法规定的承担民事责任的方式包括了两种情况:
一种是对一般侵权行为的民事制裁;另一种是违约行为和特殊侵权责任的法律后
果。在前一种情况下,司法机关通过诉讼程序追究侵权人的民事责任,给予民事制
裁。在后一种情况下,如果违约方根据对方的要求履行合同义务,或采取补救措
施,或向对方赔偿或支付违约金,违约方以自己的行为主动实现了自己的法律责
任,就不会再有民事制裁。同样,在特殊侵权责任的情况下,如果责任人主动承担
赔偿责任,也不存在民事制裁。当然,如果违约方或特殊侵权责任的责任人拒不承
担责任,而经另一方向人民法院起诉,由人民法院判决违约方或侵权责任人赔偿损
失或承担其他方式的民事责任,这种判决才能称为对被告的民事制裁。

(二)法律制裁的种类

1. 民事制裁

民事制裁是由人民法院所确定并实施的,对民事责任主体给予的强制性惩罚
措施。它主要包括赔偿损失、支付违约金等。以上不同形式,可以分别适用,也可
以合并适用。法院在审理民事案件时,除适用上述形式外,还可以予以训诫、责令
具结悔改、收缴进行非法活动的财物和非法所得,并可以依法处以罚款和拘留。民
事责任主要是一种财产责任,所以民事制裁也是以财产关系为核心的一种制裁。

2. 刑事制裁

刑事制裁是司法机关对于犯罪者根据其刑事责任所确定并实施的强制性惩罚
措施。在现代社会,刑事制裁与民事制裁有三个区别:首先,制裁目的不同,刑事
制裁旨在预防犯罪,民事制裁旨在补救被侵害人的损失;其次,程序不同,刑事制裁
一般由检察机关以国家名义提起公诉,而民事制裁一般要由被侵害人主动向法院
提起诉讼;再次,在方式上,刑事制裁以剥夺或限制自由为重要内容,并以剥夺生命
为最严厉的惩罚措施,民事制裁则主要是对受害人的财产补偿,刑事制裁也有财产
刑,但要上缴国库。承担刑事责任的主体既可以是公民,也可以是法人,但对法人
的刑事制裁只能是处以没收财产、罚金等财产刑。刑事制裁以刑罚为主要组成部
分。但除刑罚以外,刑事制裁还包括一些非刑罚处罚方法。刑罚是人民法院对于
犯罪者根据其刑事责任实施的惩罚措施,分为主刑和附加刑两类,包括自由刑、生
命刑、资格刑和财产刑。刑罚是一种最严厉的法律制裁。

3. 行政制裁

行政制裁是指国家行政机关对行政违法者依其行政责任所实施的强制性措

施。与行政违法和行政责任的种类相对应,行政制裁可以分为行政处罚、行政处分两种。[1]

通常所说的经济制裁,含义很广。广义的经济制裁是指包括罚金、罚款、赔偿损失、没收财产、停止贷款等一切有经济性内容的制裁,它们分别存在于刑事制裁、民事制裁与行政制裁当中;狭义的经济制裁往往指行政处罚中的罚款。罚款主要适用于违反行政法和民法的行为,不同于罚金,罚金是刑罚的一种。

4. 违宪制裁

违宪制裁是根据宪法的规定对违宪行为所实施的一种强制措施。它与上述三种法律制裁有所区别。在我国,监督宪法实施的全国人民代表大会及其常务委员会是行使违宪制裁权的机关。承担违宪责任、承受违宪制裁的主体主要是国家机关及其领导人员。制裁形式主要有:撤销同宪法相抵触的法律、行政法规、地方性法规;罢免国家机关的领导成员等。

二、补偿

补偿是通过国家强制力或当事人要求责任主体以作为或不作为形式弥补或赔偿所造成损失的责任方式。补偿包括防止性的补偿、回复性的补偿、补救性的补偿等不同性能的责任方式。补偿的作用在于制止对法律关系的侵害以及通过对被侵害的权利进行救济,使被侵害的社会关系恢复原态。补偿侧重强调事实,较少渗入道德评判,目的主要在于弥补受害人的损害。

补偿的方式除了对不法行为的否定、精神慰藉外,主要为财产上的赔偿、补偿。在我国,补偿主要包括民事补偿和国家赔偿两类。

民事补偿。民事补偿是指依照民事法律规定,责任主体承担的停止、弥补、赔偿等责任方式,具体包括停止侵害、排除妨碍、消除危险、返还财产、恢复原状、修理重作更换、赔偿损失、消除影响、恢复名誉等。承担民事责任的方式主要为民事补偿。

国家赔偿。国家赔偿主要包括行政赔偿和刑事赔偿。行政赔偿是国家因行政主体及其工作人员行使职权造成相对人受损害,而给予受害人赔偿的一种责任方式,主要包括如违法拘留或者违法采取限制公民人身自由的行政强制措施等因违法行政行为侵犯人身权的赔偿,如违法实施罚款、吊销许可证和执照、责令停产停业、没收财物等行政处罚等因违法行政行为侵犯财产权的赔偿。刑事赔偿是国家

---

[1] 2013年12月28日,第十二届全国人大常委会第六次会议通过了《全国人大常委会关于废止有关劳动教养法律规定的决定》,这意味着已经实施50多年的劳教制度被依法废止。

因行使侦查、检察、审判职权的机关以及看守所、监狱管理机关及其工作人行使职权时侵犯了当事人的人身权、财产权,而给予受害人赔偿的一种责任方式。此外还有非刑事司法赔偿。

三、强制

强制是指国家通过强制力迫使不履行义务的责任主体履行义务的责任方式。强制的功能在于保障义务的履行,从而实现权利,使法律关系正常运作。强制包括对人身的强制、对财产的强制。对人身的强制有拘传、强制传唤、强制戒毒、强制治疗、强制检疫等方式。对财产的强制有强制划拨、强制扣缴、强制拆除、强制拍卖、强制变卖等方式。强制是承担行政法律责任的主要方式。我国《行政强制法》第9条规定的行政强制措施的种类有限制公民人身自由、查封场所和设施或者财物、扣押财物、冻结存款和汇款等。强制主要为直接强制,也有代履行、执行罚等间接强制。

第二编　法律价值理论

第九章 法律作用

第一节 法律作用概述

一、法律作用的含义

法律作用是指法律对人们的行为、社会生活和社会关系发生的影响。法律作用与法律特征和本质密切联系，是法律特征和本质的体现。法律是一种国家意志的体现，是国家权力规范化的标志，因而法律作用与国家权力也有密切联系。实现法律作用的过程总是与运用国家权力联系在一起的，因此，法律作用是国家权力运行和国家意志实现的具体表现，法律作用是掌握政权者的意志影响社会生活的体现。

法律作用可以分为正作用、负作用或者积极作用、消极作用。这是法律实际作用的两种倾向或后果。正作用表明法律满足了主体的某种需要或达到预期目标；而负作用则为法律未满足主体需求或预期目标，并对主体造成了损害。如统治者欲用严刑巩固统治，结果却带来社会普遍不满而有损其统治的合法性；立法者欲用法律促进生产，结果反而适得其反。法律作用也可分为直接作用与间接作用、短期作用与长远作用等。

讨论法律的作用，需要明确法律的服务主体，即法律是谁手中的工具，有的学者认为法律是部分人手中的工具，如帝王、统治者；有的学者认为法律是全体社会成员手中的工具。

在法律维护社会利益还是个人权利问题上，自由主义论认为法律的唯一作用在于维护个人自由和权利，他们不否认社会利益，如认为社会利益即个人利益之总和，除个人利益外没有所谓的社会利益，如古典自然法学派大多数持此论。社会利益说则强调法律维护社会利益，个人利益服从这个利益。而中间观点则力图使个人利益和社会利益实现均衡，法律既要维护个人利益，也要维护社会利益。

对法律作用进行评价非常复杂，受许多因素的影响：①主体价值观的干扰，如统治者从巩固统治出发而剥夺公民自由的立法，在统治者看来为有利于统治，为正作用；在被统治者观之则丧失了权利，为负作用。②同一法律有不同的社会作用，其中普遍作用满足了主体需要，而另一些作用却正相反。如《破产法》解决了破产而产生的债权债务问题，同时却可能带来失业问题而引起社会秩序的不稳定。

③预期目标的不相容性,各个目标有时会相互抵触。通常采用的评价标准有统治秩序标准、生产力标准和社会整体文明标准(既包括生产力标准,也包括人权保障、社会结构合理化等)。

二、法律的规范作用和社会作用

法律作用可以分为规范作用与社会作用两类。一方面,法律是调整人们行为或社会关系的规范,所以法律具有各种规范作用;另一方面,法律是一定的人们的意志的体现,反映了他们的利益要求,所以法律具有各种社会作用。英国学者拉兹指出,每一个法律制度必然有规范的作用,也总会有社会的作用。把规范的作用归于法律是根据法律的规范性;把社会作用归于法律是根据法律所具有的或预期的社会效果、社会影响。[1] 法律的这两种作用之间的关系,是一种手段和目的的关系:法律的规范作用是手段,法律的社会作用是目的。

法律的规范作用与社会作用的区别在于:①两者的考察基点不同。法律的规范作用是基于法律的规范性特性(法律的主体部分是法律规范)进行考察的,即根据法律是一种调整人的行为的规范这一基本事实。法律的社会作用是基于法律的本质、目的和实效进行考察的。②两者的作用对象不同。法律的规范作用的对象是人的行为,这里的"人"是指一切社会关系的参加者,包括自然人和社会组织。而法律的社会作用的对象是社会关系,即人与人的关系及社会化了的人与自然的关系(技术法规所调整的对象)。③两者的存在方式不同。法律的规范作用是一切法律所共同具有的,不管是哪一种类型的法律都具有的规范作用;而法律的社会作用则依不同的类型、不同的国家,同一国家的不同时期而形成差别。④两者所处的层面不同。规范作用是社会作用的手段,社会作用则是规范作用的目的,规范作用具有形式性和表象性,而社会作用则具有内容性和本质性。⑤两者发挥作用的前提不同。实现规范作用的前提是颁布法律,即把法律告诉人们,法律就能发挥规范作用;而实现社会作用的前提是法律被运用、被实施,它要通过人们的法律行为或产生一定的法律关系。前者是在静态中发生的,后者是在动态中发生的。[2]

法律作用的对象需要予以注意。法律作用有两大对象,即人的行为和社会关

---

[1] [英]拉兹:《法律的作用》,转引自沈宗灵:《现代西方法理学》,211页,北京,北京大学出版社,1992。

[2] 法律作用与法律功能既有联系又不同一。法律功能是指法律的系统,尤其是其中的法律规范,为实现法律的系统的输出(法律的社会作用),而具体作用于人的行为的特定工作或活动方式。在某种意义上讲,法律功能是指法律的规范作用,但又不限于法律的规范作用,包括整个法律的系统的具体工作或活动方式。法律功能可以概括为协调利益、配置权义、传导信息、诱导强制、调节行为和实现价值等六种。参见乔克裕主编:《法理学教程》,52页,北京,法律出版社,1997。伯恩·魏德士认为,法律具有创建和调整功能、保持功能、赋予功能和法律保障功能、裁判纠纷的功能、满足功能、融合功能、创造与教育功能等。参见[德]伯恩·魏德士:《法理学》,丁小春等译,40~47页,北京,法律出版社,2003。

系。但是,二者不是在同一层次上的。法律首先对人的行为发生作用,经此才作用于社会关系;法律要作用于社会关系必定要通过对人的行为的调整。法律作用的对象是人的行为时,该法律作用称为"规范作用";法律作用的对象是社会关系时,该法律作用称为"社会作用"。总之,法律作用的对象是人的行为(在此意义上的法律作用是规范作用)与法律作用的对象是社会关系(在此意义上的法律作用是社会作用)这两种说法的含义是有一定差别的。

(一)法律的规范作用

法律的规范作用是法律自身表现出来的、对人们行为或社会关系的可能影响。在法理学上,也有人把法律的规范作用称为法律的功能。法律的规范作用根据其作用具体对象的不同,可以分为指引作用、评价作用、预测作用、强制作用和教育作用。

1. 指引作用

法律的指引作用表现为:法律作为一种行为规范,为人们提供某种行为模式,指引人们可以这样行为,必须这样行为或不得这样行为,从而对行为者本人的行为产生影响。从另一个角度看,法律的指引作用是通过规定人们的权利和义务来实现的。因此,法律对人们行为的指引,也相应有两种方式:①确定的指引。它是指人们必须根据法律规范的指示而行为:法律要求人们必须从事一定的行为,而为人们设定积极的义务(作为义务);法律要求人们不得从事一定的行为,而为人们设定消极义务(不作为义务)。如果人们违反这种指引,法律通过设定违法后果(否定式的法律后果)来予以处理,以此来保障确定性指引的实现。②有选择的指引。法律规范对人们的行为提供一个可以选择的模式,根据这种指引,人们自行决定是这样行为或不这样行为。这是一种按照权利性规则而产生的指引作用。

法律的指引作用也可分为羁束的指引和非羁束的指引,这是根据国家权力行为的权限幅度所进行的划分;原则的指引和具体的指引,这是根据法律的具体内容所进行的分类。

需要注意的是,法律的规范作用不属于"个别指引""非规范性指引"。

2. 评价作用

法律的评价作用表现在,法律对人们的行为是否合法或违法及其程度,具有判断、衡量的作用。这种作用的对象是他人的行为。

任何社会规范(道德规范、宗教规范、政策等)均具有一定的评价作用。但与其他社会规范相比,法律这种社会规范的评价作用具有概括性、公开性和稳定性,所以这种评价更客观、更明确、更具体。法律的评价作用的优越性,使法律起到了其他社会规范难以起到的维护社会秩序、促进社会发展的作用。

法律的评价作用可以分为专门的评价和一般的评价。专门的评价是经法律专门授权的国家机关、社会组织对他人的行为所作的评价,这种评价产生法律拘束力。一般的评价是普通主体以舆论的形式对他人行为所作的评价,不产生法律拘束力。

法律的评价作用同其指引作用是分不开的。如果说法律的指引作用可以视为法律的一种自律作用的话,那么法律的评价作用可以视为法律的一种律他作用。正因为法律能够指引人们的行为方向,才表明其是一种带有价值倾向和判断的行为标准。同理,也正因为法律具有对自己或他人的行为提供了判断是非曲直的标准,所以才具有指引人们行为的作用。而且法律通过这些规范、标准,影响人们的价值观念,达到引导人们行为的作用。

3. 预测作用

法律的预测作用表现在,人们根据法律规范的规定可事先估计到当事人双方将如何行为及行为的法律后果,从而对自己的行为做出合理的安排。一般而言,它分为两种情况:①对如何行为的预测。即当事人根据法律规范的规定预计对方当事人将如何行为,自己将如何采取相应的行为。②对行为后果的预测。由于法律规范的存在,人们可以预见到自己的行为在法律上是合法的,还是非法的,在法律上是有效的,还是无效的,是会受到国家肯定、鼓励、保护或奖励的,还是应受法律撤销、否定或制裁的。法律具有预测作用是与法律的规范性、确定性特点相联系的。

法律的预测作用与法律的可预测性既有联系又非同一,法律的预测作用体现了一定的法律可预测性,但是法律的可预测性强调的是法律的特性,法律的预测作用则为法律对人们的行为或社会关系的影响。

4. 强制作用

法律的强制作用表现在,法律为保障自己得以充分实现,运用国家强制力制裁、惩罚违法行为。这种作用的对象是违法犯罪者的行为。

法律的强制作用是任何法律都不可或缺的一种重要作用,是法律的其他作用的保证。如果没有强制作用,法律的指引作用就会降低,评价作用就会在很大程度上失去意义,预测作用就会产生疑问,教育作用的实效就会受到影响。总之,如果没有法律的强制作用,也就失去了法律的本义。

5. 教育作用

法律的教育作用表现在,通过法律的实施,法律规范对人们今后的行为发生直接或间接的诱导影响。这种作用的对象是社会成员的一般行为。法律具有这样的影响力,即把体现在自己的规则和原则中的某种思想、观念和价值灌输给社会成员,使社会成员在内心中确立对法律的信念,从而达到使法的外在规范内化,形成尊重和遵守的习惯。法律的教育作用主要是通过以下方式来实现的:①反面教育。即通过对违法行为实施制裁,对包括违法者本人在内的一般人均起到警示和警戒的作用。②正面教育。即通过对合法行为加以保护、赞许或奖励,对一般人的行为起到表率、示范作用。

对法律的规范作用需要全面的理解、整体的把握,特别要注意区分其不同。[1]

(二)法律的社会作用

法律的社会作用是法律为实现一定的社会目的(尤其是维护一定阶级的社会关系和社会秩序)而发挥的作用。法律的社会作用则是从法律的目的和本质的角度来考察法律的作用。法律的社会作用的基本方式有确认、调节、制约、引导、制裁等。

从马克思主义法学观点看,在阶级对立的社会中,法律的社会作用大体上表现在两个主要方面。

1. 法律在维护阶级统治方面的作用

法律的阶级统治作用是指法律在经济统治、政治统治、思想统治等方面的作用,比较多的体现了法律在政治方面的作用。马克思主义法学认为,在阶级对立社会中,社会的基本矛盾是对立阶级之间的冲突和斗争。为了维护自己的统治,掌握政权的阶级(统治阶级)必然把阶级冲突和斗争控制在一定的秩序范围内,他们利用国家制定和实施法律,来使自己在社会生活中的统治地位合法化,使阶级冲突和矛盾保持在统治阶级的根本利益所允许的界限之内,建立有利于统治阶级的社会关系和社会秩序。

马克思主义法学指出,法律在维护阶级统治方面的作用表现在许多方面:①调整统治阶级与被统治阶级之间的关系。一方面,统治阶级用法律在经济上确认和维护自己赖以存在的经济基础,在政治上维护统治阶级对被统治阶级的政治统治(包括镇压),在思想意识形态上维护有利于统治阶级的思想、道德和意识形态;另一方面,统治阶级在一定条件和限度内,也在法律中规定一些对被统治阶级有利的条款,向被统治阶级做出让步,以维护其根本的利益。②调整统治阶级与其同盟者之间的关系。因为统治阶级与其同盟者之间存在着共同的利益,又有着利益冲突,统治阶级需要用法律的形式确定与其同盟者之间的关系,适当给予同盟者在政治、经济上的某些权利和利益,同时对同盟者滥用其权利,甚或对统治阶级进行政治对

---

[1] 在律师资格考试、国家司法考试、国家统一法律职业资格考试中,常有题目涉及法律的规范作用,如1997年律师资格考试卷一第52题为多项选择题:"某林区村民于小林为盖房欲去山上伐几棵国有林木。父亲对儿子说,未经许可去伐国有林木属乱砍滥伐,是违反《森林法》的。于小林依从了父亲的劝导。该事例说明法的哪些功能? A.引导功能;B.评价功能;C.教育功能;D.强制功能。"参考答案为 A、C 项。

2014年国家司法考试卷一第10题为单项选择题:关于法的规范作用,下列哪一说法是正确的? A.陈法官依据诉讼法规定主动申请回避,体现了法的教育作用;B.法院判决王某行为构成盗窃罪,体现了法的指引作用;C.林某参加法律培训后开始重视所经营企业的法律风险防控,反映了法的保护自由价值的作用;D.王某因散布谣言被罚款300元,体现了法的强制作用。参考答案为 D 项。

抗,也实行法律上的制裁。③调整统治阶级内部的关系。统治阶级也需要用法律来规定和确认他们自己内部各阶层、集团的相互关系,分配统治权和利益,惩罚内部成员的违法犯罪行为,以此建立起个人意志服从整个阶级的关系,通过这种服从,确保其成员的权利的实现,解决其内部因财产、婚姻等问题而引起的矛盾和纠纷,保证其内部和谐一致。法律在维护阶级统治方面的作用表现了法律鲜明的阶级性。

2. 法律在执行社会公共事务方面的作用

社会公共事务是相对于纯粹的政治活动而言的一类社会活动。其特征是:这些事务的直接目的并不表现为维护政治统治,而在客观上对全社会的一切成员均有利,具有"公益性"。恩格斯曾经指出:"政治统治到处都是以执行某种社会职能为基础,而且政治统治只有在它执行了它的这种社会职能时才持续下去。"[1]马克思也认为,从"应然"的意义上而言,"法律应该以社会为基础。法律应该是社会共同的、由一定物质生产方式所产生的利益和需要的表现,而不是单个的个人的恣意横行。"[2]因此,法律在执行社会公共事务方面具有重要作用,这主要体现了法律在社会管理方面的作用。

法律在执行社会公共事务上的作用具体表现在这样一些方面:①维护人类社会的基本生活条件,包括维护最低限度的社会治安,保障社会成员的基本人身安全,保障食品卫生、生态平衡、环境与资源合理利用、交通安全等。②维护生产和交换条件,即通过立法和实施法律来维护生产管理、保障基本劳动条件、调节各种交易行为等。③促进公共设施建设,组织社会化大生产。即通过一系列法律来规划、组织如兴修水利、修筑道路桥梁等事项以及开办工业、组织农业生产,对这些活动实行管理。④确认和执行技术规范,包括执行工艺和使用机器设备的标准,规定产品、服务质量和标准,对高度危险品(易燃、易爆品、枪支弹药)和危险作业(高空作业、高压作业、机动作业)的控制和管理,对消费者权益的保护等。⑤促进教育、科学和文化事业,如通过法律对人们的受教育权加以保护,鼓励兴办教育事业,促进科技发明,保护人类优秀的文化遗产,要求政府兴办各种图书馆、博物馆、体育馆等文化体育设施。[3]

法律的这方面作用,主要方面体现着社会性(非政治性),但按照马克思主义法学的观点,它在本质上与法律在维护阶级统治方面的作用并不矛盾,从统治阶级的角度看,调整和维护社会公共事务方面的法律,在根本上与维护政治统治是一致的。

---

〔1〕《马克思恩格斯选集》,2版,第3卷,523页,北京,人民出版社,1995。

〔2〕《马克思恩格斯全集》,第6卷,291页,北京,人民出版社,1958。

〔3〕张维迎把法律和社会规范的功能归结为三个方面:第一是协调预期,第二是提供激励,第三是传递信号。详见张维迎:《法律与社会规范》,《文汇报》,2004-04-27。

法律在维护阶级统治方面的作用和法律在执行社会公共事务方面的作用会因在不同的时代、情势、国家任务等的不同会发生变化。如在阶级关系对立或对抗社会,法律主要侧重于政治统治作用。在阶级关系缓和或非对抗社会,法律主要侧重于社会管理作用。

第二节　正确认识法律作用

在认识法律作用时,我们必须注意"两点论":对法律的作用既不能夸大,也不能轻视;既认识到法律不是无用的,又要认识到法律不是万能的;既要反对"法律无用论",又要防止"法律万能论"。

一、法律作用的重要性

在社会生活中,法律发挥着重要的作用。如在明代的王夫之看来,"天下将治,先有制法之主,虽不善,贤于无法。"[1]黄宗羲也提出"有治法后有治人"的观点。[2]

在法制社会、法治社会中,法律的作用是不容低估的,法律以其独特的方式对人类生活发生着重要的影响:首先,自从有了国家之后,法律在人类社会中扮演的角色愈来愈重要,逐渐代替了宗教、道德、习俗等社会规范在调整人们的行为和社会关系中原有的影响力,成为最主要的社会调整手段。其次,法律是社会进步和发展的最重要的稳定和平衡的工具,它以其稳定性和可预测性为激变的社会生活确立相对稳固的规范基础。若没有法律,社会生活的变化将变得更无章可循。最后,法律具有其他社会规范所不具有的优点,如权利义务统一性、国家强制性、权威性、公开性、程序性等,都不是其他社会规范可以取而代之的。若废法律而弃之,则重建社会基本结构和秩序,不仅需要付出更大的成本,而且还可能产生难以预料的社会后果。以往的历史充分证明了这一点。

社会管理是一个试错的过程,经过神治、人治之后,人类选择了法律之治,是因为大家认识到法律之治的合理性和全社会的可接受性。故此,重视法律的作用不仅是一个理论问题,而且更是所有的人(包括治国者和普通民众)均须重视的一个实践问题。

特别在我们中国这样一个历史传统和现实状况的社会里,更应该强调国家法律在社会生活中的重要地位,重视法律的作用,突出依法治国的必要性,努力推进法治国家、法治政府、法治社会建设,不断提高社会成员依法办事的自觉性。

---

〔1〕《读通鉴论》卷三十。

〔2〕《明夷待访录·原法》。

二、法律作用的有限性

但是,我们也应该清醒地认识到,法律有其固有的弱点,法律并非无所不能,它也有其有限性。中国明代的王夫之就指出:"法之立也有限,而人之犯也无方。以有限之法,尽无方之慝,是诚有所不能也。"[1]

北京禁止燃放烟花爆竹法规变化事件

考虑燃放烟花爆竹污染环境,引发人员伤亡、火灾等伤害,1993 年 10 月 12 日,北京市第十届人大常委会第六次会议一致通过了《北京市关于禁止燃放烟花爆竹的规定》,从 1993 年 12 月 1 日起施行,其中规定:

第四条 本市东城区、西城区、崇文区、宣武区、朝阳区、海淀区、丰台区、石景山区为禁止燃放烟花爆竹地区。朝阳区、海淀区、丰台区、石景山区远离市区的农村地区,经区人民政府报请市人民政府批准,可以暂不列为禁止燃放烟花爆竹地区。其他远郊区、县的禁止燃放烟花爆竹地区,由区、县人民政府划定。市人民政府应当采取措施,逐步在本市行政区域内全面禁止燃放烟花爆竹。

当年,北京市政府发动了强大的宣传攻势,除夕夜数十万人上街监视,效果十分显著。[2]但是之后违反这一法规的人越来越多,有逐渐回头的趋势。1998 年以来,受伤人数和噪音则又有明显上升的趋势。社会各界也有许多争论。[3]

2005 年春节前,根据北京市政府规定,居住在城八区五环以外地区的居民可以燃放烟花爆竹,"禁放"规定开始松动。2005 年 9 有 9 日,北京市十二届人大常委会第 22 次会议审议和通过《北京市烟花爆竹安全管理规定》,于 2005 年 12 月 1 日开始施行。其中规定:

第十二条 本市五环路以内的地区为限制燃放烟花爆竹地区,农历除夕至正月初一,正月初二至十五每日的七时至二十四时,可以燃放烟花爆竹,其他时间不得燃放烟花爆竹。

五环路以外地区,区、县人民政府可以根据维护公共安全和公共利益的需要划定限制燃放烟花爆竹的区域。

国家、本市在庆典活动和其他节日期间,需要在限制燃放烟花爆竹地区内燃放烟花爆竹的,由市人民政府决定并予以公告。

第二十一条 本规定自 2005 年 12 月 1 日起施行。1993 年 10 月 12 日北京市

---

〔1〕《读通鉴论》卷四。

〔2〕应松年:《禁放爆竹与执法成本》,《法制日报》,2003-02-12。

〔3〕据有关部门统计,20 世纪 90 年代开始,10 多年来,我国共有北京、上海、广州、武汉、西安、深圳、福州、南京、长沙、苏州等 282 个禁放烟花爆竹的城市。2005 年时,已有 106 个城市在实施禁放后重新有限开禁。

第十届人民代表大会常务委员会第六次会议通过的《北京市关于禁止燃放烟花爆竹的规定》同时废止。

社会各界对这一变化总体持赞成态度。北京"禁改限"第一年无重大火灾和人员伤亡事故发生。[1]

由上例可见,法律作用的这种有限性主要表现在以下几方面。

(1) 法律仅涉及人的外部行为,而不能直接涉及人的思想。法律不调整所有的社会关系,法律作用的范围不是无限的,而是有限的。在社会生活中,并非所有的问题都可以适用法律的,法律只调整那些重要的、基本的社会关系领域,而有些"私"领域(诸如人们的思想观念、认识和信仰等问题),只要它尚未表现为外在的行为,并产生超出该领域以外的社会影响(例如由信仰而可能外化为暴力行动),那么就不宜采取法律手段加以调控。以"公"的手段来解决纯粹"私"的问题,不仅无效无益,反而有害。因此,美国有学者针对禁酒法指出,"人们早已不遵守禁酒法,以致第18条修正案已无任何约束力。废止禁酒法的修正案仅仅是承认了这一事实而已。"[2]

法律是众多社会规范、社会调整手段中的一种。法律是调整社会关系的重要手段,但不是唯一的手段。在处理复杂社会问题时,除运用法律调整外,还应有政策、纪律、规章、习俗、道德等调整。在需要综合治理的场合,法律有时也不是首要考虑的手段。

(2) 法律自身特点而产生的有限性。第一,法律具有保守性、滞后性,总体上落后于社会生活实际。复杂物质世界有些是很难用概念表达的。任何一种实在法律制度必然是不完全的,有缺陷的,而且根据逻辑推理过程,也并不总能从现存法律规范中得出令人满意的结论。第二,法律具有概括性,它不能在一切问题上都做到天衣无缝、缜密周延,也不能处处做到个别正义。"法律总是强调对象的一般性,而拒绝过分的'因人而异'。"[3]第三,法律具有稳定性、普遍性,而社会生活却是具体的、多变的。"当我们把特殊情况纳入一般规则时,任何东西都不能消除这种确定性核心和非确定性边缘的两重性。这样所有的规则都伴有含糊或'空缺结构'的阴影,而且这如同影响特定规则一样,也可能影响在确认法律时使用的确定最终标准的承认规则。"[4]第四,法律是注重程序的社会规范,缺乏对社会事件的及时应对和处理,法律救济程序启动的被动性导致权利保障的某种限制。第五,冲突的利益不能两全,使法律不能保护所有利益。个人自由与社会利益冲突时,法律也有可

---

〔1〕 相关材料和讨论可参见《北京青年报》,2005-02-12;《新京报》,2005-02-11;《中国青年报》,2005-09-10;《京华时报》,2006-02-13 等。

〔2〕 [美]希尔斯曼:《美国是如何治理的》,曹大鹏译,67 页,北京,商务印书馆,1986。

〔3〕 苏力:《法治及其本土资源》,190 页,北京,中国政法大学出版社,1996。

〔4〕 [英]哈特:《法律的概念》,张文显等译,123 页,北京,中国大百科全书出版社,1996。

能不能保护多数利益,也可能牺牲较小的利益。此外,法律作为"服务于有益目的的制度的运用可能超越其职责的法定范围,所以在某些历史条件下可能会出现管理转化为强制、控制转化为压制的现象。"[1]

(3) 人的因素的影响。孟子曾经指出:"徒善不足以为政,徒法不足以自行。"[2]荀子也说过:"法不能独立,类不能自行,得其人则存,失其人则亡。法者治之端也,君子者法之原也。"[3]人的认识水平会限制法律作用的发挥。法律是规范,不是规律本身,它总是体现着人的意志的。不管是出于利益、目的,还是立法者认识上的局限,法律总会存在着某种不合理、不科学的地方。法律是主观能动地参与客观的结果,它必然带有人的主观印迹。同时,立法者、执法者的能力也会影响法律作用的实现。

(4) 法律作用的实际发挥,还有赖于其他社会因素的配合。经济发展、政治体制、文化、传统、教育等社会因素对法律作用的发挥有重要影响,作为社会治理方式的法律受到其他社会规范、社会条件的制约。在实施过程中,在所需要的物质设施(如法院设施)、制度安排等还不具备的情况下,法律就不可能发挥其应有的作用的。[4]

基于上述原因,在现实生活中,我们不能指望靠法律解决我们所有的问题,能够百分之百地实现我们的愿望。对法律作用寄予过高的期望,反而对法律的成长和发展是不利的。

〔1〕 [美]E.博登海默:《法理学:法律哲学与法律方法》,邓正来译,404 页,北京,中国政法大学出版社,1999。

〔2〕《孟子·离娄上》。

〔3〕《荀子·君道》。

〔4〕 胡水君从法律的创制、法律自身及法律的运行等角度探讨法律的局限性,详见胡水君:《法律局限性探讨》,《法学天地》,1996(1)。徐国栋在《民法基本原则解释——成文法局限之克服》(北京,中国政法大学出版社,1992)中,从法律自身属性出发把成文法局限性归结为不合目的性、不周延性、模糊性及滞后性等。

第十章　法　律　价　值

第一节　法律价值概述

一、法律价值的含义

价值是指与主体的需要、欲求具有相洽互适性的，从而受到主体的珍视、重视的事物所具有的性状、属性或作用。所谓价值，就是在人的实践——认识活动中建立起来的，以主体尺度为尺度的一种客观的主客体关系，是客体的存在、性质及其运动是否与主体本性、目的和需要等相一致、相适合、相接近的关系。[1]价值强调事物对人的有用性。[2]

价值具有客观性，有其客观的基础和源泉。价值是客体属性的反映，又是对客体属性的一种评价和应用。人和客体之间的价值关系，是在现实的人同客体的实际的相互作用过程中，即在社会实践中确立的。正如马克思所指出的："'价值'这个普遍的概念是从人们对待满足他们需要的外界物的关系中产生的。"[3]价值与人们受一定社会历史条件所制约的需要、利益、兴趣、愿望密切相关。

法律价值是作为主体的人对作为客体的法律的需要和主体对客体的判断标准，是法律作为客体对于主体——人的意义，是法律作为客体对于人的需要的满足。[4]法律价值的本质在于法律的存在、变化和作用的效果，是以满足主体的内在尺度——利益、需要、效益为实质内容的。法律价值的主体具有普遍性，对法律价值的讨论要以全体社会成员为价值主体。法律价值对法律具有附从性，法律价值归根到底要体现在法律自身的性状、属性上。法律价值还具有应然性，它表述着人们的法律理想，法律价值属于主观认识范畴。人的需要的多样性决定了法律价值的多元性，并且多种法律价值可以并存，同时多元的法律价值也有层次的区别。

---

〔1〕 孙伟平：《事实与价值——休谟问题及其解决尝试》，99 页，北京，中国社会科学出版社，2000。

〔2〕 关于价值，可参见李德顺：《价值论》，北京，中国人民大学出版社，1987；李连科：《价值哲学引论》，北京，商务印书馆，1999。

〔3〕 《马克思恩格斯全集》，第 19 卷，406 页，北京，人民出版社，1963。

〔4〕 乔克裕、黎晓平认为，法律价值是一定的社会主体需要与包括法律在内的法律现象的关系的一个范畴。这就是，法律的存在、属性、功能以及内在机制和一定人们对法律要求或需要的关系，这种关系正是通过人们的法律实践显示出来的。参见乔克裕、黎晓平：《法律价值论》，40 页，北京，中国政法大学出版社，1991。严存生认为，法律价值是标志着法律与人关系的一个范畴，这种关系就是法律对人的意义、作用或效用，和人对这种效用的评价。参见严存生：《法律的价值》，28 页，西安，陕西人民出版社，1991。

西方学者关于法律价值概念具有不同的认识。无论是古典自然法学还是新自然法学都遵循同一传统,即专门研究法律价值问题,因此自然法学派也被称为价值法学。他们认为法律价值是指实在法得以产生和存在的根源或基础,又指法律的目的和意义,还指法律应追求的理想境界及对法律的评价标准。新康德主义法学认为,法律价值即是法律的理想境界,属于"应然"领域。社会法学的代表人物庞德认为法律价值是一个社会制定和评价法律的依据的标准。博登海默则强调法律价值就是指法律的合理性和道德性,是法律中的理想因素和法律所追求的目标。

法律价值体现着法律的精神。法律价值决定法律之所以存在的合理性,法律是人选择的。法律价值决定了法律的目的,抽掉法律价值的法律是盲目的。法律价值决定法律的善与恶,能对恶法进行纠正与补救。法律价值决定法律的理想的内容。法律价值影响法律权威。法律价值可以弥补法律对现实社会变化的在灵活与适应性上的缺陷。法律价值有助于限制国家权力的滥用。法律价值指引人们的法律行为。[1]

法律作用与法律价值有着十分密切的关系,法律价值指导法律作用,法律作用实现法律价值。法律作用与法律价值也存在不同,法律价值指导法律的制定和实施,法律作用仅是法律实施的结果;法律价值具有应然性,而法律作用主要表现为实然性;法律价值具有明显的主观性,法律作用一般不表现出主观性。

法律价值是多种多样的。由于法律价值与人的客观需要和利益相关联,而人的需要和利益又是多维度、多层次的,因此法律价值也是有所不同的,其中既有法律所要体现的基本价值或一般价值,也有法律的特殊价值(如阶级价值);有工具性价值,也有目的性价值;有个人价值、集体(社会)价值,也有国家价值、人类价值;有物质价值,也有精神价值;有应然价值,也有实然价值;有工具价值,也有固有价值;有法律的规范性价值,也有法律的社会性价值;有法律所起到的中介的价值,法律的工具性价值,也有法律本身的价值;有确认性价值、分配性价值、衡量性价值,也有保护性价值、认识性价值等。[2] 总之,根据不同的标准,对法律价值可以做出不同的划分,进行多角度的认识。

二、法律价值判断

法律价值判断属于理性认识,是对好坏的判断。价值判断是价值关系在头脑

---

〔1〕 彼得·斯坦、约翰·香德认为,公众对法律之信任的保持,有赖于立法者与法官们在现代社会条件下适当地综合西方法律传统中各种价值的能力。参见[美]彼得·斯坦、约翰·香德:《西方社会的法律价值》,王献平译,315 页,北京,中国人民公安大学出版社,1990。

〔2〕 卓泽渊认为,法的价值可概括为:①法的个人价值、群体价值、社会价值和人类价值。②法的物质价值和精神价值。③法的规范价值和社会价值。④法的手段价值和目的价值。⑤法的指引价值、预测价值、评价价值、制裁价值和教育价值。⑥法的正价值、零价值和负价值。⑦法的表面价值、潜在价值。⑧法的现实价值、未来价值和预期价值。参见卓泽渊:《法的价值论》,25~29 页,北京,法律出版社,1999。

中的反映,是用语言的形式表达出来的。价值判断是与人们的行动密切联系的、人们对特定事实的某种态度。"以人的需要为尺度,对已有的客体作出价值判断。……通过这一判断,而揭示客体与人的需要的满足关系是否存在以及在多大程度上存在。"[1]对于判断主体来说,价值判断,这种行为是一种以价值的优先选择为媒介的、具有高度主观性的活动,价值判断内容的客观性只与以相同的社会价值获得行为动机的人们的范围大小相应——只在社会中的一定范围内的人们之间通用。[2]

价值判断需要采用试验性的证明合理的程序,在这种程序中假设性地提出实践的预想以及一定的经验事实,然后推断出它与经验性事实相联系的后果并予以评价。各种假设性预想的结果可能在相对的评价中彼此冲突,人们在这一过程中就可以建立一个在各种假设行为的可能性与行动计划之间作出合理的决定的基础。[3]

法律价值判断主要是一种规范性判断。法律价值判断依主体不同而不同,是以主体为取向或尺度的。价值判断关心的是法律应该是怎样的,怎样的法律生活是最有价值的生活,关注的重心是法律的理想状态、应然状态,是变革现实的行动与实践。而法律的事实判断是一种描述性判断,是以"是"为连接词的判断。事实判断是以客体为取向的,目的是要达到对事物、事件及其过程的客观化的认识,所关心的是世界的本来面目。

区分价值判断与事实判断的意义而言,有利于明确认识、评价法律的多纬角度,从而拓宽法学研究与法律分析的视野;有利于协调事实与价值之间的固有张力,从而使得法学研究能寻求事实与价值之间的固有平衡。[4]

法学上价值判断与事实判断的区别,主要表现在以下几个方面:①判断的取向不同。法律的价值判断由于是作为主体的人所进行的相关判断,因而它以主体为取向尺度,随主体的不同而呈现出相关差异。但事实判断则不然,它是以现存的法律制度作为判断的取向的。简单地说,事实判断是为了得出法律的真实情况,如果该种判断是正确的话,那么它的结论就是不以人的意志为转移的。如"法律的强

[1] 冯平:《评价论》,2～3页,北京,东方出版社,1995。
[2] [日]川岛武宜:《现代化与法》,王志安等译,246页,北京,中国政法大学出版社,1994。川岛武宜提出,为了对法律价值判断进行合理化作业,我们需要两个条件:第一,应明确构成价值判断基准的法律价值的内容,及其法律价值体系的结构。第二,依据法律价值判断过程中的技术性的要素,对每一个价值判断进行合理化。参见[日]川岛武宜:《现代化与法》,王志安等译,251～252页,北京,中国政法大学出版社,1994。
[3] [英]麦考密克、[奥]魏因贝格尔:《制度法论》,周叶谦译,188页,北京,中国政法大学出版社,1994。
[4] 卡尔·拉伦茨认为,法学的基本问题在于,在法律判断中包含着"不能以科学方法审查的"价值判断,法律家须针对"价值取向"的思考发展出一些方法,借助它们可以理解及转述既定的价值判断,而使进一步的评价行为获得相对的精确性和客观性。参见[德]卡尔·拉伦茨:《法学方法论》,陈爱娥译,引论第2页,北京,商务印书馆,2003。

制性是法律的基本属性"这一事实判断，就可以为法律生活中的具体事实所证明。②判断的维度不同。法律上的价值判断，明显地带有个人的印记，具有很强的主观性。甚至可以说，与主体的情绪、情感、态度以及利益、需要等无关或中立的判断，并不能称之为价值判断。相反，就法律上的事实判断而言，其目的在于达到对现实法律的客观认识，因而无论是认识的过程抑或是认识的结果，都应当尽可能地排除主观性因素对认识问题的介入，而尽可能地做到"情感中立"或"价值中立"。③判断的方法不同。法律上进行价值判断是一种规范性判断的方法，它关注法律应当是怎样的，什么样的法律才符合人性和社会的终极理想。其基本目的在于引申出"应然"的法律状态与法律理想。法律事实判断则是一种描述性判断，其任务主要在于客观地确定现实法律制度的本来面目，是典型的"实然"判断。④判断的真伪不同。法律的价值判断的真伪，取决于主、客体之间价值关系的契合程度。换句话说，就法律的价值而言，它必须经历"历时性"的考验，由社会来取舍、选择。事实判断则不同，事实判断的真伪主要取决于其与客体的真实情况是否符合。

在法律实践中，价值判断如民事审判中的价值判断，具有重要作用。

民事审判中的价值判断

民事审判中的价值判断，是法官根据一定的考量标准，对民事审判工作中所涉及的有关权利要素的利益关系所做的基本评判。在民事活动中，权利价值之间的碰撞和冲突相当普遍。比如，经常发生的人的价值与物的价值之间的冲突、自由权与平等权之间的冲突、程序价值与实体价值之间的冲突、个体私权与公益权之间的冲突、公正与效率之间的冲突、法律效果与社会效果之间的冲突等等。当审判实践中出现多个并列的权利冲突时，法官就必须对其依据立法精神、法律推理、社会伦理、现代理念、个体智慧等作出价值判断，从而对其认可的价值利益关系作出必要的司法救济，对不被其认可的价值利益，依法不予司法保护。这是价值判断在民事审判实践中最为基本的作用之一。

从事民事审判实践的法官在判案中应用价值判断的方法时，应遵循以下方法：①在法律有明确规定的情况下，一般不能进行价值判断。②法律虽有规定，但在司法实践中有争议的，法官可依照立法目的进行价值判断。比如，一妇女在商场购物，商场方面怀疑她偷了东西，强行对其搜身，过后该妇女向法院提起诉讼，要求精神损害赔偿，一审判决精神损害赔偿5万元，而二审判决却只判了5000元，究竟哪个判决更符合立法目的？我们知道，精神损害赔偿制度的目的是给受害人精神上的抚慰，尽管人的精神和人格尊严是难以用金钱来估量的，也没有统一的赔偿标准，但判决精神损害赔偿时却应坚持精神赔偿只是给受害人以安慰，同时对侵害其人格尊严的行为给予一定惩戒的立法目的，再结合我国现阶段的法制状况，二审法官判5000元的精神赔偿即可起到抚慰受害人、惩戒被告人的目的。这个判决应该说是符合立法之目的的。③当出现多个价值冲突时,如果有比较明确的基本价值层次,就应该按照价值的层次或基本序列进行判断。对没有基本的价值序列的,就应该具体问题具体分析。[1]

第二节 法律价值的种类

一般认为,法律价值包括秩序、安全、平等、自由、正义、效率等。[2]

一、秩序

(一)秩序的含义

在汉语中,秩序,由"秩"和"序"组合而成。许慎的《说文解字》:"秩,积也",段玉裁注释为:"积之,必有次叙,成文理,是曰秩。"进一步引申为"常规、常度"。"序"为"叙"的假借字。《说文解字》:"叙,次弟也。"

秩序是指自然界和人类社会运动、发展、变化的规律性现象,如四季更替、昼夜循环、日月星辰的运转。自然秩序由各种各样的自然规则或自然法则、自然规律所支配而构成的。自然秩序使自然界的物质,物的存在、运动、发展、变化处于有序状态,从而使人类对自然界是可以认知的、可以进行一定控制和利用的。

从社会角度,秩序表示在社会中存在着一定社会的组织制度、结构体系和社会关系的稳定性、有规则性和连续性,秩序为人们在社会生活中相互作用的正常结构、过程或变化模式,它是作为主体的人互动的状态和结果。古罗马的奥古斯丁认为秩序就是差异的各个部分得到最恰当的安排,每一部分都安置在最合适的地方。[3]秩序侧重于社会制度与法律制度的形式结构。秩序由于满足人类生活和活动的有规则性、连续性和稳定性的需要而成为基本的法律价值。秩序具有系统性,人类需要协调三种关系:人与自然、人与社会、人与自身,从而形成自然秩序、社会秩序和思维秩序,三种秩序构成一个庞大且复杂的人类生存系统,在社会秩序中又包含各种分支系统的秩序,如政治秩序、经济秩序等。秩序表现出规则性,任何秩序的形成都表明存在着一种将事物依一定方位或先后顺序排列起来的规则。秩序还有条件性的特点,任何秩序的形成或建立都既是绝对独立的,又是相对的。

---

[1] 参见贾明会:《民事审判中的价值判断》,《人民法院报》,2005-07-06。

[2] 周安平认为法律价值需要同时满足以下条件:是理想的而非现实的;是抽象的而非具体的;必须是"法律的"价值;可以达成共识;不具有规范功能。其中,前两点是价值的共有条件,后三点则是法律价值的独有条件。以此为据可推论,法律价值只能是正义,而不是其他,包括效率。参见周安平:《法律价值何以是与何以不是》,《深圳大学学报(人文社会科学版)》,2020(3)。

[3] [古罗马]奥古斯丁:《论上帝之城》,法学教材编辑部《西方法律思想史编写组》编:《西方法律思想史资料选编》,91页,北京,北京大学出版社,1983。

绝对性表现为具体事物内部各种要素的位置及其之间的互相关系在一定的时间或范围内是稳定的;相对性表现为任何事物的内部秩序,以及它与其他事物相关的外部秩序的建立都是暂时的,随条件的变化而发生变化。

秩序与社会生活中存在一定的限制、禁止、控制有关。秩序表明社会生活中存在着一种相互性——每个人的行为不是偶然和和杂乱的,而是在相互回答或补充他人行为的。秩序在社会生活中捕捉预言的因素和重复的因素——人们只有在他们知道彼此情况下,才能在社会中活动。秩序是各种行为规范的实践过程,即行为活动对社会规范的贯彻、实施和维护过程,因而是制度化和规范化了的社会过程和社会结构。[1] 秩序能够表示社会生活各组成部分的某种一致性和不矛盾性。秩序表示社会生活的某种稳定性,即在某种程度上长期保持这钟形式。

作为法律价值,秩序是低层次的法律价值,即是工具性的法律价值、非实质性的法律价值,本身没有目标性内容。秩序是其他法律价值的基础,为诸如安全、自由、平等、正义等法律价值的存在和实现提供条件。如安全必定存在于一定的秩序之中,一个人的自由和他人的自由唯有在秩序中才获得其合理的界线和实现的条件,人们之间的平等关系也唯有秩序的支持才获成立。

(二) 法律与秩序

法律在构建社会秩序中起着主要作用,秩序是法律的基本价值。虽然习惯、惯例、公共政策等也会形成秩序,但现代社会秩序的形成主要依据于法律。社会秩序的维持在某种程度上是以存在着一个合理的健全的法律制度为条件的。亚里士多德曾言:"法律(和礼俗)就是某种秩序;普遍良好的秩序基于普遍遵守法律(和礼俗)的习惯。"[2]法律的基本功能是保持社会秩序和行为规范不变,使之制度化,因此才有所谓的法治或规则的统治,人们才可能根据昨天预测今天和明天他人和政府机构的行为,根据此地情况判断彼地的情况,也才有可能做到法律面前人人平等,才有可能最终形成一种进行合作、解决纠纷的"定式"。法律形成的秩序保证着人类的生存,保证着社会的发展。在现代社会,国家意志在秩序形成中具有重大作用,这取决于人对理性能力的确信。法律在维护秩序方面作用要通过立法、守法、司法等而具体体现出来,法律秩序的形成有赖于法律的完备而良善,有赖于法律在社会中的实施。法律秩序是在严格遵守法律的基础上形成的一种社会秩序,它必

---

〔1〕 邢建国等:《秩序论》,5 页,北京,人民出版社,1993。
〔2〕 [古希腊]亚里士多德:《政治学》,吴寿彭译,353~354 页,北京,商务印书馆,1965。

须以实行法制为前提,而法律秩序的建立则是实行法制的重要体现。[1]

法律对秩序的作用,具体表现在静态和动态两方面。

在静态层面,法律对秩序的作用具体体现在以下方面:①政治秩序。表现为国家政治权力的制度化、规则化、合法化。如通过宪法确认社会各政治力量的法律地位,确立国体与政体——民主立宪、民主共和(总统制、议会制)制、选举制等。②经济秩序。涉及社会生产和交换以及社会财富的分配和消费的领域。法律在建立经济秩序中有重要作用。如民法规定的所有制、所有权、债权等都意在建立合法的经济秩序,经济法中有关于经济活动中的规则也起着同样的作用。③社会生活秩序。通过劳动法、婚姻家庭法等法律进行个人与个人、个人与他人的交往模式以及人们正常的工作、学习、娱乐、休息以及家庭生活诸方面秩序的建构。④国际政治经济秩序。国际社会的整体秩序,通过国际法进行调整。

在动态方面,通过法律实施,形成各种以权利义务为内容的法律关系,实现法律秩序。法律为人们的行为提供行为模式,并坚持行为方式的规范化,给予社会生活以很大的有序性与稳定性。法律控制和安排人们的行为,调节人们的社会关系,使之协调有序地发展。并且通过惩罚违反规范的行为,鼓励和保护符合法律规范的行为,使社会保持在一定的有序状态,使这种状态不被打破和扰乱;同时当秩序被打破时,通过惩罚等手段予以恢复。

(三)法律秩序

需要注意的是,法律调整而形成的法律秩序是一种社会状态,是一种由实体性制度(以法律形式表现实体规则)和观念化的意志(法律秩序所体现的一定社会主体的意愿或者根本追求)合成的社会状态。正如庞德所言,"法学家们现在所称的法律秩序——即通过有系统地、有秩序地使用政治组织社会的强力来调整关系和安排行为的制度。"[2]法律秩序是社会关系的这样一种状态,它是法律规范和法制实际实现的结果,保证社会所有成员无阻碍地享受赋予他们的权利,并且也履行他们的法律义务。[3]法律秩序以具有确定性、连续性和普遍性为特征,因此可以成为先进的富有效率的社会秩序。[4]

---

[1] 韦伯认为,"法律秩序"有着完全不同的意义。它不是指一整套逻辑上表现正确的规范,而是指人类行为的实际决定因素。某些人根据某种方式行事,因为他们认为这种方式是法律命题规定的。这一事实当然是"法律秩序"产生和持续运作的根本要素。……"法律"只是一种具有实在效力的可能性而起到特定保障作用的"秩序制度"。参见[德]马克斯·韦伯:《论经济与社会中的法律》,张乃根译,14页,北京,中国大百科全书出版社,1998。

[2] [美]庞德:《通过法律的社会控制 法律的任务》,沈宗灵等译,22页,北京,商务印书馆,1984。

[3] [俄]J.T.C.雅茨:《法的一般理论——社会和哲学问题》,朱景文译,203页,沈阳,辽宁人民出版社,1986。

[4] 关于法律秩序,可参见杨力:《社会学视野下的法律秩序》,济南,山东人民出版社,2006。该书讨论了法律秩序与社会经济结构、法律秩序的社会接受、法律秩序的社会拒绝、社会分层与法律秩序等内容。

法秩序的形成包括自生形成、自发形成和自觉创设、人为建构两种方式。自发形成法秩序,是指人们在共同的生产、生活中,分散地、个别地寻找、创设规则的秩序形成方式(在国家出现之前和国家控制之外)。自发形成的法秩序一般为内生秩序。在哈耶克看来,这是进化理性主义的体现。[1] 普通法当然是最典型的自发秩序的法律体系;共和国时期的罗马法与英国普通法一样,乃是一种自发秩序的法律体系;[2] 法典化之前的教会法、[3] 国际商法、近代罗马法复兴以来欧洲大陆的"学者法",都属于自发秩序的法律体系。哈耶克认为"那种认为人已经拥有了一种构设文明的心智能力、从而应当按其设计创造文明的整个观念,基本上是一种谬误。"[4] 真正的秩序只能是适应性进化的结果,而不是人预先设计的。卡尔·波普也认为,人不能对社会进行整体上的有意识的设计,现实的社会秩序经常是超乎人的理性的预期的。[5] 萨维尼指出,法律乃是民族精神的体现:"一切法律均缘起于行为方式,在行为方式中,用习常使用但却并非十分准确的语言来说,习惯法渐次形成;就是说,法律首先产生于习俗和人民的信仰,其次乃假手于法学——职是之故,法律完全是由沉潜于内、默无言声而孜孜的伟力,而非法律制定者的专断意志所孕就的。"[6] 在他们看来,法律、制度的起源并不出于理性的设计,而是人的行为相互调适、相互作用并且积淀而成的,即使是那些最为复杂、表面上看起来是出于人为设计的各种制度,实际上也并不是人为设计或者政治智慧的产物。

自觉创设、人为建构法律秩序,是指国家出现以后,借助于公开、统一的立法形式,人们直接地、有目的地设定行为的法律规范,并要求人们遵照法律行事,从而形

---

〔1〕 进化理性主义认为个人理性是十分有限的和不完全的,理性在人类事务中起着相当小的作用,各种实在的制度,如道德、语言、法律等并不是人类智慧预先设计的产物,而是以一种累积的方式进化而来的。进化理性主义者主张社会在不断试错的过程中有机地、缓慢地发展,他们认为独立的个体在日常生活中的相互作用会比单个人或某一组织有意识地调节社会取得更加恢宏的成就。此外,进化理性主义承认,人的理性并不足以充分把握现实世界中的各种细节,因而人类必须依赖"抽象"这一工具,以帮助大脑处理那些我们并不完全知道的事情。

〔2〕 参见[英]哈耶克:《自由与法律》,秋风译,长春,吉林人民出版社,2004。

〔3〕 关于教会法,可参见彭小渝:《教会法研究》,北京,商务印书馆,2004。

〔4〕 [英]弗里德利希·冯·哈耶克:《自由秩序原理》,邓正来译,邓正来代译序《哈耶克的社会理论》,21页,北京,三联书店,1997。

〔5〕 参见[英]卡尔·波普:《历史决定论的贫困》,杜汝楫、邱仁宗译,51页,北京,华夏出版社,1987。

〔6〕 [德]萨维尼:《论立法与当代法学的使命》,许章润译,15页,北京,中国法制出版社,2001。

奥地利学派经济学的创始人卡尔·门格尔则更清晰地论证了自发秩序的法律观。在1971年出版的《国民经济学原理》中,门格尔首先论证了货币的自发形成过程。([奥]卡尔·门格尔:《国民经济学原理》,《货币的起源》一章,刘絜敖译,上海,上海人民出版社,2001。)在《经济学方法论探究》一书中,门格尔又发展了这一理论,解释了国家的自发形成过程。

成法律秩序。[1] 在现代文明国家,自觉的成文立法成为进行法律秩序和社会秩序创设的重要手段。但是,一般而言,自觉的成文立法必须以人们自发形成的法秩序、社会秩序中的规则体系为规则来源的基础,而不能随心所欲地立法。自觉创设、人为建构法律秩序一般具有外生秩序的特点。按照哈耶克的说法,这一秩序体现了建构理性主义。[2]

因此,对法律可能就出现拒绝、反抗与认同、接受两种态度,如果由非国家的习惯法所支持的自生秩序与国家法律所构想的秩序不相一致,就可能产生严重的法律问题和社会问题。

具体而言,影响法律秩序形成的因素是多方面的,概括起来主要有个人、体制、环境、法律本身四个方面。①个人方面的因素。即行为受法律调整和负有执法、司法职责的个人的法律意识和法治观念水平及其理想、道德、文化、纪律等综合素质水平的影响。②体制方面的因素。这是指有关法律执行、适用、监督机关的组织、结构是否健全、合理。③环境方面的因素。包括有关法律秩序的经济环境、政治环境、文化环境和自然环境。这些因素对法律秩序的形成具有不同程度的制约作用。④法律本身的因素。包括法律内容方面的因素和法律形式方面的因素。法律内容方面的因素包括两个方面:一方面,是指法律是否在本质上反映社会大多数人的根本利益和共同意志、符合社会文明发展趋势。法律反映人民的根本利益和共同意志、符合社会文明的发展趋势,是法律得到人们自觉拥护和遵守的必要条件和重要前提;另一方面,是指法律规定的权利义务是否合理、法律内容是否符合社会实际发展水平。法律形式方面的因素主要指立法质量。它在法律秩序的形成中具有特殊重要的意义。明确、完整、和谐应当是立法质量的三个基本要求。明确,指法律规则的语言清楚、概念明确,法律规则指示清楚、公开,而且没有歧义。完整,包括法律规则的逻辑结构完整和法律程序完整。法律规则的逻辑结构完整,指一定的行为模式必须配以相应的法律后果。法律程序完整,指法律应当对人们的法律

---

[1] 关于自发秩序,哈耶克有比较深刻的讨论,参见[英]哈耶克:《自由秩序原理》,邓正来译,北京,三联书店,1997。哈耶克在该书中讨论了人类秩序的类型、与秩序相对应的规则或法律等问题。在《法律、立法与自由》一书中,哈耶克对内部秩序、自生自发秩序和内部规则有全面的讨论,他认为支配内部秩序或自生自发秩序的内部规则必须是目的独立的和必须是同样适用的;他重视自发秩序,坚持并发展了进化理性主义,而对建构理性主义则给予猛烈批评,他认为进化理性主义意味着自由,而建构理性主义则意味着集权主义。参见[英]F.A.哈耶克:《法律、立法与自由(第一卷)》,邓正来等译,55~74页,北京,中国大百科全书出版社,2000。也可参见高全喜:《法律秩序与自由正义——哈耶克的法律与宪政思想》,北京,北京大学出版社,2003。

[2] 建构理性主义蔑视和贬低非理性的或者未被理性充分理解的事物,它假定人生而具有智识和道德禀赋,因而人能够根据理性原则对社会作精心规划,并尽可能地抑制乃至铲除一切非理性现象。它还认为,道德、宗教、法律、语言、文字、金钱、市场等一切文化制度都源于发明或设计,都是"精心设计之物"。此外,建构理性主义拒不承认"抽象"是我们的大脑必不可少的工具,它更倾向于特殊和具体,它认为理性能够省掉抽象而完全掌握"具体"和所有的特定细节,并因而实在地掌握"社会过程"。

行为,特别是执法、司法行为的顺序、方式和步骤作出足够充分的规定,使人们在依法办事时确实有所依据,而不致出现"找不到依据"的情况。和谐,要求法律部门之间、法律渊源之间、法律制度之间以及实体法与程序法之间协调一致、相互配合,形成统一、有序、和谐的整体。

在当代中国社会,社会结构出现了较大的变化,社会秩序的形成和维持呈现新的特点。在重视秩序形成的立法建构的同时,我们需要尊重社会传统,客观对待自生法秩序。哈耶克曾经指出,在一特定的文化中成长起来的每一个人都会在自己的身上发现规则的影子,甚或会发现他是依规则行事的——而且也能够以同样的方式辨识出他人的行动是否符合各种各样和规则。[1] "立法应该将存在于人民之间的法律作为有影响有价值的因素加以考虑,不得突然与这种法律相决裂。"[2]国家制定法的制定和实施离不开作为地方性知识的少数民族习惯法的认同和支持。[3] "法律只有被社会上的大众愉悦地认可并欣然遵守时才是实际意义上的法律。"[4]新的法律不是凭空产生的,即使是对过去的法的有意识的否定,但也是对先前存在的制度和思想的再创造。[5] 特别要注意中国乡土社会秩序的特点,使之与现代法治有机的结合,建设和谐的与社会发展一致的多元法秩序。[6]

我国现在制定了大量的法律,中国特色社会主义法律体系已经形成,相应的法律秩序正在形成中,这已经成为中国转型时期社会秩序的一个重要特征。因此,需要认真协调自生秩序和人为建构秩序的关系,认真处理社会发展、社会改革与法律秩序的关系,通过社会改革、社会发展建构新的法律秩序,注重法律的实效。[7]

二、安全

(一) 安全的含义

"安"为"安定""平安","安全",《现代汉语词典》释为"安全就是没有危险、不受

[1] [英]弗里德利希·冯·哈耶克:《法律、立法与自由》(第一卷),邓正来等译,153页,北京,中国大百科全书出版社,2000。

[2] [德]李斯特:《德国刑法教科书》,许久生译,21页,北京,法律出版社,2000。

[3] 关于地方性知识,吉尔兹有全面的分析,请参见[美]吉尔兹:《地方性知识》,王海龙、张家瑄译,222~322页,北京,中央编译出版社,2000。

[4] [美]赞恩:《法律的故事》,刘昕、胡凝译,245页,南京,江苏人民出版社,1998。

[5] 在谈到1804年的《法国民法典》时,德国的茨威格特就指出它是"深受罗马法影响的南部成文法与以日耳曼-法兰克习惯法为基础的北部习惯法这两种传统制度的巧妙融合物",强调习惯法对《法国民法典》的影响。参见[德]茨威格特、海因·克茨:《比较法总论》,潘汉典等译,144~149页,贵阳,贵州人民出版社,1992。

[6] 参见梁治平:《乡土社会中的法律与秩序》,载王铭铭等主编:《乡土社会的秩序、公正与权威》,北京,中国政法大学出版社,1997。关于当代中国社会的自生秩序,可参见项飙:《跨越边界的社区》,北京,三联书店,2000。

[7] 关于法律秩序与社会改革,可参见[美]安·塞德曼、[美]罗伯特·B.塞德曼:《法律秩序与社会改革》,时宜人译,北京,中国政法大学出版社,1992。

威胁、不出事故"。[1]"安全"一词有着广泛的含意,如国家安全、社会治安等。

安全是对人类自我保存需要的满足;对社会而言,意味着安宁与和平;对个人而言,意味着生命、身体、名誉、财产和其他种种自由权利的免受侵害与保存。自我保存是人类最基本、最强烈的心理因素之一,也可看作人的生存本能。美国心理学家马斯洛(A·H·Maslow)在关于人类基本需要的理论中,把安全的需要列为人的五大基本需要(衣、食、住、行、安全)之一。马斯洛认为,安全需要表现为人们要求保障自身安全、摆脱失业和丧失财产威胁、避免职业病的侵扰等方面的需要。他认为,安全需要是在生理需要得到满足之后产生并对人形成激励的。[2]

安全的内容一般包括:①国家的安全。对内指社会的安定、政权的稳固及免受侵害;对外指主权的独立、领土的完整及其免受侵犯。②社会的安全。主要指社会的政治经济制度、社会的生产和建设正常运行,社会的公共财产、公共设施和其他利益免受侵害。③个人的安全。个人生命、身体、名誉、财产和其他自由权利得到保障、免受侵害。

随着社会的发展,当代社会中的安全具有了新的内容,如对公害、风险的避免与补救,其中突出的为老龄、疾病、事故、失业、环境污染、食品卫生、电子商务等引起的安全。

安全是基本的法律价值,但具有从属性、工具性。在社会生活中,某种程度的压力、风险和不确定性往往作为一种刺激成功的因素而起作用的。如失业问题,一个人由于雇主反复无常的性情而经常为自己可能失业感到担忧,可能产生对身心有害的紧张;但毫无限制的职业安全则可能造成平庸、不思进取。

(二) 法律与安全

法律在满足人们对安全的需要方面的作用十分显著:①通过多种法律规范满足安全的需要,把人们对安全的需要具体化为法律上的权利义务关系加以确认。如我国《宪法》第28、29条的规定和刑法中关于危害国家安全罪的规定,即基于保护国家安全的需要。而《宪法》第1、9、12条和刑法中关于危害公共安全罪的法律规定,则针对保护社会安全。宪法、刑法、民法等法律都为保护个人安全提供法律保障,而社会保险法规、交通法规等单行法规都可称为安全法规。②法律调整社会关系的范围与安全的内容相关。如从国家安全、社会安全及个人安全的角度确定相应法律调整范围,如刑法规范。另外,法律在调整人和自然的关系方面,也出于满足人的安全的需要,如《宪法》第26条规定"国家保护和改善生活环境和生态环境,防治污染和其他公害",环境保护方面的法律并将之具体化,而有关生产活动中

---

〔1〕　中国社会科学院语言研究所词典编辑室编:《现代汉语词典》,7页,北京,商务印书馆,2005。

〔2〕　参见[美]马斯洛:《人的动机理论》,陈炳权等译,载马斯洛等:《人的潜能和价值》,北京,华夏出版社,1987。

的安全法规和操作规程更是把人们安全的需要放在首位。③法律通过国家强制力有效地保障人类安全需要的满足。

法律应当保障社会基本的安全,满足人们生存、生活所需的安全,实现法律安全。电子商务、大数据、人脸识别等新兴的社会领域的法律安全保障尤其值得重视。

地铁使用人脸识别的法律隐忧

据报道,北京市轨道交通指挥中心主任战明辉在 10 月 29 日举行的 2019 年城市轨道交通运营发展论坛上透露,北京将应用人脸识别技术实现乘客分类安检。要研究建立人员分类标准,形成对应的人脸库,依托人脸识别系统对乘客进行判别,并将信息推送给安检人员,安检人员据此对应采取不同的安检措施。

进出大学校园要出示证件,邮寄东西要核查身份证,住宾馆要人脸识别,坐地铁人物同检尚嫌不够,还要进一步运用所谓新技术,继续提升安保级别。我想问一句,还有完没完? 接下去,是不是要在所有的马路上,所有的公共场所,全面安装人脸识别的机器,以便随时将行人拦截下来盘问与搜身,将那些被认为危及安全的人进行拘押呢?

对于北京地铁即将推行人脸识别技术的做法,我表示坚决的反对。以下是具体的理由。

首先,人脸识别涉及对个人重要的生物学数据的收集,相关组织或机构在收集之前,必须证明这种做法的合法性。按照现有的法律规定,普通的个人信息,包括住址、电话号码、邮箱、账户以及行踪轨迹等,因为具有可识别性,在收集时必须经过被收集人的事先同意。同时,如果收集方将相应信息不当地予以使用、出卖或是泄露,还可能引发包括刑事责任在内的法律责任。

生物学数据的个人指向性更为明确,而且对个人而言,也显然比一般的个人信息更为重要,为什么在收集时反而不需要征得被收集人的同意? 并且,对收集的主体、目的、方法、范围与程序等问题,完全没有做任何的限定,也没有对违规收集或使用的行为规定相应的法律责任。

如果政府是作为收集的主体,显然需要法律明确予以授权;法无授权即不可为,政府无权以安全为名,来搜集普通公民的生物识别数据。倘若是企业或其他机构所为,则其收集个人的生物学数据,起码需要获得被收集人的明示同意;不经同意而收集,属于非法获取公民个人信息的行为。

其次,地铁实施人脸识别,涉及公众重要的人身权益,不经听证就要推行,也缺乏起码的合理性。几年之前,北京地铁票价调整,曾广泛征求公众的意见,并经过严格的听证程序。如果票价调整都需要广泛征求意见并经历听证程序,则推行人脸识别技术,明明涉及更为重要的人身权益,怎么就可以在既不征求意见也不进行听证的情况下,直接决定予以推行? 难道个人的生物学数据,在重要性上还不如几元人民币的价值?

再次,声称应用人脸识别技术是要实现分类安检,但标准本身所牵涉的问题本身就没有解决。一个交通管理部门,有什么权力来对乘客进行分类? 依据的又是什么法律? 不止如此,相关部门准备采取怎样的标准来对乘客进行分类,采取的标准具体包含什么内容,又是由哪些人以及如何确定的标准,标准是否应当公之于众等,这些问题难道不应当在推行人脸识别之前先行解决吗? 垃圾的分类标准都要明示,更何况是对人的分类。

最后,没有足够的证据表明,在地铁运用人脸识别能够提升通行效率;即便有证据予以证明,效率本身也不足以成为推行的充分依据。[1]

三、平等

(一) 平等的含义

从一般意义上讲,平等意味着从某一标准看来是相同的人得到同样地看待。平等不等于平均;平等是一种超越不平等事实的本质上的平等观念,人类在人种、肤色、健康、智力、感情以及其他素质方面,事实上是不平等的,但在本质上都是人,应以人的待遇平等地对待之,待遇平等不等于结果平等。平等是与特权、歧视对立的。平等观念表达了人们对人的基本信念,即每个人都有作为人的同样的尊严、权利和价值。马克思、恩格斯合著的《神圣家族》中,就这一问题作了论证:"平等是人在实践领域中对自身的意识,也就是人意识到别人是和自己平等的人,人把别人当作和自己平等的人来对待。平等是法国的用语,它表明人的本质的统一、人的类意识和类行为、人和人的实际的同一,也就是说,它表明人对人的社会的关系或人的关系。"[2]

作为人,我们都是平等的——平等的人并且具有平等的人性。在人性上,没有一个人比另一个多或少。[3]平等观念是一个近代观念,法国大革命中首先提出的资产阶级革命的口号,后来由宪法予以确认。在《旧制度与大革命》中,托克维尔指出法国大革命的实质是一场争取平等的社会政治秩序的革命。[4]但是,在堤坝被冲决之前,平等的浪潮早已把大堤冲击得百孔千疮了。法国大革命只是给了它公开和最后的猛烈一击。托克维尔认为大革命之前的数百年中,所有欧洲古老国家

---

〔1〕 劳东燕:《地铁使用人脸识别的法律隐忧》,财新网 opinion. caixin.com/2019-10-31/101477392. html,2020 年 8 月 18 日最后访问。

〔2〕《马克思恩格斯全集》,第 2 卷,48 页,北京,人民出版社,1957。

〔3〕 [美]摩狄曼·J.阿德勒:《六大观念:真、善、美、自由、平等、正义》,陈珠泉、杨建国译,171 页,北京,团结出版社,1989。

〔4〕 [法]托克维尔:《旧制度与大革命》,冯棠译,59 页,北京,商务印书馆,1992。

都已经在默默地从事摧毁国内的不平等现象了。[1]而17世纪以降,封建制度已基本废除,各个阶级已互相渗透,贵族阶级已经消失,贵族政治已经开放,财富成为一种势力,法律面前人人平等,赋税人人平等,出版自由,辩论公开。这一切都是中世纪所没有的现象。[2]真正为现代平等观奠定了基础的,在皮埃尔·勒鲁看来,则是基督教。他甚至称耶稣为"社会等级的摧毁人"。[3]16世纪的宗教改革创立的"新教"对《圣经》教义做了重新的解释,认为所有的灵魂在上帝面前都具有平等的价值,也就是说,每个人都有权直接和上帝交流而毋需通过教士的中介。宗教改革成功打破了僧侣等级制度,同时,给民众播下了平等的种子,从思想上摆脱了"信奉教皇极权"的约束。古代与之相对应的是等级观念,即人的地位、身份是先定的,且不平等。平等观念是对特权及歧视的反抗,是平民阶层要求与富人享有同样的政治经济权利。因此,平等是人类实践活动所追求的一种政治价值目标,也是现代社会赖以立足的基本原则。[4]

平等观念需要面对两个重要问题:①为什么平等?②什么方面平等?平等观主要有平均主义的平等观和权利主义的平等观。平均主义是一种比较古老和普遍的平等观念,在各文明形态和不同历史时期都有所表现。例如,柏拉图在《理想国》提出,要在"护国者"阶层中实行彻底的共产共妻制度;中国自古就有"不患寡而患不均"的政治观点,在中国的历次农民起义中,都打出过"等贵贱、均贫富"的旗号。唐朝王仙芝自称"天补平均大将军",黄巢号称"冲天太保均平大将军"。平均主义的实质就是要求在物质分配方面采取数量均等的做法,因而是一种追求结果平等的平等观。另外,平均主义强调人与人之间的一致性,具有使每个人在各方面都趋于一统的倾向。平等如果只是量上的平等要求,就易于导致平均主义,也无法真正克服它所反对的不平等。权利主义的平等观则是近代较为流行的观念,它是作为封建制度下等级特权的对立面而产生的,因而比较注重个人在社会中的地位和发

---

〔1〕 [法]托克维尔:旧制度与大革命》,冯棠译,275页,北京,商务印书馆,1992。

〔2〕 [法]托克维尔:《旧制度与大革命》,冯棠译,58~59页,北京,商务印书馆,1992。

〔3〕 [法]皮埃尔·勒鲁:《论平等》,王允道译,125页,北京,商务印书馆,1994。

〔4〕 亚里士多德区分"数量平等"与"比值平等"的观点,他认为:所有内讧,都常常以"不平等"为发难的原因——虽然在本来不相等的人们之间,倘若依照比例而作相应的不等待遇,实际上并不能说是"不平等"。内讧总是由要求"平等"的愿望这一根苗生长起来的。所谓平等有两类,一类为数量相等,另一类为比值相等。"数量相等"的意义是你所得与他人所得的相同事物在数目和容量上相等;"比值相等"的意义是根据各人的真价值,按比例分配与之相衡称的事物。现在的人们大都承认:政治权利的分配,按照各人的价值为之分配这个原则是合乎绝对的正义(公道)的;可是,在实践的时候,各人的主张又相分歧了:有些人因自己在某一方面与人平等而要求一切平等;另一些人则凭自己在某一方面有所优胜就要求一切优先。由于人们各取两种不同的途径,平民和寡头这两个类型的政体就特别流行于世间。门望(贵青)和才德在各邦都属少数,但群众和财富却遍地都有。然而,一个按照寡头主义或平民主义(以财富或人数为凭),在任何方面要求一律地按绝对平等观念构成的政治体制,实际上不是良好的政体。史实已经证明:这些政体都不能持久。正当的途径应该是在某些方面予以"数量平等",而另一些方面则以"比值平等"为原则。参见[古罗马]亚里士多德:《政治学》,234~235页,吴寿彭译,北京,商务印书馆,1981。

展条件。权利主义的平等观承认人与人之间存在着天然的和多方面的差异性,每个人都有着自己特殊的利益追求和兴趣爱好,因此通过某个权威组织来统一分配各种价值和资源并不是实现平等的最佳途径。权利主义的平等观是与个人自由和个性解放联系在一起的。

平等涉及的是社会成员之间关系的性质以及这种关系所赖以形成的标准问题。在法律用语上,平等一般指人们在社会上处于同等地位,在政治、经济、文化等方面享有同等权利。马克思、恩格斯指出,平等"其范围涉及法律待遇的平等机会的平等以及人类基本需要的平等"。[1] 实际上,平等包括人身平等、资格平等、发展机会平等、待遇平等方面内容。

(二)法律与平等

法律与平等有密切联系。中国古代的商鞅提出"壹刑"的主张,为实现严格执法,创制统一刑罚的标准,要求适用刑罚时不分等级亲疏,实行平等。他说:"所谓壹刑者,刑无等级,自卿相将军以至大夫庶人,有不从王令、犯国禁、乱上制者,罪死不赦"。[2] 认为这是法令能否贯彻,公正能否实现、"法治"能否实现的关键所在。在中国法律思想史上,商鞅是提出平民与贵族平等地适用刑罚的第一人。商鞅的"壹刑"大致有两层意思:第一,刑罚的对象是统一的,即完全针对阻碍、破坏耕作政策和违反法律的"奸民";第二,不管什么人,只要违反国家法律,都一律依法严惩不贷。《淮南子》认为法律具有平等性,将法律与平等、行法与平等联系起来。

> 言事者必究于法,……(法)不偏一曲,不党一事,是以中立而偏,运照海内,群臣公正,莫敢为邪,百官述职,务致其公迹也,悬法者,法不法也;设赏者,赏当赏也。法定之后,中程者赏,缺绳者诛;尊贵者不轻其罚,而卑贱者不重其刑;犯法者虽贤必诛,中度者虽不肖必无罪,故公道通而私道塞也。[3]

人类平等的理想在法律上转化为"法律面前人人平等"原则,从而获得了规范化和现实化的表现。法国《人权宣言》第 1 条规定:"在权利方面,人们生来是而且始终是自由平等的。除了依据公共利益而出现的社会差别外,其他社会差别,一概不能成立。"第 6 条规定:"法律对于所有的人,无论是施行保护或处罚都是一样的。在法律面前,所有的公民都是平等的,故他们都能平等地按其能力担任一切官职、公共职位和职务,除德行和才能上的差别外不得有其他差别。"我国《宪法》第33 条规定:"中华人民共和国公民在法律面前一律平等。"同时,法律上规定了平等

---

〔1〕《马克思恩格斯全集》第 2 卷,48 页,北京,人民出版社,1957。

〔2〕《商君书·赏刑》:"所谓壹刑者,刑无等级,自卿相将军以至大夫庶人,有不从王令、犯国禁、乱上制者,罪死不赦。有功于前,有败于后,不为损刑;有善于前,有过于后,不为亏法。忠臣孝子有过,必以其数断。守法守职之吏有不行王法者,罪死不赦,刑及三族。"

〔3〕《淮南子·主术训·球洲》。

权及其保护制度,这样,平等就有了全面的法律保护。不过,法律上的平等是不断实现的过程。

平等是法律的价值标准和制约因素。法国思想家卢梭在《论人类不平等的起源和基础》中剖析了人类的不平等,认为只能以合法的制度实现平等,平等与自由一样应构成一切立法体系最终目的的全体最大的幸福的两个主要的目标。在《社会契约论》中,他也明确指出:"至于平等,这个名词绝不是指权力与财富的程度,应当绝对相等;而是说就权力而言,则它应该不能成为任何暴力并且只有凭职位与法律才能加以行使;就财富而言,则没有一个公民可以富得足以购买另一个人,也没有一个公民穷得不得不出卖自身。这就要求大人物这一方必须节制财富与权势,而小人物这一方必须节制贪得与奢求。有人说,这种平等是实践中所绝不可能存在的一种思辨虚构,但是如果滥用力是不可避免的,是不是因此就应该一点也不去纠正它,恰恰因为事物的力量总是倾向于摧毁平等的,所以立法的力量就应该总是倾向于维持平等。"[1]因此,无论法律制定还是在法律执行、法律适用都要以平等作为基本内容,符合平等要求的法律才是善法,保障平等实现的司法、执法才是善行。

法律是实现平等的必要条件和可行手段。法国的孟德斯鸠曾指出:"平等的真精神的含义并不是每个人都当指挥或是都不受指挥;而是我们服从或指挥同我们平等的人们。这种精神并不是打算不要有主人,而是仅仅要和我们平等的人去当主人。在原始时代,人一生出来就都是真正平等的,但是这种平等是不能继续下去的;社会让人们失掉了平等,只有通过法律可能恢复平等。"[2]法律为平等的实现创造条件、提供保障。

(三)当代中国的法律平等

我国宪法、法律规定了法律面前人人平等,确认了公民的平等权。但是,法律平等的实现还存在一定的问题。农村居民与城市居民遭受人身损害之后赔偿的差别、[3]公务员录用中性别和身高歧视、社会管理中的地域歧视、高校录取中的残疾歧视等都体现了不平等。张先著案就颇有代表性。

张 先 著 案

2003年6月,原告张先著在芜湖市人事局报名参加安徽省公务员考试,报考职位为芜湖县委办公室经济管理专业。经过笔试和面试,张先著的综合成绩在报考该职位的30名考生中名列第一,按规定进入体检程序。2003年9月17日,张先

〔1〕 [法]卢梭:《社会契约论》,何兆武译,69～70页,北京,商务印书馆,1980。
〔2〕 [法]孟德斯鸠:《论法的精神》(上册),张雁深译,114页,北京,商务印书馆,1961。
〔3〕 关于中国城乡二元基本框架的形成,可参见何家栋等:《城乡二元社会是怎样形成的?》,《书屋》,2003(5)。

著在芜湖市人事局指定的铜陵市人民医院的体检报告显示,其乙肝两对半中的 HBsAg、HBeAb、HBcAb 均为阳性,主检医生依据《安徽省国家公务员录用体检实施细则(试行)》确定其体检不合格。张先著随后向芜湖市人事局提出复检要求,并递交书面报告。同年 9 月 25 日,芜湖市人事局经请示安徽省人事厅同意,组织包括张先著在内的 11 名考生前往解放军第八六医院进行复检。复检结论仍为不合格。依照体检结果,芜湖市人事局依据成绩高低顺序,改由该职位的第二名考生进入体检程序。并以口头方式向张先著宣布,其由于体检结论不合格而不予录取。

2003 年 10 月 18 日,张先著在接到该通知后,表示不服,向安徽省人事厅递交行政复议申请书。2003 年 10 月 28 日,安徽省人事厅作出《不予受理决定书》。同年 11 月 10 日,张先著以被告芜湖市人事局的行为剥夺其担任国家公务员的资格,侵犯其合法权利为由,向法院提起行政诉讼,请求依法判令被告的具体行政行为违法,撤销其不准许原告进入考核程序的具体行政行为,依法准许原告进入考核程序并被录用至相应的职位。

法院审理后认为,国家行政机关招录公务员,由人事部门制定一定的标准是必要的,国家人事部作为国家公务员的综合管理部门,根据国务院《国家公务员暂行条例》,制定了《国家公务员录用暂行规定》这一部门规章,安徽省人事厅及卫生厅共同按照规章授权目的和范围行使权力,制定《安徽省国家公务员录用体检实施细则(试行)》,该规范性文件与上位法并不冲突,即未突破高阶位法设定的范围,也未突破高阶位法的禁止性规定。因此,依照《关于执行〈行政诉讼法〉若干问题的解释》第 62 条第二款规定,《安徽省国家公务员录用体检实施细则(试行)》属合法有效的规范性文件,可以参考适用。

被告芜湖市人事局根据《安徽省国家公务员录用体检实施细则(试行)》的规定,委托解放军第八六医院对考生进行体检,应属于行政委托关系,被委托人所实施的行为后果应由委托人承担。因解放军第八六医院的体检不合格的结论违反《安徽省国家公务员录用体检实施细则(试行)》规定,芜湖市人事局作为招录国家公务员的主管行政机关,仅依据解放军第八六医院的体检结论,认定原告张先著体格检查不合格,作出取消原告进入考核程序资格的行政行为主要证据不足,依照《行政诉讼法》第 54 条第二项第一、二目之规定,应予撤销,但鉴于 2003 年安徽省国家公务员招考工作已结束,且张先著报考的职位已由该专业考试成绩第二名的考生进入该职位,故该被诉具体行政行为不具有可撤销内容,依据最高人民法院《关于执行〈行政诉讼法〉若干问题的解释》第 56 条第四项之规定,对原告其他诉讼请求应不予支持。

据此,法院依据最高人民法院《关于执行〈行政诉讼法〉若干问题的解释》第 57 条第二款第二项之规定,判决确认,被告芜湖市人事局在 2003 年安徽省国家公务员招录过程中作出取消原告张先著进入考核程序资格的具体行政行为,主要证据不足。[1]

张先著状告安徽省芜湖市人事部门歧视乙肝患者这一举动,是我国公民首次运用行政诉讼的法律手段维护乙肝患者的平等权益。[2]

法律平等不仅体现着人与人之间在这个社会上的人格尊严,更重要的是它体现着人与人之间的社会地位不被排挤和歧视。法律平等反映了社会的文明程度和发展阶段。相信随着社会的发展,法律的完善、公民法律意识的增强,我国的法律平等将更加全面地成为现实,真正实现法律平等和社会平等。[3]

四、自由

(一)自由的含义

在古拉丁语中,"自由"(Liberta)一词的含义是从束缚中解放出来。在古希腊、古罗马时期,"自由"与"解放"同义。英语中的 Liberty 即源自拉丁文,出现于14 世纪。而 Freedom 则在 12 世纪之前就已形成,同样包含着不受任何羁束地自然生活和获得解放等意思。

---

〔1〕 张先著当选 2004 年度十大法治人物。此案后,国家人事主管部门也进一步统一了国家公务员体检录用标准。参见高爽:《中国乙肝歧视第一案》,《新京报》,2003-11-26;沈武、凌峰:《中国乙肝歧视第一案一审宣判》,《人民法院报》,2004-04-03。

〔2〕 轮椅旅客不予承运、这是否影响到平等? 2010 年 12 月 27 日,原告郑卫宁、刘海军购买了深航ZH9852 航班从首都机场飞往深圳的电子客票。在办理登机手续时,被告的服务代理人和值班经理以原告身体残疾不能行走为由拒绝原告登机。在首都机场工作人员的介入下,原告按被告要求签署了《过错责任承担声明》,才被允许登机。之后,原告经查询发现,被告网站上挂有《深圳航空有限责任公司旅客、行李国内运输总条件》一文,其中第十一章《限制运输和拒绝运输》的第 38 条第 12 款规定"完全不能走动的轮椅旅客不予承运"。原告认为,残疾人的平等权受宪法、残疾人保障法等法律保护,被告的相关歧视性规定没有法律依据,也不符合民航总局颁布的《残疾人运输管理办法》的规定。原告认为,被告的拒绝行为侵犯了原告的平等权及人格尊严权,给原告带来了巨大的精神伤害,遂诉至法院,请求确认被告侵害了原告平等权和人格尊严权,要求被告赔礼道歉并赔偿精神损害抚慰金,原告郑卫宁请求赔偿 1228 元,刘海军请求赔偿 8300 元。宝安区法院受理后,两原告认为其提起的诉讼带有公益诉讼的性质,获得赔偿不是目的,目的在于通过该案能够改善航空公司的服务,呼吁社会平等对待特殊人群,遂将赔偿精神损害抚慰金的诉讼请求变更为 1 元。宝安区人民法院受理后,立刻启动了审前调解程序,多次与案件双方当事人进行沟通,尽力促成双方和解。2011 年 3 月 15 日,双方当事人向法院提交了和解协议并请求法院以调解书的形式予以确认。法院审查认为,该和解协议没有违反法律规定,依法予以确认并制作了调解书。在调解书中,被告承诺于 2011 年底前在深航的全部飞机上提供窄型机舱轮椅服务,并在 2011 年底前举办一次以关爱特殊群体为主题的社会公益活动,活动将邀请原告郑卫宁、刘海军参与。另外,被告已根据有关规定对《深圳航空有限责任公司旅客、行李国内运输总条件》的承运规则进行修改,改进了为特殊群体的承运服务,原告表示认可。原告放弃要求被告赔偿的请求。参见王华兵、戴海:《残疾人告深航法院调解结案》,《人民法院报》,2011-03-24。

〔3〕 美国法学家罗纳德·德沃金在《至上的美德:平等的理论与实践》(冯克利译,南京,江苏人民出版社,2003)中,讨论了保健措施、福利计划、选举改革、种族教育中的优待措施、基因实验、安乐死、同性恋等全国性讨论的话题,对当代热烈的政治论战进行了评析,指出平等的关切,要求政府致力于某种形式的物质平等,即资源平等。可供我们思考当代中国的法律平等时参考。

从词源上讲,自由是指不受任何拘束地自然生活和获得解放等含义。

从认识论的角度来说,自由的概念与必然的概念联系在一起,所谓自由即主体的认识和实践与客观必然性的统一。

自由包含不受外界约束和控制及可以自我做主地去行为两方面的含义。值得注意的是英国学者伯林(Isaian Berlin)的自由观。伯林在《两种自由概念》一文中将自由分为两种,一种他称之为消极自由,另一种称之为积极自由。消极自由(Negative Freedom)指主体不受别人的干涉,是"免于……的自由"(Liberty from...)。而在这一意义上,强制则指,某些人故意在我本可以自由行动的范围内,对我横加干涉。自由的意义存在于排除干涉的消极目的之中。[1]这种消极自由最早起源于中世纪的各个社会等级(尤其是贵族)在其自身的范围内按照其自身的生活方式生活的权利。这种自由传统在以后的发展中逐渐形成了以下三个命题,其一,自由就是不受他人的干预;其二,限制自由是因为存在着与自由的价值同等或比自由的价值更高的价值;其三,必须保留一种任何权威以任何借口都不能侵犯的最小限度的自由,如宗教信仰自由、发表意见的自由、拥有财产的自由等。在现代,这种消极自由,实质上,其目的在于保护处于弱者地位的公民不受他人,尤其是国家或其他权力组织的侵犯,使每个人都能获得相对独立自主的生存和发展空间,正是从这个意义上,有人又将消极自由称为保护性自由。积极自由(Positive Freedom)与消极自由不同,它是一种以做自己主人为要旨的自由,是"去做……的自由"(Freedom to...)。自由一词的积极意义,是源自个人想要成为自己的主人的期望。[2]积极自由主要来自主体成为自己主人的愿望,这种传统始于法国启蒙运动以来的知识分子。自由更意味着人们获得某种积极效果的能力、权力和机会,它所强调的重点应该是人们在社会关系中的积极行动、积极参与和积极选择。积极自由作为人格的自我实现,意味着充分地肯定人的个性。

人类的生存活动并非能完全地自由,但唯有自由才能使人获得其存在的意义。从一定意义上说,人类的历史其实就是不断探索和争取自由的历史。自由是遵循社会规律的结果,是在社会活动中实现的。自由是人的最高的价值,也是人的起码的价值。

---

〔1〕 参见[英]伯林:《两种自由概念》,载刘少军宁等编:《公共论丛》1995(1)《市场逻辑与国家观念》,200、201、206页,北京,三联书店,1995。另可参见以赛亚·伯林的《自由论》(胡传胜译,译林出版社,2003)一书。

〔2〕 参见[英]伯林:《两种自由概念》,载刘少军宁等编:《公共论丛》1995(1)《市场逻辑与国家观念》,210~211页,北京,三联书店,1995。这两种自由观表面上没有多大差别,但两者在历史上却朝着不同方向发展,最终变成直接的冲突,积极自由转化为对消极自由的限制,转化为对人的控制。伯林的两种自由概念理论被邓晓芒认为"在逻辑上它是自相矛盾的、飘忽不定的、思路混乱的;在立场上它是偏颇的、狭隘的、不公正的;在对事实的分析上它是肤浅的、片面的、主观的。"参见邓晓芒:《伯林自由观批判》,《社会科学论坛》,2005(10)(上)。周枫对之进行了辩驳。参见周枫:《为伯林自由观辩护》,《社会科学论坛》,2006(5)(上)。

　　自由,从其质的规定性来说是人的自主,即自我决定、自我主宰;从其形式的规定性来说则是行为的可选择性。不过问题马上产生了:"自主"之中的"自我"究竟是何种"自我"? 什么是"可选择性",是对主观来说的合意性或可接受性,还是客观上的回旋空间和可能性? 人有没有选择不自由(或逃避自由)的自由? 从不同层面上讨论人的"自我"就得出不同类型的自由概念。①对"自我"基于世俗化的理解,指日常生活中受利益和欲望驱动的"经验自我"。所谓"自主"对这种"自我"而言就是在追求利益和欲望满足时的不受外界(来自他人和国家)的非法干扰,包括选择欲求目的的自主和选择行为手段的自主,以及整个过程中的意思自治性。自利个体对经济、权力和性的利益的追求,被赋予对等的不受非法干预的自主权利。②从形而上角度对"自我"进行理解,就把人定义为理性或纯粹的精神。康德把人定义为理性生物,自由意味着理性对自己所立的法则的绝对遵从,亦即自律。自律就是行为仅由对规律的尊重做出,而不受任何外界环境、内在性好和利益支配。这种极端的独立性就是自主,它不仅独立于外界,也独立于经验自我。③从文化人类学角度理解"自我",它指的是个体在其所生长于其间的文化熏染和习成的价值体系、思维方式和行为习惯的总和。对这种"自我"而言,自主就是按这一文化所教化的价值去行为,并不受外来价值的强制和干扰。这种"自我"并非孤立的个体,而是与其所处的社群衣袂相连的一个有机成分,它在该社群中获得自己的自我价值评判。因此,这里的"自主"更是指一群人的自治,指他们按自己的文化标准安排生活的独立性和自决权利。④对"自我"从个体的生存论处境进行把握,由于个体在现代社会被种种制约体系所束缚,面对技术—权力—商业三位一体的庞大运作机制,个体必须夺回自己的不受操纵的自由。由此产生了"反抗的人"。对他们而言,自由就是越过一切界限的可能性,是不被任何外在和内在事物束缚的完全的自主性。他们既蔑视世界,也蔑视理性规律和道德法则,还蔑视自身的欲望和利益。自由仅仅是指行为的无根据(无动机)性,行为的目的是为了证实自身的自由,而不是为了符合法律和理性,也不为满足自身的欲望。

　　古希腊的亚里士多德最早提出自由理论,他在《形而上学》这部著作中第一次提出了"人本自由"这一命题,对自由进行了探索。古罗马的法学家注重从自由与法律的关系中谈自由,西塞罗提出"为了得到自由,我们才是法律的臣仆"的名言。霍布斯把对自由的探讨转向社会领域,认为人在国家中的自由不是免除法律的自由,而是在法律未加规定的一切行为中去做自己理性认为最有利于自己的事情的自由。洛克第一个提出较为系统的近代自由学说,认为自由是自然法为人类规定的基本权利,是不可剥夺和转让的自然权利(生命、自由、财产权)。"法律的目的不是废除和限制自由,而是保护和扩大自由",[1]为了保证人的自由不被政府所侵

---

[1] [英]洛克:《政府论》(下篇),翟菊农等译,36页,北京,商务印书馆,1964。

犯,首先提出了分权学说,强调国家权力的分立与制衡。其自由学说对后世政治、法律思想具有重大影响。孟德斯鸠认为"自由是做法律所许可的一切事情的权利。如果一个公民能够做法律所禁止的事情,他就不再自由了,因为其他的人也同样会有这个权利。在一个有法律的社会里;自由仅仅是:一个人能够做他应该的做的事情,而不被强迫去做他不应该做的事情。"〔1〕他将政治自由分为公共自由和公民自由,认为每个公民的自由是公共自由的一部分,而公民的自由又包括人身自由、信仰自由、思想自由、言论自由、出版自由及财产自由等。斯宾诺莎曾说:"我们幸而生于共和国中,人人思想自由,没有拘束,各人都可随心之所安崇奉上帝。自由比任何事都为珍贵。我有鉴于此,欲证明容纳自由,不但于社会的治安没有妨害,而且,若无此自由,则敬神之心无由而兴,社会治安也不巩固。"〔2〕空想主义思想家皮埃尔·勒鲁也说:"自由,就是有权行动 、虚无和死亡,不自由,则是不准生存。"〔3〕

不过,学者们一般都承认自由不是无限的。在他们看来,不管是思想自由、信仰自由、言论与出版自由,还是迁徙自由、择业自由、营业自由、竞争自由等都是有限度的,而不是任性,不是随心所欲。如密尔讨论自由就更多地关注自由的限度。

(二) 自由与平等

自由与平等的问题实际上是西方自古以来政治哲学、法学中最形而上的问题,平等与自由的紧张关系总是人们争论的焦点,直到今天它仍然是西方政治哲学、法学思想中的热点和争论的焦点。

自由与平等的关系可能是分立的、包含的甚至是矛盾的。当西方资产阶级革命兴起时,"自由"与"平等"可以作为一个统一的要求而成为其革命的口号,因为当时自由主要是与专制构成一对矛盾,而平等也首先是具有政治的涵义——摧毁封建贵族的等级制,求得平等的政治参与权和决策权。随着资产阶级革命的胜利和巩固,随着普选权的争得和言论、信仰、人身、财产尤其是各种经济自由权的扩大,财富分配方面的不平等状况便日益令人注目,自由与平等的矛盾也就日渐显露,平等也越来越具有经济的涵义,即如何缩小差距,达到财富和利益的平等分配。可以说,构成近一百多年来西方社会正义论的主题的,正是这一对矛盾——自由与平等的矛盾,即,是不惜牺牲某些人的个人自由权利以达到较大的社会经济平等,还是宁可让某种不平等现象存在也要全面捍卫每个人的自由权利。

托克维尔认为,自由与平等在理论上可能兼容,但实际上有冲突。他设想,"有一个终极点会使自由和平等汇合并结成为一体,"这时,"所有的公民都参加政府的

---

〔1〕 [美]凯尔森:《什么是正义》,《现代外国哲学社会科学文摘》,1961(8)。
〔2〕 [荷兰]斯宾诺莎:《神学政治论》,温锡增译,12页,北京,商务印书馆,1963。
〔3〕 [法]皮埃尔·勒鲁:《论平等》,王允道译,12页,北京,商务印书馆,1988。

管理工作,而且人人在这方面都有平等的权利。这样,谁都与别人没有差别了,谁也都不能要求享有压制他人的专权了;因为人人都将完全平等,所以人人也将完全自由;反过来说,因为人人都将完全自由,所以人人也将完全平等。民主国家的人民所追求的,就是要达到这个理想的境地。"在托克维尔看来,平等与自由的关系逻辑是这样的:高度的平等,可能与或多或少有点自由的制度,或与完全没有自由的制度顺利地结合在一起;如果没有完全的自由人就不能绝对平等,而平等达到其极限时,又会与自由融合。但在实际上,自由与平等还是有区别并且有冲突的。在专制政治下,可以有平等但没有自由:"有一种平等可以在政治界建立,但那里没有政治自由。即除了一个人以外,所有的人是平等的,而那个唯一的一个人,则是所有人的共同主宰,并从所有的人中以同样的标准选拔他的权力的代理人。"因此,"人对自由的爱好和对平等的爱好,实际上是两码不同的事情……在民主国家,它们还是两码不调和的事情。"托克维尔认为,自由并不是民主社会的独有的特点,"自由曾以各种不同的形式,在各种不同的时代,出现于人们的面前。它并不是只有在一定的社会情况下才能产生,在民主国家以外的地方也会出现。"民主时代的最大的特点是身份平等:"在民主时代鼓励人们前进的主要激情,是对这种平等的热爱。"托克维尔认为,对人类社会来说,对平等的热望甚于对自由的向往,"在任何时代都是如此,而在今天尤其是如此。"[1]

而罗尔斯则想通过区分两个领域来调和自由与平等的矛盾,他认为个人在政治思想、信念等方面的基本权利是不能以任何名目牺牲的,但在社会和经济利益分配的领域内,却可以奉行一种最大限度地改善处境最差者地位的原则——哪怕这可能意味着损害某些人在经济利益和财富分配方面的权利,意味着在某种程度上剥夺他们。由于基本权利平等、基本自由优先的原则(即罗尔斯的第一正义原则及优先规则)在西方社会并无多少争议,所以人们主要考察和质疑的是罗尔斯的第二原则-表现出强烈平等主义倾向的差别原则。正是在这个原则上,罗尔斯受到了来自两方面的攻诘:更激烈的平等主义者仍嫌其不够平等;而较彻底的自由主义者则嫌其严重损害到自由。对于罗尔斯的主张,诺齐克和哈耶克认为必须反对,反对的理由在于:假如承认了政府有权力为了平等而转移私人财富,那么政府终将侵犯个人自由。因而不论在何种情况下,个人财产都是神圣不可侵犯的。诺齐克的《无政府、国家与乌托邦》关键的概念就是"最弱意义的国家",这也就是诺齐克所提倡和赞成的国家。所谓"最弱意义的国家",简单通俗地说,也就是一种管事最少的国家,最低限度的国家,国家意义最弱但又还是国家的国家,除了保护性功能之外再无其他功能的国家,古典自由主义所谓"守夜人"式的国家。诺齐克与罗尔斯在国家的一般政治功能上分歧不是太大,争论主要是发生在国家的经济和社会功

〔1〕 [法]托克维尔:《论美国的民主》(下卷),董果良译,620~621、624页,北京,商务印书馆,1988。

能方面。

诺齐克与罗尔斯争论的正是经济领域中自由与平等孰更优先的问题。在政治、思想等领域,平等与自由可以统一,可以看成是一回事;而在经济、利益分配的领域,平等与自由就不能不出现矛盾,发生冲突,就会出现哪个更优先的问题。罗尔斯通过特别关照处境最差群体而表现出对平等的偏爱。诺齐克则毫不含糊地把自由优先、权利至上的原则继续贯彻于社会和经济利益分配的领域。[1]

平等与自由的关系是复杂的,理想与现实之间总是存在一定距离,理念与制度也并非完全一致,需要根据社会发展阶段和特点进行法律制度安排。

(三) 法律与自由

法律与自由具有密切的关系。"法律只是在自由的无意识的自然规律变成有意识的国家法律时,才成为真正的法律。哪里法律成为实际的法律,即成为自由的存在,哪里法律就成为人的实际的自由存在。"[2]洛克指出:"在一切能够接受法律支配的人类状态中,哪里没有法律,哪里就没有自由。这是因为自由意味着不受他人的束缚和强暴,而哪里没有法律,哪里就不能有这种自由。"[3]孟德斯鸠也认为:"在一个国家里,也就是说,在一个有法律的社会里,自由仅仅是:一个人能够做他应该做的事情,而不被强迫去做他不应该做的事情。""自由是做法律所许可的一切事情的权利;如果一个公民能够做法律所禁止的事情,他就不再有自由了,因为其他的人也同样会有这个权利。"[4]自由是法律所追求的理想目标,自由是法律的基本价值之一,法律应当是"自由的法律"。将自由作为法律价值之一是对法律的改良,通过权利的确认在法律上实现自由,同时法律也是对自由的合理束缚。

1. 法律对实现自由的作用

马克思主义认为,"法律上所承认的自由在一个国家中是以法律形式存在的。法律不是压制自由的措施,正如重力定律不是阻止运动的措施一样。因为作为引力定律,重力定律推动着天体的永恒运动;而作为落体定律,只要我违反它而想在空中飞舞,它就要我的命。恰恰相反,法律是肯定的、明确的、普遍的规范,在这些规范中自由获得了一种与个人无关的、理论的、不取决于个别人的任性的存在。法典就是人民自由的圣经。"[5]

法律对于自由的确认和保护,应首先以确认消极自由为基础。即从一般意义上说,法律应当首先确定一个人的基本自由空间,这个空间以不得损害他人或社会

〔1〕　参见何怀宏:《在自由与平等之间——〈无政府、国家与乌托邦〉》代译序,载[美]罗伯特·诺齐克:《无政府、国家与乌托邦》,何怀宏译,北京,中国社会科学出版社,1991。

〔2〕　《马克思恩格斯全集》,2版,第1卷,176页,北京,人民出版社,1995。

〔3〕　[英]洛克:《政府论》(下篇),瞿菊农等译,36页,北京,商务印书馆,1964。

〔4〕　[法]孟德斯鸠:《论法的精神》(上册),张雁深译,154页,北京,商务印书馆,1961。

〔5〕　《马克思恩格斯全集》,2版,第1卷,176页,北京,人民出版社,1995。

的利益为边界,其衡量的标准就是一个人的自由能够与其他人的相同自由共存。法律对消极自由的确认或调整形式为"一般许可",或说"法律不禁止即为许可"。[1]

法律对实现自由的作用,首先,表现为提供选择的机会,法律明确行为模式的后果,选择有利于自己的方式。其次,将个体自由赋予法律的形式,成为法律权利,使自由获得国家强制力的保障,有利于自由的实现,如各国宪法一般都明文规定"宗教信仰自由,言论、出版、集会、结社、游行、示威自由"。最后,法律通过划定自由权利的界限,为普遍自由的实现提供前提。少数人为所欲为的自由将损害多数人的自由,有必要划定自由的界限,实现普遍的自由。法律确定自由的范围,法律确定自由的量度,法律确定自由的边际。[2]

值得注意的是,法律通过对国家权力进行规范和限制,为社会成员的自由权的存在和发展提供方便和保障。

为此,应当制定确认人们自由的宪法,在宪法中规定人们的基本自由。在制定具体法律时不得以任何借口和条件剥夺人们的基本自由。法律要通过其强制力保护人们的自由不受任何侵害。

2. 法律对自由的限制

自由是相对的,而不是绝对的。从自由的主体角度来说,一个理性主体应该免于被专横的强制,但是这并不意味着主体的外部行为不受任何约束。在洛克看来,自由要受法律的约束,"法律按其真正的含义而言与其说是限制还不如说是指导一个自由而有智慧的人去追求他的正当利益,它并不在受这法律约束的人们的一般福利范围之外作出规定。法律的目的不是废除或限制自由,而是保护和扩大自由。"[3]博登海默更全面地指出:"如果我们从正义的角度出发,决定承认对自由权利的要求是根植于人类自然倾向之中的,那我们无论怎样也不能把这种权利看作是绝对的和无限制的权利。任何自由都容易被肆无忌惮的个人和群体所滥用,因为为了社会福利,自由必须受到某些限制,这就是自由社会的经验。如果自由不加以限制,那么任何人都会成为滥用自由的潜在受害者。无政府的政治自由会演变为依赖篡权者的个人状况。无限制的经济自由会导致垄断的产生。人们出于种

〔1〕 黄建武:《试论法律对自由的确认与调整》,《中山大学学报(社会科学版)》,2000(1)。
〔2〕 [意]布鲁诺·莱奥尼:《自由与法律》,秋风译,长春,吉林人民出版社,2004。莱奥尼要表达和明确的是,在西方的自由至上的观点中,法律的真正含义是什么?它并不是作为规约和强制而单独存在(虽然也呼吁在现实体制中这样安排它),它的制定前提和实施,应该被安排在一些更为重要的前提之下,这一直是西方民主理论所要反复讨论的一个课题。作为深受奥地利经济学派影响的一个自由主义学者,莱奥尼在本书中强调,对于"自由"来说这必然涉及一整套复杂的法律上的因果关系,阐明这一关系一定需要经济的、政治的或者哲学的视角,并且避免分割去谈论它们,而是试图消除它们在学科上的传统界线,以跨学科的方式进行研究,试图得到怎样保持法律之下的个人安全和自由的平衡的结论。
〔3〕 [英]洛克:《政府论》(下篇),瞿菊农等译,13、16、35~36页,北京,商务印书馆,1964。

种原因,通常都乐意使他们的自由受到某些对社会有益的控制。他们愿意接受约束,这同要求行动自由的欲望一样都是自然的。前者源于人性的社会倾向,而后者则根植于人格自我肯定的一面。"[1]

罗尔斯在《家长主义》(*Palernalism*)一文中曾列举了一些法律对自由限制的例子,法律对自由限制都是为保证被限制者自己的自由而作出的,如法律要求摩托车骑手戴头盔;禁止人们在无救生员到场的情况下在公共海滩游泳;确定自杀为刑事侵害;确定妇女儿童在特定工种中工作为非法;管理特别的性行为,如成年人间私下同意的同性恋行为;对从事特定行业要求获得许可;强制人们购买退休保险;禁止不同形式的赌博;对借贷的最高利率进行管理;禁止决斗。这些禁止明显排除了当事人的意思自治,虽然违反这些法律只是对自己构成损害。[2]

法律应该以自由为目的,即使对自由的限制也是如此。根据什么原则进行限制,如何划分自由的界限,这就有不同的看法,主要有:①伤害原则:只有当为了防止和控制一个人对他人造成利益损失时,限制一个人的自由才是必要的。密尔在其1859年发表的著名论文《论自由》中,针对"社会所能合法适用于个人的权利的性质和限度"的问题,认为对于文明群体中的任何一个成员,之所以能够虽违背其意志却又不失为正当地施用权利,唯一的目的只是要防止对他人的伤害。[3]密尔提出的原则是为了限制对个人自由的强制性干预而设定的。此原则被当代许多国家的立法所广泛采用,我国《宪法》也有类似的规定。对这一原则的质疑是,表面上只伤害自己的行为也可能会对他人造成伤害,至少会造成社会的负担,对此类行为的人是否有必要限制其自由。②亲缘主义原则:亲缘主义原则即家长主义原则,当一个人的行为会严重伤害自己,或者他的行为将使他丧失重大利益时,可以限制他的自由。法律控制自我伤害,引导其自我利益的实现,增进自由。密尔意义的自由不包括放弃自由的自由、损害自身的自由。哈特则进一步认为,为了保护个人自由,有时候对于自杀、儿童以及因为智力、职位、经济等方面而处于弱势的人,应予保护,支持法律对禁止某些受害者同意承受的损害。对此原则的批评,主要是认为该原则有扩大国家对个人自由干预的危险,应严格控制运用该原则。[4]③立法伦理主义原则:主张法律应该对违反道德的行为进行限制。这一原则最易引起争议,如是否应限制赌博。④冒犯原则:主张法律可以限制那些可能并不伤害他人的行为自由。冒犯行为包括虐待尸体等使人愤怒、羞耻或者惊恐的行为。据此原

---

〔1〕 [美]E.博登海默:《法理学:法律哲学与法律方法》,邓正来译,281~282页,北京,中国政法大学出版社,1999。

〔2〕 转引自黄建武:《试论法律对自由的确认与调整》,《中山大学学报(社会科学版)》,2000(1)。

〔3〕 密尔认为,对于文明群体中的任一成员,所以能够使用一种权力以反其意志而不失为正当,唯一的目的只是要防止对他人的危害。参见[英]约翰·密尔:《论自由》,程崇华译,9~10页,北京,商务印书馆,1959。

〔4〕 参见张文显:《二十世纪西方法哲学思潮研究》,547~553页,北京,法律出版社,1996。

则,法律制裁冒犯行为是合理的、必要的。

关于法律对自由限制的具体条件,哈耶克强调,毋庸置疑的事,甚至诸如言论自由这样的基本权利,在"明显而急迫的危险"状态中也可能不得不被剥夺,或者政府为了强制购买土地而不得不行使征用权等。但是,如果在法治之下,那么就必须指出:首先,这类行动必须是有法律规范所界定的例外情形,从而对这些行动的证明就不能立基于任何权力机关的专断性决定,而应当受制于独立的法院的审查;其次,还有必要指出的是,决不能使那些受这些行动影响的个人因他们所具有的合法期望受挫而遭到伤害,而应当对他们因这种行动所蒙受的损失给予充分的补偿。如果要对以正常的规则施以例外,那么相关的公共收益就必须是显见的,且在实质上大于其所导致的损失。[1] 一般而言,法律可以基于社会条件、社会利益、他人利益、本人利益而对自由进行一定的限制。

(四)自由的法律

法国大革命时期的政治家、思想家罗伯斯比尔认为:法律是人民意志的自由而庄严的表现,以保护和实现公民的人权、幸福和安宁为出发点和归宿,"在一切自由的国家里,法律应当特别保护社会自由和个人自由,使之不受当权者滥用权力的侵犯。"[2]马克思也曾经指出:"法律只是在自由的无意识的自然规律变成有意识的国家法律时,才成为真正的法律。哪里法律成为实际的法律,即成为自由的存在,哪里法律就成为人的实际的自由存在。"[3]在一定意义上说,对自由的追求会使我们制定更好的法律,人类对自由的渴望和追求,不但是推动历史进步的动力,也是推动法律发展和变革的重要的积极因素。因此,自由是法律产生和发展的基础和前提,自由是法律必须和必然追求的基本目标。[4]

自由的法律实是要求法律的良善和科学。自由的法律要求法律保障公民权利,规范和制约国家权力;法律体现平等、正义要求;法律具有普遍性、确定性。在现实生活中,是否尊重和保障自由是评判法律优劣的一项重要标准。

五、正义

(一)正义的含义

作为一种观念,正义在人类思想史上最早产生,历代思想家都非常关注这一问题。在不同的历史阶段和思想理论体系中,正义被赋予多方面多层次的含义。

中国古代直接对"正义"的论述比较少,《荀子·儒效》中有"有不学问,无正义,

[1] [英]弗里德利希·冯·哈耶克:《自由秩序原理》,邓正来译,275~276页,北京,三联书店,1997。
[2] [法]罗伯斯比尔:《革命法制和审判》,赵涵舆译,138、139页,北京,商务印书馆,1965。
[3] 《马克思恩格斯全集》,2版,第1卷,176页,北京,人民出版社,1995。
[4] 吕世伦、文正邦主编:《法哲学论》,538页,北京,中国人民大学出版社,1999。

以富利为隆,是俗人者也","正义"之意与"利"相对,故"正义"为公正及公正的道理。与此相关,讨论"公平"的较多,如《管子·形势解》似最先出现"公平"一词:"天公平而无私,故美恶莫不覆;地公平而无私,故小大莫不载。无弃之言,公平而无私,故贤不肖莫不用。故无弃之言者,参伍于天地之无私也。"《战国策·秦策一》也记载:"商君治秦,法令至行,公平无私。"《韩诗外传》卷七也有"公平无私"的言论。唐代的李世民要求执法时赏罚须"以公平为规矩,以仁义为准绳",这样才能显示公正。[1]

在西方语言中,"正义"一词源出于拉丁语 justitia,由拉丁语中"jus"演化而来。"jus"是个多意词,有公正、公平、正直、法、权利等多种含义。法文中的"droit"、德文中的"recht"、意大利文中的"diritto"等,都兼有正义、法、权利的含义。在英文中,justice 一词,具有正义、正当、公平、公正等意思。

凯尔森曾指出:"自古以来,什么是正义这一问题是永远存在的,为了正义的问题,不知有多少人流了宝贵的鲜血与痛苦的眼泪,不知有多少杰出思想家,从柏拉图到康德,绞尽了脑汁,可是现在和过去一样,问题依然未获解决。"正像恩格斯谈到正义观念时指出的,"关于永恒公平的观念不仅因时因地而变,甚至也因人而异,它是如米尔柏格正确说过的那样,'一个人有一个理解'。"[2]美国学者博登海默也说:"正义具有着一张普洛透斯似的脸,变幻无常、随时可呈不同形状并具有极不相同的面貌。"[3]

对正义的理解,可以从不同方面进行。①道德上的正义。古代思想家倾向于从道德上将正义理解为善,解释为一种德行。亚里士多德认为正义即是善。道德的正义常用于评价人或人的行为。②理想关系的正义。将正义解释为一种人与人之间形成的理想关系。古代思想家强调等级安排的正义性,各人各守其分便是正义。而社会正义则是指一种与社会理想相符合,足以保证人们的合理需要和利益的制度。近现代社会将自由、平等、博爱视为理想的正义内容。③体制的正义。将正义解释为一种公正的体制。体制意味着对社会关系的调整和行为的安排,以使人们生活得更好,满足人类对享有某些东西或实现各种主张的手段,使大家尽可能地在最小阻碍和浪费的条件下得到满足。古罗马法学家乌尔比安认为"正义乃是使每个人获得其应得的东西的永恒不变的意志。"瑞士学者埃米尔·布伦纳指出:"无论是他还是它只要给每个人以应得的东西,那么该人或该物就是正义的;一种态度,一种制度,一种法律,一种关系,只要能使每个人获得其应得的东西,那么它就是正义的。"在庞德看来,正义并不是指个人的德行,也不是指人们之间的理想关

---

[1]《贞观政要·择官》

[2]《马克思恩格斯选集》,2 版,第 3 卷,212 页,北京,人民出版社,1995。

[3][美]E.博登海默:《法理学:法律哲学与法律方法》,邓正来译,252 页,北京,中国政法大学出版社,1999。

系,它意味着一种体制。[1]罗尔斯则将体制的正义归结为社会基本结构的正义。④法律的正义。将正义解释为法治或合法性。"正义"这个词的意义之一,就是被用来指法律所要求的一切,即是说,它是指每一个公民在他与其他公民的关系中要实践所有的美德。[2]凯尔森指出正义乃是"通过忠实地适用实在秩序以保持其存在",即一条一般规则的存在根据,不考虑法律的内容——其内容而应当得到适用的所有场合中都予以严格的适用。美国学者罗斯认为"正义观念结果变成了这样一种要求,即一个判决应当是适用一条一般规则的结果。同专制相反,正义乃是对法律的正确适用。"博登海默评论这一观点,认为其将正义理解为合法性有悖于人类早期的正义概念(道德性)。他认为正义应是更高的法律,实在法应与之相符合,而不是将正义理解为社会上的实在法的严格适用,后者不考虑实在法的内容。⑤形式正义。将正义的实质内容抽掉,仅对正义作语义上的分析,认为不管人们出自何种目的,在任何场合使用正义的概念,正义总是意味着平等,即给予从某一特殊观点看来是平等的人,即属于同一范畴或阶层的人同样的对待。罗尔斯认为,形式的正义就意味着它要求:法律和制度方面的管理平等地(即以同样的方式)适用于那些属于由它们规定的阶层的人们。[3]葛德文强调正义是"一视同仁",在同每一个人的幸福有关的事情上,公平地对待他,衡量这种对待的唯一标准是考虑受者的特性和受者的能力。[4]

(二) 法律与正义

从历史上看,人们从来都是将法律作为正义原则来对待。古罗马法学家乌尔比安在《学说汇纂》中开宗明义地讲:法"它来自于'正义'(iustitia)。实际上(正如杰尔苏所巧妙定义的那样)法是善良和公正的艺术。"[5]亚里士多德也把正义作为法律的基础。他认为:"法律的实际意义却应该是促成全邦人民都能促进于正义和善德的(永久)制度。"[6]根据美国学者阿德勒的归纳,历史上关于法律与正义之间的关系,有自然主义和实证主义两种相互矛盾的观点。所谓自然主义,顾名思义,就是肯定自然正义的存在,肯定自然的、不可让渡的权利的存在,肯定自然道德法的存在,肯定那些我们同意并具有规约性的习俗的存在,这些不但独立于而且也先于实证法律的存在。而实证主义却持相反的看法。在他们看来,实证法律,即由

〔1〕 [美]庞德:《通过法律的社会控制 法律的任务》,沈宗灵等译,73页,北京,商务印书馆,1984。

〔2〕 [美]阿拉斯戴尔·麦金太尔:《谁之正义? 何种合理性》,万俊人等译,148页,北京,当代中国出版社,1996。

〔3〕 [美]罗尔斯:《正义论》,何怀宏译,56页,北京,中国社会科学出版社,1988。

〔4〕 [英]威廉·葛德文:《政治正义论》(第一卷),何慕李译,84~85页,北京,商务印书馆,1980。

〔5〕 转引自[意]桑德罗·斯奇巴尼选编:《民法大全选译本Ⅰ.1正义和法》,黄风译,34页,北京,中国政法大学出版社,1992。

〔6〕 [古希腊]亚里士多德:《政治学》,吴寿彭译,138页,北京,商务印书馆,1965。

人制定的国家法律,提供了唯一的有规约性的准则,而人们则必须服从……如果实证法律不作要求或禁止,世间是无所谓正义和不正义的。[1]

1. 正义表现为一种法律理想或法律价值目标

追求正义的实现,是法律的一个理想,而且是首要的和最高的理想。"好的法律应该提供的不只是程序正义。它应该既强有有力又公平;应该有助于界定公众利益并致力于达到实体正义。"[2]

在西方国家,正义体现为"自然法"。自然法学说在一定意义上是关于正义的理论。自然法代表着全部法律的总原则和根本目的,它是或应当是各种形式的成文法所以能存在和有效的根据。因此,实在法必须与自然法结合,否则就不是"善法",而是"恶法"或非法。对此,有学者指出,"在许多情况下,人们往往把公平看作是法律的同义词。人们制定了法令来建立'公平施政',在许多国家里,法院也被称为'公平之官'。但普遍的看法是,公平是法律所应当始终奉行的一种价值观。"[3]

在中国的儒家传统中,正义是一套以"仁"为核心的道德法则的面目出现的。"仁"作为理想的观念,与自然法有相同的性质,它所追求的是一种理想的、道德的社会秩序或宇宙秩序。实在法(刑、律)则是这些道德规范的必要补充。

2. 正义表现为一种现实的可操作的法律原则、标准和尺度

正义只有通过良好的法律才能实现,正义与法律是不可分的。首先,法律要保障和促进分配的正义。通过将公正的分配原则法律化、制度化,并具体化为法律上的权利和义务,从而实现对资源、财富、权利和职责进行权威性的公正的分配。其次,法律保障和促进诉讼的正义。一方面通过建立公正地、和平地解决社会纠纷和争端的规则和程序保障诉讼正义,如规定罪刑法定、司法独立、审判公开等原则。另一方面通过在法律的实施中运用平等、公正、正当的原则合理地解决社会纠纷和争端。

总之,法律通过分配权利义务以确立正义,惩罚违法犯罪以保障正义,补偿受害损失以恢复正义。通过立法分配权利义务以确立正义,使正义要求规范化、明确化,从而促进和保障权利分配的正义;通过法律实施,发挥法律的特殊强制性,惩罚非正义行为,以促进和保障正义的实现;通过公正地解决冲突,裁决纠纷,补偿损失以恢复正义。

〔1〕 参见[美]摩狄曼·J·阿德勒:《六大观念:真、善、美、自由、平等、正义》,陈珠泉等译,247~249页,北京,团结出版社,1989。

〔2〕 [美]诺内特、塞尔兹尼克:《转变中的法律与社会》,张志铭译,82页,北京,中国政法大学出版社,1994。

〔3〕 [英]彼得·斯坦、约翰·香德:《西方社会的法律价值》,王献平译,74页,中国人民公安大学出版社,1990。

同时,法律本身也应该符合正义的要求。亚里士多德指出:"相应于城邦政体的好坏,法律也有好坏,或者是合乎正义或者是不合乎正义。这里,只有一点是可以确定的,法律必然是根据政体(宪法)制订的;既然如此,那么符合于正宗政体所制订的法律就一定合乎正义,而符合于变态或乖戾的政体所制订的法律就不合乎正义。"[1]因此,正义对法律进化起了极大的推动作用。正义作为法律的最高目的,作为区别良法恶法的标准,始终是法律进化的精神驱力。

任何实在法律制度都或多或少,至少统治者在口头上承认正义为其目标。不管统治者愿意不愿意,正义作为社会价值,始终是衡量法律良恶的标准。[2]

六、效率

(一)效率的含义

人类任何活动都离不开效率问题。效率,也称"效益",作为经济学上的概念,表达的是投入与产出、成本与收益的关系,即以最少的资源消耗取得最多的效果。效率强调对资源利用的有效性,宏观层次是指资源配置的效率,微观层次上是指经济活动的效率。常见的效率原则有两个:帕累托最优和卡尔多—希克斯标准。经济学中最基本的效率概念是帕累托最优,又称帕累托效率。它是意大利经济学家帕累托定义的,一种状态是帕累托最优的,如果不存在另一种可选择的状态,使得没有任何人的处境变坏,而至少有一个人的处境变得更好。如果资源的再配置至少使一个人的状况改善了,且没有其他人变得更糟,那么这种资源的再配置就是帕累托改善。卡尔多—希克斯标准为:如果那些从社会资源再分配中获利的人获得的利益足够补偿那些从中亏损的人的利益,那么社会资源的再分配就是有效率的,虽然并没有要求产生实际的补偿。如果实际得到补偿,这个变革就是一个现实的帕累托改善。卡尔多—希克斯有效性标准是潜在的帕累托改善。从社会利益的角度看是有意义的。影响效率的因素包括经济资源的配置与产出状态、劳动力的素质、科学技术、分配方式等。

按照传统的解释,效率是经济学的主题,而法学的主题是正义,经济学要考虑的是如何最大可能地增加社会财富,而法学要考虑的应该是如何公平地分配社会财富。然而,随着法律对社会经济生活影响的日益深重,效率观念也逐渐导入法学领域中,[3]促成效率观念导入法学领域应归功于法经济学的兴起。

〔1〕 [古希腊]亚里士多德:《政治学》,吴寿彭译,148页,北京,商务印书馆,1965。
〔2〕 参见周永坤、范忠信:《法理学》,67~68页,南京,南京大学出版社,1994。
〔3〕 美国的阿瑟·奥肯著有《平等与效率》一书,他仔细地考察了经济不平等的性质和范围以及机会不均等的关系,认为效率和经济平等两方面都可以靠诸如对职业上的种族歧视和性别歧视等机会不均等的改进得到促进。参见[美]阿瑟·奥肯:《平等与效率》,王奔洲等译,北京,华夏出版社,1999。

（二）法律与效率

将效率（效益）引入法律领域并获得广泛的反响，导致效率目标在法律中的确立，有其客观必然性。从根本上说，这是法律与经济之间必然的内在联系的具体体现。法律与效率包括法律促进效率和法律自身效率两方面。[1]

具体来说，效率成为当代法律价值目标的原因在于以下三方面。

1. 法律担负着实现资源最大限度地优化使用与配置的社会新使命

法律在经济方面的传统使命在于对一定的经济关系给予公平的保护，这在客观上一定程度上也会达到最大限度地优化使用和配置资源的效果，但这远远不够。当代社会经济的发展已经明确地将优化利用和配置资源作为一种社会目标，它决定着当代法律必须强化这方面的职能，把这一目标当作法律所追求的价值。

2. 法律对当代经济生活的全面渗透

在当代，法律对经济生活的干预无所不在，这使得法律的效率价值显得日益重要。因为，在法律全面渗透的情况下，资源使用和配置方式很大程度上是由法律决定的。这使得法律对权利义务的分配直接关系到资源利用的效率。每一立法活动以及每一司法审判活动都会不同程度地改变社会主体的机会成本与实际收益。在这种情况下，法律如果无视效率目标，就会对社会经济发展发生严重的不良影响。

3. 效率的价值目标可以成为正义的价值目标的补充

传统的法律观念将正义作为法律的最高实质性价值，其他的实质性法律价值可以归结在正义的旗帜下。而当代社会的法律不仅仅要追求正义，而且还要以效率作为正义的补充。这是因为：首先，当代社会的许多经济活动不能用正义与否来衡量，而这些活动却关系到资源的优化利用和配置，在这种情况下，只能按照效率的价值目标进行法律安排。其次，某些行为、活动既可用正义作为评价标准，也可用效率作为评价标准，其中一些行为、活动的正义与否，甚至需要效益作为度量。前者如诉讼程序中的诉讼保全、先行给付的措施，后者如对浪费资源行为的评价。因此，法律对许多权利的安排或手段方式的选择，有很多是以正义和效率的双重目标为依据的。最后，从整体上看，正义往往更适合于作为法律制度确定与实施的定性依据，而定量依据则有赖于效率目标，这也体现了正义与效益的互补性。[2]

---

[1] 关于法律效率，可参见胡玉星：《论法律效率》，《中国法学》，1992(3)。

[2] 关于这方面的研究，可参见高德步：《产权与增长：论法律制度的效率》，北京，中国人民大学出版社，1999。

第三节　法律价值的冲突及其解决

一、法律价值冲突

价值问题虽然是一个困难的问题,但它是法律科学所不能回避的。最草率的或最反复无常的关系调整或行为安排,在其背后总有对各种互相冲突和互相重叠的利益进行评价的某种准则。[1] 由于利益的多样性和复杂性以及法律价值的多元性,因而法律价值之间会发生一定的冲突。

如自由与秩序就会形成矛盾,自由更偏向个人权利,秩序则更强调国家权力。自由强调的是主体个性的发挥,而秩序强调的是有序状态的建立和维持。自由难免有打破既有秩序的倾向,秩序也会在一定程度上压抑自由以维持平衡。这反映了国家分配社会资源,运用法律权利义务的形式,其侧重点直接影响到公民自由的实现和社会秩序的形成。自由和秩序的冲突深刻地揭示出法律权利和法律义务关系的本质。

再如,公平与效率(效益)也可能存在一种紧张关系。中国春秋战国时期的"义利之争"即为此方面的表现,儒家重义轻利,法家则重利轻义。注重公平在一定程度上会影响效率。人们在讨论公平与效率的关系时,一般都是从结果平等出发的,着眼于社会伦理与经济增长的关系。而实际上,经济增长与公平有两个层次的关系。从结果公平的角度,社会财富应该平均分配或至少兼顾弱者的需要,以维护事实上的平等;从起点公平、条件公平的角度,社会关系主体应有公平的机会与条件增加自身财富。[2]

这些矛盾在某种程度上出自法律本身的矛盾,如维持秩序与实现正义的矛盾。在这个矛盾里,秩序本身又存在一种内在的紧张关系,它需要变革又需要稳定;正义本身又包含着个人权利与社会共同福利之间的紧张关系。美国学者伯尔曼把这类紧张关系视为西方法律传统的固有矛盾,并认为正是不同时期的正义观念与既存秩序之间的紧张为法律发展提供了动力和契机。[3]

从更广泛的角度,自由和秩序与公平和效率也存在一定的冲突。人类社会的生存具有两大目标:稳定和发展。这是两项既相矛盾又相统一的目标。一方面,稳定是发展的前提,发展是稳定的目的,另一方面,在许多时候发展又是稳定的前

---

〔1〕 〔美〕庞德:《通过法律的社会控制 法律的任务》,沈宗灵等译,55 页,北京,商务印书馆,1984。

〔2〕 进一步阅读,可参见万光侠:《效率与公平:法律价值的人学分析》,北京,人民出版社,2000;李海涛:《公正与效率》,北京,法律出版社,2001;张志铭主编:《用效率阐释公正》,北京,中国方正出版社,2003。

〔3〕 〔美〕伯尔曼:《法律与革命——西方法律传统的形成》,贺卫方等译,25 页,北京,中国大百科全书出版社,1993。

提,而稳定便成为发展的结果。稳定目标和发展目标具有不同的价值取向:稳定目标的价值取向是自由和秩序,发展目标的价值取向是公平和效率。

从主体而言,法律价值的冲突常常出现于三种场合:①个体之间法律所承认的价值发生冲突。②共同体之间价值发生冲突。③个体与共同体之间的价值发生冲突。不同类型的法律价值冲突各有其特点。

在社会生活和法律实践中,价值冲突可能在立法、司法、守法各环节的内部以及各环节之间出现。价值认识不同的立法者互有不同的立法主张,这种冲突可能表现在对某一法律应不应当制定和如何制定的认识上。立法环节中的价值问题在我国现阶段还表现在法律移植与法律继承问题之争上。司法环节中的价值冲突,主要表现在,在特定情况下司法人员选用多个处理方式中的哪一个来处理案件。守法环节中的价值冲突会使法律实施受到影响,甚至导致违法犯罪。

民事再审程序的价值冲突

我国民事再审程序就表现了公正与效率、秩序与自由等方面的法律价值冲突,反映了实事求是、有错必纠原则与裁判既判力之间的冲突、审判监督权的扩张与当事人诉权、处分权的行使之间的冲突,这就需要在不同的价值目标之间进行平衡与取舍。

近年来,随着改革开放不断深入,经济、社会快速发展,现行再审程序暴露出了不少理论性和制度性缺陷。诉讼实践中,"申诉难、再审难"问题比较突出,无限申诉、缠讼不止、终审不终等情况大量出现。这种局面,既加重了当事人诉讼成本,也无端消耗了非常稀缺的司法资源,还严重削弱了法院裁判的既判力,引发了一系列社会矛盾。

中国政法大学民诉研究所讲师、法学博士杜闻指出,在一个仍然保有较浓厚传统社会特征的环境里,日常生活所固有的团体本位和社会本位逻辑,与体现于一种处处以个人为本位的西方式法律中的逻辑,这二者之间往往不相契合,甚至相互对立和矛盾。杜闻认为,在很大程度上,再审程序改革成败的关键点并不仅仅在于制度硬件的修改或"移植"上,而在于国民法治精神改造等"软件"建设上。这主要体现以下两个方面的重大挑战:首先,如何减少和克服法律传统中诸如"不惮改过""扶弱济贫"等观念对法治观念的消极影响。其次,应逐渐使下列法治观念转化为国民的内在精神,第一,司法救济的有限性、时限性和终结性;第二,以合法手段寻求救济;第三,国民有权通过立法代表对法律内容表示异议和不满。但在修法前,国民应服从现有法律的权威;第四,在法院依法改判前,当事人应履行生效裁判(实体个别正义)确定的内容;第五,国民之感性的"公道"或"公平"观念不等于法律正义;第六,只有相关程序法和实体法的内容才能成为识别生效裁判是否含有瑕疵的依据和标准等。[1]

对于实体正义、程序正义以及程序安定和效益的把握,往往决定了再审裁判的最终结果。因而,对于这些价值的分析和取舍,意义重大。对此,北京市高级人民法院法官马成波认为:①实体公正应该是案件处理的标准,程序公正是案件程序的标准。只有获得了实体和程序公正,程序的安定才有了基础。②能不能自我纠错是评价一个制度价值的标准之一。我国司法传统强调实体公正的追求,再审程序改革过程中,如对再审限制可能涉及改变民众的司法预期,如果我们给予太多的限制就与这个预期相背。所以,从这一角度来看,不能不考虑普通民众对再审程序的司法预期。③我国现阶段的司法现状中,当事人主要是以实体不公申请再审,对程序不公为由提出再审的也很少。民事再审程序追求的价值按各价值位阶从高到低的顺序排列应为:实体公正、程序公正、程序安定、程序效益。[2]

二、法律价值选择

面对法律价值冲突,我们就需要进行法律价值选择。解决法律价值冲突是人类一个普遍性的难题。

法律有其不以人的意志为转移的客观规律,但是人是有主观能动性的,人能够进行自由、自主的活动,从某种意义上说,法律的历史就是人们有目的的活动,即进行法律价值选择的历史。

进行法律价值选择时,需要确立选择的目标,考虑选择的手段,从而实现选择的结果。

针对法律价值的冲突,一般认为应通过这样一些原则进行法律价值选择。

(一)价值排序原则

法律价值存在等级结构或层级结构,不同位阶的法律价值发生冲突需要选择时,应当首先选择位阶高的价值,进行最高性选择。正如拉伦茨所言,在利益衡量中,首先就必须考虑"于此涉及的一种法益较其他法益是否有明显的价值优越性"。[3]法律价值选择要强调合目的性,人按照自己的本性和需要积极进行价值选

---

[1] 2001年到2003年短短3年时间里,广东法院就受理了41724件申诉、申请再审案件。其中,2001年受理24146件,进入再审2067件,占本年收案数的8.5%,再审改判755件,占再审案件数的36.3%;2002年受理8670件,进入再审1282件,占本年收案数的14.79%,再审改判702件,占再审案件数53.83%;2003年受理8908件,进入再审1389件,占本年收案数的15.59%,再审改判688件,占再审案件数53.8%。参见张先明、张慧鹏:《诉讼有时而终乃国家之福——广东再审诉讼暂行规定实施调查》,《人民法院报》2006-06-13。

[2] 参见沈坚:《理念定位·制度构架·改革建言——民事再审理论与实务国际研讨会综述(一)》,《人民法院报》2006-11-06。相关讨论可参见齐树洁:《我国三审终审制的构建与再审制度的改革》,《黑龙江省政法管理干部学院学报》,2005(2);章武生:《论民事再审程序的改革》,《法律科学》,2002(1);虞政平:《我国再审改革的必由之路》,《人民司法》,2003(1)。

[3] [德]卡尔·拉伦茨:《法学方法论》,陈爱娥译,285页,北京,商务印书馆,2003。

择。一般认为,人的生命或人性尊严有较高的位阶,因而自由是最高的法律价值,正义、平等价值也高于秩序、安全、效率价值。

(二) 比例原则

价值选择中的"比例原则",是指"为保护某种较为优越的法价值须侵及一种法益时,不得逾越经目的所必要的程度",[1]即为达到某种利益而使用最轻微伤害手段或尽可能微小的限制,进行最优化选择。[2]任何法律价值选择都是要付出代价的,法律价值选择需要考虑代价承担问题,注意代价的大小。比例原则源于对公平正义的维护,比例原则的功用在于防止权力(利)滥用,其适用虽主要出现在公法领域,但在私法方面,其平衡利益冲突的作用同样能够得到体现。它在保护与平衡的意义上对行为涉及的两种权益进行仔细斟酌,以得到较为合理的结果,防止产生错误的单方面法律行为。[3]

(三) 个案平衡原则

发生法律价值冲突时,需要综合考虑社会的特定情况、法律主体的具体需要和利益,兼顾各种要求,处理各种关系,进行慎重选择以取得个案平衡,即进行全面性选择。我国《宪法》第 51 条就规定:"中华人民共和国公民在行使自由和权利的时候,不得损害国家的、社会的、集体的利益和其他公民的合法的自由和权利。"法律价值选择时不能片面化、绝对化。

需要注意的是,解决法律价值冲突是一个长期的过程,法律价值选择是一项复杂的活动,价值选择的原则也不是单一的、线性的、静止的,我们应当进行全面的、客观的把握。

---

〔1〕［德］卡尔·拉伦茨:《法学方法论》,陈爱娥译,285 页,北京,商务印书馆,2003。

〔2〕比例原则的思想最早可追溯至英国大宪章的规定,人们不得因为轻罪而受重罚。19 世纪,德国的警察法中首次出现比例原则观念,之后比例原则在理论与实践中均得到了极大的发展。德国行政法学者奥托·迈尔(Ottomayer)在 1895 年出版的《德国行政法》中,主张"警察权力不可违反比例原则"。1923 年在该书第三版中认为,"超越必要性原则即违法的滥用职权行为"。20 世纪初,德国另一位行政法学者弗莱纳(F. Fleiner)在《德国行政法体系》一书中用"不可用大炮打小鸟"的名言,比喻警察行使权力的限度。观念上倡行的结果是比例原则在法律上的体现。1931 年的《普鲁士警察行政法》规定,警察处分必须具有必要性方属合法。同时该法第 14 条对必要性定义为:"若有多种方法足以维持公共安全或秩序,或有效地防御对公共安全或秩序有危害之危险,则警察机关得选择其中一种,惟警察机关应尽可能选择对关系人与一般大众造成损害最小方法为之。"此一立法例证,被德国各邦广泛采纳。

〔3〕如在劳动法律关系中,比例原则也应成为一项独立的标准和审查制度,用以规制用人单位单方面解约行为所可能产生的不利益。若解约行为明显违背比例原则,符合权利滥用的条件,便应当直接认定其为权利滥用。参见冯嘉林:《比例原则在用人单位单方面解约过程中的适用》,《人民法院报》,2006-06-21。

第三编　法律演进理论

第十一章 法律起源

第一节 法律起源概述

一、法律起源的含义

作为一种社会历史现象,法律是人类社会发展到一定阶段的产物,它是在一定条件下产生和发展的,法律的产生、发展是有着复杂的孕育、演化过程,有其自身的起源、发展的规律。

法律的起源即法律的起始和发源。起,《说文解字》释为"起,能立也,从走。""起"是事物和现象发展过程中的端绪。源,水之所出为源,《辞海》解为"源,水泉之本也。"

历史探源是人类认识一切事物和现象的基本方法。列宁曾经指出:"在社会科学问题上有一个最可靠的方法,它是真正养成正确分析这个问题的本领而不至于淹没在一大堆细节或大量争执意见之中所必需的,对于用科学眼光分析这个问题来说是最重要的,那就是不要忘记基本的历史联系,考察每个问题都要看某种现象的历史上怎样产生、在发展中经过了哪些主要阶段,并根据它的这种发展去考察这一事物现在是怎样的。"[1]恩格斯也明确指出:"每一时代的理论思维,从而我们时代的理论思维,都是一种历史的产物,它在不同的时代具有完全不同的形式,同时具有非常不同的内容。""理论思维无非是才能方面的一种生来就有的素质。这种才能需要发展和培养,而为了进行这种培养,除了学习以往的哲学,直到现在还没有别的方法。"[2]

而按照发生学原理,一切事物和现象的产生及其条件,都将以胚胎的形式,凝结在该事物和现象的本质里,积淀在事物和现象往后的发展中。因此理解法律的起源有助于我们理解法律的基本精神和价值指向,法律产生的社会环境决定了法律的使命、作用;法律的起源表征着法律的独特性,有助于把握法律的特点;考察法律的起源有助于更好地认识现实的法律和未来的法律。

从古到今,许多思想家、法学家对法律的起源问题进行了探讨,提出了关于法律的起源的各种学说,主要的有以下几种。

---

[1]《列宁选集》,2 版,第 4 卷,26 页,北京,人民出版社,1995。

[2]《马克思恩格斯选集》,2 版,第 4 卷,284 页,人民出版社,1995。

(1) 神创说:这一学说认为法是人格化的超人类力量的创造物,各种各样的神为人类创造法。在西塞罗看来,作为最高理性的自然法来源于"上帝的一贯的意志";人定法是自然法在世俗社会中的体现;法律是从自然产生的,自然法来自神的理性,人定法源于自然法。中世纪神学政治的鼻祖奥古斯丁(Aurelius Augustinus,354—430)提出:秩序和安排来源于上帝的永远的正义和永恒的法律,即神法;人法服从神法,是从神法派生出来的。[1] 中国古代也有类似的认识。

(2) 暴力说:这一学说认为法律是暴力斗争的结果,是暴力统治的产物。中国的法家代表人物韩非子就认为:"人民众而财货寡,事力劳而供养薄,故民争",[2] 有斗争有暴力才需要解决冲突的规则。

(3) 契约说:人类在进入政治社会之前处于自然状态,后来为了安全,为了生产发展,为了社会安定和发展等原因,人们相互间缔结契约,通过缔结契约人们放弃、让与部分自然权利,组成政府,这最初的契约是法律。17、18 世纪的古典自然法学者大部分都持此说。

(4) 发展说:具体包括两种:①人的能力发展说:随着社会的进化,人的能力有了发展,例如火的作用,弓箭的发明等,财富有了增加,社会关系开始复杂,因而需要法律。②精神发展说:黑格尔就认为绝对精神在自然界产生之前就已存在,绝对精神发展到自然界阶段,才有了人类,人类精神的发展产生法。民族精神论者提出法来自民族的精神或历史传统。

(5) 合理管理说:许多法社会学者持此说,如美国当代法律社会学家塞尔尼茨克认为,一个群体的法律秩序,是基于合理性管理的需要而发展起来的。

此外,也有学者认为法律的起源始于复仇。[3]

中国古代的思想家比较关注法律与人性、利益的关系,多从定分止争角度探讨法律的产生。荀子(约前 313—前 238)认为:"礼起于何也,曰,人生而有欲,欲而不得,则不能无求,求而无度量分界,则不能不争,争则乱,乱则穷。先王恶其乱也,故制礼义以分之。"[4] 荀子持性恶论的观点,指出社会纷争的解决有赖"明礼义以

---

〔1〕 [古罗马]奥古斯丁:《论上帝之城》,转引自法学教材编辑部《西方法律思想史编写组》编:《西方法律思想史资料选编》,93～94 页,北京,北京大学出版社,1983。

〔2〕《韩非子·五蠹》。

〔3〕 关于法律的起源,进一步阅读可参见周长龄:《法律的起源》,北京,中国人民公安大学出版社,1997。该书从人类社会文明起源和发展的新视角,用具体的地理、人文、历史学资料,阐释了法律起源思想发展的脉络,描绘了六个文明古国法律产生的轨迹。也可参见北岳:《人类理性协议与法律规则的来源》,《现代法学》,1997(1)。

何勤华等著的《法律文明史(第 1 卷):法律文明的起源》(北京,商务印书馆,2019)用跨学科的研究方法考察人类在进入文明社会之前法律的萌芽状态,依靠传世文献、考古遗存与人类学调研成果的互相佐证来分析游团时代、部落时代、酋邦时代到国家时代法律的演进过程,按照不同的法律关系论述口耳相传的风俗习惯是如何演变为成文法,进而发展为现代宪法、民商法、刑法与诉讼法等法律部门,揭示了法律诞生与进化的图景。

〔4〕《荀子·礼论》。

化之,起法正以治之,重刑罚以禁之"。[1] 慎到也有类似认识,《吕氏春秋·慎势》载:

> 慎子曰:今一兔走,百人逐之,非一兔足为百人分也,由(分)未定。由(分)未定,尧且屈力,而况众人乎? 积兔满市,行者不顾,非不欲兔也,分已定矣。分已定,人虽鄙,不争。故治天下及国,在乎定分而已。

商鞅(约前390—前338)也讨论了这一问题:

> 一兔走,百人逐之,非以兔也。夫卖者满市,而盗不敢取,由名分已定也。故名分未定,尧、舜、禹、汤且皆如鹜而逐之;名分已定,贫盗不取。故圣人必为法令,置官也,置吏也,为天下师,所以定名分也。[2]

一般认为,中国法律的产生主要在于经济关系的变化,即"夏有乱政,而作禹刑""商有乱政,而作汤刑"。[3]具体而言,中国法律的产生在于"刑起于兵"和"礼源于祭祀"。"刑也者,始于兵"[4]中国自古以来,兵刑同制,战争与法律的产生有重要的关系,所谓"大刑用甲兵,其次用斧钺;中刑用刀锯,其次用钻凿;薄刑用鞭扑。"据《史记·五帝本纪》记载:"蚩尤作乱,不用帝命。于是黄帝乃征师诸侯,与蚩尤战于涿鹿之野,遂禽杀蚩尤。"为了争取胜利,调整在战争中所发生的长官与士兵、士兵与士兵、征服者与被征服者之间的特殊关系,在战争中往往要颁布一些誓词、军纪、军令,《汉书·刑法志》认为:"黄帝以兵定天下,此刑之大者。"[5]而"礼"作为中国早期法的重要组成部分,是从人们祭祀活动的规范中发展而来。《礼记·礼运》有"礼义以为纪,以正君臣,以笃父子,以睦兄弟,以和夫妇,以设制度。"《礼记·曲礼》又载"道德仁义,非礼不成;教训正俗,非礼不备;分争辩讼,非礼不决;君臣上下,父子兄弟,非礼不定;宦学事师,非礼不亲;班朝治军,莅官行法,非礼威严不

〔1〕《荀子·性恶》。
〔2〕《商君书·定分》。先秦法家在春秋战国的变革时代对法律起源思想作了许多有益的探讨,他们从历史进化论和人性论的角度分析和研究法律起源的理论前提,并从"利"的层面出发阐发了法律起源思想。参见丁德春:《先秦法家的法律起源思想评论》,《广西大学梧州分校学报》,2006(2)。
〔3〕《左传·昭公六年》。
〔4〕《辽史·刑法志》。
〔5〕《汉书·刑法志》。

行。"以后"皋陶乃立狱制罪,悬赏设罚,异是非,明好恶,检奸邪,消伏乱,民知畏法。"[1]

马克思主义认为,法律是随着生产力的发展、社会经济的发展,私有制和阶级的产生、国家的出现而产生的,经历了一个长期的渐进的过程。马克思主义关于法律起源问题的分析和阐述也有一个逐渐深化和发展的过程。1872 年 5 月至 1873 年 1 月,恩格斯针对蒲鲁东主义者散布解决工人阶级住宅问题的资产阶级慈善家的改良方案,撰写了一组重要文章,先后发表在《人民国家报》上,而后以"论住宅问题"为题出版了单行本。在《论住宅问题》中,恩格斯深刻地剖析蒲鲁东主义者解决住宅问题的方案的理论基础——"永恒公平"论,明确指出在资本主义社会中住宅问题的解决总是有利于资产者,资产阶级法律不可能解决住宅问题,并从正面科学地揭示了法律、法学与社会经济条件的内在联系,对法律起源问题做了历史唯物主义的分析阐述,然而由于受科学资料和研究成果的历史局限,恩格斯关于法律起源的论述中仍然包涵着若干没有获得解决的重大存疑。直到 19 世纪 70 年代末期开始,人类学研究的迅速进展尤其是路易斯·亨利·摩尔根关于史前史研究的权威成果,才为解答恩格斯的存疑提供了客观条件。《家庭、私有制和国家的起源》是恩格斯在吸取摩尔根的研究成果的基础上,撰写出来的一本马克思主义关于国家和法律的问题的杰出著作,是马克思主义关于法律起源问题的定型之作。

二、法律与原始社会社会规范的区别

马克思主义认为,法律不是从来就有的,也不是永恒存在的,而是人类社会发展到一定历史阶段才出现的社会现象。原始社会是人类社会发展史上第一个初级形态,持续几百万年。当时生产力水平十分低下,产品不多,仅够维持最低生活水平,几乎没有剩余,且个人的力量非常渺小,为了生存和发展,人们必须集体劳动,生产资料公有,劳动产品实行平均分配,彼此之间处于一种原始的平等互助的关系。

---

〔1〕《新语·道基》。华裔人类学家张光直在《中国青铜时代》(北京,三联书店,1999)一书中认为,世界各大古代文明有两种类型:一是西方式的,其社会的演进以突破性方式为特征,另一种是非西方式的,社会的演化进程是连续性和非突破性的,以中国文明最具典型。比较中西国家和法律的起源,可以看出中国国家的形成并不是如同古希、罗马那样以氏族组织的瓦解为代价,也不是表现为调和旧贵族与平民的冲突,它有自己的发展道路。随着原先部落社会的平等原则被打破,社会出现了"分层",男子的劳动在农业、手工业、畜牧业等主要生产部门中占据主导地位,少数人控制、掌握了生活资料、资源,这些人拥有比其他人更多的特权,在金字塔型的权力结构中,位于顶端,是最高的权力中心和主宰,所谓"帝,天神也",帝既"执中而偏天下,日月所照,风雨所至,莫不从服"(《纲鉴易知录》)。《说文》中也说"帝,谛,王天下之号也",可见,中国国家前的这种组织结构明显与以"民主""平等"为组织原则的西方部落联盟不同,它没有相应的权力或机关可以与之抗衡,由于国家的产生没有民主的、平衡的色彩,家与国、政权与族权浑然一体,熔为一炉。这种独特的国家演进模式,对中国法律有重大影响,致使中国法律具有浓厚的专制主义色彩。

与原始社会生产资料公有制相适应,原始社会的社会组织经历原始群、母系氏族组织、父系氏族组织的发展。原始氏族组织是按血缘关系为基础自然形成的联盟,也是全体氏族成员进行民主管理的自治组织。氏族议事会是由氏族全体成员组成的,是最高的议事机关,一切重大的事情都由全体氏族成员平等地讨论决定,不存在专门管理社会的特殊权力机构。氏族首领是在社会生产和管理活动中产生出来的德高望重的长者,他们没有任何特权,与其他氏族成员一样平等地参加劳动和分配劳动产品,他们的权威来自于他们自身的良好品质和氏族成员对他们的信任。

在原始社会,通过道德规范、宗教规范特别是习惯来调整人与人之间的社会关系,氏族习惯是人们在长期的共同生产和生活中逐渐形成和演化,世代相传,成为氏族成员内在需要和外在自觉的行为模式或行为惯性。这些社会规范涉及公共管理、婚姻家庭、财产继承、渔猎耕种、产品分配、血族复仇等方面,如严禁氏族内通婚、相互帮助、实行血族复仇、组织渔猎、采集和原始农业生产、平均分配产品、共同举行宗教仪式、参加氏族公共事务的讨论和管理等。这些社会规范是由生产力极端低下所决定的,与当时的社会结构和社会关系相适应,维持了原始社会的生产秩序和生活秩序。原始社会以习惯为主的社会规范体现了全体氏族成员的共同利益和意志,依靠氏族部落领袖的威信、社会舆论和人们的自觉遵守来保证其实施。因此,马克思主义认为原始社会的社会规范与阶级社会的法律是根本不同的。

恩格斯曾经指出:"而这种十分单纯质朴的氏族制度是一种多么美妙的制度呵!没有大兵、宪兵和警察,没有贵族、国王、总督、地方官和法官,没有监狱,没有诉讼,而一切都是有条有理的。一切争端和纠纷,都由当事人的全体即氏族或部落来解决,或者由各个氏族互相解决;血族复仇仅仅当作一种极端的、很少应用的威胁手段;我们今日的死刑,只是这种复仇的文明形式,而带有文明的一切好处与弊害。虽然当时的公共事务比今日多得多,——家户经济是由一组家庭按照共产制共同经营的,土地是全部落的财产,仅有小小的园圃归家户经济暂时使用,——可是,丝毫没有今日这样臃肿复杂的管理机关。一切问题,都由当事人自己解决,在大多数情况下,历来的习俗就把一切调整好了。"[1]

随着生产力的发展和生产关系的变化,原始社会的社会规范也必然为另一种社会规范所代替。

马克思主义法学认为,法律与原始社会规范都是一定社会经济基础之上的上层建筑,两者有着许多共同点:两者都属于社会规范;都要求人们普遍遵守,并且有一定约束力;都根源于一定的社会物质生活条件,由各自的经济基础所决定;都是调整一定社会关系和社会秩序的重要手段。但两者又有根本的区别,主要表

〔1〕《马克思恩格斯选集》,2版,第4卷,95页,北京,人民出版社,1995。

现在:

(1)两者产生的方式不同。法律是由国家制定或认可的;原始社会规范是人们在长期的共同生产和生活过程中自发形成的。

(2)两者反映的利益和意志不同。法律反映统治阶级的利益和意志;原始社会规范反映原始公社会全体成员的利益和意志。

(3)两者保证实施的力量不同。法律是以国家强制力保证实施的;原始社会规范是依靠社会舆论的力量、传统力量和氏族部落领袖的威信保证实施的。

(4)两者适用的范围不同。法律适用于国家主权所及的地域内的所有居民;原始社会规范只适用于同血缘的本氏族部落成员。

不过,在法人类学学者看来,"凡社会该有其法"(ubi socie tas,ibi jus),法是与人类社会机体相联系的用以调节个人与社会关系的社会机制。美国法人类学学者E.A.霍贝尔(E.A.Hoebel)从当前尚存于美洲、亚洲、非洲和南太平洋群岛等不同地理环境内的前文字社会中,撷取出分属狩猎、园耕、游牧、农耕等不同经济文化类型的七个原始民族的代表,在翔实可信的田野调查报告的基础上,对原始法进行了富有创意和兴味的探讨。大量可信的事实表明,初民社会中构成部落法院的,如美洲印第安人村庄的部落议事会,或者西非阿散蒂人由酋长、酋长的长老顾问班子及其亲信组成的法院,甚至介入争议双方的第三者、调停人也称得上一种"法院"。尽管某些部落法院缺乏固定性,但确实存在着,它们具有一种权威,对于部落负有一种责任,并且遵照部落先例进行裁判,或者创立和宣告一个新的规则。中国少数民族习惯法的起源也印证了这一判断。[1]

从人类学、社会学的角度对法起源进行研究,有助于更全面地理解法的起源。[2]

第二节　法律产生的根源和规律

一、法律产生的根源和标志

马克思主义法学认为,随着生产力的发展,产品有了剩余,出现了私有制和阶级剥削,原始社会的氏族联盟和氏族习惯就为国家和法律所代替。法律的产生有着经济的、阶级的、社会的根源,同产品的生产、分配、交换以及私有制和阶级的出

---

〔1〕关于中国少数民族习惯法的产生,可参见高其才:《中国少数民族习惯法》(第一章),北京,清华大学出版社,2003。

〔2〕参见[美]E.A.霍贝尔:《初民社会的法律》,周勇译,25页以下,北京,中国社会科学出版社,1993。关于法人类学,可参见张永和:《法人类学作为独立学科的诞生及其他》,载《现代法学》,2005(1);林端:《法律人类学简介》,载林端:《儒家伦理与法律文化》,北京,中国政法大学出版社,2002。

现、社会的发展是分不开的。恩格斯曾指出："在社会发展某个很早的阶段,产生了这样一种需要,把每天重复着的生产、分配和交换产品的行为用一个共同规则概括起来,设法使个人服从生产和交换的一般条件。这个规则首先表现为习惯,后来便成了法律。随着法律的产生,就必然产生出以维护法律为职责的机关——公共权力,即国家。"[1]

（一）法律产生的根源

1. 私有制和商品经济的产生是法律产生的经济根源

从法律的最初起源看,正是私有制和商品经济的产生导致了法律的产生。原始公社制度解体以前,生产资料是公有的,产品实行平均分配,当时没有形成各种脱离氏族而独立的不同利益的经济主体,个人与集体浑然一体。利益上的基本一致使得他们只需依靠传统习惯就可以把经济关系调整好了。在原始社会后期,随着劳动生产率的提高,发生了三次社会大分工,出现了个人劳动产品的交换,逐渐促进了生产资料私有制的形成和发展,促进了财富向少数人的积累。后来到了父系氏族公社时期,随着公有制的解体,私有制的产生,出现了各种不同形式的所有制。例如,不仅存在着逐渐瓦解的公有制,而且在私有制中又有个体劳动者所有制和奴隶主所有制;在奴隶主所有制当中,又有土地贵族奴隶主所有制、工商业奴隶主所有制等。在这些所有制的背后,存在着各种不同利益的集团,其中在对抗性的所有制经济关系中,还存在着两个对抗性的社会利益集团——奴隶主阶级和奴隶。各个不同利益的社会集团为了自身利益而进行着保护一种所有制和反对另一种所有制斗争,这就使社会的经济秩序陷入混乱之中,如何才能调整这些经济关系呢?如何才能迫使广大劳动者——奴隶服从当时奴隶主所有制的劳动条件进行生产呢?靠原来的习惯显然是不行了。经济上占统治地位的奴隶主阶级为了维护自己赖以生存的经济条件,同时也是为了避免社会各集团在毫无限制的冲突和争夺中同归于尽,于是就根据本阶级的利益和意志,制定或认可一些特殊的并依靠国家强制力保证实施的行为规则,来维持社会秩序,以保护奴隶制经济的发展,限制甚至消灭那些不利于奴隶制发展的经济,这种特殊的社会规范就是法律。可见,"法的关系正像国家的形式一样,既不能从它们本身来理解,也不能从所谓人类精神的一般发展来理解,相反,它们根源于物质的生活关系。"[2]法律是为了维护某种所有制、调整一定经济关系和秩序的需要而产生的。

2. 阶级的产生是法律产生的阶级根源

原始社会母系氏族公社以前,人们的关系是平等、互助的关系,那时的习惯也是符合氏族公社全体成员利益的,人们能自觉遵守。后来到了父系氏族公社时期,

---

〔1〕《马克思恩格斯选集》,2 版,第 3 卷,211 页,北京,人民出版社,1995。
〔2〕《马克思恩格斯选集》,2 版,第 2 卷,32 页,北京,人民出版社,1995。

随着公社制度的解体,私有制和阶级开始产生。私有制的发展促使私有者吸收更多的劳动为其创造剩余产品,战俘不再被杀死而是作为奴隶保留下来,奴隶制开始萌芽了,随着个体劳动发展成为普遍现象,产生了个体家庭私有制和子女继承制,社会逐渐向两极分化:一些氏族部落首领通过剥削和掠夺而成为贵族和奴隶主,而广大自由民由于货币、高利贷以及土地所有权和抵押的开始出现而沦为债务人,进而沦为奴隶,社会逐渐分裂为奴隶主与奴隶、贵族与贫民、剥削者与被剥削者,它们由于根本利益冲突而进行着不可调和的斗争。在这种情况下,原来的习惯已不能调整它们之间的矛盾和关系了,奴隶主阶级为了维护它的统治地位,除了组织国家镇压被剥削阶级的反抗外,还把它的阶级意志制定为法律,把被统治阶级的活动约束在一定范围内,并调整统治阶级内部矛盾,以及统治者与同盟者的关系。显然,这种维护统治阶级根本利益的特殊社会规范,没有国家强制力作后盾是不行的。私有制和阶级的形成需要有表现为凌驾于社会之上的力量来调整新的社会关系,需要一种特殊公共权力来确定和维护社会成员的权利和义务,于是法律就应运而生了。可见,法律是为了维护和调整一定阶级关系的需要而产生的,它是阶级矛盾不可调和的产物和表现。

3. 社会的发展是法律产生的社会根源

社会的发展,文明的进步,需要新的社会规范来解决社会资源有限与人的欲求无限之间的矛盾,解决社会冲突,分配社会资源,维持社会秩序。适应这种社会结构和社会需要,国家和法律这一新的社会组织和社会规范就出现了。[1]

需要指出的是,法律的产生与人性因素密切相关。直到18世纪,美国宪法的制定者还说:"政府本身不是对人性的最大耻辱,又是什么呢?如果人都是天使,就不需要任何政府了。如果天使统治人,就不需要对政府有任何外来的或内在的控制了。"[2]

(二)法律的产生的主要标志

特殊公共权力系统即国家的产生、权利和义务观念的形成和法律诉讼和司法的出现是法律的产生的主要标志。

1. 特殊公共权力系统即国家的产生

国家的产生彻底改变了社会规范的特征。在原始社会,社会规范即习惯是人们在共同生产和生活中自然形成的,是凭借氏族成员内心的信念、自幼养成的行为惯性以及氏族首领的威信来保证实施的,其作用的范围限于本氏族,而现在社会规

---

[1] 《尚书·吕刑》记载:"苗民弗用灵,制以刑,惟作五虐之刑曰法。杀戮无辜,爰始淫为劓、刵、椓、黥。越兹丽刑,并制,罔差有辞"。其注云"蚩尤作乱,当是作重刑以乱民,以峻法酷刑民。"《周书·吕刑》载:"王曰,若古有训,蚩尤惟始作乱,延及于平民,……苗民弗用灵,制以刑……遏绝苗民,无世在下。"
[2] [美]汉密尔顿、杰伊、麦迪逊:《联邦党人文集》,程逢如等译,264页,北京,商务印书馆,1980。

范中的法律则是国家这种凌驾于社会之上的特殊公共权力系统认可、制定、实行和用强制力保证实现的,法律的适用范围则依国家权力所及的地域来界定。

2. 权利和义务观念的形成

原始社会的习惯是从维护氏族生存的共同需要中形成的、世代沿袭并变成人们内在需要的行为模式。依习惯行事,是无所谓权利和义务的。现在,社会成员之间却形成了权利和义务观念,出现了权利和义务的分离。这种分离首先表现为在财产归属上有了"我的""你的""他的"之类的区别;其次,在利益(权利)和负担(义务)的分配上出现了不平等,即出现了特权;再次在享有权利履行义务上出现了明显的差别,有的人(贵族和富人)仅享受权利,而大多数人仅承担义务。

3. 法律诉讼和司法的出现

在原始社会,氏族内部围绕着生产、分配、婚姻的纠纷或争执,一般情况下由氏族成员即当事人自己自行解决的,氏族之间的争端和冲突如边界争执、人身伤害、财产抢夺,则往往通过战争来解决。在法律产生之后,一切当事人不能自行解决的严重冲突则通过法律诉讼来解决,由此出现了司法活动和不断专门化的司法机关。法律诉讼和司法的出现,标志着公力救济代替了私力救济,文明的诉讼程序取代了野蛮的暴力复仇,使得人们之间发生的争端可以通过非暴力方式解决,从而避免或极大地减少了给人类造成巨大灾难的恶性循环的暴力复仇现象,社会的发展建立在理性基础上。

二、法律产生的规律

马克思主义法学认为,法律的产生是一个长期的社会历史过程,有其独特的发展规律,这主要表现在以下几方面。

(一)法律的产生经历了从个别调整到规范性调整、一般规范性调整到法的调整的发展过程

原始社会初期的社会调整往往是个别调整,即针对具体人、具体行为所进行的只适用一次的调整。当某些社会关系发展为经常性、较稳定的现象时,人们为提高效率、节约成本而为这一类社会关系提供行为模式,于是个别调整便发展为规范性调整,即统一的、反复适用的调整。以后随着社会的发展,社会形成两个利益对立的阶级,统治阶级需要一种特殊的社会规范来维护其利益,迫使社会成员按照统治阶级意志行事,于是法律的调整从一般的规范性调整中分离出来,法律的调整逐渐成为社会关系的主要调整方式。法律的调整的主体是政治社会中最具权威的组织——国家,国家创制法律并保障法律的实施。

（二）法律的产生经历了习惯到习惯法、再由习惯法到制定法的发展过程

原始社会时期的社会规范主要是习惯,随着私有制和阶级的形成,习惯打上了阶级的烙印具有了阶级性,逐渐转变为习惯法。统治阶级有选择地利用原有的习惯,由国家加以确认,使之成为对本阶级有利的社会规范,而赋予法律的效力,从而形成最早的习惯法。随着社会关系的复杂化和社会文明的发展,国家机关根据一定的程序把体现统治阶级意志和利益的规范以明确的文字形式表现出来,逐渐产生了制定法。最早的制定法,主要是习惯法的整理和记载,还有个别立法文件和最主要的判决的记载。以后,国家适应社会的需要主动地制定新的法律规范,制定法成为法律的主要渊源。因此,法律的产生过程,是一个由简单到复杂、由不完善到完善、由自发形成到自觉形成的长期发展过程。

（三）法律的产生经了法律与宗教规范、道德规范的浑然一体到法律与宗教规范、道德规范的分化、法律的相对独立的发展过程

原始社会的习惯融道德、宗教等社会规范于一体,国家产生之初的习惯法与宗教规范、道德规范等没有明显的界线,三者相互渗透、浑然一体。随着社会的进化、法律的发展成熟,法律与道德、宗教规范开始分化,法律在调整方式、手段、范围等方面自成一体、相对独立,在社会调整体系中占有独特的地位,发挥特殊的作用。

第十二章　法　律　发　展

第一节　法律发展概述

法律发展是指一定历史时期内与社会发展相适应的法律进步。法律的发展的根本动力在于一个社会的进化和发展；法律的发展的外在推动也是不可忽视的因素。[1] 法律发展的最深刻、最本质的原因无疑是社会物质生活条件的变化和客观现实的内在需求。然而，对自由的渴望和追求在一定条件下往往成为推动法律发展的积极因素。需要注意的是，"在法的进化过程中，没有一条笔直的发展轨迹可循，作为社会进化一个方面的法律进化，同生物界中各种生命形式的进化一样，不是呈一种不偏离正轨的单线发展态势。"[2]

从不同的角度，可以对法律发展进行认识，不少学者对此做了努力。如英国的梅因把法律分为"身份"的法和"契约"的法；[3] 美国的庞德认为法律的发展经历了五个阶段：原始的法，严格的法，17、18 世纪的衡平法和自然法，成熟的法，社会化的法，后来他又补充提出下一阶段的法是世界法；[4] 德国的马克斯·韦伯（Max Weber,1864—1920）把历史上存在的法律分为形式不合理的法、实质不合理的法、实质合理的法、形式合理的法等；[5] 美国的昂格尔认为人类的法律类型有习惯法、官僚法、法秩序（法治）；[6] 日本的田中成明将法律分为自治型法、普遍主义型法、管理型法；日本的穗积陈重认为法律是一个从无形法向成形法（有形法）发展的过程，无形法包括"潜势法""规范法"和"记忆法"，成形法包括"绘画法"和"文字法"，

---

[1] 穗积陈重以法律进化来讨论法律发展：社会力有多静状、有动势。法律既为社会力之一种，故亦有静状与动势。所谓法律之静状者，即法现象仅为行为之规范而表现之社会力是也。所谓法之动势者，即为行为之规范而表现之社会力之实质或形体，因时之经过，而生变化者是也。故虽在以法现象之普通之知识为目的之法律学，依其静状为对象，与依其动势为对象，而有法律静学与法律动学之别，前者在观察法现象之静状而求其原理也，后者在观察法想象之动势而论其变迁之理法者也。法律进化论属于法律动学者；其目的在依法现象之时间的观察，以明法律之发生与发展之理法。法律进化论，即阐明法现象普遍的通素；换言之，即阐明法现象之时间的推移之原理为其本领者也。参见[日]穗积陈重：《法律进化论》，黄尊三等译，1～2 页，北京，中国政法大学出版社，1997。

[2] [美]霍贝尔：《初民的法律——法的动态比较研究》，周勇译，北京，323 页，中国社会科学出版社，1993。

[3] 参见[英]梅因：《古代法》，沈景一译，97 页，北京，商务印书馆，1959。

[4] 参见[美]庞德：《法理学》（第一卷），邓正来译，372～471 页，北京，中国政法大学出版社，2004。

[5] 参见[德]马克斯·韦伯：《经济与社会》（下卷），林荣远译，138～144 页，北京，商务印书馆，1997。

[6] 参见[美]昂格尔：《现代社会中的法律》，吴玉章等译，43～47 页，北京，中国政法大学出版社，1994。

而文字法又分"私文书时代""公文书时代""成文法时代"三期;而从"法之认识"的进化角度看,法律的发展又可分为四个时期:民众绝对不知法的知识之潜势法时代,禁止民众知法的秘密法时代,对于国家机关命其知法、对于民众许其知法的颁布法时代,民众要求知法的公布法时代。[1]

我国的不少学者将法律划分为自然经济类型的法律与商品经济类型的法律;义务本位的法律与权利本位的法律;人治的法律和法治的法律、专制的法律与民主的法律等。

法律将按照什么样的历史轨迹发展,这无疑是法律发展研究中的重要问题。而法律的发展史观与社会的发展史观又是密切联系的,解释近现代历史发展的流行的理论是现代化理论。现代化范式吸取了西方现代化理论的历史观,认为法律发展的过程就是法律现代化的过程,就是从传统法律向现代法律转化的过程。而本土化范式则从后现代主义的历史观出发,反对从传统到现代的单线发展观,而强调传统与现代的平面化共存。

现代化理论将人类社会的发展分为两个历史阶段,即传统社会阶段与现代社会阶段,并将世界的近现代发展史理解为,从传统社会向现代社会进化或转型的历史,认为从传统社会迈向现代社会乃是社会发展之必然而又合理的趋势。根据这种历史观,现代化论者认为,中国近现代社会变革或变迁乃是由传统社会向现代社会过渡、转变的历史嬗变过程,是一个现代化的过程。社会的发展变化必然带来法制的相应变化。伴随着中国社会由传统社会向现代社会的转变,中国法制也同样发生了从传统型法制向现代型法制的历史转变。[2] 这个转变过程也就是中国法制现代化的过程。在这种传统——现代对立的思维模式的影响下,现代化论者不断设定乃至制造出传统法与现代法对立的各种具体形式。譬如,有的学者从法律价值取向角度,将传统法制与现代法制的差异概括为 11 对方式变项:人治与法治、强制与自由、专制与民主、特权与平等、义务与权力、一元与多元、依附与独立、集权与分权、社会与个体、他律与自律、封闭与开放。[3]

本土化范式强调历史从来都不是单线发展的,历史也不存在那种本来仅仅作为便利分析工具的古代、近代、现代之时代划分。历史的发展过程充满了变异、断

〔1〕 参见[日]穗积陈重:《法律进化论》,黄尊三等译,原形论,第 1~3 篇,北京,中国政法大学出版社,1997。

〔2〕 季卫东指出,"现代与传统"二分观在"现代法对抗传统法"这种两分法图式中就表现为:"从身份到契约"(梅因)、"从礼俗社会到利益社会"(滕尼斯)、"从神圣的封闭的社会到世俗的迁徙的社会"(贝克)、"从特殊主义到普遍主义"(帕森斯),以及伦理主义对合理主义、共同体对个人、强制对合意、义务本位对权利本位、实质正义对形式正义、调解对审判等。参见季卫东:《面向 21 世纪的法与社会》,载季卫东:《法治秩序的建构》,398~399 页,北京,中国政法大学出版社,1999。

〔3〕 参见公丕祥:《中国法制现代化的概念分析工具》,《南京社会科学》,1990(1);《法制现代化的概念构架》,载《法律科学》,1998(4)。

裂、错位和偶然性，生活世界以它自身的丰富性和众多的可能性而呈现着，历史并不存在着一种必然性、整体性和终极目的。在传统性和现代性之间，并不简单地在价值上评判谁优谁劣，或在时序上断言谁将取代谁。法律的发展并非是现代法取代传统法，[1]而往往是传统法与现代法以越来越复杂的形式表现出来的平面化的交错共存。[2]

在法律发展问题上，我们需要避免片面化、绝对化的界定，将复杂的问题人为地简单化，割裂现象之间的内在联系。

马克思主义法学认为，法律历史类型的更替是法律发展中的剧变和革命，法律继承、法律移植是特定历史类型的法律制度的进步和自我完善。

第二节　法律历史类型

与社会发展和文明进化相适应，法律不断地发展、进步，法律历史类型的更替即是法律发展的一种形式。

按照马克思主义法学的观点，法律历史类型是按照法律所据以产生和赖以存在的经济基础的性质和体现的阶级意志的不同，对人类社会的法律所作的分类。凡是建立在相同经济基础之上、反映相同阶级意志的法律，就属于同一历史类型。划分法律的历史类型，有助于认识和揭示法律的阶级本质及其发展变化的历史规律。

与人类进入阶级社会后的社会形态的划分相一致，人类社会存在四种历史类型的法律，即奴隶制法、封建制法、资本主义法和社会主义法。前三种法律是以私有制为基础的剥削阶级社会的法律，体现少数剥削者的意志，通称为剥削阶级类型的法律。社会主义法体现工人阶级领导的广大人民群众的意志，是新的、最高历史类型的法律。

在人类社会发展过程中，并不是每一个国家、民族的法律都一定经过法律的这四种历史类型。但法律的历史发展的总体过程表明，从奴隶制法到封建制法、继而

---

〔1〕　代表性学者为朱苏力，详见苏力：《法治及其本土资源》，北京，中国政法大学出版社，1996；《送法下乡：中国基层司法制度研究》，北京，中国政法大学出版社，2000；《道路通向城市：转型中国的法治》，北京，法律出版社，2004；《也许正在发生：转型中国的法学》，北京，法律出版社，2004。邓正来在《中国法学向何处去？——对苏力"本土资源论"的批判》（《政法论坛》，2005(3)）对苏力的观点有讨论。

〔2〕　参见黄文艺：《论中国法律发展研究的两大范式》，载《法制与社会发展》，2000(3)。邓正来认为，黄文艺对"现代化范式"与"本土化范式"所做的比较分析，尤其是他对他所说的深受后现代主义思潮影响的"本土化范式"所做的某些概括，是相当牵强的。比如说，黄文艺在该文中指出的"本土化范式"所强调的法律功能上的"消极论"、法律发展途径上的"进化论"、法律发展主体上的"民众主导论"、法律发展资源上的"本土资源论"这四种主张，明显出自于深具现代性的"现代化范式"，而显然不是出自于后现代思想的观点。参见邓正来：《中国法学向何处去？——对苏力"本土资源论"的批判（五）》，《政法论坛》，2005(3)，注9。进一步阅读可参见黄文艺：《全球结构与法律发展》，北京，法律出版社，2006。

发展为资本主义法和社会主义法,是法律历史发展的一般规律。随着人类社会的发展,法律历史类型也由低级类型的法律向高级类型的法律依次更替。

法律历史类型的更替,是不依人的意志为转移的历史的必然,社会基本矛盾(生产力同生产关系、经济基础同上层建筑的矛盾)的运动是法律历史类型更替的根本原因。但是,这种更替不是自发进行的,而是必须通过社会革命来实现的。代表新的生产方式的先进阶级只有通过社会革命才能推翻原来的统治,夺取政权并实现法律历史类型的更替。

奴隶制法是人类历史最早出现的法律,也是私有制类型最早的法律。世界上大多数地区如埃及、罗马、巴比伦、印度、中国等都经历过奴隶制社会阶段,也存在奴隶制法。

奴隶制法的本质和特征是由奴隶制社会的经济基础所决定的。奴隶制社会的经济基础,就是奴隶主阶级占有全部生产资料,并完全占有生产者——奴隶。奴隶制社会的阶级结构主要是奴隶主与奴隶两个基本对立的阶级,奴隶主阶级剥削、统治奴隶阶级。因此,奴隶制法是奴隶主阶级的意志和利益的体现,其目的在于维护有利于奴隶主阶级的社会关系和社会秩序。

在不同的奴隶制国家和奴隶制社会发展的不同阶段,奴隶制法有着不同的特点,但从总体上的认识,奴隶制法具有这样一些共同特征：①严格保护奴隶主的所有制,确认奴隶主阶级经济、政治、思想统治的合法性,确保奴隶主的私有财产不受侵犯,维护奴隶主对奴隶的占有权。②公开反映和维护贵族的等级特权,不仅明文规定奴隶的无权地位,而且还规定自由民之间的不平等。③刑罚种类繁多,刑罚手段极其残酷,刑罚的执行带有极大的任意性,依靠严刑峻法来维护奴隶主阶级的统治。④长期保留原始社会的某些行为规范残余,如同意复仇和赔偿制度的普遍存在、男性家长的广泛权力等,反映了奴隶制法受传统影响较大。

封建制法是经奴隶制法之后出现的又一种私有制类型的法律。封建制法存在的历史悠久,西欧从476年日耳曼人消灭西罗马帝国到1640年英国资产阶级革命,约1200年。中国从战国时期起算,到辛亥革命,大约2400年。

封建制法赖以建立和存在的经济基础是地主或领主占有土地和部分占有农民或农奴,封建主依靠封建土地所有制和超经济剥削(如无偿劳役)迫使农民依附于封建主阶级。在封建社会,自给自足自然经济占主导地位。与经济形式相适应,封建社会的基本阶级关系是地主(领主)阶级和农民(农奴)阶级的对立和斗争,地主阶级是统治阶级,因此封建制法是地主阶级意志的体现,是由封建制国家制定或认可,并以国家强制力保证其执行的行为规范,是维护和巩固地主阶级压迫和剥削农民的工具。

封建制法具有以下共同特征：①维护地主阶级的土地所有制,确认农民对封建地主的依附关系,严格保护封建地主的所有权。②确认和维护封建等级特权,皇帝(君主)享有最高的立法、行政、司法、军事等大权,贵族、地主分别享有国家管理社会生活方面的特权。③刑罚酷烈,罪名繁多,滥施肉刑,广为株连,处罚野蛮擅断。

奴隶制法和封建制法为古代法。古代法是人类早期的法,深深受到宗教信仰与神灵观念的影响,宗教性格非常明显,透过或借着宗教业已神化的形式,取得它的效力或权威。古代法的主体并非个人,而是集体或社群本身,法律是集体、社区共同生活的产物,所以法律是以集体性的权利、义务与制裁为其实质内涵。古代法具有特权法的特征,法律权利与义务的规定明显不平等。古代法的思想上的压制性和处罚上的残酷性较为突出。古代法比较原初、粗糙,表现了人类认识的早期特点。

我们认识古代法时,应以历史的眼光,客观、全面地进行,要把古代法作为人类法的发展的一个环节,从人类法律制度的生成、竞争、选择和完善角度加以理解。

第三节　资本主义法

在法律发展中,资本主义法起着特别的作用,我们应当客观承认资本主义法对人类社会发展的贡献。[1]

在欧洲中世纪中后期,随着资本主义经济关系的逐渐成长,逐步出现了带有资本主义因素的法,如商法的兴起、罗马法的复兴、资本原始积累法律的出现。但资本主义法是随着资产阶级革命和资产阶级国家政权的建立而产生的。资产阶级占有生产资料、剥削雇佣工人这一资本主义经济基础决定资本主义法的本质和特点。资产阶级是资本主义社会的统治阶级,无产阶级靠出卖劳动力生存,受资产阶级的剥削。资本主义法体现了资产阶级的意志,是资产阶级国家权力的经常的有系统的有组织的表现。资产阶级重视法制建设,形成了较为完备的法律体系和法律实施体系。

---

[1]　关于资本主义,可参见黄仁宇的《资本主义与二十一世纪》(北京,三联书店,2002),该书着重叙述了西方资本主义的发生发展过程,但却是以其作为中国社会发展的参照系来思考这些问题的;[美]米尔顿·弗里德曼的《资本主义与自由》(张瑞玉译,北京,商务印书馆,1986);靳辉明等主编的《当代资本主义新论》(成都,四川人民出版社,2006)。关于现代世界的起源,可参见 C.A.贝利《现代世界的诞生 1780—1914》(于展、何美兰译,北京,商务印书馆,2013)和[英]艾伦·麦克法兰的《现代世界的诞生》(刘北成等译,上海,上海人民出版社,2013)等。前书研究的时段是从中古向现代过渡的时期,或称"早期现代时期";它从全球史的立场出发,提出这样的观点:世界日益走向全球化,导致封闭的古代世界向现代世界过渡。后书以翔实的史料,颠覆了马克思、韦伯、涂尔干和彭慕兰等思想家和学者关于旧制度与现代世界"大分流"的经典理论,将现代世界的源头上溯至 12—18 世纪工业化的英国与勤业化的欧亚大陆之间的分道扬镳;并对现代性的本质和特征提出了独到的见解,那就是经济、社会、政治和意识形态(或曰宗教)等领域的彻底分立与组合;这有助于中国读者理解西方的历史与中国的现状,思考如何在个人主义的现代社会解决最棘手的"社会凝聚"问题。

一、封建社会中后期带有资本主义因素的法律的出现

在西方封建社会中后期,逐步出现了带有资本主义因素的法,主要有:①商法的兴起:这些商法渊源于习惯法,最为典型的是海商法,在地中海、北海、波罗的海沿岸通用,如10世纪的《阿马尔非法》、12—13世纪的《奥莱龙法》《维斯比法》、15世纪的《海商法汇编》等,以后又有一些票据、保险、公司、破产等方面的法规。②罗马法复兴:罗马法原先是统一的、拥有世界霸权的帝国的法律;罗马法是建立在私有制和简单商品生产关系极为发达基础上的,对这方面的法律关系作了详尽规定;罗马法代表了相当高的法律文化水平。[1] ③资本原始积累的法律的出现:资本原始积累是资本主义生产方式确立前通过暴力使小生产者同生产资料分离并积累货币资本,西欧从15世纪末开始,以英国最为典型,除掠夺殖民地、贩卖奴隶、发行公债之外,主要是通过对农民的剥夺(如圈地运动),使农民成为无产者并强迫他们到资本家的工厂去做工。④宪法性法律的开始制定:限制王权,试图以政治契约形式确立国王与臣民的权利义务关系。如英国1215年的《自由大宪章》、1628年的《权利请愿书》。

对此,韦伯认为:"我们近代的西方法律理性化是两种相辅相成的力量的产物。一方面,资本主义热衷于严格的形式的、因而——在功能上——尽量像一部机器一样可计量的法,并且特别关心法律程序;另一方面,绝对主义国家权力的官僚理性主义热衷于法典化的系统性和由受过理性训练的、致力于地区平等进取机会的官僚来运用的法的同样性。两种力量只要缺一,就出现不了近代法律体系。"[2]

二、资本主义法的产生

各个西方国家由于国情的不同,资产阶级革命的具体形式不同,因此资本主义法的产生也各有特点。[3]

(一)英国

1215年6月15日,英国贵族胁迫英国国王约翰王在兰尼米德草原签署文件

[1] 德国法学家耶林曾在《罗马法精神》中指出,罗马帝国曾三次征服世界,第一次以武力,第二次以宗教,第三次以法律。"武力因罗马帝国的灭亡而消失,宗教随着人民思想觉悟的提高、科学的发展而缩小了影响,唯有法律征服世界是最为持久的征服。"转引自周枏:《罗马法原论》(上册),10~11页,北京,商务印书馆,1994。

[2] [德]韦伯:《儒教与道教》,王容芬译,200页,北京,商务印书馆,1995。

[3] 关于资本主义法律的兴起,可参见[美]泰格、利维:《法律与资本主义的兴起》,纪琨译,上海,学林出版社,1996。该书从新兴资本家社会和衰落封建结构之间的斗争入手,探讨了现行法律的发展渊源。故事从早在11世纪城市商人生活的肇端,一直讲到资产阶级法理学在18世纪取得胜利;着重之点在于法和各种法律制度如何反映统治阶级的利益,以及它们如何以新社会阶级逐渐取代旧有阶级的社会变革。

《自由大宪章》,习惯上称《大宪章》,为英国封建专制时期宪法性文件之一。文件共63条,用拉丁文写成。《大宪章》多数条款维护贵族和教士的权利,主要内容有:保障教会选举教职人员的自由;保护贵族和骑士的领地继承权,国王不得违例征收领地继承税;未经由贵族、教士和骑士组成的"王国大会议"的同意,国王不得向直属附庸征派补助金和盾牌钱;取消国王干涉封建主法庭从事司法审判的权利;未经同级贵族的判决,国王不得任意逮捕或监禁任何自由人或没收他们的财产。此外,少数条款涉及城市,如确认城市已享有的权利、保护商业自由、统一度量衡等。自由大宪章是对王权的限定,国王如违背之,由25名贵族组成委员会有权对国王使用武力。自由大宪章被视为是英国宪法的基础,后来成为近代资产阶级建立法治的重要依据之一。

英国于1640年爆发议会与国王冲突的资产阶级革命;1688年光荣革命之后,标志着君主立宪的资本主义制度最终确立。1689年10月,议会通过了"权利宣言"并制订为法律,是为《权利法案》。《权利法案》(*The Bill of Rights*),全称《国民权利与自由和王位继承宣言》(*An Act Declaring the Rights and Liberties of the Subject and Settling the Succession of the Crown*),是英国资产阶级革命中的重要法律性文件,但非宪法。内容不多,只有13条,包括第1条"凡未经议会同意,以国王权威停止法律或停止法律实施之僭越权力,为非法权力"、第2条"近来以国王权威擅自废除法律或法律实施之僭越权力,为非法权力"、第4条"凡未经国会准许,借口国王特权,为国王而征收,或供国王使用而征收金钱,超出国会准许之时限或方式者,皆为非法"等。《权利法案》奠定了英国君主立宪政体的理论和法律基础,确立了议会所拥有的权力高于王权的原则,标志着君主立宪制开始在英国建立,为英国资本主义的迅速发展扫清了道路。

(二)美国

18世纪40年代,英国建立了大西洋沿岸的13个殖民地。1775—1782年开展独立战争,推翻了英国的殖民统治,独立自主的美利坚合众国正式诞生,美国资产阶级法律制度也随之建立。

独立战争胜利之初,美国举国上下敌视英国,一度反对普通法。但是,胜利了的美国资产阶级,为了发展资本主义,调整日益复杂的社会关系,要求迅速创立和完善法律制度。同时,英、美之间历史上存在着法律的渊源关系。因此美国统治者仍然以英国的法律为基础创制新法律,如美国宪法沿用了传统的英国法律术语,法律的实施仍然按照英国的标准进行解释;英国法学家布莱克斯通的《英国法释义》在美国被广泛应用;英国的衡平法为正式法律,适用于美国的一般法院。

杰弗逊起草、1776年7月4日通过的《独立宣言》宣称:"人人生而平等,他们都从他们的造物主那里赋予了某些不可转让的权利,其中包括生命权、自由权和追求幸福的权利。为了保障这些权利,所以才在人们中间成立政府。而政府的正当权力,则系得自统治者的同意。如果遇有任何形式的政府变成损害这些目的的政府,那么,人民有权利来改变它或者废除它,以建立新政府。"它第一次以政治纲领形式提出了资产阶级关于"天赋人权"和"主权在民"的主张。

1777 年 4 月时,有 10 个州颁布了《宪法》。为了建立一个中央政府、将各州联合起来,1777 年 11 月 15 日大陆会议上通过了《邦联条例》。1781 年经各州批准后生效。它给以各州以较大权力,独立后的人们不愿再看到一个强大的中央政府。

1787 年 5 月 25 日费城制宪会议起草联邦宪法,1788 年 7 月 26 日共有 11 个州批准了宪法草案,邦联国会宣布宪法正式生效。《美利坚合众国宪法》由序言和 7 条正文组成。至今美国已经通过了 27 条宪法修正案。由此,美国的资本主义法律基本形成。[1]

(三)法国

公元 1789 年 7 月 14 日法国资产阶级革命开始,攻占巴士底狱,武装起义成功。革命初步胜利后,国民议会为号召群众、推动革命,感到有必要仿照北美在独立战争时期的做法,宣布一个权利宣言,把保障人权及自己在社会经济和政治法律制度方面的基本主张公之于世,作为施政纲领。在攻陷巴士底狱的同一天就开始了人权宣言的起草工作。参加人有拉裴德、穆尼耶、塔列兰等,8 月 26 日国民议会通过并公布。《人权宣言》的发表,是法国乃至欧洲历史上的一件大事。

1791 年,法国制订了第一部宪法,建立了君主立宪政权。这也是欧洲的第一部宪法。1793—1794 的雅各宾专政是法国资产阶级革命的顶峰。1794 雅各宾派政权被推翻,标志着法国资产阶级革命的基本结束。1799 年 11 月拿破仑举行政变,夺取了政权。拿破仑称帝后,亲自主持编纂了一系列重要法典,建立起以《法国民法典》代表的一整套资产阶级法律的体系。[2]

(四)德国

公元 962 年,形成了所谓"德意志民族的神圣罗马帝国",但由于诸侯割据,德国分裂为三百多个封建邦国和一千多处骑士领地,其中最大的并居于重要地位的

---

[1] 关于美国法律的发展,可参见[美]伯纳德·施瓦茨:《美国法律史》,王军等译,北京,中国政法大学出版社,1990。该书内容包括了从独立战争时期到当代美国法律发展的整个历史。作者以美国法律发展的主要时期为径,把美国法律发展划分成"独立时期""形成时期""重建和金时期""福利国家"和"当代"五个阶段;又以主要部门法的演变为纬,描述了传统"公法"和"私法"在各个时期的发展演变情况,范围涉及宪法、行政法、劳工法、契约法(合同法)、侵权行为法、财产法、公司法等各个领域。关于美国历史、文化,可参见[美]威廉·曼彻斯特:《光荣与梦想——1932—1972 年美国实录》,朱协译,海口,海南出版社、三环出版社,2004。

[2] 关于法国历史、文化,可参见罗芃等:《法国文化史》,北京,北京大学出版社,1997;[英]琼斯:《剑桥插图法国史》,杨保筠等译,北京,世界知识出版社,2004。后书强调了区域、阶段、性别和种族在法国性格塑造过程中的重要性。

是奥地利和普鲁士。

1806 年,"神圣罗马帝国"被法国的拿破仑一世所推翻,德意志各邦处于法国的奴役之下。1814 年拿破仑侵略失败。反法联盟为结束这场战争而召开的维也纳会议于 1815 年决议成立德意志邦联,它包括德国 34 个封建君主国和四个自由市,这只是一个松散的政治联盟,实际仍保持封建割据的局面。

1848 年 3 月,德国爆发了资产阶级民主革命,这次革命虽然打击了封建贵族,破坏了农奴制,形成了有利于资本主义发展的局面,但由于革命的失败,德意志诸邦的封建专制制度并未摧毁,国家统一并未完成。

1850—1870 年期间,德意志在经济上迅速成为最发达的工业国之一,资本主义工业的发展,不能不对农业发生影响。1850 年,普鲁士统治阶级为防止新的革命和巩固贵族地主(容克)的统治,采取了自上而下的农业改革,这种改革保存大量封建残余、缓慢地由封建经济转变为资本主义经济的农业发展道路。

1816 年,普鲁士亲王即位称威廉一世;次年,任命俾斯麦为普鲁士首相。俾斯麦公开宣称将以"铁与血"来解决德国统一问题。1867 年,建立了以普鲁士为首的北德意志联邦,成为后来统一的德意志帝国的基础。

1870 年开始的普法战争,法国战败。德意志南部各邦也于 1870 年底声明加入北德意志联邦。1871 年 1 月 18 日,普鲁士王威廉一世在凡尔赛宫宣布自己为德意志帝国国王。德国统一基本完成。

德国统治阶级为维护统一后的社会制度和社会秩序,于 1871 年制定了《宪法》,共 14 章 78 条,规定德意志帝国为联邦国家。1919 年,魏玛宪法规定实行联邦共和国;确认私人企业施行"社会化原则"。

1896 年 7 月 1 日帝国国会通过《德国民法典》第三个草案,同年 8 月 18 日经德意志皇帝正式批准,8 月 24 日公布,并于 1900 年 1 月 1 日正式施行。至此,德国的资本主义法律体系基本形成。[1]

(五)日本

公元 1868 年,日本爆发了以推翻德川幕府的统治、建立天皇制中央集权国家为内容的明治维新运动,以大久保利通、西午隆盛为代表,倒幕势力以明治天皇的名义,迫使德川幕府交出政权,宣布废除幕府制度,成立天皇政府。

制定《维新政体书》,确定天下权力总归于天皇之下的太政官,实行分权管理。1869 年宣布实行"版籍奉还",即把封建领主占据的各藩地全部归还天皇统辖。1871 年又"废藩置县"。至此以天皇为中心的中央集权的统一国家宣告建成。

明治维新是一次不彻底的资产阶级革命,没有从根本上触动封建剥削制度,保

---

〔1〕 关于德国历史、文化,可参见[加拿大]马丁·基钦:《剑桥插图德国史》,赵辉等译,北京,世界知识出版社,2005。

留了较多的封建残余,但它却是日本封建领主政权转变为地主资产阶级联合政权的标志,是日本从封建社会进入资本主义社会的转折点。

日本的资产阶级法律制度,是在西方资本主义国家法律的影响下确立和发展起来的。

从1639年德川幕府统治时期起,日本实行了长达二百多年的"锁国政策",1854—1860年间,西方资本主义列强以武力胁迫日本,企图打破日本闭关自守的大门。德川幕府在外国炮舰的威吓下,先后同美、英、法、俄、荷等国签订了不平等条约,将日本推向半殖民地的边缘。

明治维新后,日本新政府便把修改这些不平等条约列为重要议程,西方列强却提出条约的修改必须以在日本实行"泰西主义"即欧美式的立法为前提。在欧美资本主义各国的压力下,明治政府从19世纪70年代中期开始组织法律起草委员会,聘请西方法学家为顾问,按照西方国家法律的模式拟定各种法典,并将英译本分送各国鉴定,以应付修改条约的需要。到1889年(明治二十二年)《明治宪法》颁布前后,民法、商法、刑法、民事诉讼法、刑事诉讼法、法院组织法都已制定并公布实施。[1]

总的来看,资本主义法主要有这样一些基本特点:①维护以剥削雇佣劳动为基础的资本主义私有制,确立了"私有财产神圣不可侵犯""契约自由""过错责任"等原则。②维护资产阶级专政和代议制政府,规定资产阶级民主制、政党制、代议制等法律制度。③维护资产阶级自由、平等和人权,确立法律面前人人平等原则,保障资产阶级法治。

三、资本主义法的发展

除了法西斯时期法律这样的特殊发展外,资本主义法的发展主要表现为从自由竞争时期到垄断时期的变化。

(一) 法西斯时期的法律

资产阶级独裁政权建立的时间,意大利、西班牙为1923年;葡萄牙、波兰为1926年;南斯拉夫为1929年;德国为1933年。1933年1月,希特勒(Adolf Hitler,1889—1945)被任命为内阁总理,3月23日通过《消除国民及德国危险法》(《消除国家和人民痛苦法》,简称《授权法》,虽仅5条200来字然影响深远,将立法权、行政权集中到内阁)。通过1934年1月的《联邦新组织法》、1934年7月的《关于禁止组织新政党的法律》、1934年8月的《关于帝国最高领袖的法律》等法律,国

---

〔1〕 关于日本社会、文化,可参见[美]本尼迪克特的《菊花与刀——日本文化的诸模式》(孙志民等译,北京,九州出版社,2005)。该书用日本最具象征意义的两种事物来揭示日本文化和日本人性格的双重性。

社党在短时期内取消了联邦制、议会民主制和多党制，建立起典型的法西斯独裁专制制度。德国纳粹政权制定了《国社党刑法》(1933)、《保护德意志人民紧急条例》(1933)、《消除国家和人民痛苦法》(1933)、《联邦摄政法》(1933年)、《世袭农地法》(1933)、《德国改造法》(1934)、《卡特尔变更法》(1934)、《强制卡特尔法》(1934)、《国民劳动秩序法》(1934)、《保护德国国民的血统及名誉的法律》(1935)等法律，对社会进行全面的法西斯统治。1945年5月8日德国战败投降，纳粹政权的法律终结。

资产阶级独裁政权及其法律的出现，对于我们全面认识资本主义制度颇有反思价值。

（二）垄断资本主义时期法律的发展

资本主义从自由竞争时期发展到垄断时期，特别是进入20世纪后，资本主义法从"个人权利本位"变化为"社会本位"，法律原则也有了许多变化，如"私有财产神圣不可侵犯"，加入了"所有权的限制"的内容，并制定了不少调整经济、文化关系和社会公共事务的法律，出现了"法律的社会化"的趋势。但资本主义法的本质并没有根本改变。

垄断资本主义时期法律的发展表现为以下几方面。

(1) 法律基本原则的变化：第一，关于私有制财产神圣不可侵犯。1919年的德国《魏玛宪法》第153条就对此做了限制："所有权，受宪法之保障。其内容和限制，以法律规定之。公用征收，仅限于有益于公共福利及有法律根据时，始得行之。公用征收，除联邦法律有特别规定外，应予相当赔偿……所有权为义务，其使用应同时为公共福利服务。"美国也对行使所有权，特别是对行使不动产所有权规定了一些限制，改变了过去土地所有权包括上空及地下的原则。20世纪30年代有判例明确宣布飞机飞行至高达500公尺以上，不构成侵入他人土地的违法行为。第二，关于契约自由。英国的契约自由和契约神圣原则已被立法和法院判例的限制，如标准式契约的大量出现，特别在雇佣劳动中，根本违背了"契约以协议为基础"，而"免责条款"的规定，则无论何种原因造成损失，垄断组织可以不负责任。美国出现的定式契约，在铁路运输、邮电企业、供气、供水、供电企业的契约中，这是强的一方强加给弱的一方，实际上是对契约自由的一种限制。

(2) 法律与政府、社会的关系上：政府不仅仅只是"看守人""守夜人"，国家、政府通过法律来干预经济，法律规定国家直接拥有企业、事业，也即执行资产阶级的"国有化"。"二战"后初期在英、法、德等国较盛行，但自20世纪70年代以来，国有或公营企业已逐步恢复为私有企业；通过工商管理、税收、信贷等法律支持或调节私人企业的活动，直接、间接影响私人资本主义生产、流通和分配的全过程；通过工商、交通管理、劳工、消费者保护等法律调节各个经济部门之间，社会集团之间（劳资之间、生产者与消费者之间等)的矛盾;通过自然资源法、环境保护法等保护各种自然资源和环境。

同时,出现了法律的社会化趋向:通过社会法(社会福利法、社会保险法等)规定各种社会福利和服务事业;通过教育法、科技法、专利法等促进教育和职业训练,发展科学、技术和其他文化教育事业活动。

(3) 法律的运行方面的变化:第一,委托立法、授权立法的出现,行政机关权力日益扩大;第二,准法院组织的出现,如美国出现一些行政裁判所,如州际贸易委员会(1887)、联邦商业委员会(1914)、证券交易委员会(1934)、国际劳工关系局(1935)、民航委员会(1938)等。这些机构享有立法、司法、行政三种权力,即有权制定各自领域内的方针政策,有权审理争议案件,有权进行处罚;在管理上,有权核发许可证,有权规定运费和价格,核准各大公司、企业组织的规章;在工作方式上,和普通法院几乎没有分别。第三,对司法组织和程序进行改革,加强法官解释法律的权力。

(4) 两大法系逐步靠拢,国际立法增多,出现了像欧盟法律那样的超国家组织的法律。[1]

四、法系

(一) 法系的含义

法系是在对各国法律制度的现状和历史渊源进行比较研究的过程中形成的概念。法系的涵义和划分标准并无一致的观点,划分标准有从单一性标准到多样性标准、从绝对性标准到相对性标准的变化过程。法国的勒内·达维德认为法系的划分标准为思想意识因素和法律概念、技术因素,思想意识因素包括政治哲学观点、经济结构、文化传统等,法律概念和技术因素主要是指法律词汇、法律结构、法律渊源的等级、法官和律师所运用的方法,并且他认为这两方面因素应结合起来考

[1] 在从历史角度对法律进行考察时,法国的布罗代尔所倡导的"长时段的历史观"(the long-term perspective of history)值得关注。布罗代尔1957年在《论长时段》一文中,首倡历史学的研究应跳出个别的历史事件,放宽历史学的视野,注重以往社会的"结构""总体情境"(total situation)、"心态习惯"(mental habits)、"世俗趋势"(seculer trend)以及"历史周期"(intercycle in history)。他所撰著的三卷本《十五至十八世纪的物质文明、经济和资本主义》(第一卷,顾良、施康强译,北京,三联书店,1995;第二卷,施康强译,北京,三联书店,1993)等专著,便专门致力于研究"资本主义"这种长期趋势。黄仁宇在此基础上提出了"历史的长期合理性"。他的《中国的大历史》(China: A Macro-history)以大历史的眼光来观察中国社会;他的《资本主义与二十一世纪》(北京,三联书店1997)力图应用长时段的历史观,来揭示资本主义演进的动力,以及西方资本主义革命和中国长期革命的根源。他遵循布罗代尔的历史观,尝试用总体情境、心态习惯和长期趋势等因素,而不是历史人物的个性因素,来解释具体的历史事件。如此,在一个较长的时段里,历史便显示了合理的长期趋势。因此,历史的长期合理性在总体上是由这些超个人的力量所左右的,历史上的伟大人物则往往是这些超个人力量的无意识工具,出于一些具体的动机而不自觉地完成了历史的使命。

虑。[1] 德国的茨威格特、克茨认为,法系的划分标准包括法律秩序在历史上的来源与发展(如法国、德国在历史上受罗马法影响)、在法系中占统治地位的特别的法学方法(如英美法系的归纳法)、特别具有特征性的法律制度(如英美法系中的代理、约因等)、法源的种类及其解释(如伊斯兰国家古兰经的最高地位)、思想意识因素(如社会主义法律中的马克思主义)等五方面。[2] 一般认为,法系是根据法律的历史传统对法律所作的分类,凡属于同一历史传统的法律就构成一个法系,因此法系是某些国家和地区的法律的总称。[3]

西方法学界通常认为,当代世界主要法系有三个:大陆法系、英美法系、以苏联和东欧国家的法律为代表的社会主义法系。对资本主义法影响最大的是大陆法系和英美法系。其他曾经存在和现今存在的法系还有伊斯兰法系、印度法系、中华法系、犹太法系、非洲法系等。[4]

另外,理解法系时,需要注意法系的共同性,关注某些规则是所有法系都具有的,还是一定国家群体所共有的。在私法领域,就法律规范内容而言,不同法系之间也可能存在重要的相似。

(二)西方国家两大法系

大陆法系,又称民法法系、罗马法系、法典法系、罗马——德意志法系,是以罗马法为基础而发展起来的法律的总称。大陆法系最先产生于欧洲大陆,以罗马法为历史渊源,以民法为典型,以法典化的成文法为主要形式。

大陆法系包括两个支系,即法国法系和德国法系。法国法系是以 1804 年《法国民法典》为蓝本建立起来的,它以强调个人权利为主导思想,反映了自由资本主义时期社会经济的特点。德国法系是以 1896 年《德国民法典》为基础建立起来的,强调国家干预和社会利益,是垄断资本主义时期法律的典型。

---

〔1〕 [法]勒内·达维德:《当代主要法律体系》,漆竹生译,29 页,上海,上海译文出版社,1984。
〔2〕 [德]K.茨威格特、H.克茨:《比较法总论》,潘汉典等译,131 页,贵阳,贵州人民出版社,1992。
〔3〕 关于传统,可参见[美]爱德华·希尔斯:《论传统》,傅铿、吕乐译,上海,上海人民出版社,1991。希尔斯认为人类永远生活在自己创造的文化传统和文明历史中,而不是置身其外。
〔4〕 关于中华法系,可参见李钟声:《中华法系》(上、下),台北,华欣文化事业中心,1985;郝铁川:《中华法系研究》,上海,复旦大学出版社,1997。李钟声认为中华法系的根本特征实是"人本主义"精神。关于伊斯兰法,可参见吴云贵:《伊斯兰教法概略》,北京,中国社会科学出版社,1993;吴云贵:《当代伊斯兰教法》,北京,中国社会科学出版社,2003;[英]诺·库尔森:《伊斯兰教法律史》,吴云贵译,北京,中国社会科学出版社,1986。也可参见高鸿钧:《伊斯兰法:传统与现代化(修订版)》,北京,清华大学出版社,2004。该书系统地研究了伊斯兰法的历史与现状,内容涉及伊斯兰法的产生、发展、主要渊源、特点、法学及法学家的作用,以及现代改革、复兴、宪政和人权等。也可参见张秉民主编:《伊斯兰法哲学》,银川,宁夏人民出版社,2002。该书剖析了伊斯兰法哲学的基本含义、内容和特点,研究了伊斯兰法哲学思想从古代到近现代的发展演变等。关于非洲法,可参见洪永红等:《非洲法导论》,长沙,湖南人民出版社,2000;夏新华:《法律全球化背景下非洲法的发展趋向》,《华东政法学院学报》,2005(5);徐国栋:《非洲各国法律演变过程中的外来法与本土法》,载何勤华主编:《法的移植与法的本土化》,北京,法律出版社,2001。

属于大陆法系的国家和地区除了法国、德国外,还包括意大利、西班牙等欧洲大陆国家,也包括曾是法国、西班牙、荷兰、葡萄牙四国殖民地的国家和地区如阿尔及利亚、埃塞俄比亚等及中美洲的一些国家,国民党统治时期的中国也属于大陆法系地区。在大陆法系和英美法系中,近代以来的中国受大陆法系的影响更大。[1]

大陆法系的特点表现在:①全面继承罗马法。大陆法系吸收了许多罗马私法的原则、制度,如赋予某些人的集合体以特定的权利能力和行为能力;所有权的绝对性,取得财产的各种方法,某人享有他人所有物的某些权利;侵权行为与契约制度;遗嘱继承与法定继承相结合制度等。还接受了罗马法学家的整套技术方法,如公法与私法的划分,人法、物法、诉讼法的私法体系,物权与债权的分类,所有与占有、使用收益权、地役权以及法律思维、推理的方式。②实行法典化,法律规范的抽象化、概括化。③明确立法与司法的分工,强调制定法的权威,一般不承认法官的造法功能。④法学在推动法律发展中起着重要作用:法学创立了法典编纂和立法的理论基础,如自然法理论、分权学说、民族国家理论等,使法律适应社会发展需要的任务由法学家来完成。[2] 由于这些特点,因此法律移植时大陆法系的法律更有优势。[3]

英美法系,又称普通法法系、英国法系,是以英国自中世纪以来的法律,特别是它的普通法为基础而发展起来的法律的总称。英美法系首先起源于11世纪诺曼人入侵英国后逐步形成的以判例形式出现的普通法。原先英国通行盎格鲁——撒克逊人的日耳曼习惯法,教会法和罗马法在当地也有一定影响。1066年诺曼公爵威廉入侵后,随着土地转入诺曼贵族,在加强中央集权王权的同时,英国国王派官员至全国各地进行巡回审理,并逐渐建立了一批王室法院,以后通称为普通法院。这些官员和法院根据国王敕令,并参照当地习惯进行判决。在这种判决基础上,逐步形成了一套全国适用的法律,通称为普通法。

普通法是英国法最重要的渊源,是由普通法院创立并发展起来的一套法律规则。英国的普通法以"令状"制为基础发展起来。"遵循先例"是普通法最基本的原

---

〔1〕 详可参见范忠信、叶峰:《中国法律近代化与大陆法系的影响》《河南省政法管理干部学院学报》,2003(1)。中国法律近代化过程中,西方法制尤其是大陆法系的法律传统的深刻影响是无可否认的。这种影响,在清末变法中,在北洋政府、南京国民政府的法制中,都是十分明显的,甚至在革命根据地法制和新中国的法制中,这种影响也是客观存在的。这种影响主要在宪法模式和体系、民刑法律体系及法典化的思路模式、司法体制和诉讼模式等多方面。这一影响,显示了我国法制近代化和现代化的总体特征或路径。

〔2〕 法国虽然是一个成文法国家,但是在行政法学领域,不论是法国行政法的一般原则还是行政法上的一些具体制度却大都由判例产生,这是法国行政法的一个显著特点。19世纪70年代初的布朗戈案件作为法国行政法史上的著名案件,对于法国国家赔偿制度及法国行政法基本观念等的形成与发展产生了重大的理论与实践推动意义,对法国行政法自治的理论形成与发展也产生了重大的推动作用。

〔3〕 关于大陆法系,进一步阅读可参见[美]约翰·亨利·梅利曼:《大陆法系》,顾培东等译,北京,法律出版社,2004。该书叙述了大陆法系的起源、发展和法律原理,包括历史起源、革命对大陆法系的影响、法律渊源、法律解释、法学家、法律活动、法院系统、法律职业等。

则;普通法最重要、影响最大的特征为"程序先于权利"。[1] 衡平法就是在大法官的审判实践中运用教会法、普通法和中世纪西欧商法的一些原则和规范,并加以改进和完善而形成的。同时,衡平法也是为了弥补普通法的一些不足之处而产生的。因此,衡平法也只能像普通法一样,主要是判例法,是大法官的判例形成的调整商品经济下财产关系的规范。但是,衡平法的形式更加灵活,在审判中更加注重实际,而不固守僵化的形式。衡平法以"正义、良心和公正"为基本原则,以实现和体现自然正义为主要任务。虽然衡平法作为不成文法,起初并没有明文规定的具体原则,在案件审理过程中,大法官拥有很大的自由裁量权,比如,大法官有权根据案件的具体情况,决定是否采取,以及采取何种救济手段,但是,在司法实践中,大法官也不断总结一些判例作为先例,并从中形成了一些衡平法的基本原则,被称为衡平法格言,作为审判的指导原则,如"衡平法不允许有错误存在而没有救济""衡平法是对人的""求助于衡平法者自身必须公正行事"等。

从理论上讲,英美法系最主要的法律渊源是制定法,英美法系并不是不重视制定法,事实上英美法系国家如美国,无论联邦还是州都有大量的制定法。但法律实践中判例法更有影响,发挥着积极的作用。下面的英国阿迪斯诉格兰冯(Addis V. Gramophone Co.Ltd)案即属此类。

英国阿迪斯诉格兰冯(Addis V. Gramophone Co.Ltd)案

原告由被告雇佣为经理,经营被告在加尔各答的事业。被告与原告约定采用周薪制,每周为 15 英镑,并且每做成一笔生意便有相应的提成。如果被告想解雇原告,必须提前 6 个月通知原告。后来被告提前 6 个月通知原告,但却以粗暴的、令人感到屈辱的方式立即解雇原告并指派另外一人取代他。原告向法院起诉,要求被告赔偿其 6 个月的薪金和提成,同时要求赔偿由于被告"突兀的、压迫性的、难以忍受"以及"屈辱性和粗暴性"的解雇方式所造成的情感和名誉损害。该案为确认非财产性损害不予以赔偿的著名案例,由英国上议院(House of Lords)于 1909年审理,被称为英国合同法上的经典案例。[2]

这一判例对于英国,甚至可以说对于整个英美法系国家产生了基础性影响。有英国学者指出:如果认为现代整个合同法的基础的生长奠基于上议院于阿迪斯诉格兰冯一案中所作判决,这种说法并不为过。许多判例一再重申这一规则:对

〔1〕 关于普通法,进一步阅读可参见[美]迈尔文·艾隆·艾森伯格:《普通法的本质》,张曙光等译,北京,法律出版社,2004。该书从法院职能、审判依据、法律推理、法律发展等方面系统扼要地介绍了普通法的制度逻辑和运行模式,总结了普通法的理念和特征。另可参见[比利时]范·卡内冈:《英国普通法的诞生》,李红海等译,北京,中国政法大学出版社,2003;[美]罗斯科·庞德:《普通法的精神》,唐前宏等译,北京,法律出版社,2001。

〔2〕 Smith & Thomas, A casebook On Contract, Tenth Edition, Sweet & Maxwell, p.608. 转引自李永军:《非财产性损害的契约性救济及其正当性——违约责任与侵权责任的二元制体系下的边际案例救济》,《比较法研究》,2003(6)。

于因违约导致的创伤、精神痛苦、情感伤害或者烦恼不允许给予一般的赔偿,即非金钱损失在合同法上是不可赔偿的。[1]

英美法系包括英国法系和美国法系。英国法系采取不成文宪法制和单一制,法院设有"司法审查权"。美国法系采用成文宪法制和联邦制,法院有通过具体案件确定是否符合宪法的"司法审查权",公民权利主要通过宪法规定。

英美法系地区的范围,除英国(不包括苏格兰)、美国外,主要是曾是英国殖民地、附属国的国家和地区,如印度、巴基斯坦、新加坡、缅甸、加拿大、澳大利亚、新西兰、马来西亚等。中国香港地区也属于英美法系地区。

一般认为,英美法系有这样一些特点:①以英国为中心,英国普通法为基础;②以判例法为主要表现形式,遵循先例;③变革相对缓慢,具有保守性,"向后看"的思维习惯;④在法律发展中,法官具有突出作用;⑤体系庞杂,缺乏系统性;⑥注重程序的"诉讼中心主义"。英国学者阿蒂亚曾指出,今天的英国法是过去八百年或九百年连续发展的产物,它没有因各种革命或类似大变革而中断。法律的变化与现代化所采取的形式往往是在旧的法律上增添新的法律内容,但通常仍要保留旧的法律的某些内容;即便进行全面的法律变革,新的法律仍然建立在旧的法律基础之上。判例制度也促使法律家往后看。[2]

大陆法系和英美法系由于形成的历史渊源不同,因此在形式和内容方面都有很多差别。

第一,法律渊源不同。在大陆法系国家,正式的法律渊源只是指制定法,即宪法、法律、行政法规等,法院的判例、法理等,没有正式的法律效力。在英美法系国家,制定法和判例法都是正式的法律渊源,遵循先例是英美法系的一个重要原则,承认法官有创制法律的职能,判例法在整个法律体系中占有非常重要的地位。

第二,法律分类不同。大陆法系国家法的基本分类是公法和私法,私法主要指民法和商法,公法主要指宪法、行政法、刑法、诉讼程序法,进入 20 世纪后又出现了社会法、经济法、劳动法等具有公私法两种成分的法律。英美法系国家无公法和私法之分,法律的基本分类是普通法和衡平法。普通法是在普通法院判决基础上形成的全国适用的法律,衡平法是由大法官法院的申诉案件的判例形成的。

第三,法典编纂的不同。大陆法系国家承袭古代罗马法的传统,一般采用法典形式,而英美法系国家通常不倾向法典形式,制定法往往是单行法律、法规。即使后来英美法系国家逐步采用法典形式,也有不少属于判例法的规范化。

---

[1] 参见[英]纳尔森·厄农常:《违约与精神损害赔偿》,肖厚国译,载梁慧星主编:《民商法论丛》第16卷,488页,香港,金桥文化出版有限责任公司,2000.

[2] [英]P.S.阿蒂亚:《法律与现代社会》,范锐译,5页,沈阳,辽宁教育出版社、牛津大学出版社,1998.英国著名的大法官爱德华·科克爵士就是这种观点的倡导者,他的名言是:"老田里会长出新谷子来。"转引自[美]泰格、利维:《法律与资本主义的兴起》,纪琨译,210页,上海,学林出版社,1996.

第四,诉讼程序和判决程式不同。大陆法系国家一般采用审理方式,奉行干涉主义,诉讼中法官居于主导地位;法官审理案件除了案件事实外,首先考虑制定法如何规定,随后按照有关规定来判决案件。英美法系国家采用对抗制,实行当事人主义,法官一般充当消极的、中立的裁定者角色;法官首先要考虑以前类似案件的判例,将本案的事实与以前案件事实加以比较,然后从以前判例中概括出可以适用于本案的法律规则。

第五,在法律术语、概念上也有一些差别。

这种不同实际上反映了不同的哲学倾向,大陆法系主要表现为理性主义的倾向,英美法系则更多地体现了经验主义的特点。

需要指出的是,两大法系之间的差别是相对的。进入 20 世纪后,这两种法系已相互靠拢,它们之间的差异已逐渐缩小,融合也在发生,如法国国家行政法院、德国联邦宪法法院、瑞士联邦法院、西班牙最高法院等在某些方面也采用判例法或承认有拘束力;英美法系各国制定法的地位也不断提高,但差异将是客观存在的,某些历史上形成的不同传统也还将长期地存在。[1]

第四节 社会主义法

马克思主义法学认为,社会主义法是在推翻旧政权、摧毁旧法体系基础上创建起来的,是建立在社会主义经济基础之上的上层建筑。由于各个国家走上社会主义道路的起点和途径不同,社会生产力的发展阶段和水平不同,它们的经济和社会结构会存在差异甚至是重大的差异,但在社会主义的本质和根本任务这一点是共同的。社会主义法是以工人阶级为领导的广大人民共同意志和根本利益的体现,是维护社会秩序、推动社会进步的工具。

一般认为,社会主义法具有如下特点。

(1)阶级性和人民性的统一,即社会主义法不仅反映工人阶级的意志,而且体现了农民、知识分子和一切属于人民和爱国者范畴的阶层或集团的意志。这种统一将随着社会主义事业的不断发展而日益趋于一致。

(2)国家意志性和客观规律性的统一。社会主义法一方面是以工人阶级为领导以工农联盟为基础的人民民主专政国家的意志的有形表现,另一方面也是自然和社会客观规律的体现,实现了主观和客观的统一。这是因为,工人阶级是革命的、最先进的阶级,以工人阶级为代表的广大人民的政治、经济利益与社会发展规律的要求是一致的。没有任何狭隘的阶级私利阻碍工人阶级和广大人民对社会规

---

〔1〕 关于法系,还可参见[美]约翰·H.威格摩尔:《世界法系概览》,何勤华等译,上海,上海人民出版社,2004。

律和自然规律的认识,恰恰相反,只有如实认识和正确反映客观规律、尊重和善于利用客观规律,工人阶级领导下的广大人民的利益和意志才能得到充分实现。所以,社会主义法可以在相当大的程度和范围内同客观规律相一致。这当然并不意味着在实际生活中不会出现任何违背客观规律的立法。

(3) 公民权利和义务的统一。社会主义法消除了权利和义务的结构性分离,公民既享有权利也负有义务。社会主义法是人类历史上最公正、最平等的法律制度。它的公正性和公平性表现在许多方面,但最终归结于公民权利和义务的统一。以往历史类型的法律公开地确认和维护阶级或等级特权,社会主义法废除了这种公开的阶级或等级特权,消除了权利和义务的分离。在社会主义社会,全体社会成员都是权利和义务主体,而且在法律权利和义务的分配面前一律平等,所有的公民,从国家元首、执政党的领袖到普通工人和农民,都既享有权利,又负有义务,享有权利越多,承担的义务也越多,真正实现了"没有无义务的权利,也没有无权利的义务"。[1]

(4) 国家强制实施和人民自觉遵守的统一。法律的实现需要国家强制力的保证和人们的自觉遵守。然而,在以往的社会中,法律的实现主要是依靠国家的强制力保障,依靠暴力威胁。尤其是对于被剥削和被压迫的劳动人民来说,遵守法律往往是被迫的。即使在剥削阶级内部,由于利益的尖锐对立,也很难有自觉自愿的遵守。社会主义法则不然。虽然它的实施离不开国家的强制力量,但其实施过程中起经常性保障作用的是法律自身的教育力量,这是因为社会主义法体现的是绝大多数人的利益和意志,法律的目的是为了建设社会主义物质文明和精神文明,满足人民群众(他人和自己)的物质利益和精神上的自由发展,因而能够激起广大人民的认同、拥护和自觉遵守。社会主义法的实施不但依靠国家强制力,更主要的是大多数社会成员的自觉遵守。

中华人民共和国为社会主义国家,中华人民共和国的法律为社会主义法律。中国的社会主义法的形成具有自身的特点。

新中国的法律是革命根据地法的继承和发展。新民主主义革命时期人民民主政权在第二次国内革命战争时期制定了《湖南工农兵苏维埃政府暂行组织法》《中华苏维埃共和国宪法大纲》等法律、法令;在抗日战争时期制定了《陕甘宁边区抗战时期施政纲要》《劳动保护条例》《婚姻条例》等法律、法令;在抗日战争胜利后制定了《中国土地法大纲》《陕甘宁边区宪法原则》《华北人民政府施政方针》等法律、法令。这些法律、法令虽然较为简略,形式和内容都不完善,但对维护和发展根据地政权、维护社会秩序起到了积极的作用。

新中国的法律是在摧毁国民党法律的基础上创立的。1949 年元旦,中共中央

[1] 《马克思恩格斯选集》,2 版,第 2 卷,610 页,北京,人民出版社,1995。

在《关于接管平津司法机关之建议》中指出,国民党政府一切法律无效,禁止在任何刑事民事案件中,援引国民党的法律,法院的一切审判均依据军管会公布的法令及人民政府之政策处理。针对 1949 年 1 月国民党提出把"法统不致中断"作为"和平"的条件之一,毛泽东发表了《关于时局的声明》,明确提出必须废除伪宪法和伪法统。1949 年 2 月,中共中央发布了《关于废除国民党的六法全书与确定解放区的司法原则的指示》,指出"人民的司法工作不能再以国民党的'六法全书'为依据,而应该以人民新的法律为依据,在新的法律还没有系统地发布以前,应该以共产党的政策以及人民政府与人民解放军发布的各种纲领、法令、条例、决议作为依据。"1949 年 9 月的《中国人民政治协商会议共同纲领》第 17 条明确规定:"废除国民党反动政府一切压迫人民的法律、法令和司法制度,制定保护人民的法律、法令,建立人民司法制度。"

中国社会主义法的建立还经过了由新民主主义向社会主义的转变过程。费正清指出:"1949 年以后中国共产党接管中国和新的全国性政权的建立,是一个伟大的创造性成就。"[1]中国社会主义法的发展经历了曲折的过程。新中国法制大致经历了三个发展阶段:①初步发展阶段(1949 年 10 月~1957 年 5 月),中华人民共和国成立后,废止了国民党政府的"六法全书",标志着中国法制建设进入新时期,这个阶段在立法和制度建设方面做了大量工作。初创时期的法制对建立和巩固新政权发挥了重要作用。但是,这一时期的法律充满阶级斗争精神、专政工具和服务于政治运动的色彩,给法制建设造成隐患。②法制遭受挫折、破坏和停滞阶段(1957 年 5 月~1978 年 12 月)。这一阶段我国法制建设经历了曲折发展的三个时期:1957 年 5 月至 1966 年 5 月是遭受挫折时期;1966 年 5 月至 1976 年 10 月是遭受全面破坏、摧残时期;1976 年 10 月至 1978 年 12 月是停滞、徘徊并酝酿复苏时期。1957 年的反右斗争使中国的政治形势剧变,"左倾"思想膨胀,要人治不要法治的思想抬头,立法停滞,法制机构被逐步撤销,法制由停滞走向毁灭。③法制得以恢复和发展阶段(1978 年 12 月至今)。"文化大革命"破坏法制、饱受"无法无天"之苦以后,人们认识到法制的极端重要性。十一届三中全会后,开始了法制的恢复重建,短短的 20 年法制建设迅速发展,取得了一定的成就。党的十一届三中全会以来,随着改革开放的深入进行,法律在社会生活中的作用不断提高。[2]中国共产党第十五次全国代表大会的政治报告中正式提出"依法治国,建设社会主义

〔1〕[美]费正清:《伟大的中国革命(1800—1985)》,刘尊棋译,329 页,北京,世界知识出版社,2000。也可参见[美]R.麦克法夸尔、费正清编:《剑桥中华人民共和国史 1949—1965》,谢生亮等译,北京,中国社会科学出版社,1990;[美]R.麦克法夸尔、费正清编:《剑桥中华人民共和国史 1966—1982》,金光耀等译,上海,上海人民出版社,1992。

〔2〕关于 1978 年以来的法律发展,可参见田宝会、刘静仑:《私有财产权与法律改革——1978—2003 中国法律改革史考察》,《河北法学》,2006(8)。

法治国家"的基本方略,九届全国人大二次会议通过修正案方式将其载入现行《宪法》(修正案第 13 条)上升为国家意志,依法治国、建设社会主义法治国家已成为全社会的共识。[1]

张志新案

从张志新案,我们可以看到新中国法律和新中国司法的一些特点。当代中国的社会主义法制建设经历了艰难而曲折的发展过程,教训比较深刻。中国没有重视法制建设的原因比较复杂,就历史方面而言,有中国固有法律传统和法律观念的存在、仇视国民党旧法制而引起的轻视新法制的倾向、[2]战争年代主要依靠政策办事的习惯等;就现实方面而言,有经济体制和经济发展水平的制约、政治体制的弊端和权力的过分集中、频繁而大规模的群众运动等。我们进行社会主义法治建设,需要逐步解决这些问题。

第五节 法律继承与法律移植

一、法律继承

法律继承是不同历史类型的法律制度之间的延续和继受,一般表现为旧法对新法的影响和新法对旧法的承接和继受。法律继承是客观存在的,法律就是在继承中发展的。法律作为文化现象,其发展表现为文化积累过程,其继承是不可避免的。法律的阶级性并不排斥法律的继承性,社会主义法可以而且必然要借鉴资本主义法和其他类型的法。

法律继承的根据和理由主要表现为以下几方面。

(1) 社会生活条件的历史延续性决定了法律继承性。人类社会的经济发展具有连续性,历史的每一阶段都遇到一定的物质结果、一定数量的生产力总和,人和自然以及人与人之间在历史上形成的关系,都遇到前一代传给后一代的大量的生产力、资金和环境,尽管一方面这些生产力、资金和环境为新的一代所改变,但另一方面,它们预先规定新一代的生活条件,使它得到一定的发展和具有特殊的性质。经济基础决定上层建筑,因此作为上层建筑组成部分的法律也必然前后相继。

〔1〕 关于新中国法制建设,可参见李龙主编:《新中国法制建设的回顾与反思》,北京,中国社会科学出版社,2004。也可参见蔡定剑:《历史与变革——新中国法制建设的历程》,北京,中国政法大学出版社,1999。
〔2〕 参见董必武:《董必武政治法律文集》,485~486 页,北京,法律出版社,1986。

（2）法律的相对独立性决定了法律的发展过程的延续性和继承性。法律不但受一定的经济基础的制约，而且对经济基础具有反作用，经济基础改变了，法律制度和法律观念不会全部消失，新兴的阶级在不同程度上加以利用。法律的发展有其自己相对独立的发展道路。法律的相对独立性决定了法律发展过程的延续性和继承性。法律的相对独立性是社会意识相对独立性的体现。社会意识的相对独立性是指社会意识在反映的社会存在的同时，还具有自身的能动性和独特的发展规律，这种独特的发展规律就存在于每一历史时期的社会意识及其形式中，都同它以前的成果有着继承关系。

（3）法律作为人类文明成果决定了法律继承的必要性。在法律的历史发展过程中，各个不同的法律所形成的法律形式、术语、概念、典籍、著作等就成为人类共同的文化成果，并作为文化遗产一代一代相传下来。

（4）法律的发展的历史事实验证了法律的继承性。如法国资产阶级以奴隶制时代的罗马法为基础制定《法国民法典》。

法律继承的内容是十分广泛的，主要有：①法律术语、技术、形式。基本的法律概念、术语如权利、义务、法律行为、法律责任等；立法、执法和司法程序；法律解释方法；法律体系的结构、形式，法律机构的设置等都是可以继承的。②有关社会公共事务的法律规定。在公共事务规范中有许多属于技术性规范或者是反映社会整体利益的规范，如有关交通、自然资源、环境保护、人口、卫生、水利、城市建设等的法律规范是可以继承的。③反映市场经济规律的法律原则和规范，如关于市场主体、市场要素、市场行为、市场调控等许多法律规定都值得借鉴。④反映法律一般价值的原则，如法治原则、法律面前人人平等原则、无罪推定原则、罪刑法定原则、公开审判原则等，具有共同性，是可以继承的。

我国对法律继承的认识经历了一个不寻常的过程，由杨兆龙先生的遭遇可见一斑。

杨兆龙先生

二、法律移植

"移植"从语源上来自植物学和医学。通常，"从植物学术语的角度，移植意味着整株植物的移地栽培，因而有整体移入的意思。但是，从医学术语的角度看，器官的移植显然是指部分的移入而非整体的移入，而且器官移植还可使人想到人体的排他性等一系列复杂的生理活动的过程。"[1]

法律移植是指在鉴别、认同、调适、整合的基础上,引进、吸收、采纳、摄取、同化外国法,使之成为本国法律体系的有机组成部分,为本国所用。法律继承体现时间上的先后关系,法律移植则反映一个国家对同时代其他国家法律制度的吸收和借鉴。法律移植的范围除了外国的法律外,还包括国际法律和惯例。法律移植以供体(被移植的法)和受体(接受移植的法)之间存在着共同性,即受同一规律的支配、互不排斥,可互相吸纳为前提的。

法律移植与法律继承不同。法律继承强调的是较后历史类型的法律对较前历史类型的法律的承接和继受,法律移植强调的是对同时代的其他国家的法律的吸收和借鉴,这就可能存在重合,同时代可能存在不同历史类型的法律,这种不同历史类型的法律的移植实际上也是法律继承。不过,一般认为,法律继承更强调不同时间的法律的承接和继受,即纵向意义的法律之间的承接和继受;而法律移植则更偏向于同时代的法律的吸收和借鉴,即横向意义的法律之间的承接和继受。此外,在法律内容方面,法律继承不可能全盘接受,法律移植则在理论上有可能。

法律移植有其必然性和必要性:①社会发展和法律发展的不平衡性决定了法律移植的必然性,比较落后的国家为促进社会的发展,有必要移植先进国家的某些法律。②市场经济的客观规律和根本特征决定了法律移植的必要性,市场经济要求冲破一切地域的限制,使国内市场与国际市场接轨,把国内市场变成国际市场的一部分,从而达到生产、贸易、物资、技术国际化。一个国家能否成为国际统一市场的一员在很大程度上取决于该国的法律环境。因而就要求借鉴和引进别国的法律,特别是世界各国通行的法律原则和规范。③法制现代化既是社会现代化的基本内容,也是社会现代化的动力,而法律移植是法制现代化的一个过程和途径,因此法律移植是法制现代化和社会现代化的必然需要。④法律移植是对外开放的应有内容。[2]

法律移植有以下几种类型:第一,经济、文化和政治处于相同或基本相同发展阶段和发展水平的国家相互吸收对方的法律,以至融合和趋同;第二,落后国家或发展中国家直接采纳先进国家或发达国家的法律;第三,区域性法律统一运动和世界性法律统一运动或法律全球化。

古代晏子说过:"橘生淮南则为橘,生于淮北则为枳,叶徒相似,其实味不同。所以然者何? 水土异也。"[3]马克·布洛克也说过:"小小的橡子只有在遇到适宜

〔1〕 王晨光:《不同国家法律间的相互借鉴与吸收——比较法研究中的一项重要课题》,《中国法学》,1992(4)。

〔2〕 参见张文显:《继承·移植·改革:法律发展的必由之路》,《社会科学战线》,1995(2)。

〔3〕 《晏子春秋校注》卷六,《内篇杂下》第六。

的气候土壤条件(这些条件完全不属胚胎学的范围)时,才能长成参天大树。"〔1〕法律移植是一项十分复杂的工作,要避免不加选择地盲目移植,选择优秀的、适合本国国情和需要的法律进行移植,注意国外法与本国法之间的同构性和兼容性,注意法律体系的系统性,同时法律移植要有适当的超前性。在目前及今后相当长一个时期内,片面追求法律的先进和超前发展,无视固有法文化的强大生命力,结果反而不利于法律权威和尊严的树立,影响法律的效力和作用,起到负效果、负影响,"欲速而不达,"出现"法治秩序的好处未得,而破坏礼治秩序的弊病却已先发生了"的状况。〔2〕

中国的法律移植始于清末。1840 年鸦片战争以后,统治者在内外各种压力之下,于 20 世纪初的十年间,逐渐对原有的法律制度进行了不同程度上的修改与变革。在立法指导思想上,清末修律自始至终贯穿着"仿效外国资本主义法律形式,固守中国封建法制传统"的方针。在内容上,清末修订的法律表现出封建专制主义传统与西方资本主义法学最新成果的奇怪混合。一方面,坚持君主专制体制及封建伦理纲常"不可率行改变",在新修新订的法律中继续保持肯定和维护专制统治的传统;另一方面,又标榜"吸引世界大同各国之良规、兼采近世最新之学说",大量引用西方法律理论、原则、制度和法律术语,使得保守落后的封建法律内容与先进的近现代法律形式同时显现在这些新的法律法规之中。在法典编纂形式上,清末修律改变了传统的"诸法合体"形式,明确了实体法之间、实体法与程序法之间的差别与不同,分别制定、颁行或起草了宪法、刑法、民法、商法、诉讼法、法院组织等方面的法典或法规,形成了近代法律体系的雏形。通过清末大规模的立法,参照西方资产阶级法律体系和法律原则建立起来的一整套法律制度和司法体制,对其后中华民国政府法律制度的形成与发展提供了条件。〔3〕

不过,在我国,法律条文的不断完善远不能说明法治社会的到来。对此有学者早就指出:"在世界宪典史或宪政史上,虽不乏宪典促成宪政之例,然而,也有多少国家,宪典尽管制定,而上轨道的政治始终是不能变成事实的幻影,我们的 30 余年的制宪史更是最现成又最近的实例。政府中的大部分人士也应该获得足够的历史教训,那就是中国的问题绝不能单靠白纸上的黑字就能解决。"〔4〕

〔1〕 [美]马克·布洛克:《史学家的技艺》,转引自[美]周锡瑞:《义和团运动的起源》,张俊义、王栋译,361 页,南京,江苏人民出版社,1994。
〔2〕 费孝通:《乡土中国》,59 页,北京,三联书店,1986。
〔3〕 参见张德美:《探索与抉择——晚清法律移植研究》,北京,清华大学出版社,2003。作者运用比较研究的方法,结合近现代欧洲、亚洲、非洲法律移植的史实,探讨了法律移植的原因、对象、方式及其效果。
〔4〕 楼邦彦:《如何能粉饰得了太平?——由召开行宪国大想到种种》,《观察》4 卷 5 期,1948-03-27。关于当代中国的法律移植,也可参见刘星:《重新理解法律移植——从"历史"到"当下"》,《中国社会科学》,2004(5)。

第六节 法律的未来

　　讨论法律的未来,就不能不首先论及马克思主义法学的一个基本原理——"法律的消亡"理论。马克思主义法学认为,法律是一个历史的范畴,它不是从来就有的,也不是永恒存在的。它是特定社会的历史现象,始终与阶级和国家的历史命运相联系。法律随着阶级和国家的产生而产生,也随着阶级和国家的消失而完结自己的历史命运,逐步走向消亡。不过,需要指出的是,法律的消亡,正像国家的消亡一样只是一个总的历史趋势,一个长期渐进的发展过程,一种必然性。列宁曾指出,我们只能谈国家消亡的必然性,同时着重指出这个过程是长期的,它的长短将取决于共产主义高级阶段的发展速度。至于消亡的日期或消亡的具体形式问题,只能作为悬案,因为现在还没有可供解决这些问题的材料。这就意味着,国家和法的消亡还需要具备一定的历史条件。在这些条件没有成就以前,还谈不上消灭国家和法律的问题。

　　"法律的消亡论"是对法律的历史演进和发展之根本规律的概括,但它并不完全代替法理学对每个时代所面临的法律演进和发展问题所作的实证研究或价值研究。

　　应当指出,从世界范围看,法律经过历史上若干世纪的演进和发展。到了当代,它实际上有着较以往的时代(例如 19 世纪及其以前)更为复杂的社会经济、政治和文化背景,也面临着更为复杂的时代问题和矛盾。

　　对于中国这样的"非西方后发展国家"而言,它们的法律的发展则可能遭遇更为特殊的多重社会问题和矛盾。表现在:①这些国家既要实现法制的现代化,建立"理性化"的法律制度和秩序;又必须要认真对待传统的法律文化的压力和所谓"后现代主义"的法律文化的冲击。②这些国家都不可能摆脱"国际摩擦的法律文化背景":一方面,世界经济的一体化要求各个国家的国内法与国际惯例接轨;另一方面,法律在本质上体现国家性,要保护本国的国家利益。因此它们的法律的发展也将面临价值选择的冲突和矛盾,也必然存在一系列悖论,如法律的"全球化"(国际化)与"地方化"(本土化)、法律的"统一性"与"多样性"、法律的"平衡发展"与"非平衡发展"等。这些多重矛盾和冲突因素,都将制约和影响未来法律的演进和发展。

　　从总体上看,随着科技文明的不断进步、市场经济的发展、政治民主的建立和民众权利意识、主体意识的增强,实现法治成为世界各国(尤其是非西方后发展国家)法的发展的一个目标。但"法治化"绝不是指法律的"一元化"或"一体化",并不是说,世界各国最终将采取同一种法治模式,走完全相同的法治道路。事实上,由于法律发展的起点和社会背景不同,要求一切后发展国家重复西方国家 17—18 世纪以来的法治演进的轨迹是不可能的。

　　法律的未来演进还将表现为法律体系结构和具体的法律制度及原则的变化。随着未来社会经济、政治和文化生活的日益复杂化,一些新的法律子部门将不断产生,如信息法、计算机法、生物工程法等。[1]而另一些传统的法律部门也将不断膨胀,以至构成整个法律体系的主要部分。在此方面表现最为突出的,就是行政法的发展。同时,未来社会情势的变更,未来法律精神、价值观念的变化,会使当代一些通行的法律原则、法律制度得以补充、修改或废止。此外,未来的社会也可能会根据时代的具体情况而创造出符合时代要求的法律制度和法律原则,这些制度和原则既可能是现行法治的精神和价值的延续,也可能是对现行法治精神、价值和传统的否定。

---

　　〔1〕　如进入信息社会之后的法律市场将发生较大的变化。比如,以信息技术为基础的法律指南与当今的法律咨询相比将更加方便、更加频繁,而这必将给执业律师带来挑战。参见[英]理查德·萨斯堪:《法律的未来——面临信息技术的挑战》,刘俊海等译,北京,法律出版社,2004。

第十三章　法制现代化

第一节　法制现代化概述

一、法制现代化的含义

作为一个世界性的历史进程,现代化是从传统社会向现代社会的转变和跃进,是人类社会自工业革命以来所经历的一场涉及社会生活主要领域的深刻变革过程。

现代化理论于 20 世纪五六十年代开始流行于美国。这个理论在方法论上的两个最大特点是:①在民族——国家的框架内部来探讨发展或现代化的问题。也就是说,它认为决定一个国家或社会能否发展(或进入现代社会)的最根本原因,是其内部是否具有现代化的社会——文化动力。西方资本主义国家的现代化率先与第三世界国家的现代化滞后,都是其内部因素决定的,与外部(国家之间)的环境没有根本的联系。这就是所谓“社会发展的内因论”。[1] ②传统与现代的二分法。现代化理论继承了杜克海姆关于“机械联系的社会”(传统社会)与“有机联系的社会”(现代社会)的二分法,在传统/现代的二元论基础上总结出了一系列传统社会与现代社会的两相对应的特点,而忽视了传统社会与现代社会之间的联系与继承关系(这种二分法的代表人物为美国社会学家帕森斯),从而合乎逻辑地得出非西方国家必须彻底摧毁自身传统才能进入现代社会的结论。如德里克所说的,在现代化理论看来,欧美对传统社会的影响力显示为一种进步力量,而阻碍进步的因素则产生自“落后”社会自身的历史惰性。[2] 这种方法论的预设必然推导出现代化理论的三个重要结论,这三个结论对 20 世纪 80 年代中国人文社会科学具有支配性影响。首先,现代化只能在西方文明中产生,非西方国家缺少现代化的内在动力与文化资源,西方的现代化模式因而是普世性的,现代化等于西方化,亦即资本主

---

[1] 这种内因论的源头或许可以追溯到德国社会学家马克斯·韦伯。韦伯在分析西方资本主义现代化的动力时就非常重视其内部的文化观念的作用,同时相应地从文化角度出发认为非西方国家缺乏现代化的动力。参见[德]韦伯:《新教伦理与资本主义精神》(于晓等译,北京,三联书店,1987)、《儒教与道教》(王容芬译,北京,商务印书馆,1999)等著作。

[2] 参见[美]阿里夫·德里克:《全球化政治经济学》,《马克思主义与现实》,1998(6)。关于现代化理论还可以参见德里克:《全球性的形成与激进政见》,载王宁、薛晓源主编:《全球化与后殖民批评》,北京,中央编译出版社,1998。

义化;其次,欠发达国家(第三世界国家)的传统文化是现代性的反面(等于前现代的文化、专制主义文化),因而这些国家如果要实现现代化就必须抛弃传统;最后,反传统必须是全盘的、彻底的、根本性的,因为在那些没有实现现代化的国家或社会,其传统文化必然在整体上是反现代化的。[1] 因此,我们对现代化理论需要进行反思。

法制现代化是现代化的内容之一。法制现代化是人类法律文明的成长与跃进过程,是一个从传统法制向现代法制转变的历史过程,是一个从人治社会向现代法治社会的转型过程,是一个包含了人类法律思想、意识、行为及其实践各个领域的多方面进程,其核心是人的现代化。[2]

以法制现代化最初的动力来源为尺度,通常把法制现代化模式划分为内发型(内源型)、外发型两种样式。内发型法制现代化的模式,是指由社会自身力量产生的内部创新、经历漫长过程的法律变革道路,是因内部条件的成熟而从传统法制走向现代法制的转型发展过程。这种类型的法制现代化模式一般以英国、法国等国家为代表。外发型法制现代化的模式则是指因一个较先进的法律系统对较落后的法律系统的冲击而导致的进步转变过程。这一模式通常以日本、俄国等国家为代表。[3]

二、中国法制现代化的道路

中国的法制现代化是建立在中国固有法制的基础上的。中国固有法制强调皇权至上、等级特权、宗法制度、“三纲五常”,以及轻视法律作用、宣扬“人情大于王法”的思想等,同时重视道德教化的作用,法律伦理化,把对人的教育放在中心地位,主张“德治”与“法治”相结合,“徒法不足以自行”,以及“和为贵”,注重人与自然

〔1〕 对于现代化理论的质疑主要来自“依附理论”与“世界体系理论”(以华勒斯坦为代表)。关于世界体系理论的主要内容以及它与现代化理论的区别,参见[美]阿里夫·德里克:《全球化政治经济学》,《马克思主义与现实》,1998(6)。

世界体系理论则意在突破民族=国家的界限,在不平等的世界体系中解释发展与不发展。这种理论把现代世界理解成一个由中心—边缘—半边缘组成的、以民族国家为单位的资本主义世界体系,这个世界上的任何地区(社会),都不是独立地存在与发展的,它们因而都不能构成独立的研究单位。更重要的是,华勒斯坦竭力要说明的是,这个以世界范围的劳动分工为基础建立的现代世界体系是极度不平等的,处于这个体系中心的国家依靠对于边缘国家的剥削(从自然资源到劳动力资源)而得到发展,而不发达的国家则因其边缘处境而无法得到发展。“世界经济体的发展进程趋向于在本身发展过程中扩大不同地区间的经济于社会差距。”参见[美]伊曼努尔·华勒斯坦:《现代世界体系》(卷一),尤来寅等译,464页,北京,高等教育出版社,1998。

〔2〕 进一步的阅读可参见舒国滢主编的《法制现代化的理论基础》(北京,知识产权出版社,2010)。该书讨论了法制现代化的概念基础、法制现代化的概念界定、法制现代化的价值基础、法制现代化的内容、中国法制现代化的尝试、法制现代化的基本模式、中国法制现代化模式的选择等。

〔3〕 关于法制现代化的模式和类型,可参见吕世伦、姚建宗:《略论法制现代化的概念、模式和类型》,载南京师范大学法制现代化研究中心:《法制现代化研究》(第1卷),南京,南京师范大学出版社,1995.

的和谐,重视人际关系的和谐,重视调解的作用;在地方,实行行政兼理司法,司法机构与行政机构合一。[1] 山东曲阜孔庙的"忍讼歌"碑刻就反映了中国固有法制的某些观念。

山东曲阜孔庙碑刻"忍讼歌"

世宜忍耐莫经官,人也安然己也安然。

听人挑唆到衙前,告也要钱诉也要钱。

差人奉票又奉签,锁也要钱开也要钱。

行到州县细盘旋,走也要钱睡也要钱。

约邻中证日三餐,茶也要钱烟也要钱。

三班人役最难言,审也要钱和也要钱。

自古官廉吏不廉,打也要钱枷也要钱。

唆讼本来是奸贪,赢也要钱输也要钱。

听人诉讼官司缠,田也卖完屋也卖完。

食不充足衣不全,妻也艰难子也艰难。

始知讼害非浅鲜,骂与枉然悔也枉然。

从进入近代社会以来,伴随着中国对外开放、参与世界文化交流的进程,中国也在固有法制的基础上开始了法制现代化历程。中国的法制现代化是外发型法制现代化的模式,是中国面对西方列强殖民、扩张的一种自我选择,是民族救亡图存的社会运动和社会实践的一部分;中国的法制现代化在外力的影响下,制度建立在先,观念变革在后。[2]

在近代中国法律的演变过程中,围绕中西法文化的"体""用"问题,有过激烈的争论。值得一提的是,梁启超极力宣传和鼓吹西方的法律,认为中国贫穷、落后、软弱的根源是历代统治者长期推行封建专制主义的法制,"自秦迄明,垂二千年,法禁则日密,政权则日夷,君权则日尊,国威则日损。"[3] 他视法治主义为今日救时唯一之主义。孙中山以西方"天赋人权""自由、平等、博爱",民主共和等先进思想为武器,对封建政治制度和传统的法律学说也进行了彻底的清算。他认为中国的出路在于推行民主法治,他大声疾呼:"国于天地,必有与立,民主政治赖以维系不敝

---

[1] 张晋藩先生将中华法制文明的内涵概括为:引礼入法,礼法结合;以法治国,法为权衡;罪刑法定,援法断罪;家族本位,伦理入法;权法冲突,法吏互补;诸法并存,民刑有分;援法生例,以例辅法;无讼是求,调处息争;统一释法,律学兴起。关于中国固有法制的特点,详可参见张晋藩:《中华法制文明的演进》,1~10页,北京,中国政法大学出版社,1999。

[2] 近代中国法制变革与收回法权有重要关系,详可参见高其才:《收回法权:近代中国法制变革的直接动因》,《法商研究》,1999年法制变革与教育专号。

[3] 梁启超:《论中国积弱由于防弊》,载易金鼎:《梁启超选集(上下册)》,北京,中国文联出版社,2006。

者,其根本在于法律,而机枢在于国会。必全国有共同遵守之大法,斯政治之举措有常轨,必国会能自由先例其职权,斯法律之效力能永固。所谓民治,所谓法治,其大本要旨在此。"他说我们要承认"欧美近一百年来的文化雄飞突进,一日千里,种种文明,都是比中国进步得多"应该"取欧美之民主以为模范,同时仍取数千年旧有文化而融贯之"。[1] 中国的法制现代化历程承载着太多的期望,也不乏主观情绪的表露。

从清末的法制改革、辛亥革命的法制实践、北洋军阀时期的法律活动、中华民国南京国民政府的法制发展到新民主主义革命根据地的法制、1949 年以后的社会主义法制的建立和发展,中国的法制现代化经历了一条艰难曲折的发展道路,发展方式上具有政府主导性。[2] 现在,中国已经明确提出并在《宪法》中规定了"依法治国,建设社会主义法治国家",正在全面推进依法治国,法制现代化的目标已经确定。

中国的法制现代化应该立足中国,放眼世界,面向未来。所谓立足中国,就是注意总结中国自己的实践经验,注意保持中国自己优秀的法律传统和法制传统。法制是扎根于一国土壤中的活的东西,在其他国家的土壤上生长得再好的法律制度也只有适合中国的国情才可能有生命力,否则永远只是外国的法律文化、外国的法制,不可能成为中国的东西。余英时曾经指出:"唯有民族文化才是最经得起时间考验的精神力量",因此,"文化虽然永远在不断变动之中,但是事实上却没有一个民族可以尽弃其文化传统而重新开始。"即"每一个民族的传统都有其特殊的现代化问题,而现代化则并不是在价值取向方面必须以西方文化为依归。以前的人,把'西化'和'现代化'简单地等同起来,显然是一个错误。"他援引克拉孔的话说:"德国 1919 年所颁布的魏玛宪法便是显例。这个宪法作为一个抽象的政治文件而言是相当精彩的,可谓民主精神的充分体现。但由于它完全脱离德国文化背景,因此施行起来便一败涂地,最后竟导致希特勒的崛起,酿成大祸。"[3] 所谓放眼世界,就是把中国法制放在世界法制、人类法制的整体中去观察和研究,注意从外国法制的现代化过程中吸取经验和教训。现代世界各国的法制现代化都不是封闭进行的,而是在相互交融、相互借鉴的过程中发展起来的。所谓面向未来,就是要有广阔的视野、长远的眼光,跟上时代发展的潮流,要坚持"古为今用""洋为中用"、推陈出新,不断完善,不断更新。只有这样才可能创造出以马克思主义为指导,既面向

---

〔1〕 关于法律变革的起源及其特质,可参见张艳:《法律变革的起源——以中国史为中心的考查》,《中州大学学报》,2004(1)。

〔2〕 进一步的阅读可参见王人博主编的《中国法制现代化的历史》(北京,知识产权出版社,2010)。本书对晚清、民初、南京国民政府时期、新中国成立以后等各个特定历史背景下的法律制度、思想与实践三个层面及其彼此之间的互动关系做出了细致的梳理与阐释,希望这种经由历史而获致的探讨与反思能为中国法制现代化进程提供前进的理论资源。

〔3〕 余英时:《中国思想传统的现代诠释》,50～51 页,南京,江苏人民出版社,1989。

世界,又立足中国,既充分体现时代精神,又继承优秀固有传统,适应社会主义现代化要求的、以人为中心、以人的幸福自由生活为终极关怀、充满活力的、不断发展的具有中国特色的法制(法治)。[1]

三、中国法制现代化与法律的现代性

当代中国的法制现代化建设过程是法律的现代性因素不断增加的过程。现代性主要指的是一种与现代相联系的思想态度与行为方式。现代性是个体对于群体、整体、社会的反抗,现代性问题的出现是人类群体与个体的关系模式变迁的产物。在总体上可以认为,现代性是指从文艺复兴尤其是启蒙运动以来的西方历史状况与文化精神。对此,可从两个方面进行理解。其一,现代性是一种历史状况,它与文艺复兴和启蒙运动的历史背景直接相关。相对于传统性或前现代性的农业经济、礼俗观念、专制统治及同质、僵化的社会结构与生活方式而言,现代性是祛蒙昧性与祛传统性的生活境况。其二,现代性是一种精神状态,它摒弃人类蒙昧、未开化的精神世界,相信人类理性的无限能量和拓展空间,崇尚人类社会永恒进步的价值理想。在这样的历史情境与精神状况中,人们将在经济上运用科学技术打破和超越简单、机械的生产方式和生活方式,实现物质生活富足,提升生存发展能力;在政治上祛除专制、人治统治,以法理契约保障个体成员的自由、平等不受侵害;在文化与思想观念上,摆脱超自然的蒙昧观念对人类头脑的禁锢,倡导和推行自由、平等、博爱的价值理想。概言之,现代性就是包含经济富足、政治民主和思想解放在内的,指向人类社会自由、平等、博爱、进步与秩序的理想化社会状况及贯穿其中的理性精神、价值追求和伦理承诺。人们多从理论角度来理解现代性。譬如,或求之于自由主义,或求之于马克思主义。黄宗智认为,现代性的精髓不在于任何一种理论或意识形态,而在于历史的实际变迁过程。以思想史为例,现代性不在于西方启蒙以来的两大思想传统理性主义和经验主义中的任何一个,而在于两者18世纪以来的历史上的共存、拉锯和相互渗透。以科学方法为例,其真正的现代性不简单在于理性主义所强调的演绎逻辑,也不简单在于经验主义所强调的归纳逻辑,而在于历史上的两者并用。更宽泛地说,西方各国政治经济的现代性不在于古典自由主义所设想的完全放任的资本主义市场经济,也不在于其后呈现的福利国家,而在两者的拉锯和相互适应、相互作用。[2]

现代性哲学确立的是主体性原则和理性主义。现代性强调以主体性为中心,

[1] 公丕祥在《法制现代化的挑战》(武汉,武汉大学出版社,2006年)对法制现代化的基本理论、中国法制现代化以及司法现代化问题进行了深入探讨。在对法制现代化运行机理、内在规律进行探索的同时,也注重将法制现代化的基本理念应用到司法发展领域。也可参见公丕祥:《法制现代化的理论逻辑》,北京,中国政法大学出版社,1999。

[2] 黄宗智:《中国法律的现代性?》,载《清华法学》,第十辑,北京,清华大学出版社,2006。

发扬个人的自主性,以理性作为核心观念,反对神对人的神圣性;提出物质与精神、客体与主体的对立。现代性给中国带来了文化心态上的激进主义、制度设想上的民族国家观念、日常行为上的个人主义以及对待自然的世俗化态度,但现代性最大的问题——道德虚无主义——还没有引起足够的重视。中国当下的现代性问题的原因在于三种人文缺失:意识形态迷狂、工具理性崇拜和消费主义欲望膨胀。现代性的展开并没有像其原初所承诺的那样"使人类社会更加美好",而是一把利害并存的"双刃剑"。

法律的现代性要求法律突出加强对个人权利和自由的保护,法律对于满足人的现代化需要的意义,强调法律的权威性、普遍性、确定性、可诉性、合理性。法律的合理性就是指法合乎理性。要决定法律的合理性存在的主要因素,包括价值需要、客观必然、可行性程度和主观意志。这些因素的结合,形成了判断法律的合理性的两个标准,即法律的合乎需要性与法律的合乎规律性。合乎需要,是指合乎作为历史创造主体的人民的需要;合乎规律,即合乎生产力及其决定的社会关系的发展规律和法律自身运行的规律。

德国学者克劳斯·贡特尔这样定义法律现代性方案:一个现代法律系统,其形式特征表现为一个规范系统,该规范系统由禁止和允许个人行为的初级规则和通过法律程序授权人们设立、改变和应用的次级规则所构成。这两部分构成了一个统一和连贯的整体。这些形式特征显然可以和不同的内容进行组合。若参考其内容,法律现代性方案又带有如下的实体特征:依照其现代自然法之历史性根基,法律之现代性可以被概括成一个平等权利的系统,个人的自由平等之权利又在该系统占据了第一优先的地位。这一权利系统又引发了一种普遍性的要求。对此,可以从三个维度进行理解。从其社会维度来看,任何单个个体都必须被平等地包容于权利体系之内;从其物质维度来看,该权利系统应该渗透到所有的社会关系,以使个人从任何违背其主观意愿的依赖性中解放出来,最终,从时间的(世俗的)维度来看,该权利系统应该是可以不断地制定成法律,能够参照新的环境和变化了的形势而不断修订实证法。这一权利系统应该覆盖所有的案件和所有变化了的社会状态。法律的制定(同时也包括法律裁决)被假设成一个学习的过程,由理性的论辩所推动,由一个包容的和公共的民主程序还有一个循法而行的行政权力和具有相对自主性的,承诺对法律制度的合理性做出前后一致的裁决的司法权组成。这一法律现代性方案的核心是意志自由、法律和理性三者之间的动态关系。[1]

法律的现代性与民族国家问题有关,强调不同于民族国家的法律秩序的共同性。但是,中国自身现代性的经验是复杂性。中国法律的现代性要求中国的法律能够适应社会变迁,反映日益复杂的社会现实和不同群体的利益的变迁,规范个人自由与社会利益。法律现代性要求不可能完全割裂中国固有法律传统,背离民族法律精神。

四、中国法制现代化与法律全球化

全球化主要是指"人类组织和活动的空间形式在活动、相互作用以及权利运行方面转向跨洲或跨区域方式的变化。它包括各种社会关系和制度在时间和空间的强化和深化。比方说,一方面,日常活动日益受到地球另一面所发生的事件的影响;另一方面,地方集团或地区的实践和决策可能会引起全球的热烈反响。"[2]安东尼·吉登斯把全球化视为一种"时空分延"。在他看来,全球化"使在场与缺场纠缠在一起,让远距离的社会事件和社会关系与地方性场景交织在一起"。[3]"全球化"一词的本源意义在跨民族、跨国家和跨区域性,强调人类经济、社会生活的一体性。全球化表现为全球网络的广度、全球相互联系的强度、全球流动的速度和全球相互联系的影响的强化;反映出基础设施、制度、交往方式等方面的趋同倾向。对全球化带来的问题,德国学者汉斯·彼得和拉尔特·舒曼提示了西方主导的全球化背后的强权政治逻辑:"新经济自由主义把非调控化(非国家干预)、市场自由化、私有化当作全球一体化的三支令箭,事实上决定了这场全球化战争必须是以强凌弱的征服。"[4]

法律全球化是在法律的各个领域内发生的跨国界、跨区域的相互作用与影响和重组原有的法律制度、法律秩序和法律理念结构的进程。[5]法律全球化的表现形式为国际法的国内化、国内法的国际化。全球性的问题需要全球性协作机制的

---

[1] [德]克劳斯·贡特尔:《全球化背景下的法律现代性方案》,泮伟江译,http://www.law-times. net/ReadNews.asp? NewsID=3947&BigClassID=25&SmallClassID=31&SpecialID=0 最后访问时间 2006-11-17.

[2] [英]戴维·赫尔德:《民主的模式》,燕继荣等译,425~426页,北京,中央编译出版社,1998.

[3] [英]安东尼·吉登斯:《现代性与自我认同》,赵旭东等译,23页,北京,三联书店,1998.

[4] [德]汉斯-彼得·马丁、哈拉尔特·舒曼:《全球化陷阱——对民主和福利的进攻》,张世鹏等译, 181~182页,北京,中央编译出版社,2000.

[5] 进一步阅读可参见李双元、李赞:《全球化进程中的法律发展理论评析——"法律全球化"和"法律趋同化"理论的比较》,载《法商研究》,2005(5).

解决,法律全球化使法律的国家主权色彩减弱;[1]它使法律的调控领域不断扩大和深入;法律全球化中向法治社会趋同的倾向日益明显。欧盟法是法律全球化过程中值得关注的重要现象。

从法律的视角来看,全球化概念的引入,向我们提出了一些需要进一步思考的问题,例如,世界经济与国家利益的冲突、传统文化与现代化的抵触,以及由此引发的国家主权与全球化的关系[2]、法律多元主义、世界法律、超国家法律、国家作为立法者和法律渊源的地位等政治与法律问题。[3]

全球化对中国立法的影响,主要表现为中国的立法如何适应全球化发展的大趋势,学习、借鉴、吸收甚至移植国外立法和国际立法的成功经验,在经济、贸易、民事立法方面更加注意同国际立法接轨,按照国际惯例办事。与此同时,中国立法体制的民主化、立法行为的程序化、立法技术的规范化等立法环节,也都直接或者间接地受到全球化的影响,而需要更多地向国际规范靠拢。在执法方面,要树立依法行政观念,提高依法行政水平。在解决争端机制方面,中国应重视法院和仲裁机构的独立性,继续深化司法体制的改革,提高法官等法律职业主体的素质。[4]

第二节 法 律 文 化

一、法律文化概述

(一) 法律文化的含义

法律文化是一个含义非常广泛的概念,是文化的一种具体形态,[5]一般指法律规范、法律制度以及包括法律制定、法律实施在内的法律实践,人们从事各种法

---

〔1〕 全球主义是一种区别于国家主义的世界整体论和人类中心论的文化意识、社会主张、行为规范。全球主义与国家主义问题,详可参见蔡拓:《全球主义与国家主义》,《中国社会科学》,2000(3)。

〔2〕 全球化形势带来了一个发生着深刻变革的世界,主权理论也不可避免地受到冲击。典型的否定主权的理论包括主权弱化论、主权让渡论和"新干涉主义"。这些理论都试图否定在全球化时代国家主权存在的必要性,认为全球化就意味着国家主权的削弱,甚至主张各国只有放弃主权的独立才能适应全球化的要求。参见王献枢、王宏伟:《经济全球化时代的国家主权》,《法商研究》,2002(1)。

〔3〕 具体内容可参见冯玉军:《法律全球化理论的研究述评》,《中国法学》,2002(4)。

〔4〕 进一步思考可参见[美]安·塞德曼、罗伯特·塞德曼:《发展进程中的国家与法律:第三世界问题的解决和制度变革》,冯玉军、俞飞译,北京,法律出版社,2006。

〔5〕 关于文化,可参见陈华文:《文化学概论》,上海,上海文艺出版社,2004;方汉文:《比较文化学》,桂林,广西师范大学出版社,2003;韦政通:《中国文化概论》,长沙,岳麓书社,2003;张岱年、方克立主编:《中国文化概论》,北京,北京师范大学出版社,2004;李宗桂:《中国文化概论》,广州,中山大学出版社,1988。

律活动的行为模式;同时也指人们关于法律和法律现象的态度、心理、知识、习惯、理论。[1] 法律文化不包括现行法律、法律实践、法律意识中一切因偶然因素、个别事件而变化的成分,一切不稳定的、没有持久影响的成分。

法律文化是历史过程的沉淀和凝结;法律文化直接把法律制度的整体,作为评判和选择的对象;法律制度通过法律思想的评判和法律实施活动,对社会行为发挥实际调节作用,构成行为模式;所有的现实行为有效实现,对人们的行为具有指令作用。[2] 法律文化是人类在漫长的文明进步过程中,从事法律实践活动所创造的智慧结晶和精神财富,是社会法律现象存在和发展的文化基础,它能够直接或间接地反映人类在改造自然、改造社会的过程中所达到的物质文明、制度文明、精神文明的进步状态。法律文化具有民族性、时代性、实践性等特点。[3]

(二)法律文化与法律传统

法律文化与法律传统有着密切联系,正如埃尔曼所指出的,无论是在初民社会还是在发达社会里,法律文化都是传递行为传统的重要工具。[4] 法律传统是在已往的历史发展中世代相传的法律因素,它反映了过去对现在的影响和制约。[5] 如人们在对不同国家的法律制度进行比较时经常会发现,对同一类问题不同国家有不同的解决办法,在一个国家用某种法律手段解决的问题,在另一个国家用另一种

---

〔1〕 赵震江认为,法律文化是支配人类法律实践活动的价值基础和这个价值基础被社会化的运行状态;法律文化作为客观存在物,表现为法律实践活动所取得的成果。它标志着人类实现有利于自身生存发展的特殊社会秩序的能力和对社会活动进行有目的的设计、控制、引导的水平。参见赵震江主编:《法律社会学》,500~502 页,北京,北京大学出版社,1998。尤陈俊在《法律文化概念在中国(1930—1985):一个知识考古学分析》(《江苏社会科学》2020(3))中认为通常认为中国法学界对"法律文化"的研究兴起于 20 世纪 80 年代中后期。其实早在 20 世纪 30 年代的民国时期,受日本学者牧野英一的影响,"法律文化"一词便已经开始出现在中文文献当中。在 50 年代后期中国法学界围绕"法的继承性问题"而生发的学术争鸣中,也可见到"法律文化"一词的身影。从 1979 年开始,几乎已销声匿迹二十多年的"法律文化"一词又重新回到了中国法学界,并基本延续了 50 年代后期那种将"法律文化"一词锁定在"法的继承性问题"之话语结构中加以使用的惯性。而到了 80 年代中叶,随着国外的一些比较法学研究作品(尤其是关于"法系"的研究)逐渐被介绍到中国,人们在使用"法律文化"一词时所依赖的话语结构和智识资源也发生了变化,从而开辟出另一些新的研究方向和空间。这种断裂、延续和分化,既昭示着中国法学界不同时期的法学话语结构与"知识/权力"结构,也隐藏着导致"法律文化"无法成为一个强有力的分析性概念而只是一个描述性概念的弊病。
〔2〕 参见陈晓枫:《中国法律文化研究》,13~16 页,郑州,河南人民出版社,1993。
〔3〕 刘作翔认为,法律文化产生于实践,同样,它也作用于实践,作为人类实践经验中产生的法律规范和法律制度,它不单只停留在法律性文件之中,更重要的是它体现在国家的政治生活、经济生活和文化生活等现实的实践活动之中;法律组织机构以及设施等,都是为社会实践需要而产生,并在社会实践中发挥其作用;法律文化中的法律意识形态,体现和渗透在法律实践的活动和环节之中,并受其实践的检验。所有这些,都要随着社会实践的发展变化而变化。参见刘作翔:《法律文化论》,108 页,西安,陕西人民出版社,1992。也可参见李其瑞:《法律文化:法学研究的双向视角》,《法律科学》,2005(3)。
〔4〕 [美]埃尔曼:《比较法律文化》,贺卫方等译,20 页,北京,三联书店,1990。
〔5〕 传统的有些部分是不可变的,如长期积淀下来的民族心理结构就不因时代的变化而变化;传统对人来说是不可任意选择的;人们离不开传统,传统发挥着巨大的作用。传统之所以会发展,是因为那些获得并且继承了传统的人,希望创造出真实、更完善,或更便利的东西。

法律手段解决;在一个国家用法律调整的问题,在另一个国家可能由其他社会规范调整。法律传统只有在同现实法律制度的本质不相矛盾的条件下,才会成为一个时代法律文化的组成部分。有历史学家曾言:"大体说来,我们依靠着过去。即使是最激进的人们的思想,也往往不能超出他们所接受的过去和习惯之上。"[1]

法律传统偏重于法律文化中的心理状态;法律文化的内涵比法律传统更丰富,还包括法律经验、法律认识、价值等内容;法律传统比较抽象,是法律文化中具有深远影响的精神因素,而法律文化则更为具体。

在不同国家和不同历史发展阶段,法律文化会有很大差异。有时这种差异主要表现在法律文化的某个因素上,有时则表现在多种因素上。法律文化不同因素的差别往往可以成为划分不同法律文化的标准。比如,从构成法律文化的法律本质和法律文化赖以存在的生产关系的角度,可以分为奴隶制的法律文化、封建制的法律文化、资本主义的法律文化和社会主义的法律文化;以人类历史演化的时代顺序为划分标准,可以将法律文化分为古代法律文化、中世纪法律文化、近代法律文化、现代法律文化及当代法律文化等;按照法律在社会生活中的地位、法律的重要性程度以及人们的法观念,可以划分为以古代中国为代表的东方法律文化和以欧美国家为代表的西方法律文化;以法律文化所处的不同的地域为划分标准,可以分为东方法律文化、西方法律文化,或亚洲法律文化、欧洲法律文化、非洲法律文化、拉丁美洲法律文化等;按照法律渊源和结构的差别可以分为习惯法法律文化、法典法律文化、判例法法律文化;按照宗教对法律的影响可以分为宗教法律文化和世俗法律文化。[2]

法律文化的分类,在一定程度上反映了古今中外法律文化在事实上和现象上的一种文化上的差异。法律文化的这种差异,使得法律文化具有多样性,从而使法律文化的交流与传播有了可能。法律文化主体之间彼此交流信息,互相影响思想和行为的过程。法律文化的交流导致了不同群体的成员观念与行为模式的融合。

(三)法律文化与法律意识

法律意识是法律文化中的基本构成要素。受到客观的社会关系、历史条件制约的一个国家或民族的人们对法律的精神、法律在社会生活中的地位和作用以及对其他法律现象的看法和评价,是渗透到法律生活中的思想传统、思维模式,体现

---

〔1〕 [美]詹姆斯·哈威·鲁滨孙:《新史学》,齐思和等译,171页,北京,商务印书馆,1964。
〔2〕 弗里德曼将法律文化区分为外部的法律文化和内部的法律文化、公众的法律文化和法律专业人员的法律文化:外部法律文化是一般人的法律文化,内部法律文化是从事专门法律任务的社会成员的法律文化,每个社会都有法律文化,但只有有法律专家的社会有内部法律文化。它是指公众对法律制度的了解、态度和举动模式;一种特别重要的集团法律文化是法律专业人员的法律文化,即律师、法官和其他在法律制度的神奇圈子里的工作者的价值观念、思想意识和原则。参见[美]弗里德曼:《法律制度》,李琼英等译,223、227页,北京,中国政法大学出版社,1994。

了社会主体对于一定法律现象的价值评价,在很大程度上制约和影响着法律实践活动。

法律文化对法律意识是一种包容关系,法律文化包括法律意识,两者的区别主要有:①法律意识主要指人们的有关法律现象的感觉、态度、情感、观念、知识等心理因素,法律文化则是法律现象的全部心理因素及其外化形式(法律行为模式);②法律意识的主体较为广泛,包括个人、群体、社会等,而法律文化的主体仅为群体;③法律意识通常有较为明显的政治色彩、意识形态色彩,而法律文化则更多地表现出民族性和群体的习惯化心理特征。

二、法律文化的结构

法律文化的结构是指法律文化的构成要素以及这些要素及其相互之间的连结方式。

关于法律文化的结构,学者有不同的看法。有学者认为:"法律文化分为内核和外壳两部分。法律文化的内核是支配法律实践活动的基础,这里称之为'法统';外壳指该价值基础社会化的过程,其中包括立法、司法的基本方式,即所谓的'法体'。两者之间还有一个沟通的渠道,即法律思维活动。"可以将它划分成四个主要方面:①法律思想;②法律规范;③法律设施;④法律艺术(法律技术)。[1] 有的学者则认为法律文化在结构上分为三个层次:①表层结构,法律文化的立法和社会层面的表现形式。指法律文化借之显现的法律制度、司法机构、物质设施,法学理论、马克思主义法学观念。它是法律文化要求的行为准则,获得国家强制力保障的形式要素,和获得国家肯定的理论形态。②中层结构,法律文化的公理和逻辑形式。指通过人们的理念才能联接构成的法律事实、法律关系、法律规范,法律经验和法律技术的总体特征,以及人们据之进行法律思维的、由清末传入的中国化大陆法系法学理论。它是法律文化指令的行为准则所获得的公理、正义性、逻辑论证以及具体规范在整体操作上的联结。③深层结构,法律文化所要求的行为准则的始原与核心。指从上古到现在沉淀凝结而成的法律思维模式、法律价值观念和法律文化基本范畴。它是文化指令发出的本源所在,控制着整个法律文化体系的运转。法律文化的三个层次,分别满足了行为指令的合法性、合理性和目的性的需要。[2]

法律文化有其独特的内在结构,包括制度形态的法律文化和观念形态的法律文化两部分。法律规范、法律制度以及组织机构及其设施等制度形态的法律文化,主要表现了法律文化的外在内容、物质方面,观念形态的外化物——制度形态的法律文化,主要在于建构一定的法律调整机制。法律规范规定了人们的行为模式和

---

〔1〕 参见武树臣等:《中国传统法律文化》,33~35 页,北京,北京大学出版社,1994。

〔2〕 参见陈晓枫:《中国法律文化研究》,18 页,郑州,河南人民出版社,1993。

一个社会的各种制度,规定了法律组织机构以及法律设施的设置和建造,规定了法律创制的各种规则和法律实施的规范、程序等,是各种法律制度的规范化表现形式。作为一种动态化的机制,法律制度构成了一个社会法律生活的核心内容。法律组织机构和有关的法律设施都是为了保证法律创制及其实践活动得以正常进行而建立起来的。

法律心理、法律意识、法律思维、法律理论、法律思想体系等观念形态的法律文化,主要表现了法律文化的内在内容、精神方面,展示了人类关于法律和法律的精神世界的活动。法律心理是人们在日常生活中对法律现象表面的直观的感性认识,是法律意识形态的初级阶段。法律心理是一个民族千百年来民族文化传统积淀的产物。[1] 法律思想体系是高水平的法律认识,是对法律和法律现象的理论化、理性化、体系化了的法律意识和法律价值观的总和。

此外,从历史角度看,法律文化又是由法律传统和法律经验两部分共同组成的。以往社会成员的法律认知、情感和评价经过历史过滤和沉淀,形成法律传统,现实社会成员的法律精神财富又主要形成法律经验。[2]

三、当代中国的法律文化

当代中国的法律文化主要受到这样几种法律文化的影响:中国传统的法律文化、西方法律文化、苏联的法律文化。[3]

中国传统的法律文化以儒家思想为指导,以和谐为核心价值,维护皇权至上、等级特权、宗法制度,重视道德教化的作用,主张“德治”与“法治”相结合,注重调解在解决纠纷中的作用。中国传统法律文化在当代中国的社会生活中发挥着潜在的作用。[4]

西方法律文化既包括英美法系国家的法律文化,也包括大陆法系国家的法律文化,我国进入近代社会时,受大陆法系国家的法律文化的影响更多一些。西方法

---

〔1〕　法律心理在文化上有两个特点:一是它的潜意识性,一是他的多样性。法律心理隐藏在人们的意识深处,常常表现为潜意识或无意识,只有当人们通过某种方式(语言或性为)或处理某一具体事件时,才容易暴露出来。另外,从一个社会来讲,法律心理呈现出一种多样化趋向。社会中个体的多样性决定了法律心理的多样性。参见卢云主编:《法学基础理论》,232页,北京,中国政法大学出版社,1993。

〔2〕　中国少数民族习惯法文化由习惯法观念和习惯法意识、习惯法规范、习惯法行为以及相应的习惯法的实物形态组成,其内部结构包含了这四个互相联系、互相依存的方面。参见高其才:《论中国少数民族习惯法文化》,《中国法学》,1996(1)。

〔3〕　关于中国传统文化,可参见钱穆的《国史大纲(上、下)》(北京,商务印书馆,2005)、《中国近三百年学术史》(北京,商务印书馆,2003);梁漱溟的《中国文化要义》(上海,学林出版社,2000);李泽厚的《中国古代思想史论》(天津,天津社会科学院出版社,2003)、《中国近代思想史论》(天津,天津社会科学院出版社,2003)、《中国现代思想史论》(北京,东方出版社,1987);余英时的《士与中国文化》(上海,上海人民出版社,2003)等。

〔4〕　参见张晋藩:《综论独树一帜的中华法律文化》,《法商研究》,2005(1)。

律文化所包含的调整社会关系的知识、智慧和经验,与市场经济的法律调整相联系的内容,对于法律技术方面的内容,以及在反对封建专制的斗争中所形成的适合民主政治的有价值的法律思想,我们要从中吸收有益的成分。

中华人民共和国成立以后,20世纪50年代苏联法律文化中的马克思列宁主义法律思想对于在中国传播革命导师的法学基本原理,作为社会主义法制建设的理论基础,具有重要意义。但苏联法律文化中的维辛斯基因素应当引起我们的注意。必须注意到,那时苏联法律文化中有不少和高度集中的计划经济体制、个人崇拜,以及大国沙文主义相联系的因素,其中有些也在不同程度上影响了我国的法制建设。

当代中国的法律文化是在我国社会主义建设过程中建设起来的。我国把法制建设与经济、政治及思想文化建设相联系,使其协调发展的战略,中国共产党对法制建设统一领导与协调的措施,正确处理敌我矛盾与人民内部矛盾的指导思想,全心全意为人民服务,法律工作服务于人民、便利于人民的思想,预防犯罪和改造犯罪、对社会治安实行综合治理等,集中体现了有中国特色的社会主义法律制度的性质。但是,也应该看到,在一个相当长的时期,由于我国实行的是高度集中的计划经济体制,在当代中国的法律文化中还有许多与此相伴随的东西,如法律的地位不高,不够重视法律,在社会生活的重要领域主要靠政策办事,依言不依法、依人不依法的现象还相当普遍。

现在,我国更加重视法律文化建设,如江西省寻乌县人民法院就在司法审判中尊重传统文化,运用地方良善习惯解决纠纷,立足本地特点进行法院文化建设。

客家文化激活"善治"能量

客家人信奉祠堂文化,认为祠堂是传承乡土味、留住文化根的地方,是崇先敬祖的重要场所,是商议、决定宗族、家庭重要事情的地方。每到清明,寻乌县每个祠堂香火旺盛,后人在这里追忆先人,传承家训。

寻乌县澄江镇北亭村的主要姓氏有蓝姓、凌姓、邹姓,各自建有自己的姓氏祠堂。

2017年年初,村中邹姓和凌姓两大家族因祖坟重修,引发一场矛盾非常尖锐的纠纷。在矛盾最激烈的时候,邹姓家族说要把凌姓家族刚修好的祖坟挖了,凌姓家族则声称要把对方的姓氏祠堂给拆了,双方剑拔弩张。被逼无奈,邹姓家族以凌姓家族新修祖坟侵占了其林地为由,向澄江法庭提起诉讼。

涉案双方当事人达312人,人数众多。澄江法庭负责人罗云亮对案件进行分析研判后,没有立即立案进入诉讼程序,而是来到村里,与村民理事会成立联合处置小组一起入户做工作。白天村民要干农活,罗云亮就选择晚上夜访农户,每到一家,都坐下来详细倾听当事人的诉求,记录在本子上。偶尔说到矛盾深处,便先叫大家"吃茶"(客家方言,意为喝茶)。

而后,还把纠纷的调解现场,放在了祠堂里。

法官就在这样的氛围中,引用"人情唔怕阔,冤家唔好结"(客家方言,意为可以多交朋友,仇恨不要积累)、"人敬我一尺,我敬人一丈"等家训,做足了两个家族主要成员的思想稳定工作。祠堂是根,祖先是神,在祠堂里,当着先人的面,各退一步海阔天空。

最终,原告撤回起诉材料,两大家族纠纷得到妥善化解,心里的疙瘩也解开了。

客家人除了祠堂文化,过年也是重要的习俗。

客家年不只一天,从入年界(腊月二十五)开始,到正月十五元宵后才结束,前后延续20天以上。在此期间,对"年"的禁忌特别多。

正月初九,执行局执行一庭负责人谢金荣带着几名同事来到黄某家中,笑着说:"老黄,开开门,我们来拜年啦!"

黄某看见穿着制服的法官,略显紧张,但不能拒绝"拜年"的客人,便示意进门喝茶。

"老黄,新年好咧,给你拜个晚年。今天,我是带着问题来唠叨的,希望别介意。"谢金荣趁黄某还没开口,就先说明来意。黄某却说,他十分冤枉,仅仅是在借条上签了个字而已,债务不关他的事。谢金荣详细诉说案情,解释其中的法律责任。

黄某眼看没辙,表示愿意还清,但"官司好打,狗屎好食"(客家方言,意为不随意打官司)。谢金荣敏锐地察觉到客家风俗对执行工作的影响,立即笑着回应道,入了"年界"(客家方言,意为春节)不打官司,那就等到正月十五以后吧。正月十六,黄某自觉来法院履行了法律义务。

在寻乌客家地区,传承至今的善良习俗,慢慢成了"生活中的微观法律"。为法官查明案件事实,恰当适用法律,提供了丰富的本土资源,也为司法调解的有效开展,提供了直接的道德规范,引导着社会走向和谐。[1]

当代中国的法律文化的建立过程,是一个中国传统的法律文化与外来法律文化的冲突过程,也是传统的法律文化迎接挑战、实现创造性转换的过程。我们应当注意总结中国自己的实践经验,注意保持中国自己优秀的法律传统;同时把中国法律文化放在世界法律文化的整体中去观察和研究,注意从外国法律文化的现代化过程中吸取经验和教训。[2]

[1] 姚晨奕、刘慧鹏等:《德治甘醇沁心田——江西寻乌法院"三治"结合参与乡村治理纪实之三》,《人民法院报》,2018-08-11。

[2] 周永坤认为,社会和国家的关系是左右法律文化的首要因素,我国法律文化应实现由国家主导型法律文化向社会主导型法律文化的转型。参见周永坤:《社会的法律与国家的法律——从国家与社会的关系看中西法律的差异》,《法商研究》,2003(2)。

第三节 法律意识

一、法律意识的含义

法律意识是社会意识的一种,是人们关于法和法律现象的思想、观点、心理和知识的总称。它的内容非常广泛,主要包括:人们对法律的产生、本质和作用的看法,对现行法律的理解、解释、态度和情绪,对自己和他人权利、义务的认识,对人们行为的合法性的评价,对法的精神、价值的理解,以及人们关于法律的知识和修养等。[1]

法律意识是社会意识形态中的一种特殊形式,也属于社会上层建筑的范畴。同其他社会意识一样,法律意识归根到底是一定的物质生活条件决定的,具有鲜明的阶级性。由于阶级利益不同,人们对法律的观念、解释和评价也就不同,因而不同的阶级具有不同的法律意识,但统治阶级的法律意识始终占主导的地位,起支配的作用。

法律意识不仅被社会经济制度所决定,而且也受上层建筑中其他因素的影响,但又有区别,不能混同。

政治意识和法律意识的联系极为密切。政治意识是关于阶级之间关系和斗争的观点、思想和理论,其中首先是关于维护统治阶级的统治,镇压被统治阶级反抗,实行统治阶级专政的观点、思想和理论等。政治意识对法律意识的形成和发展有直接的、决定性的影响,法律意识的内容完全服从于政治意识,并以政治意识为转移。但不能把政治意识等同和代替法律意识,两者所反映的内容是有所不同的,如果把两者混为一谈,就会削弱法律意识,给法治建设带来不利的影响。统治阶级具有较强的政治意识,并不等于说统治阶级同样有较强的法律意识。

道德意识即人们的道德观,是关于人们行为的是与非、善与恶、公正与偏私、正义与非正义等的观点、思想和理论。道德意识和法律意识有相同之处,它们都是关于人们行为规范的观点、思想和理论,但不应把法律意识同道德意识相混,两者在起作用的方式、性质、范围,产生和消亡的时间等方面都是不同的。

当然,法律意识并不只是消极承受政治、道德等意识的影响,它也给其他意识形式以积极的影响。政治、道德等意识形式的传播和发展也在一定程度上依赖于法律意识的促进和推动。

---

[1] 郭道晖认为,法意识应是对客观社会存在的经济关系及其法权关系(法的本质)和主观制定的法律及其实践所形成的法律现象的全部反映,即有关这两方面社会存在与社会意识的知识、观念、心态与价值取向的总和。参见郭道晖:《法的时代呼唤》,407页,北京,中国法制出版社,1998。徐晓晴在《法律意识的实质》(北京,清华大学出版社,2005)中认为法律意识有三大公理:自尊、自治、相互尊重和相互信任。

法律意识与其他社会意识一样,有其相对的独立性,表现在:第一,它不是消极地被社会存在所决定而是积极地反作用于社会存在;第二,法律意识的发展具有历史继承性,每一历史时期的法律意识都与以往的思想成果有着联系和可以继承吸收的关系;第三,它同其他社会意识之间相互作用、相互影响;第四,法律意识可以相对地落后或超越于社会存在,走在经济发展的后面或前面。

二、法律意识的分类

法律意识有着不同的形态,既有宏观的,又有微观的;既有传统的、固有的,又有现代的、传入的;既有清楚的、明确的,又有模糊的、混乱的。把这种复杂而丰富的法律意识按照一定的标准划分为不同的类型,有助于我们分析不同类型的法律意识在其内容构成、表现形态和在法治建设中所起作用上显示的不同特点。

法律意识按不同的标准可以分为以下几类。

1. 从人们对法律现象认识的阶段的角度,法律意识可以分为法律心理和法律思想体系两部分

法律心理是人们基于自身的利益需要和体验而形成的对于法律的感觉、情绪、愿望和要求,是法律意识的低级认识阶段即感性阶段。法律心理直接与人们日常的社会生活、法律生活相联系,是人们对法律现象的一种表面的、直观的、不系统的认识,是对法律现象的一种自发的反映形式。法律心理一旦形成,往往具有相对的稳定性和持续性,并由此影响和制约整个法律意识的水平。

湖　北　民　谚

官司打一台,争气不争财。

这一民谚反映了民众有关诉讼方面的法律心理。[1]

法律思想体系是法律意识的理性阶段、高级阶段,是在对法律现实感性认识与心理活动的基础上逐步形成的主观观念和理性认识,是人们关于法律现象系统化、理论化的思想观点。在法律意识中,法律思想体系占据主导地位,它影响、决定法律意识的水平、性质。法律心理和法律思想体系是法律意识发展的两个阶段,既有区别又有联系,法律心理是法律思想形成的准备阶段,为法律思想体系的形成和发

---

〔1〕　国家司法考试、国家统一法律职业资格考试不时有题目涉及法律意识、法律文化等。如 2007 年国家司法考试试卷四的论述题第七题甲题:素材一:中国古籍《幼学琼林》载:"世人惟不平则鸣,圣人以无讼为贵。"《增广贤文》也载:"好讼之子,多数终凶。"中国古代有"无讼以求""息讼止争"的法律传统。素材二:1997 年 3 月 11 日,时任最高人民法院院长任建新在第八届全国人民代表大会第五次会议上作最高人民法院工作报告时指出,1996 年全国各级人民法院共审结各类案件 520 多万件,比上年上升约 16%。2007 年 3 月13 日,最高人民法院院长肖扬在第十届全国人民代表大会第五次会议上作最高人民法院工作报告时指出,2006 年各级人民法院共办结各类案件 810 多万件。根据所提供的素材,请就从古代的"无讼""厌讼""耻讼"观念到当代的诉讼案件数量不断上升的变化,自选角度谈谈自己的看法。

展提供丰富的材料；法律思想体系又对法律心理的发展起着指引作用，两者互相依赖，相互渗透，彼此影响，共同推动着法律意识的发展。

2. 从意识主体的角度，法律意识可以分为个人法律意识、群体法律意识和社会法律意识

个人法律意识是具体的个人对法律现象的情绪、看法、观念和思想，它是个人独特的社会地位和社会经历的反映。个人法律意识主要来自公民个体的法律实践、政府的法律运作行为。群体法律意识是某一社会群体对法律现象的共同的意识。社会生活中存在许多利益共同体，如家庭、宗教、阶层、阶级、民族、政党、企业等，这些群体有着某种通行的法律意识。

群体法律意识是群体内个人法律意识以及其他群体的法律意识相互作用的结果。群体法律意识离不开个体法律意识，它的形成和发展有赖于群体内某些个体的创造性思维并吸取个体法律意识中的有益成分。个体法律意识受一定的群体法律意识的影响，包含了群体法律意识的某些内容。社会法律意识是社会作为一个整体对法律现象的意识，是一个社会中的个人法律意识、各种群体法律意识相互影响、相互融合的产物。[1]

社会法律意识是一个国家或民族法律文化、法律传统的集中反映，体现了一个社会法制的总体发展程度。社会法律意识与个体法律意识、群体法律意识是一般同个别、整体同部分的关系。社会法律意识建立在整个社会有关法律问题的实践的基础上，因而克服了个体或群体实践的局限性和片面性。

此外，根据法律意识的社会政治意义和在整个法律体系中的作用，法律意识可分为占统治地位的法律意识和不占统治地位的法律意识。在现代国家，由于存在着以宪法为主导的由各个部门法构成的法律体系，因而相应的存在着宪法意识、刑法意识、民法意识、诉讼法意识等各个部门法律意识。同时，各国一般都存在着由立法、执法、司法、守法和法律监督等环节构成的法制体系，相应的有立法意识、执法意识、司法意识、守法意识和法律监督意识等。

三、法律意识的作用

在社会生活中，法律意识对于法律实施、法律发展具有积极的作用。

（一）法律意识是法律形成的思想和心理基础

法律意识能够提供某些社会关系需要用法律来调整的认识，提出一定的行为

---

〔1〕 法律意识是社会团体或个人相对独立的意识领域（与政治、道德、美学意识等并存），该领域以法律知识和对现行法律的客观评价的形式，以及通过扮有法律行为内在调节器角色的社会法律观点和目标的形式反映法律现实。参见[俄]B. B. 拉扎列夫主编：《法与国家的一般理论》，王哲等译，35页，北京，法律出版社，1999。

规则的模式,为立法提供设想或方案。有了这种认识,才能有立法活动。法律能否建立,与人民群众对法律重视,对法律知识的了解、掌握和运用程度关系极大。制定一种法律,首先必须是人们意识到这类社会关系需要法律调整从而产生这方面的立法要求,形成立法的动机。这种要求和动机,就是立法意识,它是立法的思想前提。不仅在法律创制的过程中,法律意识具有重要意义,而且随着社会的不断发展,需要法律调整的社会关系越来越广泛。有没有认清这种客观需要和发展趋势,及时创立新法的意识,这种意识是强还是弱,都会对法制的健全产生直接的、深刻的影响。同时,法律意识在帮助人们正确认识客观需要、产生一定法律动机和目的的基础上,还可以帮助人们提出一定的行为规则和模式,提出对某一类社会关系如何进行法律调整的设想或方案,为立法创造条件。

法律意识能够提出废除、修改、补充法律的要求。如果缺乏法律意识,认识不到法律与社会生活的关系、法律的重要作用,就不可能积极地自觉地依据社会政治、经济、社会、文化等发展的客观要求,努力完善法律制度。人民群众只有增强了法律意识,充分认识法律在保障和促进现代化建设中的作用,真正认识了社会发展对法律的要求,才能产生强烈的法律动机,促使有权制定法律的国家机关从社会经济政治的实际情况出发,根据需要和可能,及时地废除、修改、补充法律,完善国家法律体系。

(二)法律意识是正确实施法律的思想保证

法律实施是国家有权机关及其工作人员依法执行职务的活动,法律的实施是通过司法、执法机关和司法人员、执法人员的有意识有目的的活动来实现的。孟子(约前372—前289)说:"徒法不足以自行。"[1]如果只有法律,没有人去执行,法律本身就不能起到调整社会关系的作用。但司法、执法人员能否正确适用法律的重要条件,则在于司法人员、执法人员的法律意识水平。

我们知道,法律具有概括性的特点,而它在适用的过程中又必须是针对具体行为,这是一个复杂的过程,其中法律意识是一个重要因素。要把法律的一般规定正确地适用于具体情况,审理案件、解决问题,司法人员、执法人员就必须了解法律,正确理解法律的精神实质和适用范围,具有正确的法律意识。

只有司法人员、执法人员具有正确的法律意识,才能提高依法办事的自觉性。法律意识是司法、执法的思想保证,如果司法人员、执法人员的法律意识正确、健康,那么他就能真正做到有法必依、执法必严、违法必究,否则就会出现不依法办事,甚至用个人意志代替法律的情况。

司法人员、执法人员具有正确的法律意识,就能对法律作出正确、合理的评价

---

〔1〕《孟子·离娄上》。

和理解。司法、执法人员必须具备必要的法律意识,才能全面地理解法律的本质、作用和目的,弄清各种法律规范的真正含义和内容,深刻领会法律的精神的含义,树立对现行法律的正确认识和态度,正确、合法、及时地适用法律。

(三) 法律意识是公民遵守法律的重要保证

在实际生活中,每个公民是否都能自觉遵守,这与公民的法律意识水平高低有很大关系。每个公民遵守法律的行为并不是自发产生的,而是在一定的法律意识的指导下实现的,法律意识水平决定着他们的守法状况。

公民具有正确的法律意识,能提高其守法的自觉性,积极利用法律保护自身的合法利益,减少或预防违法犯罪行为。公民能否自觉守法,首先来源于法律意识,来源于他们对法律的本质和作用的认识,来源于对现行法律和法律行为的评价以及法律知识和修养等方面。一般说来,当公民认识到法律在分配社会资源、维护社会秩序方面的重要作用,认识到法律在现代社会的必要性、进步性和科学性,认识到法律与自身利益的密切关系,就会真正地拥护法律,并自觉地遵守法律,正确地行使法律赋予自己的权利,忠实地履行法定的义务,从而减少违法行为,这就起到预防违法犯罪、保证法律实施的作用。

公民具有正确的法律意识,能够提高和增强公民同违法犯罪行为进行斗争的勇气和决心。当公民具有了法律方面的知识,有了正确的法律意识,就可以增加与违法犯罪行为做斗争的自觉性,积极支持司法机关、执法机关对违法犯罪行为的追究和制裁,这有利于提高公民与违法犯罪行为做斗争的责任感,学会运用法律武器,不仅自己不违法、犯法,而且主动地监督法律的实施,积极维护法律的权威和尊严。

疫情期间的标语

在 2020 年新冠肺炎疫情防治期间,我国不少基层社区悬挂了不少标语,下列为其中的一部分:

今年上门,明年上坟。

带病回村,不孝子孙。

过年床上卧,健康你我他。

宁愿长点膘,也不外面飘。

出门打断腿,还嘴打掉牙。

今天到处乱跑,明年坟上长草。

出村就是找死,回来就是罪人。

别人在家过新年,吃野味的数纸钱。

多喝一口蝙蝠汤,火葬场里睡得香。

吃了一块刺猬肉,地府里面个人秀。

返乡人员不隔离，亲人不死扒成皮。

以前蒙面像坏人，现戴口罩好邻居。

不戴口罩街上逛，阴曹地府走一趟。

今年过年不串门，来串门的是敌人。

不戴口罩就出门，这个杂种不是人。

串门就是互相残杀，聚会就是自寻短见。

带病回乡不孝儿郎，传染爹娘丧尽天良。[1]

上述许多标语不能全面、准确的体现法律的精神和内容，对人们法律意识的提高存在消极影响。

法律意识对法治建设具有重要的作用，因此应当重视提高全社会成员的法律意识水准。培养公民正确的法律意识、提高公民法律意识的水平，必须加强法治建设，严格依法办事，强化法律的权威，维护法律的尊严，充分发挥法律在社会生活中的重要作用。同时，通过各种形式开展法制宣传法制教育，培植人们的法律信仰。[2]就我国而言，民众的法律意识，目前正处于变化过程中，法律意识处于从传统向现代的转变，[3]对法律、法制、法治的认识在不断发展、深化。[4]

〔1〕　很皮很搞笑：《盘点疫情期间，各地超搞笑、超硬核的宣传标语》，https://baijiahao.baidu.com/s?id=1662194109718697954&wfr=spider&for=pc，2020年8月18日最后访问。

〔2〕　国家司法考试、国家统一法律职业资格考试常有这方面的考题。如2014年国家司法考试卷一第93题为不定项选择题：关于法的发展、法的传统与法的现代化，下列说法正确的是：A.中国的法的现代化是自发的、自下而上的、渐进变革的过程；B.法律意识是一国法律传统中相对比较稳定的部分；C.外源型法的现代化进程带有明显的工具色彩，一般被要求服务于政治、经济变革；D.清末修律标志着中国法的现代化在制度层面上的正式启动。参考答案为B、C、D项。

〔3〕　刘旺洪认为，法律意识现代化的模式是世界不同国家在法律意识现代化过程中解决传统与现代、本国传统与外来文化影响的关系的过程中所体现出来的范式特征，是法律意识现代化的民族特色问题。从传统与现代性的关系来看，它可以分为传统变异型、传统与现代断裂型、法律意识体系重构型；从法律意识现代化的动力来看，它可以分为内发型、外发型、混合型。参见刘旺洪：《法律意识现代化之模式分析》，《南京师大学报》（社科版），2001(5)。

〔4〕　参见郑永流等：《农民法律意识与农村法律发展》，2～24页，武汉，武汉出版社，1993。

第十四章　法治理论

第一节　法制与法治

一、法制的含义

"法制"一词,中国古代就已经出现,如"命有司,修法制,缮囹圄,具桎梏"。[1] "故蓍龟所以立公识也,权衡所以立公正也,书契所以立公信也,度量所以立公审也,法制礼籍所以立公义也。"[2]"以法制行之,如天地之无私也。是以官无私论,士无私议,民无私说,皆虚其匈以听于上。上以公正论,以法制断,故任天下而不重也。"[3]"明主之道,必明于公私之分,明法制,去私恩。"[4]但是,中国古代法制的含义与现代不同。

法制是一个内涵广泛的概念,应从静态和动态两个角度作综合考察,它是一国法律制度的总和,它包括立法、司法、执法、守法、法律监督的合法性原则、制度、程序和过程。法制强调的是法律制度以及法律制度在社会生活中的实施。

法制具有统一性。对此,可从立法和司法两方面进行理解。从立法上说,法制的统一性要求国家机关所创设的法律应保持内在和谐统一。首先,必须统一立法尺度,一切法律、法规都必须以宪法为根据;其次,各部门法之间的相互补充和相互配合;最后,应避免不同类型法律规范之间的矛盾,或同类法律规范之间的矛盾。从司法上说,法制的统一性要求司法权应当统一。表现为:首先,法律职业主体在知识结构、价值追求方面的一体化;其次,司法权必须保持相对稳定的司法政策、司法态度、司法标准、司法人员等;再次,司法应坚持平等原则,不允许任何人有超越法律的特权;复次,司法权必须是专属的,不可转授或变相转授;最后,司法权只服从统一的既定规则,不服从法外的命令。法制的统一性是法治的重要条件。保持立法的统一性是前提条件,坚持司法的统一性是保障条件。

---

[1]《礼记·月令》。
[2]《慎子·威德》。
[3]《管子·任法》。
[4]《韩非子·饰邪》。

二、社会主义法制

（一）社会主义法制含义

社会主义法制，是以社会主义民主为基础，体现工人阶级领导下全体人民共同意志的法律制度的总和，它包括社会主义国家立法、执法、司法、守法、法律监督的合法性原则、制度、程序和过程。应当看到，社会主义法制的建立，是一个长期渐进的过程。在这个过程中，首先要建立较为完备的法律制度，在此基础上保证它们在社会生活中的实现，使已制定的法律真正得到人们切实的、严格的执行和遵守。

关于社会主义法制的基本要求，董必武于 1956 年在《进一步加强人民民主法制，保障社会主义建设事业》的报告中最早将此内容概括为"有法可依"和"有法必依"。[1] 1978 年，中国共产党召开的十一届三中全会在其公报中又将这一内容扩展，概括为十六字，即"有法可依、有法必依、执法必严、违法必究"。

有法可依，是指社会主义国家根据客观需要适时制定反映社会主义经济要求、体现工人阶级领导下的广大人民的共同利益和意志的法律，使之成为一个完整的法律体系，使人们在社会生活与社会关系的各个方面都有章可循。有法可依是社会主义法制的前提条件。

有法必依属于普遍守法原则的内容，即不仅要求全体公民一律遵守法律，而且还严格要求执法机关及其工作人员依法办事，决不允许执法犯法、以权乱法、以言代法，不允许任何组织和个人有超越宪法和法律的特权。有法必依是社会主义法制的中心环节。

执法必严是指一切国家执法机关的活动，必须有法律上的根据；它们在适用法律的过程中，必须做到严明、严格、严肃，以保证法律准确有效地实施，维护法律的权威和尊严。执法必严是健全社会主义法制的关键条件。

违法必究，是指不管什么人，只要违反了法律，都毫无例外要受到法律追究。在这个意义上，违法必究是有法必依、执法必严的逻辑推论和必然结果。违法必究是健全社会主义法制的有力保障。

2014 年 10 月 23 日中国共产党第十八届中央委员会第四次全体会议通过的《中共中央关于全面推进依法治国若干重大问题的决定》提出"实现科学立法、严格执法、公正司法、全民守法，促进国家治理体系和治理能力现代化"。

（二）社会主义民主与社会主义法制的关系

社会主义民主与社会主义法制是相互依存、相辅相成、相互促进的。

一方面，社会主义民主是社会主义法制的政治基础和前提。首先，从产生上

---

〔1〕 参见董必武：《董必武政治法律文集》，487～489 页，北京，法律出版社，1986。

看,社会主义民主的存在决定着社会主义法制的存在。其次,从本质上看,社会主义民主的性质决定着社会主义法制的性质。再次,从发展上看,社会主义民主的发展程度制约着社会主义法制的发展程度。

另一方面,社会主义法制是社会主义民主的体现和保障。首先,社会主义法制最重要的内容就是保障社会主义民主的实现,使民主制度化、法律化。其次,社会主义民主原则、权利、程序和方法必须由社会主义法制加以体现和保障。民主的原则是民主政治存在的标志,它们必须通过具体的立法规定人们的民主权利以及严格的民主程序和方法来予以实现。

因此,在社会主义民主与社会主义法制关系问题上,要反对两种倾向:一是"极端民主化";二是"人治民主论"。前者将民主与法制对立起来,要求实行无法制的民主。后者从另一个极端否定法制对民主的作用,将民主的实现寄托在"人治"的基础上,这同样也是错误的。

三、法治的含义

中国古代有关于"法治"的论述,如韩非认为"治民无常,唯以法治",[1]商鞅提出"垂法而治"、[2]"缘法而治",[3]管仲指出"以法治国,则举措而已",[4]王夫之也谓"人治、法治皆治国之道",[5]但这与现代的由西方国家产生、形成的法治概念有着内在的不同。

法治,是一个复杂的概念,有其发展的社会历史过程。

古希腊思想家柏拉图(Platon,前427—前347)主张哲学家或贤人政治,论证明晓统治艺术、具有大智大慧的人对于治理国家的极端重要性。在晚年,他的认识有所变化,认为一个国家的法律如果在官吏之上,而这些官吏服从法律,这个国家就会获得诸神的保佑和赐福。

在西方学说史上,古希腊学者亚里士多德最早论述法治问题。他在《政治学》一书中指出:"法治应包含两重意义:已成立的法律获得普遍的服从,而大家所服从的法律又应该本身是制订得良好的法律。"[6]在这里,亚里士多德特别强调良好的法律(良法)对于法治的重要性,把它看作是法治的基础。亚里士多德认为让法律遂行其统治,这就有如说,唯独神祇和理智可以行使统治;而让一个人来统治,这就在政治中混入了兽性的因素。常人既不能完全消除兽欲,虽最好的人们(贤良)

〔1〕《韩非子·君度》。
〔2〕《商君书·壹言》。
〔3〕《商君书·君臣》。
〔4〕《管子·明法》。
〔5〕《读通鉴论》卷三。
〔6〕〔古希腊〕亚里士多德:《政治学》,吴寿彭译,199页,北京,商务印书馆,1965。

也未免有热忱,这就往往在执政时引起偏向。法律恰恰正是免除一切情欲影响的神祇和理智的体现。[1]这表明,在亚里士多德看来,良好的统治当免除情欲,即免除主观任意和不确定;而人的本性使任何人皆不能免除任意和不确定;唯法律的统治即法治可免除主观任意和不确定。

近代以来,随着自由、平等、人权等人文主义精神的弘扬,人们重点在原则和制度层面讨论法治问题,而把法治的核心归结为"以法律保障公民权利和以法律对国家权力的限制和制约"。其内容大体包括:法律至上,权力在法律之下;法律公开;依法行政;司法独立;保障权利和自由;实行"正当程序"。

19世纪末,英国的戴雪明确地提出了法治(rule of law),并把排除专断、法律至上、各个阶级阶层在法律面前一律平等宣布为法治的基本原则;对任何人实施法律制裁,必须由普通法院依法律正当程序和普通法律规定进行。任何人只要自觉遵守法律,其自由和权利就应当有保障;任何人不分贫富贵贱在法律面前一律平等,并一律受普通法院管辖;任何人的权利受到他人的侵害,都有权通过法定的权济办法获得补救。[2]

德国康德、费希特等提出了"法治国"概念,法治国应当以人的权利和自由为目的和基础,应当是人民在法律之下的自由结合。[3]

第二次世界大战以后,在国际上,法治的思想和原则又有了新的发展。1959年在印度召开的"国际法学家会议"通过的《德里宣言》着重强调3项原则,即立法保持"人类尊严"、防止行政权滥用、司法独立和律师自由。澳大利亚法律学者沃克提出了法治的12项标准:①法律能够制止私人的强迫;②法律在政府之上;③法律具有明确性、普遍性和平等性;④法律和社会价值保持一致;⑤实施非私人强迫的法律;⑥实现法律下政府的原则;⑦司法独立;⑧法律职业的独立;⑨自然正义和不偏不倚的审判;⑩法院的可接近性;⑪中立和诚实地实施法律;⑫合法性态度。

美国学者菲尼斯(John Finnis)在《自然法与自然权利》一书里指出,法治是法制的一种特定德性。一种法律制度在如下八种意义上体现法治:第一,规则是对未来发生作用的、而非溯及既往的;第二,规则并非以任何其他方式都不可能被遵守;第三,规则必须公布;第四,规则应清晰;第五,规则必须与其他规则相一致;第六,规则足够稳定以便人们通过对规则的了解来引导行为;第七,制作适用于相对有限情况的判决和命令受已经公布的、清楚的、稳定的、相对普遍的规则的指导;第八,有权力以官方地位制定、实施和适用规则的那些人,一要有责任遵守那些应该适用于他们的规则,二要确实一贯地实施法律,且与法律要旨保持一致。菲尼斯解

----

〔1〕 [古希腊]亚里士多德:《政治学》,吴寿彭译,169页,北京,商务印书馆,1965。
〔2〕 参见[英]戴雪:《英宪精义》,雷宾南译,227~245页,北京,中国法制出版社,1996。
〔3〕 关于英国"法治"思想和制度渊源、德国"法治国"思想和制度渊源,可参见郑永流:《法治四章——英德渊源 国际标准和中国问题》,1~159页,北京,中国政法大学出版社,2002。

释说,这八条都涉及制度和程序的品格,而不能仅仅看作某种语义的表达。[1]

总之,法治实际上包含了许多层面的含义,它既是指一种治国的方略、社会调控方式,又是指一种依法办事而形成的法律秩序,还是指一种法律价值、法律精神,一种社会理想。

1. 法治是一种治国方略或社会调控方式

法治是与人治相对立的一种治国方略。法治强调以法治国、法律至上,法律具有最高的地位。亚里士多德就明确提出"法治应当优于一人之治"。[2]英国学者詹姆士·哈林顿在《大洋国》中提出了以自由为最高价值准则,以法律为绝对统治国家体制的法治共和的理想模式。他认为专制国家是"人的王国,而不是在法律的王国"。法治的原则是"法律的王国,而不是人的王国"。哈林顿认为:"每一个政府的基础或中心就是它的基本法律。"[3]美国的潘恩也认为:一个自由国家的政府不在于人,而在于法律;法律是国王,而非国王是法律。[4]

2. 法治是一种民主的法制模式,一种依法办事而形成的法律秩序

法治是近代资产阶级在追求经济自由、追求政治民主、反抗封建专制过程中逐渐建立。作为一个动态概念,法治要求依法办事。法律秩序是法律规范实行和实现的结果,是在社会关系中实现了的法制,法律秩序可以被看作法律实现的终点。

3. 法治是一种法律价值、法律精神

在法治社会,法律必须体现人民主权原则,必须反映广大人民的意志并体现客观规律,以维护和促进全体人民的共同利益为目标的;法律至高无上,法律具有极大的权威;法律面前人人平等;法律必须以保护人民权利为核心,尊重和关怀人权;国家的一切权力来源于法律;权力必须在法定范围内行使;权力必须互相制衡;滥用权力应受到追究;法律的适用、执行必须有严格的程序;公民的权利和自由非依

---

〔1〕 参见[美]约翰·菲尼斯:《自然法与自然权利》,董娇娇等译,216页,北京,中国政法大学出版社,2005。

〔2〕 [古希腊]亚里士多德:《政治学》,吴寿彭译,167～168页,北京,商务印书馆,1965。

〔3〕 [英]詹姆士·哈林顿:《大洋国》,何新译,104页,北京,商务印书馆,1983。

〔4〕 有学者提出与法治国家相对应的警察国家概念。美国学者布莱恩·查普曼(Brian Chapman)的著作《警察国家》(中译本由台湾幼狮文化事业公司1978年出版,朱坚章主译)追溯了西方世界警察国家的历史和成因,分析了警察国家的特征与趋势。警察国家(police state)一词是20世纪30年代末期由德文(palizestaat)翻译成英文。对于"警察国家"所下的定义是这样的:"该术语习惯上被用来不分意识形态地描述任何一种不受社会控制地使用有组织暴力的、强制性手段可以任意滥用或者有组织暴力和强制性手段只为统治上层目的服务的政治体制。这意味着没有法治,或者没有独立于警察和统治者的自治法律机制";"在这种国家里,警察对法律有广泛的、毋庸置疑的解释权。警察能够逮捕,长期监禁被捕者,使用刑讯,为其自己的目的解释现有法律,并推翻独立的司法调查结果。警察对于自己的预算拥有大量的自主权;他们甚至有权在从群众那里勒索钱财,进行犯罪活动,为自己筹措资金。其主要目标是镇压统治者和他们自己认为不合意的一切活动。"

正当的法律程序不受剥夺，一切非法的侵害都能得到公正、合理、及时的处理。[1]

4. 法治是一种社会理想

法治所追求的是一种包括富裕、民主、文明和安全的理想社会模式和秩序。[2]

可以说，法治包含两个部分，即形式意义的法治和实质意义的法治，是两者的统一体。形式意义的法治，强调"以法治国""依法办事"的治国方式、制度及其运行机制。实质意义的法治，强调"人民主权""法律至上""法律主治""制约权力""保障权利"的价值、原则和精神。形式意义的法治应当体现法治的价值、原则和精神，实质意义的法治也必须通过法律的形式化制度和运行机制予以实现，两者均不可或缺。

法治与法制既有联系又有区别，法治包含法制，但又不限于法制。法制与法治的差别在于：法制更偏重于法律的形式化方面，强调"以法治国"的制度、程序及其运行机制本身，它所关注的焦点是法律的有效性和社会秩序的稳定。这也正是法治的第一方面（形式意义的法治）所要求达到的目标。由此可见，法制是法治的前提条件和基础。没有法制，也就谈不上法治。但另一方面，仅仅强调法律的形式化方面，还并不能揭示法治（尤其是实质意义的法治）的更深一层的内涵。尤其是，过分强调法制，而不明确提出法治，很可能会遮蔽"人民主权""法律至上""法律主治""制约权力""保障权利"的价值、原则和精神。

法治是与人治相对立的概念，其特点也就表现在法治与人治的区别之中。法治是一种治国方略或社会调控方式，是一种依法办事的原则，是一种良好的法律秩序，它还是具有价值规定的社会生活方式。法治的特点因而也是多方面的。

首先，法治是与人治对立的治国方略，当法律与当权者个人意志发生冲突时，法律高于个人意志。在所有的社会规范之中，对人的外部行为而言，法律具有最终的强制性，即一旦各种社会规范在评价、强制人的外部行为时与法律相冲突，必须服从法律。而人治则意味着个人的权威凌驾于法律之上，为了实际的社会需要或者个人的主观偏好，可以任意否定法律，以个人意志取代法律。

其次，法治作为办事原则，不仅要求普通社会成员依法办事，就是国家机关及其工作人员也不能例外。法治强调官吏依法办事，对官吏公权力的控制。法治状态下，法律具有最高的权威性，所有的主体，无论其身份、出身、种族、性别、财产状况存在何种差异，都必须依法办事。相反，人治并不强调官吏依法办事，更谈不上对官吏公权力的控制。

再次，法治具有秩序的特点，它表现为社会生活的基本方面已经制度化，社会

---

〔1〕　徐显明认为，现代法治社会中，构成法治精神的要素至少有四种：善法、恶法价值标准的确立，法律至上地位的认同，法的统治观念的养成，权利文化人文基础的建立。参见徐显明：《论"法治"构成要件》，《法学研究》，1996(4)。

〔2〕　参见孙笑侠：《法治、合理性及其代价》，《法制与社会发展》，1997(1)。

成员和社会组织都有明确的权利和义务,每个法律主体都忠实地履行法定义务,积极而正确地行使法定权利。相反,人治重视人的作用,不重视制度,因而社会关系及其权利义务的内容是随着个人的意志的变化而变化。

最后,法治代表了人民性、权利本位、平等、正当性等价值取向。法治要求运用法律所体现的正当性原则确立社会关系的正当标准,即人的行为正当与否由法律加以评价,而法律本身必须通过正当的方式加以制定和实施。人治的法不具有这些价值取向。

总之,就治理主体而言,法治是多数人之治;就治理对象而言,法治是管制公权之治;就治理工具而言,法治是良法之治;就治理手段而言,法治是规则之治;就治理形式而言,法治是客观之治;就治理目标而言,法治是保障自由之治。与神治、人治不同,法治是一种共治、自治。

需要注意的是,法治并不是唯一的社会治理方式,但与其他社会治理方式相比,法治更能够实现人们的理想,保障人们的自由;法治更有利于社会治理的连续性和稳定性、降低社会管理的成本,提高社会治理的效率;法治更有利于协调社会关系,处理社会冲突,实现社会正义,传承社会文明。

第二节　法治的原则与局限

一、法治的原则

法治的基本原则为权利保障。公民是国家的主人,在国家权力与民众权利关系上,民众权利是根本的、核心的,公民权利是国家权力的源泉;在法律权利与法律义务关系上,法律权利是主要的、本位的,权利是目的,义务是手段。法律、法治的出发点、基本精神、价值取向都是为了维护民众的利益、保障民众的权利。[1]

为了保障权利,法治强调对权力的控制。历史事实证明,对民众权利的最大威胁来自政府权力。法治在英国的出现就体现了这一点。13世纪英国杰出大法官亨利·布雷克顿有一句名言:"国王在万人之上,但却在上帝和法律之下。"这一观念具体化为1215年英国《大宪章》。它不仅像普通法那样可作为诉讼依据,还具有"高级法"特征,任何制定法不能与之相悖。于是,不承认国王意志具有法律效力,成为英国普通法准则;而且国王无权改变法律,更不能未经民众同意便剥夺属于民众的东西。这样,法治的传统而非人治的选择在英国萌芽。都铎王朝(1457—1603)时期,《大宪章》的影响有所削弱,但到斯图亚特王朝(1603—1649)时期,以爱

---

〔1〕 关于权利与权力的关系,郭道晖认为权利与权力相互依存、相互渗透、相互转化,既相统一与平衡,同时又以各自的特点相互区别。参见郭道晖:《试论权利与权力的对立统一》,《法学研究》,1990(4)。也可见童之伟:《公民权利国家权力对立统一关系论纲》,《中国法学》,1995(6)。

德华·柯克爵士为代表的《大宪章》支持者进行了反击。柯克进一步指出:除了法律与国家认可的特权外,国王没有特权;国王自己不能解释这种特权,只有法官才是权威的解释者。他还指出,《大宪章》是整个王国所有基本法律的源泉,任何与它相违的判决和法规均无效。英国的《大宪章》首先用法律约束王权,否定国家权力的无限性和绝对性,奠定了法治对国家权力的控制和制约的基础。

美国著名大法官奥利弗·霍姆斯曾指出,罪犯逃脱法网与政府的卑鄙非法行为相比,罪孽要小得多。而法国思想家孟德斯鸠更精辟地指出:"一切有权力的人都容易滥用权力,这是万古不易的一条经验。有权力的人们使用权力一直到遇有界限的地方才休止。"[1]为此,他提出了权力分立理论,认为要防止滥用权力,就必须以权力约束权力。[2]他指出,国家的立法、行政、司法三种权力分别应该由议会、内阁(或总统)和法院掌握,各自独立行使职权,又相互制衡的制度。在他们看来,政府滥用权力和司法腐败对国家和社会造成的整体危害,远远超过了普通犯罪分子。这种国家结构体制分别在1787年的《美国宪法》、1789年的《法国宪法》中得以确认。

陕西夫妻看黄碟案

2002年8月18日晚上11时许,陕西省延安市公安局宝塔分局万花派出所接到举报,称有人在播放黄碟。接警后,派出所出动民警来到举报所称播放黄碟的房屋,发现是两夫妻在观看黄碟。民警欲扣押收缴黄碟和VCD机、电视机时,与这家的男主人张某发生冲突,张用木棍将民警"打了一下",当晚张某被派出所带走并留置到第二天。第二天,在交纳了1000元"暂扣款"后,张某被警方释放,被扣留的电视机和影碟机也得以退还。但事情并没有因此结束,让张某万没有想到的是,事隔2个多月之后的10月21日,张某被公安分局刑事拘留。10月28日,警方以张某涉嫌妨碍公务罪向检察机关提请批准逮捕。张林被拘留半个月后的11月4日,检察机关以该案"事实不清,证据不足"为由决定不批准逮捕,并退回警方补充侦查。11月5日,张某被取保候审。12月5日,张某被解除取保候审,警方宣布案件撤销。2002年12月31日下午,延安市宝塔区公安局纪检委书记孙伟向"黄碟事件"当事人张某做了道歉。他说:"对于此事给你带来的痛苦,我们深表内疚,今天在这儿向你赔礼道歉。"除此之外,一次性补偿当事人29137元,并承诺将对本案的有

---

〔1〕 [法]孟德斯鸠:《论法的精神》(上册),张雁深译,154页,北京,商务印书馆,1961。
〔2〕 权力是指一个人(或一群人)按照他所愿意的方式去改变其他人或群体的行为以防止他自己的行为按照一种他不愿意的方式被改变的能力。参见[美]彼德·布劳:《社会生活中的交换与权力》,孙非等译,135页,北京,华夏出版社,1988。

关责任人做出处理。[1]

这一"夫妻看黄碟案件"的发生,表明国家公权力没有法律依据而介入私人空间,严重侵扰了公民的生活,侵犯了公民的隐私权和自由权,因此需要法律严格限制公权以保障私权。

法律不可避免地会产生专断权力的巨大威胁——而法治就是来设计把这种由法律自身产生的威胁最小化。[2]权力制约是对权力至上的否定,不能把国家权力的良性运行建立在掌握权力者个人的能力和品德上,只有制度才能保证权力不被滥用。萨拜因评论说:"国家实行法律统治往往是对人性脆弱的一种让步。"[3]针对中国的情况,邓小平也总结道:"我们过去发生的各种错误,固然与某些领导人的思想、作风有关,但是组织制度、工作制度方面的问题更重要。这些方面的制度好可以使坏人无法任意横行,制度不好可以使好人无法充分做好事,甚至走向反面。"[4]因此,需要依靠法律规范权力,使国家权力在法律的范围内运行。

二、法治的标志

对于法治的标志,我们可以从以下几方面来考虑。

(1)完备而良善的法律体系。国家生活以及经济、文化和社会生活的各个方面均能做到有法可依、有章可循;制定的法律能够反映社会发展规律和时代潮流,体现人民的意志和利益;国家能积极地根据社会发展需要创制法律;法律能协调不同利益关系,协调国家权力与公民权利的关系,处理好权利与义务关系;能保持法律体系的动态平衡,处理好个别法规与整个法律体系的关系。

(2)公正的司法制度和严格的行政执法制度。司法机关独立行使司法权,审判活动有公正的程序保证;依法行政,合理执法。[5]

(3)健全的民主监督制度。存在平衡的制约机制,国家的立法、司法和执法活动过程均有广大人民的积极参与和监督,真正实现广泛的民主。

(4)高素质的司法者、执法者。司法人员、执法人员具有较高的道德素质和社会责任感;业务素质优秀,有深厚的功底和宽广的法律视野;法律职业的职业化、专门化程度比较高。

---

[1] 参见陈杰人:《夫妻看黄碟案最新调查:看碟的地点不是在"家"》,《中国青年报》,2002-11-06;小斌:《"看黄碟"夫妇赔偿两万九》,《华商报》2003-01-01;陈杰人:《"夫妻看黄碟"再调查:警官认错希望息事宁人》,《中国青年报》2003-01-20。

[2] 参见[英]韦恩·莫里斯:《法理学——从古希腊到后现代》,李桂林等译,414页,武汉,武汉大学出版社,2003。

[3] [美]乔治·霍兰·萨拜因:《政治学说史》(上册),盛葵阳等译,98页,北京,商务印书馆,1990。

[4] 《邓小平文选》第2卷,333页,北京,人民出版社,1983。

[5] 进一步阅读可参见夏勇:《法治是什么?——渊源、规诫与价值》,《中国社会科学》,1999(4)。

（5）全民较高的法律意识。契约观念、公民意识、权利义务观念、平等自由观念深入人心，人们普遍能用法律来保护权利、解决纠纷。

实现法治有一个相当长的过程，需要具备一些条件以相互促进、协调发展，其中包括：

（1）民主是法治的基本政治条件。现代法治以民主政治为其政治基础。民主政治是国家权力为全体人民所有的一种政权模式；是一种程序性的政治，它表现为政治权力的交替应当遵守预先设定的程序，且这种程序应当是公开的，能够使人民平等、自由地参与，并表达自己的意见和愿望；也是一种能有效地实行以权利制约权力，以权力制约权力的政治。尤其强调选举权、监督制度的重要性。民主对法治的决定性作用，现代法治对民主具有保障作用。不过，需要注意的是，民主本是用来支持法治的，但是它也削弱了法治。法治国里长期有效的法律是为了维护可预见性而建立的，但是它又迫使社会接受这些法律所带来的人们未预见到的、不幸的后果。[1] 民主的最大缺陷就是容易带来盲动、非理性，带来对少数人权利的不尊重。

（2）市场经济是法治的经济基础。市场经济需要以权利为本位的法律；要求以个人为本位的法律；需要具有社会组织作用的法律；要求具有确定性的、连续性的、稳定性的法律。市场经济的发育和成熟为法治奠定物质基础。

（3）较高的文化素养是法治的文化条件。社会主义精神文明建设的发展和全体公民道德观念、法制（法治）观念、民主意识和权利意识的提高。法治需要公民具有良好的德性。法治要求在社会民众中培育和普及现代法律意识，大力建设与现代民主政治、市场经济相适应的现代法律文化。

此外，法律本身也应该是统一的、科学的、有权威的。[2]

三、法治的局限

法治并非完美无缺的，法治客观上存在弊端和局限，对此我们需要全面认识。作为一种治国方法，法治本身只是一个相对的"善"，它具有自身的局限性。正如美国法学家博登海默所说，"尽管法律是一种必不可少的具有高度裨益的社会生活制度，但它像人类创建的大多数制度一样，也存在着某些弊端。如果我们对这些弊端不引起足够的重视或者完全视而不见，那么，它们就会发展为严重的操作困难。"[3]

---

〔1〕 ［美］埃尔斯特、［挪］斯莱格斯塔德编：《宪政与民主》，潘勤等译，168页，北京，三联书店，1997。

〔2〕 关于良法的价值标准、程序标准、形式标准，可参见李龙主编：《良法论》，武汉，武汉大学出版社，2001。

〔3〕 ［美］E.博登海默：《法理学：法律哲学与法律方法》，邓正来译，402页，北京，中国政法大学出版社，1999。

昂格尔曾指出,法治是对社会秩序衰落的一种反应。它把人变为机械规则的附属,用冷冰冰的权利义务关系取代了人与人之间的感情与和谐,它忽略社会的丰富多彩和个体的不同,把所有的一切都整齐划一,而且,更为危险的是,它可以成为统治集团以社会的名义追求某种政策目标的工具。"法治不能彻底消除日常生活中的不合理的依附性。"[1]

美国学者文森特·奥斯特罗姆也认为:"狭隘地依赖重视惩罚的法律理性,其结果就是人们普遍地采取只遵守法律条文,寻找法律漏洞的策略,从而避免惩罚,对此就需要严格先前的法律,弥补漏洞,而这会使得法律更加严厉。如果所有人都把自己的事业发展限制在法律的范围内,那么生活就会变得不可忍受",也就"导致奴役而不是带来自由了"。[2]

可见,法治的价值在本质上是"否定性价值",因为法治的条件只是用来将由法律自身所引起的危险降至最低的;法治是一种否定性优点:遵守它并没有带来什么善,除了避免恶以外;而且它所避免的恶是只能由法律自身引起的恶。[3] 法治在追求形式正义过程中可能背离实质正义,法治在形式理性与价值理性之间也可能发生冲突。就公平而言,法治下的法律所反映的意志会有偏私的可能;就技术而言,法治下的法律不可能永恒且又准确地实现立法者的目标。同时,法治需要较高的社会成本,无论是以法创设某一新制度,还是新法的制定和执行常常都需要增加花费,需要一定的物质条件。同时,法令滋彰意味着法律的技术性和复杂性的增加。法治具有僵化的特点,无法考虑到社会现象的复杂性和多样性,无法照顾个别案件的特殊情况。法治在效率方面也存在局限,由于程序等的限制,法治有时候呈现出低效率状态。

---

[1] [美]昂格尔:《现代社会中的法律》,吴玉章等译,206 页,北京,中国政法大学出版社,1994。昂格尔在他的《现代社会中的法律》一书中所作的叙述,是具有代表性的。他写到,法治一直被真正认为是现代国家的灵魂,但资本主义进入后自由主义社会、国家成为福利国家时,法治被解体了。后自由主义社会最重要的一个特征,是为了实行福利政策,政府公开干预已进入了从前被认为是国家行为适当领域之外的领域。福利国家的发展在许多方面影响了后自由主义社会的法律秩序。其中有两种直接影响特别值得注意:第一种类型的影响是,在立法、行政及审判中,迅速地扩张使用无固定内容的标准和一般性的条款。例如,法院可以负责管理显失公平的合同以避免巧取豪夺,控制经济的集中化进程以便维持竞争性的市场,或确认一个政府机构的行为是否符合公共利益。第二类主要影响在于,从形式主义向目的性或政策导向的法律推理的转变。追求实质的正义在更严重的程度上侵蚀了法律的普遍性。随着不能允许的社会地位的差别日益扩大,个别化处理问题的需要也相应增长起来。坚持实质的正义必然与已经确立的普遍性观念相冲突。参见[美]昂格尔:《现代社会中的法律》,吴玉章等译,180~189 页,北京,中国政法大学出版社,1994。

[2] [美]文森特·奥斯特罗姆:《政治文明:东方与西方》,潜龙译,载刘军宁等编:《经济民主与经济自由》,272 页,北京,三联书店,1997。

[3] 详可参见[英]约瑟夫·拉兹:《法律的权威》,朱峰译,北京,法律出版社,2005。

第三节 当代中国的法治建设

1999 年 3 月 15 日第九届全国人民代表大会第二次会议通过了《宪法》第 13 条修正案,在《宪法》第 5 条增加一款,明确规定:"中华人民共和国实行依法治国,建设社会主义法治国家。"这就以根本法的形式把依法治国的治国方略上升为一项基本的法律原则。[1] 这预示着:中国将依靠政府的推进,辅之以社会(民间)的力量,走向法制现代化(法治化)的道路。[2]

2014 年 10 月 23 日中国共产党第十八届中央委员会第四次全体会议通过了《中共中央关于全面推进依法治国若干重大问题的决定》,强调依法治国是坚持和发展中国特色社会主义的本质要求和重要保障,是实现国家治理体系和治理能力现代化的必然要求,事关我们党执政兴国,事关人民幸福安康,事关党和国家长治

---

〔1〕 新华社北京 3 月 29 日电 中共中央政治局 2011 年 3 月 28 日下午就推进依法行政和弘扬社会主义法治精神进行第二十七次集体学习。中共中央总书记胡锦涛在主持学习时强调,全面推进依法行政、弘扬社会主义法治精神,是坚持立党为公、执政为民的必然要求,是推动科学发展、促进社会和谐的必然要求。我们必须增强全面推进依法行政、弘扬社会主义法治精神的自觉性和主动性,加快建设社会主义法治国家。

胡锦涛指出,在全社会大力弘扬社会主义法治精神,对全面贯彻落实依法治国基本方略、建设社会主义法治国家具有基础性作用,必须把加强宪法和法律实施作为弘扬社会主义法治精神的基本实践,不断推进科学立法、严格执法、公正司法、全民守法进程。各级党委要按照科学执政、民主执政、依法执政的要求,带头维护社会主义法制的统一、尊严、权威,坚持依法办事,各级政府要认真履行宪法和法律赋予的职责,广大党员、干部特别是领导干部要带头遵守和执行宪法和法律。要加强对全体人民的普法宣传教育,深入开展社会主义法治理念教育,特别是要加强与人民群众生产生活密切相关的法律法规宣传,加快在全社会形成学法尊法守法用法的良好法治环境。参见《人民法院报》2011-03-30。

2013 年 11 月 12 日中国共产党第十八届中央委员会第三次全体会议通过的《中国共产党第十八届中央委员会第三次全体会议公报》提到:全会指出,全面深化改革的总目标是完善和发展中国特色社会主义制度,推进国家治理体系和治理能力现代化。……紧紧围绕坚持党的领导、人民当家做主、依法治国有机统一深化政治体制改革,加快推进社会主义民主政治制度化、规范化、程序化,建设社会主义法治国家,发展更加广泛、更加充分、更加健全的人民民主。……全会提出,建设法治中国,必须深化司法体制改革,加快建设公正高效权威的社会主义司法制度,维护人民权益。维护宪法法律权威,深化行政执法体制改革,确保依法独立公正行使审判权检察权,健全司法权力运行机制,完善人权司法保障制度。参见《人民法院报》2013-11-13。2013年 11 月 12 日中国共产党第十八届中央委员会第三次全体会议通过的《中共中央关于全面深化改革若干重大问题的决定》提到:"建设法治中国,必须坚持依法治国、依法执政、依法行政共同推进,坚持法治国家、法治政府、法治社会一体建设。"参见《人民法院报》2013-11-16。

〔2〕 依昂格尔的看法,导致中国建立统一帝国的各种因素与导致西方建立民族国家的那些因素多有相同;但是中国未能形成一个法治国家,而是一个典型的"非法治"国家。这不是因为中国没有法律。恰恰相反,中国是最早制定成文法的国家。中国古代的法律具有这样一些特点,首先,法律的意志性完全排斥了社会规范内在的共识和凝聚力。统治者用法律创造社会秩序,同时也破坏社会自身的活力的和谐。其次,法律完全成为"公共"性质的,即由政府制定。社会的规范体系成为等级制的结构。再次,法律完全由政府垄断,其他任何独立于政府之外的社会团体均无权以其他的规则与其分庭抗礼。最后,中国古代的法律没有自治性。政策和法律之间从来就没有明确的区分,行政和司法也是如此。执行法律机关和维持秩序、实施政策的机关往往是一回事。所以,他认为,因为奠定西方法治国家基石的那些因素在中国古代制度中并不存在。所以近代以后,法治作为一种"新型的规范秩序"在西方形成了,而中国却沿着另外的一条道路走了下去。参见信春鹰:《法治的局限》,《读书》,1999(1)。

久安。全面建成小康社会、实现中华民族伟大复兴的中国梦,全面深化改革、完善和发展中国特色社会主义制度,提高党的执政能力和执政水平,必须全面推进依法治国。[1]

我国正处于社会主义初级阶段,全面建成小康社会进入决定性阶段,改革进入攻坚期和深水区,国际形势复杂多变,我们党面对的改革发展稳定任务之重前所未有、矛盾风险挑战之多前所未有,依法治国在党和国家工作全局中的地位更加突出、作用更加重大。面对新形势新任务,我们党要更好统筹国内国际两个大局,更好维护和运用我国发展的重要战略机遇期,更好统筹社会力量、平衡社会利益、调节社会关系、规范社会行为,使我国社会在深刻变革中既生机勃勃又井然有序,实现经济发展、政治清明、文化昌盛、社会公正、生态良好,实现我国和平发展的战略目标,必须更好地发挥法治的引领和规范作用。

全面推进依法治国,总目标是建设中国特色社会主义法治体系,建设社会主义法治国家。这就是,在中国共产党领导下,坚持中国特色社会主义制度,贯彻中国特色社会主义法治理论,形成完备的法律规范体系、高效的法治实施体系、严密的法治监督体系、有力的法治保障体系,形成完善的党内法规体系,坚持依法治国、依法执政、依法行政共同推进,坚持法治国家、法治政府、法治社会一体建设,实现科学立法、严格执法、公正司法、全民守法,促进国家治理体系和治理能力现代化。为此必须坚持中国共产党的领导、坚持人民主体地位、坚持法律面前人人平等、坚持依法治国和以德治国相结合、坚持从中国实际出发。[2]

习近平于2017年10月18日所作的《决胜全面建成小康社会 夺取新时代中国特色社会主义伟大胜利——在中国共产党第十九次全国代表大会上的报告》中强调"坚持全面依法治国"。全面依法治国是中国特色社会主义的本质要求和重要保障。必须把党的领导贯彻落实到依法治国全过程和各方面,坚定不移走中国特色社会主义法治道路,完善以宪法为核心的中国特色社会主义法律体系,建设中国特色社会主义法治体系,建设社会主义法治国家,发展中国特色社会主义法治理论,坚持依法治国、依法执政、依法行政共同推进,坚持法治国家、法治政府、法治社会一体建设,坚持依法治国和以德治国相结合,依法治国和依规治党有机统一,深化司法体制改革,提高全民族法治素养和道德素质。

2019年10月31日中国共产党第十九届中央委员会第四次全体会议通过的

---

[1] 国家司法考试、国家统一法律职业资格考试常有这方面的考题。如2014年国家司法考试卷一第1题为单项选择题:关于依法治国,下列哪一认识是错误的? A.依法治国要求构建科学完善的权力制约监督机制;B.依法治国要求坚持"法律中心主义",强调法律在治理和管理国家中的作用;C.实施依法治国基本方略,必须坚持法治国家、法治政府、法治社会一体建设;D.依法治国要求党必须坚持依法执政,正确领导立法、保证执法、带头守法。参考答案为B。

[2] 参见《人民日报》,2014-10-29。

《中共中央关于坚持和完善中国特色社会主义制度　推进国家治理体系和治理能力现代化若干重大问题的决定》提出"坚持和完善中国特色社会主义法治体系，提高党依法治国、依法执政能力"。建设中国特色社会主义法治体系、建设社会主义法治国家是坚持和发展中国特色社会主义的内在要求。必须坚定不移走中国特色社会主义法治道路，全面推进依法治国，坚持依法治国、依法执政、依法行政共同推进，坚持法治国家、法治政府、法治社会一体建设，加快形成完备的法律规范体系、高效的法治实施体系、严密的法治监督体系、有力的法治保障体系，加快形成完善的党内法规体系，全面推进科学立法、严格执法、公正司法、全民守法，推进法治中国建设。

不过，我们应当看到当代中国进行法治建设的具体背景，要注意理解科学技术的发展、市场经济制度的建立和完善、国际交往需要、国家管理的变化等因素与当代中国进行法治建设的关系。

我国的法治建设是与现代国家的重建、国家权力的必要扩张结合在一起的，主要是由外部力量引发的，是外发型法治，内在需求不足；我国的法治建设经历了由被动接受到主动选择，法律制度变革在前、法律观念更新在后的过程；我国的法治表现出明显的立法主导色彩；我国的法治是一种自上而下推进的法治，主要依靠政府推动，社会基础较为薄弱。同时，我们的法治建设是在经济并不很发达的社会里进行的，物质力量不很雄厚。因此，当代中国的法治建设面临着国情与理想、继承与移植、本土化与国际化、地方性与普适性、变革法制与守成法制等诸多关系的处理，面临着深层的文化、价值的冲突等难以避免的问题。当代中国的法治建设的这种两难境地，表明中国法治建设的艰难性和曲折性。当代中国的法治建设是一个长期的、渐进的过程。在厚实的历史土壤上培育新的种子，期望不应过于理想。必须以历史主义、现实主义的态度进行当代中国的法治建设，即从中国社会自身寻找和发掘法治的生长点，依靠中国本土的资源推进法治的逐步实现。[1]

在当代中国的现代法治建设中，特别需要处理好国家的制定法与习惯法的关系。因此在当代中国的现代法治建设中，需要处理好国家的制定法与这类家法族规、村规民约、行业规范等习惯法之间的关系，但是需要强调国家法律的地位，保障国家法律的优先性。因此，法治是社会在其现有的资源、知识、文化约束下，在各种社会关系的交互影响下可以实现的制度，而脱离具体地方性和社会条件的抽象的"法治"是不存在的。昂格尔就认为，法治的形成不是主观塑造的结果，而是历史和

---

〔1〕　详可参见高其才：《当代中国法治建设的两难境地》，《法学》，1999(2)。我国有关法治的理论渊源、道德价值、法学定义、构成要素、具体内容、制度设置、司法审查、个案分析等方面的探讨较为丰富，但需要加强从当代中国社会的特点、内在本质角度下的思考。进一步阅读可参见季卫东：《法治中国的可能性——也谈对文化传统的解读和反思》，《战略与管理》，2001(5)；蒋立山：《中国法治道路初探(上)、(下)》，《中外法学》，1998(3)、(4)。

文化演进的结果,它不仅同一个社会中人们所熟悉的社会规范方式有关,也同民族的思维习惯有关。

当然,当代中国进行法治建设并不意味着法治是万能的。"人类的一切行为在为他带来收益的同时,也使他付出代价。"[1]"人类的一切制度必是有得有失的,企图实践一种无代价的制度,必将付出更大的代价。"[2]"法治在西方也并未被始终看作解决人类社会问题的良策。"[3]对此我们应有清醒的全面认识。

---

〔1〕 郑也夫:《代价论——一个社会学的新视角》,15页,北京,三联书店,1995。

〔2〕 郑也夫:《代价论——一个社会学的新视角》,149页,北京,三联书店,1995。

〔3〕 [美]高道蕴:《中国早期的法治思想》,载高道蕴等编:《美国学者论中国法律传统》,247页,北京,中国政法大学出版社,1994。

第四编　法律运行理论

第十五章　法律制定

第一节　法律制定概述

一、法律制定的含义

法律制定是指一定的国家机关依照法定职权和程序,制定、修改和废止法律和其他规范性法律文件及认可法律的活动,是将一定阶级的意志上升为国家意志的活动,是对社会资源、社会利益进行第一次分配的活动。

要注意法律制定与立法的关系。通常,立法有广义、狭义两种理解,法律制定的含义与广义上的立法概念是相同的,泛指一切有权的国家机关依法制定各种规范性法律文件的活动,它既包括国家最高权力机关及其常设机关制定宪法和法律的活动,也包括有权的地方权力机关制定其他规范性法律文件的活动,还包括国务院和有权的地方行政机关制定行政法规和其他规范性法律文件的活动。狭义上的立法是国家立法权意义上的概念,仅指享有国家立法权的国家机关的立法活动,即国家的最高权力机关及其常设机关依法制定、修改和废止宪法和法律的活动。

法律制定是国家机关的专有活动和基本职能,是随着国家的产生和发展而出现和发展起来的,并且日益完善和制度化。在古代的奴隶制和封建制时期,一般实行君主专制,国家最高权力集中于君主一人手中,立法权也完全由君主一人代表国家来行使,君主一言可以立法,一言又可以废法,君主的意志就是法律。国家一般也没有独立于司法机关和行政机关的专门立法机关及法定的、不可违反的立法程序。资产阶级在取得政权后,确立了代议民主制度,按照三权分立的原则使立法权、司法权、行政权相互独立和制衡,从而出现了专门的立法机关、明确的立法权和严格的立法程序,实现了立法的制度化、法律化。在社会主义制度下,国家的一切权力属于人民,法律制定是公民通过自己的国家机关,按照自己的要求和愿望进行的活动,具有广泛的民主性。"制定法律的权力不能属于一个人,因为这个人会由于疏忽或者故意或者两者兼而有之而制定糟糕的法律,更多地寻求他自己的利益而不是共同体的利益,所以这个法律是专制的法律。出于同样的原因,制定法律的权力不能属于少数人;因为他们非常可能像以上所说的那样,错误地为某些少数人的利益而不是为公共利益制定法律,这种情况体现于寡头政治之中。因此,恰恰出于相反的原因,法律的权力属于全体公民,或其中主要的一部分人,因为,既然所有的公民都必须接受法律的公正衡量,没有人会故意的伤害自己或故意希望自己获得不公正,那么,所有人或大多数人所希望的是一种按照公民的公共利益行使的法律。"[1]

法律制定具有以下特点:第一,法律制定是以国家的名义进行的活动;法律制定是一项国家职能活动,其目的是为了实现国家和社会生活的有效调控;第二,法律制定是以一定的客观经济关系为基础的人们的主观意志活动,并且受其他社会因素的影响;第三,法律制定是产生具有规范性、国家强制性的普遍行为规则的活动;第四,法律制定是依照法定职权和程序进行的专门活动;第五,法律制定是对有限的社会资源进行制度性的分配,是对社会资源的第一次分配,反映了社会的利益倾向性。法律制定是对社会进行权威的、有效的资源分配、财富分配,通过权利义务的规定,从而实现社会控制、社会调整、实现社会动态平衡;第六,在法治社会中,法律制定是各个利益集团进行利益表达、利益妥协的过程。

法律制定是对个人行为自由与行为限制的界定,个体自然性与社会性的最优化统一。中国宋代的朱熹(1130—1200)就强调首先必须制定良法,"为政必有规矩"[2],若没有好法,"法弊,虽有良司,亦无如之何"。[3] 明清之际的黄宗羲(1610—1695)也认为:"后世之法藏天下于筐箧也,利不欲其遗于下,福必欲其敛于上。用一人焉则疑其自私,而又用一人以制其驻。行一事焉则虑其可欺,而又设一事以防其欺。天下之人共知其筐箧之所在,吾亦鳏鳏然,日唯筐箧之是虞,故其法不得不密。法愈密而天下之乱即生于法之中,所谓非法之法也。"[4]他明确指出,法律应良善,"不合法理之法"乃"非法之法",是天下祸乱之源。这表明,制定良善的法律在社会管理和法治建设中具有重要意义。

二、立法体制

(一)立法体制

立法体制包括立法权限的划分、立法机关的设置和立法权的行使等各方面的制度,主要为立法权限的划分。[5]

立法权是一定的国家机关依法享有的制定、修改、废止法律等规范性文件的权

---

〔1〕 [英]戴维·赫尔德:《民主的模式》,燕继荣等译,60~61页,北京,中央编译出版社,1998。
〔2〕 《朱子全书》卷六十三。
〔3〕 《朱子全书》卷六十四。
〔4〕 《明夷待访录·原法》。
〔5〕 周旺生认为,立法体制是有关立法权限、立法权运行和立法权载体诸方面的体系和制度所构成的有机整体,其核心是有关立法权限的体系和制度。立法体制是静态和动态的统一,立法权限的划分,是立法体制中的静态内容;立法权的行使是立法体制中的动态内容;作为立法权载体的立法主体的建置和活动,则是立法体制中兼有静态和动态两种状态的内容。参见周旺生:《立法论》,132页,北京,北京大学出版社,1994。

力,是国家权力体系中最重要的、核心的权力。[1]洛克就指出,立法权,不论属于
一个人或较多的人,不论经常或定期存在,是每一个国家中的最高权力。[2]享有
立法权是法律制定的前提,法律制定是行使立法权的过程和表现。立法权为一种
分配权、决定权。

　根据享有立法权的主体和形式的不同,立法权可以划分为国家立法权、地方立
法权、行政立法权、授权立法权等。国家立法权是由一定的中央国家权力机关行
使,用以调整基本的、带全局性的社会关系;在立法体系中居于基础和主导地位的
最高立法权。地方立法权是由有权的地方国家权力机关行使的立法权。享有地方
立法权的地方权力机关可以是单一层次的,也可以是多层次的。行政立法权是源
于宪法、由国家行政机关依法行使的、低于国家立法权的一种独立的立法权,包括
中央行政立法权和地方行政立法权;地方行政立法权又可分为不同的层次。授权
立法权,又称委托立法权或委任立法权,是有关的国家机关由于立法机关的授权而
获得的、在一定期限和范围内进行立法的一种附属立法权。此外,有些国家如英美
法系的国家还存在由司法机关行使的司法立法权。

　立法体制的性质是与国家的性质相一致的,立法体制的形式则是与国家的结
构形式和管理形式密切联系的。由于国情的不同,世界各国的立法体制呈现出多
样化现象,主要有一元制、二元制等两类。

　当代中国是单一制国家,根据我国宪法的规定,我国的立法体制是一元性的立
法体制,全国只有一个立法体系;同时又是多层次的。在我国,根据宪法的规定,全
国人民代表大会及其常务委员会行使国家立法权,制定法律;国务院根据宪法和法
律制定行政法规,国务院下属的部委根据法律和行政法规,在本部门的权限内发布
规章;省、直辖市的人民代表大会及其常务委员会在不同宪法、法律、行政法规相抵
触的前提下,可以制定地方性法规;设区的市的人民代表大会及其常务委员会在不
同宪法、法律、行政法规和本省、自治区的地方性法规相抵触的前提下,可以依照法
律规定制定地方性法规;民族自治地方的人民代表大会有权依照当地民族的政治、
经济和文化的特点,制定自治条例和单行条例。此外,按照"一国两制"的原则,特
别行政区实行的制度(包括立法制度),由全国人民代表大会以法律规定。根据宪

---

　　[1]　从立法权概念的实际运用情况来看,各国一般在三个意义上使用立法权概念。第一个意义,立法
权是指立法机关(议会或其他代议机构)行使的制定、认可、解释、补充、修改或废止法律的权力。这个意义上
的立法权是立法机关职权的一部分,而不是全部,它不包括立法机关的行政监督权(包括议决预算案、议决条
约案、宣战宁和媾和案、议决戒严案、议决大赦案,以及质询权、同意权、弹劾权、不信任投票权等权力)。第二
个意义,立法权是指由立法机关行使的对应于行政权和司法权的权力。这个意义上的立法权,是三权分立意
义上的立法权,它包括了立法机关的全部职权。第三个意义上的立法权,是指立法主体依法行使的制定、认
可、解释、补充、修改或废止法律的权力。参见吴大英、任允正、李林:《比较立法制度》,263~265页,北京,群
众出版社,1992。
　　[2]　[英]洛克:《政府论》,叶启芳等译,83页,北京,商务印书馆,1964。

法,2000 年 3 月 15 日第九届全国人民代表大会第三次会议通过的《立法法》对立法权限进行了具体的规定,2015 年 3 月 15 日十二届全国人大三次会议表决通过的《全国人民代表大会关于修改〈中华人民共和国立法法〉的决定》对《立法法》进行了一定的修改。

(二) 中央立法权限

我国《宪法》和法律规定,全国人民代表大会制定和修改刑事、民事、国家机构以及其他的基本法律。全国人民代表大会常务委员会制定和修改除应当由全国人民代表大会制定的法律以外的其他法律;在全国人民代表大会闭会期间,对全国人民代表大会制定的法律进行部分补充和修改,但是不得同该法律的基本原则相抵触。

《立法法》第 8 条规定:下列事项只能制定法律:国家主权的事项;各级人民代表大会、人民政府、人民法院和人民检察院的产生、组织和职权;民族区域自治制度、特别行政区制度、基层群众自治制度;犯罪和刑罚;对公民政治权利的剥夺、限制人身自由的强制措施和处罚;税种的设立、税率的确定和税收征收管理等税收基本制度;对非国有财产的征收、征用;民事基本制度;基本经济制度,以及财政、海关、金融和外贸的基本制度;诉讼和仲裁制度;必须由全国人民代表大会及其常务委员会制定法律的其他事项。

全国人民代表大会有权改变或者撤销它的常务委员会制定的不适当的法律,有权撤销全国人民代表大会常务委员会批准的违背《宪法》和《立法法》规定的自治条例和单行条例;全国人民代表大会常务委员会有权撤销同宪法和法律相抵触的行政法规,有权撤销同宪法、法律和行政法规相抵触的地方性法规,有权撤销省、自治区、直辖市的人民代表大会常务委员会批准的违反《宪法》和《立法法》规定的自治条例和单行条例。

按照《立法法》规定,法律之间对同一事项的新的一般规定与旧的特别规定不一致,不能确定如何适用时,由全国人民代表大会常务委员会裁决。行政法规之间对同一事项的新的一般规定与旧的特别规定不一致,不能确定如何适用时,由国务院裁决。《立法法》又明确规定:地方性法规、规章之间不一致时,由有关机关依照下列规定的权限作出裁决:(1)同一机关制定的新的一般规定与旧的特别规定不一致时,由制定机关裁决;(2)地方性法规与部门规章之间对同一事项的规定不一致,不能确定如何适用时,由国务院提出意见,国务院认为应当适用地方性法规的,应当决定在该地方适用地方性法规的规定;认为应当适用部门规章的,应当提请全国人民代表大会常务委员会裁决;(3)部门规章之间、部门规章与地方政府规章之间对同一事项的规定不一致时,由国务院裁决。根据授权制定的法规与法律规定不一致,不能确定如何适用时,由全国人民代表大会常务委员会裁决。[1]

(三)地方立法权限

地方的立法权限比较复杂,需要一一理清。理解地方法律制定权限须要注意下列几方面。

根据《立法法》的规定:地方性法规可以就下列事项作出规定:为执行法律、行政法规的规定,需要根据本行政区域的实际情况作具体规定的事项;属于地方性事务需要制定地方性法规的事项。除《立法法》第 8 条规定的事项外,其他事项国家尚未制定法律或者行政法规的,省、自治区、直辖市和设区的市、自治州根据本地方的具体情况和实际需要,可以先制定地方性法规。在国家制定的法律或者行政法规生效后,地方性法规同法律或者行政法规相抵触的规定无效,制定机关应当及时予以修改或者废止。

自治区的自治条例和单行条例,报全国人民代表大会常务委员会批准后生效。自治州、自治县的自治条例和单行条例,报省、自治区、直辖市的人民代表大会常务委员会批准后生效。

经济特区所在地的省、市的人民代表大会及其常务委员会根据全国人民代表大会的授权决定,制定法规,在经济特区范围内实施。

国务院各部、委员会、中国人民银行、审计署和具有行政管理职能的直属机构,可以根据法律和国务院的行政法规、决定、命令,在本部门的权限范围内,制定规章。部门规章规定的事项应当属于执行法律或者国务院的行政法规、决定、命令的事项。没有法律或者国务院的行政法规、决定、命令的依据,部门规章不得设定减损公民、法人和其他组织权利或者增加其义务的规范,不得增加本部门的权力或者减少本部门的法定职责。

省、自治区、直辖市和设区的市、自治州的人民政府,可以根据法律、行政法规和本省、自治区、直辖市的地方性法规,制定规章。地方政府规章可以就下列事项作出规定:(1)为执行法律、行政法规、地方性法规的规定需要制定规章的事项;(2)属于本行政区域的具体行政管理事项。设区的市、自治州的人民政府根据《立法法》第 72 条第一款、第二款制定地方政府规章,限于城乡建设与管理、环境保护、历史文化保护等方面的事项。地方性规章无须报全国人大常委会备案;省级人民政府无权审查省和自治区人民政府所在地的市和国务院批准的较大的市的人民政府制定的地方性规章,地方人民代表大会常务委员会有权撤销本级人民政府制定的不适当的规章。

值得注意的是,《立法法》第 72 条规定:"设区的市的人民代表大会及其常务

---

[1] 关于立法权限的划分,可参见陈斯喜:《论我国立法权限的划分》,《中国法学》,1995(1)。

委员会根据本市的具体情况和实际需要,在不同宪法、法律、行政法规和本省、自治区的地方性法规相抵触的前提下,可以对城乡建设与管理、环境保护、历史文化保护等方面的事项制定地方性法规,法律对设区的市制定地方性法规的事项另有规定的,从其规定。设区的市的地方性法规须报省、自治区的人民代表大会常务委员会批准后施行。省、自治区的人民代表大会常务委员会对报请批准的地方性法规,应当对其合法性进行审查,同宪法、法律、行政法规和本省、自治区的地方性法规不抵触的,应当在四个月内予以批准。"这将以前仅有"较大的市"独享的地方立法权下放给所有"设区的市",拥有地方立法权的城市明显扩容,这是 2015 年 3 月《立法法》修改备受关注点之一。赋予"设区的市"以地方立法权,有利于在中央的统一领导下充分发挥地方的主动性和积极性。比照设区的市,相应赋予自治州地方立法权。广东省东莞市、中山市、甘肃省嘉峪关市和海南省三沙市,比照设区的市给予地方立法权。

《立法法》规定,除省、自治区的人民政府所在地的市,经济特区所在地的市和国务院已经批准的较大的市以外,其他设区的市开始制定地方性法规的具体步骤和时间,由省、自治区的人民代表大会常务委员会综合考虑本省、自治区所辖的设区的市的人口数量、地域面积、经济社会发展情况以及立法需求、立法能力等因素确定,并报全国人民代表大会常务委员会和国务院备案。自治州的人民代表大会及其常务委员会可以依照《立法法》第 72 条第二款规定行使设区的市制定地方性法规的职权。自治州开始制定地方性法规的具体步骤和时间,依照前款规定确定。

国务院有权改变或者撤销不适当的部门规章和地方政府规章;省、自治区、直辖市的人民代表大会有权改变或者撤销它的常务委员会制定的和批准的不适当的地方性法规;地方人民代表大会常务委员会有权撤销本级人民政府制定的不适当的规章;省、自治区的人民政府有权改变或者撤销下一级人民政府制定的不适当的规章。

（四）授权立法

授权立法是指一个立法主体依法将其一部分法定立法权限授予另一个国家机关或组织行使,另一个国家机关或组织根据所授予的立法权限进行的立法活动。授权立法又叫委托立法,最常见的是立法机关委托行政机关的立法。20 世纪 80 年代以后我国授权立法的增多,从根本上说是由我国改革开放、建立社会主义市场经济的客观需要所决定的。

自中华人民共和国成立以来,共出现过四种形式的授权立法:一是全国人大授予其常委会的授权立法,这种授权立法存在于 1982 年宪法前全国人大常委会尚无国家立法权时。二是全国人大授予国务院的授权立法。如 1984 年委托国务院拟定和发布试行税收条例;全国人大于 1985 年作出了《关于授权国务院在经济体制改革和对外开放方面制定暂行规定与条例的决定》,规定国务院"可以根据宪法,在同有关法律和全国人民代表大会及其常委会的有关决定的基本原则不相抵触的前提下",制定暂行的规定或条例。三是全国人大或人大常委会委托地方权力机关进行授权立法,如 1981 年委托广东省、福建省人大及其常委会制定所属经济特区各项单行经济法规。四是全国人大或人大常委会委托经济特区所在地的市级权力机关或人民政府进行授权立法,如 1992 年委托深圳市人大及其常委会和深圳市人民政府制定法规和规章在深圳经济特区实施。[1]

　　同时,《立法法》第 9 条规定:"本法第八条规定的事项尚未制定法律的,全国人民代表大会及其常务委员会有权作出决定,授权国务院可以根据实际需要,对其中的部分事项先制定行政法规,但是有关犯罪和刑罚、对公民政治权利的剥夺和限制人身自由的强制措施和处罚、司法制度等事项除外。"

　　授权决定应当明确授权的目的、事项、范围、期限以及被授权机关实施授权决定应当遵循的原则等。授权的期限不得超过五年,但是授权决定另有规定的除外。被授权机关应当在授权期限届满的六个月以前,向授权机关报告授权决定实施的情况,并提出是否需要制定有关法律的意见;需要继续授权的,可以提出相关意见,由全国人民代表大会及其常务委员会决定。

　　被授权机关应当严格按照授权决定行使被授予的权力。被授权机关不得将被授予的权力转授给其他机关。

　　全国人民代表大会及其常务委员会可以根据改革发展的需要,决定就行政管理等领域的特定事项授权在一定期限内在部分地方暂时调整或者暂时停止适用法律的部分规定。根据授权制定的法规与法律规定不一致,不能确定如何适用时,由全国人民代表大会常务委员会裁决。授权机关有权撤销被授权机关制定的超越授权范围或者违背授权目的的法规,必要时可以撤销授权。

　　授权立法事项,经过实践检验,当制定法律的条件成熟时,由全国人民代表大会及其常务委员会及时制定法律。法律制定后,相应立法事项的授权终止。

　　2013 年 8 月 30 日第十二届全国人民代表大会常务委员会第四次会议通过《全国人民代表大会常务委员会关于授权国务院在中国(上海)自由贸易试验区暂时调

---

　　[1] 吴鹏提出随着市场经济体制的不断完善、全面开放的格局的形成,经济特区授权立法制度应被废除。参见吴鹏:《经济特区授权立法制度应被废除》,《云南大学学报(法学版)》,2007(1)。

　　杨登峰认为行政改革试验授权是介于立法授权与行政授权之间的一种新型授权制度,具有独立的法律地位。行政改革试验授权决定包含"暂调或者暂停部分法律的适用"和"将该决定授予特定试验主体实施"两个方面的内容。本质上,前者是法律施行力的中止和新试验法的制定两种因素的有机组合,不属于法律修改;后者是类似于行政特许的立法特别授权。作为一种公权力的行使方式,行政改革试验授权应当遵循《中共中央关于全面推进依法治国若干重大问题的决定》设定的程序要求,且不得逾越现代法治诸原则设定的表达形式界限和实体内容界限。参见杨登峰:《行政改革试验授权制度的法理分析》,《中国社会科学》,2018(9)。

整有关法律规定的行政审批的决定》："为加快政府职能转变,创新对外开放模式,进一步探索深化改革开放的经验,第十二届全国人民代表大会常务委员会第四次会议决定:授权国务院在上海外高桥保税区、上海外高桥保税物流园区、洋山保税港区和上海浦东机场综合保税区基础上设立的中国(上海)自由贸易试验区内,对国家规定实施准入特别管理措施之外的外商投资,暂时调整《中华人民共和国外资企业法》《中华人民共和国中外合资经营企业法》和《中华人民共和国中外合作经营企业法》规定的有关行政审批(目录附后)。上述行政审批的调整在三年内试行,对实践证明可行的,应当修改完善有关法律;对实践证明不宜调整的,恢复施行有关法律规定。"[1]

2014 年 12 月 28 日第十二届全国人民代表大会常务委员会第十二次会议通过《全国人民代表大会常务委员会关于授权国务院在中国(广东)自由贸易试验区、中国(天津)自由贸易试验区、中国(福建)自由贸易试验区以及中国(上海)自由贸易试验区扩展区域暂时调整有关法律规定的行政审批的决定》:为进一步深化改革、扩大开放,加快政府职能转变,第十二届全国人民代表大会常务委员会第十二次会议决定:授权国务院在中国(广东)自由贸易试验区、中国(天津)自由贸易试验区、中国(福建)自由贸易试验区以及中国(上海)自由贸易试验区扩展区域内(四至范围附后),暂时调整《中华人民共和国外资企业法》《中华人民共和国中外合资经营企业法》《中华人民共和国中外合作经营企业法》和《中华人民共和国台湾同胞投资保护法》规定的有关行政审批(目录附后)。但是,国家规定实施准入特别管理措施的除外。上述行政审批的调整在三年内试行,对实践证明可行的,修改完善有关法律;对实践证明不宜调整的,恢复施行有关法律规定。

2015 年 2 月 27 日第十二届全国人民代表大会常务委员会第十三次会议通过《全国人民代表大会常务委员会关于授权国务院在北京市大兴区等三十三个试点县(市、区)行政区域暂时调整实施有关法律规定的决定》:为了改革完善农村土地制度,为推进中国特色农业现代化和新型城镇化提供实践经验,第十二届全国人民代表大会常务委员会第十三次会议决定:授权国务院在北京市大兴区等三十三个试点县(市、区)行政区域,暂时调整实施《中华人民共和国土地管理法》《中华人民共和国城市房地产管理法》关于农村土地征收、集体经营性建设用地入市、宅基地管理制度的有关规定。上述调整在 2017 年 12 月 31 日前试行。暂时调整实施有关法律规定,必须坚守土地公有制性质不改变、耕地红线不突破、农民利益不受损的底线,坚持从实际出发,因地制宜。国务院及其国土资源主管部门要加强对试点

---

[1] 如《外资企业法》第 6 条:"设立外资企业的申请,由国务院对外经济贸易主管部门或者国务院授权的机关审查批准。审查批准机关应当在接到申请之日起九十天内决定批准或者不批准。"暂时停止实施该项行政审批,改为备案管理。

工作的整体指导和统筹协调、监督管理,按程序、分步骤审慎稳妥推进,及时总结试点工作经验,并就暂时调整实施有关法律规定的情况向全国人民代表大会常务委员会作出报告。对实践证明可行的,修改完善有关法律;对实践证明不宜调整的,恢复施行有关法律规定。[1]

　　2019 年 12 月 28 日第十三届全国人民代表大会常务委员会第十五次会议通过了《全国人民代表大会常务委员会关于授权最高人民法院在部分地区开展民事诉讼程序繁简分流改革试点工作的决定》。为进一步优化司法资源配置,推进案件繁简分流、轻重分离、快慢分道,深化民事诉讼制度改革,提升司法效能,促进司法公正,第十三届全国人民代表大会常务委员会第十五次会议决定:授权最高人民法院在北京、上海市辖区内中级人民法院、基层人民法院,南京、苏州、杭州、宁波、合肥、福州、厦门、济南、郑州、洛阳、武汉、广州、深圳、成都、贵阳、昆明、西安、银川市中级人民法院及其辖区内基层人民法院,北京、上海、广州知识产权法院,上海金融法院,北京、杭州、广州互联网法院,就优化司法确认程序、完善小额诉讼程序、完善简易程序规则、扩大独任制适用范围、健全电子诉讼规则等,开展民事诉讼程序繁简分流改革试点工作。试点期间,试点法院暂时调整适用《中华人民共和国民事诉讼法》第三十九条第一款、第二款,第四十条第一款,第八十七条第一款,第一百六十二条,第一百六十九条第一款,第一百九十四条。试点工作应当遵循民事诉讼法的基本原则,充分保障当事人诉讼权利,促进提升司法效率,确保司法公正。试点具体办法由最高人民法院牵头研究制定,报全国人民代表大会常务委员会备案。试点期限为二年,自试点办法印发之日起算。最高人民法院应当加强对试点工作的组织指导和监督检查。试点过程中,最高人民法院应当就试点情况向全国人民代表大会常务委员会作出中期报告。试点期满后,对实践证明可行的,应当修改完善有关法律;对实践证明不宜调整的,恢复施行有关法律规定。该决定自 2019 年 12 月 29 日起施行。

---

　　[1] 33 个试点县(市、区)名单:北京市大兴区、天津市蓟县、河北省定州市、山西省泽州县、内蒙古自治区和林格尔县、辽宁省海城市、吉林省长春市九台区、黑龙江省安达市、上海市松江区、江苏省常州市武进区、浙江省义乌市、浙江省德清县、安徽省金寨县、福建省晋江市、江西省余江县、山东省禹城市、河南省长垣县、湖北省宜城市、湖南省浏阳市、广东省佛山市南海区、广西壮族自治区北流市、海南省文昌市、重庆市大足区、四川省郫县、四川省泸县、贵州省湄潭县、云南省大理市、西藏自治区曲水县、陕西省西安市高陵区、甘肃省陇西县、青海省湟源县、宁夏回族自治区平罗县、新疆维吾尔自治区伊宁市。

　　授权国务院在北京市大兴区等 33 个试点县(市、区)行政区域暂时调整实施有关法律规定目录包括《土地管理法》第 43 条第一款:"任何单位和个人进行建设,需要使用土地的,必须依法申请使用国有土地;但是,兴办乡镇企业和村民建设住宅经依法批准使用本集体经济组织农民集体所有的土地的,或者乡(镇)村公共设施和公益事业建设经依法批准使用农民集体所有的土地的除外。"

　　《城市房地产管理法》第 9 条:"城市规划区内的集体所有的土地,经依法征收转为国有土地后,该幅国有土地的使用权方可有偿出让。"内容:暂时调整实施集体建设用地使用权不得出让等的规定。在符合规划、用途管制和依法取得的前提下,允许存量农村集体经营性建设用地使用权出让、租赁、入股,实行与国有建设用地使用权同等入市、同权同价。

2020年4月29日第十三届全国人民代表大会常务委员会第十七次会议通过了《全国人民代表大会常务委员会关于授权国务院在中国(海南)自由贸易试验区暂时调整适用有关法律规定的决定》。为支持海南全面深化改革开放,推动中国(海南)自由贸易试验区试点政策落地,第十三届全国人民代表大会常务委员会第十七次会议决定:授权国务院在中国(海南)自由贸易试验区暂时调整适用《中华人民共和国土地管理法》《中华人民共和国种子法》《中华人民共和国海商法》的有关规定(目录附后),暂时调整适用的期限至2024年12月31日。暂时调整适用有关法律规定,必须建立健全事中事后监管制度,有效防控风险,国务院及其有关部门要加强指导、协调和监督,及时总结试点工作经验,并就暂时调整适用有关法律规定的情况向全国人民代表大会常务委员会作出中期报告。对实践证明可行的,修改完善有关法律;对实践证明不宜调整的,恢复施行有关法律规定。该决定自2020年5月1日起施行。

2020年8月11日第十三届全国人民代表大会常务委员会第二十一次会议通过了《全国人民代表大会常务委员会关于授权国务院在粤港澳大湾区内地九市开展香港法律执业者和澳门执业律师取得内地执业资质和从事律师职业试点工作的决定》。为促进粤港澳大湾区建设,发挥香港法律执业者和澳门执业律师的专业作用,第十三届全国人民代表大会常务委员会第二十一次会议决定:授权国务院在广东省广州市、深圳市、珠海市、佛山市、惠州市、东莞市、中山市、江门市、肇庆市开展试点工作,符合条件的香港法律执业者和澳门执业律师通过粤港澳大湾区律师执业考试,取得内地执业资质的,可以从事一定范围内的内地法律事务。具体试点办法由国务院制定,报全国人民代表大会常务委员会备案。试点期限为三年,自试点办法印发之日起算。试点期间,国务院要依法加强对试点工作的组织指导和监督检查,就试点情况向全国人大常委会作出报告。试点期满后,对实践证明可行的,修改完善有关法律。该决定自公布之日起施行。

值得注意的是,2015年3月15日十二届全国人大三次会议表决通过了《全国人民代表大会关于修改〈中华人民共和国立法法〉的决定》。新的《立法法》对授权立法给出了更为严格的规定。如授权决定应当明确授权的目的、事项、范围、期限、被授权机关实施授权决定的方式和应当遵循的原则等;授权的期限不得超过5年;需要继续授权的,可以提出相关意见,由全国人大及其常委会决定等。这样可避免"一揽子授权"和"无限期授权",并及时纠正被授权机关不当的授权立法行为。

我国的授权立法中,就具体事项授权的情形少,而综合性的授权较为普遍。我国授权立法中存在越权授权、授权机关不一致、授权的理由不明确、被授权方立法超越所授权限等问题,需要进一步完善。[1]

此外,为保障法制统一、维护法律的权威性,我国《立法法》规定了行政法规、地方性法规、自治条例和单行条例的备案审查制度。全国人民代表大会专门委员会、常务委员会工作机构在审查、研究中认为行政法规、地方性法规、自治条例和单行条例同宪或者法律相抵触的,可以向制定机关提出书面审查意见、研究意见;也可以由法律委员会与有关的专门委员会、常务委员会工作机构召开联合审查会议,要求制定机关到会说明情况,再向制定机关提出书面审查意见。制定机关应当在两个月内研究提出是否修改的意见,并向全国人民代表大会法律委员会和有关的专门委员会或者常务委员会工作机构反馈。全国人民代表大会法律委员会、有关的专门委员会、常务委员会工作机构根据前款规定,向制定机关提出审查意见、研究意见,制定机关按照所提意见对行政法规、地方性法规、自治条例和单行条例进行修改或者废止的,审查终止。全国人民代表大会法律委员会、有关的专门委员会、常务委员会工作机构经审查、研究认为行政法规、地方性法规、自治条例和单行条例同宪法宪或者法律相抵触而制定机关不予修改的,应当向委员长会议提出予以撤销的议案、建议,由委员长会议决定提请常务委员会会议审议决定。

全国人民代表大会有关的专门委员会和常务委员会工作机构应当按照规定要求,将审查、研究情况向提出审查建议的国家机关、社会团体、企业事业组织以及公民反馈,并可以向社会公开。

第二节　当代中国法律制定的原则

法律制定原则是指导立法主体进行立法活动的基本准则,是法律制定过程中应当遵循的指导思想。确定法律制定原则时要处理这样一些关系:①需要与可能:法律制定的阶段性,法律制定的具体条件(社会、政治、经济)的配套;②历史、现实与未来:法律制定的超前问题,法律制定的继承问题;③客观与主观:人的能力问题,客观认识把握与主观表达;④整体与部分:各个利益集团的平衡;法律自身的统一性、和谐性;⑤专家与社会:专家意见与社会要求,"精英"与一般民众的认识差距;⑥本国与全球化:本国的国情与他国发展的历程,人类发展的趋同问题。随着市场经济体制的建立和发展,为适应现代社会的要求,更好地进行人权保障,我国需要转变立法理念,确立人本立法理念、客观立法理念、平衡立法理念、合法立法理念、民主立法理念、科学立法理念、全球视野立法理念等现代立法

---

〔1〕　关于授权立法,进一步阅读可参见邓世豹:《授权立法的法理思考》,北京,中国人民公安大学出版社,2002;王春光:《我国授权立法现状之分析》,《中外法学》,1999(5);周成新等:《经济特区授权立法若干问题探讨》,《特区理论与实践》,1996(9)。

理念。[1]

我国《立法法》规定的法律制定原则为：①立法应当遵循宪法的基本原则；②立法应当依照法定的权限和程序，从国家整体利益出发，维护社会主义法制的统一和尊严；③立法应当体现人民的意志，发扬社会主义民主，坚持立法公开，保障人民通过多种途径参与立法活动；④立法应当从实际出发，适应经济社会发展和全面深化改革的要求，科学合理地规定公民、法人和其他组织的权利与义务、国家机关的权力与责任。由此可以认为当代中国立法的原则主要为法治原则、民主原则、科学原则。

一、法治原则

法律制定的法治原则要求一切立法活动都必须以宪法为依据，符合宪法的精神、宪法的规范；法律制定活动都要有法律根据，立法主体、立法权限、立法内容、立法程序都应符合法律的规定，立法机关必须严格按照法律规范的要求行使职权，履行职责。如阿德勒就从法律的权威性角度强调立法主体的合法性："任何个人都不能够制订出一部有权威的法律来，立法的权威性人士是那些经法律允许的，能为社会福利制定法律的人们，这是一种根据宪法所建立起来的立法机构所赋有的权威。"[2]

同时，法律的部分与整体之间、部分与部分之间必须协调一致，而不应相互矛盾和抵触：第一，一切法律、法规都必须以宪法为基础，而不得与它相抵触，否则无效。第二，应避免不同类别（不同种类的法律渊源）的规范性文件之间的矛盾（如行政法规不能与法律相抵触；地方性法规不能与法律和行政法规相抵触等）；避免同一类别内各种规范性法律文件之间的矛盾（如行政法规内部或地方性法规内部各个规范性文件之间不应互相抵触）；以及避免同一法律文件内各规范之间的矛盾等。第三，应注意各法律部门之间的协调与配合，避免它们之间的矛盾和重复（如民法、经济法、行政法等部门之间不应互相矛盾或重复）。

二、民主原则

法律制定应当体现广大人民的意志和要求，确认和保障人民的根本利益；在法律制定中要考虑不同利益集团的要求，进行合理的利益选择和利益平衡；应当通过法律规定，保障人民通过各种途径参与立法活动，表达自己的意见；立法过程和立法程序应具有开放性、透明度，立法过程中要坚持群众路线，采取座谈会、论证会、

---

[1] 高其才：《现代立法理念论》，《南京社会科学》，2006(1)。
[2] [美]摩狄曼·J.阿德勒：《六大观念：我们据以进行判断的真、善、美 我们据以指导行动的自由、平等、正义》，陈珠泉等译，206页，北京，团结出版社，1989。

听证会等多种形式听取意见。对此,孟德斯鸠认为,在一个自由的国家里,每个人都被认为具有自由的精神,都应该自己统治自己,所以立法权应该由人民集体享有。[1] 梅利曼也曾指出:"立法者代表人民的意志,在实际政治生活中进行活动,因此,他们负有与他人不同的特殊职责。他们必须把经济上和社会上的要求与立法活动联系起来,制定出反映人民意志和愿望的法律。"[2]

在法律创制中,要充分重视利益集团因素的影响。被认为利益集团问题的"第一个重要的美国理论家"的詹姆斯·麦迪逊认为,利益集团"为某种共同的利益的冲动所驱使而联合起来的一些公民,不管他们占全部公民的多数或少数,而他们的利益是损害公民的权利或社会的永久的和总的利益的"。[3] 在现代社会,人们主要通过利益集团表达利益诉求。在利益追求过程中,当个人的利益表达遇到困难时,往往希望借助于集团的力量来使自己的利益得到更充分的表达。利益集团的产生和发展是利益对人际关系以及社会秩序产生影响、发挥作用的特性的必然产物。事实表明,一个多元主义的利益集团的格局,正是社会稳定和民主制度的基石。

美国的罗伯特·达尔特别阐述了独立社会团体和利益集团的重要性,认为这是政治自主性的推动力量。他认为,由于现代社会里国家机构的日益庞大和公共事务的日益繁复,个人方式的利益表达很难得到重视,因而利益集团便普遍承担起了市民社会利益表达的重任。人们都生活在各种不同的利益集团中,这种状况使得社会公民不可能在政治问题上形成多数,同时也不存在任何可以控制一切的势力,而只存在着以团体为单元的若干个少数之间就某个政治决策的相互复杂作用,民主的决策并不是一个许多人在特定的政策上联合起来向政府庄严进军的过程,而是一个相对来说较小的集团之间的稳步的妥协过程。[4]

利益集团包括工商团体、工会、专业人员的社团、公共利益集团等。利益集团的影响取决于一个团体如何使用自己主要的政治资源,即成员人数、凝聚力(力度)、经费、信息等。[5]

在法律制定中,利益集团发挥着积极的作用。边沁提出,法律一般的和最终的

〔1〕 [法]孟德斯鸠:《论法的精神》(上册),张雁深译,158 页,北京,商务印书馆,1961。

〔2〕 [美]约·多·梅利曼:《大陆法系》,顾培东、禄正平译,94 页,北京,知识出版社,1984。

〔3〕 [美]诺曼·奥恩斯坦等:《利益集团、院外活动和政策制订》,潘同文等译,13 页,北京,世界知识出版社,1981。

〔4〕 参见万绍红:《民主的路径:哥德尔不完全性定理的视界》,《阿坝师范高等专科学校学报》,2005(3)。详可参见罗伯特·达尔的《民主理论的前言(扩充版)》(顾昕译,东方出版社,2009)一书。

〔5〕 关于利益集团的弊病,西奥多·洛伊认为有:①它扰乱和破坏了人们对民主的组织机构及其制度的期望,并表露了它基本上对民主的不尊重;②它使政府变得无能,不能计划;③它以关心管辖权限(由哪些采取行动的人作出决定)来代替关心正义(作"正当的事"),使政府道德败坏;④它用非正式的讨价还价来反对正式的程序,削弱了民主的组织机构及其制度。参见[美]诺曼·奥恩斯坦等:《利益集团、院外活动和政策制订》,潘同文等译,22 页,北京,世界知识出版社,1981。

目的,不过是整个社会的最大利益而已。"边沁不仅主张善即是一般幸福,而且主张每个人总是追求他所认为的幸福。所以,立法者的职责是在公共利益和私人利益之间造成调和。"[1]只有存在多样性的利益冲突、竞争和协调,才能使立法和政府的决策行为建立在对社会各个方面的利益和需求的综合考虑并加以平衡的基础之上,而在各方妥协的基础之上产生的法律以及建构起来的法治秩序才会得到各方更大程度的认同、遵守和维护。在西方国家,利益集团影响立法活动的主要对象是议会和议员。为实现其目的,利益集团采取的活动方式是多种多样的,主要有游说、公开运动、和平示威、影响选举、停止合作、恐怖活动等。美国 1946 年制定了《联邦游说管理法》,对游说活动进行了长期也是艰难的引导。核心的规则就是一切游说必须公开其活动,有义务对所有相关事实进行披露,以及禁止国会和政府人员在离职后一段时间内从事相关游说活动。

改革开放以来,我国社会发生了明显的变化:①原有的经济利益关系均衡状态被打破,经济利益日趋分化,新的利益格局尚未形成;②利益群体的形式由隐变显,利益需求和获得途径逐渐多样化和复杂化;③利益冲突的状态由暗变明、利益差距和矛盾明朗化;④利益群体的社会影响和作用由小变大,群体意识和利益观念由弱到强。

从组织程度、成员稳定性、集团意识、行为方式、作用能力等方面考虑,我国目前并不存在严格意义上的、如西方国家那样规范的利益集团,但却已经产生和分化出大量的利益群体和阶层。近年来,一些"槛外人"如大企业、行业协会、社会团体和非政府组织(NGO 组织)等,开始或明或暗地出现在各种立法和规则制定和政府的"槛内",利益群体对立法的影响也日渐突出。[2]

当代中国法律的本质是工人阶级领导的全国各族人民共同利益和意志的体现,立法就是通过规定权利和义务的形式来确认和调整人们之间的利益关系。我国社会主义法律的本质决定了我国立法时必须以维护全国人民根本利益为前提,同时要充分兼顾各集体和个人正当利益作为总的指导思想。必须在深入调查研究的基础上,正确处理国家、集体、个人之间;集体与集体之间;个人与个人之间;中央与地方之间;各民族之间;各地区之间的利益关系。选择和确定最能恰当反映法律主体正当利益的权利和义务规范,把权利和义务的界限规定得既明确又合理,从而

---

〔1〕 [英]罗素:《西方哲学史》(下卷),马元德译,329 页,北京,商务印书馆,1991。

〔2〕 如由商务部和国家工商总局分别起草的《直销管理条例》草案和《取缔非法传销条例》草案时,外资企业主要通过商会和一些行业组织进行了十分积极的活动。如 2004 年 5 月 18 日,安利、雅芳、如新等七家直销巨头的有关负责人聚首苏州,召开"苏州会议"。会上,7 家企业在外商投资企业协会下成立了"关注中国直销立法开放小组"。在随后商务部与"关注中国直销立法开放小组"的 4 次专题会议中,这 7 家企业悉数参加,并就直销立法内容与政府有关部门进行了积极讨论。商务部研究院研究员梅新育说:"他们有完整的行规,能够拿出'立法范本'以供政府参考。"参见李寒芳、陈晓:《聚焦影响中国立法的力量》,《中国新闻周刊》,2005(7)。

达到维护全国最大多数人最大利益的目的。

从当代中国社会发展趋势看，我们要重视利益集团对法律创制的影响。由于市场经济的发达和政治民主化的深入，中国社会将形成多元化格局，利益集团将越来越多，且出现利益、规模、结构和活动方式的多样化。利益集团最主要的功能为利益表达的功能，即它们表达了对法律创制的要求和提出可供选择的法律草案，这有助于法律创制的合理化。在法律创制过程中，立法者要考虑不同利益集团的要求，进行合理的利益选择和利益平衡。

我国《立法法》规定，立法时要采取座谈会、论证会、听证会等多种形式，听取各方面意见。因此，各利益群体要和平、合法的表达和争取自己的利益，以理性的观念、宽容的态度、妥协的方式参与法律制定，掌握讨价还价的技巧。

三、科学原则

我国《立法法》第 6 条规定："立法应当从实际出发，科学合理地规定公民、法人和其他组织的权利与义务、国家机关的权力与责任。"法律制定应当实事求是、从实际出发，尊重社会的客观实际状况，根据客观需要反映客观规律的要求。如中国古代的商鞅就强调："圣人之为国也，观俗立法则治，察国事本则宜。不观时俗，不察国本，则其法立而民乱，事剧而功寡。"[1]"圣人之为国也，不法古，不修今，因世而为之治，度俗而为之法。故不察民之情而立之则不成，治宜于时而行之则不干。"[2]荀子认为："礼以顺人心为本。"[3]韩非也主张"法与时转则治，治与世宜则有功"。[4]法家还特别强调法律规定必须考虑人民是否力所能及，"毋强不能，"[5]否则"令于人之所不能为"则"其令废"，[6]"使于人之所不能为"则"其事败"。因此，统治者不能贪得无厌和立禁太多："求多者其得寡，禁多者其止寡，令多者其行寡。"[7]强调立法应该合理。科特威尔也有类似认识，"法起源于或者说应该起源于民德，民德渐渐演化为法律。民俗和民德随着生活状况的改变而逐渐变化，但是几乎没有可以通过有意识的行为而使它们发生根本性改变的余地。立法必须在原有的民德中寻找立足点。"[8]萨维尼认为，法律的本质是生活，是作为共同体的人们自我调适并使已适应自然及社会发展的结果。"法律首先产生于习

〔1〕《商君书·算地》。
〔2〕《商君书·壹言》。
〔3〕《荀子·大略》。
〔4〕《韩非子·心度》。
〔5〕《管子·形势解》。
〔6〕《管子·形势解》。
〔7〕《管子·法法》。
〔8〕 [英]罗杰·科特威尔：《法律社会学导论》，潘大松等译，22 页，北京，华夏出版社，1989。

俗和人民的信仰,其次才假于法学——,而非法律制定者的专断意志所孕就的。"[1]

同时,法律应合时。如法家代表人物商鞅提出必须"当时而立法",[2]即必须适应时代要求制订奖励耕战、富国强兵的法令。王夫之认为"天下有定理而无定法",法律应因时变革,"事随势迁,而法必变"。[3]

总之,要以理性的态度对待立法工作,注意总结立法现象背后的普遍联系,揭示立法的内在规律;应十分重视立法的技术、方法,提高立法的质量。

第三节 当代中国法律制定的程序

法律制定程序,是指由特定的国家机关制定、修改和废除法律和其他规范性法律文件及认可法律的法定步骤和方式。立法程序,与一个国家的决策过程的民主、科学有着密切的关系。完善立法的程序,对于保证立法的规范化、科学化,减少或避免立法的主观随意性,维护法律的稳定性、连续性和权威性,提高立法的质量,更好地发挥法律的作用,都具有重要的意义。

我国的《立法法》对全国人民代表大会法律制定的程序和全国人民代表大会常务委员会法律制定的程序进行了基本的规定,全国人民代表大会及其常务委员会的立法程序主要有以下四个方面,即法律案的提出、法律案的审议、法律草案的表决和通过、法律的公布。行政法规、地方性法规、国务院部门规章和地方政府规章的制定程序,一般是参照全国人民代表大会和全国人民代表大会常务委员会法律制定的程序。为了规范地方的立法活动,提高立法质量,发挥立法的引领和推动作用,一些地方如广西壮族自治区崇左市也制定了立法程序方面的专门法规。[4]

一、法律案的提出

提出法律案(又称立法议案),是立法程序的开始。法律案是指依法享有法律议案提案权的机关或个人向立法机关提出的关于制定、修改、废止某项法律的正式提案。法律案一经提出,立法机关就要列入议事日程,进行正式审议和讨论。

法律案与法律草案不同。《立法法》第 54 条规定,提出法律案,应当同时提出

---

[1] 参见[德]萨维尼:《论立法与法学的当代使命》,许章润译,11 页,北京,中国法制出版社,2001。

[2] 《商君书·更法》。

[3] 《读通鉴论》卷五。

[4] 如广西壮族自治区《崇左市立法条例》(2016 年 2 月 26 日崇左市第三届人民代表大会第七次会议通过,2016 年 3 月 31 日广西壮族自治区第十二届人民代表大会常务委员会第二十二次会议批准,自公布之日起实行)共有九章 67 条,包括总则、立法权限、立法准备、市人民代表大会立法程序、市人民代表大会常务委员会立法程序、法规报请批准和公布、法规解释、其他规定、附则等。

法律草案文本及其说明,并提供必要的参阅资料。修改法律的,还应当提交修改前后的对照文本。法律草案的说明应当包括制定或者修改法律的必要性、可行性和主要内容,以及起草过程中对重大分歧意见的协调处理情况。法律草案与其他法律相关规定不一致的,提案人应当予以说明并提出处理意见,必要时应当同时提出修改或者废止其他法律相关规定的议案。

提出法律案的关键是谁享有法律案的提案权。在我国,根据宪法和法律的规定,下列个人和组织享有向最高国家权力机关提出法律案的提案权。

(1) 全国人大代表和全国人大常委会的组成人员。依照法律规定,全国人大代表 30 人以上或一个代表团可以提出法律案。全国人大常委会组成人员 10 人以上联名可以向全国人大常委会提出法律案。

(2) 全国人大主席团、全国人大常委会可以向全国人大提出法律案。全国人大各专门委员会可以向全国人大或全国人大常委会提出法律案。委员长会议可以向常务委员会提出法律案。

(3) 国务院、中央军事委员会、最高人民法院、最高人民检察院可以向全国人大或全国人大常委会提出法律案。

二、法律案的审议

法律案的审议实际为对法律草案的审议,是指立法机关对已经列入议事日程的法律草案正式进行审查和讨论。审议法律案,是保证立法质量、体现立法民主的重要环节,它可以使法律更加完备和成熟。

我国全国人民代表大会对法律案的审议,一般经过三个阶段:一是由各代表团进行审议。《立法法》第 18 条规定:"列入全国人民代表大会会议议程的法律案,大会全体会议听取提案人的说明后,由各代表团进行审议。各代表团审议法律案时,提案人应当派人听取意见,回答询问。各代表团审议法律案时,根据代表团的要求,有关机关、组织应当派人介绍情况。"第 21 条规定:"列入全国人民代表大会会议议程的法律案,必要时,主席团常务主席可以召开各代表团团长会议,就法律案中的重大问题听取各代表团的审议意见,进行讨论,并将讨论的情况和意见向主席团报告。主席团常务主席也可以就法律案中的重大的专门性问题,召集代表团推选的有关代表进行讨论,并将讨论的情况和意见向主席团报告。"二是由全国人大有关专门委员会进行审议,其中包括对法律案的修改、补充。《立法法》第 19 条规定:"列入全国人民代表大会会议议程的法律案,由有关的专门委员会进行审议,向主席团提出审议意见,并印发会议。"第 20 条规定:"列入全国人民代表大会会议议程的法律案,由法律委员会根据各代表团和有关的专门委员会的审议意见,对法律案进行统一审议,向主席团提出审议结果报告和法律草案修改稿,对重要的不同意见应当在审议结果报告中予以说明,经主席团会议审议通过后,印发会议。"三是全国人民代表大会全体会议的审议。

我国全国人民代表大会常务委员会对法律案的审议有一个变化的过程。为保证审议质量,1983 年 3 月全国人大常委会委员长会议决定:对法律案的审议采取两步审议制度,即法律案提出后先由提出法律草案的个人或组织作说明,进行初步讨论,然后由常委会委员带回去研究,征求意见,第二次会议再审议。《立法法》则更进一步规定为列入常务委员会会议议程的法律案,一般应当经三次常务委员会会议审议后再交付表决。《立法法》第 29 条规定:"列入常务委员会会议议程的法律案,一般应当经三次常务委员会会议审议后再交付表决。常务委员会会议第一次审议法律案,在全体会议上听取提案人的说明,由分组会议进行初步审议。常务委员会会议第二次审议法律案,在全体会议上听取法律委员会关于法律草案修改情况和主要问题的汇报,由分组会议进一步审议。常务委员会会议第三次审议法律案,在全体会议上听取法律委员会关于法律草案审议结果的报告,由分组会议对法律草案修改稿进行审议。常务委员会审议法律案时,根据需要,可以召开联组会议或者全体会议,对法律草案中的主要问题进行讨论。"不过,列入常务委员会会议议程的法律案,各方面意见比较一致的,可以经两次常务委员会会议审议后交付表决;调整事项较为单一或者部分修改的法律案,各方面的意见比较一致的,也可以经一次常务委员会会议审议即交付表决。

列入常务委员会会议议程的法律案,由法律委员会根据常务委员会组成人员、有关的专门委员会的审议意见和各方面提出的意见,对法律案进行统一审议,提出修改情况的汇报或者审议结果报告和法律草案修改稿,对重要的不同意见应当在汇报或者审议结果报告中予以说明。对有关的专门委员会的审议意见没有采纳的,应当向有关的专门委员会反馈。法律委员会审议法律案时,应当邀请有关的专门委员会的成员列席会议,发表意见。

法律案有关问题专业性较强,需要进行可行性评价的,应当召开论证会,听取有关专家、部门和全国人民代表大会代表等方面的意见。论证情况应当向常务委员会报告。

法律案有关问题存在重大意见分歧或者涉及利益关系重大调整,需要进行听证的,应当召开听证会,听取有关基层和群体代表、部门、人民团体、专家、全国人民代表大会代表和社会有关方面的意见。听证情况应当向常务委员会报告。

列入常务委员会会议议程的法律案,应当在常务委员会会议后将法律草案及其起草、修改的说明等向社会公布,征求意见,但是经委员长会议决定不公布的除外。向社会公布征求意见的时间一般不少于三十日。征求意见的情况应当向社会通报。

拟提请常务委员会会议审议通过的法律案,在法律委员会提出审议结果报告前,常务委员会工作机构可以对法律草案中主要制度规范的可行性、法律出台时机、法律实施的社会效果和可能出现的问题等进行评估。评估情况由法律委员会在审议结果报告中予以说明。[1]

此外,为保障在审议时能够充分发表意见,人大代表在会议上的发言,不受法律追究。

审议法律案时,一般考虑以下几方面的内容:①立法动机是否正确合理,立法时机是否恰当;②立法精神是否科学、合理,法律草案条文是否以宪法为依据,是否符合宪法的规定;③权益调整是否立足全局统筹兼顾,法律草案的各项规定是否切实可行,具有可操作性;④本法律案各法律规范之间及本草案与其他法律之间是否协调一致;⑤立法技术是否完善,概念是否准确,结构是否合理,文字是否清晰、合乎语法和逻辑。

法律案审议的结果一般有以下几种:①提付表决;②搁置;③终止审议。《立法法》第42条规定:"列入常务委员会会议审议的法律案,因各方面对制定该法律的必要性、可行性等重大问题存在较大意见分歧搁置审议满两年的,或者因暂不付表决经过两年没有再次列入常务委员会会议议程审议的,由委员长会议向常务委员会报告,该法律案终止审议。"

此外,关于法律案的审议还需要明确下列几点:①列入常务委员会会议议程的法律案,在交付表决前,提案人要求撤回的,应当说明理由,经委员长会议同意,并向常务委员会报告,对该法律案的审议即行终止。②法律案经常务委员会三次会议审议后,仍有重大问题需要进一步研究的,由委员长会议提出,经联组会议或者全体会议同意,可以暂不付表决,交法律委员会和有关的专门委员会进一步审议。

三、法律草案的表决和通过

法律草案的表决和通过是立法机关以法定多数对法律草案表示最终的赞同,从而使法律草案成为法律。这是法律制定程序中具有决定意义的一个步骤。表决

---

〔1〕 卢群星的《隐性立法者:中国立法工作者的作用及其正当性难题》(《浙江大学学报(人文社会科学版)》,2013(2))文认为,在以建构主义为特征的大立法时代,中国人大的立法工作者基于其专业技能,借助法制工作委员会这个特殊组织,在立法规划(计划)、法案起草、协助法案审议和立法适用解释四大场域悄然发挥了立法者所不及的关键性作用,成为"显性立法者"之外的"隐性立法者"。显然,这些"隐性立法者"对中国立法的实际作用需要正视和重估。但立法工作者以辅助者的身份对立法产生如此巨大的影响,又存在深层的正当性难题。从专业主义角度看,解决问题的方法不是从此舍弃立法工作者,而在于构建立法者与立法工作者之间的信息均衡,达到两者技术意义上"对立的契合"。

时除了通过外,还可能产生另外一种结果,即没有获得法定数目以上人的赞同,而不通过。

我国《宪法》规定,宪法的修改由全国人民代表大会以全体代表 2/3 以上的多数通过。法律草案要经过全国人大的全体代表或全国人大常委会全体组成人员的过半数通过。《立法法》第 24 条规定:"法律草案修改稿经各代表团审议,由法律委员会根据各代表团的审议意见进行修改,提出法律草案表决稿,由主席团提请大会全体会议表决,由全体代表的过半数通过。"第 41 条又规定:"法律草案修改稿经常务委员会会议审议,由法律委员会根据常务委员会组成人员的审议意见进行修改,提出法律草案表决稿,由委员长会议提请常务委员会全体会议表决,由常务委员会全体组成人员的过半数通过。"

按照法律规定,法律草案表决稿交付常务委员会会议表决前,委员长会议根据常务委员会会议审议的情况,可以决定将个别意见分歧较大的重要条款提请常务委员会会议单独表决。单独表决的条款经常务委员会会议表决后,委员长会议根据单独表决的情况,可以决定将法律草案表决稿交付表决,也可以决定暂不付表决,交法律委员会和有关的专门委员会进一步审议。对多部法律中涉及同类事项的个别条款进行修改,一并提出法律案的,经委员长会议决定,可以合并表决,也可以分别表决。

通过法律草案的方式,有公开表决和秘密表决两种。公开表决包括举手表决、起立表决、口头表决、行进表决、记名投票表决等各种形式。秘密表决主要是无记名投票的形式。我国自 1985 年 3 月第六届全国人大常委会 15 次会议开始采用了"计算机多功能会议事务信息处理系统"电脑表决器。[1]

四、法律的公布

法律的公布是指立法机关或国家元首将已通过的法律以一定的形式予以公布,以便全社会遵守执行。法律的公布是立法程序中的最后一个步骤,它是法律生效的前提。法律通过后,凡是未经公布的,都不能发生法律效力,从而无法在社会生活中发挥作用。未经正式公布的"法律",不为人们所知晓,就没有真正的法律属性,不具有普遍约束力,也不可能得到人们的普遍遵守。

我国《宪法》规定,中华人民共和国主席根据全国人民代表大会的决定和全国人民代表大会常务委员会的决定,公布法律。公布后的法律生效问题,依照法律规

---

[1] 关于会议规则,可参见[美]亨利·M.罗伯特:《议事规则》,王宏昌译,北京,商务印书馆,1995。

定。《立法法》第 58 条规定："签署公布法律的主席令载明该法律的制定机关、通过和施行日期。法律签署公布后，及时在全国人民代表大会常务委员会公报和中国人大网以及在全国范围内发行的报纸上刊载。在常务委员会公报上刊登的法律文本为标准文本。"我国公布法律和行政法规的报刊是《全国人民代表大会常务委员会公报》《国务院公报》和在全国范围内发行的报纸如《人民日报》等。地方性法规、自治条例和单行条例在本级人民代表大会常务委员会公报和在本行政区域范围内发行的报纸上刊登。国务院部门规章在《国务院公报》、部门公报和在全国范围内发行的报纸上刊登。地方政府规章在本级人民政府公报和在本行政区域范围内发行的报纸上刊登。

法律规定明确要求有关国家机关对专门事项作出配套的具体规定的，有关国家机关应当自法律施行之日起一年内作出规定，法律对配套的具体规定制定期限另有规定的，从其规定。有关国家机关未能在期限内作出配套的具体规定的，应当向全国人民代表大会常务委员会说明情况。

需要注意的是，法律制定的程序不仅包括狭义上的法律制定的程序，而且也包括法律修改的程序、法律废除的程序、认可法律的程序。

孙志刚案与《城市流浪乞讨人员收容遣送办法》的废止

孙志刚，男，27 岁，湖北武汉人，2001 年在武汉科技学院艺术设计专业结业。2003 年 2 月 24 日受聘于广州达奇服装有限公司。

广州市中级人民法院经审理查明：2003 年 3 月 17 日晚，被害人孙志刚被广州市公安局天河区分局黄村街派出所错误收容并送至广州市民政局收容遣送中转站；3 月 18 日晚，孙志刚自称有心脏病被送至广州市卫生局主管的收容人员救治站诊治。3 月 19 日晚，因孙志刚大声叫喊求助，引起被告人乔燕琴（救治站护工）的不满。乔燕琴便与被告人吕二鹏、乔志军、胡金艳（均为救治站护工）商量将孙志刚从 201 室调到 206 室，乔燕琴、吕二鹏分别到 206 室窗边授意该室内的李海婴等 8 名被告人（均为被收治人员）殴打孙志刚。随后，乔燕琴、吕二鹏与乔志军、胡金艳一起将孙志刚调到 206 室。3 月 20 日凌晨 1 时许，被告人李海婴、钟辽国、周利伟、张明君、李龙生、韦延良、何家红、李文星等 8 人先后两度对孙志刚轮番殴打。20 日上午孙志刚被发现昏迷不醒，经抢救无效死亡。根据后来法医鉴定，孙志刚系因背部遭受钝性暴力反复打击，造成大面积软组织损伤致创伤性休克死亡。

2003 年 6 月 27 日上午 9 时 40 分，广东省高级人民法院对孙志刚被故意伤害致死案作出终审判决，驳回乔燕琴等 12 名犯故意伤害罪被告人的上诉，维持原判。此前，广州市中级人民法院于 6 月 9 日对孙志刚被故意伤害致死案作出一审判决：

以故意伤害罪，判处被告人乔燕琴死刑，李海婴死刑、缓期2年执行，钟辽国无期徒刑，其他9名被告人也分别被判处3年至15年有期徒刑。6涉案渎职犯罪人员分别被判处有期徒刑2-3年。

2003年6月5日孙志刚案涉及的其他违反党纪政纪的有关责任人员共有23名政府官员，经广州市委、市政府同意，已由广州市纪委、市监察局和有关单位给予党纪、政纪严肃处分，广州市23名有关责任人员受到党纪、政纪处分。

2003年5月16日，许志永、俞江、滕彪等3位法学博士，就孙志刚案向全国人大常委会提交建议书，要求对1982年出台的《城市流浪乞讨人员收容遣送办法》有关条款进行审查。

2003年6月20日，国务院颁布了《城市生活无着的流浪乞讨人员救助管理办法》，8月1日起施行；1982年5月12日国务院发布的《城市流浪乞讨人员收容遣送办法》同时废止。2003年7月21日，民政部颁布《城市生活无着的流浪乞讨人员救助管理办法实施细则》，8月1日起施行。[1]

我们需要对孙志刚案与《城市流浪乞讨人员收容遣送办法》的废止等实践进行认真总结，不断完善法律制定和修改的程序、法律废止的程序、认可法律的程序。

第四节　当代中国法律制定的完善

2014年10月23日中国共产党第十八届中央委员会第四次全体会议通过的《中共中央关于全面推进依法治国若干重大问题的决定》对当代中国法律制定的完善进行了全面的规划。

《中共中央关于全面推进依法治国
若干重大问题的决定》节选

习近平于2017年10月18日所作的《决胜全面建成小康社会　夺取新时代中国特色社会主义伟大胜利——在中国共产党第十九次全国代表大会上的报告》中强调"推进科学立法、民主立法、依法立法，以良法促进发展、保障善治"。

2019年10月31日中国共产党第十九届中央委员会第四次全体会议通过的

---

〔1〕 参见陈峰：《被收容者孙志刚之死》，《南方都市报》，2003-04-25；张鲜堂、张帆：《反思孙志刚案——审法律困境 打击恶法要抬出宪法》，《中国经济时报》，2003-06-11等。

《中共中央关于坚持和完善中国特色社会主义制度　推进国家治理体系和治理能力现代化若干重大问题的决定》提出"完善立法体制机制"。坚持科学立法、民主立法、依法立法，完善党委领导、人大主导、政府依托、各方参与的立法工作格局，立改废释并举，不断提高立法质量和效率。完善以宪法为核心的中国特色社会主义法律体系，加强重要领域立法，加快我国法域外适用的法律体系建设，以良法保障善治。

第五节　立法技术

立法技术是指在立法活动中所应体现和遵循的有关法的创制、修改、废止的技能、技巧、规则等的总称。立法技术对于法的创制具有重要的作用。作为人类法的创制实践中的智慧结晶，立法技术有助于立法者表达立法意图，使法律的表达形式与表达的法律内容相符合，并使法律的表达形式臻于完善。立法者利用立法技术，可以消除现行法律的某些冲突、矛盾，弥补漏洞，以便于法律的遵守和适用。

中国古代比较关注立法技术，尤其强调"简约"。如晋朝的杜预（222—284）认为法律必须"文约而例直，听省而禁简"，[1]强调法律的文字要简明通俗，条例应明白准确、直截了当，法律的形式要单纯，概念要明确，条文要简约，不要烦密。唐代的李渊所颁布的《武德律》，贯彻了"务在宽简，取便于时"的原则。[2]李世民称帝后，力图完善《武德律》，立法简约而宽平。他在贞观元年（627）就下达了"死者不可复生，用法务在宽简"的指示；[3]贞观十年（636）则更全面而具体地谈到立法简约的问题。他说："国家法令，惟须简约，不可一罪作数种条。格式既多，官人不能尽记，更生奸诈，若欲出罪即引轻条，若欲入罪即引重条。"[4]在明代王夫之看来，"法贵简而能禁，刑贵轻而必行。"[5]

---

〔1〕《晋书·杜预传》。
〔2〕《旧唐书·刑法志》。
〔3〕《贞观政要·刑法》。
〔4〕《贞观政要·教令》。
〔5〕《读通鉴论》卷一七："夫奸吏亦有畏焉，诃责非所畏也，清察非所畏也，诛杀犹非所畏也，而莫畏于法之简。法简而民遵之者易见，其违之者亦易见，上之察之也亦易矣。即有疏漏，可容侵罔者，亦纤微耳，不足为国之大害也。唯制法者，以其偶至之聪明，察丝忽之利病，而求其允协，则吏益争以繁密诘曲衒其慎而雠其奸。虽有明察之上官，且为所惑蔽，而昏瞶者勿论矣。夫法者，本简者也，一部之大纲，数事而已矣，一事之大纲，数条而已矣。析大纲以为细碎之科条，连章累牍，援彼证此，眩于目而荧于心，则吏之依附以藏匿者，万端诡出而不可致诘。惟简也，划然立不可乱之法于此，则奸与无奸，如白黑之粲然。民易守也，官易察也，无所用其授受之密传；而远郊农圃之子，苟知书数，皆可抱案以事官。士人且弦诵而暮簿领，自可授以新而习如其故，虽间有疏脱，而受其愚蔽，不亦鲜乎！"

从总体上看，西方大陆法系国家的立法技术有重视法律的理论概括、强调法典总则部分的作用、注重法典的体系排列、讲求规范的逻辑性、概念的明确性和语言的精炼等特点，体现的是具有制定法特点的立法技术；英美法系国家的立法技术体现的是具有判例法特点的立法技术，注重从具体案件中提炼法律规范，在法律的内外结构、文体、系统化等方面有特别之处。[1]

一般认为，立法技术包括法律总体框架设计技术、法律名称构造技术、法律基本品格设定技术（原则、精神）、法律结构技术、法律规范构造技术、非规范性内容安排技术、立法语言技术等。立法技术特别需要注意法律条文的粗细程度、法律语言的使用规范、委任性条款与确定性条款的比例协调、与相关法律法规的协调、法律内部的逻辑统一性等问题。[2]

我国法律对立法技术有一些规定。如《立法法》第 61 条规定："法律根据内容需要，可以分编、章、节、条、款、项、目。编、章、节、条的序号用中文数字依次表述，款不编序号，项的序号用中文数字加括号依次表述，目的序号用阿拉伯数字依次表述。法律标题的题注应当载明制定机关、通过日期。经过修改的法律，应当依次载明修改机关、修改日期。"[3]

---

〔1〕 参见乔克裕、吴新耀主编：《立法学》，264 页，北京，中国政法大学出版社，1993。

〔2〕 关于立法语言技术问题，可参见刘红婴：《立法技术中的几种语言表述问题》，《语言文字应用》，2002(3)。

〔3〕 2009 年，全国人民代表大会常务委员会法制工作委员会发送了《关于印送〈立法技术规范（试行）（一）〉的函》(法工委发[2009]62 号)就法律结构规范、法律条文表达规范、法律常用词语规范、法律修改形式规范、法律废止形式规范等提出了参考建议。2011 年 2 月 5 日，全国人民代表大会常务委员会法制工作委员会又发送了《关于印送〈立法技术规范（试行）（二）〉的函》(法工委发[2011]5 号)，就法律条文表达规范、法律常用词语规范等提出了参考建议。

为做好相关工作，2017 年 12 月 18 日，全国人民代表大会常务委员会办公厅印发了《关于立法中涉及的重大利益调整论证咨询的工作规范》的通知 (常办秘字[2017]237 号)；2017 年 12 月 18 日，全国人民代表大会常务委员会办公厅印发《关于争议较大的重要立法事项引入第三方评估的工作规范规范》的通知 (常办秘字[2017]238 号)。

地方上，2006 年 1 月，吉林省十届人大常委会第 20 次主任会议通过了《吉林省人大常委会立法技术规范》，对地方法规的名称、内容、语言和修改方式等四方面内容作出了具体规定。参见陈立忠等：《吉林出台专门立法技术规范》，《检察日报》，2006-01-16。

又如《海口市政府规章立法后评估办法》经 2020 年 7 月 4 日十六届海口市政府第 115 次常务会议审议通过，2020 年 8 月 15 日起施行。在政府规章实施后，依照规定程序、标准和方法，对规章的立法技术、内容、实施绩效等进行调查分析和综合评价，并提出评估意见。

第十六章 法律执行

第一节 法律执行概述

一、法律实施与法律实现

法律实施是指法律在社会生活中被人们实际施行。法律实现是法律在现实生活中从抽象的行为模式变成人们的具体行为,从应然状态进到实然状态。法律实施方式有法律遵守、法律执行、法律适用、法律监督等。

法律如果不实施就只有文本和认识上的意义,法律只有在社会生活中实施,才能够真正成为法律,具有社会规范的一切内容。法律实施是实现法律的作用与目的的条件,是建立法治国家的必要条件。美国的霍姆斯曾指出:"法律的生命不是逻辑而是经验。"[1]他强调法律实施的意义、法律实施与社会因素的关系。

法律实现的评价标准是全方位的,包括人们按照法律规范的行为模式行为的程度、刑事案件的发案率、各类合同的履约率、普通公民和国家公职人员对法律的了解程度、与其他国家的法律实施情况进行可比性问题、社会大众的法律安全感的问题、法律功能和社会目的实现的问题、法律活动的成本和收益的问题等。

法律效果,在西方法社会学中,指法律或判决对社会生活的作用、影响,衡量法律效果如何要看法律作用的结果能否达到法律的预期目标。[2]在行为学概念中,效果是一种状态,是指法的行为规则在社会中为人们所遵守、适用和执行的状态。[3]法律效果与法律实效是有区别的:法律实效侧重于法律的实际效果;法律效果侧重评价法律对社会的实际影响。

二、法律执行的含义

法律执行即执法,有广义和狭义两种理解。广义上的法律执行,是指国家行政机关、监察机关、司法机关和法律授权、委托组织,依照法定职权和程序,贯彻实施法律的活动,它包括一切执行法律、适用法律的活动。狭义上的法律执行,是指国

---

〔1〕 [美]霍姆斯:《普通法》,转引自上海社会科学院法学研究所编译:《法学流派与法学家》,417页,上海,知识出版社,1981。

〔2〕 朱景文:《现代西方法社会学》,204页,北京,法律出版社,1994。

〔3〕 参见谢邦宇等:《行为法学》,377页,北京,法律出版社,1993。

家行政机关和监察机关、法律授权组织、行政机关委托组织在行使行政管理权的过程中,依照法定职权和程序,贯彻实施法律的活动。本章在狭义上使用法律执行这一概念,仅指行政执法和监察执法,不包括国家司法机关依照法定职权和程序,贯彻实施法律的活动,即不包括法律适用或司法。

需要注意的是,监察委员会对公职人员进行监察的行为也属于执法,可称为监察执法,与区别于本章前五节讨论的行政执法。各级监察委员会是行使国家监察职能的专责机关,依照《宪法》和《监察法》对所有行使公权力的公职人员进行监察,调查职务违法和职务犯罪,开展廉政建设和反腐败工作,维护宪法和法律的尊严。本章在第六节进行专门讨论监察执法,其他各节不予涉及。

与法律适用等比较,法律执行一般具有以下特征。

(1)法律执行的主体是国家行政机关、法律授权组织、行政机关委托组织。执法权是宪法和法律赋予行政机关的职权,中央人民政府、地方各级人民政府及其下属部门是行使执法权的主体。法律授权的组织如企业、学校等,在法律授权范围内执行法律。执法行为的具体实施者,既可以是行政机关和法律授权的组织,也可以是行政机关委托的组织。它们均可以行政主体的名义实施一定的执法行为。

(2)法律执行的内容具有广泛性。法律执行是以国家名义对社会实行全方位的组织和管理,它涉及国家社会、经济生活的各个方面,包括政治、经济、外交、国防、财政、文化、教育、卫生、科学、工业、农业、商业、交通、建设、治安、社会福利、公用事业等各个领域,内容十分广泛。特别在现代社会,社会事务愈加复杂,行政管理的范围更为广泛,法律执行的范围也日益扩大,法律执行对社会生活的影响也日渐深刻。

(3)法律执行活动具有单方面性。行政机关执法与司法机关司法以第三者身份居间裁判不同,在法律执行中,行政机关等与企业、公民等行政相对人形成行政法律关系。在行政法律关系中,行政机关既是一方当事人,又是执法者。行政机关代表国家,在行政法律关系中居支配地位,其意思表示和处分行为对于该法律关系具有决定的意义。法律执行行为虽然是双方或多方的行为,但仅以行政机关单方面的决定而成立,不需要行政相对人的请求和同意,例如国家行政机关依法对市场进行监督检查、依法命令企业遵守环境保护法规等。需要指出的是,行政复议、行政裁决、行政调解等执法行为不具有单方面性。

(4)法律执行活动具有主动性。法律执行是国家行政机关的法定职权,它既是国家行政机关对社会进行全面组织和管理的一项权力,又是国家行政机关所应当承担和履行的一种职责。因此,国家行政机关在执法中,一般都采取积极主动的行动去履行职责,而不需要行政相对人的意思表示。在法律执行中,国家行政机关大多必须主动采取各种措施,选择各种方案,广泛开展工作,使法律规范在社会生活中得到普遍的贯彻执行。

同时,由于法律执行涉及的社会生活范围很广,加之社会生活的复杂性和社会发展的不平衡性,法律不可能都作出明确而严格的规定,一般只作概括性的规定或不予具体规定,由行政机关根据具体情况决定,因而法律执行具有较大的灵活性,国家行政机关在法律执行活动中享有较大的自由裁量权。

(5)法律执行程序具有效率性。国家行政机关在法律执行活动中要依照法定程序进行,不能随心所欲、任性行政。由于法律执行要处理较多急迫的问题,如果拖延耽搁,就会给国家利益、社会公共利益或行政相对人合法权益造成重大损害,因此在法律执行的程序设计上更强调迅速、简便、快捷。法律执行同样要追求公正,坚持公开、公正、公平原则,但总体上更注重效率,这在程序方面表现得更为明显。当然,由于法律执行行为的多种多样,有些法律执行行为如紧急行政行为、即时强制行为等的程序可能更偏重效率;有些法律执行行为如行政处罚行为、行政裁决行为等的程序可能更注重保障公正。

法律执行作为国家行政机关独立的职能,是近代民主政治制度的产物。在古代社会,国家的立法、司法、行政权均由最高统治者一人掌握,君主可以一言兴法,也可以一言废法,国家行政机关根据最高统治者的个人意志进行行政事务管理。资产阶级革命后,建构了立法、司法、行政三权分立的国家制度,确立了依法行政的法制原则,民主政治消除了个人对社会享有至高无上统治权的现象,避免了个人的独断专行。国家行政机关执行法律是人类制度文明进步的结果。

法律的生命力在于它在社会生活中的具体实施。法律执行是法律实施的重要组成部分。我国宪法规定,国家行政机关是国家权力机关的执行机关。国家权力机关制定的法律和其他规范性法律文件,主要是通过国家行政机关的日常职务活动来贯彻执行的。从数量上来看,占总数80%以上的法律是由国家行政机关来贯彻执行的。执法使大多数法律在社会生活的各个领域发挥作用,使国家经济、政治、文化、社会公共等事务都依法进行、有序运作,法律执行是广泛的普遍的实施法律的活动,是法律实现的主要途径。因此,法律执行在我国法制建设中占有十分重要的地位,对实现现代法治国家、建设法治社会具有重要意义。

法律执行是实现政府职能的最主要、最重要的手段。随着我国市场经济体制的建立和逐步完善,政府行为从本质上讲应是一种法律行为,除了某些行政立法行为以外,其他的都与执法有密切联系,都属于执法行为。政府从过去主要采取行政手段直接管理经济、管理社会转变为通过法律宏观间接管理为主的宏观、微观相结合的管理,政府职能也从传统的计划、审批许可、指挥、组织产供销、命令向规划、制定法规、运用经济杠杆、指导、协调、服务转变。在现代法制国家,政府职能要通过有效的执法活动来实现。因此,法律执行对于转变政府职能、规范政府权力、建设法治政府、调整政府与市场主体的关系、促进经济社会发展是非常必要的。国家行政机关通过执法管理国家事务社会公共事务,通过依法行政实现政府职能。[1]

　　法律执行在分配社会资源、维护社会秩序、保障公民权利、推动社会进步方面起着重要的作用。特别是在现代社会,国家行政机关的职能膨胀,行政事务日趋庞杂,行政管理的范围日益广泛,法律执行在社会生活中的重要性更加突出。由于社会发展的迅速、社会问题的复杂,现代国家的立法机关为适应社会的变化而广泛授权给行政机关,行政机关的权限和职能有了极大地扩张,往往集立法、司法、行政职能于一身,分权、依法行政管理原则的解释与运用日益朝宽泛方向发展。国家行政机关在社会发展中处于主导地位,行政机关通过法律执行调整社会关系,干预社会生活,影响社会成员的行为,在一定程度上引领社会的变化。[2]

第二节　法律执行的种类

　　法律执行的范围极其广泛,按照不同的标准,可以对法律执行作不同的分类。

　　(1) 根据行为的内容、性质的不同,法律执行可以分为行政监督、行政处理、行政制裁、行政强制和行政复议、行政裁决、行政调解。

　　行政监督是行政机关为了实现行政管理职能,督促行政相对人自觉遵守法律,正当行使权利和适当履行义务的执法,它的主要形式包括行政检查、审查、调查、行政统计、发布信息、情报以及财政、财务审计等。

　　行政处理是行政机关在行政管理活动中,对行政相对人确定或者设置某种权利或义务的执法。行政处理包括行政命令、禁令、行政许可、免除、行政征收、征用、行政批准、登记、行政给付、撤销等,是一种内容最广泛、形式最多样的法律执行活动。

　　行政制裁是行政机关依法对违反行政法规实施了某种违法行为而应受惩罚的

---

　　[1] 需要注意的是私人执法现象。金德纳《反托拉斯法》(1968)一书有《私人执法》一章。除司法部和联邦交易委员会施行反托拉斯法外,私诉可能性随时存在。私诉是反托拉斯法施行最有效手段:一是违法行为最容易由直接受影响的人发现;二是相比受预算约束的政府机关,私人更容易起诉。联邦议会鼓励私人执法,规定胜诉者可请求作为违反反托拉斯法之结果所带来的实际损失之三倍赔偿以及含合理律师费在内的其他费用。转引自[日]田中英夫、竹内昭夫:《私人在法实现中的作用》,李薇译,载梁慧星主编:《为权利而斗争》,383页,北京,中国法制出版社,2004。徐昕基于法律执行的经济分析,结合民间收债、私人侦探、私刑等社会现象,系统论述了私人执法的理论和实践,并从私人执法角度阐释了私力救济问题,其中尤其聚焦于中国实际,进而提出中国应加强私人在法律执行中的作用。参见徐昕:《法律的私人执行》,载《法学研究》,2004(1)。

　　[2] 波林斯基和谢弗考察了公共执法——通过公共机构(检查员、核税官、警察、检察官)发现和制裁法律规则的违反者——的理论。他们首先提出了这一理论的基本要素,聚焦于施加制裁的概率、制裁的大小和形式以及责任规则。随后审视了这一核心理论的各种扩展,涉及偶然损害、执行罚款的成本、错误、综合性执法、边际威慑、委托—代理关系、和解、自首、累犯、有关罚款概率和量度的不完全信息以及剥夺能力。参见[美]A·米切尔·波林斯基、斯蒂芬·谢弗:《公共法律执行的经济理论》,徐昕等译,《南大商学评论》,第4辑,南京,南京大学出版社,2005。

行政相对人科处行政处罚或采取其他制裁措施的执法行为。行政制裁的基本形式为行政处罚，如行政拘留、罚款、没收非法所得、吊销许可证照、责令停产整顿等。除了行政处罚以外，行政制裁还包括对行政相对人采取某种对其权益不利的行政措施，如一定期限内不给其发放某种许可证照，不赋予其某种资格，不授予其某种权利，不发给某种补贴、资助等。

行政强制是行政机关在行政处理决定和行政处罚对行政相对人科以义务后，行政相对人逾期不起诉又不履行义务或行政相对人不自动履行法定义务而依法采取强制措施，迫使其履行相应义务的法律执行活动。[1]

行政复议、行政裁决和行政调解是解决争议或纠纷的法律执行行为，有的称之为行政准司法行为或行政司法行为。

行政复议是指行政管理相对人对原具体行政行为不服时，作出该行为机关的上一级行政机关或法律规定的其他机关，根据相对人的申请或自己的职权，依法对原具体行政行为予以复查并作出裁决的一种法律执行活动。

行政裁决是指行政机关裁决民事争议的执法，这些民事争议包括某些传统上由法院处理的民事争议，如民事侵权争议、土地使用权所有权权属争议、房租争议等；随着社会经济发展而新出现的民事争议，如商标、专利等知识产权争议、环境污染争议、工伤事故或医疗事故赔偿争议、交通运输争议、产品质量争议等。对行政裁决可以进行申请行政复议和提起行政诉讼。

行政调解是指由行政机关主持的，以自愿为原则，通过说服教育的方法，促使争议双方当事人友好协商、互谅互让，达成协议的一种法律执行行为。

（2）根据行为对行政相对人权利义务影响的不同，法律执行可以分为赋予、暂停或取消行政相对人某种法律资格的执法，授予、限制或剥夺行政相对人某种法律权益的执法，加予、减少或免除行政相对人某种法律义务的执法，解决处理行政相对人某一争议的执法行为。

（3）根据执法机关的不同，法律执行可以分为工商行政执法、公安行政执法、税务行政执法、人事行政执法、财政行政执法、土地行政执法、食品卫生行政执法、环境保护行政执法、物价行政执法、城建行政执法、计量行政执法、审计行政执法、金融行政执法、教育行政执法、文化行政执法、劳动行政执法、农业行政执法、林业行政执法、渔业行政执法、交通行政执法、司法行政执法、海关行政执法等。

此外，根据不同的标准，行政执法还可以分为以下几类：抽象执法和具体执法、羁束性执法和自由裁量性执法、依职权的执法和依申请的执法、强制性执法和

---

〔1〕　关于行政强制，可参见胡建淼主编：《行政强制法研究》，北京，法律出版社，2003。该书就行政强制的基本概念、行政强制立法及调整范围、行政强制法的基本原则、行政强制权与强制手段、行政强制措施、行政强制执行和行政强制行为的性质及法律救济进行了阐述、分析。

非强制性执法。

第三节　当代中国法律执行体系

法律执行体系是指由具有不同职权管辖范围的行政机关、社会组织执行法律而构成的互相分工、相互配合的和谐整体。法律执行体系意味着法律执行的纵横结构的统一。

一、政府的法律执行

政府的法律执行是我国法律执行体系中最重要的法律执行,包括中央人民政府的法律执行和地方各级人民政府的法律执行。

根据我国《宪法》第85条的规定,国务院即中央人民政府是最高国家权力机关的执行机关,是最高国家行政机关,根据《宪法》和《国务院组织法》的规定,中央人民政府的执法主要有以下几类:①根据宪法和法律,规定行政措施,制定行政法规,发布决定和命令;②规定各部和各委员会的任务和职责,统一领导各部和各委员会的工作,并且领导不属于各部和各委员会的全国性的行政工作;③统一领导地方各级国家行政机关的工作,规定中央和省、自治区、直辖市的国家行政机关的职权和具体划分;④改变或者撤销各部、县委员会发布的不适当的命令、指示和规章;⑤改变或者撤销地方各级国家行政机关的不适当的决定和命令等。

地方各级人民政府是地方各级权力机关的执行机关,是地方各级国家行政机关,地方各级人民政府一般分为三级:省、自治区、直辖市的人民政府,县、自治县、县级市级人民政府;乡、民族乡、镇人民政府。

二、政府工作部门的法律执行

政府工作部门是各级人民政府的下属机构,包括中央人民政府即国务院下属机构和地方各级人民政府的下属机构。

根据有关法律的规定,我国有权执行法律的政府工作部门主要有外交、国防、国家发展和改革、教育、科技、国防科技、民族事务、公安、国家安全、监察、司法、民政、财政、人事、劳动和社会保障、建设、铁道、交通、信息产业、国土资源、水利、农业、商务、文化、卫生、人口与计划生育、金融、审计、国有资产监督管理、海关、税务、工商行政管理、质量监督检验检疫、广播电影电视、新闻出版、体育、统计、林业、食品药品监督、安全生产监督管理、知识产权、旅游、宗教事务等。

随着我国社会控制模式、社会管理模式的转变和依法治国观念的确立和制度的完善,政府工作部门将主要通过执法来进行行政管理,实现政府职能。

如何依法对"治安高危人员"进行全面、可持续性的防控

2011 年 4 月 10 日,深圳市公安局例行向媒体公开通报该市排查、清理"治安高危人员"的相关情况。之后,网上开始出现"挤压了特定人群生存空间""不负责任""行政懒惰"等质疑之声。

新年第一天,深圳警方围绕"平安大运"和"久安深圳",开始了"治安高危人员排查清理百日行动",并将流入深圳、有刑事犯罪前科、长期滞留且无正当职业及合法经济来源;无正当职业、生活规律异常、经济来源可疑;涉嫌吸毒贩毒或销赃;长期靠操纵儿童乞讨、扒窃等非法收入维持生计;有报复社会的极端言行、可能产生极端行为;危及他人安全的精神病人;使用假身份证件在旅业或出租屋居住等 8 类人员列为重点关注的"治安高危人员"。据介绍,行动期间,警方加大了对团伙和系列案件的破案力度。全市共抓获犯罪嫌疑人 6371 人,破获刑事案件 7679 宗;治安拘留 1731 人、强制戒毒 829 人、抓获在逃人员 921 人。深圳市公安局副局长申少保强调,截至 4 月 10 日,已有 8 万余名"治安高危人员"受到震慑离开深圳,但这还不是全部。深圳所谓"治安高危人员"的尺度如何把握?是运动式执法吗?是强制清理吗?

面对质疑和争议,深圳警方回应说,排查清理"治安高危人员"既不"违宪",也不存在"侵犯人权"。深圳警方新闻发言人说,如何依法对"治安高危人员"进行全面、可持续性的防控,是社会管理的一个新课题,我们将在建立长效机制上下功夫。[1]

深圳市公安局为深圳市人民政府的工作部门,有权执行法律;通过排查清理掌握"治安高危人员"的信息,应该是警方基层、基础管理的常态性执法工作。当然,警方的执法需要依法、合理。

三、法律授权的社会组织的法律执行

根据法律的具体授权而行使特定行政职能的社会组织,可以在一定范围内执行法律。例如,我国《行政处罚法》第 17 条规定:"法律、法规授权的具有管理公共事务职能的组织可以在法定授权范围内实施行政处罚。"法律授权的社会组织的执法具有以下特点:第一,授权的社会组织是非国家机关组织,它们只在行使法律所授权的执法时,才享有国家权力和承担行政法律责任,在非执法时,它们只是一般的民事主体。被授权的社会组织在执法时,享有与行政机关相同的行政主体地位,并以自己的名义进行执法,且由其本身就行使执法权的行为对外承担法律责任。第二,法律授权的社会组织的执法为具体法律所授,而非行政组织法所授,法律一

---

[1] 胡谋:《深圳警方否认强制遣返"治安高危人员"系自行离开》,《人民日报》,2011-04-16。

般明确规定社会组织的执法权限,其范围通常是很窄的、有限的。这些法律授权的组织与政府一起履行现代行政的职能。它们的存在有助于形成政府与社会的良性互动,也有助于行政机构的精简。

法律授权的社会组织的法律执行主要包括以下几类:仲裁组织和裁决组织的法律执行;社会组织、社会团体的法律执行;企事业组织的法律执行;基层民众自治组织的法律执行;技术检验、鉴定机构的法律执行;民间治安保卫组织的法律执行。

《国家赔偿法》第7条第三款规定,法律、法规授权的组织在行使授予的行政权力时侵犯当事人的合法权益造成损害的,该组织应当承担赔偿责任。

四、行政委托组织的法律执行

行政委托是行政合同的一种,是指行政机关依法把一定的事务委托另一个机关或者其他组织办理的行为。

机关委托的社会组织有权进行法律执行活动,行政委托的社会组织进行法律执行的特点是,被委托人必须以委托人的名义从事活动,活动的法律后果由委托人承受。《行政诉讼法》第26条规定,行政机关委托的组织所作的具体行政行为,委托的行政机关是被告。《国家赔偿法》第7条第三款规定,受行政机关委托的组织或者个人在行使受委托的行政权力时侵犯公民、法人和其他组织的合法权益造成损害的,委托的行政机关为赔偿义务机关。

法律规定,受委托组织必须符合以下条件:①依法成立的管理公共事务的事业组织;②具有熟悉有关法律、法规、规章和业务的工作人员;③对违法行为需要进行技术检查或者技术鉴定的,应当有条件组织进行相应的技术检查或者技术鉴定。在我国,法律授权法律执行的上述社会组织都可以成为行政委托执法的社会组织。企事业组织往往受主管行政机关的委托处理某些行政事务,执行有关法律。基层民众自治组织经常根据行政机关的委托,执行法律行使某些行政职能。[1]

第四节　当代中国法律执行的原则

法律执行的原则是指行政执法主体在执法活动中所应遵循的基本准则。我国的行政执法要求遵循合法性原则、合理性原则、效率原则。

---

〔1〕 关于行政执法,可参见姜明安主编:《行政执法研究》,北京,北京大学出版社,2004。该书对中国行政执法的理论与实践进行了较全面深入的探讨,内容涉及行政执法概念、行政执法功能与作用、行政执法行为与手段、行政执法中的法律适用与法律解释、行政执法的程序、对行政执法的监督、中国入世与行政执法观念的转变以及行政执法的物质保障等。

一、合法性原则

合法性原则也即依法行政和法治原则在法律执行中的具体体现。合法性原则是现代法治国家对法律执行的基本要求,也是法律执行的最重要的一项原则。现代法治国家要求依法行政,防止行政权力的滥用,保障行政活动的权威性。

合法性原则要求法律执行主体的设立和法律执行活动不仅要有法可依,行使行政职能必须由法律授权并依据法律规定。首先,法律执行主体要合法。其次,法律执行内容要合法。最后,法律执行程序必须合法。[1]

法律执行遵循合法性原则,需要注意观念、体制等方面因素。如下面这一现象就值得我们肯定。

乌鲁木齐市建委发布建筑业行政执法权力事项清单
魏红萍　新疆都市报　2015-03-20

2015年3月19日,乌鲁木齐市建委发布了建筑业行政执法权力事项清单,此次公布的权力清单共276条,对建筑行业各个环节中涉及的违法行为进行了详细梳理,并列举了相关的法律依据及处罚标准。特别是一些涉及民生的强制性标准,一旦擅自修改,将面临最高50万元的罚款。

清单涵盖了建设、勘察、设计、施工、监理、检测、招标单位、造价咨询等单位及建造师、建筑师、监理工程师、造价工程师等行业从业人员的市场行为和从业行为。

比如,建设单位未按照建筑节能强制性标准委托设计,擅自修改节能文件,明示或暗示设计单位、施工单位违反民用建筑节能强制性标准进行设计、施工的。按照《节约能源法》第79条的规定:建设单位违反建筑节能标准的,由建设主管部门责令整改,处二十万元以上五十万元以下罚款。按照《民用建筑节能管理规定》第25条的规定:建设单位未按照建筑节能强制性标准委托设计,擅自修改节能设计文件,明示或暗示设计单位、施工单位违反建筑节能设计强制性标准,降低工程建设质量的,处20万元以上50万元以下的罚款。

清单明确了具体的处罚单位——由县级以上地方人民政府建设主管部门责令改正,处20万元以上50万元以下的罚款;明确了建设单位的违法行为包括:明示或者暗示设计单位、施工单位违反民用建筑节能强制性标准进行设计、施工的;明示或者暗示施工单位使用不符合施工图设计文件要求的墙体材料、保温材料、门窗、采暖制冷系统和照明设备的;采购不符合施工图设计文件要求的墙体材料、保温材料、门窗、采暖制冷系统和照明设备的;以及使用列入禁止使用目录的技术、工艺、

---

[1]　如《重庆市重大行政决策程序规定》经2020年6月15日重庆市第五届人民政府第102次常务会议通过,自2020年9月1日起施行。这一规定决策草案的形成、合法性审查和集体讨论决定、决策执行和调整、法律责任等进行了规定。

材料和设备的。

对于监理单位以欺骗、贿赂等不正当手段取得资质证书的,则由建设主管部门或有关部门给予警告,并处 1 万元以上 2 万元以下的罚款,申请人 3 年内不得再次申请工程监理企业资质。

而设计单位违反规定指定建筑材料、建筑构配件的生产厂、供应商的;设计单位未按照规定提供信用档案信息,逾期未改正的。建设主管部门将依据《建设工程勘察设计资质管理规定》,给予警告,责令限期改正;逾期未改正的,并可处以 1000元以上 1 万元以下的罚款。

某种意义上而言,我们不缺少法律,而是缺少执行;法律执行机关尤其要执行法律。[1]

二、合理性原则

合理性原则是指法律执行主体在法律执行活动中,特别在行使自由裁量权时,必须做到适当、合理、公正,即执法须符合法律的基本精神和目的,具有客观、充分的事实根据和法律依据,与社会生活常理相一致。法律执行要以人为本,注重人性关怀。

法律执行主体要平等对待行政相对人,不歧视,对于实施了同样或类似行为的行政相对人应予公平对待处理;行使自由裁量权时要以法律精神为指导考虑相关因素,尽可能照顾到各方利益,在多方利益之间衡量时要合情合理,禁止偏袒,禁止谋私,严格控制自由裁量权的行使;对于法律只有原则规定或没有规定的,应以客观、充分的事实根据为基础,依据法律的基本精神和目的,遵循与社会生活公理相一致原则,公平合理地处理,法律执行要符合当地的善良风俗;法律执行要做到程序公正,不单方接触行政相对人,不在事先未通知和听取行政相对人申辩意见的情况下作出对相对人不利的处理;对于不适当、不合理等显失公平的法的执行行为应依法及时予以纠正,宣布无效并予以撤销。

合理行政的要求有如下各项基本标准:①行政行为需出于正当的行政目的,不能考虑法律上无关的因素。②讲求诚实信用,保护信赖利益。即使政府的行为违反法律,或者行政行为作出后由于时势变迁而不合时宜,如果当事人本着对政府的真诚信赖,已经实施相应行为,那么,对当事人的正当利益应当予以保护。至于具体的保护方式和范围,应当权衡公共利益与私人利益而定。这一点也称为"信赖保护原则"。③平等对待。同类情形同样处理。涉及双方争执或者多方竞争的,应当公平对待。④行为适度。所采取的行政措施、处理决定应当与想要达到的行政

---

[1] 我国在法律执行方面存在一定问题,法律"打白条"现象是由多种原因造成的,国家机关和公职人员的严格执法、守法对解决这一问题具有重要意义。关于行政执法责任制,可参见郑传坤、青维富:《行政执法责任制理论与实践对策研究》,北京,中国法制出版社,2003。

目的相称,兼顾公共利益与私人利益。这一条被称为"适当原则"或者"比例原则"。

三、效率原则

效率原则是指在依法行政的前提下,行政机关对社会实行组织和管理过程中,应以尽可能低的成本取得尽可能大的收益,取得最大的法律执行效益。

法律执行的效率原则是依法行政的基本要求之一,它要求行政机关在执行法律时尊重科学,考虑客观规律,作必要的可行性分析和一定的成本——效益分析,使法律执行行为具有最大可能的合理性,尽可能给国家、社会、公民带来益处,尽可能避免或减少对国家、社会、公民利益的损害。

需要指出的是,我国法律执行遵循合法性原则、合理性原则、效率原则需要如公安机关一样重视规范化建设。

《国务院关于公安机关执法规范化
建设工作情况的报告》节选

第五节 当代中国法律执行的改革与完善

面对新的社会状况,当代中国法律执行需要进一步的改革与完善。[1] 2014年10月23日,中国共产党第十八届中央委员会第四次全体会议通过的《中共中央关于全面推进依法治国若干重大问题的决定》提出深入推进依法行政,加快建设法治政府。

《中共中央关于全面推进依法治国
若干重大问题的决定》节选

---

〔1〕《中共中央关于全面深化改革若干重大问题的决定》(2013 年 11 月 12 日中国共产党第十八届中央委员会第三次全体会议通过)提出:"(31)深化行政执法体制改革。整合执法主体,相对集中执法权,推进综合执法,着力解决权责交叉、多头执法问题,建立权责统一、权威高效的行政执法体制。减少行政执法层级,加强食品药品、安全生产、环境保护、劳动保障、海域海岛等重点领域基层执法力量。理顺城管执法体制,提高执法和服务水平。完善行政执法程序,规范执法自由裁量权,加强对行政执法的监督,全面落实行政执法责任制和执法经费由财政保障制度,做到严格规范公正文明执法。完善行政执法与刑事司法衔接机制。"载 http://news.eastday.com/eastday/13news/node2/n4/n6/u7ai173782_K4.html,最后访问时间 2015-01-21。

习近平于 2017 年 10 月 18 日所作的《决胜全面建成小康社会 夺取新时代中国特色社会主义伟大胜利——在中国共产党第十九次全国代表大会上的报告》中强调建设法治政府,推进依法行政,严格规范公正文明执法。

2019 年 10 月 31 日中国共产党第十九届中央委员会第四次全体会议通过的《中共中央关于坚持和完善中国特色社会主义制度 推进国家治理体系和治理能力现代化若干重大问题的决定》提出坚持有法必依、执法必严、违法必究,严格规范公正文明执法,规范执法自由裁量权,加大关系群众切身利益的重点领域执法力度。

第六节 监察执法

监察执法为我国近些年出现的新的法律执行类型,区别于行政执法。

一、监察执法的依据

监察执法具有宪法和法律依据。我国《宪法》第 123 条规定:"中华人民共和国各级监察委员会是国家的监察机关。"第 127 条又规定:"监察委员会依照法律规定独立行使监察权,不受行政机关、社会团体和个人的干涉。监察机关办理职务违法和职务犯罪案件,应当与审判机关、检察机关、执法部门互相配合,互相制约。"根据宪法,《监察法》第 3 条明确规定:"各级监察委员会是行使国家监察职能的专责机关,依照本法对所有行使公权力的公职人员(以下称公职人员)进行监察,调查职务违法和职务犯罪,开展廉政建设和反腐败工作,维护宪法和法律的尊严。"

根据党中央关于深化国家监察体制改革的部署,我国的监察机关与党的纪律检察机关合署办公。纪委是党内监督的专责机关,将监察委员会定位为行使国家监察职能的"专责机关"与纪委的定位相匹配。监察委员会作为行使国家监察职能的专责机关,与党的纪律检察机关合署办公,从而实现党对国家监察工作的领导。监察委员会是实现党和国家自我监督的政治机关,不是行政机关、司法机关。

从总体上认识,我国监察机关的性质接近行政权。[1] 监察机关依据宪法和法律对所有行使公权力的公职人员进行监察的活动为不同于行政机关法律执行的监察机关法律执行,即监察执法。

二、监察执法的对象

按照《监察法》,监察执法坚持标本兼治、综合治理,强化监督问责,严厉惩治腐

---

〔1〕 马玲:《监察委员会与其他国家机关的关系》,《法律科学》,2017(6)。

败;深化改革、健全法制,有效制约和监督权力;加强法治教育和道德教育,弘扬中华优秀传统文化,构建不敢腐、不能腐、不想腐的长效机制。

监察委员会依照监察法和有关法律规定履行监督、调查、处置职责,监察执法的内容包括下列几方面:(1)对公职人员开展廉政教育,对其依法履职、秉公用权、廉洁从政从业以及道德操守情况进行监督检查;(2)对涉嫌贪污贿赂、滥用职权、玩忽职守、权力寻租、利益输送、徇私舞弊以及浪费国家资财等职务违法和职务犯罪进行调查;(3)对违法的公职人员依法作出政务处分决定;对履行职责不力、失职失责的领导人员进行问责;对涉嫌职务犯罪的,将调查结果移送人民检察院依法审查、提起公诉;向监察对象所在单位提出监察建议。

根据《监察法》第 15 条的规定,监察执法的对象比较广泛,具体为:(1)中国共产党机关、人民代表大会及其常务委员会机关、人民政府、监察委员会、人民法院、人民检察院、中国人民政治协商会议各级委员会机关、民主党派机关和工商业联合会机关的公务员,以及参照《公务员法》管理的人员;(2)法律、法规授权或者受国家机关依法委托管理公共事务的组织中从事公务的人员;(3)国有企业管理人员;(4)公办的教育、科研、文化、医疗卫生、体育等单位中从事管理的人员;(5)基层群众性自治组织中从事管理的人员;(6)其他依法履行公职的人员。

三、监察执法的方式

监察机关执法过程中行使监督、调查职权,有权依法向有关单位和个人了解情况,收集、调取证据。在调查过程中,对涉嫌职务违法的被调查人,监察机关可以要求其就涉嫌违法行为作出陈述,必要时向被调查人出具书面通知。对涉嫌贪污贿赂、失职渎职等职务犯罪的被调查人,监察机关可以进行讯问,要求其如实供述涉嫌犯罪的情况。在调查过程中,监察机关可以询问证人等人员。被调查人涉嫌贪污贿赂、失职渎职等严重职务违法或者职务犯罪,监察机关已经掌握其部分违法犯罪事实及证据,仍有重要问题需要进一步调查,并有下列情形之一的,经监察机关依法审批,可以将其留置在特定场所:(1)涉及案情重大、复杂的;(2)可能逃跑、自杀的;(3)可能串供或者伪造、隐匿、毁灭证据的;(4)可能有其他妨碍调查行为的。监察机关调查涉嫌贪污贿赂、失职渎职等严重职务违法或者职务犯罪,根据工作需要,可以依照规定查询、冻结涉案单位和个人的存款、汇款、债券、股票、基金份额等财产。监察机关可以对涉嫌职务犯罪的被调查人以及可能隐藏被调查人或者犯罪证据的人的身体、物品、住处和其他有关地方进行搜查。监察机关在调查过程中,可以调取、查封、扣押用以证明被调查人涉嫌违法犯罪的财物、文件和电子数据等信息。监察机关在调查过程中,可以直接或者指派、聘请具有专门知识、资格的人员在调查人员主持下进行勘验检查。

　　监察机关在调查过程中,对于案件中的专门性问题,可以指派、聘请有专门知识的人进行鉴定。监察机关调查涉嫌重大贪污贿赂等职务犯罪,根据需要,经过严格的批准手续,可以采取技术调查措施,按照规定交有关机关执行。依法应当留置的被调查人如果在逃,监察机关可以决定在本行政区域内通缉,由公安机关发布通缉令,追捕归案。监察机关为防止被调查人及相关人员逃匿境外,经省级以上监察机关批准,可以对被调查人及相关人员采取限制出境措施,由公安机关依法执行。

　　监察机关的执法活动应严格依法定程序进行。

　　在执法中,监察机关应当依法公开监察工作信息,接受民主监督、社会监督、舆论监督。监察人员必须模范遵守宪法和法律,忠于职守、秉公执法,清正廉洁、保守秘密;必须具有良好的政治素质,熟悉监察业务,具备运用法律、法规、政策和调查取证等能力,自觉接受监督。

第十七章 法律适用

第一节 法律适用概述

一、法律适用的含义

法律适用即司法,通常是指国家司法机关根据法定职权和法定程序,具体应用法律处理案件的专门活动。[1] 在许多情况下,只要公民和社会组织依照法律行使权利并履行义务,法律就能够在社会实际生活中得以实现。但是,当公民、社会组织和国家机关在相互关系中发生了自己无法解决的争议,致使法律规定的权利义务无法实现时,或者当公民、社会组织和国家机关在其活动中遇到违法、违约或侵权行为时,就需要司法机关适用法律,即运用法律裁决纠纷,解决争端,制裁违法、犯罪行为,进行权利救济。

法律适用的特点主要表现在以下几方面。

(1) 被动性。法律适用活动的惯常机制是"不告不理",司法程序的启动离不开权利人或特定机构的提请或诉求,但司法者从来都不能主动发动一个诉讼,因为这与司法权的性质相悖。如果那样做,只能使司法机关混同于主动实施管理、调查或处罚等职务行为的行政机关。正如托克维尔所言:"从性质上来说,司法权自身不是主动的。要使它行动,就得推动它。向它告发一个犯罪案件,它就惩罚犯罪的人;请它纠正一个非法行为,它就加以纠正;让它审查一项法案,它就予以解释。但是,它不能自己去追捕罪犯、调查非法行为和纠察事实。"[2]

(2) 交涉性。法律适用过程离不开多方当事人的诉讼参与,在刑事诉讼中需要控辩双方的辩驳、质证、对抗,在诉讼中需要原被告双方的协商、交涉、辩论。司法者所作的裁判,必须是在受判决直接影响的有关各方参与下,通过提出证据并进行理性说服和辩论,以此为基础促进裁判的制作;而不像行政管理者那样,通过单方面调查取证而形成决定。

(3) 权威性和专业性。法律适用是由特定的国家机关及其公职人员,按照法定职权实施法律的专门活动。在我国,人民法院和人民检察院是代表国家行使司

---

[1] 在当代中国,国家司法机关包括审判机关和检察机关。在有些国家和地区,国家司法机关仅指审判机关。

[2] [法]托克维尔:《论美国的民主》(上),董果良译,110页,北京,商务印书馆,1991。

法权的专门机关,其他任何国家机关、社会组织和个人都不得从事这项工作。

(4)程序性。法律适用是司法机关依照法定程序所进行的活动。司法机关处理案件必须依据相应的程序法规定。法定程序是保证司法机关正确、合法、及时地适用法律的前提,是实现司法公正的重要保证。

(5)合法性。法律适用是司法机关运用法律处理案件的活动。司法机关对案件的处理,应当有相应的法律依据,否则无效。枉法裁判,还须承担相应的法律责任。

(6)终极性。法律适用是解决纠纷、处理冲突的最后环节,法律适用结果是最终性的决定。

(7)国家强制性。法律适用是司法机关以国家强制力为后盾实施法律的活动。司法机关依法所作的决定,所有当事人都必须执行,不得违反。

(8)法律适用必须有表明法律适用结果的法律文书,如判决书、裁定书和决定书等。这些法律文书具有法律约束力。如果对它们的内容不服,可以依据法定程序上诉或申诉,但是任何机关、组织和个人都不得抗拒执行已经发生法律效力的判决、裁定或决定。

法律适用是实施法律的一种方式,是一种判断性的活动,对于实现法律目的、发挥法律作用、保障法律权威、维持社会秩序具有重要意义。在卡多佐(Benjamin N.Cardozo,1870—1938)看来,由于法律文字和法律精神之间的反差,而司法的解释职能"坚持回应了人的需求,而正是这种需求,司法的职能繁荣起来了并坚持下来了"。[1] 美国现实主义法学的代表人物霍姆斯(Oliver Wendell Holmers,1841—1935)在《法律的道路》一文中甚至认为"法律就是对法院事实上将做什么的预测",[2]更将法院的行为、司法提高到了法律本身的地步。

二、法律适用与法律执行

同为法律实施的方式,法律执行与法律适用在主体、性质、内容、价值取向等方面均存在差别。

法律适用是维系社会的要求。按照美国学者霍贝尔(E.A.Hoebel,1961—1993)的观点,原始形态的法院甚至存在于初民社会之中,尽管此法院的形式特征迥异于现代社会的法院。[3] 在美国发生的未曾解决的政治问题,迟早会成为司法

〔1〕 [美]本杰明·卡多佐:《司法过程的性质》,苏力译,7页,北京,商务印书馆,1998。

〔2〕 [美]霍姆斯:《法律论文集》,转引自沈宗灵:《现代西方法理学》,310页,北京,北京大学出版社,1992。

〔3〕 [美]E.A.霍贝尔:《初民的法律——法的动态比较研究》,周勇译,27页,北京,中国社会科学出版社,1993。

问题。[1] 欧洲中世纪的庄园法院、教会法院和封建领主法院在各自管辖区域内享有广泛的立法和行政权力,以致佩里·安德森认为司法是政治权力的中心形式。[2] 由此可见,法院在历史和现实之中的社会地位、功能和作用。[3] 法律适用具有解决纠纷的直接功能和秩序维持、利益分配、文化支持等间接功能。

"在生存与竞争的社会,对立与纷争的发生乃无法避免的事实。若任由其以暴力解决,则人类将在丛林之弱肉强食中消灭殆尽。为求社会的久远,人类的和平共存,势必明确地解释及适用法,解决内部纷争,维持其统一的秩序。"[4] 于是乎,司法须走上前台担当主角,解决纠纷维持社会秩序和正义。"司法审判之作用,除解决对立当事人间之纷争外,并透过判决,具体证明人民权利及自由的价值。同时社会大众之正义感,亦因而获得若干满足。"[5]

在美国联邦党人看来,政治权力的分割中,最不危险的部门就是司法部门。因为司法部门既无强制,又无意志,只有判断;而且即使为实施其判断亦需借助于行政部门的力量。[6] 正因为是最不危险的部门,自然也是三个部门中最弱小的一个部门,"司法部门的软弱必然招致其他两方的侵犯、威胁与影响"。[7] 因此,对于司法权而言,重要的是如何保证司法权不受立法权和行政权的侵犯,从而保持三权分立的政府结构,进而保护公民的自由权。因为无论立法权还是行政权挟持了司法权,公民的自由权就不复存在。因此,防止司法部门被侵犯的最好方法就是保持司法独立。[8]

---

〔1〕 [法]托克维尔:《论美国的民主》(上),董果良译,310 页,北京,商务印书馆,1991。

〔2〕 [美]伯尔曼:《法律与革命——西方法律传统的形成》,贺卫方等译,396 页,北京,中国大百科全书出版社,1993。

〔3〕 在谈到权力运作现状及其可能的司法裁决时,美国政治学家摩根索指出:"任何种类的权力分配,一旦达到某种程度的稳定,就会固定成为一种法律秩序。这种法律秩序不仅为新的现状提供了思想伪装和道德辩护,而且它还将新的现状置于法律的保护之下。破坏法律秩序将会使法律的强制机制发生作用。法院的职责在于根据现行法律的规定,裁定对于正在审理的具体案件是否有理由采取并执行制裁活动。因此,任何现行法律制度必须是维持现状的同盟,法院也必然是现状的维护者。"[美]汉斯·J.摩根索:《国家间的政治》,530 页,杨歧鸣等译,北京,商务印书馆,1993。

〔4〕 雷万来:《论司法官与司法官弹劾制度》,4~5 页,台北,五南图书出版公司,1993。

〔5〕 雷万来:《论司法官与司法官弹劾制度》(序言),台北,五南图书出版公司,1993

〔6〕 [美]汉密尔顿、杰伊、麦迪逊:《联邦党人文集》,程逢如等译,391 页,北京,商务印书馆,1991。

〔7〕 [美]汉密尔顿、杰伊、麦迪逊:《联邦党人文集》,程逢如等译,391~392 页,北京,商务印书馆,1991。

〔8〕 司法能动主义,最简单地说,其基本宗旨就是,"法官应该审判案件,而不是回避案件,并且要广泛地利用他们的权力,尤其是通过扩大平等和个人自由的手段去促进公平——即保护个人的尊严。能动主义的法官有义务为各种社会不公提供司法救济,适用手中的权力,尤其是运用将抽象概括的宪法保障加以具体化的权力去这么做"。一种更为激进的界定是"司法能动主义就是在宪法案件中由法院行使'立法'权","在包含笼统模糊原则的宪法所留下的'缝隙'间进行司法性立法"。参见[美]克里斯托弗·沃尔夫:《司法能动主义——自由的保障还是安全的威胁》,黄金荣译,3、51 页,北京,中国政法大学出版社,2004。本节基本上采用前一种界定方式。也可参见信春鹰:《司法能动主义的时代到来了吗?》,信春鹰编:《公法》(第 3 卷),北京,法律出版社,2001。

第二节 司法公正

公正是人们所追求的崇高理想、价值和目标,也是法治的灵魂和核心。而司法公正是法律精神的内在要求,是法治的组成部分和基本内容,是民众对法制的必然要求。[1]

中国古代社会的学者讨论司法公正,有其独特的视角。

孟氏使阳肤为士师,问於曾子。曾子曰:"上失其道,民散久矣。如得其情,则哀矜勿喜。"[2]

这强调对于"为轻易漂(剽)掠犯于刑法"已久的民人,应当"哀矜之,勿自喜能得其情"。此"情"当然是具体的狱情、案情。

汉朝班固的《白虎通论》云:"公之为言,公正无私也。"将"公"与"正"联系在一起;《淮南子》中有"公正无私,一言而万民齐"。[3] 荀子提出"君制变""臣谨修"和大儒"统类",[4] 即臣下应谨守法令,君主掌握法令的变革权,大儒以礼义"知类""统类"通过造法以应变。慎到认为:"以力役法者,百姓也;以死守法者,有司也;以道变法者,君长也。"[5] 要求依法行事,赏罚分明,树立公道,堵塞私门。无论贵、贱,贤与不肖,都平等对待;一切诛赏予夺,都"莫从己出",即不以君主的好恶为转移,这样就能做到"诛者不怨君,而赏者不德上",真正实现执法公正、司法公正。因此慎到认为:"有权衡者,不可欺以轻重;有尺寸者,不可差以长短;有法度者,不可巧以诈伪;法者,所以齐天下之动,至公大定之制也。故智者不得越法而肆谋,辩者不得越法而肆议,士不得皆法而有名,臣不得背法而有功。"[6] 而晋代的刘颂在上惠帝的疏中更明确地说:"君臣之分,各有所司。法欲人奉,故令主者守之;理有穷,故使大臣释滞;事有时立,故人主权断。"[7] 在他看来,对具体案件的审断,司法官吏必须依律办事,严格执法,做到"主者守文,死生以之,不敢错思于成制之外以差轻重"。若有少数案件,"事无正据,名例不及",法律明文又没有规定,则由"大臣

〔1〕 关于中国古代的司法公正观念、西方司法公正思想、马克思主义的司法公正思想,进一步阅读可见高其才、肖建国、胡玉鸿:《司法公正观念源流》,北京,人民法院出版社,2003。

〔2〕《论语·子张》。

〔3〕《淮南子·修务训》。

〔4〕《荀子·成相》。

〔5〕《慎子》佚文。

〔6〕《慎子》佚文。

〔7〕《晋书·刑法志》:"又君臣之分,各有所司。法欲必奉,故令主者守文;理有穷塞,故使大臣释滞;事有时宜,故人主权断。若释之执犯跸之平也;大臣释滞,若公孙弘断郭解之狱也;人主权断,若汉祖戮丁公之为也。……故臣谓宜立格为限,使立者守文,死生以之,不敢错思于成制之外,以差轻重,则法恒全。事无正据,名例不及,大臣论当,以释不滞,则事无阂。至如非常之断,出法赏罚,若汉祖戮楚臣之私已,封赵氏无功,唯人主专之,非奉职之臣所得拟议。"

论当,以释不滞",这就是说,只有中央主管司法的大臣有一定的解释、变通之权。至于超出法律之外的"非常之断、出法赏罚",那就"唯人主专之,非奉职之臣所得拟议"了。刘颂深刻地揭示了影响中国古代司法公正的三个方面的因素:执法官吏、大臣、君主,他严格区分了君臣在司法公正方面各自的职责:"主者守文""大臣释滞""人主权断"。在刘颂看来,这样"君臣之分,各有所司",是防止"法渐多门",做到"法一"和执法必严、司法公正的基本条件。因此,中国古代社会强调司法官吏严格执法、大臣经义决狱、皇帝屈法伸情以实现司法公正。[1]

清代名幕,后来又入官籍的汪辉祖详尽阐述过相关问题,兹引述数则如下:

> 余言佐治,以尽心为本,况身亲为治乎?心之不尽,治于何有?第其难,视佐治尤甚。盖佐治者,就事论事,尽心于应办之事,即可无负所司。为治者,明为知县、知州,须周一县、一州而知之。有一未知,虽欲尽心,而不能受其治者。称曰父母官,其与百姓之事,非如父母之计儿女,曲折周到,终为负官,终为负心。(《尽心》)

> 人情风俗,各处不同,入国问禁,为吏亦然。初到官时,不可师心判事,盖所判不协舆情,即滋议论,持之于后,用力较难。每听一事,须于堂下稠人广众中,择傅老成数人,体问风俗,然后折衷剖断,自然情理兼到。一日解一事,百日可解百事,不数月诸事了然。不惟理事中肯,亦令下如流水矣。(《初任须体问风俗》)

> 勤于听讼,善已,然有不必过分皂白,可归和睦者,则莫如亲友之调处。盖听断以法,而调处以情;法则泾渭不可不分,情则是非不妨稍借;理直者既通亲友之情,义曲者可免公庭之法,调人之所以设于《秋官》也。或自矜明察,不准息销,似非安人之道。(《断案不如息案》)[2]

而范西堂、胡石壁的表述则更有代表性。范西堂在其判词中说:"祖宗立法,参之情理,无不曲尽。倘拂乎情,违乎理,不可以为法于后世矣。"胡石壁也认为:"法意、人情,实同一体。徇人情而违法意,不可也;守法意而拂人情,亦不可也。权衡于二者之间,使上不违于法意,下不拂于人情,则通行而无弊矣。"[3]

近代以来的西方各国重视司法公正,英国哲学家培根曾经指出:"为司法官者应当记住他们底职权是 jus dicere 而不是 jus dare;是解决法律而不是立法或建

---

〔1〕 详可参见高其才、罗昶:《中国古代经义决狱与司法公正》,《广东社会科学》,2003(3)。

〔2〕 (清)汪辉祖:《学治臆说》,转引自郭成伟:《官箴书点评与官箴文化研究》,193~207 页,北京,中国法制出版社,2000。

〔3〕 中国社会科学院历史研究所隋唐五代宋辽金元史研究室点校:《名公书判清明集》,下册,448 页;上册,311 页,北京,中华书局,1987。

法。……一次不公的判断比多次不平的举动为祸尤烈。因为这些不平的举动不过弄脏了水流,而不公的判断则把水源败坏了。"[1]

西方司法公正思想中最为核心的是两大观念,即程序公正和实体公正。大陆法系国家首先着眼于实体法体系的完备,实体权利体系的周详,然后再据此设计实体权利的救济手段,更强调实体公正价值,司法公正首先是要将正义的内容注入法律的机制之内。

法官中立、当事人平等地参与和主体性地位、程序公开以及对法官裁判的尊重,共同构成了英美法上程序公正的因素。美国学者戈尔丁认为程序公正包含以下三个方面、九项内容:第一,中立,包括①任何人不能作为有关自己案件的法官;②冲突是解决结果中不包含有解决者个人的利益;③冲突的解决者不应有对当事人一方的好恶偏见;第二,冲突的疏导,包括④平等地告知每一方当事人有关程序的事项;⑤冲突的解决者应听取双方的辩论和证据;⑥冲突的解决者应在另一方当事人在场的情况下听取一方的意见;⑦每一方当事人应有公平的机会回答另一方所提出的辩论和证据;第三,裁判,包括⑧解决的诸项内容需应以理性推演为依据;⑨分析推理应建立于当事人作出的辩论和提出的证据之上。[2]

第三节　当代中国的法律适用

一、当代中国法律适用的基本要求

当代中国法律适用的基本要求包括以下三方面。[3]

(一) 正确

正确首先是指适用法律时,事实要调查清楚,证据要确凿可靠,经得起历史的检验。这是正确适用法律的前提和基础。其次是对案件的定性要准确。即要在调查案件事实的基础上,依据国家法律的规定,区别民事、行政、经济、刑事案件,准确地区分是与非、合法与违法、罪与非罪、重罪与轻罪、此罪与彼罪之间的界限,明确

---

〔1〕 [英]弗・培根:《培根论说文集》,水天同译,193 页,北京,商务印书馆,1983。

〔2〕 [美]马丁・P.戈尔丁:《法律哲学》,齐海滨译,240~241 页,北京,三联书店,1987。

〔3〕 麦考密克、魏因贝格尔认为,公正的法的适用的要求有:①司法判决应当以正确的事实认定为根据;②对执行的要求;③程序正义的要求。参见[英] 麦考密克、[奥]魏因贝格尔:《制度法论》,周叶谦译,261 页,北京,中国政法大学出版社,1994。

权益归属。再次是处理要适当。要按照法律规定,宽严轻重要适度,做到合法合情合理。[1]

（二）合法

合法是指司法机关审理案件要严格按照法律的规定办事。不仅按实体法办事,而且要按程序法办事。这就是说,对每一具体案件,在弄清事实的基础上,定性和处理要符合法律规定的标准和规格,而且办案程序也要合乎法律规定。审理案件的每一具体环节和步骤都要按照规定的权限和程序办事。

（三）及时

及时是指司法机关审理案件在正确、合法的前提下,要提高办案效率,不拖延积压案件,及时审理和结案。办案及时,首先要求司法机关及其公职人员,必须具备高度的责任感,对国家和人民负责,不断改进工作,提高办案的质量和效率,及时办案和结案。其次,要求司法、诉讼的各个具体环节都要遵守法定的时限。

正确、合法、及时是统一不可分割的整体,三者不可偏废。

二、当代中国法律适用的原则

为了保证法律正确、合法、及时的适用,根据我国的实际情况和司法实践,《宪法》《人民法院组织法》《人民检察院组织法》《刑事诉讼法》《民事诉讼法》以及其他法律确定了一系列法律适用原则,主要有公民在法律面前一律平等、司法机关依法

---

[1] 呼格吉勒图故意杀人、流氓罪一案值得深思。2014 年 12 月 15 日上午,内蒙古自治区高级人民法院对呼格吉勒图故意杀人、流氓罪一案作出再审判决,撤销该院原刑事裁定和呼和浩特市中级人民法院一审刑事判决,以原审判决和裁定"事实不清,证据不足"为由,宣告原审被告人呼格吉勒图无罪。

1996 年 4 月 9 日 19 时 45 分左右,被害人杨某某从呼和浩特市锡林南路千里香饭店离开,当天 21 时 15 分被发现因被扼颈窒息死于内蒙古第一毛纺织厂宿舍 57 栋平房西侧的公共厕所女厕所内。原审被告人呼格吉勒图于当晚与其同事闫峰吃完晚饭分手后,到过该女厕所,此后返回工作单位叫上闫峰到案发女厕所内,看到杨某某担在隔墙上的状态后,呼格吉勒图与闫峰跑到附近治安岗亭报案。

呼和浩特市人民检察院指控被告人呼格吉勒图犯故意杀人罪、流氓罪一案,呼和浩特中院于 1996 年 5 月 17 日作出(1996)呼刑初字第 37 号刑事判决,认定呼格吉勒图犯故意杀人罪,判处死刑,剥夺政治权利终身;犯流氓罪,判处有期徒刑五年,决定执行死刑,剥夺政治权利终身。宣判后,呼格吉勒图以没有杀人动机,请求从轻处理等为由,提出上诉。内蒙古高院于 1996 年 6 月 5 日作出(1996)内刑终字第 199 号刑事裁定,驳回上诉,维持原判,并根据当时有关死刑案件核准程序的规定,核准以故意杀人罪判处呼格吉勒图死刑,剥夺政治权利终身。1996 年 6 月 10 日,呼格吉勒图被执行死刑。呼格吉勒图的父亲李三仁、母亲尚爱云提出申诉。内蒙古高院于 2014 年 11 月 19 日作出再审决定,对案件依法进行再审。

参见刘吟秋、张美延:《内蒙古高院再审宣告呼格吉勒图无罪》,《人民法院报》,2014-12-16。

同时,内蒙古自治区高级人民法院 2014 年 12 月 30 日依法作出国家赔偿决定:支付呼格吉勒图父母李三仁、尚爱云国家赔偿金共计 2059621.40 元,31 日上午送达赔偿决定书。据内蒙古高院有关负责人介绍,呼格吉勒图案国家赔偿项目及金额具体为:向赔偿请求人李三仁、尚爱云支付死亡赔偿金、丧葬费共计 1047580 元,支付呼格吉勒图生前被羁押 60 日的限制人身自由赔偿金 12041.40 元,支付呼格吉勒图父母精神损害抚慰金 100 万元。以上各项合计 2059621.40 元。参见李生晨、史燕龙:《呼格吉勒图家人获 205 万余元国家赔偿》,《人民法院报》,2014-12-31。

独立行使职权、以事实为根据以法律为准绳等。

（一）公民在法律面前一律平等

公民在法律面前一律平等,既是我国民主法制建设的要求,又是我国公民的一项基本权利,也是法律适用的一项基本原则。它包括四方面的含义:①法律对全体公民,不论民族、种族、性别、职业、社会地位、宗教信仰、财产状况等,在适用上一律平等;②公民依照法律享有平等的权利和承担平等的义务,不允许有超越法律的特权;③任何公民的合法权益都受法律保护,任何公民的违法行为都要受到法律的追究和制裁;④在诉讼活动中,所有当事人诉讼地位平等。

公民在法律面前一律平等,这是建设社会主义民主政治的重要保证,是发展社会主义市场经济的必然要求,也是依法治国、建设社会主义法治国家的重要方面。坚持公民在法律面前一律平等,可以防止任何人享有超越法律之外、凌驾于法律之上的特权,维护国家法制的统一和尊严。

在司法上贯彻这一原则必须注意:①反对形形色色的特权思想和特权行为,如以权谋私、以权代法、滥用权力干预司法机关依法办案等,这些都是不允许的;②在审理刑事案件时,必须依据事实和法律公正处理,绝不能看人、看关系办案,因人而异;③在审理民事、行政、经济纠纷案件时,坚持当事人诉讼地位平等原则,不论当事人是自然人、法人,还是国家机关或政府公职人员,诉讼地位应是平等的。

（二）司法机关依法独立行使职权

司法机关依法独立行使职权是当代中国法律适用的又一基本原则,其基本内容为:①国家的审判权和检察权只能分别由人民法院和人民检察院依法统一行使,其他机关、团体或个人无权行使这项权力。司法权归属于且仅归属于司法机关,司法权不得分割行使,排除其他机关行使具有司法性质的权力,也不允许在司法机关之外另设特别法庭。②司法机关依照法律独立行使职权,不受行政机关、社会团体和个人的干涉。③司法机关在司法中必须依照法律规定,正确地适用法律。

实行这一基本原则,是维护国家法制统一的需要,有利于保障公民的合法权益;是正确发挥人民法院和人民检察院专门职能的基本条件;也有利于防止特权和抵制不正之风,防止权力的滥用。孟德斯鸠在《论法的精神》中明确指出:"如果司法权不同立法权和行政权分立,自由也就不存在了。如果司法权同立法权合而为一,则将对公民的生命和自由施行专断的权力,因为法官就是立法者。如果司法权同行政权合而为一,法官便将握有压迫者的力量。""如果同一个人或是由重要人物、贵族或平民组成的同一个机关行使这三种权力,即制定法律权、执行公共决策权和裁判私人犯罪或争讼权,则一切便都完了。"[1]美国的汉密尔顿认为,"法院的

〔1〕 [法]孟德斯鸠:《论法的精神》(上册),张雁深译,156页,北京,商务印书馆,1961。

完全独立在限权宪法中尤为重要""法官之独立对保卫宪法与人权亦具同样重要意义"。[1]

在审理案件中,坚持司法机关依法独立行使职权的原则,与司法机关坚持中国共产党的领导、坚持群众路线是一致的。我们讲司法机关依法独立行使职权,决不意味着司法机关的活动可以脱离党的领导。坚持党对司法工作的领导,这是司法工作的重要保证。当然,党不是去包办具体业务。不仅如此,司法机关依法独立行使职权,又与人民群众的支持、关心、监督分不开。如果脱离群众,不走群众路线,不接受人民的支持和监督,要正确地查明事实和适用法律,纠正错审也是不可能的。在司法过程中,还应处理好司法机关与权力机关、上级部门的关系,处理好公、检、法三机关分工负责、互相配合、互相制约的关系。[2]

(三) 以事实为根据,以法律为准绳

以事实为根据,以法律为准绳,这是当代中国法律适用的基本原则,也是我国司法工作实践的科学总结,它是辩证唯物主义在我国法制建设中的具体体现和运用。

以事实为根据,是指司法机关和司法人员审理一切案件时,必须以证据证明的案件的客观事实为依据,而不能以主观想象、主观分析和判断作依据,把案件的审理和判决建立在符合客观事实的基础上。对这种客观存在的具有法律意义的事实,必须真实可靠。为了弄清事实真相,需要注意:①司法机关和司法人员一定要深入实际,依靠群众,全面取证。②要科学地分析判断事实、辨明真伪。③收集证据要严格遵守法律的规定,不得非法取证,要注意程序和方法。④法律适用中的事实已不是纯粹的客观真实,而是法律真实。

以法律为准绳,是指审理案件要以法律为标准和尺度,严格按照法律规定办事。这就要求:①在认定事实真相的基础上,按照法律的规定来确定案件的性质,划清是非曲直、合法与违法、一般违法与严重违法,以及各种不同犯罪的界限。②要严格按照法律的规定,划清宽严轻重处罚界限,做出适当的判断。③审理案件要严格遵守实体法和程序法的规定进行。④要正确处理好执行政策和执行法律与形势的关系。

以事实为根据,以法律为准绳,是一个完整统一不可分割的适用原则。以事实

〔1〕 [美]汉密尔顿、杰伊、麦迪逊:《联邦党人文集》,程逢如等译,392、394页,北京,商务印书馆,1980。
〔2〕 陈卫东在《司法机关依法独立行使职权研究》(《中国法学》,2014(2))一文中指出:我国的司法机关依法独立行使职权原则强调法院整体的独立性,实践中依法独立行使职权原则异化为司法的地方化以及司法的行政化。在司法改革的背景下,应当把握改革契机,推动司法机关依法独立行使职权。在我国,应当淡化司法独立的政治色彩,构建以依法独立行使职权为核心的司法独立,并排斥案外因素的影响,以司法的法律效果为根本追求。依法独立行使职权原则要处理好与党的领导的关系。为了确保独立司法,还必须结合司法改革的社会背景,从内、外两个方面统筹协调,整体推进司法机关依法独立行使职权。

为根据是正确适用法律的基础和前提,以法律为准绳是正确处理案件的有力保障。

三、当代中国法律适用的阶段

当代中国法律适用是一个渐进有序的过程,从逻辑上可以分为若干阶段。[1]

(一) 调查、分析和确认事实

适用法律的基础和前提是要调查、分析和确认事实真相。事实不清不可能适用法律的。一旦全面深入查明事实和证据以后,就需要对事实状况进行分析,首先从弄清被适用法律的人开始,确认哪些事实具有法律意义,哪些事实不具有法律意义,哪些人是否应该依法做出处理。这时要注意两点:一是要确认本机关是否有权立案受理,不能把法律调整与道德调整以及社团章程调整的问题混淆。二是随着社会的发展和立法完善,法律调整也会变化。这就要求注意法律上的变化来确认事实是否具有法律性质,或者说,要确认这些事实所体现的社会关系是否由法律来调整。[2]

---

[1] 阿列克谢耶夫认为,所有适用法的行为可分为三个基本阶段:①确定事实情况(确定案件的事实根据);②选择和分析法律规范(确定案件的法律根据);③在适用法的文件中反映出的对案件的决定。参见[苏]C.C.阿列克谢耶夫:《法的一般理论》(下册),黄良平、丁文琪译,714页,北京,法律出版社,1991。

[2] 关于法律事实与客观事实的关系,2014年7月最高人民法院发布的四起典型案例之案例2"吴俊东、吴秀芝与胡启明、戴聪球交通事故人身损害赔偿纠纷案"较能说明问题。

一、基本案情

2010年11月23日,吴俊东驾驶吴秀芝的鲁DK0103普通正三轮摩托车在全宽6米的机非混合车道超车时,与胡启明驾驶的无号牌电动自行车(搭载其妻戴聪球)发生交通事故。电动自行车失控侧翻致胡启明及戴聪球二人受伤,随后吴俊东送二人至医院治疗。双方就吴俊东是否谨慎驾驶及其所驾摩托车与胡启明所驾电动自行车是否发生刮擦及碰撞,各执一词。交管部门对事故成因及责任无法认定。超车过程中,胡启明车辆靠道路右侧行驶,距离道路右边半米左右,吴俊东车辆距离道路右边一米多远,两车横向距离为40~50厘米。吴俊东超车时为五档,迎面有一黑色轿车快速驶来,吴俊东称感觉有点危险。事发现场道路平坦,事发时除黑色轿车外无其他车辆经过。事故车辆经检验均符合安全技术标准;吴秀芝的车辆未投保交强险。

二、裁判结果

浙江省金华市中级人民法院二审认为,吴俊东驾驶三轮摩托车超越胡启明驾驶的电动自行车时,其车速较快;结合吴俊东超车前未注意到对向快速驶来的黑色轿车看,可以认定其未尽谨慎驾驶的注意义务。交管部门的事故责任证明虽未能证实两车是否发生碰撞或刮擦,但从证人证言反映的情况看,正是在吴俊东超车过程中胡启明的电动自行车发生左右晃动而侧翻,结合事故现场的其他情况,根据民事诉讼法高度盖然性的司法原则,审理法院认为胡启明的电动自行车翻车与吴俊东驾驶三轮摩托车超车中疏忽大意存在因果关系,吴俊东应承担事故的主要责任;胡启明驾驶电动自行车搭载成年人违反道路交通安全法亦有过错,双方按三七比例承担胡启明等的医疗费、伤残赔偿金、误工费等人身损害赔偿责任。

三、典型意义

法律事实不同于客观事实,民事诉讼的证明标准也不同于刑事诉讼证明标准。我国民事诉讼采取的是高度盖然性标准。本案的典型意义在于,法院根据高度盖然性证明标准,结合吴俊东超车前未注意到前方驶来的车辆,超车时车速较快(五档),与胡启明车辆横向距离较短(仅为40~50厘米),从而认定超车过程中胡启明的电动自行车发生左右晃动而侧翻与吴俊东的超车行为之间具有因果关系。本案合理界定了超车时驾驶人的注意义务范围,在证明标准及事实认定方面具有指导意义。

见《人民法院报》,2014-07-25。

（二）选择适当的法律规范

在确定事实的基础上，找出对该案件处理的法律根据。首先，要在确认事实性质的基础上选择适用何种法律规范最为适宜，找出应该适用哪个法律部门、哪个规范文件，乃至哪些条款等。其次，要审查适用的法律的正确性和有效性。所谓正确性，是指所确认的法律事实的性质和程度与所选择的适用法律规范最适宜、正确。所谓有效性是指要看规范性文件是否仍有效或者另有修改。再次，是要弄清所选择的规范的效力范围，这包括时间效力、空间效力和对人的效力以及有无溯及力。

在这个阶段，还应对法律规范的内容和含义做出确切的解释，以使法律规范与法律事实达到最佳的统一。

（三）做出决定

做出案件的判断、评价和决定，显然，这是适用法律的决定性阶段，是把法律适用于具体案件，即具体的主体、具体事实的有目的的思维活动。一旦决定做出，则具有行使权力的、正式的并代表国家对该问题的评价和导致的后果的意义。决定包括判决和调解。[1] 决定必须形成书面的正式法律文书，作为告知当事人、存档备查和执行的文字根据。适用法律的决定，具有特定的规格和形式要求，例如判决书、裁决书、起诉书、免于起诉书等。[2]

（四）执行决定

执行决定阶段，对于审理某一具体案件而言，是法律适用的最后阶段，也是法律规范具体发生作用的阶段。执行决定必须注意：司法机关必须及时将法律适用

---

〔1〕 调解在中国历史上源远流长，至今盛行不衰。在中国，调解不仅被视为一种制度设计，往往还作为处理问题的方法。自古至今，调解一直有广泛的适用面，既有官方调解（如法院调解、其他官方机构调解），也有民间调解（如人民调解、宗族调解、亲友调解、邻里调解、乡镇法律服务所调解）；既有制度化的调解（如法院调解、人民调解），也有非制度化的调解（除人民调解外的民间调解）。调解的广泛适用现象，无疑同中国的传统法律文化有着直接的关系。在以儒家伦理为核心的中国传统文化中，"和谐"具有核心地位。"和谐"这一之伦理观念强调谅解的义务及和睦相处的境界，要求人们"敦宗族、和乡里、戒诉讼"。纠纷往往不诉诸官府而是求助于民间按公正和情理去解决。民间解决纠纷，首先考虑"情"，其次是"礼"，然后是"理"，只有最后才诉诸"法"。以"情""礼"和"理"作为解决民间纠纷的先行依据，这就决定了调解在解纷方面的重要地位。关于调解，可参见［澳］娜嘉·亚历山大的《全球调解趋势（第 2 版）》（北京，中国法制出版社，2011）、常怡编《中国调解制度》（北京，中国政法大学出版社，2002）、洪冬英的《当代中国调解制度变迁研究》（上海，上海人民出版社，2011）等。

〔2〕 国家司法考试、国家统一法律职业资格考试经常考查法律适用方面的内容。如 2017 年国家司法考试试卷一第 58 题为这方面的多项选择题：甲公司派员工伪装成客户，设法取得乙公司盗版销售其所开发软件的证据并诉至法院。审理中，被告认为原告的"陷阱取证"方式违法。法院认为，虽然非法取得的证据不能采信，但法律未对非法取证行为穷尽式列举，特殊情形仍需依据法律原则具体判断。原告取证目的并无不当，也未损害社会公共利益和他人合法权益，且该取证方式有利于遏制侵权行为，应认定合法。对此，下列哪些说法是正确的？A.采用穷尽列举有助于提高法的可预测性；B.法官判断原告取证是否违法时作了利益衡量；C.违法取得的证据不得采信，这说明法官认定的裁判事实可能同客观事实不一致；D.与法律规则相比，法律原则应优先适用。参考答案为 ABC。D 项不能成立，有法律规则按法律规则；没法律规则按法律原则。

中所做出的决定通知有关当事人;由专门机关负责对决定的执行;执行必须是已经具有法律效力的决定即已过法定期限没有上诉、抗诉而终审的判决与裁定;对执行决定的结果和过程进行检查和监督。[1]

在法律适用中,我们需要注意程序的意义。"程序没有预设的真理标准,程序通过促进意见疏通、加强理性思考、扩大选择范围、排除外部干扰来保证决定的成立和正确性。"[2]美国联邦高等法院大法官道格拉斯也指出:"权利法案的大多数规定都是程序性条款,这一事实绝不是无意义的。正是程序决定了法治与恣意的人治之间的基本区别。"[3]

四、当代中国审判的法律效果与社会效果

法律效果是指法律或判决对社会生活的作用、影响,衡量法律效果如何要看包括程序法和实体法在内的法律是否得到严格遵守、法律作用的结果能否达到法律的预期目标。

社会效果是指通过法律适用或审判活动,使法律的本质特征得以体现,法律的目的得以实现,秩序、自由、正义、效益等法律价值得以体现,从而使审判的结果得到社会的公认。

审判的法律效果更偏向于法律的证明,更拘泥于法律条文,更侧重于法律和事实推理的形式逻辑的推理方法即演绎推理、归纳推理和类比推理。审判的社会效果则更偏向于法律价值,特别是正义价值的实现,更重视司法的目的,更侧重于法律和事实推理的辩证逻辑的推理方法。

但是,在当代中国,审判的法律效果和社会效果两者应该是统一的,互为因果关系且互相包含。审判的社会效果即法律价值的实现,是法律的依据和驱动力。而审判的法律效果的实现,也应该导致法律价值即审判的社会效果的实现。因此,一个正确的裁判既应有良好的社会效果,同时也应有良好的法律效果。任何两个效果背离的裁判,都将是错误的裁判,法官的职责和智慧是把两者有效地统一起来。

当代中国强调审判的法律效果和社会效果的统一,表明中国的司法、审判有其

---

[1] 具体可参见高其才、姜振业:《判决是如何形成的》,《云南大学学报法学版》,2006(2)。该文通过人民法庭对发生在乡土社会中的一起民事相邻权纠纷处理过程的叙述,力图展示承办案件的人民法庭的法官在形成判决意见的过程中考量的各种因素、法官审判案件所追求的目标,以及为达成目标所作的努力。正是在对判决的合法性和合理性并且主要是判决合理性的追求过程中,法官形成了一套可以确保其判决同时满足合法性与合理性的惯常作法,这就是法官的判决模式。透过对法官判决模式的界定与案件审理过程的分析,我们可以得出基层人民法院法官为谁而作出判决的结论以及支持法官如此判决的决定性力量。

[2] 季卫东:《法律程序的意义——对中国法制建设的另一种思考》,《中国社会科学》,1993(1)。

[3] [美]W.道格拉斯:《美国高等法院报告》,转引自季卫东:《法律程序的意义——对中国法制建设的另一种思考》,《中国社会科学》,1993(1)。

自身的特点,不能完全用西方的司法理论来衡量中国的司法、审判。

实现审判的法律效果和社会效果的统一,需要注意程序公正优位、正确行使审判的自由裁量权、倡导诉讼调解、[1]提升法官素质、丰富社会认知。

四川省剑阁县人民法院开封人民法庭庭长郭兴利在审判工作中就比较好地实现了审判的法律效果和社会效果的统一。

记法庭庭长郭兴利

由上例可以发现,当代中国审判的法律效果和社会效果的统一实际上要求法律适用的平衡性,以"和""平"为核心,在法律适用的目标上,要求法律适用的程序正义与实质正义、普遍正义与个案正义的统一;在法律适用的依据上,要求法律适用的法律与人情的统一;在法律适用的内容上,要求法律适用的国家利益、社会利益与个人利益的统一;在法律适用的权限上,要求法律适用的释法与造法的统一;在法律适用的角色上,要求法律适用的职业要求与社会期待的统一;在法律适用的技术上,要求法律适用的特殊性与普遍性的统一;在法律适用的保障力量上,要求法律适用的法官人格魅力与制度权威的统一。

五、当代中国的司法改革

我国各级人民法院和人民检察院积极履行职责,适应社会发展,努力满足民众的司法需求。

在改革开放的四十多年进程中,我国司法制度也在不断改革、与时俱进。[2]当代中国的司法改革正逐步向纵深发展,中国共产党十五大之后,司法改革已成为国家的政治目标。

我国现行司法体制的局限性主要表现为:①司法活动基本上套用了行政管理模式,蒙上一层浓厚的行政色彩。比如,司法机关的设置与行政机关相对应,对司法人员确定行政级别,按行政决策模式裁决司法案件,司法经费调拨由同级政府财

---

〔1〕　关于当代中国法官的调解,可参见高其才、周伟平:《法官调解的"术"与"观"——以南村法庭为对象》,《法制与社会发展》,2006(1)。

〔2〕　这方面的研究近几年成果较多,理论著作主要有张卫平等:《司法改革:分析与展开》,北京,法律出版社,2003;张文显、信春鹰、孙谦主编:《司法改革报告:法律职业共同体研究》,北京,法律出版社,2003;孙谦、郑成良主编:《司法改革报告:有关国家司法改革的理念与经验》,北京,法律出版社,2002;孙谦、郑成良主编:《司法改革报告:中国的检察院、法院改革》,北京,法律出版社,2004;苏永钦:《司法改革的再改革:从人民的角度看问题,用社会科学的方法解决问题》,台北,月旦出版社股份有限公司,1998;胡夏冰、冯仁强:《司法公正与司法改革研究综述》,北京,清华大学出版社,2001。

政预算划定等。②重实体、轻程序的思想根深蒂固,司法程序被忽略。③司法独立的客观性还没有受到真正意义的重视。④司法人员的非专业化。因此,司法公信力较为低下。当代中国司法主要面临着这样一些现实矛盾:首先,传统的社会治理方式和社会治理结构如所有制结构等发生了重要变化,社会治理过程对司法的仰赖加重,而司法难以承载这样的社会使命。在社会变革过程中,社会各阶层以及各个不同的社会主体之间的利益矛盾和冲突错综复杂,而这些矛盾和冲突直接或间接提交给司法机构,司法机构在处理这些矛盾和冲突过程中常常处于尴尬地位。当代中国司法的内生资源严重不足,同时又缺少足够而稳定的外部资源供给保障,司法机构自治机制不能形成,由此不可避免地导致司法行为的偏差。

当代中国的司法改革的主要内容是合理界定和重新配置权力,如司法机关与执政党的权力关系、司法机关与立法机(包括各级人大)的权力关系、司法机关与行政机关的权力关系、司法机关之间的权力关系、各司法机关内部的权力关系。但是,当代中国的司法改革并未从政治权力的配置和司法权在政治体制中的地位的高度设计总体的发展战略,而是把重点放在实现司法公正和提高效率上;改革的主体以司法机关(法院和检察院)为主。例如法院从审判方式改革、落实公开审判、抓审判质量和执行等环节入手,逐步把重点放在人事组织制度的改革上。2013 年 11 月 12 日中国共产党第十八届中央委员会第三次全体会议通过的《中共中央关于全面深化改革若干重大问题的决定》进一步明确了深化司法改革的目标和任务。

(32)确保依法独立公正行使审判权检察权。改革司法管理体制,推动省以下地方法院、检察院人财物统一管理,探索建立与行政区划适当分离的司法管辖制度,保证国家法律统一正确实施。建立符合职业特点的司法人员管理制度,健全法官、检察官、人民警察统一招录、有序交流、逐级遴选机制,完善司法人员分类管理制度,健全法官、检察官、人民警察职业保障制度。(33)健全司法权力运行机制。优化司法职权配置,健全司法权力分工负责、互相配合、互相制约机制,加强和规范对司法活动的法律监督和社会监督。改革审判委员会制度,完善主审法官、合议庭办案责任制,让审理者裁判、由裁判者负责。明确各级法院职能定位,规范上下级法院审级监督关系。推进审判公开、检务公开,录制并保留全程庭审资料。增强法律文书说理性,推动公开法院生效裁判文书。严格规范减刑、假释、保外就医程序,强化监督制度。广泛实行人民陪审员、人民监督员制度,拓宽人民群众有序参与司法渠道。(34)完善人权司法保障制度。国家尊重和保障人权。进一步规范查封、扣押、冻结、处理涉案财物的司法程序。健全错案防止、纠正、责任追究机制,严禁刑讯逼供、体罚虐待,严格实行非法证据排除规则。逐步减少适用死刑罪名。废止劳动教养制度,完善对违法犯罪行为的惩治和矫正法律,健全社区矫正制度。健全国家司法救助制度,完善法律援助制度。完善律师执业权利保障机制和违法违规执业惩戒制度,加强职业道德建设,发挥律师在依法维护公民和法人合法权益方面的重要作用。[1]

2014 年 10 月 23 日中国共产党第十八届中央委员会第四次全体会议通过的《中共中央关于全面推进依法治国若干重大问题的决定》对司法改革进行了具体的规划,强调必须完善司法管理体制和司法权力运行机制,规范司法行为,加强对司法活动的监督,努力让人民群众在每一个司法案件中感受到公平正义;具体包括完善确保依法独立公正行使审判权和检察权的制度、优化司法职权配置、推进严格司法、保障人民群众参与司法、加强人权司法保障、加强对司法活动的监督等方面。

《中共中央关于全面推进依法治国
若干重大问题的决定》节选

习近平于 2017 年 10 月 18 日所作的《决胜全面建成小康社会　夺取新时代中国特色社会主义伟大胜利——在中国共产党第十九次全国代表大会上的报告》中提出深化司法体制综合配套改革,全面落实司法责任制,努力让人民群众在每一个司法案件中感受到公平正义。

2019 年 10 月 31 日中国共产党第十九届中央委员会第四次全体会议通过的《中共中央关于坚持和完善中国特色社会主义制度　推进国家治理体系和治理能力现代化若干重大问题的决定》也提出深化司法体制综合配套改革,完善审判制度、检察制度,全面落实司法责任制,完善律师制度,加强对司法活动的监督,确保司法公正高效权威,努力让人民群众在每一个司法案件中感受到公平正义。

需要注意的是,当代中国的司法改革受到意识形态的影响和权力调整中的位势失衡、改革成本的匮乏等因素的制约。

由司法机关发起和推动的司法改革具有重要的积极作用。尽管这种改革最初可能是起源于一种简单的功利性动机(如民事审判中的举证责任,最初是为了提高办案效率而全力推行的),但一旦启动就可能成为推动改革的重要一步,并可能在短期内出现明显的效果,有利于克服司法机关长期以来存在的某些错误做法或惯例,并以一种积极的态度回应社会对司法公正和效率的需求。司法机关作为改革的主体,还有利于通过司法实践设计出符合司法实际需要的改革方案。同时,在国家的总体改革方案不可能很快出台的情况下,实际上也只能由司法机关来充当改革的先行者。

---

[1]　http://www.sn.xinhuanet.com/2013-11/16/c_118166672.htm,最后访问时间 2015-01-23。

首先,作为改革主体的司法机关所处的地位,决定其无法将改革真正推动下去。司法改革涉及政治权力配置以及司法功能的定位,并关系到整个国家结构和体制,需要调动国家和社会的大量政治资源和财政投入。因此,这种改革不能也不应由司法机关自行进行。

其次,完全由司法机关推动的改革可能会因为其自身利益的作用,对改革的走向产生不利影响。例如,诉讼程序方面的改革如果完全以法院为基点,容易忽视社会的整体利益和当事人的实际情况或操之过急;并容易诱发法院在市场经济条件下的市场化倾向,削弱自律的约束力。而一旦司法人员失去了对职业道德和自律的认同和尊重,任何制度上的制约可能都会无济于事。

再次,由于司法机关本身不具备立法权限,其推行的程序改革如果与现行法律不符,就会出现有关改革的合法性、正当性及成本问题。例如,当前法院的审判方式改革中确实反映出现行法院组织法和诉讼法存在许多不完善、不明确之处,但同时也存在法院随意突破现行制度和法律的框架的现象。而许多在司法实践中经尝试似乎行之有效的措施和制度,又往往由于得不到立法机关的支持而不得不取消。在这种改革的反复尝试中,不仅会消耗掉大量社会公共成本,而且会导致法律适用中的不统一和可预测性的降低,损害司法的权威性。

我们应当承认并坚持法治及司法制度的多样性,从中国社会的具体情况出发,立足于中国国情,[1]全面处理道德教育、加强管理、完善程序与制度创新的关系,

---

〔1〕 在探讨中国司法过程中,我主要有以下一些基本认识:

(1) 通过微观认识宏观。微观研究强调对个体和小群体的考察,关注个体的自由和活力,人们总是处在创造、改变他们的生活世界的过程中。微观研究固然存在结论普适性、理论一般性等问题,但是微观研究范围较小、对象明确,具有较强的应用性、灵活性和单一性,微观研究有助于摆脱既有的规范信念。个体是整体的一部分,通过具体的个案样本分析中国司法的一般规律,发现中国司法的整体状况,探讨中国司法的结构,能够避免宏大研究的抽象、空泛,具有直观性、丰富性和说服力。

(2) 通过实证把握制度。中国司法研究可以采用规范研究、历史研究、比较研究、哲理研究等方法,但是采用实证研究方法更有其特殊意义。要了解中国社会的司法状况,仅仅局限于法律条文远远不够,不能仅仅停留于制度、规范的静态研究阶段,必须掌握第一手资料,进一步对其在社会生活中的存在形式与状况,即事实问题、实效性问题作动态的考察、实证的分析。规范的价值判断应该以实证分析为基础,实证为理论创新和制度变革提供契机,通过实证研究解释司法制度、认识中国司法发展中的问题,从而推进当代中国的司法改革和完善。

(3) 通过历史观照现实。一切现实活动都是历史,从本质上来说,历史与现实是息息相关的。历史是过去的现实,现实是未来的历史。人类从事每个时段的司法实践,无不需要以已经具备的历史条件作基础,无不需要借鉴有关的历史经验。当代中国司法是历史的产物,也是历史的一部分。研究中国司法形成和转变的历史,就在于其与现实有着复杂的关联,可以为现实提供资鉴。通过历史能够更清晰地观照当代中国司法的现实。同时,在古今关联中继承中国优秀司法传统,汲取精神营养,总结出某些规律性的认识。

(4) 通过社会理解司法。认识司法不能离开中国社会,司法是社会的产物,社会发展决定中国司法的性质和特点,社会结构、社会环境制约中国司法的功能和作用。因此,应当探寻司法中的中国社会、中国文化特质,通过社会认识司法。同时,也要通过中国司法理解中国社会、认识中国社会。司法解决社会纠纷、恢复社会秩序、实现社会正义,其在当代中国社会控制中具有越来越重要的地位。参见高其才主编:《中国司法研究书系》总序,北京,法律出版社,2009。

整体协调、统筹安排、循序渐进,稳步推进司法改革。

第四节　法律发现

法律发现是法律方法的一种,也是法学家们研究法律的常用术语。

法律发现是指法官在审理案件的过程中,如何找到与案件事实相符的法律,即个案如何适用法律,从而获得正当的案件裁判。法律发现的核心内容为:对法律规定明确具体的则依推理方法适用于具体案件,对法律规定含糊不清的则通过解释而获得可适用的法律规定,对法律规定存在空白漏洞的则通过补充而获得可适用的法律规定。

学界对法律发现有一些不同的看法。如有的学者对给法律规定之外的"法外空间""补漏"的法官的创造性活动称为法律发现,因此法律发现是相对法律适用而言的特殊情况。另有学者则认为,司法过程中法官在众多法律条款中经过审慎思考寻找出解决具体案件的法律依据就是一种规范的发现,也就是一次法律发现。[1] 法律发现是指在某一特定的制度内用来发现与解决具体问题或在具体问题上确定与案件相关的法律原则、规则的意义而使用的方法。[2] 法律发现的目标看作是如何寻找正当的个案裁判,发现针对个案的解决方式,成文法只是解释该方法的适当论据。[3] 法律发现大致有两种倾向性观点:其一,客观主义的法律发现,即法律发现只是简单的"找法"过程;其二,主观主义的法律发现,即法律发现是司法人员(如法官)的"造法"过程。

在原则与规则之争中,德沃金认为,法官没有自由裁量,即便在疑难案件中,法官要提出合理的法律理论去发掘本来隐含在法律精神之中的原则来裁决案件,法官的这种活动是去发现法律,而不是创造法律;哈特认为法官在疑难案件中要运用自由裁量,适用法律以外的道德原则来裁决案件,这就是一种法官立法的活动,因为这个原则经过法官的解释和适用以后就变成了法律的一部分,但这种自由裁量权要严格限制其使用,因为忠于法律是法官的首要职业义务。[4]

从总体上而言,西方从最初的主要按照裁判人员的良心对正义的确认来得出判决结果,逐步演化成运用各种技术或方法,或者从法律规定本身,或者从司法程序上保证这种法律发现的公正性。在职业操守之外,更为重要的是如何运用科学

---

〔1〕 李伟:《走向微观论证的法理学——全国法律解释与法律论证研讨会综述》,载郑永流主编:《法哲学与法社会学论丛(四)》,2~3页,北京,中国政法大学出版社,2001。

〔2〕 参见陈金钊:《司法过程中的法律发现》,《中国法学》,2002(1)。进一步阅读可参见焦宝乾:《法的发现与证立》,《法学研究》,2005(5)。

〔3〕 陈金钊主编:《法理学》,433页,北京,北京大学出版社,2002。

〔4〕 参见颜厥安:《法与实践理性》,285~293页,北京,中国政法大学出版社,2003。

的、最好可以程式化的严格的方法来约束法官的法律发现过程。

在传统中国司法中,司法官吏发现法律的过程是不局限于现有成文法的,更多时候是在法律之外进行发现工作。[1]

在现有的法官模式下,我们的法官是不需要太多的法律发现技能的。因此,在目前的体制下,实际上是法院的判断权在疑难案件中代替了法官个人的判断权。[2]

就实践观察,法官的法律发现分为四种类型。法官迳行发现某部法律(即使同时选择多部法律裁判,但没有排斥、冲突情形),那么就是"单项选择"——迳行式法律发现;法官有多部法律选择,但有排斥、冲突情形,只能选择其中一部或几部法律作出裁判或法律事实认定,那就是"不定项选择"——选择式法律发现;法官只有近似的法律选择来裁判,那就是"近似项选择"——释明式法律发现;当候选项(现行法律)没有可供选择的法律时,那么法官就要进行司法推理或法律漏洞填补——补充式法律发现。[3]

第五节 法律职业

职业是指个人在社会中所从事的并以此为主要生活来源的工作。马克斯·韦伯曾指出:"职业应该称之为一个人的劳动效益的分类化、专门化和组合。这种分类化、专门化和组合对他来说,是持续得到供应和赢利机会的基础。"[4]职业有其自身的特征,美国学者格林伍德认为它包括如下五方面内容:①职业人员的技能以系统的理论知识为基础,而不仅仅根据特殊技术的训练;②职业人员对他们的工作有相当大的自主性;③职业人员形成联合体,它调整职业内部事务,对外则代表职业人员的利益;④加入一个职业受到现成员的认真审查,要成为一个职业成员往往要参加职业考试,获得许可证,得到头衔,这个过程受到有关职业组织的调整;⑤职业拥有道德法典,要求其所有成员遵守,违反者将可能被开除出职业。[5]

随着社会的发展,职业不断分化。法律职业成为社会重要的职业,法律职业主体一般包括法官、检察官、律师。法律一般对法律职业的职业知识、职业能力、任职

---

〔1〕 吕芳:《关于法律发现的文化溯源》,《法学杂志》,2006(4)。

〔2〕 参见吕芳:《关于法律发现的文化溯源》,《法学杂志》,2006(4)。

〔3〕 参见耿玉基、赵继刚:《穿行于法条丛林间的中国法官——审判过程中的法律发现及其类型探析》,http://article.chinalawinfo.com/article/user/article_display.asp? ArticleID＝31040,最后访问时间2007-01-24。另可参见刘治斌:《司法过程中的法律发现及其方法论析》,《法律科学》2006(1);陈金钊:《司法过程中的法律发现》,《中国法学》,2002(1)。

〔4〕 [德]马克斯·韦伯:《经济与社会》(上卷),林荣远译,163页,北京,商务印书馆,1997。

〔5〕 欧内斯特·格林伍德1957年在《社会工作》杂志上发表《专业的属性》一文,归纳了"专业"的5个属性。转引自朱景文:《现代西方法社会学》,103页,北京,法律出版社,1994。

资格、权利义务、职业道德、职业规范等方面有明确的规定。法律职业有其独特的工作内容、对象、思维方式、职业伦理。法律职业能体现一个民族的法律文化特征，表征着一个国家的法律发达程度。在西方，法律人几乎是作为所有工作和职业金字塔的顶端而存在的。换言之，即"所有的工作都是连续统一体中的一点，连续体的始端是体力劳动者，而终端是医生、律师"。[1]

法律人忠于法律的前提是法律必须具有一种明确清晰的概念及其对象。法律必须发展为独立的规范体系和制度形式，才可能成为法律职业者行为的准则。同时，法律职业者又必须提高自己的知识能力和法律思想水平，从而准确地把握法律。高水平地运用法律，但不是简单地机械地运用法条，而是要对法律条文充分理解，即要从立法的原意、立法精神、法理关系来理解法律条文，正如美国学者庞德所指出的，"19 世纪的法学家曾试图从司法中排除人的因素，他们努力排除法律适用中所有的个体性因素。他们相信按严谨的逻辑机械地建立和实施的封闭的法规体系。在他们看来，在这一封闭的法规体系的起源和适用中承认人的创造性因素，在组构和确立这一封闭的法规体系的制度中承认人的创造因素，是极不恰当的。"[2]罗纳德·德沃金指出："可能在某些国家中，人们会认为，不管什么样的人做法官都无关紧要，法律是一套机械系统，就像计算机一样，任何一个受过适当专业训练的人都可以操作它得出同样结果。但在美国没有人会这么想。"[3]

法律职业主体对于法律作用的发挥、法律目的的实现有着直接的关系。孔子曾经指出："其身正，不令而行；其身不正，虽令不从"，[4]强调法律施行者对于法律施行的重要意义。荀子更明确地提出："法者治之端也，君子者法之原也。故有君子，则法虽省，足以遍矣。无君子，则法虽具，失先后之施，不能应事之变，足以乱矣。"[5]《淮南子》认为："故法虽在，必待圣而治；……故国所以存者，非以有法也，以有贤人也；其所以亡者，非以无法也，以无贤人也。"[6]唐代的白居易也认为："盖刑法者，君子行之，则诚信而简易。简易则人安。小人习之，则诈伪而滋彰。滋彰则俗弊。此所以刑一而用二，法同而理殊者也。"[7]突出用法之人的重要性。

1995 年 2 月 28 日实施的《法官法》和《检察官法》、1996 年 5 月 15 日实施的《律师法》使我国的法律职业有了基本的法律规范。我国正积极提高法律职业主体

〔1〕［美］肯尼斯·基普尼斯：《职责与公义：美国的司法制度与律师职业道德》，徐文俊译，13 页，南京，东南大学出版社，2001。

〔2〕［美］罗斯科·庞德：《法律史解释》，邓正来译，123 页，北京，华夏出版社，1989。

〔3〕［美］罗纳德·德沃金：《自由的法——对美国宪法的道德解读》，刘丽君译，373 页，上海，上海人民出版社，2001。

〔4〕《论语·子路》。

〔5〕《荀子·君道》。

〔6〕《淮南子·泰族训》。

〔7〕《白居易集·策林四》。

的思想素质和技能素质,进行法律职业共同体的建构,以实现法律公正。实行国家统一司法考试、国家统一法律职业资格考试便是其中的重要努力之一。[1]

我国有许多优秀的法律职业从业者,金桂兰便是基层人民法院法官的好榜样。金桂兰牢记司法为民的理想信念,具有公正司法、不徇私情的职业操守,调解审判结合、化干戈为玉帛的职业本领,清正廉洁、意志坚定的职业品格。[2]

金桂兰法官

1996年深秋的一个早晨,年逾古稀的朝鲜族大娘李会善穿着单薄的衣裳,颤巍巍地来到法庭状告儿子。老人早年守寡,好不容易将丈夫前妻留下的两个儿子拉扯成人,想的是晚年有个依靠。但她没想到两个儿子都不尽赡养义务。金桂兰听着大娘的倾诉,心里很不是滋味:"放心吧,大娘,有法庭做主,您不会没人管的。您先回家,后面的事我来办!"之后,金桂兰又挽着大娘来到车站,掏钱买来车票,把她送上了回家的车。第二天一大早,金桂兰就赶到了大娘居住的村子就地审案。起初,两个儿子躲着不露面,后来又异口同声推说生活困难,说老人自己不愿意随他们过日子。明明就是推脱责任,金桂兰看出了他们的心思,软的不行,来得硬的。"法律规定,你们对继母同样也有赡养义务,如果不赡养,将要受到法律的惩罚。"金桂兰拿出法律文本,让他们明白不赡养老人的严重后果。兄弟俩终于认了错,自行达成了赡养协议。事情到此还没完,金桂兰调查得知大娘的两个儿子生活确实比较困难,就找到民政部门,给老人申请了一些救济。"两口子打架、邻里纠纷、婆媳不和的,都不是啥大事,若强行判决,当事人就该结仇了,讲明了理儿,帮他们把疙瘩解开,多好啊! 我的'绝招'就是诚心、耐心和热心。将心比心,一切就好办了!"

---

[1] 2014年10月23日中国共产党第十八届中央委员会第四次全体会议通过的《中共中央关于全面推进依法治国若干重大问题的决定》提出:推进法治专门队伍正规化、专业化、职业化,提高职业素养和专业水平。完善法律职业准入制度,健全国家统一法律职业资格考试制度,建立法律职业人员统一职前培训制度。

进一步阅读,可以参见高其才主编:《法理学》第十八章,北京,中国民主法制出版社,2005;孙笑侠:《法律人的职业素养和司法资格考试》,载《法律科学》,2001(4);孙笑侠:《法律家的技能与伦理》,载《法学研究》,2001(4);刘思达:《失落的城邦:当代中国法律职业变迁》,北京,北京大学出版社,2008,此书内容包括法律变革的困境:当代中国法制建设反思;法律移植与合法性冲突;现代性语境下的中国基层司法;当代中国日常法律工作的意涵变迁(1979-2003);法律职业研究的死与生;分化的律师业与职业主义的建构;客户影响与职业主义的相对性;中国精英商务律师的工作;法律服务市场的竞争与规范;中国律师业的现在与未来。

[2] 关于法律职业,进一步阅读可参见[美]安索尼·T.克罗曼:《迷失的律师——法律职业理想的衰落》,周战超等译,北京,法律出版社,2002。作者指出,美国法律界面临着失去其灵魂的现状。在他看来,那些把法律作为一种世俗的谋生方式的律师,不但失去了诚实的品格,而且也造成理想的陷落。商业时代,律师的职业理想和职业美德被金钱一点点吞噬,法律技能和判断力的增强并不能丰富他们的心灵。律师不应当仅仅充当一个法律工匠,不应把职业追求完全放在满足客户的个人需要上,而应当对公众利益发生兴趣,对维护社会的公平和正义充满激情。法律职业者可以依赖其训练有素的专业习惯,进入法律对话状态,但是,法律技术和专业修辞并不能凸现其思想的力量和个性的魅力。

金桂兰道出了高调解率的秘密。[1]

第六节 法律思维

法律执行、法律适用与特定的思维方式有密切关系。思维是人脑对客观事物能动的、间接的和概括的反映,是理性认识的过程,它是在社会实践的基础形成的。法律思维是法律职业主体依据法律对社会事实进行思考、认识所形成的一种思维方式。日本法学教授田中成明曾把法律思维方式概括为教义学的性质、过去导向性、个别性、结论的一刀两断性及其推论的原理性、统一性、类型性和一般性等特征。季卫东教授认为,法律思维方式的特点包括:一切依法办事的卫道精神,兼听则明的长处,以三段论推理为基础三个方面。[2] 郑成良认为,法律思维是一种重普遍正义、重程序、重形式合理性的合法性思维。[3] 郑永流把法律思维的要义归纳为十点:①合法律性优于合道德性;②普遍性优于特殊性;③复杂性优于简约;④形式优于实质;⑤程序优于实质;⑥严谨胜于标新;⑦谨慎超于自信;⑧论证优于结论;⑨逻辑优于修辞;⑩推理优于描述。[4]

法官的法律思维

法官分析案件的过程包含了技术性,但又不仅仅是一个技术性的过程,在分析案例的过程中应当凸显法律思维的作用。

有这样一个案例:儿子自己挣钱买了一套房子,父亲再婚又离婚后没有地方住,便来投靠儿子。后因父子关系不睦,儿子便起诉让父亲搬走。一审法官从保护所有权的角度出发,认为儿子享有房屋产权,判决父亲限期搬出。二审法官通过解释"子女对父母有赡养义务"的法律规定和对"公序良俗"原则的理解,保护了父亲随儿子居住的权利。

为什么看似简单的案件,一、二审判决结果却完全相反?这是因为法官分析案件的方法和法律思维方式不同。

一般而言,律师在掌握案件事实以后,多基于正向分析当事人之间可能存在的各种基础法律关系,站在当事人利益的角度,检索、分析、判断并选择提出诉讼成本最低、败诉风险最小、收益最大、对当事人最有利的诉讼请求及诉因。在这一过程中,律师主要是一种选择性的分析和思维。而法官因其职业特性,思维具有中立性、判断性、平衡性和保守性,面临当事人已经选择并提出诉讼请求和诉因的情况,

---

〔1〕 金桂兰是黑龙江省宁安市人民法院东京城人民法庭审判员。详见石国胜、汪波:《基层法官的好榜样》,《人民日报》2005-11-02。2012 年 5 月 8 日,金桂兰法官因患癌症医治无效去世,享年 55 岁。

〔2〕 参见季卫东:《法律职业的定位》,《中国社会科学》,1994(3)。

〔3〕 参见郑成良:《论法治理念与法律思维》,《吉林大学(社会科学学报)》,2000(4)。

〔4〕 郑永流:《法律方法阶梯》,32~34 页,北京,北京大学出版社,2008。

344 | 法理学(第四版)
法官多基于逆向考察请求权所依据的基础法律关系，并作出支持与否的判断。

因此，法官必须是一个成熟的社会人，洞悉社会，在分析、处理个案时，不仅对法律怀有崇高的信仰，进行复杂的法律思维，恪守法官的良知，还需要考虑各种社会关系、群体利益，对适用不同法律规范所体现的不同价值进行恰当的判断和利益的平衡，以最佳社会效果为切入点，作出适当的裁判。[1]

法律思维是一种规范性的思维方式，规范的行为才能得到法律的保护；法律思维是基于人性恶的立场思考社会现象和预测人的行为的思维方式；法律思维是一种平衡性思维方式，通过对复杂乃至冲突的利益进行衡量、平衡而维持社会秩序，强调利益基础上的权利与义务的对等；法律思维是一种相对性的思维方式，进行相对优化、合理化的选择；法律思维是一种求实的思维方式，依靠客观证据来证明法律事实。

法律思维是抽象的，形式是概念、判断、推理等，方法是抽象、归纳、演绎、分析与综合等，它具体体现在法律解释和法律推理中，运用法律来分析问题、解决问题。培养和深化法律思维，有助于保持法律职业的自律和自治。[2]

[1] 参见杨玉泉：《民事案件分析的基本方法与思维——请求权与法律关系双向分析法》，《人民法院报》，2006-09-12。
[2] 李安在《司法过程的直觉及其偏差控制》(《中国社会科学》，2013(5))文中指出，在司法过程中，直觉通过获取法条、形成初始结论为法律推理提供前提，逻辑自动化型直觉还可以省略认知过程、快捷获得结论。但直觉可能产生偏差，导致结论偏离实际，所以要通过诉讼程序、司法管理等制度设计对直觉进行深度监控。理想的司法认知至少需直觉、检测与证立三道工序，对应发现结论、防范直觉偏差、修正不合理理由三个认知功能，完成为案件提供答案、保证客观性、展现正当性三重司法任务。

第十八章　守法与违法

第一节　守　　法

一、守法的含义

守法即法律遵守,是法律实施的一种重要形式,也是法治的基本内容和要求。立法者制定了法律,除了依靠国家机关执行法律、适用法律以外,主要靠全社会公民积极遵守。只有这样,才能充分发挥法律的作用。如果国家所制定的法律得不到公民的普遍遵守,令不行,禁不止,那么,再多的法律也是一张空文,就会达不到立法的目的,也严重影响了法律的权威和尊严。

所谓守法,是指一切国家机关和武装力量、各政党和各社会团体、各企业事业组织、全体公民都必须遵守法律,严格依法办事。守法既要求国家机关、社会组织和公民根据法律的规定承担义务、自觉履行义务(职责),更包含国家机关、社会组织和公民依法享有权利、行使权利。守法并不仅仅是消极的、被动的,而是行使权利和履行义务两个方面的结合。

守法是现代法治的基本原则之一。亚里士多德曾经指出:"邦国虽有良法,要是人民不能全遵循,仍然不能实现法治。"[1]不管法律是以什么方式创制的,法律只有被社会上的大众愉悦地认可并欣然遵守时才是实际意义上的法律。[2]守法是基于秩序的需要,是保障利益的需要,也是法律的规律性和科学性的必然要求。我国社会主义市场经济体制的提出和建立,为中国实现法治提供了前提条件,但是,长期的专制统治的影响、缺乏民主与法制传统、权力过分集中的政治体制、商品经济不发达,以及义务本位观都是阻碍人们守法、贯彻普遍守法原则的障碍。守法是对每一个公民的起码的、基本的要求。因此,强调人们守法,特别是强调一切社会主体普遍、平等的守法对当代中国的法治建设,无疑具有重大的现实意义和深远的

---

〔1〕 [古希腊]亚里士多德:《政治学》,吴寿彭译,199页,北京,商务印书馆,1965。

〔2〕 参见[美]赞恩:《法律的故事》,刘昕等译,245页,南京,江苏人民出版社,1998。

历史意义。[1]

二、守法的根据

守法的根据和原因十分复杂,一般受自身利益的需要、法律的权威性和强制性、社会压力、从众的心理和习惯等经济、伦理、法律、心理、社会因素的影响。

(一)利益与守法

守法是人们从利益实现角度出发,是为了满足自身的利益需求。利益是人们行为最主要和最直接的动力,同时也是人们所追求的目标。马克思曾说过:"人们奋斗所争取的一切,都同他们的利益有关。"[2]而法律是社会共同的、由一定物质生产方式所产生的利益和需要的表现。守法也就意味着利益的满足。

人们积极地守法,社会就形成良好的秩序,利益就有了基本的保障,达致当事人利益与社会利益的协调和一致。

(二)法律与守法

苏格拉底之死

公元前399年6月的一个傍晚,雅典监狱中一位年届七旬的老人就要被处决了。只见他衣衫褴褛,散发赤足,而面容却镇定自若。打发走妻子、家属后,他与几个朋友侃侃而谈,似乎忘记了就要到来的处决。直到狱卒端了一杯毒汁进来,他才收住"话匣子",接过杯子,一饮而尽。之后,他躺下来,微笑着对前来告别的朋友说,他曾吃过邻人的一只鸡,还没给钱,请替他偿还。说完,老人安详地闭上双眼,睡去了。这位老人就是大哲学家苏格拉底(前470—前399)。

---

〔1〕 2014年10月23日,中国共产党第十八届中央委员会第四次全体会议通过的《中共中央关于全面推进依法治国若干重大问题的决定》提出增强全民法治观念,推进法治社会建设,强调法律的权威源自人民的内心拥护和真诚信仰。人民权益要靠法律保障,法律权威要靠人民维护。必须弘扬社会主义法治精神,建设社会主义法治文化,增强全社会厉行法治的积极性和主动性,形成守法光荣、违法可耻的社会氛围,使全体人民都成为社会主义法治的忠实崇尚者、自觉遵守者、坚定捍卫者。推动全社会树立法治意识。坚持把全民普法和守法作为依法治国的长期基础性工作,深入开展法治宣传教育,引导全民自觉守法、遇事找法、解决问题靠法。坚持把领导干部带头学法、模范守法作为树立法治意识的关键,完善国家工作人员学法用法制度,把宪法法律列入党委(党组)中心组学习内容,列为党校、行政学院、干部学院、社会主义学院必修课。把法治教育纳入国民教育体系,从青少年抓起,在中小学设立法治知识课程。健全普法宣传教育机制,各级党委和政府要加强对普法工作的领导,宣传、文化、教育部门和人民团体要在普法教育中发挥职能作用。实行国家机关"谁执法谁普法"的普法责任制,建立法官、检察官、行政执法人员、律师等以案释法制度,加强普法讲师团、普法志愿者队伍建设。把法治教育纳入精神文明创建内容,开展群众性法治文化活动,健全媒体公益普法制度,加强新媒体新技术在普法中的运用,提高普法实效。牢固树立有权力就有责任、有权利就有义务观念。加强社会诚信建设,健全公民和组织守法信用记录,完善守法诚信褒奖机制和违法失信行为惩戒机制,使尊法守法成为全体人民共同追求和自觉行动。加强公民道德建设,弘扬中华优秀传统文化,增强法治的道德底蕴,强化规则意识,倡导契约精神,弘扬公序良俗。发挥法治在解决道德领域突出问题中的作用,引导人们自觉履行法定义务、社会责任、家庭责任。参见《人民日报》,2014-10-29。

〔2〕《马克思恩格斯全集》,第1卷,82页,北京,人民出版社,1956。

公元前 404 年，雅典在伯罗奔尼撒战争中失败，"三十僭主"的统治取代了民主政体。"三十僭主"的头目克利提阿斯是苏格拉底的学生。据说，一次克利提阿斯把苏格拉底叫去，命令他带领四个人去逮捕一个富人，要霸占他的财产。苏格拉底拒不从命，拂袖而去。他不但敢于抵制克利提阿斯的非法命令，而且公开谴责其暴行。克利提阿斯恼怒地把他叫去，不准他再接近青年，警告他说："你小心点，不要叫我们不得不再减少羊群中的一只羊。"苏格拉底对他根本就不予理睬，依旧我行我素。

后来，"三十僭主"的统治被推翻了，民主派重掌政权。有人控告他与克利提阿斯关系密切，反对民主政治，用邪说毒害青年。苏格拉底因此被捕入狱。按照雅典的法律，在法庭对被告判决以前，被告有权提出一种不同于原告所要求的刑罚，以便法庭二者选其一。苏格拉底借此机会发表了慷慨激昂的演说，他自称无罪，认为自己的言行不仅无罪可言，而且是有利于社会进步的。结果，他被判了死刑。在监狱关押期间，他的朋友们拼命劝他逃走，并买通了狱卒，制定了越狱计划，但他宁可死，也不肯违背自己的信仰。就这样，这位 70 岁的老人平静地离开了人间。[1]

像苏格拉底一样，人们守法是遵循法律的要求、履行公民的义务。法律一旦公布实施，公民就有服从它的法律义务，这是无可选择的，否则就要承担相应的法律责任，并受到相应的法律制裁。

同时，法律有国家强制力，法律规定了具体的否定性法律后果，任何明显的违法行为都会受到国家相应的制裁——罚款、监禁甚至处死，因为惧怕违法犯罪后受到法律的制裁，因此人们遵守法律。人们守法也是基于对法律的畏惧。[2]

（三）从众与守法

民众一般有从众的心理和习惯，在社会化的过程中，绝大多数人从一生下来起，就被教导尊重父母、知识、地位、权威和法律，尤其权威和法律被认为是合理时更是如此。民众从小就养成了模仿他人所为的习惯，包括按照别人的行为守法的习惯。哈耶克曾指出，在一特定的文化中成长起来的每一个人都会在自己的身上发现规则的影子，甚或会发现他是依规则行事的——而且也能够以同样的方式辨

---

〔1〕　详见［美］斯通：《苏格拉底之死》，董鼎山译，北京，三联书店，1998。

〔2〕　拉兹在《法律的权威》中主要解决的两个问题为法律是什么与我们应该承认何种法律权威。该书共分为四部分：第一部分通过对"合法性权威"这一概念的哲学分析，介绍了本书的观点；第二、三部分专注于批驳自然法学说关于法律权威的某些主张，直至最后提出了法律实证主义的法律权威观；第四部分分析了公民对待法律所应有的正确道德态度，并解决了一些关键性的实质问题。他所探讨的主要问题是法律的性质、法律与道德的关系以及公民对待法律的正确道德态度。作者尝试着用一种崭新的方法对合法性权威进行分析，精到地解释了法律实证主义的方法论。参见［英］约瑟夫·拉兹：《法律的权威（法律与道德论文集）》，朱峰译，北京，法律出版社，2005。

识出他人的行动是否符合各种各样和规则。[1]

从众而守法能够减少心理负担,降低行为成本,符合社会要求。

(四) 伦理与守法

作为一个公民,守法是其道德义务。从公平的角度而言,当正义的制度存在并适用于我们时,我们要服从正义的制度,并为之尽力。根据公平对待的道德原则,每个社会成员都有服从政府和守法的道德义务。

(五) 压力与守法

每个人是社会的一分子,生活在社会的具体群体中,与他人有紧密的关系。不遵从某些行为规范和行为方式,不仅会使依赖它们的其他人失望,而且会在某种程度上瓦解社会的组织,这种内在的依赖关系产生了使人守法的强大社会压力。[2]

可见,守法与法律的可接受性、民众的法律素养、社会的发展阶段等因素密切相关。[3]

三、守法的要素

一般认为,守法的主体、守法的范围、守法的内容、守法的状态等构成守法的要素。

(一) 守法的主体

守法的主体是指一定的法律遵守行为的实施者,即要求谁守法、谁应该遵守法律。不同性质的社会,法律遵守的主体的法律地位有很大不同,权利义务的指向也有极大的差异。在人类的早期社会里,老百姓仅仅是义务的承担者。而掌握政权阶级的成员,尤其是其中的上层分子,往往可以不受法律义务的约束而主要享受权利。中国传统社会所奉行的信条是"夫生法者君也,守法者臣也,法于法者民也",[4]也就是君主立法,官吏执法,百姓则被法律所统治。在中世纪的欧洲,专制

---

[1] [英]弗里德利希·冯·哈耶克:《法律、立法与自由》(第一卷),邓正来等译,153页,北京,中国大百科全书出版社,2000。

[2] 马克斯·韦伯认为,合法的适应问题可能基于传统、情绪(感情)、价值、协议、强令等因素,实即从另外角度讨论守法问题。参见[德]马克斯·韦伯:《经济与社会》,林荣远译,66~67页,北京,商务印书馆,1997。

[3] 20世纪90年代,美国学者泰勒(Tom Tyler)在芝加哥地区进行了一项关于"人们为什么遵守法律"的研究,该项研究特别强调了法律的合法性对公民是否守法有着独立的影响。围绕公民的守法理由问题,不同的法哲学流派分别提出了不同的学说,其中较有代表性的学说主要有社会契约论、功利主义论、暴力威慑论和法律正当论等。法律正当论将公民的守法理由归结为法律的正当性(合法性),这种观点得到了有关实证研究资料的证明。详可参见[美]汤姆·R.泰勒的《人们为什么遵守法律》(黄永译,中国法制出版社,2015)一书。

[4] 《管子·任法》。

统治者在形式上也被要求遵守法律,是守法的主体。即所谓"国王在万人之上,却在上帝和法律之下"。[1] 到了近代社会,所有的组织、公民在法律上才成为权利、义务的合一主体。

我们国家和法律的性质决定了我国法律遵守主体的广泛性、普遍性和平等性,不允许任何组织或个人凌驾于法律之上。我国《宪法》第 5 条规定:"一切国家机关和武装力量,各政党和各社会团体、各企业事业组织都必须遵守宪法和法律。""任何组织或个人都不得有超越宪法和法律的特权。一切违反宪法和法律的行为,必须予以追究。任何组织或者个人都不得有超越宪法和法律的特权。"《宪法》第 53 条也规定:"中华人民共和国公民必须遵守宪法和法律。"

根据《宪法》和法律的规定,我国守法的主体包括以下几类。

1. 一切国家机关、社会组织

一切组织是个相当广泛的范畴。政党,特别是作为执政党的中国共产党要在宪法和法律范围内活动,严格遵守法律。只有党组织和党员在宪法和法律范围内活动,带头学法、守法,才能使共产党真正发挥执政党的作用,在人民群众的心目中树立威信。国家机关代表人民行使立法权、行政权、司法权,它们只能依人民的意愿去维护人民的利益,而人民的意志和利益都集中地体现在法律之中。国家机关的性质及其在社会生活中的重要地位,决定了国家机关及其工作人员必须遵守法律的规定,严格依法办事,以自身的实际行动维护法律尊严,保障法律实施。

一切社会团体和企业事业组织都要遵守宪法和法律的规定,不得享有法外特权。任何团体和组织,只要违背了宪法和法律的规定,都要依法承担相应的法律责任,并依法受到处理。

2. 中华人民共和国公民

所有的公民要自觉地守法。我国的法律是工人阶级领导的全体人民共同意志的体现。一般来说,公民按照法律办事也就是按照自己的意志办事。同时,公民只有遵守法律,其自身的权利才有保障,社会秩序才能稳定,我国的法制才能健全。国家机关公职人员,特别是各级领导干部和司法人员、执法人员更应该严格要求自己,做法律遵守的模范。如果他们在行使国家所赋予的职权的过程中,能严格地依法办事,模范守法,那么,不仅可以使国家机器正常地有秩序地运转,提高工作效率;而且也为其他公民自觉地守法树立了榜样,起到模范带头作用。正如古人所云:"其身正,不令而行,其身不正,虽令不从。"[2]

3. 在我国领域内的外国组织、外国人和无国籍人

根据我国有关法律规定、国际法和国际惯例,在中国境内的外国组织、外国人

---

〔1〕［美］伯尔曼:《法律与革命》,贺卫方等译,357 页,北京,中国大百科全书出版社,1993。

〔2〕《论语·子路》。

和无国籍人必须遵守我国的法律,这是我国国家主权的必然要求。

(二)守法的范围

守法的范围,是指法律遵守的主体应当遵守的法律的种类,即由一定的国家机关制定或认可的,一切具有法律效力的文件。守法的范围与一个国家的法律渊源密切相关,制定法、习惯法、判例法、学说、国际条约国际惯例等都属于不同国家的法律遵守的范围。在我国,法律遵守的范围主要为制定法,包括宪法、法律、行政法规、地方性法规、民族自治地方的自治条例和单行条例、特别行政区的法律、部门规章和地方政府规章,以及我国缔结加入或认可的国际条约、国际惯例等(我国声明反对或保留的部分除外)。

其中,宪法和法律居于核心地位。故守法首先必须遵守宪法,必须以宪法为根本活动准则,维护宪法的尊严,保证宪法的实施。

(三)守法的内容

守法的内容是指法律遵守的主体、依照法律进行活动的具体形态,包括行使法律权利和履行法律义务两方面。

(1) 行使法律权利。这是指人们通过一定的行为,或者是要求他人实施或抑制一定的行为来保证自己合法权利得以实现。权利是法律规范的核心内容。依法行使权利就是遵守法律中的授权性规范。它既可以作为,也可以表现为不作为;既可以自己主动实施一定的行为,也可以要求他人实施或抑制一定的行为;既可以享用法律一般允许的权利,也可以行使法律所赋予的特定权利,享用权利反映在社会生活的各个方面。人们所行使的权利必须是合法权利;行使权利必须采用正当、合法的方式和手段;不得滥用权力,不能在行使自己的权利时损害他人的合法权利和利益;不能只行使权利而不履行法律义务。

(2) 履行法律义务。这是人们按照法律的要求做出或不做出一定的行为。履行法律义务又可分为作为与不作为两种形式。遵守法律中的禁止性规范,采取的是不作为的形式。遵守法律中的其他义务性规范,则需采取作为的形式。履行法律义务就是通过消极的不作为和积极的作为的方式,满足法律规定的具体条件,从而保障权利人的合法利益。

将法律遵守理解为依法行使权利和履行义务两个方面,有助于克服人们认为守法只是履行义务,受限制、作牺牲的被动或被迫守法观念,从而增强人们守法的自觉性和积极性,有利于法律所规定的权利、义务内容的全面实现,使法律遵守产生更大的社会效能,在社会生活中发挥其应有的作用。

(四)守法的状态

守法的状态是指法律遵守主体的行为的合法程度。个体的法律遵守的状态反映了法律遵守的主体的法律素质;社会成员的法律遵守状态,在一定程度上反映了一个国家或地区的法制水平。

法律遵守的状态可以分为三个层次:第一层次为法律遵守的低级状态,即不违法犯罪,主要为履行法律义务,远罪避罚。第二层次为法律遵守的中间状态,即依法办事,违法必究,形成统一的法律秩序,既履行法律义务,也行使法律权利,但更多地表现为外在性特征。第三层次为法律遵守的高级状态,即法律遵守的主体行为,不论从外在方面,还是从内在动机方面,都符合法律的精神和要求,从而真正实现法律调整的目的,完成了法律的自我内化的过程。

四、守法的条件

守法是受到一些基本条件的影响和制约的,这些基本条件大致可分为主观和客观两个方面。

(一)守法的主观条件

守法的主观条件是指法律遵守的主体的主观心理状态、法律意识等因素。

(1)文化修养。具有一定的文化知识和修养是开阔眼界、接受文明、丰富思想、全面提高个人素质的前提条件,也是掌握、理解、运用法律,增强法制观念的前提条件。在一个文盲充斥的国家,是不可能有文明、秩序和法治可言的。公民只有具有一定的文化知识和修养,才可能谈得上知法、懂法用法,主动地、自觉地遵守法律。

(2)法律修养。公民具有一定的法律知识和修养,是其自觉遵守法律的必要条件。唯有知法懂法,才能更好地守法。唯有真正理解法律的本质和作用,才能自觉接受法律的规范,严格依法办事。

(3)道德修养。在社会规范体系中道德具有特别的意义。道德本身具有的特殊性,使社会占支配或主导地位的道德与现行法律形成特殊的关系,它成为法律得以遵守的可靠保证。把遵守法律视为自己的道德义务,是公民自觉严格守法的可靠保证。伯尔曼曾经指出:"正如心理学家研究现在已经证明的那样,在确保遵从规则方面,其他因素如信任、公正、信实性和归属感等远较强制力为重要。正是在受到信任因此而不要求强制力的时候,法律才是有效率的;依法统治者无需处处都仰赖警察。"[1]

此外,人们的政治意识对于法律遵守也有直接的关系。人们的政治态度和政治立场,会影响到人们的民主意识、参政意识、议政意识等,都会不同程度地影响到人们能否严格依法办事,充分行使法律权利切实履行法律义务。

---

〔1〕〔美〕伯尔曼:《法律与宗教》,梁治平译,17页,北京,三联书店,1991。

人们的个性影响着他们各自的行为,对守法也有一定的影响。

(二) 守法的客观条件

人们的行为是合乎法律的要求,是否严格依法办事,还受到经济状况、政治状况、道德状况、法制状况、社会环境、民族传统、国际形势、自然环境、科学技术发展程度等客观条件的影响。

(1) 经济条件。社会的基本经济制度以及人们在经济关系中所处的地位,是不以人们的主观意志为转移的客观存在,这种客观存在给人们法的遵守的行为以及对待法律的态度以极大的影响。同时,经济体制包括经济管理体制也是影响人们自觉守法的因素。社会经济发展水平影响着人们是否采用合法方式来满足自己的需要,并关系到能否为人们遵守法律提供必要的物质保障。

(2) 政治条件。政治条件主要包括这样一些内容:执政党的状况,执政党与其他非执政党、与国家机关、与社会团体的相互关系,阶级关系及阶段斗争状况,民主建设的水平,党和国家公职人员的作风与工作效率,民族关系和国际关系等,范围是十分广泛的。它们与社会的守法状况具有十分密切的关系。一个国家政局稳定、政治制度民主,法律的地位就较高,人们也更会遵守法律。

(3) 法制条件。法制状况既以法律的遵守为其有机组成部分,又是影响守法的客观条件。从立法的角度看,首先,法律规范本身应当清楚明了,易于把握,可以怎样行为,应该怎样行为,不应该怎样行为界限分明,一目了然;法律应当公布,中国古代的韩非子认为,要使吏民守法,首先应该让吏民知法:“明主言法,则境内卑贱莫不闻知也。”因此必须将制定的法令“布之于百姓”,[1]这样既可以防止司法官吏徇私舞弊,使“官不敢枉法,吏不敢为私”;[2]又能“使民以禁而不以廉止”。[3]明代的丘浚主张及时将成文法令“明白详悉,颁布天下”。[4]其次,法律应该适时,即不过于超前也不滞后,而是正确反映客观现实。这里的客观现实,既包括当时社会各方面的实际状况,也包括公民对法律的实际承受力,对所制定的法律的意义和作用的理解程度。最后,法律应该是协调的,而且整个法律体系内部都应该是和谐一致的。

从司法的角度看,首先,适用法律必须正确。司法是适用法律的过程,法律规定通过适用法律而在各类案件上生动、具体、形象地表现出来,法律的正确适用过程,本身就是生动的法律宣传教育过程,它使当事人及其他公民更加明确其所趋所避;反之,错误地适用了法律,就歪曲了法律的规定,模糊了人们的行为准则。其

---

[1] 《韩非子·难三》。
[2] 《韩非子·八说》。
[3] 《韩非子·六反》。
[4] 《大学衍义补》卷三。

次,坚持违法必究。对违法行为的任何迁就和纵容,都是对法律尊严的嘲弄,都将会动摇和伤害公民遵守法律的信念和爱法护法的情感,都是妨碍公民自觉遵守法律的因素。[1]

同时,守法与法律本身的可接受性密切相关。

第二节 违 法

一、违法的含义和构成

违法,是指人们违反法律的、具有社会危害性的、主观上有过错的活动。违法行为是指那些不符合现行法律所要求的,超出现行法律所允许的范围的危害社会的活动,而且这种危害社会的活动是行为人在主观上有过错的状态下做出的。违法可以表现为做法律所禁止的行为,也可以表现为不做法律所要求做的事情,从而破坏了法律所要维护的社会关系和社会秩序。

需要注意违法行为与违反道德行为及其他虽不合法但也并不违法的行为的区别。许多违法行为,特别是犯罪行为,同时是违反道德的行为。但是,并非所有违法行为都是违反道德的行为。因为有些违法行为并不涉及道德评价的问题,如一些违反技术性法规的行为。同样,有些违反道德的行为并不构成违法。还有一些行为,虽不合法但也并不违法,处于法律调整之外,为中性行为,也不能与违法行为相混同。

也要注意违法行为与法律上无效行为的区别。违法行为当然不能发生行为人实施违法行为时所希冀的法律所肯定的有效结果。但是,不能认为法律上无效的行为都是违法行为。有些法律上无效的行为虽然没有法律效力,但也并不构成违法,比如无民事行为能力人实施的民事行为。

违法作为一种社会现象,是由特定的要素构成的。这些构成要件包括这样四个方面。

(1)违法必须是侵犯了法律所保护的权益的行为。违法行为是一种具有社会危害性的行为,即实际侵犯了法律所保护的某种社会关系、人类生活的共同秩序。

(2)违法必须是违反法律规定的行为。违法行为是在人的意识支配下的外部活动,但单纯的思想或意识活动并不构成违法。

(3)违法必须是行为人出于故意或过失,即行为人主观上有过错而实施的行为。行为人的故意或过失是构成违法的主观方面的依据。除了法律规定的个别情

---

[1] 法律信仰与守法相关。关于法律信仰,可参见许章润等:《法律信仰——中国语境及其意义》,桂林,广西师范大学出版社,2003。该书主体部分分成"理念""场景"和"实践"三个部分。

况,如果行为人没有主观上的过错,行为是由于不可抗力或者其他原因引起的,则不构成违法。

(4)违法必须是具有法定责任能力的自然人、法人和其他社会组织、国家机关及其工作人员做出的。自然人只有根据法律的规定,达到法定责任年龄和具有责任能力时,才能成为违法行为的主体。法人和其他社会组织、国家机关及其工作人员根据法律的规定能够成为违法行为的主体。

构成违法的上述四个要件,包括了主观和客观两个方面,是主观因素和客观因素的统一。一般情况下,只有同时具备这四个要件,才构成违法,缺少其中任何一个要件,都不构成违法。

二、违法的种类

根据违法的具体性质和危害程度的不同,违法一般可分为以下几种。

(1)刑事违法。刑事违法也称犯罪,是违法中社会危害性最严重的一种,是指侵犯刑法所维护的社会关系依法应受到刑罚惩处的行为。刑事违法是一种严重违法行为。

(2)民事违法。民事违法是指违反民事法律的规定,应当追究民事责任的行为,包括不履行债的行为、侵权行为、受益人知情的不当得利行为等。

(3)行政违法。行政违法是指违反行政法规,危害社会的行为,包括国家行政机关及其工作人员在执行公务中的职务过错行为和行政管理相对人违反行政法规的行为。

(4)违宪。违宪是指社会组织、公民特别是国家机关及其工作人员违反宪法和宪法性法律、背离宪法原则的行为。如国家机关制定的法律法规、做出的决议决定或命令同宪法的内容和原则相抵触,公民没有履行宪法中规定的义务等,均为违宪行为。[1]

在当代中国,违法问题具有复杂的状况和原因,如房地产开发项目违法问题。[2]

---

〔1〕 在 1996 年和 1997 年中国宪法学界出现了有关良性违宪的讨论。郝铁川教授在《法学研究》1996年第 4 期发表《论良性违宪》一文,提出违宪有良性和恶性之分,良性违宪指国家机关的一些行为虽然违背了当时宪法条文,但却符合人民的根本利益。检验良恶性的标准有两个:一是有利于生产力发展的标准;二是有利于维护国家和民族利益的标准。对此,童之伟等提出反对意见,认为"良性违宪"不宜肯定,它同"恶性违宪"没有实质区别,甚至比恶性违宪更为可怕。在讨论中,学者们首先肯定了宪法规范与社会生活之间存在冲突与矛盾,但在如何解决冲突与矛盾的方法上出现了严重的分歧。多数学者不同意良性违宪的主张,认为改革开放中出现的规范与现实的冲突,可以通过宪法解释、修改宪法等法定形式解决,不能期望法外解决,应充分利用宪法本身的机制。参见童之伟:《"良性违宪"不宜肯定》,《法学研究》,1996(6);曦中:《对"良性违宪"的反思》,《法学评论》,1998(4)。

〔2〕 关于违法行为的原因,可参见[苏]库德里亚夫采夫:《违法行为的原因》,韦政强译,北京,群众出版社,1982。

河北超六成房地产开发项目违法

李增辉《人民日报》2015-03-18[1]

据河北省住房和城乡建设厅介绍,2011年以来,河北省共开工房地产开发项目3386个,存在违法问题的2079个,违法比例61.4%。

河北房地产开发项目违法问题主要包括:未取得合法用地批准手续,擅自改变土地用途、容积率等土地使用条件违规开发建设,擅自将工业用地和划拨用地变更为房地产开发用地、未取得建设工程规划许可或者未按照建设工程规划许可进行建设、未取得建筑工程施工许可擅自施工、未取得商品房预售许可擅自预售等。

河北省住建厅表示,这次违法项目的统计,是以同时违法开工的若干个建筑栋号为单位的,不是以整个项目为单位,一个项目中可能有多个栋号存在违法行为,因此统计出来的违法项目数字较多,违规率也较高。

目前,河北省正在开展全省房地产开发建设违法行为专项整治工作,预计在6月底进行验收。

因此,解决违法问题需要从完善法律、强化责任、依法处理、加强教育、社会监督等方面综合考虑。

---

[1] 针对"城建项目违规现象突出"等问题,河北省住建厅去年要求各设区市、直管县对2011年以来所有开工的房地产开发项目进行全面自查,重点清查在规划、招投标、开工、预售环节是否存在违法行为。根据各市自查上报的情况,石家庄市、保定市违法项目比例分别高达93.8%、84.9%,问题较为突出。石家庄市内四区上报房地产违法建设项目共计540个项目,其中103个属小产权房,未取得土地证的311个,未取得用地规划许可证的263个,未取得建设工程规划许可证的300个,未取得开工证的366个。对在专项整治及今后日常监管工作中干预、插手房地产开发项目的领导干部,有关部门将依法依纪追究责任。

参见朱峰:"河北石家庄市违法项目比例高达百分之九十",新华社,2015-03-18,http://cnews.chinadaily.com.cn/2015-03/18/content_19842737.htm,最后访问时间2015-03-22。

第十九章　法　律　监　督

第一节　法律监督概述

一、法律监督的含义

　　一般认为,法律监督可以在广、狭两种意义上使用。狭义法律监督专指由特定国家机关依照法定权限和程序对法律实施的合法性所进行的监察和督促,如检察机关的监督。广义的法律监督则指由所有国家机关、社会组织和公民依法对国家的经济、政治、文化、社会等方面的各种法律活动进行的监察和督促。[1]本节是从广义上使用"法律监督"一词的。

　　法律监督是法律存在的基础和保障,是法律本身的逻辑要求。法律监督在法制建设中具有重要的意义。

　　(1)法律监督是国家法制的重要组成部分。古罗马的著名法学家西塞罗早就指出,希腊人在保存法律文本方面较为用心,他们选举法律保管员,"这些法律保管员不仅保管法律文本,而且甚至监督人们的行为,引起他们遵从法律。这件事可委托给监察官去完成,因为我们希望他们在我们的国家永远存在。"[2]西塞罗在他宣布的法律中指出:"监察官维护法律的纯洁。"[3]法律监督是法制系统的自我调节、自我保护机制。法律监督是维护法制的统一和尊严的重要制度。司法机关和执法机关是实施法律的专门机关,在维护法律的统一和尊严方面具有重要的作用。有效的法律监督是完善权力制约机制,保证司法机关、执法机关严格依法办事的关键。同时,有效的法律监督对于监察、督促所有国家机关、社会组织和公民遵守宪法和法律,依法办事,也具有十分重要的意义。

　　(2)法律监督是制约权力、防止腐败和保护公民合法权益的重要手段。孟德斯鸠曾经指出:"一切有权力的人都容易滥用权力,这是万古不变的一条经验……从事物的性质来说,要防止滥用权力,就必须以权力制约权力。"[4]国家机关及其工作人员的权力是人民赋予的。为了防止权力的腐蚀性,防止腐败,为了保证少数

---

　　[1]　参见程荣斌:《简论法律监督的地位和作用》,《北京市政法管理干部学院学报》,1991(1)。

　　[2]　[古罗马]西塞罗:《论共和国　论法律》,王焕生译,279～280页,北京,中国政法大学出版社,1997。

　　[3]　[古罗马]西塞罗:《论共和国　论法律》,王焕生译,260页,北京,中国政法大学出版社,1997。

　　[4]　[法]孟德斯鸠:《论法的精神》(上册),张雁深译,154页,北京,商务印书馆,1961。

管理者始终按大多数不能直接参加管理的人的意志办事,就要将权力置于法律监督之下,从而保障民主政治的安全。对权力运作的监督制约,是权力运作的内在要求,也是现代法治国家权力设置的普遍要素。事前监督使权力的运行合法化,预防和避免腐败的发生;事后监督使权力的滥用得到纠正,并惩治腐败行为。

(3)法律监督是建立和完善社会主义市场经济的需要。在社会主义市场经济体制下,国家在经济方面的职能主要是对市场活动进行宏观调控,由市场来引导企业,而不是由国家直接管理和经营企业;国家通过制定法律,规定经济主体的行为模式,经济主体依照法律自主地从事各种活动。法律监督可以一方面维护经济主体最大限度地发挥自己的经济活力;另一方面督促、帮助他们根据法律的指引,合理、合法、有效地从事各种经济活动,维护社会利益。[1]

(4)法律监督是实现社会和谐的需要。社会和谐表现为社会组织机制健全、社会管理完善、社会秩序良好、民众安居乐业,包括了社会关系的和谐和人与自然关系的和谐。这需要依靠民主法治,妥善协调各种利益关系,加强社会建设和管理,建立和健全社会预警体系。而法律监督是实现社会和谐的重要途径。

二、法律监督的构成

法律监督的构成是指实现监督所必须的因素。一般来说,实现法律监督必须具备五个基本因素,即法律监督的主体、法律监督的客体、法律监督的内容、法律监督的权力和法律监督的程序。

(1)法律监督的主体。法律监督的主体包括权利主体和义务主体两个方面。法律监督的权利主体指依法有权对其他国家机关、社会组织和公民的各种法律活动的合法性实施法的监督者。法律监督的义务主体指依法必须接受其他国家机关、社会组织和公民的法的监督者。根据权利和义务的一致性,在一定场合为法律监督的权利主体,在另一场合可能为法律监督的义务主体。

我国法律监督的主体大致分为三种:国家机关、社会组织和公民。其中国家机关包括国家权力机关、行政机关、监察机关和司法机关,社会组织包括中国共产党的各级组织、人民政协、各民主党派、群众团体、事业单位、企业等。

(2)法律监督的内容。法律监督关系是法律监督主体相互之间在法律上的权利和义务关系。每一个具体的法律监督关系的参加者都享有一定的权利和承担一定的义务。因此,法律上关于法律监督主体的权利和义务就是法律监督关系的基本内容。我国宪法和法律对我国国家机关、社会组织和公民在法律监督关系中的权利和义务都有规定,其中有些规定比较具体,有些则比较原则,如何使原则性的规定更具体化和使具体的规定能够得到切实的执行,将是加强我国法律监督机制

[1] 参见张骐:《论法律监督的法治化》,《法学》,1998(12)。

的重要任务。

(3) 法律监督的客体。法律监督关系的客体是指法律监督主体的权利和义务所指向的对象,即国家机关、社会组织和公民的各种法律活动,包括一定的作为和不作为,在进行法律监督过程中,主体的权利和义务是通过一定的行为来实现的。法律监督的客体的重点,应当是国家机关及其工作人员的各种公务活动。

(4) 法律监督的权力。法律监督的权力是指监督主体监察、控制、制约、检查和调整监督客体的权力。法律监督的目的是保证监督客体正确行使权力,严格依法办事,维护法律的统一、尊严和有效实施。一定的法律监督权,对于有效开展法律监督,以权力制约权力、以权利制约权力,防止对权力的滥用,实现法律监督的目的具有重要的意义。如果没有相应的法律监督权,法律监督就会形同虚设,无法发挥其应有的作用。

(5) 法律监督的程序。法律监督的程序是指主体监督客体所需要的法律程序,法律监督是为了保证国家权力在法制轨道上正常运行的必要手段,本身应遵循基本的程序规范。必要的法律程序可以保证监督活动顺利、有效地进行,充分发挥法律监督的效果。

第二节　当代中国的法律监督体系

当代中国的法律监督体系,是指由国家机关、社会组织和公民依法对各种法律活动进行监督的有机联系的整体。[1]根据监督主体的不同,可以将当代中国的法律监督体系分为国家监督和社会监督两大类。[2]

一、国家监督

国家监督是指国家机关的监督,包括国家权力机关、行政机关、监察机关和司法机关的监督。我国宪法和有关法律明确规定了国家监督的权限和范围。这类监督都是依照一定的法律程序,以国家名义进行的具有国家强制性和法律效力,是我

---

〔1〕 郑智航在《中国特色社会主义法律监督理论的主旨与内核》(《法制与社会发展》,2014(6))文中指出,中国特色社会主义法律监督理论体系经历了苏联法律监督思想的引进阶段、改革开放之后全面的法律监督思想的形成阶段和集中对公权力行使者进行监督与制约的强调阶段。保证权力合法行使而不被滥用、用法律的统一性来确保中央与地方的一致性、通过约束官员行为来实行德行治理是中国特色社会主义法律监督理论的三个基本主旨。中国形成了以人民代表大会监督理论、国家专门机关监督理论和多元化的政治与社会监督理论为核心的立体化法律监督理论格局。

〔2〕 关于中国古代法律监督制度,可参见王国勇:《论中国古代法律监督制度》,http://www.chinacourt.org/public/detail.php? id=206935,最后访问时间 2007-01-24。该文分析了中国古代法律监督产生的背景,阐述了西周、春秋战国、秦汉、魏晋南北朝、隋唐、宋元明清的法律监督制度的概况。并论述了中国古代法律监督制度的特点,指出了其发展规律,整理出了古代法律监督的发展线路。也可参见程印学:《中国古代权力监督制度探论》,《理论学刊》,2004(7)。

国法律监督体系的核心。

（一）国家权力机关监督

国家权力机关的监督，是指人民代表大会所进行的监督。它包括各级人民代表大会及其常务委员会为全面保证国家法律的有效实施，通过法定程序，对由它产生的国家机关实施法律的监督。其中，全国人民代表大会及其常务委员会在整个法律监督体系中居于主导地位。国家权力机关的法律监督权是宪法赋予国家权力机关的重要职权，是人民通过代表大会统一行使国家权力的重要方式。

国家权力机关的监督的形式有两种，即法律上的监督和工作监督。在中央，法律上的监督为全国人民代表大会及其常委会通过立法程序对某项法律、法规进行审查，确定其是否符合《宪法》的规定，对违反《宪法》的法律、法规予以撤销，从而实现监督。在地方，县级以上各级人大及其常委会监督地方性法规、地方政府规章和地方其他决议、决定的实施。县级以上各级人大有权撤销本级人大常委会不适当的决定，县级以上各级人大常委会有权撤销本级人民政府的不适当的决定和命令，撤销下一级人大不适当的决议。

工作监督指人民代表大会及其常务委员会通过对行政机关、审判机关、检察机关即"一府两院"依法进行质询和询问，对特定问题进行视察和调查，并听取和审议"一府两院"的工作报告，然后提出意见和建议，或者通过决议和决定，行使撤销和罢免权，从而实现监督。

《各级人民代表大会常务委员会监督法》于 2007 年 1 月 1 日起正式实施。《监督法》既明确了发挥人大常委会监督"两院"的工作职能，同时也就保障法院、检察院依法独立行使审判权、检察权作出规定。《监督法》还就人大常委会实施监督的形式和程序作出具体规定，包括审查和批准决算草案，听取和审议国民经济和社会发展计划、预算执行情况报告，听取和审议审计工作报告，开展执法检查，对规范性文件进行备案审查，询问和质询，特定问题调查，撤职案的审议和决定等。随着这部法律的实施，人民代表大会将通过人大常委会依法行使监督权，更好地实现其代表民意监督政府和司法机关的本色。

（二）司法机关的监督

司法机关的监督，是我国法律监督制度的重要组成部分，包括检察机关的监督和审判机关的监督两种。

（1）检察机关的监督。人民检察院是国家专门的法律监督机关。我国《宪法》第 132 条规定："中华人民共和国人民检察院是国家的法律监督机关。"检察机关的法律监督体现在对刑事案件进行审查,批准或者决定是否逮捕犯罪嫌疑人;对刑事案件进行审查,决定是否提起公诉,对决定提起公诉的案件支持公诉;依照法律规定提起公益诉讼;对诉讼活动实行法律监督;对判决和裁定等生效文书的执行工作进行法律监督;对监狱和看守所的执法活动实行法律监督等。[1] 最高人民检察院对陈满案件的抗诉即属法律监督行为,

最高人民检察院解密陈满案件抗诉始末
龙云　央广网　2016-02-01

1992年12月25日,海南省海口市上坡下村109号楼房突然起火,消防人员扑灭大火后,发现了楼房看管人钟作宽的尸体。经法医鉴定,被害人钟作宽身有多处锐器伤,系颈动脉被割断造成失血性休克死亡。租住在109号楼房的陈满被海口市公安局确认为犯罪嫌疑人。

1994年11月9日,海口市中级法院以故意杀人罪判处陈满死刑,缓期二年执行,剥夺政治权利终身,以放火罪判处有期徒刑九年,决定执行死刑,缓期二年执行,剥夺政治权利终身。

判决发生法律效力后,陈满父母和陈满始终不服,坚持向相关政法机关申诉。2014年4月14日,陈满委托代理律师向最高人民检察院提出申诉。

最高人民检察院申诉厅有关负责人告诉记者,申诉厅受理陈满申诉后,经审查认为原审裁判存在错误可能,于2014年7月15日决定立案复查。"我们的承办人查阅了本案的全部案卷材料,并提审了陈满,复核了相关证据,听取了原案相关侦查人员、检察人员的意见。"

这名负责人表示,经过复查,能够确定的事实是,被害人钟作宽是被割断颈总动脉致失血性休克死亡,犯罪人又点燃石油液化气而引发火灾,但是在案证据在认定上述行为系陈满所为方面存在很大问题。

在物证方面,最高人民检察院认为主要存在三方面问题,分别涉及陈满工作证、现场带血物品、作案工具。

经最高人民检察院检察委员会讨论认为,陈满案原审裁判事实不清,证据不足,2015年2月10日,最高人民检察院将陈满案向最高人民法院提出抗诉。2015年4月24日,最高人民法院采纳最高人民检察院意见,指令浙江省高级人民法院

---

〔1〕　关于检察机关,可参见张智辉:《法律监督机关设置的价值合理性》,《法学家》,2002(6),论文探讨了把检察机关作为法律监督机关来设置这样一种宪法制度是否具有合理性和必要性。关于检察权,可参见陈卫东:《我国检察权的反思与重构》,《法学研究》,2002(2)。

异地再审。2015 年 12 月 29 日,浙江省高级人民法院在海南公开开庭审理陈满申诉案。

2016 年 2 月 1 日,浙江省高级人民法院在海南省美兰监狱公开宣判:陈满无罪。陈满被当庭释放。[1]

(2) 审判机关的监督。在我国,人民法院是专门行使国家审判权的机关。它虽然不是国家的专门法律监督机关,但在我国整个法律监督体系中具有重要的地位,人民法院的监督主要表现在人民法院系统内的监督、人民法院对检察机关的监督、人民法院对行政机关的监督等。

(三)行政机关的监督

行政机关的监督指上级行政机关对下级行政机关、行政机关对企事业单位和公民执行和遵守法律和行政法规的情况所进行的监督。行政机关的监督,可以分为两类,即一般行政监督和专门行政监督。(1)一般行政监督。一般行政监督是指行政隶属关系中上级行政机关对下级行政机关所进行的监督。这种监督是依行政管理权限和行政隶属关系产生的,是由上级行政机关对所属部门和下级政府的监督,上级政府部门对下级政府部门实施法律、法规的监督。它同时也是行政机关行使管理职能的一种手段。(2)专门行政监督。专门行政监督是指行政系统内部设立的专门监督机关实施的法律监督。它与一般行政监督的主要区别是:它是由专门对行政机关及其公职人员进行法纪检查的职能机关做出的。在我国,它主要为审计监督。审计监督是指由国家审计机关根据有关经济资料和国家法律、法规审核和稽查被审计单位的财务收支活动、经济效益和财政纪律遵守情况,以加强经济管理的专门监督检查活动。在我国,审计监督随着国家经济的发展和民主法制建设的加强,也应得到新的发展。2006 年 2 月 28 日全国人大常委会通过了《审计法》修订案。这次修订在健全审计监督机制、加强审计监督手段等方面做了修改,有助于更好地进行审计监督。

同时,我们也要进一步完善制度,建立一种"国家公权力的循环制约系统",监督者的权力应当是有合理的分配的,也有合理的制约的,把所有的国家公权力都编织到被监督的网络之中,更好地解决"谁来监督监督者"的问题,在法律监督制度的

---

〔1〕 https://china.huanqiu.com/article/9CaKrnJTBFX,2020 年 8 月 24 日最后访问。

合理性标准方面形成更大的社会共识。[1]

（四）监察监督

监察监督为监察机关对所有行使公权力的公职人员行为合法性的监督。根据宪法和监察法的规定,我国的各级监察委员会对所有行使公权力的公职人员进行监察,调查职务违法和职务犯罪,开展廉政建设和反腐败工作,对其行为的合法性进行全面监督。

二、社会监督

社会监督即非国家机关的监督,是指各政党、各社会组织、公民以多种形式、多种手段和多种途径广泛地、积极主动地参与法律实施的一种监督。社会监督主体广泛、方式灵活、没有严格的程序规定,在宪法和法律上的依据也多带有原则性。社会监督在我国法律监督体系中占有重要的地位,是人民群众当家做主、参与国家事务管理的重要手段。我国社会监督的主要形式包括以下几种。

（一）各政党的监督。各政党的监督主要为执政的中国共产党的监督和参政的各民主党派的监督

1. 中国共产党的监督

中国共产党是我国社会主义事业的领导核心,党领导人民制定宪法和法律,同时也领导人民共同遵守、执行,监督宪法和法律的实施和实现。当然,党对国家机

---

〔1〕 2019年10月31日中国共产党第十九届中央委员会第四次全体会议通过的《中共中央关于坚持和完善中国特色社会主义制度 推进国家治理体系和治理能力现代化若干重大问题的决定》第十四部分为"坚持和完善党和国家监督体系,强化对权力运行的制约和监督",具体内容为:党和国家监督体系是党在长期执政条件下实现自我净化、自我完善、自我革新、自我提高的重要制度保障。必须健全党统一领导、全面覆盖、权威高效的监督体系,增强监督严肃性、协同性、有效性,形成决策科学、执行坚决、监督有力的权力运行机制,确保党和人民赋予的权力始终用来为人民谋幸福。(1)健全党和国家监督制度。完善党内监督体系,落实各级党组织监督责任,保障党员监督权利。重点加强对高级干部、各级主要领导干部的监督,完善领导班子内部监督制度,破解对"一把手"监督和同级监督难题。强化政治监督,加强对党的理论和路线方针政策以及重大决策部署贯彻落实情况的监督检查,完善巡视巡察整改、督察落实情况报告制度。深化纪检监察体制改革,加强上级纪委监委对下级纪委监委的领导,推进纪检监察工作规范化、法治化。完善派驻监督体制机制。推进纪律监督、监察监督、派驻监督、巡视监督统筹衔接,健全人大监督、民主监督、行政监督、司法监督、群众监督、舆论监督制度,发挥审计监督、统计监督职能作用。以党内监督为主导,推动各类监督有机贯通、相互协调。(2)完善权力配置和运行制约机制。坚持权责法定,健全分事行权、分岗设权、分级授权、定期轮岗制度,明晰权力边界,规范工作流程,强化权力制约。坚持权责透明,推动用权公开,完善党务、政务、司法和各领域办事公开制度,建立权力运行可查询、可追溯的反馈机制。坚持权责统一,盯紧权力运行各个环节,完善发现问题、纠正偏差、精准问责有效机制,压减权力设租寻租空间。(3)构建一体推进不敢腐、不能腐、不想腐体制机制。坚定不移推进反腐败斗争,坚决查处政治问题和经济问题交织的腐败案件,坚决斩断"围猎"和甘于被"围猎"的利益链,坚决破除权钱交易的关系网。深化标本兼治,推动审批监管、执法司法、工程建设、资源开发、金融信贷、公共资源交易、公共财政支出等重点领域监督机制改革和制度建设,推进反腐败国家立法,促进反腐败国际合作,加强思想道德和党纪国法教育,巩固和发展反腐败斗争压倒性胜利。

关的领导主要是政治、思想、组织上的领导,而不是以党代政,由党去完成国家机关在其职权范围内的工作。党的监督,也是通过国家行政机关、司法机关的党组织和党的纪检部门,以向国家机关提出建议的方式实现的监督。

2. 民主党派的监督

我国的各民主党派是各自所联系的一部分社会主义劳动者和一部分拥护社会主义的爱国者的政治联盟,是接受中国共产党领导的,同中共通力合作、共同致力于社会主义事业的亲密友党,是参政党。他们参与国家方针、政策、法律、法规的制定执行,他们通过多种形式、多种途径广泛地参与对国家法律实施的监督,有效地发挥自身的作用。

(二)社会组织的监督

社会组织的监督是指人民政协、社会团体、企业等对法律实施的监督。

中国人民政治协商会议(简称人民政协)是具有广泛代表性的爱国统一的组织,长期以来在政治协商和民主监督方面发挥着重要作用。全国政协会议与全国人大会议同时召开,共商国是,已经成为惯例。国家的重大决策和重要法律的制定,都要事先征求人民政协的意见。政协委员以视察、调查研究等方式进行的法的监督,在实践中发挥了积极、有效的作用。

社会团体的法律监督,主要是指由企业、工会、青年团、妇女联合会等组织、消费者保护协会等所进行的法律监督;此外,还有城市居民委员会、农村村民委员会等基层群众性自治组织进行的法律监督。

(三)社会舆论的监督

这是一种十分广泛的社会监督,是广大人民群众通过发表自己的意愿和看法,对国家各方面工作以及社会法律生活进行监督。特别是广播、电视、报刊等新闻媒体的监督,对法律实施更具有十分重要的作用。舆论监督在各种监督中占有特殊地位,它影响最广、时效最快。[1]

(四)人民群众的监督

这是一种直接监督方式,包括对立法、执法、司法活动的监督。我国《宪法》规定,国家一切权力属于人民,"一切国家机关和国家工作人员必须依靠人民的支持,经常保持同人民的密切联系,倾听人民的意见和建议,接受人民的监督。"为此,国家专门设立了来访接待站、信访组、监督电话、举报机构等。公民对于任何国家机关和工作人员,有提出批评和建议的权利;对于任何国家机关和工作人员的违法失

---

[1] 媒体监督与司法公正问题成为我国学界讨论的一个热点问题,相关讨论可参见卞建林:《媒体监督与司法公正》,《政法论坛(中国政法大学学报)》,2000(6);陈新民:《新闻自由与司法独立》,载北京大学法学院人权研究中心主编:《司法公正与权利保障》,北京,中国法制出版社,2001。

职行为,有向有关国家机关提出申诉、控告或检举的权利,但是不得捏造或者歪曲事实进行诬告陷害。对于公民的申诉、控告或者检举,有关国家机关必须查清事实,负责处理。任何人不得压制和打击报复。

近些年,民众通过电子邮件、博客、微博、微信等方式对国家机关和公职人员行为的合法性进行监督,发挥了积极的作用。

(五)法律职业人员的监督

在社会监督,应重视法律职业人员的监督。律师、法官等法律职业人员和法学教师追求法治的社会责任感较强,具有较高的法律意识和法学修养,法律监督能力较强,他们通过代理诉讼、提供帮助、发表文章、举行演讲、接受访问等方式进行法律监督。因此这些公民在当代中国的法律监督中发挥了积极的作用,极大地推动了当代中国法治建设的进程。

社会监督的方式多种多样,如浙江省泰顺县的法官给检察官打分评议方式。

法官给检察官打分评议

又是一个开庭日,泰顺县人民检察院公诉科科长梅明辉今天经手的是一桩故意伤害案件。对于类似的案件,这位老检察官亲手经办的已经举不胜举了,可这一次跟以往都不同——坐在审判席上的法官们手中多了一份《公诉人庭上表现测评表》。泰顺县法院审判长董赞仔细地聆听着法庭上辩论的同时,他要根据梅明辉在法庭上的表现,在庭审结束之后,在测评表上给出自己的评语。

庭审结束后,法官将对公诉人语言表达的清楚程度、仪态仪表的标准与否、庭审节奏的驾驭与掌控能力等一一打分测评。这张测评表的项目分为讯问被告人、询问证人、举证质证、发表公诉意见、答辩以及其他等六项内容,总分100分,同时,测评人还必须就参评者的测评表现写出评语。董赞审判长说,"每一个项目都有着严格的要求,只有符合了测评表上的规定动作,才能得高分。"这种形式是否有效的关键在于,法官是否在评议打分过程中做到客观公正。"我们觉得,这是一项很好的举措,对法官和检察官都是一个有益的促进。"

在人们的印象中,法官是负责审理案件的,检察官是负责对犯罪人员提起诉讼的,两者息息相关,检察机关对同级法院负有法律监督职责,而现在由法官来给检察官打分评议,会不会削弱检察机关的监督力度?对此,泰顺县检察院代检察长张胜海解释说:"其实,由法官来给检察官打分评议,可以增强检察官出庭支持公诉的责任心,使得出庭公诉不流于形式,还能够不断提高我们出庭公诉的水平。同时避免我们检察官以法律监督者自居,不听从庭审法官的指挥,出现尴尬场面。"

张胜海承认,采用这一举措确实存在着一些争议,但是眼下正是加快司法改革的特殊时期,对于任何有利于司法进步的举措,在法律允许的范围内采用试行方式,是解决当前存在问题的一种较快途径。其出发点就是保障司法活动的公开、公正,限制检察官在出庭过程中过度使用自由处分权,从而确保能够客观公正地行使国家法律赋予的起诉权。[1]

此例中,这一打分评议方式是否是对公诉人进行社会监督的合适方式?让法官来对公诉人的庭上表现进行评议打分是否符合其中立者的立场,是否会影响检察官客观地行使国家公诉权?是否会影响检察机关的法律监督职责?浙江省泰顺县的这一实例值得我们思考。[2] 我国的法律监督制度需要在总结实践的基础上进一步的予以完善。

---

〔1〕 王佐兴、潘立海、胡轶笛:《公诉人的表现由法官来打分》,《今日早报》2006-11-24。

〔2〕 关于法律监督,进一步阅读可参见汤唯、孙季萍:《法律监督论纲》,北京,北京大学出版社,2001。该书比较全面地讨论了什么是法律监督、为什么进行法律监督、法律监督监督什么、怎样进行法律监督等问题。

第二十章　法律解释与法律推理

第一节　法　律　解　释

一、法律解释的含义

法律解释是国家机关、社会组织和公民依据立法原意和法律意识对法律和其他规范性文件的具体内容和含义、术语所作的分析、说明。法律解释是法律适用活动的主要环节,是实施法律的前提,也是发展法律的一个方式。[1]

法律解释由来已久并历来为各国所重视。法律是一种通过语言的社会控制工具。法律解释直接关系到如何准确地理解和切实贯彻法律规范的精神实质,达到立法者所预期的社会效果。我国汉朝名儒董仲舒以儒家经典解释律文,著有《春秋决狱》232事,以儒家思想来指导法律的实施。[2] 唐代长孙无忌等人所著《唐律疏议》,就是对《永徽律》的逐条注释。[3] 西方罗马帝国汇集的《学说汇纂》即为对罗马法的有权解释。英国等西方资产阶级国家也通过法律解释,使大量的古代法律为自己的统治服务。

法律解释的对象是法律规定和它的附随情况。法律规定或法律条文是解释所要面对的文本,法律解释的任务是要通过研究法律文本及其附随情况即制定时的经济、政治、文化技术等方面的背景情况,探求它们所表现出来的法律意旨,即法律

---

〔1〕 强世功、赵晓力认为,一般说来,我们是在两种意义上使用法律解释这一概念的,其一是指一种方法论意义上的确定法律条款之含义(connotation)的技艺;其二是指一种本体论意义上的使法律文本获得意义(meaning)的方式。参见强世功、赵晓力:《双重结构下的法律解释——对8名中国法官的调查》,载梁治平主编:《法律解释问题》,222页,北京,法律出版社,1998。

〔2〕 董仲舒在《春秋繁露·精华》中指出:"《春秋》之听狱也,必本其事而原其志。志邪者不待成,首恶者罪特重,本直者其论轻。"以儒家经典释法,他实质上主张"原心论罪"。

〔3〕 季卫东在谈到中国古典法律解释问题时,曾总结出了它在目的方面的"四个相位",它们分别是"不可言说""无穷之辞""以法为教"并无异说"。对此,他分别解释道:"对于不可言说的部分的正义性的判断,很难按照外部的绝对标准来进行。承认有些事情是不可言说的,就等于承认在审判过程中法官不可能掌握案件的全部情节或者信息,也就不得不承认司法判断的局限性、不得不在相当程度上强调身处特殊情境中的当事人独自的感受、理解、承认以及心理满足。""关于规范本身的说理就像庄子与惠子的对话,很容易流于前提和推论以及贯穿其中的逻辑规则的永无止境的追加过程。""为了终止当事人之间围绕规范正当性而进行的无止境的语言游戏,需要导入并利用第三者的决断力……即通过官吏的职权来保障法令的统一和实效,对强制与道德以及文化秩序加以有机的整合。""通过相互主观的反复监察达到全体一致的同意,以此保证审判以及其他法律决定的妥当性。"参见季卫东:《法治秩序的建构》,121~123页,北京,中国政法大学出版社,1999。

规定的意思和宗旨。

法律解释与具体案件密切相关。首先,法律解释往往由有待处理的案件所引起。其次,法律解释需要将条文与案件事实结合起来进行。法律解释的主要任务,就是要确定某一法律规定对某一特定的法律事实是否有意义,也就是对一项对应于一个待裁判或处理的事实的法律规定加以解释。

法律解释具有一定的价值取向性。这是指法律解释的过程是一个价值判断、价值选择的过程。人们创制并实施法律是为了实现一定的目的,而这些目的和价值就是法律解释所要探求的法律意旨。在法律解释的实践中,这些价值一般体现为宪法原则和其他法律的基本原则。

法律解释受解释学循环的制约。"解释学循环"是指在对文本进行解释时,理解者根据文本细节来理解其整体,又根据文本的整体来理解其细节的不断循环过程。德国施莱尔马赫正式提出这一概念,认为理解的循环运动沿着文本来回移动,在文本被完满理解时才消失。狄尔泰发展了这一概念,认为解释学的循环包括相互依赖的三种关系:单个词与文本整体的循环;作品本身与作者心理状态的循环;作品与它所属的种类与类型的循环。法律的整体只有通过理解它的部分才能得到理解,而对部分的理解又只能通过对法律的整体的理解。法律解释是解释的一种具体形式,也要服从解释学的一般原理。[1] 在法律解释中,解释者要理解法律的每个用语、条文和规定,需要以理解该用语、条文和规定所在的制度、法律整体至整个法律体系,又需要以理解单个的用语、条文和制度为条件。指出法律解释存在的解释循环,可以防止人们孤立地、断章取义地曲解法律。[2]

《唐律疏议》选录

大唐皇帝以上圣凝图,英声嗣武,润春云于品物,缓秋官于黎庶。今之典宪,前圣规模,章程靡失,鸿纤备举,而行宪之司执行殊异:大理当其死坐,刑部处以流刑;一州断以徒年,一县将为杖罚。不有解释,触涂睽误。皇帝彝县在怀,纳隍兴轸。德礼为政教之本,刑罚为政教之用,犹昏晓阳秋相须而成者也。是以降纶言于台铉,挥折简于髦彦,爰造律疏,大明典式,远则皇王妙旨,近则萧、贾遗文,沿波讨

---

[1] 在浪漫主义运动推动下,施莱尔马赫将心理学引入理解理论,使语法分析与心理分析成为理解中相互制约的两个基本部分,创立了当代诠释学。施莱尔马赫提出一般诠释学的理解任务:主观的重建客观过程。其后,狄尔泰在严格区分了精神科学与自然科学之后,以"体验"为核心,创立了适用于精神科学的体验诠释学。参见潘德荣、齐学栋:《诠释学的源与流》,载《学习与探索》,1995(1)。

[2] 关于法律解释的目标,雷磊在《再论法律解释的目标——德国学说中主/客观说之争的剖析与整合》(《环球法律评论》,2010(6))文中指出在法哲学的层面上,主观说与客观说反映出对权威与正确性这两种价值间位阶关系的不同排序;在法政治学的层面上,主观说与客观说反映了对司法权运作范围大小的不同主张,即司法抑制主义与司法能动主义之争。绝对主义的优先论调不可取,一种相对主义的优先论调,即主观意思初步优先说更为合适;主观意思初步优先说体现了一种"温和的宪政主义"立场,它倡导着柔性价值秩序与平衡性国家权力观。法律解释的目标理论是实质性的,它虽不能导出解释意义上的"唯一正确答案",但它是理性的。

源,自枝穷叶,甄表宽大,裁成简久。譬权衡之知轻重,若规矩之得方圆。迈彼三章,同符画一者矣。[1]

《唐律疏议》的这段文字说明了法律解释的原因和宗旨,阐明了法律解释的必要性。

法律解释是正确适用法律的一个必要环节,对法治建设具有重要意义。法律解释是解决原则与灵活、一般与具体之间矛盾的方法,也是处理法律统一、稳定与社会生活变化发展之间关系的重要手段。

法律解释是完备立法的需要。法律所规定的是概括的、典型的、原则的一般准则,不可能对社会发生的一切情况都做出详尽的规定,无法准确预见事件和行为可能发生的种种情态,这就需要法律解释作为立法的补充,以调整复杂的、变化的、多态的具体事件和关系。因为"任何一种人类语言,都不可能将某个法律规定表达得精确到可以完全排除法官在解释和适用它时的自由裁量权。根据法律规定的精神对它进行解释,并不会使它失掉确定性和可预见性,虽然这种解释需要司法机构高度的自我约束。"[2]

实施法律的社会条件不同,如适用对象、适用空间、时间、具体事件、具体状况不同,千差万别,这就需要对法律进行具体说明,才能更好地准确地实施法律。因此,"法律之规定有限。而社会现象千变万化。欲以固定之法典适应不定的社会,自必赖解释以补规定之不足。亦必赖解释始能贯彻法律之意旨。也可以说解释法律是适用法律的必经过程。"[3]同时,法律是原则性和灵活性的统一,这本身就存在着法律一定程度的弹性和伸缩性,因此需要解释。在我国,法律解释可以适应改革时期的特殊需要,法律解释可以随着经济、政治体制改革的不断深入而及时对某些行为做出新的法律评价,推动社会的转型。在社会转型时期,社会关系尚未稳定和成熟,国家制定法在适合社会发展需要有一定困难,本身又存在许多不足,因而更有进行法律解释的必要。

由于人们在认识能力、认识水平上的差别,也由于人们利益与动机的差别,因此会对同一法律规定有不同的理解,特别是对法律规定中的一些专门术语有不同的认识。这就需要通过法律解释说明法律的含义,为法律适用的思维方式提供保证。

一国法律总是由不同法律部门、制度和各种规范性文件所组成的统一整体。

[1] [唐]长孙无忌等:《唐律疏议》,3页,北京,中华书局,1983。
[2] [英]彼得·斯坦、约翰·香德:《西方社会的法律价值》,王献平译,47页,北京,中国人民公安大学出版社,1990。关于法律语言的模糊性问题,可参见:[美]布莱恩·比克斯的《法律、语言与法律的确定性》(邱昭继译,北京,法律出版社,2007)和[美]蒂莫西.A.O.恩迪科特的《法律中的模糊性》(程朝阳译,北京,北京大学出版社,2010)。
[3] 李岱:《法学绪论》,62页,台北,台湾中华书局,1966。

实际上,往往因主观上或客观上的多种原因,各个法律部门、制度和规范性文件之间会发生重叠、矛盾或界限不明的现象。这就需要通过法律解释来协调或确认,弥补、消除、改正法律规定的不足。克服制定法抽象、模糊、滞后、遗缺等局限,缓解抽象法律与具体的社会生活之间的矛盾,为法律适用提供较具体的适用标准,弥补法律的漏洞。正如法国最高法院院长巴洛·博普雷所指出的:"当条文有些含糊时,当它的意义与范围存在疑点时,当同另一条文相比,在一定程度上内容或者有矛盾,或者受限制,或者相反有所扩张时,我认为这时法官可有最广泛的解释权。"[1]

通过法律解释普及法律知识、进行法律教育。在中国目前这样一个民主法制还不够健全的社会主义初级阶段,由法学工作者和法律界人士进行的,旨在普及法律知识、开展法制宣传教育的法律解释工作,对推进依法治国,建设社会主义法治国家的进程,是必要的。[2]

中国古代的法律解释往往要追求的更长远的意旨,乃是通过法律解释,形成长远的治理秩序。法律解释就不仅沟通着当下的理解,而且进一步沟通着古今的"和谐"。清代陆以湉在其《冷庐杂识》中,记述了下列袁枚和汪辉祖所断的两起案件,并以之说明听讼者应当有博古通今的本事。所谓博古通今,事实上仍然是要通过在判案过程中的法律解释,在古今资料中寻找被两所能接受的例证作为判决根据,在说理上真正做到案件的判决能明情讲理,在效果上做到使民服膺,使治开明,以便上下沟通、"视域交融"、平息纠纷、构造秩序。[3]

袁枚、汪辉祖释案

袁随园宰江宁,城中韩姓女,为风吹至铜井村,离城九十里。村氓次日送女还价。女已嫁东城李秀才子,李疑风吹人九十里之理,必有奸约,控官退婚。袁晓之曰:"古有风吹女子之六千里者,汝知之乎?"李不信。取元郝文忠公《陵川集》示之,曰:"郝公一代忠臣,岂肯作诳语者,第当年风吹吴门女,竟嫁宰相。恐汝子无福耳。"李读诗,大喜。两家婚配如初。是知听讼者当博古也。

汪龙庄大令,官湖南时,宜章县寡妇郑宋氏无子,欲继亲侄郑观。族人谓观无兄弟,且父死,不宜后他人。宋诉县及州。越四年,诉本道,发汪关讯。汪曰:"观

---

〔1〕 转引自［法］勒内·达维德:《当代主要法律体系》,漆竹生译,112 页,上海,上海译文出版社,1984。

〔2〕 具体可参见张志铭:《中国的法律解释体制》,《中国社会科学》,1997(2)。

〔3〕 王志林在《中国传统法律解释的技术与意蕴——以清代典型的注释律学文本为视域》(《法学家》,2014(3))中指出,以具有代表性的清代注释律学文本为视域,可以呈现出中国传统法律解释的技术方法和精神意蕴。在法律解释的技术方法上,从字词考据、文义疏解再到文理阐释,中国传统的法律解释与传统汉语中的文义解释路径高度契合。历史考证技术以沿革考证和引用经典素材为典型体现,亦能生动地反映传统中国注释律家之学术素养;以概念语辞互证、律例比较互释、律学著作引证为代表的比较解释技术也臻于完善。"治"与"仁"彰显了中国传统法律解释者的观念主旨,展现出法律实用主义与儒家伦理观念的共融。延至清代,法律解释者们虽然仍坚守尊崇法典的观念,但也孕育出理性而谨慎的批判精神。中国传统的法律解释在技术方法与观念价值上的契合与共融,能够为弥合当前法律发展所面临的技术与观念之间的分裂冲突提供历史借鉴。

宜嗣宋无疑。嫡妇立继,听其自择;昭穆相当,独子勿禁。"传曰:"已孤不为人后",谓不受命于所生父也。今例得出继,天子命之矣,又何讯焉!"因止宜章,不传两造,援例详结。是知听讼者当通今也。"[1]

二、法律解释的分类

根据不同的标准,可以对法律解释进行不同的分类。

(1) 根据解释主体和解释效力的不同,法律解释可以分为法定解释和学理解释两类。

一般认为,法定解释,也称正式解释、有权解释,是指特定的国家机关依照宪法和法律规定的职权,对法律规范或法律条文所作的具有法律效力的解释。根据解释的机关不同,通常分为立法解释、司法解释和行政解释。法定解释是一种创造性的活动,是立法活动的继续,是结合社会状况对立法意图的进一步说明,具有填补法律漏洞的作用。通常所指的法律解释一般为法定解释,必须权限合法、内容合法。

学理解释,又称非正式解释、无权解释。这类解释一般是指宣传机构、文化教育机关、科研单位、社会组织、学者、专业工作者和报刊等对有关法律或法律条文所进行的理论性、知识性和常识性的解释。历史上,学理解释曾经在不少国家成为法律渊源;在当代各国,就普遍情况而言,学理解释只有说服力而没有法律效力,不能作为适用法律的根据。

需要注意的是,国家司法机关、行政机关的工作人员如法官、检察官在日常的法律适用、法律执行过程中对法律的解释是其法律适用、法律执行的有机组成部分,依法作出后具有法律效力,但由于没有普遍的约束力而不属于正式解释、法定解释。这种解释应该属于学理解释,不过与一般的学理解释稍有不同之处。

(2) 根据解释的尺度,法律解释可分为字面解释、扩大解释、限制解释。

字面解释是指根据法律条文字面意义做出的解释,既不允许扩大,也不允许缩小文字本身所表现的内容。

扩大解释,又称扩充解释,是指对法律规范所作的广于法律条文的字面含义,以充分实现立法原意,包括对象扩张、行为方法扩张、主体扩张等。如《刑法》第49条规定,犯罪的时候不满十八周岁的人和审判的时候怀孕的妇女,不适用死刑。而羁押期间自然流产审判时已不怀孕的妇女也属于审判的时候怀孕的妇女,这为扩大解释。

限制解释是指在律条文的字面含义比立法原意为广时,做出比字面含义为窄

〔1〕 [清]陆以湉:《冷庐杂识》(卷五),转引自华东政法学院语文教研室:《明清案狱故事选》,156页,北京,群众出版社,1983。

的说明。如《刑法》第 111 条规定,为境外的机构、组织、人员窃取、刺探、收买、非法提供国家秘密或者情报的,处五年以上十年以下有期徒刑;情节特别严重的,处十年以上有期徒刑或者无期徒刑;情节较轻的,处五年以下有期徒刑、拘役、管制或者剥夺政治权利。此次的"情报"仅仅指关系国家安全和利益、尚未公开或者依照有关规定不应公开的事项,此为限制解释。

（3）根据解释的自由度,法律解释可以分为狭义解释与广义解释

狭义解释,又称严格解释,强调法律条文字面上的含义,严格地理解与把握整个法律的精神,较少解释的自由度,英美法系国家,特别是英国,一般较倾向于狭义解释。

广义解释,又称较自由的解释,强调不拘泥于文字的、比较自由的解释。通常,法官尊重立法者原意,不愿违背法律条文规定,但在一些特殊社会条件下（如社会矛盾激化、发生危机、对外战争等）会做出改变法律字面含义,甚至改变立法原意的解释。通常而言,大陆法系国家较倾向于广义解释。

不过,第二次世界大战以后,英美法系国家的情况也有所变化。如《美国统一商法典》第 1-102 条第 1 项规定:"本法应作灵活的解释和适用,以促进本法之基本宗旨的实现。"

三、当代中国的法律解释权限

中华人民共和国成立以来,对法律解释的权限问题曾多次作过规定。例如 1949 年颁布的《中央人民政府组织法》中规定,由中央人民政府委员会制定并解释国家法律。1954 年的《宪法》规定由全国人民代表大会常务委员会行使法律解释权。1955 年全国人大做出《关于解释法律问题的决定》。1981 年全国人大常委会颁布的《关于加强法律解释工作的决议》和 1982 年的《宪法》,在总结以前经验的基础上,对法律解释权限又进一步作了规定。《关于加强法律解释工作的决议》是对我国法律解释工作经验的总结,又是适应新形势需要的发展。这一规定确立了以国家最高权力机关对宪法和法律行使解释权为核心的多层次、多方面的法律解释制度,同时与立法体制相适应,有利于法制的统一。

（一）全国人大常委会所进行的解释

全国人大常委会所进行的解释又称立法解释,包括对宪法的解释和对法律的解释两部分。

宪法解释权是国家最高的法律解释权。因为宪法是由国家最高权力机关制定的,规定了国家最根本的问题,具有最高的法律效力,任何机关、组织和个人都不得与宪法相抵触,他们的行为都必须限于宪法允许和提倡的范围之内,制定其他法律、法规以及规章都不能违宪。

我国宪法规定由全国人大常委会解释法律。这就是指由国家权力机关及其常设机关制定的规范性文件(基本法律和基本法律以外的其他法律)由全国人大常委会行使解释权。《立法法》第45条规定:法律解释权属于全国人民代表大会常务委员会。法律有以下情况之一的,由全国人民代表大会常务委员会解释:法律的规定需要进一步明确具体含义的;法律制定后出现新的情况,需要明确适用法律依据的。[1]

立法解释的形式通常有:①在法律中另设专章或条款、附则直接进行解释,将解释的内容作为该法律的一部分。②通过法律草案的专题说明或以报告的形式来解释法律。③在新制定的法律、决定中对现行法律的某些规定做出新的解释。

应当注意,国务院、中央军事委员会、最高人民法院、最高人民检察院和全国人民代表大会各专门委员会以及省、自治区、直辖市的人民代表大会常务委员会可以向全国人民代表大会常务委员会提出法律解释要求。

一般认为,法律解释与具体案件密切相关,即确定某一法律规定对某一特定的法律事实是否有意义,因此实际上不存在立法解释,因为现在通常所称的立法解释是对一般情况的说明,所谓的立法解释实际上为新的法律制定或者修改活动。

(二)国家最高司法机关就工作中具体应用法律问题所作的解释

国家最高司法机关就工作中具体应用法律问题所作的解释通常称为司法解释,包括最高人民法院做出的审判解释,最高人民检察院做出的检察解释,以及最高人民法院和最高人民检察院联合做出的解释。

我国最高人民法院对审判工作中如何具体应用法律行使审判解释权。这里有两种情况:第一种是最高人民法院对审判活动如何具体适用法律而做出的指导性解释,如《关于当前民事审判工作中若干问题处理的意见》《关于一审判决宣布无罪的公诉案件如何适用法律问题的批复》等。这种解释具有指导性和普遍适用性,对各级人民法院的审判活动具有参考性,可以作为审理案件的参考。第二种情况是最高人民法院将法律规定适用于某一具体案件所作的解释,这种解释只对该具体案件具有参考性,而没有普遍约束力。1997年6月23日最高人民法院发布了《关于司法解释工作的若干规定》,对解释的主体、对策、内容、形式、制作、发布程序、法律效力等做了规定。2007年4月1日起施行了《最高人民法院关于司法解释工作

---

[1] 这几年的立法解释包括:全国人民代表大会常务委员会《关于〈中华人民共和国香港特别行政区基本法〉第五十三条第二款的解释》(2005年4月27日第十届全国人民代表大会常务委员会第十五次会议通过)、全国人民代表大会常务委员会《关于〈中华人民共和国香港特别行政区基本法〉附件一第七条和附件二第三条的解释》(2004年4月6日第十届全国人民代表大会常务委员会第八次会议通过)。

的规定》。〔1〕

检察解释也属于司法解释。它是指最高人民检察院对在检察工作中如何具体应用法律问题所作的解释。这种解释对下级人民检察院具有普遍约束力。如《最高人民检察院关于人民检察院直接受理立案侦查案件范围的规定》等。〔2〕

关于司法解释的效力,一般认为司法解释属于法定解释,具有法律效力。《立法法》第104条规定:"最高人民法院、最高人民检察院作出的属于审判、检察工作中具体应用法律的解释,应当主要针对具体的法律条文,并符合立法的目的、原则和原意。遇有本法第四十五条第二款规定情况的,应当向全国人民代表大会常务委员会提出法律解释的要求或者提出制定、修改有关法律的议案。最高人民法院、最高人民检察院作出的属于审判、检察工作中具体应用法律的解释,应当自公布之日起三十日内报全国人民代表大会常务委员会备案。最高人民法院、最高人民检察院以外的审判机关和检察机关,不得作出具体应用法律的解释。"《人民法院组织法》第18条规定:"最高人民法院可以对属于审判工作中具体应用法律的问题进行解释。"1981年全国人大常委会的《关于加强法律解释工作的决议》规定:"凡属于法院审判工作中具体应用法律、法令的问题,由最高人民法院进行解释。凡属于检察院检察工作中具体应用法律、法令的问题,由最高人民检察院进行解释。最高人民法院和最高人民检察院的解释如果有原则性的分歧,报请全国人民代表大会常务委员会解释或决定。"但都没有明确规定其效力,特别是是否具有法律效力。

明确规定司法解释具有法律效力的是1997年最高人民法院《关于司法解释工作的若干规定》,该规定第4条为:"最高人民法院制定并发布的司法解释,具有法

---

〔1〕 新中国成立以来,最高人民法院单独制定,以及与最高人民检察院、中央有关部门联合制定司法解释和司法指导性文件多达3000余件。1994年至2012年8月,最高人民法院先后共分7批对本院制定的167件司法解释予以废止,还会同最高人民检察院分两批联合废止了"两高"制定的41件司法解释和司法解释性质文件。另外,还单独和会同有关部门修改并重新发布了数十件司法解释,确保司法解释始终能够与司法实践与时俱进。在最高人民法院党组领导下,历时两年时间,最高人民法院21个部门共同努力完成了新中国成立以来第一次全面集中清理司法解释的工作。从1949至2011年底,涉及1600多件司法解释和司法解释性质文件。针对1600件司法解释和司法解释性质文件分类予以废止、修改或者保留,其中:废止715件,确定修改132件,继续保留适用753件。为巩固集中清理成果,完成成果转化,最高人民法院历经一年的时间,于2015年4月结集出版了《司法解释汇编》。本书根据司法解释集中清理结果,共收录了三部分内容:一是继续有效的司法解释,截止日期为2013年12月31日;二是司法指导性文件,收录了最高人民法院单独以及与其他国家机关联合发布的虽然不属于司法解释,但具有法律适用内容的规范性文件;三是废止的司法解释和司法解释性质文件。参见王选辉:《最高法集中清理司法解释 系新中国成立以来首次》,《法制晚报》,2015-04-08。

〔2〕 张明楷认为,近年来,"两高"颁布了大量的刑事司法解释,司法解释虽然对下级司法机关适用刑法起到了重要作用,但也存在值得研究的问题。有的司法解释不是为了解决具体案件如何适用刑法的问题,而是在发挥刑事政策的作用,如有的司法解释以满足"民意"为目的,有的司法解释也一般预防为目的,有的司法解释以应对劳动教养制度的废除为目的;有的司法解释的内容不符合罪刑法定原则,表现为类推解释与溯及既往;此外,有些司法解释的具体内容存在混淆违法与量刑责任、混淆行为与结果、混淆犯罪形态、混淆加重构成与量刑规则以及重复评价情节等缺陷。参见张明楷:《简评近年来的刑事司法解释》,载《清华法学》,2014(1)。

律效力。"其第 16 条并规定:"最高人民法院对地方各级人民法院和专门人民法院在审判工作中应用司法解释的情况实行监督。上级人民法院对下级人民法院在审判工作中应用司法解释的情况实行监督。"《最高人民法院关于司法解释工作的规定》第 5 条也同样规定:"最高人民法院发布的司法解释,具有法律效力。"由最高人民法院自己规定自己的司法解释具有法律效力,这样就存在问题,缺乏法律根据。事实上,下级法院不遵守司法解释的并不少见;即使违反也没有法律上的处罚。

我认为司法解释不具有法律效力,仅为指导性、参考性的意见,属于一种集体性的学理解释。[1]

(三) 国家最高行政机关的解释

国家最高行政机关的解释又称行政解释,它是指国务院在依法处理其职权范围内的事务时,对有关法律和法规所作的解释。它包括下列几种情况:一是对不属于审判和检察工作中的其他法律和法规如何具体应用所作的解释。这种解释往往包括在它们制定的实施细则中。另一种情况是指国务院在行使职权时对自己制定的行政法规进行解释。行政解释都是有约束力的,但它不能与宪法、法律相抵触。全国人大常委会有权撤销国务院违反宪法和法律的解释。

此外,国务院组成部门和直属机关解释部门规章。

(四) 地方国家机关的解释

省、直辖市、自治区以及设区的市、自治州的权力机关依据宪法、法律和行政法规,根据本地区政治、经济、文化的实际情况可以制定地方性法规,以保证宪法和法律、行政法规在本地区切实执行,组织与管理本地区事务。它们拥有地方性法规创制权,也拥有对自己制定的地方性法规的解释权。地方性法规解释包括两种情况:一是由地方国家权力机关的常设机关进行解释。凡属地方性法规条文本身需要进一步明确界限或做补充规定的,由制定的省、直辖市、自治区人大常委会进行解释或做出规定。另一种情况是,凡属地方性法规如何应用的问题,由省、直辖市、自治区人民政府主管部门进行解释。前者具有地方性立法解释的性质;后者具有国家地方性行政解释的性质。

省、直辖市、自治区的行政机关具有地方政府规章的创制权,也拥有对自己制定的地方政府规章的解释权。

---

〔1〕 赵钢等指出,司法解释应当满足以下条件或前提:①要有具体的事实来源和基础;②应当要有被解释的法律条文;③应当表现为愿意解释,不能够无限制地扩张解释。只有满足以上三个条件的司法解释才是具有正当性的。参见赵钢、刘学在:《关于修订〈民事诉讼法〉的几个基本问题》,《法学评论》,2004(2)。

四、法律解释的方法

法律解释的方法主要有文法解释、体系解释、历史解释、目的解释、当然解释等,涉及文理解释和论理解释两类。

文法解释,又称语法解释或文理解释,即依照文法规则分析法律的语法结构、文字排列和标点符号等,以便准确理解法律条文的基本含义。这种解释要防止脱离法律的精神实质而断章取义或陷于形式主义。文法解释要注意文义的专门性、通常性、联贯性。

台湾地区的"诽韩案"

1976 年 11 月 23 日,郭寿华(以笔名"干城")在他所发行的《潮州文献》半年刊第二卷第四期自撰《韩文公、苏东坡给与潮州后人的观感》一文,指称:"韩愈为人尚不脱古人风流才子的怪风气,妻妾之外,不免消磨于风花雪月,曾在潮州染风流病,以致体力过度消耗,及后误信方士硫黄下补剂,离潮州不久,果卒于硫黄中毒"等语,认为唐代著名作家韩愈死因是生活不检点染上风流病。这引起韩愈第 39 代直系亲韩思道不满,向"台北地方法院"自诉郭寿华"诽谤死人案"。

经法院审理,认为"自诉人以其祖先韩愈之道德文章,素为世人尊敬,被告竟以涉于私德而与公益无关之事,无中生有,对韩愈自应成立诽谤罪,自诉人为韩氏子孙,因先人名誉受侮,而提出自诉,自属正当",因而判郭寿华诽谤已死之人,处罚金 300 元。郭寿华不服,提起上诉,经"台湾高等法院"判决驳回,该案遂告确定。

台湾"刑法"第 312 条第 2 项规定:"对已死之人,犯诽谤罪者,处 1 年以下有期徒刑、拘役或 1000 元以下罚金";第 314 条规定:"本章之罪,须告诉乃论"。"刑事诉讼法"第 234 条第 5 项规定:"'刑法'第 312 条之妨害名誉及信用罪,已死者之配偶、直系血亲、三亲等内之旁系血亲、二亲等内之姻亲或家长、家属,得为告诉",这表明"诽谤死人案",该死人之直系血亲有告诉权,且法律对"直系血亲"一词的涵义,仅于"民法"第 967 条第 1 项规定:"称直系血亲者,谓已身所从出,或从已身所出之血亲",并无年代之限制。因之,前述判决乃据以推论:韩思道有告诉权。

这一判决引起法学界人士一片反对声,批判法官拘泥于法律教条,及本案涉及的"直系血亲"等的法律解释。[1]

---

〔1〕 韩愈死于 824 年,死后 1152 年有人指其"曾在潮州染风流病,以致体力过度消耗",于其第 39 代孙之"孝思忆念"是否仍有所妨碍,颇有疑问。虽然有学者认为对于直系血亲不加亲等之限制,是一个法律漏洞,且瑞士刑法有鉴于此,在其与台湾地区刑法第三百一十二条相当之第一百七十五条第二项特别规定"行为时距死者之死亡或受失踪宣告人之宣告已逾三十年者,不罚",不过,台湾地区现行法上并无类似规定,所以目前直系血亲不问亲等,皆可提出告诉。审理者一味专注于概念逻辑,只知"运用逻辑"为机械的操作,未运用智慧,为"利益衡量"才会出现这一问题。参见杨仁寿:《法学方法论》,3 页,北京,中国政法大学出版社,1999。

文法解释时,本文因脱离了作者而获得了自主性,我们要理解的不是深藏在本文背后的东西,而是本文向我们所展示出来的一切,也不是早已凝固于本文之中的建构,而是这个建构所开启的可能世界。就本文而言,这个世界是本文的世界,就读者而言,它又是读者的世界,从根本上说,本文的世界即读者的世界,本文的世界是通过读者的世界而表现出来的。在这个过程中,本文的意义重又转向它的指谓,过渡到言谈所说明的事件,当然不在言谈所发生的语境中,而是在读者的视界里,这一过程之所以可能,乃是因为本文业已解除了一种特殊的语境关联,形成了自己的准语境,这使得它能够在一种新的情况下进入其他语境,重建语境关联,阅读行为就是这种新的语境关联之重建。"阅读就是一个新的话语和本文的话语结合在一起。话语的这种结合,在本文的构成上揭示出了一种本来的更新(这是它的开放特征)能力。解释就是这种联结和更新的具体结果。"〔1〕

体系解释又称系统解释,是从某一法律规范与其他法律规范的联系,以及它在整个法律体系或某一法律部门中的地位与作用,同时联系其他规范来说明规范的内容和含义。体系解释最基本的考虑是要保证法律体系的融贯性,防止法律的前后矛盾。同时,对于某些法律规范来说,如果缺乏体系性的把握和前后语境的关照,也很难发现其准确含义。体系解释有两种基本类型:一种是法律外在体系解释,指的是探究法律概念的外在含义之间的联系;另一种是法律内在体系解释,指的是把某一个法律规范或法律概念放置在整个部门法律目的或价值体系中进行解释。运用体系解释方法时,应遵循适时原则、合法原则、客观原则。〔2〕

历史解释是对某一法律规范产生、修改或废止的经济、政治、文化、社会的历史条件的研究做出的说明,同时将新的法律规范同以往上同类法律进行对照、比较,以阐明法律的意义。历史解释强调依据立法史料,探求立法者在制定法律时所依据的事实、情势、目的等来探知立法者意思。历史解释的核心目标就在于查明立法的法律政策上的意图和调整目标,它们决定性地影响着立法过程的表达和法律政策的贯彻。历史解释就是要力图从法律规范产生时的上下文中确定规范要求的内

---

〔1〕 参见[法]保罗·利科尔:《解释学与人文科学》,陶远华等译,162页,石家庄,河北人民出版社,1987。

〔2〕 蔡某与小蔡系父子关系。2014年8月15日,小蔡因生产经营需要,向好友吴先生借款10万元并写下借条,该借条主文明确载明"本人父亲蔡×作担保,向吴××借款人民币10万元"。蔡某在"借款人"一栏小蔡的名字后写上了自己的名字。当日,吴先生从自己账户中取出10万元现金,当着蔡某的面交给小蔡。借期届满后,两人均未还款。多次索要无果后,吴先生遂一纸诉状将蔡氏父子告上法庭。

小蔡签收法院传票后拒不到庭参加诉讼,只有蔡某出庭应诉。法庭上,吴先生称,蔡某在"借款人"栏签名,应为共同借款人。蔡某对借款已交付无异议,但辩称自己只是证明人。

法院审理认为,涉案借条主文明确记载"本人父亲蔡×作为担保",而蔡某签名的位置又在"借款人"一栏,根据体系解释下"含义明确条款优于含义不明确条款"的解释规则,应当认定蔡某为"担保人",对债务承担担保证责任,遂作出上述判决。

参见顾彬、顾建兵:《"担保人"在"借款人"栏签名引发纠纷》,《人民法院报》,2015-01-29。

容和规范目的。[1]

目的解释是指从法律的目的解释对法律所做的说明。根据立法意图,解释法律条文。"法律规范目的在维护整个法律秩序的体系性,个别规定或多数规定均受此一目的之支配,所有之解释,绝不能与此目的相违。透过目的解释,各个法律条文间之'不完全性'或'不完整性',均能完整顺畅而无冲突。"[2]

当然解释是指在法律没有明文规定的情况下,根据已有的法律规定,某一行为当然应该纳入该规定的适用范围时,对适用该规定的说明。《唐律疏议·名例》规定:"诸断罪而无正条,其应出罪者,则举重以明轻;其应入罪者,则举轻以明重。"此即属当然解释。

此外,还有社会学的解释,以社会效果、社会目的为根据,对法律进行阐释和说明;合宪性解释,依宪法及位阶较高的法律解释位阶较低的法律的一种方法。[3]

《农村土地承包法》第 26 条第三款的理解

张某系农村居民,2007 年 6 月在重庆市主城区内购得商品房一套,并于同年 9 月将全家户口一并转入重庆市,身份由农村居民变为城镇居民。而张某家的原农村承包地,也由张某以每年 3000 元的工钱,雇请表哥李某代为耕种。上桥村村民委员会也一直知悉此事,而且由于本地外出务工人员较多、耕地荒芜现象较严重,还对张某雇人代耕承包的行为作为典型事迹予以褒扬。2008 年 7 月,根据市区规划,张某家原承包土地由政府予以征收,土地补偿费用 23000 元交由村民委员会。村民委员会未将张某归入土地补偿费发放范围。张某诉至法院,请求判令上桥村村民委员会给付土地补偿款 23000 元。

本案中,张某与村民委员会依据同一款法条进行辩论:张某认为《农村土地承包法》第 26 条第三款的含义是,当事人承包方全家迁入设区的市,并转为非农业户口时,发包方就取得了对承包合同的解除权,但村委会未收回土地,故其土地承包经营权继续存在。而上桥村村民委员会则认为《农村土地承包法》第 26 条第三款是将承包户全家迁入设区的市并转非,作为承包合同终止的法定条件,当法定条件出现时,依《合同法》第 91 条第(七)项的规定,农业承包合同当然终止,发包方无须

---

〔1〕　参见[德]伯恩·魏德士:《法理学》,丁小春、吴越译,328～355 页,北京,法律出版社,2003。

〔2〕　杨仁寿:《法学方法论》,127 页,北京,中国政法大学出版社,1999。

〔3〕　国家司法考试、国家统一法律职业资格考试经常考查法律解释方面的内容,如 2013 年国家司法考试卷一第 13 题为单项选择题:李某在某餐馆就餐时,被邻桌互殴的陌生人误伤。李某认为,依据《消费者权益保护法》第 7 条第 1 款中"消费者在购买、使用商品和接受服务时享有人身、财产安全 不受损害的权利"的规定,餐馆应负赔偿责任,据此起诉。法官结合该法第 7 条第 2 款中"消费者有权要求经营者提供的商品和服务,符合保障人身、财产安全的要求"的规定来解释第 7 条第 1 款,认为餐馆对商品和服务之外的因素导致伤害不应承担责任,遂判决李某败诉。对此,下列哪一说法是不正确的? A. 李某的解释为非正式解释　B. 李某运用的是文义解释方法　C. 法官运用的是体系解释方　D. 就不同解释方法之间的优先性而言,存在固定的位阶关系。参考答案为 D。

向承包方为意思表示,依此,原告的诉讼主张,不应得到支持。

我国《农村土地承包法》第26条第三款规定:"承包期内,承包方全家迁入设区的市,转为非农业户口的,应当将承包的耕地和草地交回发包方。承包方不交回的,发包方可以收回承包的耕地和草地。"笔者认为,当承包方全家迁入设区的市,转为非农业户口时,承包合同终止,承包经营权消灭。理由如下:

一、从文义解释的角度,"应当"通常为必须之意,也就是在承包方全家入城转非的法定情形出现时,承包人在法律上有义务将土地交回。农业承包法虽然没有明确规定承包人转非入城这一事实对农业承包合同效力的影响如何,但"应当"二字已使其隐藏的立法旨意彰显无疑。"应当交回"是在承包人已无占有承包耕地的法律依据时的一种应为行为,假定第26第三款规定的仅是发包方有解除权,那么在解除权行使之前,发包人与承包人之间的农业承包合同依然合法有效的存在,承包人的占有为有法律上原因的占有,在解除权未行使时,法律就不可能规定承包人就有交回承包地的义务。

二、从体系解释上看,第26条第三款前句的"应当"与后句的"可以"之间,衔接出现了裂缝,这也是争议发生的原因。在承包人全家入城转非时,这时发包人主张的返回土地的行为,的确是一种权利行使行为,不过不是解除权,而是一种物权请求权,在发包人与承包人之间承包合同终止时,作为他物权的承包经营权自动消灭,这时作为所有权人的村委会对发包主张承包地的交还,就是一种物权请求权的行使(《物权法》第34条)。而私法上的权利与义务有一个最大的区别,就是权利有行使之自由,可为,也可不为;而义务则是应为,无选择可能。所以,立法表述发包方"可以"收回承包地,其实也并无不妥。

三、而土地补偿费在某种程度上是失地农民赖以生存和发展的唯一基础。承包人对是否转非有绝对的自主权,其选择是建立在对自己经济能力及脱离土地后的城市生活能力评判基础上所做的决定,也就是土地补偿费的丧失,并不会给其造成生活上的困难。

本案有一个容易迷惑人的地方,就是村民委员会允许张某雇人耕种的行为。对于这一行为,首先应否定这是一个合同存在的证明,以耕地为标的物的农村土地承包经营合同的订立,法律对合同的订立主体有严格的限制,身份的不具备,使合同不能成立,且双方也无明确的约定。其次,村民委员会允许张某继续耕种系不愿让土地荒芜的、没有法律意义的单方施惠的法律行为。

综上,原告张某的诉请应判决驳回。[1]

---

[1] 需要指出的是,2018年12月修改《农村土地承包法》后,《农村土地承包法》第26条已成为第28条。参见黄承军:《〈农村土地承包法〉第26条第三款的理解》,《人民法院报》,2009-07-21。

五、法律漏洞

法律漏洞为法律的缝隙,即"现行法体系上存在影响法律功能,且违反立法意图的不完全性","所谓不完全性,是指现行法上欠缺当前事态所必要的规范,或规范不完全或有补充必要。"[1]法律漏洞是指法律体系上之违反计划的不圆满状态。法律漏洞的存在,或由于立法者的疏忽,或因为时过境迁。正如菲利所说,"法律总是具有一定的粗糙与不足,因为,它必须在基于过去的同时着眼未来,否则就不能预见未来可能发生的全部情况。现代社会变化之疾之大使刑法即使经常修改也赶不上它的速度。"[2]

法律存在漏洞将影响法律作用的发挥,不能实现立法者的意图,使法律关系主体的合法权益难以得到法律的保护。为使法律正义在社会生活中得以实现,须对法律漏洞进行补充。对法律漏洞的处理,人们一般先用解释法律的方法,用"可能的文义"进行解释,法律在经过解释后如对某生活类型尚无答案,便需要进行法律漏洞的补充。

法律漏洞可分为公法漏洞和私法漏洞、真漏洞和假漏洞、公开的漏洞和隐藏的漏洞等。所谓真漏洞,又称外部缺漏,指法律规范对于应规定之事项,由于立法者之疏忽、未预见,或者情况变更,致就某一法律事实未设规定而形成的缺漏,它无法在法律规定的文字内通过体系内的解释或价值补充得以解决,而必须由法官在法律之外,根据法理探求法律目的,进行"造法运动"方可填补。所谓假漏洞,又称内部缺陷,指法律规范实际存在,但却有疑义,或者概念过于抽象,有待通过解释确定真义或者通过价值判断使之具体化。所谓公开的漏洞,是指依照规范意旨,原应积极地设其规定而未设规定所形成的法律漏洞;所谓隐藏的漏洞,是指依照规范意旨,应当消极地设限而未限制所形成的法律漏洞。[3]

法律漏洞的补充方法包括类推适用、目的性缩小、目的性扩张、创造性扩充等。[4]

法院在法律漏洞领域发挥着立法的功能。法治社会禁止拒绝裁判,法院有义务在对争议的事实情况没有相应的法律规定的时候,对属于其管辖范围的待决案件作出判决。但在刑事领域受到限制。[5]

---

[1] 梁慧星:《民法解释学》,251、253页,北京,中国政法大学出版社,1995。
[2] [意]恩里科·菲利:《犯罪社会学》,郭建安译,125页,北京,中国人民公安大学出版社,1993。
[3] 李永红:《法律漏洞与司法适用》,《人民检察》,2001(7)。
[4] 参见杨仁寿:《法学方法论》,142～160页,北京,中国政法大学出版社,1999。
[5] 关于法律漏洞,进一步阅读可参见杨解君:《法律漏洞略论》,《法律科学》,1997(3)。杨贝的《法律方法案例教程》(北京,高等教育出版社,2015)第七章《法律漏洞及其填补》也可供参阅。

第二节　法律推理

一、法律推理的含义

法律推理是以法律与事实两个已知的判断为前提,运用科学的方法和规则从而为法律适用结论提供正当理由的一种逻辑思维活动。推理是人们的一种逻辑思维活动,即从一个或几个已知的判断(前提)得出一个未知的判断(结论)。法律推理与任意性擅断不同:擅断不讲科学的方法,不讲结论的理由,表现出结果的偶然性。而法律推理是一种思维活动,并具有说理的成分,以法律规定、证据事实为前提。

法律推理是一种寻求正当性证明的推理。法律推理的核心主要是为行为规范或人的行为是否正确或妥当提供正当理由。法律推理所要回答的问题主要是:规范的正确涵义及其有效性即是否正当的问题、行为是否合法或是否正当的问题、当事人是否拥有权利、是否应有义务、是否应负法律责任等问题。

现行法律是法律推理的前提和制约法律推理的条件。法律的正式渊源或非正式渊源都可以成为法律推理中的"理由",成为行为的正当性根据。在我国,宪法、法律、行政法规、地方性法规都是法律推理的前提。在缺乏明确的法律规定的情况下,政策、法理、习惯都可能成为法律推理的前提。[1]

法律推理与实现司法公正有密切关联。"我们必须使法院在一定范围不仅仅是一个加工作出判决和书面意见的机器,而只有通过循序渐进的过程,我们的法律才能够进化到对一个特定事实争议的查明确定作出合理审判模式。"[2]法律推理的规则与司法公正的要求是一致的,通过法律推理来保证裁判公正;法律推理的目

---

[1] 黄泽敏、张继成在《案例指导制度下的法律推理及其规则》(《法学研究》,2013(2))文中指出,与制定法传统下的法律推理不同,案例指导制度下的法律推理由法律规则、指导性案例、案件事实以及判决结论四个要素构成。在这种思维模式中,由于对待决案件与指导性案例作出是否同案的判断以及如何形成同判是整个法律推理的论证重点,判定两者是否属于相同案件以及如何作出相同判决的方法自然成为这种法律推理的核心方法。案例指导制度下法律推理的规则主要包括:基本参照规则、实现同案同判的认识规则、断定同案的判断规则、形成同判的约束规则、回归规则以及指导性案例选编的编写规则。上述推理形式和推理规则的系统作用是案例指导制度下法律推理得以正确进行的基础和保障。

[2] 〔美〕罗科斯·庞德:《普通法的精神》,唐前宏等译,152页,北京,法律出版社,2001。

标与司法公正也是一致的;法律推理是通过职业自律实现司法公正的重要方法。[1]

法官在进行法律推理时,要受到现行法律的约束,但同时法官也在进行价值判断,综合考虑价值、利益、历史、目的诸因素,认定案件事实的过程为法律适用过程的组成部分,这表明法院在认定案件事实的过程中需要运用价值导引的思考方式。在法律推理中,价值判断具有发现、比较、选择、归类、定性量裁、价值导向以及司法造法等功能。[2]

法律解释与法律推理既有区别又有联系。二者所要完成的任务和针对对象不同,法律解释是对法律规定的涵义进行说明,而法律推理则是在法律论辩中通过运用法律理由,以理服人。前者针对的是法律规定,通过研究法律文本,阐发其意旨,后者则不仅针对法律规定,还包括案件事实,通过演绎、归纳和辩证推理等方法得出令人信服的法律结论。法律解释与法律推理二者又具有有机的联系。首先,它们都与具体的法律问题有关。其次,二者在很多情况下是不可分割的,在进行法律解释时,离不开推理方法的运用,而在法律推理过程中,常常需要对法律规范进行解释然后运用于具体案件事实,特别在法律规定不明确或涵义有争议的情况下,法律解释更是法律推理过程中的一个十分重要的组成部分。

法律解释、法律推理与法律职业、法律思维之间也有着密切的联系。法律职业的独特性与其所特有的法律思维是分不开的,作为一名法律职业者应该在具有良好的法律知识基础上运用法律思维来分析问题、解决问题,法律思维是抽象的,它具体体现在法律解释和法律推理中,特别是法律推理,由于其演绎、归纳和辩证等推理方法的运用以及受到的现行法律的约束,更能体现法律思维的特点。通过进行法律解释和法律推理,培养和深化法律思维,有助于保持法律职业的自律和自治,并促进法律职业者更好地开展法律活动,在社会分工体系中发挥其应有的

---

[1] 麦考密克在《法律推理与法律理论》(姜峰译,北京,法律出版社,2005)中开宗明义地表明:"我将试图描述和阐释在司法判决及提交到法庭的请求和抗辩中涉及的法律争论,并将这种描述和阐释同法律的一般理论联系起来;而且,所有这些工作将在主要由大卫·休谟所宣称的关于实践理性的一半理论框架中进行。""我将法律推理视为实践理性得以应用的一个分支,所谓实践理性,亦即人们运用理性决定在特定情势下如何行动才算正当。"在麦考密克看来,法律推理是一种"实践理性",应突出其本身的正当性。

法律的实践理性是实践着法律的人的一种选择和从事法律实践活动的机能和能力。其最终根据在于作为法律实践者的人在具体的历时性的语境中进行现实交往和沟通时,一方面能够描述人们进行法律选择和从事法律实践活动的缜密思考以及对其自身行为加予必要的控制;另一方面能够对自己的法律选择与自己对未来的期待联系在一起进行一种共时性的思考,经此展示人在自己生命过程中不断开拓与追求作为人的生存方式与存在样式的法律实践。法律的实践理性主要包括以下4个方面的问题:①法律实践中的理性,即法律实践中作为一个理论问题的问题形态和问题之所在的实践理性;②法律实践推理的基本根据和影响因素,即法律实践中,实践推理与理性的关系以及法律实践的基本结构;③法作为实践理性的存在物的存在机制,即法律实践赖于存在的制度条件;④寻求法律实践的合理性,即如何建构具有合理性的法律实践模式。参见葛洪义:《法与实践理性》,163页,北京,中国政法大学出版社,2002。

[2] 参见张继成:《价值判断是法律推理的灵魂》,《北京科技大学学报》,2001(2)。

作用。

二、法律推理方法

法律推理可以分为形式推理、辩证推理两大类。[1]

(一) 形式推理

形式推理为解决法律问题时运用演绎方法、归纳方法、类推方法而形成的演绎推理、归纳推理、类比推理。下述古希腊的"半费之讼"即体现了形式推理的特点。

古希腊的"半费之讼"

有一个叫欧提勒士的人,向普罗塔哥拉斯(约前480—前408)学法律,两人定下合同:学生先付一半学费,另一半学费待毕业以后,欧提勒士第一次出庭打赢官司时付清。但是欧提勒士毕业后迟迟不出庭打官司。老先生收费心切,就向法庭提出诉讼,并提出下面这个二难推理。

如果欧氏这次官司打胜,那么按照合同,他应付给我另一半学费;如果欧氏这次官司打败,那么按照法庭判决,他也应付给我另一半学费。这次官司欧氏或者打胜,或者打败,所以他总应付我另一半学费。

师良徒高。老先生没料到亲自传授的诡辩术,被学生第一次出庭就用来对付自己。欧氏针对普氏的二难推理,提出一个相反的二难推理:

如果我这次官司打胜,那么按照法庭判决,我不应付普氏另一半学费;如果我这次官司打败,那么按照合同,我也不应付另一半学费。这次官司或者打胜,或者打败,所以,我不应该付普氏另一半学费。

---

[1] 有人认为辩证推理不是或者主要不是逻辑问题。一些持小逻辑观的学者,认为法律推理的形式仅有演绎推理一种,辩证推理具有"泛法律推理"之嫌疑。参见郑永流:《义理大道,与人怎说?》,《政法论坛》,2006(5)有学者提出了可辩驳性推理(defeasible reasoning)问题。不同于形式推理、辩证推理这样单向度的推理模式,可辩驳性推理认为形式推理、辩证推理只具有暂时的正确性,当条件发生变化后,论断的正确性也会发生变化。规则的选择、理解和应用,法官往往需要反复思考、权衡各种利弊,最后作出一种合理合法的结论。可辩驳性推理承认多种合理的解释性决定的可能,是对必然性结论的一个否定。参见於兴中:《人工智能、话语理论与可辩驳性推理》,载於兴中:《法治与文明秩序》,248-267页,北京,中国政法大学出版社,2006;邱昭继:《法律中的可辩驳性推理》,《法律科学》,2005(4)。加拿大非形式逻辑学家沃尔顿对假设性推理进行了深入的研究,并且将假设性推理升为和演绎与归纳相并列的第三类推理形式;沃尔顿以证据和相关性最为法律论证评价框架的核心,将假设性法律推理作为证据理论的新方法提出。沃尔顿认为假设性法律推理是推测性的而非决定性的,它能够在前提可接受的基础上将这种接受性向结论传递。沃尔顿对假设性法律推理研究的论证形式、对话类型等诸多方面进行了研究。参见 Douglas Walton, Legal Argumentation and Evidence, University Park:Pennsylvania State University Press, 2002. 关于法律推理方法,还可以参阅[波兰]耶日·施特尔马赫等著:《法律推理方法》,陈伟功译,北京,中国政法大学出版社,2015。该书要处理的是法律推理领域中的方法论问题,目的是提出总体的解决方案其旨趣还在于,不仅要超越一种任意选择的法律范式,而且要超越法律科学的界限。作者讨论了最根本的四种法律方法:逻辑、分析、论证和诠释,并表明了这些方法的精确性(科学性)、实用性。

据说,这场官司当场就难倒了法官,无法作出判决。[1]

1. 演绎推理

演绎推理为由一般到特殊的推理,即根据一般性的知识推定关于特殊性的知识。主要表现为三段论推理,事实和法律,就是法官在审理案件进行法律推理时的两个已知的判断(前提),法官必须根据这两个前提才能做出判决或裁定(结论)。美国法学家史蒂文·J.伯顿认为,法律演绎推理的关键步骤有在:①识别一个权威性的大前提。②明确表述一个真实的小前提。③判断重要程度。而其中的真正的问题可能在于"选定大小前提并在它们之间确立一种适当的关系"。[2]

2. 归纳推理

归纳推理是从个别事物或现象的知识推出此类事物或现象的一般原则的推理。法律适用过程中运用归纳推理的典型是英美国家的判例法制度,法官从个别案件中抽象归纳出一般性的原则,这一原则可适用于将来的同类案件。对大量个别的经验事实进行归纳,发现某种共同的特征、属性,并在思维中形成某种具有普遍性的判断。归纳推理的任务在于,通过整理、概括经验事实,使分立的、多样的事实系统化、同一化,从而揭示出对象的规律性。

归纳推理的优点主要在于:首先,同样案件同样处理。这既是一种公正的处理方法,又符合人类心理中以相同方法处理相同情况的自然趋向。其次,归纳推理是一种不断积累经验、修正错误的过程。避免由于法官业务素质不高而误解法律或者由于有意进行"暗箱操作"、枉法裁判,造成"同案不同判"的不公正结果;另外,可以在相当程度上填补制定法的空隙、弥补制定法的不足。归纳推理的局限表现在范围有限的正确性方面。

3. 类比推理

类比推理是指根据两个或两类对象某些属性相同从而推出它们在另一些属性

---

[1] 两人运用的都是二难推理的形式,他们从同样的条件出发却得出截然相反的结论,问题在于,他们使用了不同的标准。普罗泰戈拉认为欧特勒斯无论是胜诉还是败诉都应付另一半学费,因为胜诉时他以合同作依据,而败诉时则以法庭判决作依据;欧特勒斯认为,不应付另一半学费,理由是胜诉时以法庭判决作标准,败诉时以合同作标准,每一标准对双方都各有利弊,两人各取所需,当然会纠缠不清。参见郑伟宏、倪正茂:《逻辑推理集锦》,北京,光明日报出版社,1985。普罗泰戈拉的著作有《论神》《论真理》和《论相反论证》等。普罗泰戈拉留传下来的最主要的哲学名言就是在《论真理》中说的:"人是万物的尺度,存在时万物存在,不存在时万物不存在。"他这里说的人就是指人的感觉。

[2] [美]史蒂文·J.伯尔曼:《法律和法律推导论》,张志铭等译,54～55页,北京,中国政法大学出版社,1999。在司法实践中,不能适用三段论式推理的具体情形主要有:①法律规则自身存在冲突,如,此法法律规则与彼法律规则不一致。②民事案件没有相应的法律规则或者法律规则不明确。③某一法律规则用于一个具体案件明显有失公正。④法律没有提供解决问题的基本原则。⑤对同一个案件即存在着可适用的民事法律规则又存在着可适用的民事法律原则,并且可适用的法律规则与法律原则相互冲突。

方法上也可能存在相同点的推理。类推思维在法律和日常生活中都非常普遍。[1] 由于社会日渐多元化,人们在根本价值上的差异不可避免,通过类比推理在"低层次"原则上达成一致意见解决案件,有助于社会容纳人们在各种大是大非问题上的不同意见,减少持久争议。同时,类比推理符合"法律应当以相同的方法对待基本相似的情形"这样一个正义的基本原则,有助于建立一定程度的社会团结和共同承诺,可以适应事实和价值的变化,普通法系里遵循先例原则的地位就是很好的见证。此外,类比推理要求人们针对具体问题在一个"低层次"原则上达成一致,并不需要他们将心中更高层次的原则体现在判决之中,这既避免了抽象的争论,又解决了问题,还有助于构建一种民主文化,使人们相互间表示出高度的尊重。[2]

类比推理的局限在于推理根据是不充分的,不是必然的,而是或然的,事物之间既有同一性,也存在差异性。伯顿认为制定法中的类比推理"至少有7个背景因素可能包含着有用的基点:①制定法文字的通常涵义;②适用同一制定法规则的司法判例;③无争议的假设案件;④由同一制定法中其他一些规则所支配的案件或情况;⑤与制定法相联系的历史事件或情况;⑥与法律制定同时期的经济和社会实践;以及⑦立法史"。[3]

我国在1980年《刑法》中规定了刑事类推,现已取消。我国法律中规定了民事类推,如我国1999年《合同法》第124条规定:"本法分则或者其他法律没有明文规定的合同,适用本法总则的规定,并可以参照本法分则或者其他法律最相类似的规定。"从自愿、平等原则出发,基于意思自治,民事纠纷总是通过自愿程度较高的模糊解决方式来实现的,以补充民事法律的漏洞。[4]

(二)辩证推理

辩证推理即实质推理是对法律规定和案件事实的实质内容进行价值评价或者

---

[1] [美]凯斯·R.孙斯坦:《法律推理与政治冲突》,金朝武等译,74页,北京,法律出版社,2003。孙斯坦在《法律推理与政治冲突》中对于法律推理中类推的意义有着全面的论证,可参阅。

[2] 林立在《法学方法论与德沃金》(北京,中国政法大学出版社,2002)中,对类推适用的原理与法律原则有比较详细的讨论,可参阅。雷磊在《类比法律论证:以德国学说为出发点》(北京,中国政法大学出版社,2011)中,以德国法学方法论传统经年积淀的丰富成果为思考起点,尝试为一种类比法律运用的理性主义立场而辩,它集中探讨了两个问题。即在法律推理中类比何时被运用,以及类比如何被运用,可参阅。

[3] [美]史蒂文·J.伯尔曼:《法律和法律推导论》,张志铭等译,89页,北京,中国政法大学出版社,1999。

[4] 国家司法考试、法律职业资格考试经常考查这方面的内容。如2017年司法考试试卷一第11题为单项选择题:某法院在审理一起合同纠纷案时,参照最高法院发布的第15号指导性案例所确定的"法人人格混同"标准作出了判决。对此,下列哪一说法是正确的? A.在我国,指导性案例是正式的法的渊源;B.判决是规范性法律文件;C.法官在该案中运用了类比推理;D.在我国,最高法院和各级法院均可发布指导性案例。参考答案为C项。

我国民事司法实务中的类推适用与英美法系的案例比较大不相同,是一种大陆法系式的类推。这种类推的过程大致可以包括"涵摄失败""规范的可类推性判断""事实的可类推性判断"三个阶段。参见钱炜江:《论民事司法中类推适用的过程——以融建公司诉韩冬案为例》,《华东政法大学学报》,2018(4)。

在相互冲突的利益间进行选择的推理。当作为推理的前提包含两个或两个以上的相互矛盾的命题时,就要借助辩证思维从中选择出最佳的命题以解决法律问题。疑难案件是指有关审理案件的法律规定难以确定或有关法律规定与案件事实都难以确定的案件,一般包括四种情况:首先,法律规定本身的意义模糊;其次,法律有缺漏,出现了"法律空隙"或"法律漏洞",即在法律中对有关主题没有直接的明文规定;再次,同一位阶的法律规定之间有抵触,发生冲突;最后,某些法律规定明显落后于社会发展情势,即出现通常所说的"合法"与"合理"的矛盾。

辩证推理的方法主要有:司法解释、论辩、劝说、法律推定、法律拟制等。司法机关进行辩证推理时的依据包括:法律原则,国家政策,立法精神与目的,法学理论,国际通行做法及行业规范,公平、正义观念,判例。如中国古代就引儒家经典进行辩证推理以解决复杂案件:"《春秋》之治狱,论心定罪。志善而违于法者免,志恶而合于法者诛。"[1]

法律推理在司法实践中具有重要意义,我们需要认真总结、全面理解、注意区分。[2]

三、法律推定与法律拟制

法律推定和法律拟制有助于事实的确定,也是辩证推理的根据。法律推定是指在没有明确的证据能够证明某一事实存在与否时,根据已知的事实或周围的情势加以推定。如不少国家的法律关于"妻之受孕,系在婚姻关系存续中者,推定其所生子女为婚生子女"的规定即属此类。这是为了处理上的方便而规定的,若有反证即可推翻。我国也有法律推定的规定,如《合同法》第78条规定:"当事人对合同变更的内容约定不明确的,推定为未变更。"

法律推定有以下局限:一是运用经验法则推定的事实与前提事实之间存在的盖然性程度参差不齐,如果运用较低程度盖然性的经验法则,其合理性容易受到质疑。二是经验法则的适用具有条件性。三是事实推定表现出较强的主观性。

在司法实践中,法律推定的适用条件包括:①基础事实必须属实。②基础事实与推定事实之间必须具有常态联系,必须有高度盖然性。一是所依据的生活经验必须是在日常生活中反复发生的一种常态现象;二是该生活经验必须为社会中普通常人所普遍体察与感受;三是该生活经验可以随时以特定的具体方式还原为一般常人的亲身感受。③应设置当事人可以提出反证和质疑的程序机制。④在运用事实推定的过程中,应当明确凡是可以取得充分、确实的证据来认定的事实,不

---

[1]《盐铁论·刑德》

[2] 关于当代中国法官的法律推理,可参见高其才、姜振业:《判决是如何形成的》,《云南大学学报法学版》,2006(2)。

应适用推定。[1]

适用事实推定 青海高院改判一起生命权纠纷案件
袁有玮 吴晓琴 《人民法院报》,2015-07-16

近日,青海省高级人民法院二审改判一起生命权纠纷案。据了解,该案系在缺乏直接证据的情况下,青海高院以间接证据判断事实,根据经验法则、逻辑规则进行推定并作出判决,依法维护当事人权益的典型个案。

2013年9月,何某失踪,其家属向公安机关报案。经同仁县公安局查找15天后,其尸体在某水电公司铁吾水电站泄水渠与隆务河交汇处打捞上岸。何某的直系亲属认为何某掉入该泄水渠洞口并造成溺水死亡,遂作为原告起诉至黄南中院,请求某水电公司赔偿死亡赔偿金、被抚养人生活费、丧葬费、交通费、精神抚慰金共计64万余元。某水电公司辩称,原告没有直接证据证明何某从泄水渠洞口掉入,所提交的证据不具有关联性,其不应承担赔偿责任。

一审法院经审理认为,原告提交的证据和向同仁县公安局调取的证据,均不能证明何某死亡与被告之间存在因果关系,证据间缺乏关联性,不能相互印证,遂判决驳回原告的诉讼请求。原告不服,上诉至青海高院。

本案当事人对损害事实、侵权行为、侵权行为与损害事实因果关系等各持己见、针锋相对,为正确行使审判权,公正处理案件,庭审前合议庭主动与一审法院沟通案件情况;庭审中合议庭把握细节、突出重点,主要围绕受害人何某的死亡过程、寻找打捞尸体情况、事发地周边情况以及某水电公司管理职责等查明事实,并充分保障当事人发表意见等诉讼权利;庭审后又前往案发现场勘查、走访公安机关,深入查证案件事实。

合议庭认为,同仁县公安局在排除他杀并征得受害人直系亲属同意后,仅对何某死亡作为意外死亡案件处理,并未作进一步调查,与何某生命权相关的损害事实、侵权行为等均缺乏直接证据,处于不确定状态。但结合已知的基础事实,运用经验法则、逻辑规则以及合理排除何某尸体打捞地与隆务河交汇存在其他渠道等,可以推定何某从泄水渠掉入及死亡的事实;而某水电公司作为该泄水渠的管理者,其未能提交按规定尽到科学合理防护、设置警示标志等义务的证据,也未就本案的基础事实、推定事实提出反证,根据侵权责任法等法律规定,某水电公司应对疏于管理、怠于履行维护、管理义务承担法律责任。青海高院支持了上诉人的合理诉求,依法判决某水电公司赔偿死亡赔偿金、丧葬费、精神抚慰金、抚养费等共计15万余元,并在判决书中详细阐明对案件事实的推定过程和理由。

二审宣判后,当事人服判,并主动履行了判决。

---

[1] 崔四星:《推定、经验法则与举证责任》,《人民法院报》,2006-12-04。

　　法律拟制是指基于公益的需要,对某一事实的存在与否、存在意义,依据公理、政策等加以拟定。如向行政机关提出某一申请或要求契约相对人承认,在规定时间内没有得到答复,法律有时规定"视为"同意或者拒绝。古罗马法中就有"一切主张在未证明前推定其不存在"的规定。1804 年的《法国民法典》第 1349 条规定:"推定为法律或法官从已知的事实推论未知的事实所得出的结论。"如我国《合同法》第 48 条第二款规定:"相对人可以催告被代理人在一个月内予以追认。被代理人未作表示的,视为拒绝追认。"法律拟制是一种法律上的拟定,即使事实真的相反,也不允许举反证推翻。

　　法律推定和法律拟制的运用仅以法律明文规定为限,司法机关不能任意进行。

第五编　法律与社会理论

第二十一章　法律与社会关系概述

第一节　社　会　概　述

在中国的古籍中,"社会"一词始于《旧唐书·玄宗上》:"礼部奏请千秋节休假三日,及村闾社会,并就千秋节先赛白帝,报田祖。然后坐饮,散之。"此处"社会"一词是村民集会的意思,是一动名词,由"社"和"会"两字演进而来,社为土地之神。《说文》对"社"字解释为:"地主也,从示土。""地主"就是土地之主,即土地神,亦称"社公""土地公"。《白虎通演义》中曰:"古者,自天子下至庶民,皆得封土立社,以祈福报功,其所祀之神,曰'社';其祀神之所,亦曰'社'。"社有春社、秋社之分。祭社神为春祈秋报农业丰收之意,即"人人足给"之谓也。《仪礼·郊特牲第十一》也谓:"天子大社必受霜露风雨,以达天地之气也,……社所以神,地之道也。地载万物,天垂象,取材于地,取法于天,是以尊天而亲地也,故教民美报焉。""会"为聚集之意。后来两字连用意指人们为祭神而集合在一起。古籍中有时也指"社"是志同道合者集会之所,如"文社""诗社",或指中国古代地区单位,如"二十五家为社"。在西方,英语 society 和法语 société 均源出于拉丁语 socius 一词,意为伙伴。日本学者在明治年间最先将英文"society"一词译为汉字"社会"。近代中国学者在翻译日本社会学著作时袭用此词,中文的"社会"一词才有现代通用的含义。

社会为具体的社会,是指处于特定区域和时期、享有共同文化并以物质生产活动为基础的人类生活的共同体。它是有文化、有组织的系统,有一套自我调节的机制。构成社会的基本要素是自然环境、人口和文化。通过生产关系派生了各种社会关系,构成社会,并在一定的行为规范控制下从事活动,使社会借以正常运转和延续发展。[1]

对于传统中国社会,尤其是被视为中国文化之根的传统乡土社会,目前流行的主要有两个解释理论:一为过去数十年意识形态支持的"租佃关系决定论",这一理论把传统农村视为由土地租佃关系决定的地主——佃农两极社会。土地集中、主佃对立被视为农村一切社会关系乃至农村社会与国家之关系的基础,阶级矛盾也成为阐释中国历史、中国社会的一个根本概念。而另一种解释模式,可称之为"乡土和谐论"。它在 1949 年以前曾与"租佃关系决定论"互为论敌,而在这以后由

---

〔1〕　关于社会的性质、功能、分类,可参见龙冠海:《社会学》,77～83 页,台北,三民书局,1979。

于非学术原因在中国大陆消失数十年,改革开放以后才得以在再传承 1949 年以前学统和引进外部(港台及海外汉学)理论的基础上复兴。值得注意的是,此时它已不以"租佃关系决定论"为论战对手,而成了从"新保守"到"后现代"的各种观点人士排拒"西化"的一种思想武器。这种解释把传统村落视为具有高度价值认同与道德内聚的小共同体,其中的人际关系具有温情脉脉的和谐性质。在此种温情纽带之下的小共同体是高度自治的,国家政权的力量只延伸到县一级,县以下的传统乡村只靠习惯法与伦理来协调,国家很少干预。传统乡村则被认为是家族本位的(并以此有别于"西方传统"的个人本位)。儒家学说便是这种现实的反映,它以"家"拟"国",实现了家国一体、礼法一体、君父一体、忠孝一体。于是儒家又被视为"中国文化"即中国人思维方式及行为规则的体现,它所主张的性善论、教化论、贤人政治、伦理中心主义等则被看作是中国特色之源。

国家与社会之间的关系,涉及国家与社会的区别、国家与社会各自的地位以及国家与社会的互动三个基本问题。从理论上讲,自人从动物分离出来那时起就有了社会,就有了人类社会与自然界的区分。社会是人们相互关系的总和体。没有人类的出现,就没有人类社会。国家是人类社会发展到一定历史阶段才出现的。17—18 世纪以来的市民社会越来越理性化,它突出地表现在:国家远离社会、社会的权利空间更大。国家与社会的分离是建立在理性主义思想基础上。[1]

从西方社会历史上将政治国家与市民社会进行明确区分的角度看,黑格尔是理论先驱。黑格尔首先明确提出了"市民社会"的说法。"市民社会,这是各个成员作为独立的单个人的联合,因而也就是在形式普遍性中的联合,这种联合是通过成员的需要,通过保障人身和财产的法律制度,和通过维护他们特殊利益和公共利益的外部秩序而建立起来的。"[2]黑格尔把国家归结为比理性更加抽象的"客观精神",是超越一切社会存在的绝对自由自在自为的"理性",对于国家以外的一切社会存在都具有本源的推动的性质。黑格尔虽然也承认市民社会的自治权利,国家必须尊重和保护这一特殊利益,但他认为市民社会是"跟国家的最高观点和制度冲突的舞台",致使市民陷入"无聊的激情和幻想的角力场"之中。为了弥补市民社会的缺陷,就需要"行政权的全权代表、担任执行的国家官吏以及最高咨议机关(这些机关以委员会的形式组成)来照料",由这些行政官僚组成的"特殊的管理机关"从下层来管理市民生活。[3] 因此,黑格尔认为国家是市民社会的基础,政府是市民社会的支柱。

---

〔1〕 日本岸本美绪的《〈市民社会论〉与中国》将以往日本学者对传统中国"国家—社会(经济)"关系区分为四个象限,抚昔思今,反思如何深化与开拓更有效的研究视野。参见王亚新编:《明清时期的民事审判与民间契约》,350~372 页,北京,法律出版社,1998。

〔2〕 [德]黑格尔:《法哲学原理》,范杨、张企泰等译,173 页,北京,商务印书馆,1961。

〔3〕 参见[德]黑格尔:《法哲学原理》,范杨、张企泰等译,308~309 页,北京,商务印书馆,1961。

马克思主义的理论传统则源于对黑格尔"市民社会"理论的批判,强调"市民社会"中存在着剥削、压迫和不平等的一面。要解决市民社会中存在的诸多问题,国家干预就是必不可少的。马克思主义认为,从国家的起源及其与社会的关系来看,国家自始至终都是社会的对立物。正如恩格斯所概括的,国家是"从社会中产生但又自居于社会之上并且日益同社会脱离的力量"。[1]

一般认为,民主与法治可以被看作是克服国家与社会之间的矛盾的两种不同的方法。国家的建立对社会来说是必要的,但是它也代表着一种威胁。法治是对国家权力的控制和约束,而民主则是要在行使国家权力的过程中动员社会。[2] 从西方资本主义国家宪政民主的发展历程来看,代表共同体权威及强制力的国家与代表公民自主性的公民社会,其关系经历了一个从相对分离直至相对融合的趋势。有学者认为孟德斯鸠以及承继了孟氏的托克维尔设立了分立自治及相互制衡原则,以建立有利于市民社会的机制。它既指社会由政治社会予以界定,但作为政治社会的强大的君主制又受制于法治,而法治则需按分权原则独立的"中间机构"来加以捍卫。[3]

"公民社会""市民社会"概念引起中国学术界的重视,这主要由于自1978年以来的改革开放与社会主义市场经济的建设进程,它使得高度政治化的中国社会在其外部开始渐渐地生长出一个相对独立的非政治领域。[4] 一般认为,公民社会的构成有三个要素。其一,公民社会是国家和家庭之间的一个中介性的社团领域,由经济、宗教、文化、知识、政治活动及其他公共领域中的自主性社团和机构所组成。其二,这些社团组织由社会成员自愿地结合而形成,并在同国家的关系上享有自主权,以保障或增进成员的利益或价值。其三,公民社会有一整套广泛传播的文明的或公民的道德与规范。第一个要素常用于指称狭义的公民社会,广义的公民社会则包含以上三个要素。当代"公民社会"概念理论承接着以往的"市民社会"概念理论,既是一种社会政治系统理论,又是一种社会研究基本范式。在新的历史条件下,它作为一种规范性与实证性研究并重的政治哲学,在对政治社会的专制权力进行强烈的社会批判的同时,以一种民主、平等与正义的政治理想形塑着文明社会的形态。

---

〔1〕《马克思恩格斯选集》2版,第4卷,166页,北京,人民出版社,1995。

〔2〕[美]埃尔斯特、[挪]斯莱格斯塔德编:《宪政与民主》,潘勤等译,152页,北京,三联书店,1997。

〔3〕参见邓正来、J-C·亚历山大主编:《国家与市民社会——一种社会理论的研究路径》,导论,北京,中央编译出版社,1999。

〔4〕20世纪90年代,关于市民社会的文章竞相出现于中国大陆的各种刊物。如俞可平:《马克思的市民社会理论及其历史地位》,《中国社会科学》,1993(4);邓正来:《建构中国的市民社会》,《中国社会科学季刊》,1993年春季号;戚珩:《关于市民社会若干问题的思考》,《天津社会科学》,1993(5)等。并有一些汇编性的著作出现,如张静主编:《国家与社会》,杭州,浙江人民出版社,1998;邓正来编:《国家与市民社会:一种社会理论的研究路径》,北京,中央编译出版社,1999。

从当代中国社会分殊化变迁的进程及现实判断,"公民社会"建立在社会主义市场经济基础上的非政治的社会关系领域。它大致正处于"公民社会"同政治国家的分离阶段。"公民社会"在中国现实社会情境下有其特殊的意义,它的价值功能与内涵指向对于形塑兼备自由与秩序、平衡公平与效率的当代中国社会主义和谐社会作用重大。[1] 因此,我国提出法治国家、法治政府、法治社会一体建设。

第二节　法律的社会基础

人的本质是一切社会关系的总和,社会是人类生活共同体,是人们交互作用的产物。

法律作为一种特殊的、重要的社会现象和社会规范,是人类社会发展到一定历史阶段的必然产物。从根本上看,法律是以社会为基础的。法律是社会生活的产物,是人们共同生产、集体活动的结果,是人们在社会生活中形成的一种共识。马克思曾经指出:"社会不是以法律为基础的,那是法学家的幻想。相反,法律应该以社会为基础。法律应该是社会共同的,由一定的物质生产方式所产生的利益和需要的表现,而不是单个人的恣意横行。"[2]可见,法律是社会实践长期累积的结果,社会是法律的唯一渊源。德国学者斯宾格勒指出:"法律始终是直接的公众经验的产物,而且,进一步来讲,它并不是法学家的专业经验的产物,而是那些通常在政治生活和经济生活中具有价值的人们的日常实际经验的产物。"[3]法律是社会的产物,是一种重要的社会制度。法律以社会为基础,社会的存在决定法律的存在,社会的性质决定法律的性质,法律的作用取决于社会的具体状况和因素。

法律的生命来自于社会。法律的效力和权威建立在法律对社会生活干预的基础上,建立在确实的社会关系的基础上。法律只有与社会实际相联系才真正具有生命力和活力。哈耶克将人类秩序分为自生自发秩序和人造秩序。自生自发秩序是社会逐渐演变而出的一种秩序,它没有特定的目的,反映的是人类的演进理性;而人造秩序是人们刻意创造出来的一种秩序,反映的是人类的建构理性。[4]"任何个人试图凭据理性而成功地建构出比经由社会逐渐演化出来的规则更具效力的

〔1〕 参见周国文:《公民社会概念的溯源及研究述评》,《哲学动态》,2006(3)。进一步阅读,可参见邓正来:《公民社会与国家——学理上的分野与两种架构》,《中国社会科学季刊》,1993(3);邓正来、J-C-亚历山大主编:《国家与市民社会———一种社会理论的研究路径》,北京,中央编译出版社,1999;俞可平等:《中国公民社会的兴起与治理的变迁》,北京,社会科学文献出版社,2002。
〔2〕《马克思恩格斯全集》,第6卷,291页,北京,人民出版社,1961。
〔3〕 [德]奥斯瓦尔德·斯密格勒:《西方的没落》(上册),齐世荣等译,158~159页,北京,商务印书馆,1963。
〔4〕 参见[英]哈耶克:《法律、立法与自由》(第1卷),邓正来等译,53~75页,北京,中国大百科全书出版社,2000。

规则,都是不可能的;退一步讲,即使他成功地建构了这样的规则,那么也只有当这些规则得到所有人遵守的时候,这些规则方能真正发挥其效力并有助于其目的的实现。因此,我们别无选择,只有遵循那些我们往往不知道其存在之理由的规则,而且不论我们是否能够确知在特定场合对这些规则的遵循所能达到的具体成就,我们亦只有遵循这些规则。"[1]

同时,社会的发展、变化决定法律的发展、变化,法律的变迁与人类社会发展的进程紧密联系。"对于参加1787年费城制宪的美国的'国父们'来说,制宪的目的不是创造一个十全十美的、正义民主的、能流芳百世让后人和他人景仰的政治体制,而是为了寻求一种现实的、有效的、能够即时挽救正在走向失败边缘的美利坚联邦的政治途径。"[2]如这次制定的宪法并没有吸收《独立宣言》中"人人生而平等"的重要思想,只表现为男性白人有产者各利益集团之间的妥协和勾结,置妇女、黑人、穷人、印第安人的权利于不顾。这种情况,显然是和提倡自由、平等、人民权利的宪法精神不相容的,也是不能持久的。所以,宪法原文大约只有4300个词,内容原则而含混,尽可能地避免具体化,并且预留了修改的余地,为提出和批准修正案分别规定了两种办法。这就是说,美国制宪先辈就已经考虑到,宪法固然要确定一些长期适用的基本原则,但也会而且必须随着社会的发展变化而不断加以修改。

作为一种社会现象和社会规范,法律又不是孤立地存在的,它是社会关系、社会文化、社会组织、社会规范和社会结构的组成部分,与经济、政治、道德、国家、宗教等其他社会现象、社会规范之间联系密切,相互作用,共同构成了社会秩序,对维系社会本身的存在具有重要的、不可缺少的作用。在某种意义上而言,法律的内容来自于其他社会规范,法律的效力依赖于其他社会规范,法律的制定、意义、作用取决于社会的具体状况和因素。因此,应当从社会中理解法律,从法律与其他社会现象中把握法律。正如孟德斯鸠所指出的,"从最广泛的意义来说,法是由事物的性质产生出来的必然关系","法律应该和国家的自然状态有关系;和寒、热、温的气候有关系;和土地的质量、形势与面积有关系;和农、猎、牧各种人民和生活方式有关系。法律应该和政治所能容忍的自由程度有关系;和居民的宗教、性癖、财富、人口、贸易、风俗、习惯相适应……这些关系综合起来就构成所谓法的精神。"[3]

当然,法律与其他社会规范存在一定的互补、替代、竞争关系。在人类社会的早期阶段,法律是各种社会控制力量中最弱的一种力量。维护治安和和平的目的可以用限制自行矫正和私斗、满足受伤害人一方的报复要求、提供某种纯粹机械式的可以消除所有有关事实的纠纷或争议的审讯形式等三方式加以实现。以后,法

---

〔1〕 [英]哈耶克:《自由秩序原理》,邓正来译,77~78页,北京,三联书店,1997。

〔2〕 王希:《原则与妥协:美国宪法的精神与实践》,前言第7页,北京,北京大学出版社,2000。

〔3〕 [法]孟德斯鸠:《论法的精神》(上册),张雁深译,1、7页,北京,商务印书馆,1993。

律作为最具有可操作性的社会规范,体现人的主观能动性,改造自然、构建社会的意志的集中表现,法律更能适应统一化、标准化、技术化社会的需要,法律成为社会的主要规范。[1]

需要注意的是,法律与社会之间存在距离,法律并不必然与社会保持同步。布汉南认为,"法律因为具有权利的陈述与重议的双重性,和社会总是不同步的",[2] "法的特性以及法对于社会本来的制度进行干涉的能力,都会使法与社会产生差距。"而"法的两难在于,法律总是落后在社会之后,但是人们总是必须(因为矛盾愈少,生活会愈好)企图弥补这个落差,而促成法律与社会的动态。"[3]

第三节　法律对社会的调整

作为社会规范的法律,是人类社会自身发展的需要,是社会运转的一种重要调整机制。

法律形成社会共同目标、价值。法国社会学家涂尔干(E.Durkheim,1858—1917)认为社会的集体意识或共同意识是维系社会的有机纽带,这个纽带的松弛就会危及社会的存在,"社会成员平均具有的信仰和感情的总和,构成了他们自身明确的生活体系,我们可以称之为集体意识或共同意识。"[4]法律意识、法律观念是一种价值标准,是社会成员对社会存在、人的行为合理、正确、满意的共同认识和看法,体现了社会成员的某种共同观念,为各种社会关系的反映,是一种社会关系肯定化和固定化的手段。

---

〔1〕 需要指出的是,社会的维系并不仅仅依靠国家法律,社会存在法律外的其他秩序维持机制。西谚有云:"有社会即有法律,有法律即有社会。"埃里克森《无需法律的秩序》(Ellickson,1991)一书揭示,法律远没有人们想象得那么重要,他主张,在社会控制体系中,非正式控制在促进关系密切群体之间形成的合作和总体福利最大化方面所发挥的作用超过了正式的法律制度。也可参见[美]霍贝尔:《初民的法律——法的动态比较研究》,周勇译,北京,中国社会科学出版社,1993。如在权利救济方面,除了公力救济,还存在私力救济。关于这方面内容,可参见徐昕:《认真对待私力救济》,载吴敬琏、江平主编:《洪范评论》第1辑,北京,中国政法大学出版社,2005。波斯纳在《法律与社会规范》一书中通过对社会规范的分析阐明了一种非正式的社会控制方式,他运用其理论模型对礼物赠与、慈善捐赠、利他主义、恋爱、婚姻、同性婚姻、耻辱刑、投票、尊敬/亵渎国旗、符号行为、种族歧视、民族主义、商业行为、损害赔偿、效率与分配正义、商品化的社会现象、个人自治权、法律对社群的影响、社群衰落等大量的社会现象和人类行为进行了分析和阐释。参见波斯纳:《法律与社会规范》,沈明译,北京,中国政法大学出版社,2004。关于法律多元,可参见[日]千叶正士:《法律多元:从日本法律文化迈向一般理论》,强世功等译,北京,中国政法大学出版社,1997。

〔2〕 [美]布汉南:《法律与法制度》,载 William M. Evan 主编:《法律社会学》,郑哲民译,16页,台北,巨流图书公司,1996。"布汉南"也译为"布坎南",特此说明。

〔3〕 [美]布汉南:《法律与法制度》,载 William M. Evan 主编:《法律社会学》,郑哲民译,17页,台北,巨流图书公司,1996。

〔4〕 [法]涂尔干:《社会分工论》,渠东译,42、43页,北京,三联书店,2000。

法律调整社会关系,维持社会秩序。法律是社会的法律,是社会控制国家的手段。[1] 法律服务于相应的社会关系、社会秩序。法律是由社会决定的,法律本身的生成特征,决定了法律是适应社会的需要而存在的,因此,从总体上看,法律作为一定社会关系的反映,总是服务于特定的社会关系,具有一定的滞后性。霍布斯宣称:一个没有强大政府控制的社会必然会走向"一切人反对一切人的战争",没有法律,生活将"孤独、贫困、卑污、残忍而短寿"。[2] 因此,"法律是政府的社会控制,或者说说它是国家和公民的规范性的生活,如立法、诉讼和审判。"[3]美国法学家庞德提出法律是一种"社会工程"或"社会控制",在他看来,对社会实行法律的控制是法律的社会作用。庞德主张,文明有两个方面:一个是对外在的、物质的自然界的控制;另一个是对内在的、人类本性的控制。这两种控制是互相依赖的。对人类本性的控制就是社会控制。"对内在本性的支配,过去是,现在也是通过社会控制来保持的,即通过人们对每个人所施加的压力来保持的,目的在于迫使他尽自己的本分,支持文明社会,并制止他从事违反社会秩序的行为。"他还强调法律是社会控制的首要手段或工具,从 16 世纪以来,"社会政治组织已成为首要的了。它具有或要求具有,而且就整个来说也保持着一种对强力的垄断。所有其他的社会控制手段只能行使从属于法律,并在法律确定范围内的纪律性权力"。[4] 法律是一定社会阶段的一种社会调控手段,是社会关系的调整器,为适应社会调整的需要而产生,其重心在社会,从其被制定到被实施,都离不开社会。法律作为一种强有力的社会规范,它的社会调控作用越来越大,涉及社会生产和生活的方方面面。古今中外的历史也昭示人们:越是进步的社会,越是向前发展的社会,法律的调控作用就越突出。同样,法律的调控作用发挥得越充分,社会也就越发展。二者是相辅相成的,同时,社会发展也不断促进法律的发展,如在当代社会,社会生产和生活的日益复杂,促使法律的内容也日趋复杂。这也是法律要反映并适应社会的属性所决定的。

法律满足社会成员社会化的需要。法律直接导源于人性需求。人的需求包含两个最基本的层次:自然性需求和社会性需求,法律在满足这两方面需要方面具有积极意义。法律产生于人的本质需要,法律的社会控制渗透在社会的各个方面,对于满足民众的基本需求、实现社会结构的有序化、社会运行的良性化、社会秩序的稳定化,均具有不可或缺的重要作用。法律对社会系统的功能起均衡、内聚作用,以适应社会系统某种所谓的"需要"。

---

〔1〕 周永坤:《社会的法律与国家的法律——从国家与社会的关系看中西法律的差异》,《法商研究》,2003(2)。

〔2〕 [英]霍布斯:《利维坦》,黎思复、黎廷弼译,95 页,北京,商务印书馆,1985。

〔3〕 [美]布莱克:《法律的运作行为》,唐越、苏力译,2 页,北京,中国政法大学出版社,1994。

〔4〕 [美]庞德:《通过法律的社会控制 法律的任务》,沈宗灵等译,12 页,北京,商务印书馆,1984。

法律推进社会变迁。法律又具有引导社会变化的作用。一定的社会关系、社会规范一旦确定化、规范化、制度化,必然落后于社会进步和社会发展。改变这种状况的方式之一就是通过法律实现社会关系的变革。因为,法律是由人制定和实施的,社会进步也总是由少数人首先认识到的。通过法律贯彻社会进步的理念,使进步的意识由少数人的判断成为全社会的共识,是社会发展的普遍要求。在这个意义上,法律有时又具有一定的超前性、引导性,超前于社会现状、引导社会进步与发展。[1]庞德曾指出:"法律必须稳定,单又不能静止不变。因此,所有的法律思想都力图使有关对稳定性的需要和对变化的需要方面这种相互冲突的要求协调起来。一般安全中的社会利益促使人们为人类行为的绝对值需寻求某种确定的基础,从而使某种坚实而稳定的社会秩序得到保障。但是,社会生活环境的不断变化,则要求法律根据其他社会利益的压力和危及安全的新形式弊端作出新的调整。这样,法律秩序必须稳定而同时又必须灵活。"[2]科恩更明确地指出:"生活需要法律具有两种互相矛盾的本质,即稳定性或确定和灵活性;需要前者,以使人的事业不致被疑虑和不稳定所损害;需要后者,以免生活受过去的束缚。"[3]西方发达国家的法律实践证明,广泛运用法律的间接作用可以推进社会变迁,当然这离不开不断变化和精心设计的法律政策的运用。第一,依法形成各种制度,通过它们来直接影响社会变迁的性质和速度。第二,建立政府机关内部的各种组织机构以扩大对社会变迁的影响。第三,设立一种法律上的义务以形成一种社会环境,以此培养社会变迁的因素。[4]

法律处理社会纠纷、解决社会冲突。涂尔干将社会规范的手段分为两种:一种是建立在痛苦之上,或至少给违反者带来一定的损失,它的目的就是要损害违反者的财产、名誉、生命和自由,或者剥夺违反者所享用的某些事物;另一种则并不一定会给违反者带来痛苦,它的目的只在于拨乱反正,即把已经变得混乱不堪的关系重新恢复到正常状态。[5]法律通过强制力进行制裁或者补偿,解决社会矛盾,处理社会纠纷。[6]

---

〔1〕 美国联邦最高法院的大法官霍姆斯在《法律的道路》中一开始就强调法律的预测功能:我们研究法律的目的就是预测——预测借助于法院所实现的公共权力发生作用的概率。详可参见[美]霍姆斯:《霍姆斯读本:论文与公共演讲选集》,刘思达译,上海,上海三联书店,2009。另可参见斯蒂文.J.伯顿:《法律的道路及其影响》,张芝梅、陈绪刚译,北京,北京大学出版社,2005。

〔2〕 [美]罗斯德·庞德:《法律史解释》,曹玉堂、杨知译,1页,北京,华夏出版社,1989。

〔3〕 高道蕴等编:《美国学者论中国法律传统》,217页,北京,中国政法大学出版社,1994。

〔4〕 [美]罗杰·科特威尔:《法律社会学导论》,潘大松等译,65~66页,北京,华夏出版社,1989。

〔5〕 [法]埃米尔·迪尔凯姆:《社会分工论》,渠东译,32页,北京,三联书店,2000。

〔6〕 张维迎认为法律在多大程度上有效,取决于社会规范在多大程度上支持它。法律的有效性,即法律能不能得到执行,依赖于社会规范。社会规范的演进是非常缓慢的,而法律则可以得到比较快的制定和实施。法律和社会规范在执行机制、产生方式等方面不同。详见张维迎:《法律与社会规范》,《文汇报》,2004-04-27。

　　在当代中国,法律在构建和谐社会、全面建设小康社会中具有积极作用。构建和谐社会,必须建立理性的法律制度,确立实质法治。理性、社会正义和法律统治三者间的有机联系,构成新世纪新阶段科学的法治精神内涵。应当从现代法治的内涵、要求角度理解理性、正义、法律统治三者之间的关系。"法律统治"强调的是通过法律的社会治理,法律至上的社会管理。[1]

---

　　〔1〕　国家司法考试、国家统一法律职业资格考试常有题目考核法律与社会关系,如 2009 年试卷一第 7 题为单项选择题:"奥地利法学家埃利希在《法社会学原理》中指出:'在当代以及任何其他的时代,法的发展的重心既不在立法,也不在法学或司法判决,而在于社会本身。'关于这句话涵义的阐释,下列哪一选项是错误的? A. 法是社会的产物,也是时代的产物;B. 国家的法以社会的法为基础;C. 法的变迁受社会发展进程的影响;D. 任何时代,法只要以社会为基础,就可以脱离立法、法学和司法判决而独立发展。"参考答案为 D 项。

第二十二章　法律与经济

第一节　法律与经济基础

一、经济的含义

经济一词,在西方源于希腊文,原意是家计管理。古希腊哲学家色诺芬在他的《经济论》中将"家庭"及"管理"两词的结合理解为经济,他在《经济论》中论述了以家庭为单位的奴隶制经济的管理,这和当时的经济发展状况是适应的。西方经济学在 19 世纪传入中、日两国。日本的神田孝平最先把"economics"译为"经济学",中国的严复则译为"生计学"。

中国古代将"经济"视为经邦济世、经国济世或经世济民等词的综合和简化。如《晋书纪瞻》有"识局经济"、隋代王通《文中子中说》卷六有"皆有经济之道而位不逢"。它的含义包括国家如何理财,如何管理各种经济活动,如何处理政治、法律、军事、教育等方面的问题,即治理国家、拯救庶民的意思,含有"治国平天下"的意思。

在传统的政治经济学中,经济是指社会生产关系的总和,指人们在物质资料生产过程中结成的,与一定的社会生产力相适应的生产关系的总和或社会经济制度,是政治、法律、哲学、宗教、文学、艺术等上层建筑赖以建立起来的基础。经济也指社会物质资料的生产和再生产过程。包括物质资料的直接生产过程以及由它决定的交换、分配和消费过程,其内容包括生产力和生产关系两个方面,但主要是指生产力。

在西方经济学中,"经济"一词的理解比较多样,包括财富、人类和社会选择使用自然界和前辈所提供的稀缺资源、利用稀缺的资源以生产有价值的商品并将它们分配给不同的个人、将稀缺的资源有效地配置给相互竞争的用途、资源配置的全过程及决定影响资源配置的全部因素等含义。

经济活动是人们在一定的经济关系的前提下,进行生产、交换、分配、消费以及与之有密切关联的活动。在经济活动中,存在以较少耗费取得较大效益的问题。经济关系是人们在经济活动中结成的相互关系,在各种经济关系中,占主导地位的是生产关系。

经济现象的特殊性是由其内在的三重性决定的。从微观的角度观察,经济现象包含着主体与客体(人与自然)、主体与主体(人与人)、主观与客观三个方面的关系及其相互关系。这三个方面关系的统一决定了经济现象的客观存在。

二、法律与经济基础

马克思主义法学所探讨的基本问题之一即为法律与经济基础的关系问题。马克思主义法学运用辩证唯物主义和历史唯物主义的基本原理正确分析、阐明了法律与经济的客观联系,并使之成为马克思主义法学中的一个重要问题。根据历史唯物主义观点,法律属于社会上层建筑的组成部分,它决定于一定的经济基础,而又反作用于经济基础。马克思正确地认识到了法律的经济本质,因此被现代著名制度经济学家诺斯誉为"最有说服力的,恰恰是因为它包括了古典经济分析所遗漏的法律相关因素:制度、产权、国家和意识形态。马克思强调有效率的经济组织中产权的重要作用,以及现有产权制度与新技术生产力之间的不适应性,这是一个根本贡献。"[1]

(一)法律根源于一定的经济基础

法律作为上层建筑的一部分,是由经济基础决定的,法律的产生、本质、特点和发展变化的规律,归根到底都是由经济基础所决定的。马克思指出:"这些生产关系的总和构成社会的经济结构,即有法律的和政治的上层建筑竖立其上并有一定的社会意识形式与之相适应的现实基础。"[2]恩格斯也指出:"每一时代的社会经济结构形成现实基础,每一历史时期由法律设施和政治设施以及宗教的、哲学的和其他的观点所构成的全部上层建筑,归根到底都是应由这个基础来说明。"[3]法律的本质和基本特征,归根结底取决于经济基础的性质;一定的法律必须与一定的经济基础相适应。有什么样的经济基础,就有什么样的法律。一定的法律的内容是一定经济基础决定的,一定的法律的性质是由一定的经济基础的性质决定的。在生产资料私有制基础上存在的只能是私有制类型的法律;而生产资料公有制基础就决定了法的社会主义性质。法律的产生和发展变化取决于一定的经济基础的产生和变化。法律产生以后,随着经济基础的发展变化而发展变化。自从原始社会解体以后,社会发展经历了四种不同性质的经济基础:奴隶制、封建制、资本主义和社会主义的经济基础。与之相应,法律发展也经历了四种历史类型:奴隶制法、封建制法、资本主义法和社会主义法。可见,经济基础的根本变革,必然会引起法律历史类型的更替。而且,在同一社会形态里,经济基础发生的局部变化,也会引起法律的相应的变化。如自由资本主义时期,为保护资产阶级私有制,资本主义法

---

〔1〕〔美〕诺斯:《经济史中的结构变迁》,陈郁等译,169页,上海,上海三联书店,1991。

〔2〕《马克思恩格斯选集》2版,第2卷,32页,北京,人民出版社,1995。

〔3〕《马克思恩格斯选集》2版,第3卷,365页,北京,人民出版社,1995。

强调"私有财产神圣不可侵犯"的原则;到了垄断资本主义时期,为了保护垄断集团的利益,资本主义国家需要加强对经济生活的干预,资本主义法开始将"私有财产绝对权利"改为"所有权行使的限制"。

法律是根据一定的经济基础运行规律的要求,按照统治阶级意志由国家机关制定或认可,立法者不是在创造法律而是在表述法律。法律不仅随着社会经济基础的根本变革而发生本质的变化,就是在同一社会形态里,当经济基础发生某些局部变化时,也会引起法律的相应变化。

法律根源于一定经济基础,并不是说一定的经济基础就会自发地产生法律,而是要通过人们主观的努力,按照统治阶级(人民)的意志而制定法律,法律是主客观的统一。

此外,法律受经济基础的制约,并不意味着它不受其他社会因素的影响。事实上,社会的政治、宗教、道德观点、风俗习惯以及阶级力量对比关系和国际环境等,都同法律发生相互作用,产生着重要影响。

马克思、恩格斯于 1845 年合撰的《德意志意识形态》第一次明确地阐发生产力决定"交换形式""市民社会"决定上层建筑的历史唯物主义基本原理,并以此作为依据,深刻揭示法的产生、发展及其消灭的历史运动规律性,[1]有关生产关系,[2]特别是所有制的各种不同形式对司法公正的影响,同样亦可以从中觅得其基本规律性的内容。因为严格说来,"宗教、家庭、国家、法、道德、科学、艺术等等,都不过是生产的一些特殊的方式,并且受生产的普遍规律的支配。"[3]

(二)法律服务于一定的经济基础,对经济基础具有反作用

法律作为上层建筑的组成部分,不只是消极地反映经济基础,还积极地为经济基础服务。所谓法律的反作用,是指法律这一上层建筑的组成部分对经济基础发生能动的影响,以促进其巩固、变更或发展。具体表现在:法律对其赖以存在与发展的经济基础起引导、促进和保障作用,积极保护和促进一定的经济关系和经济秩序的形成、巩固和发展,如统治阶级总是以法律的形式确认其赖以生存的生产关系,使之成为在社会中占统治地位的生产关系,从而促进这种生产关系的巩固和发展,法律以自己特有的强制手段保护自己的经济基础不受侵犯;法律对于与己相矛盾的、旧的经济基础,加以改造或摧毁,限制、削弱或摧毁旧的经济基础,镇压或制裁对现存经济基础的破坏活动和行为,如统治阶级为了维护自己的利益,运用法律

---

〔1〕 参见李光灿、吕世伦主编:《马克思恩格斯法律思想史》,222 页,北京,法律出版社,1991。

〔2〕 当然,正如学者所言,马克思、恩格斯在这部著作中并未使用"生产关系"此一名词,而是用"交往形式""交往关系""交往方式"等"不太确切"的术语来表示同样的意思,但"比起只是接近生产关系思想的《神圣家族》,是一个重大突破"。参见中国人民大学马列主义发展史研究所:《马克思恩格斯思想史》,131 页,上海,上海人民出版社,1982。

〔3〕 《马克思恩格斯全集》,第 42 卷,121 页,北京,人民出版社,1987。

手段对一切不利于自己的生产关系进行限制、改造或消灭。剥削阶级类型的法律一方面改造或消灭过时的旧的生产关系,另一方面抑制、阻碍新的生产关系的产生和发展。对此,毛泽东曾经指出:"法律是上层建筑。我们的法律,是劳动人民自由制定的。它是维护革命秩序,保护劳动人民利益,保护社会主义经济基础,保护生产力的。"[1]

同时,法律为社会经济关系和经济生活规定明确的准则,使得公民、组织的经济活动和相互的经济关系,以及国家在组织、管理国民经济过程中产生的经济关系都有章可循,避免个别人和集团的随意性,从而确立稳定的经济管理秩序,以有利于经济基础的巩固和发展。

不过,法律的反作用具有两种可能性:一种是进步作用,一种是阻碍作用。其衡量的标志主要看法律所保护的经济基础的性质及其对生产力发展的作用如何:当法律所保护的经济基础适应生产力发展要求时,它就具有进步性;当法律所保护的经济基础已成为生产力发展的桎梏时,它就阻碍生产力的发展,阻碍社会的进步。

三、法律与生产力

在生产方式中,生产力始终是最活跃、最革命的因素。生产力标准是衡量一切社会现象的基本标准。马克思主义法学认为,法律直接决定于经济基础和生产关系,然而它与生产力之间也存在着间接的关系。法律与生产力之间的作用与反作用,必须以生产关系为中介。生产力借助于它所决定的生产关系,作用于生产力;反之,法律通过调整一定的生产关系又反作用于生产力。法律离开生产力的发展,自己无存在的可能,也无存在的必要。

(一)法律从产生时起,始终受生产力发展水平的影响,生产力促进和制约法律的结构、法律体系、法律内容的变化

按照历史唯物主义的观点,生产力的状况决定着生产关系的状况,生产力的发展必然引起生产关系和经济基础的发展变化,并最终决定上层建筑(包括法律上层建筑)的发展变化。因此,法律最终决定于生产力的水平。在生产力发展不发达的国家,很难说有发达的法律制度;而发达的生产力,至少为发达的法律制度的形成提供了必要的物质条件。当然,发达的生产力并不是发达的法制的完全充分的条

---

[1]《毛泽东选集》,第5卷,358～359页,北京,人民出版社,1978。董必武也认为,某些干部不了解政治法律工作和经济建设的正确关系,他们忽视政治法律工作对保障社会主义经济建设的决定作用,错误地认为国家只搞经济建设就行了,用不着加强政治法律工作。必须指出,⋯⋯没有政治法律工作的加强和发展,就不能保障我们的经济建设。参见董必武:《五年来政治法律工作中的几个问题和加强守法思想问题》,载《董必武政治法律文集》,372页,北京,法律出版社,1986。

件。也就是说,有了高度发达的生产力,并不必然产生高度发达的法律制度。发达的法律制度的建立,还需要相应的政治制度、文化传统等因素的形成。

(二)法律对生产力的作用

法律历来都是为一定的生产力发展服务的,尽管有时促进,有时阻碍,但总体上是促进生产力的发展的。法律对生产力的反作用是间接的,它通过调整生产关系而对生产力的发展发生影响。这种作用既可能具有进步性、积极意义,也可能具有反动性、消极作用。从进步性方面讲,法律通过保护适应生产力水平的生产关系和经济基础来促进生产力的发展,也通过直接规定对劳动者、自然资源和环境的保护,规定对先进科学技术发明创造的采用、推广和奖励,来保护和推动生产力的发展。从消极方面讲,一旦法律所保护的是落后的生产关系和经济基础,它就起着阻碍生产力发展的作用。

第二节　法律与市场经济

市场经济是承认并维护私人拥有生产资料和鼓励自由竞争、通过市场交换中的价格调节供求和资源分配的经济运行体制。市场经济的基本属性包括市场主体的独立性、平等性、市场对资源发挥基础性配置作用、间接的政府宏观调控体系等。〔1〕

我国的社会主义市场经济体制的建立有一个发展过程。1978 年 12 月中国共产党十一届三中全会提出改革开放、1992 年党的十四大确定社会主义市场经济体制改革目标,1993 年党的十四届三中全会作出《关于建立社会主义市场经济体制若干问题的决定》,2002 年党的十六大提出建成完善的社会主义市场经济体制,2003 年 10 月 14 日中国共产党第十六届中央委员会第三次全体会议通过了《中共中央关于完善社会主义市场经济体制若干问题的决定 》。该决定 提出,坚持社会主义市场经济的改革方向,注重制度建设和体制创新;坚持尊重群众的首创精神,充分发挥中央和地方两个积极性;坚持正确处理改革发展稳定的关系,有重点、有步骤地推进改革;坚持统筹兼顾,协调好改革进程中的各种利益关系;坚持以人为本,树立全面、协调、可持续的发展观,促进经济社会和人的全面发展。建立社会主义市场经济体制是我国经济体制的根本性创新,是实现社会主义现代化的根本途径。

---

〔1〕 在理解市场经济时,哈耶克在《通往奴役之路》(王明毅等译,北京,中国社会科学出版社,1997)中关于计划经济的讨论值得注意。《通往奴役之路》指出取消私有财产制度的中央计划经济,不仅会导致经济的毫无效率和停滞不前,并且,生产资料的国有化必定导致思想的国有化,即从根本上取消个人自由,建立极权主义统治。因此说,国家对经济的干预、福利国家和计划经济,是一条通往奴役之路。同时,哈耶克指出,计划经济也不能与民主相容。

需要注意的是,邓小平在 1992 年曾指出:"计划多一点还是市场多一点,不是社会主义与资本主义的本质区别。计划经济不等于社会主义,资本主义也有计划;市场经济不等于资本主义,社会主义也有市场。计划和市场都是经济手段。"[1]

社会主义市场经济是开放经济、竞争经济、信用经济,社会主义市场经济必须依赖于法律的调整、规范和保障,这是市场经济的内在要求。只有法制,才能保障市场经济主体的自主性、市场活动的契约性、市场经济的竞争性、市场经济的统一性、市场经济的开放性,才能实现市场经济条件下国家宏观调控的有效性。只有完备的法律、法规和市场规则,才能引导人们沿着正确的轨道进行经济活动,才能保证从事经济活动的自然人和法人成为互相独立、完全平等的市场主体;才能确保有完全行为能力和责任能力的市场主体对自己的行为结果负责;才能做到保护合法、制裁违法、打击犯罪;才能避免经济活动中的不平等、不公正现象。相反,没有与市场经济相适应的法律制度,就不能形成正常的市场秩序,就不会有正常的市场关系。

当代中国需要完善社会主义市场经济体制。2019 年 10 月 31 日中国共产党第十九届中央委员会第四次全体会议通过的《中共中央关于坚持和完善中国特色社会主义制度　推进国家治理体系和治理能力现代化若干重大问题的决定》提出"坚持和完善社会主义基本经济制度,推动经济高质量发展",并具体强调毫不动摇巩固和发展公有制经济,毫不动摇鼓励、支持、引导非公有制经济发展;坚持按劳分配为主体、多种分配方式并存;完善科技创新体制机制;建设更高水平开放型经济新体制。

这一决定提出加快完善社会主义市场经济体制。建设高标准市场体系,完善公平竞争制度,全面实施市场准入负面清单制度,改革生产许可制度,健全破产制度。强化竞争政策基础地位,落实公平竞争审查制度,加强和改进反垄断和反不正当竞争执法。健全以公平为原则的产权保护制度,建立知识产权侵权惩罚性赔偿制度,加强企业商业秘密保护。推进要素市场制度建设,实现要素价格市场决定、流动自主有序、配置高效公平。强化消费者权益保护,探索建立集体诉讼制度。加强资本市场基础制度建设,健全具有高度适应性、竞争力、普惠性的现代金融体系,有效防范化解金融风险。优化经济治理基础数据库。健全推动发展先进制造业、振兴实体经济的体制机制。实施乡村振兴战略,完善农业农村优先发展和保障国家粮食安全的制度政策,健全城乡融合发展体制机制。构建区域协调发展新机制,形成主体功能明显、优势互补、高质量发展的区域经济布局。

完善社会主义市场经济体制,其中很重要的一条就是要进一步完善市场经济法制,全面推进经济法制建设。在发展社会主义市场经济过程中,市场主体的活

---

[1]《邓小平文选》,第 3 卷,373 页,北京,人民出版社,1993。

动,市场秩序的维护,公平竞争的实现,国家对市场的宏观调控,都需要法律的规范、引导、制约和保障。按照依法治国的基本方略,着眼于确立制度、规范权责、保障权益,加强经济立法。完善市场主体和中介组织法律制度,使各类市场主体真正具有完全的行为能力和责任能力。完善产权法律制度,规范和理顺产权关系,保护各类产权权益。完善市场交易法律制度,保障合同自由和交易安全,维护公平竞争。完善预算、税收、金融和投资等法律法规,规范经济调节和市场监管。完善劳动、就业和社会保障等方面的法律法规,切实保护劳动者和公民的合法权益。完善社会领域和可持续发展等方面的法律法规,促进经济发展和社会全面进步。在国际经济交往中,也需要按有关国际规则和惯例办事。因此,只有实施依法治国,建设社会主义法治国家,才能充分保障社会主义市场经济的正常运行,充分发挥社会主义经济的优势。[1]

第三节 法律与财产

财产是人类发展和社会进步的基本内容,财产的匮乏、财富的增长、对财产的占有和分配,成为困扰人类自身的重大难题。恩格斯就认为,"财富,财富,第三还是财富,——不是社会的财富,而是这个微不足道的单个的个人的财富,这就是文明时代唯一的、具有决定意义的目的。"[2]从法律上认识,财产"就是一组所有者自由行使并且其行使不受他人干涉的关于资源的权利"。[3]

财产为社会稳定的基础。孟子曾云:"民之为道也,有恒产者有恒心,无恒产者无恒心。苟无恒心,放辟邪侈,无不为已。及陷乎罪,然后从而刑之,是罔民也。"[4]孟子洞察到,老百姓"无恒产"则"无恒心",至于"无恒产而有恒心者","惟为士能"。孟子进而向执政者梁惠王建言:"是故明君制民之产,必使仰足以事父母,俯足以畜妻子,乐岁终身饱,凶年免于死亡。"在当时,孟子认为普通百姓有"五亩之宅,树之以桑,五十者可以衣帛矣。鸡豚狗彘之畜,无失其时,七十者可以食肉矣。百亩之田,勿夺其时,八口之家可以无饥矣"。[5]

摩尔根通过对人类文明演进的考察后发现:"财产观念在人类的心灵中是慢慢形成的,它在漫长的岁月中一直处于初萌的薄弱状态。它萌芽于蒙昧阶段,并需要这个阶段和继起的野蛮阶段的一切经验来助长它,使人类的头脑有所准备,以便

———————————

[1] 关于当代中国经济改革、市场经济,可参见吴敬琏:《当代中国经济改革》,上海,上海远东出版社,2004。

[2]《马克思恩格斯选集》,2版,第4卷,173页,北京,人民出版社,1995。

[3] [美]罗伯特·考特、托马斯·尤伦:《法和经济学》,张军等译,125页,上海,上海三联书店,1991。

[4]《孟子·滕文公上》

[5]《孟子·梁惠王上》

于接受这种观念的操纵。对财产的欲望超乎其它一切欲望之上,这就是文明伊始的标志。这不仅促使人类克服了阻滞文明发展的种种障碍,并且还使人类以地域和财产为基础而建立起政治社会。"[1]摩尔根认为财产观念的发展是人类进步的表现。

财产常会导致社会冲突,这就需要通过法律进行调整。亚里士多德早就洞察到以实行财产公有来消灭罪恶的想法是行不通的:"人们听到财产公有以后,深信人人都是各人的至亲好友,并为那无边的情谊而欢呼,大家听到现世种种罪恶,比如违反契约而行使欺诈和伪证的财物诉讼,以及谄媚富豪等都被指斥为导源于私产制度,更加感到高兴。实际上,所有这些罪恶都是导源于人类的罪恶本性。即使实行公产制度也无法为之补救。那些财产尚未区分而且参加共同管理的人们间比执管私产的人们间的纠纷实际上只会更多——但当今绝大多数的人都生活在私产制度中,在公产中生活的人却为之很少。于是我们因少见那一部分的罪恶,就将罪恶完全归于私产制度了。"[2]与其不能将人类的自私从人性中删除,还不如通过法律保障个人的私有财产权。在摩尔根看来:"终有一天,人类的理智一定会强健到能够支配财富,一定会规定国家对它所保护的财产关系,以及所有者的权利范围。"[3]总之,如果自由的人们想要共同生存,相互帮助,不妨碍彼此的发展,那么唯一的方式是承认人与人之间看不见的边界,在边界以内每个个人得到有保障的一块自由空间。这就是财产权利的起源。[4]

因此,法律确认产权、明晰财产权从而对产权主体给以激励,促进财富增长。财产权是经济繁荣和效率的关键,财产制度是一切社会中最为重要的制度。休谟认为人类社会的三个基本法律规则,即私有产权、同意的财产转让和承诺的履行等,必须借助于国家的政治权力来加以实施。美国学者登姆塞茨(H.Demsetz,又译德姆塞茨)指出:"产权是一种社会工具,其重要性就在于事实上它们能帮助一个人形成与其他人进行交易时的合理预期……产权的一个主要功能是导引人们实现将外部性较大地内在化的激励。"[5]1948年联合国大会通过的《世界人权宣言》第17条就规定:"(一)人人得有单独的财产所有权以及同他人合有的所有权;(二)任何人的财产不得任意剥夺。"我国2004年宪法修正案将原第13条修改为:

---

〔1〕 [美]路易斯·亨利·摩尔根:《古代社会》(上),杨东纯等译,6页,北京,商务印书馆,1977。

〔2〕 [古希腊]亚里士多德:《政治学》,吴寿彭译,56页,北京,商务印书馆,1965。

〔3〕 [美]路易斯·亨利·摩尔根:《古代社会》(下),杨东纯等译,556页,北京,商务印书馆,1977。

〔4〕 汪丁丁:《经济发展与制度创新》,113页,上海,上海人民出版社,1995。

〔5〕 登姆塞茨认为,产权是界定人们如何受益及如何受损,因而一方必须向另一方提供补偿以改变人们所采取的行动,因此,产权是指自己或他人受益或受损的权利。参见[美]H·登姆塞茨:《关于产权的理论》,载R·科斯等:《财产权利与制度变迁——产权学派与新制度学派译文集》,97~98页,上海,上海三联书店、上海人民出版社,1994。登姆塞茨提出过"所有权残缺(the truncation of ownership)"的概念,指的是所有权不完整。

"公民的合法的私有财产不受侵犯。国家依照法律规定保护公民的私有财产权和继承权。国家为了公共利益的需要,可以依照法律规定对公民的私有财产实行征收或者征用并给予补偿。"

对财产的最大侵害来自于公权力的专横。对于这一点,两千多年前的老子就已经认识到了:"我无为而民自化,我好静而民自正,我无事而民自富,我无欲而民自朴。"[1]财产权的保障不仅需要民主,同样需要宪政、法治。法律通过对国家公权力的规范、制约保护财产。同时,财产权构成了对国家专横权力的制约,是人类自由与尊严的保障。卢梭认为财产是政治社会的真正基础,是公民订约的真正保障。"财产权的确是所有公民权利中最神圣的权利,它在某些方面,甚至比自由还重要。"[2]因此,"哪里没有财产权,哪里就没有正义",法律重视保障私有财产。财产占有权是个人生活所必不可少的,它既为个人的自由提供了保护,又使个人的自立成为可能。[3]正如米瑟斯所认为的,私有财产制度为个人创造了一个不受国家控制的领域,它对政府的意志加以限制,成为所有不受国家和强权控制的生活基础,成为自由、个人自治赖以植根和获取养料的土壤。那些想以其他的生产和分配方法取代私有财产的每次尝试,都总是很快就被证明是荒谬的。[4]

第四节 法律与利益

人们的生存和发展离不开利益。"天下熙熙,皆为利来;天下攘攘,皆为利往。"[5]洛克也指出,"在我看来,国家是由人们组成的一个社会,人们组成这个社会仅仅是为了谋求、维护和增进公民们自己的利益",而"所谓公民利益,我指的是生命、自由、健康和疾病以及对诸如金钱、土地、房屋、家具等外在物的占有。"[6]利益"这个概念,在关于自我与社会的关系方面,促成了一场认识革命。这种新的认

[1] 《道德经·五十七章》
[2] [法]卢梭:《论政治经济学》,王运成译,25页,北京,商务印书馆,1962。关于财产权和财产制度,可参见马俊驹、梅夏英:《财产制度的历史评析和现实思考》,《中国社会科学》,1999(1);刘坤、赵万一:《财产权制度的存在基础》,《现代法学》,2004(5)。
[3] 18世纪中叶英国的一位首相,老威廉皮特在一次演讲中这样形容过财产权对穷苦人的重要性和神圣性:即使是最穷的人,在他的寒舍里也敢于对抗国王的权威。风可以吹进这所房子,雨可以打进这所房子,房子甚至会在风雨中飘摇,但是英王不能踏进这所房子,他的千军万马不敢踏进这间门槛已经破损了的破房子。(Oxford English Dictionary of Quotations, 1966. See als Tibor R. Machan: Individuals and Their Rights, La Salle: Open Court, 1989, Chapter V)。转引自刘军宁:《风能进,雨能进,国王不能进》,《自由与社群》,北京,三联书店,1998。
[4] 参见[奥]路德维希·冯·米瑟斯:《自由与繁荣的国度》,韩光明等译,104~105页,北京,中国社会科学出版社,1994。
[5] 《史记·货殖列传》
[6] [英]洛克:《论宗教宽容》,吴云贵译,5页,北京,商务印书馆,1982。

识,是法国大革命的思想基础。"[1]

关于利益,存在主观说、客观说与折中说之争。主观说认为利益是意识的属性,是人们对于满足一定需要的意志指向。客观说认为,利益可以形成意识、意志,但它是意识、意志之外的客观存在。折中说则认为,利益是主体与客观环境的统一。庞德认为,利益为人们个别地或通过集团、联合或亲属关系,谋求满足的一种需要或愿望。"它是人类个别地或在集团社会中谋求得到满足的一种欲望或要求,因此人们在调整人与人之间的关系和安排人类行为时,必须考虑到这种欲望或要求。"[2]法国的霍尔巴赫(Holbach 1723-1789)认为"所谓利益,就是每一个人根据自己的性情和思想使自身的幸福观与之联系的东西;换句话说,利益其实就是我们每一个人认为对自己的幸福是必要的东西。"[3]他把利益确定为"人的行动的唯一动力"。可见,利益是在一定的社会形式中满足社会成员生存发展需要的客体对象,为适合社会主体生存与发展需要的诸因素或条件,是人们通过社会关系表现出来的不同需要。利益具有主体性(与主体相关)、客观性、社会性。

由于人的需要是多方面的,因此有多种多样的利益。基于生产关系体系中的地位而形成的对物质产品的占有关系,是物质利益,也称为经济利益。除此之外,还有政治利益和精神生活方面的利益。通常讲的利益主要指物质利益。从不同的角度还可以对利益作不同的区分,例如,从个人、阶级、集团与社会的角度,可以把利益区分为阶级利益、民族利益、国家利益和个人利益;从整体与局部的角度,可以区分为整体利益和局部利益;从时间的角度,可以区分为长远利益和眼前利益等。

对利益的追求,形成人们的动机,成为推动人们活动的动因。物质利益不仅是人们发展生产力的刺激因素,而且是推动人们改造社会、改革同生产力发展要求不相适应的社会制度的直接动因。

利益与法律有着密切的联系。马克思、恩格斯合著的《德意志意识形态》一书对这一问题有相关的论述。马克思、恩格斯认为:"法的历史表明,在最早的和原始的时代,这些个人的、实际的关系是以最粗鲁的形态直接地表现出来的。随着市民社会的发展,即随着个人利益之发展到阶级利益,法律关系改变了,它们的表现方式也变文明了。它们不再被看作是个人的关系,而被看作是一般的关系了。与此同时,对彼此冲突着的个人利益的维护也由于分工而转入少数人手中了,从而法的野蛮的行使方式也就消失了。"[4]耶林认为,法律的目的在于实现社会利益,其

〔1〕 [美]科尔曼:《社会理论的基础》(上),邓方译,35 页,北京,社会科学文献出版社,1999。

〔2〕 [美]庞德:《通过法律的社会控制　法律的任务》,沈宗灵等译,35、81~82 页,北京,商务印书馆,1984。

〔3〕 [法]霍尔巴赫:《自然的体系》又名《论物理世界和精神世界的法则》,管士宾译,271 页,北京,商务印书馆,1964。

〔4〕 《马克思恩格斯全集》,第 3 卷,395 页,北京,人民出版社,1960。

手段是通过报偿实现个人与个人、个人与社会的利益平衡。在整个经济生活中,利益平衡是法律控制社会的手段。[1]

从法律的产生、内容、发展等方面来看,法律来源于对社会利益的分配、固化的过程和需要的结果。从一定意义上,正是人们的利益的矛盾与冲突才导致了法律的产生,利益是每一个国家和民族制定和颁布法律的根据,是法律的真正缔造者。[2]

利益转化为法律利益的直接原因在于,各种利益之间的冲突和矛盾需要法律予以调节和处理。而法律对利益的调处过程也就是将利益转化为法律利益并且予以实现的过程。法律以制度建构的形式确定需要形成法律利益的范围;同时,用法律的形式划定和确认可以法定化的利益的界限,对利益资源进行符合国情的配置,用法律的形式协调各法律主体的利益,用法律的形式保障和促进法的利益的形成、发展和实现或者阻碍消极利益的形成,用法律的形式建立利益调节机制。庞德指出为了能够通过法律来实现社会控制,就有必要考虑各种各样的利益并加以分类。他把人类的利益划分为个人利益、公共利益和社会利益;法律并不创造任何利益,法律的根本任务或作用就在于承认、确定、实现和保障利益,协调这三种关系,寻找一种共同的利益予以保护。[3]

法律利益的主要特征在于,它是经由特定机关选择和确认的,以法律权利为内容的,具有特殊强制力的一种利益。法律通常选择基本的、重要的、与生活有广泛联系的利益作为法律利益。这也取决于一定的社会状况、法律进步程度等。法律和利益之所有这样的关系,一个深厚的根源就在于法律与利益之间本身有着必然的联系。

同时,利益衡量法律的正当性,只有为了协调和保护社会成员的利益而制定的法律才是正当的法律。

第五节 法经济学

法经济学或经济分析法学(Law and Economics)把经济学的效益观念引入了法学领域,致力于运用经济学的理论和方法特别是微观经济学的方法分析法律问题。现代经济学的理论研究不断扩张和渗透到其他社会科学领域,形成了"经济学帝国主义"的学术格局,运用理性预期理论、新制度经济学、福利经济学、公共选择

[1] 参见[德]耶林:《为权利而斗争》,胡宝海译,载梁慧星主编:《为权利而斗争》,22～40页,北京,中国法制出版社,2000。
[2] 苏宏章:《利益论》,232页,沈阳,辽宁人民出版社,1991。
[3] [美]庞德:《通过法律的社会控制 法律的任务》,沈宗灵等译,35～42页,北京,商务印书馆,1984。

理论、博弈论与信息经济学的原理和方法分析法律现象更具"科学性"和解释力。从经济学的观点来看,法律中的人和经济中的人,都是理性的人。同样一个人不可能在经济活动中是理性的,而在从事法律活动时就突然不理性了。并且我们确实看到,无论在大陆法系还是在英美法系,都把法律中的人假设为一种理性的人。[1]

美国学者科斯于 1960 年发表《社会成本问题》,运用交易成本的概念分析法律制度对资源配置的影响,为法经济学奠定了理论基础。在有交易成本的情况下,法律权利的初始赋予对于社会资源的效益利用具有决定性作用。[2]波斯纳 1973 年以《法律的经济学分析》而成为法经济学主要代表人物。他对财产法、合同法、家庭法、侵权行为法、刑法、反托拉斯法、劳工法、公用事业法、公司法、金融法、税法、程序法、宪法等进行经济学分析,指出资源利用在市场调节下将趋向价值最大化。[3]

西方法经济学是以经济学的理论和方法来研究法律的成长、结构、效益及创新的学说,其核心思想是"效益",即要求任何法律的制定和执行都要有利于资源配置的效益并促使其最大化,以最有效地利用资源,最大限度地增加社会财富。法经济学一般分析框架包括法律市场理论、法律供求理论、法律均衡理论、法律成本效益理论、法律秩序与法制变迁理论。以波斯纳为代表的法经济学者通常运用一定的经济学原理对应研究各个部门法(以英美普通法为例),诸如,博弈论和理性预期理论及其在法理学层面的经济分析;公共选择理论及其对宪法、宪政的经济分析;政府规制经济学及其对政府经济管理的经济分析;产权理论与财产法的经济分析;合约理论与合同法的经济分析;激励理论与知识产权法的经济分析;微观产业组织理论、厂商理论与市场主体法(公司法等)的经济分析;社会成本理论与侵权法的经济分析;威慑理论与刑法(刑罚制度)的经济分析等。与此同时,基于博弈论和交易成本理论,法经济学研究对于如下一些法学研究中经常存在的矛盾关系也具有相当的解释力:实体法与程序法、公法与私法、民商法与经济法、中央法与地方法、国家制定法与民间习惯、正式法与试行法。除此之外,在法的静态分析和动态分析、法制度分析和法规范分析、法宏观分析和法微观分析以及法的演进、法的历史规律、

〔1〕 韦伯认为,欧洲近代大陆法系的法律是一种形式理性的法律,其法律行为属于"目的理性行为"的类型。参见[德]韦伯:《社会学的基本概念》,胡景北译,1 页,上海,上海人民出版社,2000。A．P．赫伯特伯爵也写道:"在构成英国普通法的令人迷惑的博学的审判中旅行或长途跋涉,不与理性的人相遇是不可能的"。转引自[美]罗伯特·考特、托马斯·尤伦:《法和经济学》,张军等译,455 页,上海,上海三联书店,1994。

〔2〕 参见[美]科斯等:《财产权利与制度变迁》,胡庄君等译,3～58 页,上海,上海三联书店,1994。也可参见科斯:《企业、市场与法律》,盛洪等译,上海,上海三联书店,1990。

〔3〕 详可参见[美]波斯纳:《法律的经济分析》(上、下卷),蒋兆康译,北京,中国大百科全书出版社,1997。

法的实际运行机制等方面,都有很重要的价值。[1]

在方法论上,法经济学重视定量分析的方法,使人们的思维更趋准确;同时,突出实证评判的方法,任何法律只要能促进效益、减少交易成本,就是可适用的,否则就应改革、完善。

法经济学将改变中国传统法学的固有结构,引起传统法学的一定变革。经济分析工具的引入、效率价值的张扬与制度贯彻、全新理论范式的确立,法经济学在方法论上冲击着法学研究的固有思维弱点。同时,法律经济学的发展将促进中国法律改革。伴随中国市场变革的推进,对经济增长源泉之谜的探索以及对制度演进的谋求,诱发了中国学术界对法经济学研究的敏锐体悟与积极回应,法经济学将会为中国改革路径的选择、制度安排的创新、经济绩效的提高等提供一定的启示与指导。[2]

打架的成本有多高? 民警列出了"标准答案"

打架的成本有多高?

在浙江省杭州市桐庐县公安局城南派出所警民联调中心的墙上挂有这道题的"标准答案":

"轻微伤的打架直接成本:5 至 15 日拘留+500 至 1000 元罚款+医药费、误工费等赔偿+因拘留少挣的工资。

轻伤的打架直接成本:三年以下有期徒刑+20000 元左右的赔偿金+医药费、误工费等赔偿+因拘留少挣的工资。

重伤的打架直接成本:三年以上有期徒刑、无期徒刑甚至死刑+无尽的后悔+……

现场成本:挨骂受辱、生气胸堵、物品损毁、皮肉受苦。

经济成本:1000 元以下治安罚款。民事赔偿金、刑事罚金、医药费、律师费、诉讼费、误工费、交通费、护理费、营养费。

社会成本:家人担心、生活不顺、名誉受损、工作停顿、心情郁闷、落下仇恨。

附加成本:他人歧视。影响本人及子女交友、相亲、融资、兴业。前科劣迹阻碍本人及子女升学、参军、招工、任职。无尽的责备、后悔、惭愧、流……此处省略10000 字。"

这份风趣幽默的"标准"答案是由桐庐县公安局城南派出所教导员方庭焕设计的。他告诉记者,作为城区派出所,辖区内难免会有打架警情发生。这一类警情也

[1] 冯玉军:《法经济学的当前发展与主要论题》,载冯玉军主编:《中国法经济学应用研究》,北京,法律出版社,2006。该书分理论篇和应用篇两部分,不少文章值得一读。也可参见张建伟:《主流范式的危机:法律经济学理论的反思与重整》,《法制与社会发展》,2005(4)。

[2] 从经济学角度讨论中国社会的法律问题,张维迎的《信息、信任与法律》(北京,三联书店,2003)值得一读。杨小凯关于中国宪政发展的文章颇值重视。

让民警头疼不已。

"我们结合了实际接处警中遇到的种种情况,并参考网络上流行的段子,才设计出这个文本。"方庭焕说,很多打架当事人看了墙上的内容,强硬的态度就会软化,主动接受调解,并承诺不再打架了。[1]

虽然打架成本没有包括打架斗殴带来的公共管理成本、执法成本,但是从经济、成本角度分析打架这一违法犯罪行为的后果,还是有积极意义的,有助于警示不理智者,减少案件发生,加强法律教育,普及法律知识,提高人们的法律意识。列出打架成本在一定程度上体现了某种法经济学的思维和分析方法。

---

[1]《人民公安报》,https://www.thepaper.cn/newsDetail_forward_8611848,2020 年 8 月 28 日最后访问。

第二十三章　法律与科学技术

现代世界的科学技术飞速发展,新的科学技术在社会生产和生活的各个领域得到广泛的应用,对人类社会发生着愈来愈深刻的影响,"科学正在影响着当代的社会变革而且也受到这些变革的影响"。[1] 因此,法律日益广泛的受到科学技术的影响,通过科学技术可以更全面地认识法律,作为重要的社会规范与科学技术的关系不容忽视。

第一节　科学技术对法律的影响

一、科学技术的含义

科学是关于自然、社会和思维的各种知识体系。科学是知识的长期发展的总结。在一定的历史阶段上,科学代表着当时人们对现实世界各种规律的认识程度。这里讲的科学仅就研究自然现象及其规律的自然科学而言。技术是指根据自然科学原理和生产实践经验而发展成的各种工艺操作方法和技能。人们一般认为,科学是以实验观察为基础的、以系统地发现因果关系为目的的社会实践,侧重以认识世界为目的;而技术则是人类改变或控制客观环境的手段或活动,以改造世界为目的。[2] 科学和技术是互相依存的,如果说技术在很大程度上依赖于科学的发展,那么科学在更大程度上依赖于技术的状况和需要。科学技术作为知识体系,本身并不具有阶级性,但在阶级社会里,科学技术在为谁服务、按什么方向发展等是受到阶级的影响的。

科学技术是生产力,它的发展水平代表着社会生产力的发展水平。生产力在生产方式中是最活跃的因素。所以,科学技术与社会发展的关系极大。尤其是在第二次世界大战以后,科学技术飞跃发展,目前正在兴起的科技革命对人类社会的影响愈来愈大。

法律与科学技术有着内在的联系。法律除了政治职能外,还有社会公共职能,发展科学技术是这个职能的重要内容。科学技术发展所需要的人力、物力,以及人

---

〔1〕 [英]贝尔纳:《科学的社会功能》,陈体芳译,37 页,北京,商务印书馆,1982。

〔2〕 参见宋健主编:《现代科学技术基础知识》,1～6 页,北京,中共中央党校出版社,1994。另可参见[美]波普尔:《科学知识进化论——波普尔科学哲学选编》,纪树立编译,北京,三联书店,1987。

们进行科学技术活动中所产生的各种社会关系都需要有法律规范加以调整。

二、科学技术对法律的影响

现代科学技术对法律的影响是广泛而深远的,因科学技术发展而引发的社会生活的变化对法律制度产生重大影响。[1]

首先,科学技术影响法律的内容,成为法律规定的重要依据。科学技术进步所形成的新的科学知识,不断被运用到法律领域,成为法律规定的重要的科学依据。科学技术的进步也影响传统法律的内容,使某些法律内容或原理发生改变。而且,越来越多的技术性规则赋予法律效力后成为法律规范,充实和丰富了法律的内容。

其次,科学技术的发展扩展了法律调整的领域。在科学技术的研究发明和推广应用的实践活动中出现的大量新的社会关系需要法律规范的调整。在国际法方面,如1986年6月有我国参加的联合和平利用外空委员会29届会议通过了卫星遥感地球的法律原则。在国内法方面,各国先后制定了许多科技法规。例如,仅核领域,我国自1984年以来颁布了一系列法规、规章,如《民用核安全设备监督管理条例》《核燃料管理条例》《核反应堆燃料道路运输管理暂行规定》《核电厂核事故应急管理条例》《核与辐射安全监督检查人员证件管理办法》《民用核安全设备无损检验人员资格管理规定》《民用核安全设备焊接人员资格管理规定》《核动力厂、研究堆、核燃料循环设施安全许可程序规定》《核安全法》等。随着科学技术的发展,新的法律和法律部门不断形成,如环境保护法、航空法、核法、生物技术法、网络法、电子商务法等。

再次,科学技术的发展引起了一些传统法律概念和原则的变化。在立法方面,随着科技的发展,科学技术知识内容的立法所占的比重不断增加,而这类专业性、技术性比较强的立法要求立法者具备一定的专门性的科学文化知识,国家立法机关的一般成员难以满足这种要求,因此,需要将这类立法工作委托给专门的机关或人员,这导致"委任立法"的范围不断扩大。通讯、交通技术的进步,以及信息交换的加快,使法律时效和时限观念加强。一些传统的法律部门的有些传统概念受到冲击。在刑法方面,由于电子计算机的普及,出现了利用计算机或机器人犯罪,使有关罪名的内涵外延不能或不足以包括这些罪。试管婴儿的问世使婚姻家庭法律部门面临确定孩子法律地位等新问题。

最后,科学技术的发展完善了法律调整机制,为立法和执法提供新的技术和手段,对法律的制定和实施的法律调整机制发生重大影响。通过建立法制信息库,可

---

〔1〕　苏力:《法律与科技问题的法理学重构》,《中国社会科学》,1999(5)。

以将法规、案例及其他有关资料储存起来,为立法提供充实可靠的资料,可以提高立法质量,达到具有预测性、准确性等要求,避免重复和矛盾。在某些司法问题上,技术的发展至今还无法保证司法获得理想的正确的结果,这就促使或迫使司法采取各种制度来回应或避免可能的或更大的错误。办案人员在审理案件时,可以及时查阅需要的法规、案例等资料,有利于提高办案的效率和质量;建设"智慧法院",通过网上立案、云端庭审、智慧执行等方式开展审判、执行工作。在案件侦破方面,现代化的科学技术可以提供先进的技术装备和手段,如证据收集和鉴别的更新有更可靠的科学手段和方法,对及时侦破和查清案件有着重大的作用。

此外,科学技术的发展也影响了法学教育、法制宣传和法学研究的方式和内容,促进法学教育、法制宣传和法学研究方式和内容的更新和发展,推动了人类法律意识的变化。

总之,科学技术至少以三种方式影响法律:第一,改变违反以及执行现存法律规范的成本;第二,改变正当化法律规范的基础事实;第三,改变法律潜在假设的基础事实,使已经存在的法律概念和类属过时,甚至失去意义。新的科学技术需要新的法律。

第二节 法律对科学技术的作用

科学技术的进步需要良好的政治、经济、法律环境。良好的政治环境是前提,良好的经济环境是基础,良好的法律环境是保障。法律作为行为规范,通过对各种社会关系,特别是科学技术活动中的各种社会关系的调整影响科学技术的发展。

首先,法律保证科学技术的顺利发展有良好的社会环境。科学技术的发展需要有稳定的社会秩序和必要的物质条件。法律通过确认和保障科技活动主体科学研究、发明创造的自由,通过打击敌人、惩治罪犯、保护人民的作用,从而创造良好的、宽松的政治、经济、社会环境,使人民能够心情舒畅,集中精力从事科学技术活动,充分发挥他们的聪明才智,推动科学技术的发展,使国家能够顺利进行现代化建设,为科学技术的发展提供充足的财力、物力。

其次,法律为组织科学技术活动提供必要的准则。法律确认和保证科学技术发展在国家社会生活中的优先地位,确定国家科技发展战略,确立科技管理体制和科技运行机制。国家科学研究工作的机构设置、组织原则,科研组织的法律地位,权限、职能、活动原则和方式,以及国家的科技发展计划、科技投资的方向和重点都需要有符合科学技术规律和特征的法律规范进行调整,从而保证国家有效地组织科学技术活动。为适应这类要求,各国有关科技的立法愈来愈多,出现形成独立的法律部门的趋势。苏联制定有《科研、设计、规划设计和工艺单位条例》《科学生产联合公司条例》等，美国有《1926 年美国国家科学技术政策、机构和优先目标法》等，日本有《科学技术厅设置法》等。我国自 1985 年中共中央关于科技体制改革的决定发布以来，制定了不少科技法规、规章，如《科学技术进步法》《科学技术普及法》《核出口管制条例》《国家科学技术奖励条例》《科学技术档案工作条例》《科学技术评价办法》(试行)《科学技术部规章制定程序的规定》《科技部、教育部、中国科学院、中国工程院、国家自然科学基金委员会关于改进科学技术评价工作的决定》《教育部科学技术研究项目管理办法》《国防科学技术工业委员会行政复议实施办法》《人类遗传资源管理暂行办法》《国家科学技术学术著作出版基金管理办法》(试行)《科学技术成果鉴定办法》《科学技术保密规定》《技术合同认定规则》《国家大学科技园管理试行办法》《科技查新机构管理办法》《科技查新规范》《科技项目招标投标管理暂行办法》《科技评估管理暂行办法》《技术进出口管理条例》等。科技立法已成为我国社会主义法制建设的重要组成部分，使我国的科技活动基本有了法律调整。

法律在推动国际间科学技术合作，促进科学技术成果的全球共享和高效能运用方面也有重要作用。我国通过《国际科学技术会议与展览管理暂行办法》等法律的实施促进国际科学技术合作和交流。

再次，法律是鼓励科学技术发展的有效手段。法律通过规定对公民的创造性劳动的保护和鼓励措施，通过调节科技成果应用中产生的利益关系，保证和促进科技成果的合理使用和推广，激发人们为科技发展作出贡献的热情。新中国成立初期就制定了《关于奖励有关生产的发明、技术改造和合理化建议的决定》《保障发明权和专利权暂行条例》等法规。《宪法》第 20 条规定：“国家发展自然科学和社会科学事业，普及科学和技术知识，奖励科学研究成果和技术发明创造。”以后又根据《宪法》制定了《著作权法》《专利法》《科学技术进步法》《学位条例》《自然科学奖励条例》《发明奖励条例》《科学技术进步奖励条例》《国家科学技术奖励条例》《国家科学技术奖励条例实施细则》《国家科学技术奖评审行为准则与督查暂行办法》《国防科学技术奖励办法》《省、部级科学技术奖励管理办法》《合理化建议和技术改进奖励条例》《社会力量设立科学技术奖管理办法》等。这些法律对发展和繁荣我国科学技术事业起很大的促进作用。[1]

第三节　法律与科学技术的发展

一、法律与互联网技术的发展

所谓网络,是指因纵横交错的联系而形成的组织或系统。它可以因不同的场合或环境被赋予不同的意义,如教育网络、管理网络、服务网络等。随着计算机技术和电子信息技术的发展和应用,网络被赋予了全新的、比较特定的含义,即利用计算机进入互联网传递、获取各类信息而形成的网络。互联网技术发展之快、应用之广,超出了许多人的想象,它对于人类的生产、生活的影响,对社会发展中政治、经济、文化的影响越来越突出。不过,网络可能会引发的企业组织变革、市场结构变革、人们生活方式的改变,都带有强烈的未来取向。[2]

---

〔1〕 2012 年发生的一起案件引起了国际科学界的强烈批评。2009 年 4 月 6 日,意大利北部的拉奎拉地区发生里氏 6.3 级地震,导致 309 人丧生。因对地震风险评估有误,意大利拉奎拉地方法院当地时间 2012 年 10 月 22 日以"过失杀人罪"分别判处当时参与地震研究的六名意大利地震专家和一名前政府官员六年监禁,七名被告终身不得担任公职,并下令被告支付庭审费用和赔偿金。7 名被告需要向幸存者和居民赔偿大约 900 万欧元(约合 1170 万美元)。依照意大利法律,被告有两次上诉权利,其间不用入狱。6 名地震专家包括国家地球物理和火山研究所前所长恩佐·博斯基、国家地震中心主任朱利奥·塞尔瓦吉和欧洲地震工程学中心主任吉安·米歇尔·卡尔维,在学术界享有盛誉。检方指控他们在 2009 年拉奎拉地震中未能向公众提供准确和及时的预警信息,从而导致 309 人丧生。法院当天最终认定这 7 人在评估地震风险以及向公众通报相关预警信息时存在疏忽以及玩忽职守。2009 年 4 月 6 日,意大利拉奎拉地区发生 6.3 级地震,此前当地曾发生过多次小型地震。22 日被判入狱的七名被告当时都是意大利"重大危险预测和预防全国委员会"成员。他们在地震发生前 6 天曾召开紧急会议,当时的结论是,无法判断小型地震发生后是否会发生大地震,并建议人们"只管放心地在家喝红酒"。结果突如其来的大地震导致 309 人丧生,1500 多人受伤,数万人无家可归。地震还造成多处文物古迹严重受损,直接经济损失达 100 亿欧元。意大利政府表示,起诉这些科学家和是否具备准确的预测能力无关,而是因为他们对这一事件处理不当,未能充分对风险进行评估,面对重大风险,却向民众作出了误导性的安慰。无论意大利政府的理由是什么,这次判决对该国自然灾害研究领域的专家来说都无异于一记重拳。今后,科学家对发布声明势必将慎之又慎,因为他们担心这些科学声明与生俱来具有的不确定性可能让他们惹上官司。这一判决引发国际科学界强烈批评反对。国际科研界几乎"一边倒"声援被告,一致认为准确预测地震在技术层面不具可能性,称裁决"荒谬"。国际科学界认为,当前的科技水平根本无法预测地震,称这是科学"悲哀的一天",把整个科学界推向了审判席,而这些专家只是一场无法预料的自然灾害的替罪羊。5000 多名科学界人士向意大利总统纳波利塔诺发出公开信,谴责这一判决。参见易明灯:《意大利 6 专家预测地震失误获刑 6 年》,《北京日报》,2012-10-24。

〔2〕 美国商务部 1998 年发布的《浮现中的数字经济》报告对全球网络经济热起到了推波助澜的作用。这份报告指出:信息产业的高投入刺激了经济增长,而经济的发展又为技术的普及提供了可靠的物质保证。技术普及完成之时,正是一种新工具被非常经济地掌握之刻。美国近八年来经济增长,通货膨胀降低,就业岗位增加,社会稳定,出现了所谓的"新经济"模式。参见美国商务部报告:《浮现中的数字经济》,姜其平等译,北京,中国人民大学出版社,1998。另可参见[美]尼葛洛庞帝:《数字化生存》,胡泳等译,海口,海南出版社,1997。

互联网技术的发展带来了诸多的法律问题,如网络侵权、网络犯罪、干扰网络管理秩序、网络虚拟财产保护等,立法的时间性因素、法律的强制性因素、技术标准等成为社会和法律界关注的焦点,网络的开放性、上网对象的复杂性对网络的法律调整提出了新的挑战。我国全国人民代表大会常务委员会发布了《关于加强网络信息保护的决定》,从 1991 年 6 月国务院发布《计算机软件保护条例》开始,陆续颁布了《电子签名法》(2004,2015 修正)、《电子商务法》(2018)、《信息网络传播权保护条例》《计算机信息系统安全保护条例》《互联网上网服务营业场所管理条例》《互联网信息服务管理办法》《计算机信息网络国际联网安全保护管理办法》《计算机信息网络国际联网管理暂行规定》《电信和互联网用户个人信息保护规定》《公安部关于对国际联网的计算机信息系统进行备案工作的通知》《计算机信息网络国际联网出入口信道管理办法》《全国劳动管理信息计算机系统病毒防治规定》《互联网站从事登载新闻业务管理暂行规定》《互联网电子公告服务管理规定》《安徽省互联网上网服务营业场所管理办法》、广东省《深圳市互联网软件知识产权保护若干规定》、浙江省《杭州市网络交易管理暂行办法》、福建省《厦门市互联网租赁自行车管理办法》《安徽省互联网政务服务办法》《新疆维吾尔自治区电话和互联网用户真实身份信息登记管理条例》、青海省《西宁市互联网上网服务营业场所管理办法》等。面对迅速变化的环境,面对互联网技术的发展和应用,我国需进一步完善互联网立法,加强互联网管理的法制建设。[1]

3Q 大战

“3Q 大战”属于具有垄断性质的互联网企业纠纷;这些企业在通过法律途径解决的同时,利用自己的垄断地位,影响了社会公众利益。对此,面对互联网技术的

---

〔1〕 进一步阅读可参见［美］约纳森·罗森诺:《网络法--关于因特网的法律》,张皋彤等译,北京,中国政法大学出版社,2003;［美］格拉德·佛里拉等:《网络法:课文和案例》,张楚等译,北京,社会科学文献出版社,2004;［美］劳伦斯·莱斯格:《代码:塑造网络空间的法律》,李旭等译,北京,中信出版社,2004。

发展法律如何进行利益平衡,是需要全面思考的问题。[1]

随着网络技术、信息技术和人工智能技术的加速融合发展,我国社会面临着数字时代发展逻辑带来的挑战。生活场景中的人机关系、智能机器人作品和虚拟财产的属性与保护、自动驾驶的法律责任、智能合约的权利义务关系、智能网络犯罪等对法律、法学提出了全面的挑战。是否需要按照数字社会的生产生活规律来重塑法律与社会治理,需要深入的思考。[2]

需要注意的是,随着信息产业的不断发展,日常的生活产品逐渐数字化,国内居民的生活方式逐渐发生变化,逐渐形成一种新的数字化的生活模式。但是由于各种原因,部分居民逐渐被排除在新的社会生活模式之外,出现了"数字歧视""数

---

[1] 另有一案值得关注:本报北京(2014年)2月24日讯(记者张先明)最高人民法院副院长奚晓明大法官担任审判长的五人合议庭今天下午在最高人民法院第一法庭公开开庭,对腾讯诉奇虎不正当竞争纠纷上诉案进行宣判。奚晓明大法官针对2013年12月4日公开庭审确定的五个争议焦点阐述了最高人民法院的意见,并宣布驳回奇虎公司、奇智公司的全部上诉请求,维持一审法院判决。

记者从最高人民法院了解到,此案是最高人民法院审理的第一起涉及互联网领域不正当竞争的二审案件,涉诉双方均为互联网相关领域的重要企业,案件审理结果广受业界、学界等多方关注。通过该案的审理,最高人民法院澄清并确立了相关市场竞争规则,对相关互联网企业之间开展有序竞争,促进市场资源优化配置具有里程碑的意义。

在该案中,最高人民法院指出:"市场经济是由市场在资源配置中起决定性作用,自由竞争能够确保市场资源优化配置,但市场经济同时要求竞争公平、正当和有序。"经营者在市场交易中,应当遵循自愿、平等、公平、诚实信用的原则,遵守公认的商业道德。违反反不正当竞争法的规定,损害其他经营者的合法权益,扰乱社会经济秩序的行为属于不正当竞争。本案中,奇虎公司、奇智公司为达到其商业目的,诱导并提供工具积极帮助用户改变QQ软件的运行方式,其根本目的在于依附QQ软件用户群,并通过对QQ软件及其服务进行贬损的手段来推销、推广360安全卫士,从而增加自己的市场交易机会并获取市场竞争优势,此行为本质上属于不正当地利用他人市场成果,为自己谋取商业机会从而获取竞争优势的行为,构成不正当竞争并应承担相应的法律责任。

30余家新闻媒体的记者及社会公众、当事人代表旁听了宣判。宣判全程以"全媒体"形式现场直播。宣判后,该案裁判文书全文在中国裁判文书网上刊出。参见张先明:《最高法院宣判腾讯诉奇虎不正当竞争纠纷上诉案驳回奇虎上诉 维持一审判决》,《人民法院报》,2014-2-25。另可参见韩芳:《"3Q"大战之巅峰对决——腾讯诉奇虎不正当竞争纠纷上诉案审判纪实》,《人民法院报》,2014-03-24。最高人民法院《奇虎公司与腾讯公司垄断纠纷上诉案判决书》,中国裁判文书网 http://www.court.gov.cn/zgcpwsw/zgrmfy/zscq/201410/t20141017_3425404.htm,2015年1月25日最后访问。

[2] 相关的参阅文献包括[英]维克托·迈尔-舍恩伯格、肯尼斯·库克耶:《大数据时代:生活、工作和思维的大变革》,盛杨燕等译,杭州,浙江人民出版社,2013年;[荷兰]尤瑞恩·范登·霍文、[澳大利亚]约翰·维克特:《信息技术与道德哲学》,赵迎欢等译,北京,科学出版社2014;[美]卢克·多梅尔:《算法时代:新经济的新引擎》,胡小锐等译,北京,中信出版社,2016年;[美]W.瓦拉赫、[美]C.艾伦:《道德机器》,王小红译,北京,北京大学出版社,2017;[德]比约恩·布劳卿、[德]拉斯·拉克、[德]托马斯·拉姆什:《智能数据》,王盛男译,北京,中信出版社,2017;[英][英]乔治·扎卡达基斯:《人类的终极命运》,陈朝译,北京,中信出版社,2017;徐恪等:《算法统治世界——智能经济的隐形秩序》,北京,清华大学出版社,2017;[英]卢恰诺·弗洛里迪:《信息伦理学》,薛平译,上海,上海译文出版社,2018;[美]伊森·凯什、[以色列]奥娜·拉比诺维奇·艾尼《数字正义:当纠纷解决遇见互联网科技》,赵蕾等译,北京,法律出版社,2019。

字鸿沟"现象,并逐渐形成新的"数字弱势群体"。[1]

二、法律与生命科学的发展

生命科学的发展对法律提出了不少挑战。克隆技术、生殖技术、器官移植技术、试管婴儿技术、基因治疗技术等的发展引起了法律观念、法律制度的变化。

当人因脑外伤、脑肿瘤、脑血管疾病等呈现脑死亡就可认定此人死亡,这一标准完全不同于传统观念中的呼吸和血液循环功能的停止标准。"脑死亡"标准一提出就引起了社会的关注。这一"生死问题"必然影响到社会道德、伦理观念及法律制度的变化。

特别是由于人类在生命科学方面取得的长足进步,有关人类生殖技术的难题已有不少获得了解决,最典型的就是利用胚胎技术辅助生殖。这些办法解决了不少人的不孕不育问题,同时也为人类的持续发展提供了技术保障。但是,辅助生殖技术恰如一柄双刃剑,它在为人类带来福音的同时,也潜藏着各种威胁。比如克隆人、人与异种杂交实验、人工授精导致的超多胎怀孕结果等。这些技术不仅可能破坏人类基本伦理,更对人类的生存和长远发展构成了严重的威胁。

在这样的社会背景下,我国卫生部于 2001 年颁布了《人类辅助生殖技术管理办法》和《人类精子库管理办法》,并公布了《人类辅助生殖技术规范》《人类精子库基本标准》《人类精子库技术规范》和《实施人类辅助生殖技术的伦理原则》。根据科技发展和现实需要,2003 年卫生部对《人类辅助生殖技术规范》进行了修订。包括克隆人、单身妇女辅助生殖技术、代孕技术、人与异种配子杂交等在内的 10 项技术被禁止。但是对于禁止生殖性克隆的认识较为一致,对于禁止治疗性克隆的认识却很不一致。[2]

生殖是动物的天性,也是人类赖以继续繁衍的前提。从法治的层面上看,由于生殖行为涉及生育这一人的基本权利,应当通过法律进行规范。我国《立法法》第8 条规定了 10 种事项应该制定法律,其中就包含了"对公民政治权利的剥夺、限制人身自由的强制措施和处罚"这一事项。该条法律虽然没有明确提及人权,但生育问题无疑应属于该条第 10 项"必须由全国人民代表大会及其常务委员会制定法律的其他事项"之列。就国际立法经验来看,美国即以法律形式禁止利用政府资金资

---

〔1〕 张贝贝等:《湖北省弱势群体的"数字歧视"现象调查研究》,《科技创业月刊》2015(11)。数字鸿沟,是指在全球数字化进程中,不同国家、地区、行业、企业、社区之间,由于对信息、网络技术的拥有程度、应用程度以及创新能力的差别而造成的信息落差及贫富进一步两极分化的趋势。这一词源于美国著名未来学家托夫勒于 1990 年出版的《权力的转移》一书,该书提出了信息富人、信息穷人、信息沟壑和数字鸿沟等概念。

〔2〕 进一步阅读可参见黄丁全:《医疗法律与生命伦理》,北京,法律出版社,2004;颜厥安:《鼠肝与虫臂的管制——法理学与生命伦理探究》,北京,北京大学出版社,2006;李善国等:《辅助生殖技术法研究》,北京,法律出版社,2005。

助克隆人的行为。虽然,卫生部这一系列文件为防止不合理甚至不道德的人利用辅助生殖技术发挥了一定的作用,但我们应该注意到,依照我国有关法律的规定,卫生部的文件属于部门规章,它仅仅是司法的参考资料而不是必须遵循的规范。我国立法机关应当抓紧就人类生殖技术问题进行调研,借鉴国际先进经验,在社会广泛讨论的基础上,遵循必要性原则、个人自决原则、平衡原则、禁止工具化原则、不伤害原则,制订出既符合中国实际,又不违背人类基本权利要求的有关法律。[1]

在这一背景下,2014 年 9 月,无锡中级人民法院审结的已故夫妻冷冻胚胎权属纠纷案颇值关注。

失独老人获子女冷冻
胚胎监管处置权

---

[1] 在这方面,罗伊判例值得关注。有关罗伊案在美国的影响以及围绕该案的争议,参见方流芳:《罗伊判例中的法律解释问题》,《比较法研究》,1998(1)。更全面背景材料可见[美]瑞科科雅·索琳歌尔:《妇女对法律的反抗——美国罗伊案判决前堕胎法的理论与实践》,徐萍译,北京,中国法制出版社,2003。

第二十四章　法律与政治

第一节　法律与政治的关系

一、政治的含义

从词源看，英语 politics 源于希腊语，初指城堡或卫城，后同土地、人民及其政治生活结合在一起而被赋予"邦"或"国"的意义。以后又衍生出政治、政治制度、政治家等词。因此，"政治"一词一开始就是指城邦中的统治、管理、参与、斗争等各种公共生活的总和。中国先秦诸子也使用过"政治"一词，但在更多的情况下是将"政"与"治"分开使用。"政"主要指国家的权力、制度、秩序和法令；"治"则主要指管理人民和教化人民，也指实现安定的状态等。而将"政"与"治"两个词结合使用，则始于中国近代，代表人物是孙中山。他说："政治两字的意思，浅而言之，政就是众人的事，治就是管理，管理众人的事便是政治。"[1]

政治是一定社会主体，以国家政权问题为中心，处理阶级关系和其他有关社会关系的活动。政治是上层建筑领域中各种权力主体维护自身利益的特定行为以及由此形成的特定社会关系。它是人类历史发展到一定时期产生的一种重要社会现象。政治对社会生活各个方面都有重大影响和作用。

西方学者对"政治"有多种理解：政治是国家的活动，是治理国家、夺取或保存权力的行为；政治是权力斗争，是人际关系中的权力现象；政治是人们在安排公共事务中表达个人意志和利益的一种活动，政治的目标是制定政策，也就是处理公共事务；政治是制定和执行政策的过程；政治是一种社会的利益关系，是对社会价值的权威性分配。[2] 如洛克对于"政治"或者说"政治的事务"的本质的认识是，它是一种全面决定着人的生存方式或者说人的命运的力量。对"政治"本质的理解出发导致了洛克另外两方面对政治的认识：首先，在人类生活中必须存在某些能够抵抗政治支配的价值领域；其次，他又意识到，从根本上说，离开政治，人类同样不可

---

〔1〕《孙中山选集》(下册)，661页，北京，人民出版社，1981。

〔2〕 参见[日]加藤节：《政治与人》，唐士其译，5～6、9页，北京，北京大学出版社，2003。[美]乔治·霍兰·萨拜因：《政治学说史》(上、下)，托马斯·兰敦·索尔森修订，盛葵阳等译，北京，商务印书馆，1986。

能获得自由。由此,我们可以看出洛克政治思想的基本倾向:在承认政治不可避免的基础上,强调必须确立对政治支配加以抵抗的人类价值领域,并由此确立人类对于政治的优先性地位。[1]

马克思主义认为,政治是各阶级为维护和发展本阶级利益而处理本阶级内部以及与其他阶级、民族、国家的关系所采取的直接的策略、手段和组织形式。政治是一定阶级或集团为实现其经济要求而夺取政权和巩固政权的活动,以及实行的对内对外全部政策和策略。政治是主要由政府推行的、涉及各个生活领域的、在各种社会活动中占主要地位的活动。政治是阶级社会的产物,是阶级社会的上层建筑,集中表现为统治阶级和被统治阶级之间权力斗争、统治阶级内部的权力分配和使用等。

二、法律与政治的关系

法律与政治具有密切的联系。政治对法律有影响和制约作用,一定的政治活动影响法律的产生和运作,政治状况的变化也影响法律的发展变化,政治可以影响法律的内容,政治也可以为法律的发展提供条件和环境;法律对政治有确认、规范、保障作用,法律确认政治体制,反映政治要求,调整政治运行,维护政治权威。[2]政治权威需要法律的保障。"权威的概念揭示了社会结构的一基本要素,即在一个集体中一般都有一些符合一定章法的角色体系,它使处于这样地位的人有权让处于其他地位的人服从自己,而且后者也认为这样做是合法的。从这个意义上,一切权威都是制度性的。"[3]因此,法律是政治的一部分,法律制度为政治制度的组成部分。正如列宁所指出的,法律是一种政治措施,是一种政治。[4]

---

〔1〕 日本政治学者加藤从"人与政治应该是什么样的关系"这一根本性问题入手来解读洛克的政治思想。他认为,《政府论》的主旋律是对人类相对于政治的优先性进行理论化的说明,其依据是洛克在动手写作《政府两论》之前就已经形成的对"政治"本质的基本认识。在他看来,洛克对于"政治"或者说"政治的事务"的本质的认识,是一种全面决定着人的生存方式或者说人的命运的力量。

〔2〕 关于法治与政治权威问题,可参见程燎原、江山:《法治与政治权威》,北京,清华大学出版社,2001。

〔3〕 [法]莫里斯·迪韦尔热:《政治社会学》,杨祖功等译,122 页,北京,华夏出版社,1987。

〔4〕《列宁全集》,第 28 卷,140 页,北京,人民出版社,1956。到了 20 世纪,特别是德国的魏玛时期,施米特政治法学与凯尔森形式法学的论争,把宪法的政治意义放在了一个突出的地位。从宪法角度讨论法律与政治,可阅读高全喜:《论宪法政治》(《北大法律评论》第 6 卷第 2 辑,北京,法律出版社,2005)。《论宪法政治》一文所要处理的是政治与法律的关系问题,主要探讨从孟德斯鸠、黑格尔到施米特乃至凯尔森的政治法、国家法思想,以及阿克曼的宪法政治理论,梳理一下有别于英美宪法理论的大陆公法思想的路径,以及阿克曼的两种政治观。卓泽渊在《法政治学》(北京,法律出版社,2005)中强调法政治学,既属于政治学的范畴,也属于法学的范畴,是法学与政治学之间的边缘学科,并在政治学和法学中独树一帜,成为一个相对独立的研究领域和学术空间。

　　法律是政治的组成部分,但法律并非政治的附庸,法律也是相对独立和自足的。因此,政治与法律是一种对立统一的关系,统一性表现为:它们都根源和服务于一定的经济基础,都主要地为某一阶级的利益奋斗。马克思主义法学认为,政治与法律的对立性主要表现为:①政治的核心是权力,一切政治活动都是围绕权力的运行而展开;而法律的核心则是权利,一切法律活动都是围绕权利的实现而展开。前者是为权力而斗争,后者是为权利而斗争。虽然权力运用得当可以为权利的实现创造有利条件,但由于权力本身具有自腐性,因而常常造成对权利的威胁与侵害。所以,现代宪法、行政法、诉讼法等公法的设立,旨在捍卫权利,抵抗权力的不当侵扰。②政治主要表现的是阶级之间的斗争,法律则主要表现的是阶级之间的合作。一切政治斗争都是为了夺取政权和巩固政权,而法律则是试图在尖锐的各个阶级夺取政权的斗争中维持一个暂时的共存状态,所以一个新的朝代、新的国家建立时,往往都要制定、颁布法律,不仅把战胜者的意志通过一定程序转变为国家意志,同时还会对战败者作出一定的让步。③政治多变、灵活,法律稳定保守。与政治相比,法律追求稳定,具有一定的滞后性、保守性。法律最怕多变,最反对朝令夕改、缺乏连续性。

　　合法性是政治哲学中的一个重要概念,它不是简单地指合乎法律,而是指公民对政治权威的自愿接受性。合法性是政治统治的基本要素,它是政治权威"合法"行使权力或施行统治的重要前提,也是法治得以维系的重要条件。马克斯·韦伯提出和论述了政治权威合法统治的三种类型,即传统型、魅力型和法理型。他认为不同类型的政治权威获得合法性的途径不同:传统型统治以政治权威自称的、官员和公民相信的历代相传的神圣传统为基础;魅力型统治则以被统治者相信政治权威具有超凡的魅力、品质、才能,从而愿意服从其统治为基础;法理型统治则以政治权威、官员和公民都只对理性的法律负责为基础。[1] 近代以来的政治权威合法性,则主要以政治权威出自于民主程序、服从法律和公众对法律的至高无上的普遍信仰为基础。中国共产党明确依法治国是党在新形势下的执政方式,以期将党的领导同法律权威统一起来,使执政党的政治权威发展为法理性权威,增强执政党政治权威的合法性,并尊重宪法和法律,并按照法治原则对执政党的政治权威体制进

---

　　〔1〕　[德]马克斯·韦伯:《经济与社会》(上卷),林荣远译,239页,北京,商务印书馆,1997。

行设计和创新。[1]

法律与政治的关系主要表现为法律与政策方面。

第二节　法律与政策的关系

政策一般包括国家政策和政党政策,本节主要讨论执政党政策。执政党政策是执政党为实现一定政治目标、完成一定任务而作出的政治决策。[2]

在当代政治和法律生活中,法律与执政党政策作为两种社会规范、两种社会调整手段,均发挥着其独特的作用。然而,就两者而言,它们之间地位的主次、效力的高低、作用的强弱、受人们重视程度的大小,是由政治、经济、文化等多方面的因素所决定的。由于这样一个问题既涉及对法律的本质、特征、作用和价值的认识,又关涉民主和法制(法治)国家的建设,对此进行探讨具有重要的理论意义和实践

---

[1]　关于法律与政治的关系在美国通常集中表现在法院与政治过程的关系上。原本的宪政设计之所以规定联邦法官(注意并不包括州的法官)由总统任命而非人民选举,以及法官任期终身,都是为了使法官和法院可以相对处于政治过程之外,但美国自从"布郎案"以来,法院事实上日益处在美国政治的"风暴中心"。尤其从20世纪80年代开始,最高法院法官候选人被要求在听证时陈述其对以往案例的态度,实际就是要求法官们对全国重大政治争端表态,导致法官确认过程的复杂化。

政治学界近年研究最高法院有两个比较值得注意的方面,一是研究法院如何受公共舆论的影响,其基本倾向是认为最高法院其实或迟或早都跟民众舆论走,并起不到真正的独立判断。另一则是颇有名的所谓"态度模式"(Attitudinal Model),即研究最高法院法官在判案时的投票模式,认为法官判案完全可以"预测",即基本完全按照他们各自的意识形态倾向投票。这两个方面的研究自然都突出"司法"是否超脱政治,甚至是否可能做到司法公正的问题。

当今的美国宪法学家阿克曼在其三卷巨著《我们人民》中曾经提出了一个富有创意的划分常规政治与宪法政治的二元政治观。阿克曼通过对于美国历史的考察,明确论证了宪法政治在美国法治主义秩序中的核心作用及其有别于常规政治的非常意义,尤其是通过对于美国三个伟大转折时期——建国、重建和新政的宪法政治的考察,指出了非常政治的基本模式以及发展阶段,突出了"我们人民"与不同时代的政治精英们一起构建了非常时期的美利坚合众国,显示了美国民族的政治成熟。参见[美]阿克曼:《我们人民:宪法变革的原动力》,孙文恺译,北京,法律出版社,2003;[美]阿克曼:《我们人民:宪法的根基》,孙力等译,北京,法律出版社,2004。

[2]　关于党的领导与社会主义法治的关系,《中共中央关于全面推进依法治国若干重大问题的决定》(2014年10月23日中国共产党第十八届中央委员会第四次全体会议通过)指出:"党的领导是中国特色社会主义最本质的特征,是社会主义法治最根本的保证。把党的领导贯彻到依法治国全过程和各方面,是我国社会主义法治建设的一条基本经验。我国宪法确立了中国共产党的领导地位。坚持党的领导,是社会主义法治的根本要求,是党和国家的根本所在、命脉所在,是全国各族人民的利益所系、幸福所系,是全面推进依法治国的题中应有之义。党的领导和社会主义法治是一致的,社会主义法治必须坚持党的领导,党的领导必须依靠社会主义法治。只有在党的领导下依法治国、厉行法治,人民当家做主才能充分实现,国家和社会生活法治化才能有序推进。依法执政,既要求党依据宪法法律治国理政,也要求党依据党内法规管党治党。必须坚持党领导立法、保证执法、支持司法、带头守法,把依法治国基本方略同依法执政基本方式统一起来,把党总揽全局、协调各方同人大、政府、政协、审判机关、检察机关依法依章程履行职能、开展工作统一起来,把党领导人民制定和实施宪法法律同党坚持在宪法法律范围内活动统一起来,善于使党的主张通过法定程序成为国家意志,善于使党组织推荐的人选通过法定程序成为国家政权机关的领导人员,善于通过国家政权机关实施党对国家和社会的领导,善于运用民主集中制原则维护中央权威、维护全党全国团结统一。"参见《人民日报》,2014-10-29。

意义。

一、法律与政策的区别

马克思主义法学认为,法律与执政党政策在阶级本质、经济基础、指导思想、基本原则、社会目标等方面是一致的。但两者也有明显的区别,它们的区别表现在以下几点。

（一）法律与政策体现的意志不同

党的政策是党的意志的体现,保障党内全体成员的利益。法律是国家意志的体现,维护掌握政权的统治阶级的利益。

（二）法律与政策的表现形式不同

在现代国家,法律通常采用制定法的形式,有法典式的(如刑法典、民法典),有单行法规式的。此外,法律也可能采取不成文的形式或非制定法的形式。而政策则通常采用诸如纲领、决议、指示、宣言、命令、声明、会议纪要、党报社论、领导人的讲话或报告、一般性的口号等形式。其内容比较原则、概括,很少以具体的条文来表述。法律与政策制定的机关和程序不同。法律是由国家专门的立法机关或者拥有造法权能的机关依照法律程序而创制的,其立法权限和创制程序均有严格而复杂的规定。相比之下,政策的制定则出于多门,其程序也显得不很严格。从主要方面看,有中央机关制定的中央政策和地方机关制定的地方政策;有党的总政策,也有某一方面的具体政策(如经济政策、宗教政策、民族政策、外交政策等);有公开化的政策,也有非公开化的政策(如各种形式的"土政策")。其中某些政策的制定过程非常简单,缺乏必要的审议表决程序。

（三）法律与政策调整的范围、方式不同

从范围上看,政策所调整的社会关系要比法律广泛得多,而法律所调整的,则往往是那些对国家、社会有较大影响的社会关系领域(如政治关系、经济关系、民事关系、行政管理关系等)。从方式上看,法律一般调整较为稳定的社会关系,所以它偏重对既有的社会关系的确认、保护或控制。而政策是应对的手段,它不仅要处理既有的问题,而且要对正在形成或将要出现的问题做出反应,因此它偏重采取灵活多样的措施,以适应社会情势不断发展变化的需要。政策往往由原则性的规定组成,只规定行动的方向而不规定行为的具体规则。

（四）法律与政策的稳定性程度不同

比较而言,法律具有较大的稳定性,它一旦制定出来,就要相对稳定地存在一个时期;政策则具有较大的灵活性,其内容随时随地在发生变化。法律依靠其稳定

性来维护其权威性、效力、实效和尊严;政策则依靠其应对性和灵活性来维持其对社会生活、社会关系调整的有效性。由此可以进一步推论,法律的本性具有保守主义倾向,它是一种不得朝令夕改的规则体系。一旦同那些激变的、革命性的社会力量发生冲突时,它就立刻显示出其保守和阻止社会变化的特性。此时,法律要么做出让步,要么被彻底推翻,成为社会革命的对象。与此相对照,政策有较大的灵活性,政策的及时应对作用使它在重大的社会危机面前保有较大的应变能力和调控能力,反而可能避免为这种危机付出大的代价。因此,这两种社会规范的特性各具有其优势和缺陷。

(五) 法律与政策的保障实施力量不同

政策主要依靠宣传教育和纪律保证实施。法律则是以国家强制力保证实施,法律可以对任何违反者实施制裁,具有普遍的适用性。

此外,法律与政策的制定的机关和程序也不同。

二、法律与政策的相互作用

从一般意义上讲,法律与政策是辩证统一的关系。所谓统一,是指国家的法律和执政党的政策之间没有本质上的矛盾,它们作为上层建筑的组成部分均建立在一定的经济基础之上;它们的制定和实施,既体现了国家意志,也是统治阶级和执政党的意志的反映。在社会调整的整个系统中,它们作为独特的社会调整手段,均承担着各自的职能,发挥着各自不可替代的作用。同时,它们之间又相互依存、相互配合、相互作用。具体表现在以下方面。

(一) 政策对法律的指导作用

首先,执政党政策是法律制定的依据。在立法过程中,无论立法动议的提出,还是法律草案的起草,都应当参考当时执政党政策的总体精神。执政党的一些基本的国策或行动纲领,应在立法上体现而作为法律的基本原则。一些经过检验比较成熟的政策,可以制定为法律,作为法律规范而存在。政策为制定法律提供了成熟的实践经验,提供了现实可靠的基础。其次,政策对法律的实施具有指导作用。执法人员、司法人员在执行法律、适用法律时,不仅要通晓法律条文,而且要熟悉执政党在各个时期所制定的政策,具有较高的政策水平。只有这样,才能正确地理解和掌握法律的基本精神和内容,合理地实施法律。只有这样,执法人员、司法人员才可能既正确合法又公正合理地适用法律,处理案件。而且,在出现法律漏洞、无法可依的情况下,执政党政策可以作为法律的非正式的渊源,起到参照的作用。[1]

(二)法律对政策的保障作用

法律保障执政党政策的实施。政策是法律所要体现的一般原则、精神和内容,法律是执政党政策的定型化、条文化。这就意味着,不仅政策对法律具有指导作用,而且反过来法律对政策的贯彻落实也有很大的作用。法律是实现执政党政策的最为重要的手段。没有法律的体现和贯彻,仅仅依靠政策本身的力量和资源,也往往还达不到它所要达到的经济、政治目的。当然,实现政策的形式很多,法律只是实现政策的形式之一,它只有同贯彻政策的其他形式互相配合,才能发挥更大的作用。[2]

三、正确处理法律与政策的关系

在实践层面,法律与执政党政策的实际地位和效力可能会存在某种冲突和矛盾;有时政策的作用大于法律,有时法律的地位高于政策,其间表现出相当大的差异和多样性。这种情况的出现有多方面的原因。譬如,在治国方略选择上存在着价值冲突:到底应以政策治国,还是应当以法治国?究竟选择客观性更强的法律还是选择主观色彩更浓的政策?当法律不适应社会当下的情势变更时,到底选择适应能力强但又灵活多变的政策,还是选择稳定性强但又易于僵化的法律?在两者不可兼得的情况下,掌权者必然会有所偏重:要么选择政策以应对当下面临的社会问题,从而牺牲社会调控的稳定性、程序性和合理性;要么选择法律以保证社会调控的正当性、社会发展的渐进性和社会秩序的稳定性、连续性,而放弃对突发性社会问题做出及时有效的应变。不过,从近现代国家治国方式发展变化的总趋势看,法律日益成为最主要的社会调整手段,法律成为最主要的社会规范,法律主治(法律的统治)、法律至上也成为法治(法制)国家奉行的基本原则。这种现象是符合社会发展的规律的。

在我国,法律与执政党政策的关系,也一直是社会主义法制(法治)建设过程中面临的一个突出问题。新中国成立后的相当长一段历史时期,由于受战争年代传

---

[1] 如刑事司法政策。2006年10月11日中国共产党十六届六中全会通过了《中共中央关于构建社会主义和谐社会若干重大问题的决定》以后,2006年11月27日至28日上午召开的全国政法工作会议提出,在和谐社会建设中,各级政法机关要善于运用宽严相济的刑事司法政策,最大限度地遏制、预防和减少犯罪。

[2] 需要注意的是,尽管法院主要是法律公共政策的适用者,是政治现状、社会现状、法律现状的维护者,但立法的不足在所难免,法院要在司法过程中担负起发展法律、完善法律的社会职责。因此,法官根据社会需求通过法律解释或创造新的判例从而生成新的公共政策。特别是随着人权的司法保护理念的强化和科学技术的迅速发展带来的诸如种族平等、宗教信仰自由、隐私、环保、生命伦理、科技安全等新问题使得法院不得不创造公共政策,法院在形成公共政策方面的影响不仅在于通过法律解释或创造新判例等形式来纠正法律讹误、弥补法律空白,更重要的是法院的司法审查权使它成为制定公共政策的主要角色之一。参见庞凌:《美国司法的公共政策形成功能》,《人民法院报》,2003-01-20。

统的影响，较为重视政策的作用而忽视法制对管理国家、建设国家的意义，政策成为异常活跃而又十分复杂的社会现象。国家和社会的管理方式没有进行转变。因此，那个时期讲方针、政策多或直接按方针、政策办事；而讲法制、法律少，也不怎么强调依法办事。从政策的属性和性质上看，缺少规范性调整必需的普遍性和强制性；从政策的形式看，缺乏规范性调整的严谨性和系统性；从调整方式看，政策缺乏规范性调整所必需的稳定性。这给我国法制（法治）的发展带来了很大的副作用，以至形成法律虚无主义倾向。"政策至上""政策本身就是法""政策大于法律"也积淀为人们根深蒂固的观念。随着经济、政治的变迁，中国已步入建设富强、民主、文明的社会主义现代化强国的轨道，在治国方略上也已实现了重大转变，确立走中国特色社会主义法治道路，即由过去主要依靠政策过渡到"既依靠政策，又依靠法制"，再过渡至"依法治国，建设社会主义法治国家"。治国方式的转变，意味着我国将逐步走向依靠法律作为主要社会调整手段的法治之路，主要将执政党的政策转化为国家意志，上升为法律。

不过，从另一方面讲，重视法治，也并不能完全忽视执政党政策的作用，即使建成了一个完全的法治国家，法律也不可能完全取代政策。法律在社会调整系统中不能不受到其他社会规范的影响，而政策是其中反映社会利益和变革较为深刻和直接的一种。经验证明，凡是新的重大问题和重要改革总要有一个探索试验阶段，有一个从政策指导到制定法律的过渡问题；法律无论如何严密，总有其落后于实际、落后于社会生活的固有局限性，在人们制定的法律中永远会有不完善、不详尽之处。我们要反对的是"政策至上""政策大于法律"和"政策的泛化"，反对用政策调整来取代其他社会调整，也反对把政策当成社会调整的主要手段，但绝不是完全否定政策的作用。在未来复杂的、激变的社会中，政策将仍然具有其不可替代的地位和重要性。在法律调整社会关系的手段上，针对现代社会社会生活的复杂化，以政策的方式制定行政指南，为当事人准备尽可能多的选择，从而实现弹性的法律的决定。现代法律的危机使得政策的地位有了进一步的提高，人们重新认识政策的功能。

因此，在认识和处理法律与执政党政策的关系问题时，既不能把二者简单等同，又不能把二者完全割裂、对立起来。当它们两者在实践上发生矛盾和冲突时，我们既要坚持依法办事，维护法律的稳定性和权威性，又要根据新的政策的精神适时地对法律做出修订，以使二者的内容和原则达成协调，相互作用、相互促进、相互补充。

需要注意的是，人们在现实生活中对执政党政策的认识和感受往往与理论界的定义和评价大相径庭；可以通过执政党政策解剖出我国整个社会的经济基础、政治体制、社会控制机制，以及社会观念等诸多方面的历史传统和复杂现状，尤其集中反映了我国政治体制中的一些核心问题。因此，讨论法律与执政党政策的关系有助于我们认识我国政治体制改革的方向。

第三节　法律与当代中国的民主政治建设

民主一词被认为最早出现在希罗多德的著作里,[1]因为它区分了多数统治政体和寡头政体。从字面意义来看,民主就是人民的统治或权力,democracy 是 demos(人民)和 kratos(统治)的组合。

民主是人类社会的基本价值观念之一,但是对民主的理解多种多样。正如萨托利所言,"学者们随心所致地设计他们的概念已达到空前的程度,这一发展又由于那种认为语言的含义可以随意规定的勇敢的新思想而取得正当性。……这一勇敢的新思想显然没有对硬科学产生什么影响,但对软知识领域,尤其是政治理论词汇,却产生了重大的破坏效果。在这里单凭词语操作就可以创造出各种新理论。事实上,像自由、权威、压迫、暴力、强制、宽容以及许多其他关键术语,对于相当多的公众来说,已不再表达政治理论长期以来所表达的问题。"[2]达尔也指出:"经过若干世纪的政治沉思后,民主的理论仍然是相当不令人满意的。"[3]也许存在的只是有待证伪的民主理论,不排除这些理论的假说性。达尔认为"没有真正的民主理论,而只有各色各样的民主理论。"[4]

不过,一般认为民主最基本的要义就是人民主权与民选政府。民主是按照多数决原则操作的程序,通过这种程序有能力的人可以在社会中找到属于自己的位置;各个社会阶层都有可能通过这种程序找到恰当的关照;并对这种程序产生的结果给予认同。在雷蒙·阿隆看来,"民主就是地位平等。不存在等级和阶级的差别、组成集体的每一个人在社会上彼此平等的社会才是民主的社会。当然这不是说智力上的平等,因为这是荒谬的;也不是经济上的平等,因为在托克维尔看来这是不可能的。社会平等意味着不存在地位上的世袭差别,意味着人人都可以得到各种工作、各种职业、各种尊严和荣誉。"[5]随着民主理论与民主实践的不断发展,民主的内涵也在不断充实:①民主不仅是多数人的统治,还必须保护少数人的权利;②民主应与自由相结合,民主政体应该以保护个人自由为首要任务;③民主政体应该保障和扩大公民的民主、自由、平等权利;④为了防止多数人的暴政或少数人的暴政,应当实现政治多元化和建立多元的社会;⑤代议制民主是现代民主政体

〔1〕　希罗多德(Herodotus,约前 484—前 425),伟大的古希腊历史学家,史学名著《历史》一书的作者,西方文学的奠基人。从古罗马时代开始,希罗多德就被人们尊称为"历史之父"。

〔2〕　[美]乔·萨托利:《民主新论》,冯克利、阎克文译,序言 1~2 页,北京,东方出版社,1998。

〔3〕　[美]达尔:《民主理论的前言》,顾昕、朱丹译,1 页,北京,三联书店,1999。

〔4〕　[美]达尔:《民主理论的前言》,顾昕、朱丹译,2 页,北京,三联书店,1999。

〔5〕　[法]雷蒙·阿隆:《社会学主要思潮》,葛智强等译,240 页,上海,上海译文出版社,1988。

的主要形式;⑥为了实现民主,必须废除人治,实行法治;⑦为了保障人权与人的自由,必须把民主与宪政结合起来,实行宪政民主。

西方古典民主理论的萌芽产生于古希腊哲学,从亚里士多德开始了两种民主观的分歧:一种是建立在数量配置平等上的民主观,一种是建立在个人能力平等上的民主观。前者后来发展为共和主义的民主,后者后来发展为自由主义的民主。[1]共和主义民主一直倡导直接民主,这在近代以卢梭为代表,他坚决反对代议制,认为公意决不能被代表。他严厉批评了英国的代议制:"英国人民自以为是自由的;他们是大错特错了。他们只有在选举国会议员的期间,才是自由的;议员一旦选出之后,他们就是奴隶,他们就等于零了。"[2]而哈贝马斯认为这两种民主都有缺陷,他主张建构一种程序主义的民主(话语政治),既看重法治国家的宪法又有政治意见的核心地位,用相应程序的制度化释放共和主义在交往过程中形成的"团结"力量,这样就有效整合了金钱、行政权力和团结三种资源。"话语理论的核心已不再是把国家当作中心的社会总体性概念,这种社会被认为是具有一定目的的庞大行为主体。同样,话语理论也不把总体性落实到宪法的规范系统当中,因为宪法规范在不经意之间按照市场交换模式对权力和利益加以均衡。"[3]

西方的民主理论一般包括古典主义民主、平民主义民主、麦迪逊式民主、精英主义民主理论,近来又兴起一种新的民主理论,即协商民主或审议民主理论。

民主溯源于2500多年前的古希腊文明。那时的雅典民主制度被认为是民主的古典模式。伯里克利就自豪地声称"雅典是希腊的学府"。古典主义民主认为民主是"人民的统治",达到民主状态的决策规则是"完全一致"的同意规则,也就是卢梭所主张的以社会契约达成"公意"。民主的保护机制在于"内在制约",即社会中个人内心的信念、习性和态度。古典主义民主"完全一致"的同意规则太完美了,它试图将每一个人的意愿刻画进民主系统,最终却将导致民主不堪重负而坍塌,因而是不可能实现的,"公意"也就仅仅是个完美而虚幻的假定而已。平民主义民主理论认为"民主是多数人的绝对主权",民主以"人民主权""政治平等"为目标,并采取"多数规则"为决策的民主规则,认为在决策中每一个成员的偏好都被赋予了同等的分量,较多数人的偏好方案应被选中,这是民主决策的必要充分条件。这一理论纠正了"完全一致"的不可能性,但是同样没有逃脱其决策规则——多数规则的不可行性。事实上,这个理论预设前提已经被证伪。平民主义民主的实现技术是少

[1] 详可参见[英]戴维·赫尔德:《民主的模式》,燕继荣等译,70、77、125、145、249、276、277、329、340、341页,北京,中央编译出版社,1998。

[2] [法]卢梭:《社会契约论》,何兆武译,125~127页,北京,商务印书馆,1982。对卢梭思想的分析,可参见朱学勤:《道德理想国的覆灭——从卢梭到罗伯斯庇尔》,上海,三联书店,2003;刘小枫、陈少明编:《卢梭的苏格拉底主义》,北京,华夏出版社,2005。

[3] [德]尤尔根·哈贝马斯:《包容他者》,曹卫东译,288页,上海,上海人民出版社,2002。

数服从多数。西方学者认为这样的"多数规则"同样也得不到经验的证实。萨托利认为人民＝少数＋多数,平民主义民主的"多数规则",就是少数服从多数,这话约了少数人的权利。没有相应的保护少数人的制度,容易产生严重的后果,甚至于导致扼杀人才、扼杀真理、迫害少数人。基于对"多数人的暴政"的顾虑,麦迪逊提出民主是一种妥协的技艺,是在多数人的权力和在少数人的权力之间,成年公民的政治平等和对其主权的限制之间的妥协。民主不是"多数人的绝对主权",而是"多数人的限制主权",即民主的目标是"非暴政的共和"。他认为要消除"多数人的暴政",必须实行宪法控制。事实上,麦迪逊的民主理论同样没有克服对个人偏好强度不同以及多数规则中非理性因素的不充分认识,同时,由于其在"多数人暴政""宗派"等核心概念上没有明确的定义,缺乏逻辑上的信服力。精英主义民主理论首先假定精英是存在的。帕累托、莫斯卡、米歇尔斯、熊彼特是这一民主观的代表。"精英民主理论"认为,把民主归结为人民统治是不现实的幻想,在实际政治生活中,任何一个政治共同体都是由少数政治精英人物统治和领导的,因此,民主的现实含义应该是人民通过投票决定由谁来充当政治精英。这一理论虽然在出发点上采取了经验主义,却在结论上重归了主观主义,即主张贤人政治。[1] 无论是作为一种政治理论,还是作为一种政治实践,协商民主(Deliberative Democracy)在当代西方世界都极有影响。协商民主是公民通过自由而平等的对话、讨论、审议等方式,参与公共决策和政治生活。它具有多样性、合法性、程序性、公开性、平等性,补充和完善了当代西方民主的三种主要形式:代议民主、多数民主和远程民主。它使西方的民主理论和民主实践更加适合全球化和信息化时代西方国家的现实政治发展要求,从而进一步推进了西方的民主理论和实践。[2]

马克思主义认为,民主的实质就是人民当家做主。马克思主义经典作家经常在社会不同层面上使用民主概念。在政治制度层面上,把民主理解为一种国家形式和国家形态,即民主制度和民主政体;在人民权利的层面上使用民主概念的时候,民主即广义的民主权利;在组织管理层面上使用民主概念的时候,民主即为组织管理的民主原则;在思想观念层面上使用民主概念的时候,民主即为民主观念和民主精神;在工作作风和工作方法层面上使用民主概念的时候,民主即为民主作风

〔1〕 参见万绍红:《民主的路径:哥德尔不完全性定理的视界》,《阿坝师范高等专科学校学报》,2005(3)。达尔在《民主理论的前言》(顾昕、朱丹译,北京,三联书店,1999)中,提出了多元政体的思想,认为"民主是多重少数人的统治",并进行了阐述,形成了新多元主义民主的理论。另可参见[美]罗伯特·达尔:《民主及其批评者》,曹海军等译,长春,吉林人民出版社,2006。达尔该书旨在着手解释民主的理论和实践,不但从广阔的历史时段描述了民主发展的历史,而且从宏观的理论角度分析了民主的局限性和可能性,明确提出并阐释了程序民主、多头政体等一系列重要概念。
〔2〕 参见俞可平:《协商民主——当代西方民主理论和实践的最新发展》,《学习时报》,2006-11-06。进一步阅读,可参见俞可平、陈家刚等主编的《协商民主译丛》,译丛包括《协商民主:论理性与政治》《公共协商:多元主义、复杂性与民主》《作为公共协商的民主:新的视角》《协商民主及其超越:自由与批判的视角》四部分,北京,中央编译出版社,2006。

和民主方法。其中，国家形态上的民主政治制度是最根本的。民主是由经济基础决定的。在阶级社会中和从阶级社会向无阶级社会过渡的历史时期，民主总是具有阶级性，也就是说，民主都是一定阶级的民主。一般的、普遍的、绝对的民主在历史上是不存在的。但是，历史上存在的阶级的、具体的民主，则总是具有可以为后人继承、借鉴的一般的普遍因素。在人类历史上，民主是不断发展和演变的。

中国传统社会缺乏西方式民主的传统，当代中国的民主政治建设有其积极意义，也需要正视其困难。[1]

跳出"周期率"

黄炎培的《延安归来》记载：1945 年 7 月 4 日下午，毛泽东抽出时间专门邀请黄炎培等到他家做客。毛泽东问黄炎培到延安考察了几天之后有什么感受？对毛泽东的这一提问，68 岁的黄炎培直言相问："我生六十余年，耳闻的不说，所亲眼见到的，真所谓'其兴也淳焉，其亡也忽焉'。一人，一家，一团体，一地方，乃至一国，不少单位都没有能跳出这周期率的支配力。大凡初时聚精会神，没有一事不用心，没有一人不卖力，也许那时艰难困苦，只有从万死中觅取一生。既而环境渐渐好转了，精神也就渐渐放下了。有的因为历时长久，自然地惰性发作，由少数演为多数，到风气养成，虽有大力，无法扭转，并且无法补救。也有为了区域一步步扩大了，它的扩大，有的出于自然发展，有的为功业欲所驱使，强于发展，到干部人才渐见竭蹶，艰于应付的时候，环境倒越加复杂起来了，控制力不免趋于薄弱了。一部历史，'政怠宦成'的也有，'人亡政息'的也有，'求荣取辱'的也有，总之没有能跳出这周期率。中共诸君长过去到现在，我略略地了解了。就是希望找出一条新路，来跳出这周期率的支配。"53 岁的毛泽东斩钉截铁的回答："我们已经找到了新路，我们能跳出这周期率。这条新路，就是民主。只有让人民起来监督政府，政府才不敢松懈。只有人人起来负责，才不会人亡政息。"闻听此言，黄炎培也觉得彻然大悟，他说："这话是对的，只有把大政方针决之于公众，个人功业欲才不会发生。只有把每个地方的事，公之于每个地方的人，才能使得地地得人，人人得事。把民主来打破这周期律，怕是有效的。"[2]

但是，中华人民共和国成立以后，民主政治建设存在深刻的教训。对此，邓小平曾指出："旧中国留给我们的，封建专制传统比较多，民主法制传统很少。中华人民共和国成立以后，我们也没有自觉地、系统地建立保障人民民主权利的各项制

---

〔1〕 有不少学者致力于从中国古代社会思想中寻找现代民主政治的资源、重构具有中国文化特色的政治礼法制度，如蒋庆提出在"心性儒学"之外另辟"政治儒学"路向，使孔子的王心王道落实于人间。详可参见蒋庆：《政治儒学：当代儒学的转向、特质与发展》，北京，三联书店，2003。

〔2〕 参见黄炎培：《八十年来》，148—149 页，北京，文史出版社，1982；黄方毅：《毛泽东黄炎培论天下跳出兴亡周期唯靠"民主"》，《中国青年报》，2005-07-20。

度,法制很不完备,也很不受重视。"[1]在他看来,"我们过去发生的各种错误,固然与某些领导人的思想、作风有关,但是组织制度、工作制度方面的问题更重要。这些方面的制度好可以使坏人无法任意横行,制度不好可以使好人无法充分做好事,甚至会走向反面。我们今天再不健全社会主义制度,人们就会说,为什么资本主义制度所能解决的一些问题,社会主义制度反而不能解决呢?这种比较方法虽然不全面,但是我们不能因此而不加以重视。斯大林严重破坏社会主义法制,毛泽东同志就说过,这样的事件在英、法、美这样的西方国家不可能发生。他虽然认识到这一点,但是由于没有在实际上解决领导制度问题以及其他一些原因,仍然导致了'文化大革命'的十年浩劫。这个教训是极其深刻的。不是说个人没有责任,而是说领导制度、组织制度问题更带有根本性、全局性、稳定性和长期性。这种制度问题,关系到党和国家是否改变颜色,必须引起全党的高度重视。"[2]因此,邓小平提出了政治制度改革问题。1979 年邓小平的提法是:"改革和完善社会主义的经济制度和政治制度,发展高度的社会主义民主和完备的社会主义法制。"[3]在 1977年到 1982 年间,邓小平使用的范畴是改革和完善"政治制度",明确要改革的是"带有根本性、全局性、稳定性和长期性"的制度范畴。1982 年在胡耀邦所作中国共产党十二大报告中,以及 1983 年十二届二中全会邓小平的讲话中,正式使用"政治体制改革"的提法。2013 年 11 月 12 日中国共产党第十八届中央委员会第三次全体会议通过的《中共中央关于全面深化改革若干重大问题的决定》指出:

> 紧紧围绕坚持党的领导、人民当家做主、依法治国有机统一深化政治体制改革,加快推进社会主义民主政治制度化、规范化、程序化,建设社会主义法治国家,发展更加广泛、更加充分、更加健全的人民民主。
>
> ……
>
> 发展社会主义民主政治,必须以保证人民当家做主为根本,坚持和完善人民代表大会制度、中国共产党领导的多党合作和政治协商制度、民族区域自治制度以及基层群众自治制度,更加注重健全民主制度、丰富民主形式,从各层次各领域扩大公民有序政治参与,充分发挥我国社会主义政治制度优越性。[4]

当代中国政治体制改革,是由中国社会历史进程内在驱动力所推进的,是必须迈出的艰难一步。探索我国民主的实现形式,是逐步完善民主,加强民主政治制度建设的极其重要的内容,是我们通过法律进行政治体制改革的一项重要任务。我

---

[1] 《邓小平文选》,第 2 卷,332 页,北京,人民出版社,1983。
[2] 《邓小平文选》,第 2 卷,333 页,北京,人民出版社,1983。
[3] 《邓小平文选》,第 2 卷,208 页,北京,人民出版社,1983。
[4] 《中共中央关于全面深化改革若干重大问题的决定》"八、加强社会主义民主政治制度建设"部分具体包括推动人民代表大会制度与时俱进、推进协商民主广泛多层制度化发展、发展基层民主等方面。http://news.eastday.com/eastday/13news/node2/n4/n6/u7ai173782_K4.html,最后访问时间 2015 年 1 月 21 日。

们需要从现代化战略目标的高度,从国际上面临的挑战和机遇出发,认识民主政治建设的必要性、复杂性和长期性。加强民主政治建设及其法律保障,是现代化建设的内在要求,是发展市场经济的必要条件。民主政治建设不仅要受经济发展水平和生产力发展水平的制约,还要受历史文化传统、政治状况和国际环境等因素的制约。当代中国政治体制改革必须统筹安排、精心组织,从国情出发,从解决业已成熟的问题着手,在法律规范下,由点到面逐步展开,全方位推进。

在我国民主政治建设过程中,辽宁拉票贿选案非常值得关注,令人深思。

辽宁拉票贿选案

第二十五章　法律与国家

第一节　国家概述

在英文中,国家通常的用法主要为 nation-state（民族国家）或 independent state（独立国家）。国家是指国家政权和行使政权的国家机构体系,是由许多专门从事管理的人组成的机构综合而成的复杂的有机的统一整体。一般认为,国家有四个构成要素：①有定居的居民(人)。②领土,按地域范围组织起来的,有一定领域范围,居民按地域来划分。③政治组织是政治实体,设有系统的国家机构体系,兼政治职能和社会职能两种职能。④主权是特殊的公共权力,具有主权性。定居的居民、领土、政治组织、主权,四个要素缺一不可。

西方思想史上,出现过五种有较大影响的国家概念。

(1) 古希腊的伦理的、有机的和整体的城邦国家概念。在古希腊人的观念中,城邦(Polis)并不是纯粹的权力机构和法律设施,而是一种伦理的共同体,它包括公民生活的各个方面。城邦是自然的存在物,而人是天生的"政治动物",[1]必须过城邦生活。城邦是有机整体,个人只是这个有机体的组成部分。从本性说,整体高于部分,城邦高于个人。而古罗马西塞罗认为,"国家乃是人民之事业,但人民不是人们某种随意聚合的集合体,而是许多人于法的一致和利益的共同而结合起来的集合体。"[2]

(2) 马基雅弗利所创造的以权力为国家本质的近代民族国家概念。马基雅弗利(Niccolo Machiavelli,1469—1527)赋予 16 世纪流行的"Lo Stato"(即 Srate,"国家")一词新的含义,在《君主论》中第一次把道德与政治区分开来,把国家看作纯粹的权力组织,权力是国家的核心和政治的目的。马基雅弗利认为,国家政治制度的存在价值首先在于其存在本身;不是道德标准,不是民意(公意)标准,现实性就是合理性。马基雅弗里抛弃了政治权力的道德基础,彻底把政治学和宗教、道德分开,把政治权力看作是政治国家的基础和核心,依据实际经验并用现实的眼光来研

---

〔1〕 [古希腊]亚里士多德：《政治学》,吴寿彭译,7 页,北京,商务印书馆,1981。
〔2〕 [古罗马]西塞罗：《论共和国 论法律》,王焕生译,39 页,北京,中国政法大学出版社,1997。

究和思考国家政治问题,揭开了西方政治学研究的新篇章。[1]

(3)博丹的国家概念。让·博丹(Jean Bodin,1530—1596)在《国家六论》中系统地论述了国家主权学说。博丹认为:主权是国家的主要标志,是对公民和臣民的不受法律限止的最高权力。主权是指对内具有至高无上的权力,对外具有独立平等的权力。最高权力的形式和出现,从实质上说,就是把国家和包括家庭在内的一切社会组织及其他群体相区别的标志。因此,博丹把取得公民身份规定为对主权者的服从,并明确界定国家的概念就是主权者和臣民。主权是不受法律限制的对公民和臣民进行统治的最高权力。主权的内容是:第一,它是永恒的,有别于在特定时间内所授予的任何有限的权力。第二,它是非授予的权力,或者是无限制的或无条件的授权。第三,他是不能转让的,也不受法令的限制。第四,它不受法律的约束,因为主权是法律的来源。博丹认为,主权的主要特点,就是不经上级、同级或下级的同意,集体地或分别地具有为公民制定法律的权利和具有宣战求和,委任官吏,行使法院终审职能,准许豁免,铸造货币和征税等。博丹主张把国家和政府分开,国家包括对最高权力的掌握,政府包括一个机构。政体的形式是由主体的归属而有所不同,一人掌握主权的称之为君主政体,主权归少数人掌握称之为贵族政体,主权归多数人掌握的称之为民主政体。其中,最好的政体是君主政体。博丹反对混合政体,认为将主权分为几个部分,由几个机关分别掌握,这违背主权不可分割的原理。另外,博丹认为,君主享有主权,君主的行为不对人民负责,也不受法律约束,主权最重要的任务是制定法律,君主是主权者,当然也就是立法者。[2]博丹的学说与同时代的尼·马基雅维利的学说,被认为具有国家主义、专制主义的倾向。

(4)近代契约论学派的以个人权利为基础的个人主义和自由主义的国家概念。这一派认为,国家权力基于人民的同意,是人民为保护个人的天赋权利而创设的。因此,个人是国家的基础,国家仅仅是人们保障自己权利的工具。[3]卢梭认为,"这一由全体个人结合所形成的公共人格,以前称为城邦,现在则称为共和国或政治体;当它是被动时,它的成员就称它为国家。"[4]在洛克看来,"国家是由人们

〔1〕 具体参见[意]马基雅弗利:《君主论》,潘汉典译,北京,商务印书馆,1985。他有一句名言是"政治中没有永久的盟友,只有永恒的利益。"马克思和恩格斯指出,"姑且不谈更早时期的思想家,就是从近代马基雅弗利、霍布斯、斯宾诺莎、博丹,以及近代的其他许多思想家谈起,权力都是作为法的基础的,因此,政治的理论观念摆脱了道德,所剩下的是独立地研究政治的主张。"(《马克思恩格斯全集》,3卷,368页,北京,人民出版社,1960)。在西方政治、法律思想中,这种学说往往被称为具有国家主义、绝对主义的倾向,与孟德斯鸠、洛克等人的个人主义、自由主义倾向不同。

〔2〕 参见何新:《论国家主义》(2.让·博丹的国家主权至高无上论),http://www.1911.cn/bbs/dispbbs.asp? boardid=5&id=28638,最后访问时间 2007-01-09;也可参见沈炼之主编的《法国通史简编》(北京,人民出版社,1990)有关部分。

〔3〕 参见丛日云:《论黑格尔的国家概念及其历史意义》,《辽宁师大学报》,1991(6)。

〔4〕 [法]卢梭:《社会契约论》,何兆武译,25～26页,北京,商务印书馆,1980。

组成的一个社会,人们组成这个社会仅仅是为了谋求、维护和增进公民们自己的利益。家只不过是同一个社会集团的人们中间。"[1]

(5)黑格尔的国家概念。黑格尔把人类社会结合的基础或纽带分为三种:感觉的、知性的和理性的,并依此区分了人类社会结合的三种形式:家庭、市民社会和国家。它们表示特殊性与普遍性,亦即个人与社会整体的三种不同关系和社会凝聚力的不同发展程度。它包括社会组织和社会关系的发展程度及个人在这种社会中实现自由的程度两个方面。"国家"是理性的领域;理性的力量在于它能克服普遍与特殊的分离,把握住它们的具体统一。在"国家"阶段,个人与社会整体、特殊性与普遍性之间已经达到了这种统一。这种统一就是黑格尔国家概念的真实内容。它是最高级的社会结合形式,也是黑格尔的社会政治理想。黑格尔说:"现代国家的原则具有这样一种惊人的力量和深度,即它使主观性的原则完美起来,成为独立的个人特殊性的极端,而同时又使它回复到实体性的统一。"[2]"国家是绝对自在自为的理性东西,因为它是实体性意志的现实,它在被提升到普遍性的特殊自我意识中具有这种现实性。"[3]

在全球化趋势下,作为最基本的政治单元,当代国家仍然是社会资源与价值的主要分配者,是社会生产与生活的主要管理者,是社会秩序的主要保障者。国家依据法律和各项制度,通过自身的机构去组织社会生产与再生产,保障社会秩序,提高社会福利,推动社会进步。虽然从微观上看,非国有企业、社团、社区自治组织等发挥着重要的社会管理与整合作用;从宏观上讲,跨国公司、国际组织等日益广泛地介入到一国之内的社会生活,但国家的基础作用并未丧失,其轴心地位仍是显而易见的。[4]

马克思主义认为,国家是经济上占统治地位的阶级用以维护本阶级的利益,对社会实行政治领导的工具。阶级对立社会的国家不同于原始社会的氏族组织和阶级社会的其他社会组织(如党派、社团等)。马克思主义经典作家深刻揭示了国家的本质。恩格斯指出:"国家无非是一个阶级镇压另一个阶级的机器。"[5]恩格斯指出:"国家决不是从外部强加于社会的一种力量。国家也不像黑格尔所断言的是'伦理观念的现实','理性的形象和现实'。确切说,国家是社会在一定发展阶段上的产物;国家是承认:这个社会陷入了不可解决的自我矛盾,分裂为不可调和的

---

〔1〕 [英]洛克:《论宗教宽容》,吴云贵译,5页,北京,商务印书馆,1982。

〔2〕 [德]黑格尔:《法哲学原理》,范杨、张企泰等译,260页,北京,商务印书馆,1961。

〔3〕 [德]黑格尔:《法哲学原理》,范杨、张企泰等译,253页,北京,商务印书馆,1961。

〔4〕 20世纪80年代以来,政治学理论的一个重大发展是在最为传统的国家理论方面。从国家和社会关系出发,吉登斯提出了新的国家类型即传统主义国家、绝对主义国家和现代民族国家;新制度主义的代表人物诺思以国家目的悖论理论有力地解释了第一批现代化国家的得与失;而20世纪70-80年代很多国家的政治变迁则使亨廷顿等人总结出国家转型理论。参见杨光斌:《新国家理论述评》,《教学与研究》,2004(7)。

〔5〕 《马克思恩格斯选集》2版,第3卷,13页,北京,人民出版社,1995。

对立面而又无力摆脱这些对立面。而为了使这些对立面,这些经济利益互相冲突的阶级,不致在无谓的斗争中把自己和社会消灭,就需要有一种表面上凌驾于社会之上的力量,这种力量应当缓和冲突,把冲突保持在'秩序'的范围以内;这种从社会中产生但又自居于社会之上并且日益同社会相异化的力量,就是国家。"[1]列宁指出:"国家是一个阶级对另一个阶级施用暴力的机关或者机器。"[2]

第二节　法律与国家的关系

　　法律与国家是阶级社会上层建筑中关系最为密切的两种社会现象。马克思主义法学认为,法律与国家有着共同的产生和发展的规律,都是统治阶级借以实现统治的工具。从存在方式上,法律与国家是互为条件、相互依存的统一整体。一定的国家与法律作为上层建筑的组成部分有着共同的经济基础,为同一经济基础服务。它们作为阶级社会的特有现象,有着共同的阶级本质,代表同一阶级的意志,为同一阶级的利益服务。它们作为历史现象,都是随着私有制的形成和阶级的出现而产生的,将来将随着阶级差别的彻底消灭而逐渐消亡。

　　近代以来,国家和法律的关系特别密切。法律不再被认为是自远古发展而来的习惯遵循的法律规章的集合。相反,近代法律只是一批制定法;它是成文法,是国家自身在实施其主权过程中根据它的意志制定并赋予合法性的、多半是用公开的文件表达的通常是晚近的决定。[3]

　　不过,法律和国家作为上层建筑的不同组成部分,又有各自的特殊属性。国家作为政实体,是具有特殊社会权力的政权组织。法律是具有国家强制力的规范体系。它们是两种不同的社会现象。

　　国家这样一种独特的地位,无论在立法上,还是在司法上都产生了一些复杂的问题,例如在私法中国家与公民的地位能否平等? 假若国家不能履行其法律义务,能否对其进行诉讼? 谁是国家责任的真正的承担者? 等等。从更广泛的意义上,法律与国家的关系还涉及下列问题:国家与社会的关系;权力与权利的关系;主权

---

〔1〕《马克思恩格斯选集》2版,第4卷,170页,北京,人民出版社,1995。
〔2〕《列宁全集》,第26卷,98页,北京,人民出版社,1988。
〔3〕参见[美]贾恩弗兰科·波齐:《近代国家的发展》,沈汉译,114页,北京,商务印书馆,1997。
美国的约拉姆·巴泽尔在《国家理论——经济权利、法律权利与国家范围》(钱勇等译,上海,上海财经大学出版社,2006)中对国家的诞生以及使之定型的力量进行了建模。他认为,建立国家源自保护需求。专职保护者——统治者——是有效率的,亦是自利的。只有当个体创建了控制统治者的机制之后,才会配备统治者。有组织的保护所滋生出来的枝叶,就是法律体系和决策程序(包括投票)。因此,初始的"自然国"就会渐渐演进为一个法治国。国家通过对保护内容的界定而给个体赋予权利。然而,实施永非完备。人们还使用其他第三方——如企业——来实施协议。实际生活中所选择的实施方法组合,决定了国家政策规模和国家特征。随着产品变得标准化,订约的规模经济也随之增加。我们认为,国家或者通过条约或者通过征服来扩张其合约实施疆域,以利用国内实施的规模经济。合约实施疆域的扩张需求,也解释了法治帝国的建立。

与人权的关系等。例如,说国家是否是自己所制定的法律的遵守者,在很大程度上是要说明国家的权力(包括国家的主权)是否受到限制,以及如何限制。这些问题的探讨,将进一步深化对法律与国家相互关系的认识。[1]

一、国家与法律存在

在国家与法律关系上,凯尔逊、狄骥的观点值得注意。

在凯尔逊的理论中,国家学说是其纯粹法学的一个重要组成部分。在国家与法律的关系上,他反对传统的法理学把国家与法律看作两个不同的现象,认为国家与法只不过是一个东西,国家是一种法律现象,是法律秩序的人格化。凯尔逊根据法律与国家的一元论学说,修正了许多传统理论:①在公法和私法划分问题上,他认为公、私法难以划分,原因在于在私法领域中,国家也能成为法律关系的当事人,当国家与人民交往时,国家就兼有"公""私"两种性质。②在国家本质问题上,他认为传统的"国家由领土、人和权力这三种要素组成"的说法,相当于法律秩序的空间、属人和属事三方面的效力范围的理论,还应补充法律秩序的时间效力的范围问题。③对传统的国家分权学说,他认为国家的基本职能不是立法、行政和司法三者,而只是法律的创立和适用这两种。两种职能之间的关系既不是平等的,界限也不是绝对的。④在国家形式问题上,他反对传统的君主制、贵族制和民主制的三种形式的说法,主张按照宪法的分类应有民主政治和专制政治两大类。⑤在国内法

---

[1] 用经济学的假设、理论和方法("经济学途径")来研究传统的政治学主题(国家、政府、阶级、利益团体及权力关系等),在当代是一种比较流行的做法,在这方面,当代西方经济学思潮中的公共选择理论及新制度学派是典型。现在学科的边界越来越模糊。于是,出现了这样一种状况:"对历史的关注并不是那群被称为历史学家的人的专利,而是所有社会科学家的义务。对社会学方法的运用也不是那群被称为社会学家的人的专利,而是所有社会科学家的义务。同样,经济学问题也不只是经济学家才有权研究。事实上,经济问题对一切社会科学分析都是极其重要的。我们也没有绝对的把握说,专业历史学家对历史解释、社会学家对社会问题、经济学家对经济波动就一定比其他社会科学家知道得多。"参见[美]伊曼努尔·华勒斯坦等:《开放社会科学》,刘锋译,106页,北京,三联书店,1997。

按照华勒斯坦在《开放社会科学》中的说法,19世纪末20世纪初,社会科学的学科系统的分化形成了三条明确的分界线:①对现代文明世界的研究(史学和社会学、经济学、政治学)与对非现代世界的研究(人类学、东方学)之间的分界线;②在对现代世界的研究方面,过去(史学)与现在(社会学、经济学和政治学这三门研究普遍规律的社会科学学科)之间存在着一条分界线;③在探求普遍规律为宗旨的社会科学内部,对市场的研究(经济学)、对国家的研究(政治学)与对市民社会的研究(社会学)之间的分界线。"二战"后,由于世界政治格局的变化、社会经济(生产力)的发展、人口增长、人类活动范围的扩大、社会问题的日益复杂化、大学的扩展以及社会科学研究人员的大量增加等因素的推动,这三条分界线面临严峻的挑战,于是跨学科、交叉研究以及学科的杂交化、整体化趋势的出现和不断加强。

如在制度经济学中,有一个著名的"诺思悖论",用诺思本人的话来说就是"没有国家办不成的事,有了国家又有很多麻烦"。因为国家提供的基本服务是博弈的基本规则,主要是界定形成产权结构的竞争与合作的基本制度。没有国家权力及其代理人的介入,财产权利就无法得到有效的界定、保护和实施。因此,国家权力就构成有效产权制度安排和经济发展的一个必要条件。另一方面,国家权力介入产权制度安排往往又不是中性的,在竞争约束和交易费用约束的双重约束下,往往会导致低效的产权制度结构。参见[美]道格拉斯·C.诺思:《经济史中的结构与变迁》,陈郁等译,20~21页,上海,上海三联书店、上海人民出版社,1994。

与国际法的关系上,他贯彻其一元化的理论,认为国际法和国内法组成一个普遍的秩序,国际法高于国内法。[1]

而狄骥论证了以下命题:①不存在"国家"这种抽象的人格主体和权利主体,也不存在所谓的"国家意志",任何意志都是且仅是个人的意志;凡意志无等级;②所谓的"国家主权"是主观的、虚构的、不存在的;③因此,国家不能不受法律的限制,没有高于法律的"主权国家""主权机关""主权君主"。[2]

近现代社会更加强调"法是统治者为统治国民而使用的工具,法的实施是由治者'垄断'的,而受治者所能够做的仅是向治者寻求救济和庇护,法院也只是治者为治理国民而纠正'不正'、将国民从不正之中拯救出来并施与救济的机构。"[3]

马克思主义法学认为,法律离不开国家,依附于国家;没有国家,就没有法律。

(1)国家是法律产生和存在的前提。因为法律是由国家机关制定和认可的规范体系。法律是国家意志的体现,这就意味着法律的存在是以国家的存在为前提。没有国家,任何法律都无法产生。制定法需要国家机关在其权限范围内按一定的程序加以创制,习惯法也需要由国家机关加以认可,才具有法律效力。除了国家,其他社会组织或个人都不能创制法律。因此,离开了国家和国家政权,就不可能有完整形态或完整意义的法律。这里所谓完整形态的法律,就是指国家制定或认可的法律,而不是自然法、神法或正在形成和发展但尚未经国家认可为国法的人定规则。

(2)法律的实施离不开国家的强制力。法律的基本特征之一在于,它是由国家强制力保证实施的规范。所以,如果没有国家强制力作后盾,任何法律的效力都等于零。法律制定以后,要付诸实施,也离不开国家。法律要在实际生活中生效,要求社会全体成员一体遵行,需要有国家强制力作保证。法律所以具有强制的属性和普遍约束力,根源不在于法律本身,而在于有国家暴力作后盾。对此,列宁说得很清楚:"如果没有政权,无论什么法律,无论什么选出的机关都等于零。"[4]

(3)法律的性质,直接取决于国家的性质。有什么性质的国家,就有什么性质的法律。法律是由国家制定和保证实施的,法律的性质和特征就会受到国家的性质和特征的制约和影响。如与社会主义国家相适应的必然是社会主义法律。

(4)法律的发展、变化受国家的发展、变化的影响和制约。国家政治体制的改革就会引起法律的某些变化。

---

〔1〕 参见[奥]凯尔森:《法与国家的一般理论》,沈宗灵译,北京,中国大百科全书出版社,1996。

〔2〕 参见[法]莱昂·狄骥:《法律与国家》,冷静译,沈阳,辽海出版社、春风文艺出版社,1999。

〔3〕 [日]田中英夫、竹内昭夫:《私人在法实现中的作用》,李薇译,载梁慧星主编:《为权利而斗争》,386 页,北京,中国法制出版社,2000。不过,对于国家对法律的垄断、国家法的霸权,不少法社会学、法人类学者提出不同看法。

〔4〕 《列宁全集》,第 11 卷,98 页,北京,人民出版社,1987。

（5）法律的特征、表现形式和内容也还受国家的特征、形式、传统、职能等方面的影响。国家的管理形式和结构形式都对法的形式有影响。国家的管理形式决定着立法体制和法律的形式。如在实行君主专制的国家，君主拥有立法大权，其赦令、诏谕是法律的主要形式，具有最高的法律效力。在立宪君主制国家，由于君主权力受到法律限制，君主的命令已不是主要的法律的形式。在共和制国家，选举产生的代议机构拥有最高立法权，法律的形式主要有宪法、法律，以及行政机关所发布的命令。如由于国家管理形式的不同，法律创制的方式和法律的效力层级就不相同。离开了国家这个社会实体，国家法律的规范体系也就失去任何实际的社会意义。

二、法律与国家职能

马克思主义法学认为，国家也离不开法律，没有法律不成其为国家。如果只有国家机构而没有法律，那么国家机构的活动就必然带有极大的主观随意性和盲目性。法律保障国家职能的实现，这可以从以下几方面来理解。

（一）法律是确认国家权力的一种重要的表现形式

任何政治统治，都必须运用法律来确认掌握政权阶级的统治地位及社会其他各阶级在法律上的地位，建立国家的经济制度、政治制度和管理形式，才能将政权法律化、制度化，从而实现对全社会的国家领导。任何一个统治阶级夺取政权以后，都需要以法律形式来确认和保护自己的胜利成果，表明自己的政权是唯一合法的政权。法律的重要任务之一是确定国家性质，规定社会各阶级、阶层在国家中的地位和相互关系，确保统治阶级在国家中占有统治地位。

（二）法律是执行国家职能的有效工具

统治阶级要实现国家的对内、对外职能，除了运用军事的、外交的、行政的和经济的手段外，还需要法律手段。国家活动的方向和基本内容，以及实现国家职能的途径和方法，都要用法律的形式规定下来，公布于众。国家为了进行其对内和对外职能，就必须制定和实施法律。在执行国家职能方面，法律是最重要的工具。

（三）法律是完善国家制度所必需的手段

这包括两个方面的内容：一方面，法律能够维护和巩固一定的社会关系和社会秩序，以保障国家制度不受破坏；另一方面，法律在进一步完善和健全国家制度方面具有重要作用。当经济、政治的发展与现存的国家制度的某些环节发生矛盾时，掌权者往往通过制定或修改法律来调整和完善国家制度。法律通过规范人们的行为，引导人们按照统治阶级的意志行动，建立起有利于统治阶级的法律秩序，从而巩固现有的国家制度。当国家的政治、经济向前发展了，法律通过修改废止过时的法律规范,制定新的法律,将行之有效的新的管理社会的经验以法律形式确认下来,以适应发展的需要,使国家制度不断完善。

(四)法律是确定国家形式、组织国家机构的章程

统治阶级总是通过法律明确规定国家政权的形式(包括管理形式和结构形式)。一般都在根本法中宣布实行什么样的政权形式,君主制或共和制,单一制或联邦制。统治阶级为了行使国家权力,需要建立自己的国家机构。要组织起复杂的、能够相互协调、有效运转的国家机构,就必须有法律来规范各种国家机关的设置、职责、权限、组织形式、活动原则和相互关系等。现代国家的各类组织法规主要就起这方面的作用,使国家机关的建立和活动都有章可循。这样可以避免国家机关各行其是,相互之间发生矛盾和冲突,保证国家机构组成复杂而又统一的有机整体,能够按照统治阶级的意志正常而有效地运转。

同时,法律也规范和限制国家权力。权力具有一种侵犯性,应该通过给它规定的限度在实际上加以限制。[1] 国家权力应当有法律根据,国家权力的行使程序、方式应当合法,滥用权力须承担相应的法律责任。权力不加限制便会被滥加使用。任何权力都必须受法律制约。[2]

事实证明,无论是法律与国家的产生、发展,还是它们的运行,这两者都是分不开的。脱离法律来谈国家或者脱离国家来谈法律,都是不现实的。但也必须看到,法律与国家毕竟是两种不同的社会现象,它们不能相互代替,更不能完全等同。

值得注意的是,国家权力具有脱离法律规范和控制的本性。在这一意义上,国家与法律存在紧张关系。

---

〔1〕 [美]麦迪逊等:《联邦党人文集》,程逢如等译,252页,北京,商务印书馆,1980。
〔2〕 参见林喆:《权力腐败与权力制约》,160页,北京,法律出版社,1997。

第二十六章 法律与道德

第一节 法律与道德关系

在社会实践中,法律与道德的关系非常密切,往往引起全社会的关注,给人们以强烈的心灵冲击。请看下面这一事例:

见死不救要受惩罚
张翀 黄宏 《浙江日报》 2011-11-10

本报平阳11月9日电(通讯员 张翀 记者 黄宏)见死不救,也会被判刑。近日,平阳法院一审以过失致人死亡罪判处王某有期徒刑7个月。

王某是贵州人,他和堂姐夫许某一起到温州平阳打工。7月17日晚,王某和许某酒后骑电动车行经河边,连人带车一起落水。水性较好的王某游上岸后欲救许某,发觉许某已停止挣扎沉入水中,他自觉能力有限,在未报警及呼救的情形下独自离开现场。第二天下午,王某同老乡一起来到事发现场打捞尸体,并向公安机关投案。经鉴定,许某系溺水死亡。

见死不救要受法律惩罚,这涉及法律与道德的关系。法律与道德是否一致?法律与道德冲突时该怎么办?与道德不一致的法律还有权威吗?法律是否应该站在公理一边?这些问题都值得我们思考。

法律与道德的关系是贯穿整个法理学、法哲学的问题,是法理学的核心问题。从法律性质、法律特征、法律渊源,到法律实施、法律推理、法律效力等都涉及法律和道德的关系。澳大利亚法理学家斯通曾经指出:"①一个社会的法律应在多大程度上和在什么意义上影响社会的道德?②如果法律不体现道德时,是否还有服从法律的道德义务?如果服从的话,对这个义务有没有限制?③当一个法律规范规定了道德所禁止的行为,公民应当服从哪一个?④究竟有无因整个法律制度和道德相冲突而推翻这一制度的义务?如果有,又在什么时候?"[1]因此,在理论上探讨法律与道德两者之间的联系和区别,是很有必要的。

一、道德的含义

从文义分析,"道"有多层面的含义:①法则、规律。与具体事物的"器"相对,

---

[1] 转引自张文显:《二十世纪西方法哲学思潮研究》,395页,北京,法律出版社,1996。

又与事物解决规律的"德"相对。②宇宙万物的本质、本体,《老子》:"有物混成,先天地生,以可以为天下母。吾不知其名,字之曰道。"③一定的人生观、世界观、政治主张或思想体系。《论语·卫灵公》有"道不同,不相为谋"句。

"德"的本义包括:①道德、品德,《易·乾·文言》:"君子进德修业。"②恩德、好处,《国策·魏策》:"吾有德于人也,不可不忘也。"③事物的属性。④具体事物从"道"所得的特殊规律或特殊性质,《管子·心术上》谓"德者道之舍",对于道的认识有得于己,称为"德"。《老子》:"道生之,德畜之……道之尊,德之贵,夫莫亡命而常自然。"

因此,道德涉及人们对自然、社会的认识和内化,是一个融规范、政治、信仰、策略为一体的综合概念。

道德是生活在一定物质生活条件的人们关于善与恶、正义与非正义、光荣与耻辱、公正与偏私等观念、原则和规范的总和。道德不是永恒不变的。它是随着社会的经济、政治和文化的发展变化而发展变化的。道德作为意识形态的上层建筑的组成部分,它的内容来源于物质生活条件。如恩格斯所指出的:"一切以往的道德论归根到底都是当时的社会经济状况的产物。"[1]道德历史发展的研究表明,道德体系的建立,源于有组织的群体希望创造社会生活基础条件的强烈愿望。制定社会的道德原则,是为了约束群体间的过分行为、减少掠夺性行为和违背良心的行为,培养对他人的关心,从而增加和谐相处的可能性。[2]不同时代的道德具有不同的内容和特点。道德在社会生活中有重要作用,如中国古代的春秋战国时期,儒家提出要"为政以德",[3]"以德服人。"[4]

在理解道德时,我们需要注意:①道德是地方的。任何社会,无论过去、现在还是未来,都有一些公共承认的道德法典,外人很难理解,而且也无法令人信服地批评它(如印度的殉葬,许多国家的溺婴、多妻制)。②很难说道德是进步的。所谓的道德进步只是我们赋予某个道德命题的主观的判断。"我们会用普适性语言把自己的偏好和直觉装扮起来,以此给某种主观信念或情绪蒙上一种客观的气氛。"[5]如同卢梭等启蒙思想家认为的人类社会在堕落一样。更确切的表达也许是道德在变化。我们可以发现每个时代的道德在某些方面都不同于其他的时代,道德一直在改变着它的内涵和外延,但这种变化是中性的。人们相信道德是进步的一个重要理由是历史上一些重要的战争似乎都是"正义"的一方获得胜利,但人们并没有认识到,恰恰是因为他们胜利了,所以他们才可能把他们的道德观强加给

〔1〕《马克思恩格斯选集》2版,第3卷,435页,北京,人民出版社,1995。
〔2〕张晨、王家宝:《道德法律化与法律道德化》,《政治与法律》,1997(5)。
〔3〕《论语·为政》。
〔4〕《孟子·公孙丑上》。
〔5〕〔美〕波斯纳:《道德和法律理论的疑问》,苏力译,24页,北京,中国政法大学出版社,2001。

我们。

道德与法律都属于社会规范的范畴,均具有规范性、强制性和有效性。但它们又是各有其功能的社会规范,在人类历史上它们各自在社会中所起的作用是不完全一样的。[1]

二、法律与道德的区别

法律与道德属于上层建筑的不同范畴,法律属于制度范畴,单纯的法律意识还不意味着就是法律。道德属于社会意识范畴,一种道德观念的形成,也就意味着一种用以调整人们行为的道德规范。

关于法律和道德的区别,马克思主义法学认为主要有以下几方面。[2]

(一)法律和道德起源的时间不同

道德在原始社会(或初民的社会)作为独立的或与宗教、习俗(习惯)相混合的形态而存在,道德是逐渐形成的。但国家的法律只是随着一定的条件的成就,如生

---

[1] 关于道德,可参见[古希腊]亚里士多德:《尼各马科伦理学》,苗力田译,北京,中国社会科学出版社,1990;[英]亚当·斯密:《道德情操论》,蒋自强等译,北京,商务印书馆,1997。

关于当代中国的道德状况,可参见吴潜涛等著的《当代中国公民道德状况调查》(北京,人民出版社,2010)。该书在大规模实证调查的基础上,比较研究了改革开放初期与当前我国社会的道德水平,揭示、分析了改革开放与道德建设之间的联系以及社会道德水平的变化与社会生活因素的关联性。

2014年6月14日国务院印发了《社会信用体系建设规划纲要(2014—2020年)》。《社会信用体系建设规划纲要(2014—2020年)》认为社会信用体系是社会主义市场经济体制和社会治理体制的重要组成部分。它以法律、法规、标准和契约为依据,以健全覆盖社会成员的信用记录和信用基础设施网络为基础,以信用信息合规应用和信用服务体系为支撑,以树立诚信文化理念、弘扬诚信传统美德为内在要求,以守信激励和失信约束为奖惩机制,目的是提高全社会的诚信意识和信用水平。《社会信用体系建设规划纲要(2014—2020年)》指出我国社会信用体系建设虽然取得一定进展,但与经济发展水平和社会发展阶段不匹配、不协调、不适应的矛盾仍然突出。存在的主要问题包括:覆盖全社会的征信系统尚未形成,社会成员信用记录严重缺失,守信激励和失信惩戒机制尚不健全,守信激励不足,失信成本偏低;信用服务市场不发达,服务体系不成熟,服务行为不规范,服务机构公信力不足,信用信息主体权益保护机制缺失;社会诚信意识和信用水平偏低,履约践诺、诚实守信的社会氛围尚未形成,重特大生产安全事故、食品药品安全事件时有发生,商业欺诈、制假售假、偷逃骗税、虚报冒领、学术不端等现象屡禁不止,政务诚信度、司法公信度离人民群众的期待还有一定差距等。按照《社会信用体系建设规划纲要(2014—2020年)》,社会信用体系建设的主要目标是:到2020年,社会信用基础性法律法规和标准体系基本建立,以信用信息资源共享为基础的覆盖全社会的征信系统基本建成,信用监管体制基本健全,信用服务市场体系比较完善,守信激励和失信惩戒机制全面发挥作用。政务诚信、商务诚信、社会诚信和司法公信建设取得明显进展,市场和社会满意度大幅提高。全社会诚信意识普遍增强,经济社会发展信用环境明显改善,经济社会秩序显著好转。

[2] 有学者认为,法律与道德在规范和秩序层面的区别具体表现为:①生成方式上的建构性与非建构性;②行为标准上的确定性与模糊性;③存在形态上的一元性与多元性;④调整和评价方式的外在侧重与内在关注;⑤运作机制上的程序性与非程序性;⑥强制方式上的外在强制与内在约束;⑦解决方式上的可诉性与不可诉性。详见孙莉:《德治与法治正当性分析》,载《中国社会科学》,2002(6)。哈特认为,法律与道德在重要性(importmence)、非有意改变(immmunity from deliberate change)、道德罪过的故意性(voluntary character of moral offences)、道德强制的形式(forms of moral pressure)等方面存在区别。参见[英]哈特:《法律的概念》,张文显等译,169~177页,北京,中国大百科全书出版社,1996。

产力的发展、生产关系的变化、阶级和国家的产生等,才在一定的社会阶段出现的,由国家通过一定程序才产生的。

（二）法律和道德调整的范围不尽相同

道德比法律调整的范围要广泛得多。一般地说,凡法律调整的关系,大多也由道德调整。但也并非所有的法律事项和问题都是道德评价的对象。有些问题,如法律技术、程序的规定,与道德评价就没有直接的关系。而且,道德调整的对象不仅是人们现实的行为,而且还包括人们的思想、品格和行为的动机。在此方面,尽管法律在惩罚违法犯罪时也考虑人们的主观过错,但它不能惩罚这种主观过错本身。同时还应认识到,法律与道德调整的范围及二者的界限,也不是一成不变的。在一定条件下,它们的范围可以相互转化:原本只属于道德调整的某些问题,将来可能由法律来调整;或者相反,原本属于法律调整的某些关系,将来可能只由道德来调整。同时,法律与道德对人们行为有着不同层次的要求。前者一般只能规定最起码的行为要求,而后者可以解决人们精神生活和社会行为中更高层次的问题。

（三）法律和道德的具体内容不同

一般地说,法律的内容比较具体、明确、肯定、严谨,既规定人们的义务,也规定人们的权利,而且通常以权利义务的一致性作为条件。道德的内容则不同,它侧重于人们的义务而不是权利,也不要求体现权利和义务的一致性。因此,在法学上有一种看法,说法律具有"两面性"(既重权利又重义务),而道德仅具有"一面性"(只重视义务),道德侧重于个人对他人、对社会履行的义务。

（四）法律和道德的表现形式不同

道德通常是约定俗成的,存在于人们的思想和观念之中,即使通过文字表述,以诸如社团章程、公约、守则、决议等形式存在,其内容也是比较原则、抽象的,其制定、修改和废除程序也很不严格。法律是作为国家制定或认可的规范而存在的,其成文形态多为法典、法规等具体的规范性文件,它们的制定、修改和废除都有严格的程序规定。

（五）法律和道德实现的方式和手段不同

道德的实施,不是凭借国家的强制力,而主要是依靠社会舆论和传统的力量以及人们的自觉维护。可见,道德的强制是一种精神上的强制,道德正是以此来调整人们的行为。正如马克思所指出的:"道德的基础是人类精神的自律。"[1]法律则不同,它的实施必须依靠国家强制力保证,以国家机器为后盾,通过外在的强制(法律制裁)来强迫人们遵守。道德的实现主要依靠自律,而法律的实现主要通过

[1]《马克思恩格斯全集》2版,第1卷,119页,北京,人民出版社,1995。

他律。

（六）法律和道德的作用不同

从一般意义上讲,道德有引导人类内心向善的作用,法律有约束人类行为使之不趋恶的作用。

（七）法律和道德体现的意志不同

在马克思主义法学看来,法律是掌握国家政权的阶级意志的体现,而道德则是特定阶级、特定社会成员意志的体现。

（八）法律和道德的历史命运不同

按照马克思主义的观点,随着阶级的消灭、国家的消亡,法律也将不存在。而道德在无阶级社会中仍将存在。

因此,法律和道德的差异表现在法律的事实性与道德的理想性、法律的外在性与道德的内在性、[1]法律的客观性与道德的主观性等方面。

在理解法律与道德的不同时,要注意违法行为与违反道德行为及其他虽不合法但也并不违法的行为的区别。2000 法律硕士专业学位研究生入学考试有一判断题:违法行为也是违反道德的行为。许多违法行为,特别是一些犯罪行为,同时是违反道德的行为。但是,并非所有违法行为都是违反道德的行为。因为有些违法行为并不涉及道德评价的问题。同样,有些违反道德的行为并不构成违法行为。还有一些行为如无配偶者的同居行为,可能违反道德,虽不合法但也并不违法,处于法律调整之外,也不能与违法行为相混同。

请看下面这一同居案例。

50 岁的赵菊娥系灵宝市人。丈夫去世后,赵菊娥上有年迈的老人,下有三个未成年的孩子,生活十分困难。经人介绍,1998 年 5 月 26 日,她在未办理结婚登记的情况下,与本村村民林有成以夫妻名义同居生活。林有成到赵菊娥家生活后,曾拿出 2000 元用于家庭生活,且建造了一间厨房、两间简易棚,耕种六亩责任田,维持赵家生活。2003 年 9 月 21 日,赵菊娥与林有成因琐事发生争吵后,双方分开。经调解,双方口头达成协议,由赵菊娥付给林有成现金 2200 元,林有成离开赵家。但该协议一直未能履行。赵菊娥遂一纸诉状将林有成告上法庭,要求与其解除非法同居关系。

河南省灵宝市人民法院审理了此案,法院审理后认为,赵菊娥与林有成未办理结婚登记,而以夫妻名义同居生活,是一种违法行为,其形成的非法同居关系应依

---

〔1〕　拉德布鲁赫认为,法律的外在性表现在判断方式的外在性、利益指向的外在性、主体目的的外在性、法律效力渊源的外在性等。参见[德]拉德布鲁赫:《法学导论》,米健等译,4～7 页,北京,中国大百科全书出版社,1997。

法解除。鉴于二人同居期间,被告林有成对原告赵菊娥家付出了一定的劳动,原告应对被告给予一定经济补偿。2004 年 3 月依法判决原告赵菊娥与被告林有成解除非法同居关系,并补偿林有成 2200 元。[1]

法院认为,赵菊娥与林有成未办理结婚登记,而以夫妻名义同居生活,形成的非法同居关系是一种违法行为。这一看法值得探讨。按照现代法治思想,法不禁止即合法。无配偶同居是个人选择,是个人的自由,现行法律并没有对其加以调整及限制,因此也就不存在"非法同居"这一说法。同居就是同居,根本就没有"非法"与"合法"之分,"非法同居"是一个完全不符合法律规范的词语,虽然可能违反道德规范。在 20 世纪 90 年代初,最高人民法院曾有解释:"未办结婚登记即以夫妻名义同居生活,按非法同居关系对待。"但 2001 年 12 月 24 日最高人民法院颁布的有关《婚姻法》的司法解释中指出:今后"男女双方符合结婚实质要件的,人民法院应当告知其在案件受理前补办结婚登记;未补办结婚登记的,按解除同居关系处理。"在此,人们会发现,"非法"二字被取消了。解除同居关系和解除非法同居关系,虽然只有两个字的区别,但折射出的法律意蕴不可小视。2003 年 12 月 26 日最高人民法院公布的关于最新《婚姻法》的司法解释中,就更加明确规定:"当事人起诉解除同居关系的,人民法院不予受理。"这一变化足以表明,没有配偶的男女同居完全是个人私事,即使违反了道德规范,也不是违法行为。[2]

三、法律与道德的关系

围绕法律与道德之关系的争论,一直是法律思想史的一条重要线索和一个主要论题。当代西方法学界在法律与道德关系上仍然存在重大分歧,并导致了法律实证主义与自然法学的长期争论。这些争论中影响较大的主要是三场论战:哈特和富勒关于法与道德有无必然联系的论战,哈特与德富林关于国家有无权力强制实施道德的论战,哈特与德沃金(R.Dworkin)关于规则模式中是否包括蕴含道德

---

[1] 杜江丽:《非法同居五年 解除补偿两千》,http://hnfy.chinacourt.org/public/detail.php? id=28292,最后访问时间 2006-11-19。

[2] 2015 年的这一案件也值得关注。刘老汉诉称,他有三女一子,因年老体弱在养老院居住。儿子小刘很少看望他,独自把持家产却不支付赡养费。他起诉要求小刘每月支付赡养费 200 元,负担其医疗费的 1/4,每年法定节假日探望他一次并请他吃饭。他去世后,由小刘负责将他送到火葬场,他的骨灰要撒在江河湖海中。

小刘辩称,父亲的退休费每月有 3000 元,足够其生活支出,他不同意支付赡养费。他可以在节日看望父亲,但不同意请父亲吃饭。父亲去世以后的事情要求另行解决。

刘老汉年老多病,独自居住在养老院,其要求小刘负担不能报销医疗费的 1/4 并在法定节假日探望他的诉求,法院支持。考虑到刘老汉目前的收入和支出情况,其具有一定的经济能力,不需要小刘支付赡养费。

刘老汉要求儿子节假日探视期间请吃饭,虽然于理不悖但法律并无强制性规定,在小刘不同意的情况下难以支持,法院建议小刘在能力范围之内使父亲安享天伦之乐。刘老汉的其他诉讼请求均与赡养纠纷无关,此案不予处理。参见裴晓兰:《老父要求"探望请吃饭" 法院判决儿子量力而行》,《京华时报》,2015-01-31。

价值的原则的论战。[1]

在法律与道德关系方面,哈特和富勒的论战是法律与道德问题的第一次正面的交锋。1958年《哈佛法律评论》在同一期上发表了哈特教授提出了其"实证主义与法律和道德的分离"的主张以及富勒教授反驳这种观点的"实证主义与忠实于法律——答哈特教授"这两篇著名的论文。随后,哈特教授于1961年出版了《法律的概念》一书,系统地阐述了自己的观点并试图回答富勒教授的批评;富勒教授则于1964年出版了《法律的道德性》一书,详细阐述了自己的观点并批评哈特主张的法律与道德的分离论。1965年哈特教授撰写对《法律的道德性》一书的书评,而富勒在1969年《法律的道德性》再版的时候回答了哈特的批评。[2]在这次论战中,许多法学家纷纷加入其中,或支持哈特或支持富勒,从而使法律与道德的关系问题清晰地凸显了出来。[3]

法律与道德的关系问题是非常有争论的话题,主要有两种对立的观点:一种认为法律必须建立在道德基础上,两者不可分离。如我国的孔子(前551—前479)指出:"礼乐不兴,则刑罚不中",[4]"天下有道则礼乐征伐自天子出,天下无道则礼乐征伐自诸侯出",[5]指出"导之以政,齐之以刑,民免而无耻;导之以德,齐之以礼,有耻且格"。[6]西方的自然法学派也强调法律以道德为基础,以自然法(道德)评价实在法;只有体现道德内容的法律,才是具有法的品质的法律。否则,它就是一种法律的不法。如在谈到国家、法律、道德三者关系时,古罗马的政治家法学家西塞罗认为,"政治家实际上能够通过法律来认可在民众传统中逐渐形成的道德、规范,并通过国家机关使民众遵循这些道德、规范和法律。"[7]另一种观点认为,法律可与道德分离,对法律的评价与对法律的描述并不必然一致。如我国的韩非认为,"威势之可以禁暴,而德厚之不足以止乱。"[8]西方的实证主义法学认为:法律是国家主权者的命令,是一个"封闭的逻辑体系";法律与道德之间、"实然的法"与"应然的法"之间没有必然的联系;法律的结论不能通过道德判断或价值判断得出,

[1] 柯岚:《法与道德的永恒难题——关于法与道德的主要法理学争论》,《研究生法学》,2003(4)。
[2] 具体可参见[美]富勒:《法律的道德性》,郑戈译,北京,商务印书馆,2005。
[3] 强世功在《法律的现代性剧场:哈特与富勒论战》(北京,法律出版社,2006)曾讨论了哈特与富勒的争论,涉及法学家阶层与法律实证主义、法学方法:分析的还是社会的;法律:规则还是过程;告密者困境:法学的政治学、自然法:古典与现代等内容。该书将哈特的《实证主义与法律和道德的分离》和富勒的《实证主义与忠于法律》作为附录。哈佛大学法学院的庞德教授在1923年的讲座上深入浅出地阐述了他关于法律与道德的看法。同年讲座内容以《法律与道德》为名出版,全书共分三章,即"历史的视角"、"分析的视角"和"哲学的视角"。参见[美]罗斯科·庞德:《法律与道德》,陈林林译,北京,中国政法大学出版社,2003。
[4] 《论语·子路》。
[5] 《论语·季氏》。
[6] 《论语·为政》。
[7] [古罗马]西塞罗:《论共和国　论法律》,王焕生译,4页,北京,中国政法大学出版社,1997。
[8] 《韩非子·显学》。

即不须参考社会目标、政策、道德准则等,而仅仅运用逻辑工具,直接由已预设的法律规则中演绎得出。法律(实在法)无所谓善恶好坏,只要是主权者的意志和命令,就是法律。奥斯丁就认为法理学研究实在法或研究严格意义上的法律,而不考虑这些法律的好坏。凯尔森也强调法律的概念无任何道德意义,它指一种社会组织的特定技术。

实际上,自然法学强调"法的正义性"和"合目的性"优先,法律的权威和效力来自于法律之外;人们在现实生活中对那些"不法的法律"、那些"恶法"有温和抵抗的权利,至少人们能够根据自己的理性判断来选择自己的行为,可以不按照恶法去从事那些反人类、反人道的"非法"行为。实证主义法学则强调"法律的安定性"优先,强调法律的体系性和逻辑性,认为应当从法律本身来寻找和说明法律的效力的根据,从法律之外来讨论,法律就失去了安定性、稳定性或可预测性,人们将无所适从。

马克思主义法学认为,不能笼统地看待法律与道德的关系。法律与统治阶级的道德,无论在本质方面还是在内容方面,都是相同的,只不过表现形式、调整手段不同而已。法律与被统治阶级的道德本质不同,内容也不同。在阶级社会中,道德具有阶级性;在社会中占统治地位的道德总是统治阶级的道德。法律所反映的道德不是抽象的,而是具体的、历史的,是统治阶级的道德。在此意义上,两者是相互渗透、相互促进、协调发展的。法律与统治阶级的道德是相互促进、相辅相成的关系。一方面,统治阶级的道德为立法确立了价值坐标,为立法指明了方向,而法律制定又将基本、重要的道德规范上升为法律,推动了统治阶级道德的普及。另一方面,统治阶级的道德为守法奠定了心理基础,而执法、司法活动通过惩治严重的不道德行为又弘扬了道德精神。

在马克思主义法学看来,法律与统治阶级道德的关系具体表现在以下两方面。

(1)法律是传播道德的有效手段。首先,在立法上对一些重要的道德要求、原则(如尊老爱幼、诚实守信)予以确认,用国家强制力保障其实现。在立法过程中,必须充分考虑道德因素和道德标准,以适当形式将道德的根本原则、主导内容法律化。如我国《民法典》第 1043 条明确规定"家庭应当树立优良家风,弘扬家庭美德,重视家庭文明建设。夫妻应当互相忠实,互相尊重,互相关爱;家庭成员应当敬老爱幼,互相帮助,维护平等、和睦、文明的婚姻家庭关系。"其次,在法律的实施上,通过对违法犯罪行为的制裁和对合法行为的保护与奖励,既可以培养人们的遵纪守法意识,又可以提高人们的道德观念,使社会保持良好的道德风尚。从法律功能看,它通过自身的评价、预测、指引、教育、强制等作用,促进道德规范行为的养成、道德意识的觉醒,最终达到道德理想的实现。

(2)道德是法律的评价标准和推动力量。第一,法律规范必须要有道德作为价值基础。尽管法律和道德二者不能相互混淆,但法律也并不是完全可以排除道德价值。失去道德价值，就等于失去了判断法律善恶好坏的标准。这样的法律势必会变成立法者专横的工具。具有最低限度的道德内容，是对任何国家的实在法最起码的要求。如我国《民法典》第 8 条就规定民事主体从事民事活动，不得违反法律，不得违背公序良俗。第二，道德的状况制约着立法的发展，道德为立法指明方向。立法的科学、合理，取决于经济、政治的发展，也需要一个良好的社会环境。而道德水准的提高，将会为法律的制定创造良好的条件。第三，道德对法律实施起着不可忽视的促进作用。在守法方面，道德意识可以提高人们遵守法律的自觉性和维护法律的权威、尊严，同违法犯罪做斗争的积极性；一般而言，社会成员道德水准越高，守法意识就越强，法律的作用就越见明显。在执法方面，较高的职业道德可以保证执法者做到秉公而断、执法严明，执法者道德水平的高低与执法质量的好坏有着直接的关系。在司法方面，法官的职业道德影响到司法功能的实现和良好司法效果的达成。第四，有些社会关系领域法律不能调整，或虽然应该由法律调整，但由于某些原因没有做出规定，在这些领域加强道德调整有助于弥补法律调整的不足。

因此，法律与道德存在交叉与渗透，表现在两方面：一是法律意识与道德观念具有同一属性而相互联系，二是法律规范与道德规范的调控范围有所重叠而相互包容。一般来说，凡是法律所禁止和制裁的行为，也是道德所禁止和谴责的行为；凡是法律所要求和鼓励的行为，也是道德所培养和倡导的行为。反言之，许多道德观念也体现在法律之中，许多道德问题也是可以诉求法律解决的问题。总之，法律与道德在内容上有着内在的联系，法律的内容必然要反映一定的道德观念和规范，强调"法律是最低限度的道德"。[1] 法律与道德在功能上有着互补的关系，法律与道德各有优势，两者应当结合起来，现代社会强调道德调整为基础、法律调整为主导。

值得注意的是，随着现代化的发展，整个社会控制体系的发展趋势是法律的加强和包括道德在内的其他社会控制的减弱。美国学者布莱克认为人们成了法律的

---

[1] 哈特教授在《法律的概念》中提出了"最低限度自然法"（the minimum content of natural law）的概念，"假定生存是一个目的，法律和道德应当包括一个具体的内容。没有这样一个内容，法律和道德就无法促进人们在相互结合中所抱有的最低限度的生存目的。"（[英]哈特：《法律的概念》，张文显等译，189 页，北京，中国大百科全书出版社，1996。）社会规则的"最低内容"可以通过关于人性的五个基本公理来确定，而这些公理是人通过理性都可以发现的，它们分别是：①人的脆弱性，个人不具备完全的保护能力来防御环境的危险；②大体上的平等，人在体力上和机智上虽然有差异，但大体是平等的，任何人都不可能强大到仅凭自己的力量就可以较长期地统治他人；③有限的利他主义，人在有些时候、有些情况下是会利他的，但人的利他主义的范围是有限的并且是有间歇性的，而侵犯倾向却是时常存在的；④有限的资源，人需要各种维持生存的资源，但这些资源不是无限丰富、唾手可得的，而是稀缺的；⑤有限的理解力和意志力，人们并不总是知道为了自己的利益到底应该做什么事情，往往只顾眼前利益而忽视与他人合作而产生的长远利益。基于这五个公理，任何一个法律制度都应具备这样一些最低限度的道德内容：不得杀人的规则，相互克制和妥协、不得以暴力解决冲突的规则，财产权规则，对在合同中不尽义务者予以强制的规则。参见[英]哈特：《法律的概念》，张文显等译，190～193 页，北京，中国大百科全书出版社，1996。

奴隶,一方面高度法律化,另一方面道德沦丧,指出美国患了"吉诺维斯综合征"
(Kitty Genovese syndrome)。[1]

第二节 中国古代的法律与道德关系

在中国古代社会里,法律与道德两者既同是社会规范,又具有相对的独立性。
但"相对于西人的法律,我们可以说中国的传统是道德至上"。[2] 法律深受儒家伦
理思想的影响。

中国古代社会儒家伦理思想对法律的影响从总体上说,主要是两个方面:一
是把伦理纲常确立为立法和司法的指导原则,实现了法律的儒家化;二是把国家和
社会生活中的道德规范,通过皇帝的敕、令和朝廷颁行的各种法律特别是礼仪类立
法从法律上固定下来,要求全体臣民一体遵守。同时依照"失礼则入刑"的制律原
则,把违犯道德规范的行为列为刑罚惩处的对象,在律典及其他刑事法律中固定下
来,并把儒家的伦理原则贯彻于司法实践,进而有力地推动了道德教化。[3]

具体而言,中国古代社会的法律与道德关系,有其发展过程。战国时期的孟
子、荀子、韩非分别是早期法律与道德关系三类不同观点的代表。

孟子认为"人性善",道德教化人民不仅是可能的,而且是易行的,主张靠"德
治"治理国家。其"德治"的内容,主要是实行德政、推行德教。德政又叫"仁政",包
括"省刑罚、薄赋敛"等内容。[4] 他说:"以德服人者,中心悦而诚服也"。[5] 他力
图把孔子的"仁者爱人"原则推广到治理国家的各个方面,贯穿于全部政治生活之
中,这就是他著名的"仁政"学说。对法律与道德关系的认识上,孟子的思想倾向是
重道德、轻法律。

儒家学派的另一位代表人物荀子则认为"人性恶",主张治理国家除注重礼仪
道德教化外,还需运用法律强制手段,提出"礼法并重""教刑并用"。他说:"故古

〔1〕 吉诺维斯案件是1964年发生在美国纽约的一件凶杀案。案发的那天凌晨三点,一位名叫吉诺维斯的姑娘在返回公寓的途中被一歹徒持刀施暴强奸并杀害。案件持续了30多分钟,遇害者的38个邻居听到了呼救声,其中许多人还走到窗前去看了很长时间,但无人出来制止,警察接到电话赶到时,罪犯已经逃跑,而这位小姐也已死去。这反映出现代社会人们对公共事务关注度的下降、道德感的淡漠,为法律与道德偏离而出现的社会问题。参见[美]布莱克:《社会学视野中的司法》,郭星华等译,87页,北京,法律出版社,2002;韩旭:《通过法律的道德控制——关于我国社会转型时期法律与道德相互关系的一个法社会学分析》,载刘海年等编:《依法治国与精神文明建设》,300~301页,北京,中国法制出版社,1997。

〔2〕 梁治平:《法辨——中国法的过去、现在与未来》,31页,贵阳,贵州人民出版社,1992。

〔3〕 杨一凡:《儒家的法律与道德关系论对封建刑法的影响》,载杨一凡、刘笃才:《中国的法律与道德》,137页,哈尔滨,黑龙江人民出版社,1987。进一步的阅读可参见马小红:《中国古代社会礼与法关系的借鉴》,载刘海年等主编:《依法治国与精神文明建设》,北京,中国法制出版社,1997;范忠信:《中国法律传统的基本精神》,第六章中国古代法律与道德关系的理论,济南,山东人民出版社,2003。

〔4〕 《孟子·梁惠王章句上》。

〔5〕 《孟子·公孙丑章句上》。

者圣人以人之性恶,以为偏险而不正,悖乱而不治,故为之立君上之执以临之,明礼仪以化之,起法正以治之,重刑罚以禁之,使天下皆出于治,合于善也。……今当试去君上之执,无礼义之化,去法正之治,无刑罚之禁,倚而观天下民人之相与也,若是,……天下之悖乱而相亡不待顷也。"[1]在他看来,礼仪道德教化与刑罚都是治理人民的工具,离开二者,天下就会大乱。他把"以德兼人"称作"王道",把"以力兼人"叫作"霸道",认为"王道"比霸道优越。[2] 关于法律与道德的相互关系,荀子的看法是:"礼义者,治之始也";[3]"法者,治之端也。"[4]又说:"礼者,法之大分,类之纲纪也",[5]"礼义生而制法度。"[6]认为礼义是法的总纲,法则是礼义的派生物。他明确地提出了"教刑并用"的主张,指出:"不教而诛,则刑繁而邪不胜;教而不诛,则奸民不惩"。[7] 忽视道德教化,专靠刑杀,用刑虽多也制服不了犯罪;只讲道德教化,不要刑罚,犯罪分子得不到应有的惩罚,就会更加肆无忌惮。正确的做法只能是教刑并用。在中国历史上,荀子是较早明确提出法律与道德相结合主张的思想家。

"集法家之大成"的法家学派著名代表人物韩非,主张"法治",强调"以法为本",[8]对人民要"以法为教",[9]并明确提出"法不阿贵"的口号。[10] 他认为:"言先王之仁义,无益于治",[11]提出"用法之相忍,而弃仁人之相怜"。[12] 完全否定教化的作用,强调"不务德而务法"。[13] 韩非重法律、轻道德的主张与孟子重道德、轻法律的主张一样,都有其片面性。

在西汉前期思想家、政治家论证法律与道德相互关系思想的基础上,汉武帝时,儒学大师董仲舒系统地论证了"德主刑辅"思想,为正统法律思想规定了基本的模式。董仲舒吸收"阴阳五行"学说,对儒家学说进行了加工改造,建立了一个包括宗教、哲学、政治、法律、伦理等内容在内的新的儒家思想体系,"德主刑辅"是这一思想体系的重要组成部分。他从哲学的理论高度论证了"德主刑辅"的思想,认为一切事物都是由两个对立面构成的,"合各有阴阳",[14]"阳尊阴卑",阳处于主导的

---

[1] 《荀子·性恶》。
[2] 《荀子·议兵》。
[3] 《荀子·王制》。
[4] 《荀子·礼论》。
[5] 《荀子·劝学》。
[6] 《荀子·性恶》。
[7] 《荀子·富国》。
[8] 《韩非子·饰邪》。
[9] 《韩非子·五蠹》。
[10] 《韩非子·有度》。
[11] 《韩非子·二柄》。
[12] 《韩非子·五蠹》。
[13] 《韩非子·显学》。
[14] 《春秋繁露·基义》。

地位,阴起着辅助的作用。认为这一哲理同样适用于德与刑的关系,德教与刑罚、法律与道德是对立统一的关系。他说:"德与刑犹如是也"。[1] "阳为德,阴为刑",[2] "刑者德之辅,阴者阳之助也。"[3]他还以神秘的"天人感应"说解释"德主刑辅",把它说成是天的意志,并指出:天有阴有阳,德是天之阳,刑是天之阴,天以阳为主,"王者承天意以从事",必须按照天的意志办事。董仲舒"德主刑辅"思想的着重点是强调礼仪教化,指出:"教,政之本也;狱,政之末也。其事异域,其用一也。"[4]他认为只有注重道德教化,才会"奸邪皆止",根绝犯罪。

从魏晋到隋唐,"礼法合一"思想有不断强化的趋势。"礼法合一"是中国固有法制的基本特征,其内容和特点主要是:其一,明确规定"德礼为政教之本,刑罚为政教之用",[5]把儒家伦理学说确定为立法、司法的指导思想。其二,法律必须"一准乎礼",符合礼教和道德的要求。其三,国家和社会生活中的道德规范几乎都上升为法律,实现了伦理道德的法律化。法律对于违背道德的行为处以刑罚。其四,涉及伦理关系的犯罪与一般犯罪区别对待。同一犯罪,因个人身份的尊卑、贵贱和在家族中的服制不同,量刑各异。卑幼犯尊长、贱犯贵比尊长犯卑幼、贵犯贱的处刑加重,法律保护儒家伦理纲常不受侵犯。

由于在治国实践中,用教化推行道德的努力未取得明显的成效,许多思想家、政治家力图用法律的手段维护和推行道德,并对这一主张进行理论阐发。东汉时陈宠云:"礼之所去,刑之所取,失礼则入刑,相为表里者也"。[6]这一思想是魏晋"礼法合一"思潮的先声。三国时魏国著名思想家阮籍认为:"刑教一体,礼乐外内也。刑弛则教不独行,礼废则乐无所立。"[7]在他看来,刑罚与道德教化是密不可分的一整体,刑罚是推行道德教化的保障,"刑弛则教不独行"。西晋时傅玄说:"礼、法殊途而同归,赏、刑递用而相济,"[8]强调法律和道德都是维护国家和社会秩序的手段,只有二者并用才能达到治国的目的。

宋代以后,随着社会经济的进一步发展,人民反对礼教束缚意识的觉醒,完善固有法制理论,以便有力地维护以"三纲五常"为核心内容的封建礼教,成为历代统治者迫切需要。正是在这种情况下,为了有利于统治者更好地处理法律与道德的相互关系,南宋著名理学家朱熹从"礼法结合"的意义上对"明刑弼教"思想做了新的阐发。"明刑弼教"一语,渊于《尚书·大禹谟》。原文曰:"明于五刑,以弼五

---

[1] 《春秋繁露·基义》。
[2] 《汉书·董仲舒传》。
[3] 《春秋繁露·天辨在人》。
[4] 《春秋繁露·精华》。
[5] 《唐律疏议·名例》。
[6] 《后汉书·陈宠传》。
[7] 《阮嗣宗集·乐论》。
[8] 《傅子·法刑》。

教。"后人概括为"明刑弼教"。所谓"五教",是指中国固有社会中的五种伦理道德,即父义、母慈、兄友、弟恭、子孝。"五教"又称为"五常"之教。"五常"的内容为:"仁、义、礼、智、信"。在朱熹之前的固有社会里,历代政治家、思想家较少提及"明刑弼教",如有涉及,也是从"德主刑辅"或"礼法结合"的意义上讲的。"集诸儒之大成者"朱熹对儒家学说进行了一番大的改造,把维护"三纲五常"说成是"天理"的体现,提出了"存天理,灭人欲"的口号,要求人们无条件地尊崇封建纲常名教。

在法律与道德的关系问题上,朱熹对"明刑弼教"思想进行了新的阐述。他把道德教化与刑罚视为维护"三纲五常"的两种手段,这一点同前代儒家的观点并无不同之处。朱熹的创意是,教化与刑罚的实施,其先后缓急,并不是固定不变的。是先教后行,还是先行后教,应当根据治国的实际需要灵活变通。他说:"明刑以弼五教,而期于无刑焉。盖三纲五常,天理民彝之大节而治道之本根也,故圣人之治,为之教以明之,为之刑以弼之,虽其所施或先或后或缓或急,而其深切之意未尝不在乎此也。"[1]这句话的意思是,"明刑弼教"必须服从于维护"三纲五常"这个"治道之本",至于是先教后刑还是先刑后教,都是符合圣人之道的。他还从"存天理"的角度对这一观点进行了论证:"礼者,天理之节文。"[2]"法者,天下之理。"[3]"礼字、法字实(是)理字。"[4]

对于中国古代法律的儒家化过程,瞿同祖在《中国法律与中国社会》一书中有一段精彩的概述:"儒家以礼入法的企图在汉代已开始。虽因受条文的拘束,只能在解释法律及应用经义决狱方面努力,但儒家化运动的成为风气,日益根深蒂固,实胚胎酝酿于此时,时机早已成熟,所以曹魏一旦制律,儒家化的法律便应运而生。自魏而后历晋及北魏、北齐皆可说系此一运动的连续。前一朝法律的儒家因素多为后一朝所吸收,而每一朝又加入若干新的儒家因素,所以内容愈富而体系亦愈益精密。……隋、唐采用后便成为中国法律的正统。"[5]宋、元、明、清各朝沿承唐代,制律以"一准乎礼"为标准,素重纲常名教这一点从未变更。

儒家的法律与道德关系论对中国古代刑事立法"一准乎礼"发展进程的影响,主要是两个方面:第一,从维护纲常名教、巩固统治的需要出发,把"德主刑辅"确定为立法的指导原则,从而大大加速了法律儒家化的进程。第二,为了使制律"一准乎礼",在"失礼则入刑"的立法思想指导下,违犯礼教和道德规范的行为被列为刑罚的制裁对象,加快了法律道德化的进程。中国古代有关体现和维护伦理道德关系的刑事立法主要是以下四个方面:① 关于体现"忠君"伦理思想和维护君臣伦

---

[1] 《朱子大全·戊申延和奏札一》。
[2] 《朱子大全·答曾择之》。
[3] 《朱子大全·学校贡举私议》。
[4] 《朱子大全·答吕子约》。
[5] 瞿同祖:《中国法律与中国社会》,345～346页,北京,中华书局,1981。

理关系的立法。②关于维护"孝亲"道德规范和家族伦理关系的立法。③关于维护"贵贱上下有等""良贱有别"伦理关系的立法。④关于体现"仁道"思想、抑强扶弱方面的立法。儒家伦理原则对司法的影响表现在：①"经义折狱"是伦理法体系未全面建立之前,运用儒家伦理原则指导司法活动的重要实践;②体现和维护伦理关系的有关刑事诉讼制度和诉讼原则,如"亲属相为容隐"、旨在贯彻"尊尊""贵贵"伦理原则的"八议"之制、体现"仁道""恕道"的慎刑恤囚诸制度等。现存的大量的司法文献表明,中国古代统治者对待司法活动中德、刑矛盾的态度,以及儒家伦理道德在处理二者矛盾中的地位和作用,概括说来表现为两种情况：在发生德、刑矛盾的情况下,如果道德的理由与统治集团的根本利益相冲突,或者带来害大利小的后果,当政者就会重法律而轻道德。而如果在德、刑发生矛盾时,道德的理由符合统治集团的根本利益,或能带来利大害小的结果,在这种情况下,道德的作用就会受到重视,"曲法伸情"成为强化司法活动的手段。

在中国古代的实践中,有法律与道德结合相对较为成功的案例。如有这样一案：

> 谢登科控戚徐有才往来其家,与女约为婚姻,并请杖杀其女。余曰："尔女已字人乎?"曰："未"。乃召徐至,一翩翩少年也。断令出财礼若干劝放,谢以女归之。判曰：城北徐公素有美誉江南,谢女久擅其才名,既两美之相当,亦三生之凑合,况律虽明设大法,礼尤贵顺人情,嫁伯比以为妻,云夫人权衡允当,记钟建之大负我楚季芈,从一而终,始乱终成,还思补救,人取我与,毕竟圆通,蠲尔嫌疑,成兹姻好。本县亦冰人也耳,其诹吉待之。

此案为儿女自由恋爱引起,谢登科以女儿私订终身,违反了礼法"父母之命、媒妁之言"的法律,而审判官却对传统礼法重新释义,"律虽明设大法,礼尤贵顺人情",促成一段美好姻缘。这一案例说明此案的司法者已将法律内化为道德,追求一种超法律的境界。[1]

第三节　立法的道德限制

在法律与道德问题上,法律对于道德的实现具有重要意义,人们可以运用法律的手段强制推行和实施道德。亚里士多德曾经指出,凡订有良法而有志于实行善政的城邦,就得操心全部人民生活中的一切善德和恶行。"法律的实际意义却应该是促成全部人民都能促进于正义和善德的制度。"[2]

但是立法推进道德是否是无限度的呢? 在英国,自20世纪50年代初就发生

[1] 蒯德模：《吴中判牍》,载《笔记小说大观》(四编九册),台北,新兴书局,1974。
[2] [古希腊]亚里士多德：《政治学》,吴寿彭译,138页,北京,商务印书馆,1965。

了关于同性恋和卖淫的道德、宗教和法律争论,1954 年英国议会任命议员沃尔芬登(Wolfenden)为首组织一个特别委员会——同性恋和卖淫调查委员会。1957 年9 月沃尔芬登委员会向议会提出报告,建议改革有关同性恋和卖淫的刑法。建议的主旨为不应继续把同性恋和卖淫作为犯罪惩罚,但应通过一项立法禁止公开卖淫。英国议会先后于 1959 年、1967 年通过了沃尔芬登委员会的有关立法建议。

沃尔芬登委员会的报告指出:①法律的作用是维护公共秩序和体面,保护公民免受侵害,特别是为那些年轻,身心脆弱、没有经验或处于特殊的物质上、职务上或经济上的依赖地位而易受侵害的人足够的保障,以防止他人剥削和腐化。如果成年人是私下而且是自愿地同性恋,就不存在公共秩序和体面问题,因此,法律不应当惩罚同性恋。②必须留有法律不介入的私人道德和不道德的领域,应当给予个人就私人道德问题作出选择和行动的自由。干预公民私人生活或试图强制特殊的行为模式,对于实现法律的目的来说,并非必要。卖淫和同性恋实质上都是私人道德,故无禁止的必要。[1]

沃尔芬登委员会的这两个结论涉及法律的作用是什么、道德的社会作用是什么,有无一个私人道德的王国,国家、法律和社会可否或应否干预公民的"私人道德",法律可否强制推行社会公认的道德?这引起了英国各界的关注和争论,并吸引了美国等国学者参与。英国高等法院法官德富林和牛津大学法理学教授哈特对此进行了辩论。[2]

通过这一事件,可以发现法律调整不道德的行为不是无限的,立法推进道德是有限度的,一般认为,在法律对道德问题的规范方面有以下一些标准:①自由主义标准:人类之所以有理有权可以个别地或集体地对其中任何分子的行为自由地进行干涉,唯一的目的就是自我防卫——任何人的行为,只有涉及他的那部分才须对社会负责。②坏结果标准:一个不道德的行为只有产生了坏的结果才能用法律手段予以制止。③家长主义标准:严重不道德的行为妨害了自己,为了保护人类不受非理性行为的伤害,应当用法律予以制止。④保护公众标准:只禁止公开的非道德行为,私下的不道德行为如同性恋不予禁止。不同的标准下,法律限制不道德行为的范围有所不同。

立法推进道德主要解决两种非道德行为的法律责任。

一是对他人的非道德行为:自由主义标准主张对他人产生伤害的可进行限制,否则不能进行限制;坏结果标准则提出只有产生了坏的结果方可限制。

二是对伤害自己的非道德行为:家长主义标准认为可以干涉,如酗酒、吸毒行

[1]　Wolfenden Report,转引自张文显:《二十世纪西方法哲学思潮研究》,421 页,北京,法律出版社,1996。

[2]　由沃尔芬登委员会提出的论点受到了上议院常任上诉法官和律师的德夫林勋爵的抨击,哈特质疑的重点是社会崩溃论。详可参见[英]哈特:《法律、自由与道德》,支振锋译,北京,法律出版社,2006。

为。保护主义标准则强调保护公众道德感情,只对公开的非道德行为才制止。对未损害他人的非道德行为的限制应慎重,这是为部分人超前的道德要求留下空间,为道德进化提供机遇,也是现代民主、宽容少数的要求。

对此,美国学者波斯纳提出了一种新的思路。波斯纳认为,"当实证主义对某个法律争议无法得出令人满意的结论时,法律是应从哲学还是应从科学获得指导。本书的回答是,'应从科学获取指导'",〔1〕法律应该求助于科学而不是道德哲学。比如,为什么在旁观者越多的情况下受害者就越难获得救助?那是因为救助者的预期收益会减少,说明利他也有经济学因素。和动物性交在美国殖民时期是死刑罪,现在许多州仍然对它定罪,虽然不处以死刑。产生这个变化的原因是过去人们认为这种性交会生出怪物,现在人们的科学知识打破了这种担心,但人们仍然不喜欢这样的行为。这种刑罚的变化是由科学带来的,而不是道德争论的结果。所以,"探讨事实。而不是道德推理,有时对道德争议可以有一种影响。"〔2〕

在一些争议比较大的问题如同性恋上,波斯纳主张法官在道德争议上不要表态。过去人们把同性恋看成是道德的缺陷,但现在有足够多的科学证据表明同性恋偏好是由基因决定的,因此,就可以把它转化为一个科学问题来处理。在人工流产问题上,女权主义和自由主义认为它是道德的,而如果从限制自由的角度或认为所有生命都是崇高的角度,它就是不道德的,需要通过法律进行限制。而且双方都无法通过推理达成一致意见,因而争论激烈但不解决问题。而联邦最高法院把人工流产权利转化为职业自主问题来解决,认为应该由医生判断是否进行人工流产,波斯纳认为这是一个明智的决定,避免了一场没有必要而且不可能有结果的道德争议。〔3〕波斯纳的意见值得重视,问题在于是否都能从科学角度讨论。

对不作为的非道德行为如光天化日之下围观性暴力而不阻止的行为的法律调整问题更为微妙。

2005年4月18日下午4时许,位于河北衡水闹市街头的一公共厕所内,一女孩在如厕时被尾随而来的拾荒男子强奸。女孩受害时间长达20余分钟,现场围观市民40余人,却没有一人出手制止。在该男子施暴过程中,女孩奋力挣扎并大声嘶喊,却没有一人对发生在公共场所内的暴行加以制止,其间曾有人进入厕所,看到眼前的情景后,慌乱地退出去。公厕外面很快聚集起一大群人,但这些人只是抱着看热闹的心态,没有一人出手搭救,也没有一人报警。直到警察经过,发现异常而进去铐住了该男子。〔4〕

---

〔1〕 [美]波斯纳:《道德和法律理论的疑问》,苏力译,原书序,北京,中国政法大学出版社,2001。
〔2〕 [美]波斯纳:《道德和法律理论的疑问》,苏力译,27页,北京,中国政法大学出版社,2001。
〔3〕 [美]波斯纳:《道德和法律理论的疑问》,苏力译,156页,北京,中国政法大学出版社,2001。
〔4〕 李海菊、孟宪峰:《女孩公厕内被强奸40余人围观竟无一人制止》,《深圳特区报》2005-04-26。

一些国家如法国、德国、葡萄牙、奥地利等规定了救助的法律义务,规定了见危不救等不作为的非道德行为的法律责任。如《法国刑法典》(1994)第 223-6 条规定:"任何人对处于危险中的他人,能够采取个人行动,或者能唤起救助行动,且对其本人或第三人均无危险,而故意放弃给予救助的,处 5 年监禁并科 50 万法郎罚金。"第 223-7 条规定:"任何人故意不采取或故意不唤起能够抗击危及人们安全灾难的措施,且该措施对其本人或第三人均无危险的,处 2 年监禁并科 20 万法郎罚金。"《德国刑法典》(1976)第 330C 条规定:"意外事故或公共危险或急难时,有救助之必要,依当时情况又有可能,尤其对自己并无显著危难且不违反其他重要义务而不救助者,处 1 年以下自由刑或并科罚金。"《意大利刑法典》(1968)第 593 条第 2 项规定:"对气息仅存或受伤或危急之人,疏于必要的救助或未及时通知官署者,处 3 个月以下徒刑或科 12 万里拉以下罚金。"《西班牙刑法典》(1971)第 489-1 条规定:"对于无依无靠,且情况至为危险严重,如果施予援助对自己或第三者并无危险,但不施予援助,应处以长期监禁,并科以西币 5000~10000 元之罚款。"《奥地利刑法典》(1975)第 95 条规定:"在不幸事件或公共危险发生之际,对有死亡或重大身体伤害或健康损害危险,显然需要加以救助之人,怠于为救助者,处 6 月以下自由刑或 360 日额以下罚金;其怠于救助因而致人于死者,处 1 年以下自由刑或 360 日额以下罚金。如不能期待行为人为救助者,不在此限。须冒生命危险、身体之危险或可能侵害他人重大利益时,属于不能期待救助之情形。"

我国古代社会自秦朝以后,历代统治者大都制定了对见危不救予以严惩的法律条款。[1] 1975 年,在湖北云梦睡虎地出土了大量的秦代法律竹简。《睡虎地秦墓竹简》中的《法律问答》里,就记载了对见义不为的惩罚措施。其中规定:"贼入甲室,贼伤甲,甲号寇,其四邻、典、老皆出不存,不闻号寇,问当论不当?审不存,不当论;典、老虽不存,当论。"可见,秦代对见危不救的处罚规定十分严格,凡邻里遇盗请求救助而未救者,要依法论罪。及至唐代,对见危不救、见义不为的法律规定更加详细。《唐律疏议》中有许多这方面的法律条款。如《唐律疏议》卷 28 规定:"诸邻里被强盗及杀人,告而不救助者,杖一百;闻而不救助者,减一等。力势不能赴救者,速告随近官司、若不告者,亦以不救助论。"若"追捕罪人而力不能制,告道路行人,其行人力能助之而不助者,杖八十;势不得助者,勿论"。此外,在唐律中还有对诸如发生火灾、水灾等重大险情时的救助规定,如《唐律疏议》卷 27 中有:"见火起,烧公私廨宇、舍宅、财物者,并须告见在邻近之人共救。若不告不救。减失火罪二等",合徒一年。宋代关于见危不救的法律条款与唐代相同,《宋刑统》卷 28 中

---

[1] 我国有关见义勇为的记载最早出现于《论语·为政》:"见义不为,无勇也。"《宋史·欧阳修传》中载有:"天资刚劲,见义勇为,虽机阱在前,触发之不顾;放逐流离,至于再三,志气自若也。"可见,在我国古代,见义勇为是人们所追求的道德标准。

有明确的记载。明清时期,也有类似的规定。如《大清律例》卷 24 规定:"强盗行劫,邻佑知而不协拿者,杖八十。"

需要注意的是,不能将所有的道德义务法律化,正如美国学者马多佛所说,"法律不曾也不能涉及道德的所有领域。若将一切道德的责任,尽行化为法律的责任,那便等于毁灭道德。"[1]

我国台湾地区有关是否废除刑法通奸罪的争论,对我们认识立法推进道德问题的思考有一定参考价值。

第四节　法律与道德的矛盾

法律与道德的矛盾主要表现在两个方面,一为如何处理合法的道德恶行;二为如何处理根据实在法是非法的,但在道德上却是可以证成的行为,即"合法不合理""合理不合法"问题。

一、如何处理合法的道德恶行

合法的道德恶行,即合法不合理的问题。德沃金在其著作《法律帝国》中举过一则案例:帕尔默(Palmer)的祖父在 1880 年写下遗嘱把遗产留给帕尔默。但在 1882 年,帕尔默的祖父再婚,帕尔默担心他祖父更改遗嘱,剥夺他的继承权,就用毒药把他祖父毒死。帕尔默的两位姑姑认为,既然帕尔默杀害了立遗嘱者,就不应该有遗产继承权。可是按照当时纽约州的法律,帕尔默祖父的遗嘱是有效的,而对谋杀者是否有权继承被谋杀者的遗产法律并没有明确的规定。参与这个案件的纽约最高法院的所有法官一致认为:判决必须符合法律。但对判定帕尔默是否可以继承遗产的问题,法官们有不同意见。帕尔默的辩护律师称:既然立遗嘱人已经去世,那么我们只能根据遗嘱的形式,并按法律的规定处理。但 Earl 和另外 4 位法官认为帕尔默无权继承遗产。理由是:虽然对这个问题没有明确的说法,但设想纽约州立法者在制定遗嘱法时会有谋杀者可继承遗产的意图,是十分荒唐的;而且,所有的法律都应该遵从普通法的一个基本原则,就是任何人都不能因他的错误获利。因此,法律不该允许有谋杀者继承遗产的内容。这样做并不是剥夺了他的财产,而是说明他不能因为他的罪行而得到财产。只有一位法官赞同 Gray 法官,认为帕尔默可以继承遗产。他们认为帕尔默已经为他的罪行受到了惩罚,被判二级谋杀。现在要处理的是另外的问题:他是否有权得到遗产。而对这个问题法律有明确的规定,所以应该按法律的规定处理,他不应该因此受到双重的惩罚。纽约

---

[1] [美]马多佛:《现代的国家》,转引自肖金泉主编:《世界法律思想宝库》,402 页,北京,中国政法大学出版社,1992。

州法院针对该案例确立了一条法律原则,即任何人都不得从其错误行为中获得利益。值得讨论的是:法官以自己的道德信仰取代实在法条文是否有违法治原则?[1]

与此类似,"二战"后,一方面,纽伦堡欧洲国际法庭和联邦德国的司法机关必须审判纳粹政权的战争犯、为法西斯效劳的间谍、告密者等罪犯的罪行;另一方面,犯有这些罪行的被告声称,他们的所作所为都是根据法律、政令和军令进行的,因而并不是非法的。如有一案件,被告原是一位德国军官的妻子,1944年为脱离其丈夫,向纳粹当局密告其夫在休假时曾发表诋毁希特勒和政治当局的言论,结果根据1934年纳粹政权的一项法令(凡发表不利于第三帝国的言论都是非法的),其夫被判处死刑。1949年,这位妇女在联邦德国法院被指控犯有1871年《德国刑法典》规定非法剥夺他人自由的罪行。这位妇女辩护说,她向当局报告其夫的行为是依法进行的,她没有犯罪。法院坚持认为,被告所依据的法令,由于违反了基本道德原则,因而是无效的;另外,被告并不是心怀义务去告发,而纯粹是为了个人卑鄙的目的,被告的行为违反了一切正直的人的良知和正义感。最后判处被告徒刑。这体现了典型的自然法学观点。

德国学者拉德布鲁赫也提到一起类似案件。设在诺德豪森的图林根刑事陪审庭进行的一项案件审理过程中,前初级司法官普特法尔肯被判处终身监禁,因为此前根据他的告发而导致判决并处死商人戈逊希。普特法尔肯在一个厕所的墙上发现有戈逊希留下的字迹:"希特勒是一个杀人狂,应对战争负罪。"判决的作出不单单是因为这个留言,而且也是因为戈逊希听信了外国广播的宣传。图林根总检察官库什尼茨基博士(对普特法尔肯的)指控是通过报纸详细复述的(《图林根人民报》,1946-05-10)。总检察官首先论证的问题是,(普特法尔肯的)行为是违法的吗?初级司法官辩解说,他告发戈逊希是出于对民族社会主义的信仰,这在法律上是不受追究的。但人没有任何法律义务去告密,也包括出于政治信仰。即使在希特勒统治时期,这一法律义务也是不存在的。关键的问题是,他所做的是否属司法行为。这里的前提是:司法人员是有权作出法律判决的。符合法律、追求正义和法律的安定性是对司法人员的要求。所有这三项前提条件在希特勒时期的政治性刑事司法过程中都是缺乏的?在这些年里谁要是告发另一个人,他必定考虑得很清楚——而且实际上也是这样来做的:他扭送被告人(到法庭)不具有合法性的庭审程序,不是根据法律上的界限,不是为了查明(事实)真相、寻求公正的判决,而是任意专断的。[2]

---

〔1〕 参见[美]德沃金:《法律帝国》,李常青译,14~19页,北京,中国大百科全书出版社,1996。

〔2〕 参见[德]拉德布鲁赫:"法律的不法与超法律的法",舒国滢译,载《法哲学与法社会学论丛》,161~177页,北京,中国法制出版社,2001。

实证主义法学也不反对惩罚那些在纳粹法的名义下从事卑鄙、残忍活动的人，但是，他们不主张采取宣布纳粹法律为无效的方式，而主张公开制定一些详明既往的法律，作为惩罚战犯、间谍和告密者的法律根据。同时表明态度：这样做违反了罪刑法定主义这一文明社会的基本法律原则。但这是为了避免更大的邪恶(放纵道德恶行)而不得已采取的选择。两害取轻、两利取重的功利主义原则。[1]

二、如何处理根据实在法是非法的，但在道德上却是可以证成的行为

根据实在法是非法的，但在道德上却是可以证成的行为，即合理不合法的行为。这方面的典型为埃希曼案件。埃希曼曾经是纳粹德国屠杀犹太人的主要工具，是纳粹德国行将崩溃前执行丧心病狂的"彻底解决方案"的负责人。在被屠灭的 600 万犹太人中，大约有 200 万犹太人的死跟埃希曼有极其密切的关系。纽伦堡国际法庭所搜集的证据证明埃希曼是所谓"埃希曼服务所"的领导人，是所谓"彻底解决犹太人问题"的策略家。集中营死里逃生的人费了 15 年工夫终于发现他更改姓名避居在阿根廷。"二战"结束后，艾希曼被捕入狱。但后来，他设法从狱中逃走，到了阿根廷布宜诺斯艾利斯，化名克莱门特与妻子和 3 个儿子一起生活。1960年 5 月 11 日晚，以色列特工以非凡的胆略和周密的计划绑架了艾希曼，并且将他安全地劫持到以色列并准备对他进行审判。

阿根廷指责以色列在阿根廷领土非法行使权力，从而侵犯阿根廷主权，要求把埃希曼送还阿根廷，并由以色列惩处执行诱拐任务的人。

由于以色列拒绝了阿根廷要求，阿根廷就根据《联合国宪章》第 33 条规定，将争端提请联合国安理会处理。安理会面对一个法律与道德的难题：或者承认国际法的绝对效力，或者认可在最例外的情况下，国际法可能对"道德"或"自然法"的最低限度要求让步。

在安理会上，阿根廷代表亚马弟奥辩护说：法律不总是站在大众情感的一边，它往往是不得人心的。但是它本身的脆弱性就要求予以防卫，加以保护，甚至不能用例外的说法来论证对它的破坏，单独一次的破坏将导致法律秩序全部结构的垮台。

以色列代表并不否认领土这一实在法原则的一般效力，但他主张：无论这一

---

〔1〕 哈贝马斯在 1986 年的泰纳演讲中认为法律处于道德和政治之间，不管是马克斯·韦伯坚持捍卫的法律规范形式主义，还是卢曼所宣扬的系统功能法律论，都没能解决合法律的合法性这一难题。在考察了理性法和实证法的历史之后，哈贝马斯提出了自己的解决之道：伦理形式主义的法律商谈理论。作为法治国建制基础的法律商谈理论主张，在立法方面，接受各方面利益主体之间的道德、利益、取向论辩，在司法方面，要求合程序性的民众普遍和公开地参与，只有这样才不至于走向实证法和理性法的极端。参见[德]哈贝马斯：《在事实与规范之间：关于法律和民主法治国的商谈理论》，附录一《法律和道德(1986 年泰纳演讲)》，童世骏译，北京，三联书店，2003。

原则怎样神圣,当事实状态引起最不平凡和非常强烈的道德冲击时,我们有理由使这一抽象原则对有关人的要求作出让步。

1960年6月23日,安理会通过决议,基本上支持阿根廷的要求,裁决主要包括两点:第一,安理会对以色列予以申诫;第二,以色列向阿根廷道歉。

1961年4月,埃希曼在耶路撒冷受审。1961年12月15日,埃希曼以屠杀200万犹太人的罪行,被定为反人类罪、反犹太罪,以及参加犯罪组织罪而判处绞刑。1962年5月31日,埃希曼伏法受刑。[1]

《美国国际法杂志》1961年4月号发表了波多黎各大学教授海伦·锡尔温针对埃希曼案件的评论文章:《埃希曼案件——一个法律与道德的难题》。他认为法律的基本方法应该是"实证主义",目的在于维护"法治原则";但是在例外的情况下,当实证主义由于迁就文字而牺牲正义的精神时,法律应当兼顾到"实在法"和"自然法"的相对性,并拿出政治勇气来放弃"实在法"的统治,以免造成粗暴的非正义事件。这意味着"最低限度的自然法"同"实在法"相抵触时可以废弃后者。

"合理不合法""合法不合理"问题相当复杂,需要根据社会状况全面考虑、审慎判断,在兼顾、平衡基础上进行恰当选择。

可见法律与道德存在一定程度的不一致,具体表现在:①法律许可而道德不许可,如时效制度,可以因时效的完成取得他人的权利或者免除应尽的义务,道德则要求见利思义。②道德不反对、而法律不许可,如为亲复仇,道德上同情,往往视为孝举;而法律则禁止。其他类似的还有如违反诉讼程序,父债子还,脱离父母子女关系。③道德所极端反对,而法律采取放任态度,如无配偶的人与人通奸。法律与道德的这种冲突和矛盾表明法律更遵循客观要求,强调社会关系和社会秩序的稳定和现时性;法律规范着眼于依照一般规律而不是特殊情况;法律并不保护所有利益,有些利益就没有得到保护,法律在利益中进行均衡和优先保护。法律与道德的冲突和矛盾有时通过国家法与非国家的习惯法的差异表现出来。

曾经有这样一起备受社会关注的案件,反映了我国法治建设进程中法律与道德的矛盾。

莫兆军案

2001年9月3日,原告李兆兴持借款借据等证据,向广东省四会市人民法院提起诉讼。借据内容为:"今借李兆兴现金壹万元正(10000元)作购房之用(张妙金

〔1〕 关于埃希曼案件,可参见肖宪、李华、刘亚明:《天涯缉凶——纳粹战犯世纪大追捕》(北京,中国工人出版社,2005)有关部分。也可参看匈牙利和英国合拍的电影《埃希曼》(2007年,罗伯特·扬导演)。美国学者汉娜·阿伦特的《耶路撒冷的埃希曼:一份关于平庸的恶的报告》(译林出版社2017,安尼译)可供参阅。阿伦特的《极权主义的起源》(三联书店2008,林骧华译)对反犹主义、帝国主义、极权主义进行了讨论。德国学者贝恩德·吕特尔斯的《卡尔·施米特在第三帝国》(葛平亮译,上海人民出版社2019)对"纳粹的桂冠法学家"施米特在魏玛时期、纳粹时期和战后时期的机会主义行为进行了剖析,可供参阅。

跟陈超新购入住房一套),现定于今年八月底还清,逾期不还,将予收回住房。此致借款人张妙金、父张坤石、母陆群芳、妹张小娇 2001 年 5 月 1 日。"李兆兴诉称张妙金等四人未能按期还款,请求法院判令归还借款和利息。四会市人民法院立案并确定适用简易程序审理,排定由民庭审判员莫兆军独任审判,书记员梁志均担任记录,案件编号为(2001)四民初字第 645 号,开庭日期为 2001 年 9 月 27 日上午。9 月 7 日四会市人民法院向被告送达了原告李兆兴的起诉状副本、开庭传票等。9 月 27 日上午,莫兆军开庭审理了该案。原、被告均到庭参加诉讼。经庭审调查,原、被告确认借条上"张坤石、陆群芳、张小娇"的签名均为本人所签,而张妙金签名为张小娇代签。被告张小娇辩称,借条是因 2001 年 4 月 26 日其装有房产证的手袋被一名叫冯志雄的人抢走,其后冯带原告李兆兴到张家胁迫其一家人签订的,实际上不存在向原告借款的事实;事发后张氏一家均没有报案。庭审因被告不同意调解而结束。庭审后,莫兆军根据法庭上被告张小娇的辩解和提供的冯志雄的联系电话,通知冯志雄到四会市人民法院接受调查,冯志雄对张小娇提出的借条由来予以否认。9 月 28 日,被告张妙金、张小娇到四会市人民法院找到副院长徐权谦反映情况,并提交了答辩状,徐向莫兆军询问情况,并将其签批有"转莫庭长审阅"的答辩状交给了莫兆军。

2001 年 9 月 29 日,四会市人民法院作出(2001)四民初字第 645 号民事判决,判令被告张坤石、陆群芳、张小娇于判决生效后 10 日内清还原告李兆兴的借款 1 万元及利息,并互负连带清还欠款责任;被告张妙金不负还款责任。同年 10 月 12 日,判决书送达双方当事人。原告李兆兴表示没有意见,被告一方认为判决不正确,表示将提出上诉。但直至上诉期限届满,被告一方始终没有提交上诉状和交纳诉讼费用,该民事判决发生法律效力。11 月 8 日,李兆兴向四会市人民法院申请执行。该院依程序于同月 13 日向被告张坤石等人送达了执行通知书,责令其在同月 20 日前履行判决。11 月 14 日中午,被告张坤石、陆群芳夫妇在四会市人民法院围墙外服毒自杀。

2001 年 11 月 15 日,四会市公安部门传唤了李兆兴、冯志雄两人,两人承认借条系他们持刀威逼张坤石夫妇等人所写,之后两人分别被以抢劫罪判处 7 年和 14 年有期徒刑。2002 年 10 月 22 日,莫兆军被四会市人民检察院刑事拘留,后又改为逮捕,涉嫌罪名是玩忽职守。

2003 年 12 月 4 日,肇庆市中级人民法院作出一审判决,认为莫兆军行为不构成犯罪,张坤石夫妇的死亡超出莫兆军的主观意志之外,与莫的审理案件行为无直接关系,莫不应对此负责任。四会市检察院不服这一判决,由肇庆市检察院通过广东省人民检察院向广东省高级人民法院提出抗诉。

2004 年 3 月 23 日下午,对莫兆军的抗诉案在广东省高级人民法院开审。经过 3 个月的审理后,6 月 29 日上午,广东省高级人民法院终于对这宗颇具争议的案件作出终审判决：一审判决认定事实清楚，适用法律正确，维持原判。[1]

在这一案件中，法官的认识与社会民众的看法有很大差异，法律与道德有着较明显的对立，法律效果与社会效果出现矛盾。由此可见，从总体上认识，法律偏重事实性而道德具有理想性，法律具有外在性而道德具有内在性，[2]法律强调客观性而道德关注主观性。从规范作用的范围来看，法律与道德对人们行为有着不同层次的要求。前者一般只能规定最起码的行为要求，而后者可以解决人们精神生活和社会行为中更高层次的问题。对法律与道德的不一致的把握，有助于认识法律与道德的特点，从而对两者有更全面的理解。

法律与道德问题的探讨，并不纯粹是一个理论问题，它有更深刻的法律实践意义。面临许许多多在立法和司法中亟待解决的法律与道德的矛盾、冲突，立法者和司法者都希望寻找到解决问题的最佳方案。但事实上这是很难做到的，需要多方探索、谨慎衡平。

---

〔1〕 参见赖颢宁：《当事人败诉自杀 广东肇庆一法官受审被判无罪》，《南方都市报》，2003-12-05；吴秀云：《老农败诉法院外自杀 法官莫兆军终审被判无罪》《南方都市报》，2004-06-30；《深圳商报》，2004-03-24；《新京报》，2004-06-30。

〔2〕 考夫曼认为，法律是内在由外在来评价，而道德则是外在由内在来评价。参见[德]考夫曼：《法律哲学》，刘幸义等译，311页，北京，法律出版社，2004。

第二十七章 法律与宗教

第一节 法律与宗教概述

一、宗教的含义

宗教是一种重要的文化现象,在民族文化的形成和发展中起着重要的作用。宗教的教条、规范起着调整人们之间关系的作用,与法律有着紧密的联系。

"宗教"(Religion)一词在西方的语源,一是拉丁语 religere,意思是敬仰神灵时的"集中""重视"和"小心翼翼"。另一是拉丁语的 religare,意思是"联结""组合"和"固定",包含着人与神、神与灵魂之间的联结之意。

宗教是一种社会意识形态。马克思主义认为,宗教是现实世界的自然力量和社会力量在人们意识中的一种虚幻的、歪曲的反映。恩格斯曾经指出:"一切宗教都不过是支配着人们日常生活的外部力量在人们头脑中的幻想的反映,在这种反映中,人间的力量采取了超人间的力量的形式。"[1]一切宗教的基本特征是信仰并崇拜那些似乎是支配着世界的超自然的力量。所以从本质上说,宗教是反科学的。

宗教是一种历史现象。宗教信仰以及与它相适应的宗教仪式、规范和机构都不是永恒的,它们只在一定的历史条件下才会产生和存在。在人类的一个长时期内,不曾有过宗教。随着人们思维的发展,宗教信仰在原始社会中的出现有了可能。最初由于人们无法理解自然界及自身的生理构造和机制,对严酷的自然现象及神秘的梦境没有科学的认识,于是就认为有一种"超自然""超人间"的特殊力量在支配着世界万物,因而产生了对这种"超自然""超人间"力量的崇拜,形成了原始宗教。进入阶级社会以后,宗教除了认识根源外,还有阶级根源。人们对于遭受的阶级剥削和阶级压迫,没有正确的理解,找不到可以摆脱苦难的现实道路,把希望寄托于神灵,企图从渴求神的恩惠和关于天国的宗教信仰中,求得摆脱社会的剥削和压迫制度所带给他们的灾难和痛苦。

当然,宗教的存在还有其文化因素,宗教体现了一种终极关怀、一种精神慰藉。宗教包括超越(神)与内在(人)两层,又包括知与行两方面。在古希腊和古代东方世界普遍存在着这种人格化的宗教形态,这表现为自然观上的万物有灵论和社会心态上的祖先崇拜。而到了古罗马时代,西方宗教逐渐呈现出一种"非人格化"的

---

〔1〕《马克思恩格斯选集》2 版,第 3 卷,666～667 页,北京,人民出版社,1995。

趋势。古罗马的诸神有着明确的分工,并且不再是一种"为所欲为"的非理性存在。人们甚至可以理性地预见神灵的作为。这使得宗教逐渐走进了理性的疆域。

作为一种社会规范,宗教主要从以下几个方面引导着人的社会行动、使之趋向于某种秩序:①宗教是一种社会整合的力量,他使得单独的个人团结为一个共同体。在人类社会的早期,一个部落、一个村社或一个城邦的人民往往共同尊奉着一个神灵,这种信仰以及相应的集体祭祀仪式维系着各该社区的同一性。②宗教为人类的共同生活提供了一套共享的知识体系,从而使个性迥异的个人遵循某种共同的生活方式。韦伯指出,生活在社会中个人总是要根据对他人行动的预期来调整自己的行动。如果一个社会缺乏一套共享的知识体系,每一个个人都各自根据自己对自然和社会的理解来行动,那么整个社会就会陷入一团混乱。理解和预测他人的行动方式必须以存在这样一套知识为前提。而一个社区的宗教恰恰是这样一套知识体系。③宗教为人类社会安排了一种"差序格局",为长幼尊卑的社会等级结构提供了一种"正当化理由"。在世界各大宗教中,都根据不同的教义论证了不同社会等级安排的合理性。④宗教为人们对现有社会秩序的不满提供了一个"合理"宣泄的出口。各种宗教指出了"现世"所固有的不完善状态,认为在这个世界上生存本身便意味着要忍受种种苦难。同时,它又为人们指出了"另一个"尽善尽美的世界,指出在现世的忍耐和道德修持可以换得某种出世的福祉。正是在这个意义上,马克思把宗教称为"精神鸦片"。⑤宗教是人类社会规范体系中的一个重要环节,它与其它重要规范处于相互补充、相互支持的关系之中。一个社会的宗教反映着这个社会的人们如何看待世界和他人,代表着某种特定的生活方式。而这种"社会生活的结构"同样体现在该社会的其他规范(包括法律)之中。[1]

宗教一般包括宗教教义、宗教组织、宗教礼仪等部分。在人类历史上,随着社会形态的发展,曾出现过各种不同内容和形式的宗教,由开始的拜物教到多神教,进而发展为一神教,从氏族图腾崇拜发展为民族神和民族宗教。传播范围最广、影响最深远的是三大世界性宗教,即佛教、伊斯兰教和基督教。[2]

二、法律与宗教的异同

法律与宗教之间存在着一致的方面。首先,在马克思主义看来,在阶级对立的

〔1〕 郑戈:《迈向一种法律的社会理论——马克斯·韦伯法律思想研究》第五章,载 http://www.chinaue.com/html/2005-11/2005113001412423506.htm　最后访问时间 2006-11-17。

〔2〕 关于原始宗教、迷信、巫术,可参见[英]弗雷泽:《魔鬼的律师:为迷信辩护》,阎云祥等译,北京,东方出版社,1988。弗雷泽主要从统治结构、私有财产、婚姻制度和人身保障角度为迷信的社会功能进行了论证。

关于宗教,可参见吕大吉主编:《宗教学通论新编》,北京,中国社会科学出版社,1998;赵敦华:《基督教哲学 1500 年》,北京,人民出版社,1994;金宜久主编:《伊斯兰教》,北京,宗教文化出版社,1997;姚卫群:《佛学概论》,北京,宗教文化出版社,2002;卿希泰主编:《中国道教史》,成都,四川人民出版社,1996。

社会中,宗教作为一种社会意识形态,与法律一样都属于上层建筑的范畴,为一定的经济基础服务的。其次,宗教规范作为一种社会规范,和法律一样都起着调整人们之间的社会关系的作用。再次,都是人类社会一定阶段的产物,最终都将消失。法律将随着阶级差别的彻底消灭而消亡。同样,随着阶级的消灭,物质生产和科学文化的高度发展,人们将从宗教的束缚下解放出来,宗教就会消失。又次,在一定意义上,宗教与法律的价值有某种相通之处,使人们的精神有一定的依靠。伯尔曼认为法律与宗教具有某些共同要素,即仪式、传统、权威和普遍性。仪式象征法律客观性的形式程序;传统标志着法律的延续性;权威赋予法律以约束力;普遍性给法律以普遍有效性。正是法律从宗教中吸取了这些东西,使之获得了司法正义的理想,包括共同的权利义务观念、公正审理的要求、受平等对待的热望、对非法行为的憎恶、对社会合法性的要求等。[1]

法律与宗教不仅有一致的方面,还有区别的方面。其一,产生的历史条件不同。法律作为阶级社会的特有现象,是随着阶级的出现而产生的。宗教的产生,除了阶级根源外,还有认识上的根源。所以在阶级社会以前的原始社会就已经产生了,只是到了阶级社会,由统治阶级有意识地传播和发展。其二,效力来源不同。法律规范和宗教规范都是调整社会关系的行为准则,但保证它们实施的力量是不同的。法律是国家强制力保证实施的。宗教规范主要借助于神力的强制,利用人们的崇神或畏神的宗教心理实施的。其三,效力的范围不同。法律规范是国家意志的表现形式,在全国范围内有效的。宗教规范是以"属人主义"为基础,对信徒都有约束力,不考虑居住的地域。当然,如果实行政教合一,宗教成为国教时,该宗教的教规对所有公民都是有效的。而当某一宗教团体只是一国内的组织之一,其奉行的教规就只对信徒有约束力。其四,内容不同。宗教主要规定信仰者的义务,法律规定社会生活成员的权利义务。

三、法律与宗教的关系

宗教有其特定的信仰、仪式、组织、规范体系,藉以使人们确立某些基本的价值信念,进而通过人的内心世界和终极信仰来调节、控制人们的行为。宗教的规范作用,使其与法律有着内在的联系。[2]

---

〔1〕 [美]伯尔曼:《法律与宗教》,梁治平译,40、50~65 页,北京,三联书店,1991。

〔2〕 伯尔曼在《法律与宗教》《法律与革命》两本书中详细地讨论了法律与宗教的关系,尽管他并没有把宗教等同于基督教,而是将"宗教"定义为是"对人生的终极意义和目标表现出共同关切的活生生的人。它是对各种超验价值之共有的直觉与献身。"参见[美]伯尔曼:《法律与宗教》,梁治平译,38 页,北京,三联书店,1991。然而在他的两本书中所讲的宗教实质上仍仅仅指在西方社会流行的基督教,伯尔曼实际论述的也只是基督教会与西方法律的关系。这两种关系并不等同。他所说的宗教的本质因素:爱、对上帝的信仰、面对末日审判人们的心理状态等,都只是基督教的精神特质。

讨论法律与宗教的关系涉及这样几方面的问题：①法律是否有一定的宗教性；②宗教信仰中的某些东西，或说各派教规中的具体规范能否成为法律，以及在何种情况下能成为法律；③强大的宗教组织对于非宗教组织的影响（包括宗教组织规范对于非宗教组织，特别是对国家法律的影响，以及对于国家公民遵守的法律的影响）；④非宗教组织制定的法律对于宗教组织的作用，以及对于教徒的宗教生活的影响。[1]

从历史上看，宗教精神对法律的发展产生过重要的影响。如印度的婆罗门教直接影响着印度法系的形成和发展，构成了印度法系的法律基础。基督教则推动了西方法律传统的变革与发展。

具体来说，由于宗教在不同的历史时期或不同的国家的地位和作用不同，所以法律和宗教的关系也就有不同的表现。

（一）政教合一国家的法律与宗教关系

在政教合一的国家里，如古代奴隶制国家和中世纪的封建制国家，大多实行政教合一的神权统治，现代也有少数国家，如沙特阿拉伯等，基本上是政教合一的国家。在这类国家中，法律和宗教的教义关系极为密切，两者互相渗透，融合在一起。如巴比伦的《汉穆拉比法典》、古印度的《摩奴法典》既包含着法律规范，也包含有宗教戒律，将法律说成是来源于神意。这些法典都把王权神圣化。此外，宗教教义本身也具有法律的效力。特别在中世纪，基督教在欧洲成为封建社会的主要支柱。当时上层建筑的各个领域，都置于基督教神学和教会的控制之下。这就像恩格斯所指出的，"政治和法律都掌握在僧侣手中，也和其他一切科学一样，成了神学的分枝，一切按照神学中通行的原则来处理。教会教条同时就是政治信条，圣经词句在各法庭中都有法律的效力。"[2]在当时的欧洲，教会法是封建制法的重要组成部分，其内容不仅规定教会本身的组织制度及教徒宗教生活等的守则，同时还涉及教会与世俗政权的关系，以及有关土地、婚姻、家庭、继承、犯罪、刑罚等许多方面。所以不仅适用于教徒，而且适用于全体居民。在现代政教合一的伊斯兰教国家，如沙特阿拉伯，宗教在国家政治生活中占有中心地位，《古兰经》在实践中仍起着宪法的作用。

同时，法律可以作为国教的工具和卫护者，保障国教的发展；法律也可以作为异教的破坏力量，阻碍异教的发展。

（二）政教分离国家的法律与宗教关系

西罗马帝国的解体和日耳曼国家的建立，给教会提供了一个难得的契机，使其

---

[1] 李光昱：《浅谈中国古代法律的宗教性》，《中外法学》，1999(2)。
[2] 《马克思恩格斯全集》，第7卷，400页，北京，人民出版社，1959。

获得相对独立的地位。教会在政治上和组织上脱离东方帝国,形成独立的权力中心,使西方各国"基督教化"并建立起统一的超国家或跨国家的教会组织,这一切都标志着西欧社会实现了国家与教会在组织上的分化和政教二元化权力体系的形成。这是中世纪西欧最引人注目的特征之一。正如美国社会学家帕森斯指出的:"原始社会和西方之外的其他许多文明社会在社会组织的宗教方面和世俗方面是没有显著差别的;在那些社会里,没有'教会'这种分化的组织实体。根据这种观点,教会与国家的分化(与分离有别)基本上是从西方基督教开始。"[1]美国法学家伯尔曼认为,11世纪末到13世纪末发生的"教皇革命",是政教二元化权力体系正式形成的标志。只是从这时起,教会与世俗国家各自形成独立的权力实体,划分出大体相互分离的管辖范围。正是通过这场革命,使教皇能够控制教会,使教会获得所谓"自由",即在教皇之下不受世俗权力的支配。伯尔曼指出,在这场以授职权之争表现出来的教皇革命中,教会方面的口号是"教会自由",即"使僧侣摆脱皇室、王室和封建的统治,并使他们统一在教皇的权威下"。[2]

中世纪后期,资产阶级先进的思想家们在反封建斗争的过程中,提出了"政教分离"的原则,要求宗教与国家分离。资产阶级革命胜利后建立起来的资产阶级国家,大都在宪法中明确规定了政教分离;但是,宗教的影响并不是可以立即消失的,所以,资产阶级国家不可能彻底实行政教分离。宗教在资本主义国家仍有很大的影响,与法律也有密切关系。有些资本主义国家对宗教法加以确认,与国家制定的法律并存,同时起作用,在印度,同世俗法典同时并存的有印度教、伊斯兰教的法典,这些法典在不同的领域起着各自的作用。有的资本主义国家承认某些宗教规范具有法律效力,这些宗教规范成为法律的补充手段。在婚姻、家庭等领域内宗教习俗和礼仪仍作为惯例受到遵行,如将结婚的宗教仪式确认为法定的方式之一等。还有的国家,在法律的内容中渗透宗教原则。伊拉克将沙里亚法作为立法的主要来源等。当然,宗教对法律也有消极的影响。总之,宗教对于法律的制定、适用、遵守有着重要的影响。伯尔曼曾经指出:"没有宗教的法律会丧失它的神圣性和原动力。"[3]而德国学者拉德布鲁赫也认为,"一个缺乏宗教之庄严性的法,是软弱无力的。"[4]

总之,宗教和教会法对西方法律的影响是多方面的,既有观念层的,包括法价值观念、法思想观念、法思维观念、法信仰观念、权利义务观念等;也有制度的结构和形式方面的,如法律体系、成文法的结构等,以及法律制度的内容方面的,教会法

〔1〕 [美]T.帕森斯:《现代社会的结构与过程》,梁向阳译,249页,北京,光明日报出版社,1988。

〔2〕 参见[美]伯尔曼:《法律与革命——西方法律传统的形成》,贺卫方等译,124页,北京,中国大百科全书出版社,1993。

〔3〕 [美]伯尔曼:《法律与宗教》,梁治平译,95页,北京,三联书店,1991。

〔4〕 [德]拉德布鲁赫:《法律智慧警句集》,舒国滢译,7页,北京,中国法制出版社,2001。

的许多制度和原则被西方近代法律所吸收或改造,成为其国家法律制度的最重要渊源之一,构成了西方法律传统的一个重要组成部分。如在宪法方面,教会法对于近代宪法的影响主要表现在它所确立的权力结构和教会法学家的法律理念两个方面。在国际法方面,国际法的发展便是开始于"基督徒间的法律"。教会以基督教的教义和道德指定了国际关系的准则。在私法方面,教会法对近世法律影响最大的是在婚姻家庭制度方面。西方国家婚姻家庭制度不仅长期受教会法的浸染,而且它也强烈制约着当代西方婚姻立法的进程。在财产法方面,由于教会是中世纪最大的土地所有者,在保护和扩大其占有土地的过程中,教会法在不动产占有方面发展了一套较为完善的理论与制度。在刑法方面,教会法继承了罗马刑法重视犯罪主观方面因素的传统,并开创了近代法律平等原则的先声。在诉讼程序方面,教会法坚持法律存在于法官心中即审判过程中的所谓"良心原则"。

不过,法律与宗教的分离是社会发展和法律发展的必然结果。法国学者勒内·达维曾描述 12、13 世纪法观念的复兴:"随着城市和商业的复兴,社会上终于认为只有法才能保证秩序与安全,以取得进步。以仁慈为基础的基督教社会的理想被抛弃了;……人们不再把宗教与道德同世俗秩序与法混淆在一起,承认法有其固有的作用与独立性,这种作用和独立性将是此后西方文明与观点的特征。"[1]

近代以来的法律对宗教的影响,主要表现在法律对本国宗教政策的规定方面,法律规定和保障宗教信仰自由。如《日本宪法》第 20 条规定:保障任何人的信教自由。任何宗教团体都不得从国家接受特权或行使政治上的权力。任何人不被强制参加宗教上的行为、庆祝典礼、仪式或活动。国家及其机关不得进行宗教教育以及其他任何宗教活动。第 89 条又规定:公款以及其他国家财产不得为宗教组织和团体使用、提供方便和维持活动之用,也不得供不属于公家的慈善、教育或博爱事业支出或利用。《菲律宾宪法》(1986)第三章第 5 条规定:"不得通过任何关于设立宗教机构或禁止其活动的法律,不抱歧视或偏见,自由信奉宗教及举行宗教仪式,应受到允许。公民权利或政治权利的行使不得附带宗教考察的要求。"这些法律都强调国家不得设立国教、不得优待某一宗教派别,使公民可以根据其意愿自由地进行宗教活动。

第二节 中国的法律与宗教

一、中国古代的法律与宗教

中国古代宗教与法律是否有关系? 中国古代的法律是否具有宗教性? 学者谈

---

〔1〕 〔法〕勒内·达维:《当代主要法律体系》,漆竹生译,38 页,上海,上海译文出版社,1984。

到这个问题时,大都持否定意见。"在中国,人们关于法律起源的观念与上述其他国家截然不同。有史以来,没有一个中国人认为任何一部成文法源于神的旨意,即使是最完备的成文法也不例外。"〔1〕伯尔曼认为,"法律与宗教之间的对立在东方文化中间表现得最为明显。在那里,宗教基本上是神秘的、个人的,而官方的法律组织(也许部分是由于其宗教的这一特点)倾向于过分的形式主义和刻板。"〔2〕不过,如果站在客观的立场而非基督教中心主义立场,我们对中国古代法律与宗教关系就会有不同的认识。〔3〕

中国古代没有西方犹太教、基督教或近东伊斯兰教那么严密的宗教组织以及对一神的崇拜,但不等于没有真正的宗教,而有其自身的特点。中国古代宗教的特点,可归纳为以下五个方面:①中华民族在宗教思想上没有入主出奴的成见,信仰有绝对的自由,所以没有宗教上信仰的争端,外来的任何宗教,莫不宏量的容纳。②中华民族不很注重宗教上的限制,纯凭各个人的自由信仰;所以一个人可以同时信仰几种不同的宗教,没有教权集中的流弊。③中华民族政教分离得很早,古代政治虽不免含着神权的色彩,但政由天启的思想,在周代已被打破了。④中华民族的宗教信仰,不受崇拜仪式所拘束,祭礼的规定,虽不免有徒重形式的流弊,但是儒家设礼,多含着政治和伦理的作用,与祈祷礼拜等宗教仪式不同。⑤中华民族对天的信仰,虽有若干不同的见解,但是大多数人的心理,莫不承认天为至高无上的精神主宰,为一切伦理道德的根源。〔4〕

中国古代社会比较强调"天"的存在和作用,在儒家思想中,"天"在具有自然属性的同时,更具有社会政治、道德伦理属性。天与人,同道合德;天道是人类道德伦理的最高境界。孟子明确提出:"尽其心者,知其性也;知其性则知天矣"。〔5〕西汉名儒董仲舒总结之前各派思想,提出以"人副天数"为主内容的"天人感应"理论。在董仲舒那里,"天"是有意志的人类主宰,天按照自己的特征创造了人。"为人者,天也。……人之形体,化天数而成;人之血气,化天志而仁;人之德行,化天理而义;人之好恶,化天之暖清;人之喜怒,化天之寒署;人之受命,化天之四时;人生有喜怒哀乐之答,春秋冬夏之类也"。〔6〕不仅如此,董仲舒还认为,"副天之所行以为政,"

---

〔1〕 ［美〕D·布迪、C·莫里斯:《中华帝国的法律》,朱勇译,6、8页,南京,江苏人民出版社,1993。

〔2〕 ［美〕伯尔曼:《法律与宗教》,北京,三联书店,1991。近代瞿同祖、当代张中秋也将中国古代的法律定义为伦理化法律,认为宗教性为西方法律的特征。参见瞿同祖:《中国法律与中国社会》,北京,中华书局,1981;张中秋:《中西法律文化比较研究》,南京,南京大学出版社,1991。

〔3〕 曹辉林在《中国狱神庙现象中的法律与宗教关系略论》(《晋阳学刊》2015(2))文中指出,在以"神道设教"为特征的传统中国政教体系中,作为具有同构性质的社会控制形式的宗教与法律之间,不仅是一种相嵌互动的一体化关系,而且在维护世俗政治、神圣权威以及社会道德秩序的目的上,两者经常进行共谋协作,并从相互支持中获得互惠。同时,狱神庙现象的普遍存在,在某种意义上折射了传统中国社会的宗教特征。

〔4〕 王治心:《中国宗教史大纲》,8页,北京,东方出版社,1996。

〔5〕 《孟子·尽心》

〔6〕 《春秋繁露·为人者天》

人类社会必须按照"天"的运行规律存在与发展。

中国古人重视对天的崇拜,原始人对于自然界的种种现象,如风雨雷电、地震、水灾、火灾等自然现象,既恐惧又感到迷惑,就将这些归结为天对人们的警告与惩罚,古代人们往往将天降灾祸与冤狱相连,认为冤者之气上冲于天,会引得天降灾祸以警戒和惩罚世人。如《汉书》中记载:汉代有孝妇少寡无子,养姑,姑欲嫁之,不肯,姑不欲累妇,自缢。姑女告嫂杀其母。孝妇冤死。郡中枯旱二年,后太守至,杀牛祭妇冢,天立大雨。[1] 又如《后汉书》中也有记载:东汉永平年间,京师大旱,邓太后亲往洛阳寺录冤狱,那里有个囚犯没有杀人而被屈打成招,太后问明了情况,下令把洛阳令收监下狱,结果,太后还没有回到宫中,天就下了大雨。[2]

"天谴"观念表现在司法审判方面,比较突出的是赦免制度。中国古代社会早期的《吕刑》就有"五刑之疑有赦,五罚之疑有赦,其审克之"的记载,表明当时就有赦的现象。因灾异而行赦,汉朝最为常见。历代统治者为求上天降福,免于灾祸,还常常对囚犯减免刑罚,或进行大赦。据《中国大赦考》记载:历代因灾异而赦者,星变十二,旱饥八,地震五,日蚀四。汉代曾屡因日蚀、地震、火灾而赦天下。唐贞观三年,因旱蝗而赦。宋太平兴国二年,以旱大赦。[3]

在审判、行刑方面,中国古代法律也体现了很强的宗教性。德刑时令说也是"天谴"观念的反映。阴阳家主张"明于阴阳,审于刑德",[4]即春夏行德教,秋冬施刑罚,以符合"春生夏长秋收冬藏"的"天道之大经"。[5] 天子所施德教、刑罚都源于天意,因此应符合天道。古代统治者认为"春凋、秋荣、冬雷、夏有霜雪,此皆气之贼也。刑德易节失次则贼气速至。贼气速至则国多灾殃"。[6] 如果没有春夏的万物繁荣,那么秋冬的肃杀、蓄藏也就失去了对象,所以德教与刑罚也应与天地相合,或秋冬行德、春夏行刑是大的"易节失次",而庆赏不当、刑罚枉滥是小的"易节失次",都会产生"贼气",干扰四时运行而引起灾难。所以"汉法以冬月行重刑,迁春则赦若(或)赎"。[7] 立春到秋分的时间停止杀犯人。春季行赦,遇灾异行赦,秋冬行刑。以后的各朝大多与汉相同或类似。例如明、清采用的秋审、朝审、热审制度就受这种观念的影响。[8]

在中国古代社会的审判中,通过占卜、赌咒、立誓等神判方式求助于超自然的

---

[1] 《汉书·于定国传》

[2] 《后汉书·皇后纪·和熹邓皇后传》

[3] 参见瞿同祖:《中国法律与中国社会》,258页,北京,中华书局,1981。

[4] 《史记·龟策列传》

[5] 司马谈:《论六家之要旨》

[6] 《管子·四时》

[7] 《资治通鉴》汉武帝元光四年冬十二月胡三省注。

[8] 参见李光昱:《浅谈中国古代法律的宗教性》,《中外法学》,1999(2);刘小兵、金右军:《法律的信仰与信仰的法律:宗教文化与法律文化发展的新视角》,《深圳大学学报(人文社会科学版)》,1999(3)。

力量来确定案件事实的情况较为普遍。[1] 人类社会的早期主要依靠神明裁判来解决纠纷。同所有的民族一样，中国古代的各个民族也经过了神明裁判时期。[2] 如商周时期，"涉大川"是较为通行的神判方式，《易经》中"涉大川"共出现了 12 次，其中称"利涉大川""用涉大川"的共 10 次，称"不利涉大川""不可涉大川"的共 2 次。[3] 独角兽或一角羊断案在中国古代历史上不时出现，据唐李冗《独异志》载："齐庄公时，有里徵者，3 年而狱不决，公乃使二人具一羊，诅于社。二子将羊而刺之，洒其血，羊起触二子，殪子盟所。"[4]

我国少数民族习惯法与宗教、禁忌的关系更为密切，习惯法深受原始宗教的影响，表现出明显的宗教色彩。如少数民族关于神判的适用条件、神判的种类、方法、结果、效力等的习惯法较为丰富。[5] 有的少数民族神判时有神判书，下面这份广西龙胜和平乡龙脊村平安寨瑶族的神判书具有一定的代表性。

贵　　良铁

立甘愿入庙社后字人，毛呈上寨众等廖　扬冈　　等。尝思世人不平则鸣，

照　　仁红

圣人以无讼为贵。况吾等因与毛呈因寇为地争敓（竞），土名枫木漕一共五漕、五崎，原系吾等公山，伊称伊地，请中理论，头甲人等亥豕难分。窃思官山府海，各有分别，土产山业，岂无其主。一比心甘祷神，何人者作亏心事，举头三尺，有神明瞒心昧己，一动一静，神明鉴察，毫发不爽。而我等各缘庚贴，甘愿入庙祈神。

各大神圣座前鉴察报应，谁是谁非，神明本是无私，分明究治。倘若我等何人风云不测，命入黄泉，实是诈骗欺夺，其班牌钱项尽属田寨。而我等并族邻不得说长道短，倚命而让祸端。如有悔言，自甘其罪。恐口无凭，立甘愿字，付与地方执照为据。

甘愿立字人上寨众等　　廖贵扬　廖贵照　廖良铁　廖仁红
头甲执字人　　　　　　廖金书　潘金旺　陈景章
地方证人　　　　　　　廖秀荣　元华

金成　光清

---

〔1〕 李泽厚提出了"巫史传统"的观点，认为'巫'的特质经由'巫教合一'、'政教合一'途径，直接理性化而成为中国思想大传统的根本特色。参见李泽厚：《己卯五说》，40 页，北京，中国电影出版社，1999。
〔2〕 神判是在什么时候出现，基本上有两种看法：一种认为有氏族制度就有神判；另一种认为神判起源于农村公社阶段。我赞同第一种观点。参见宋兆麟：《神明裁判与法的起源》，《广西民族研究》，1987(3)。
〔3〕 参见黄震：《西周孝道与判例精神》，《判例与研究》，2002(1)。
〔4〕 转引自何瑛：《巫术对中国传统法律文化的影响》，《法律科学》，2000(4)。
〔5〕 日本的伊藤清司曾在《铁火神判系谱杂记》一文中讨论了中国一些少数民族的神判，参见[日]伊藤清司：《铁火神判系谱杂记》，《贵州民族研究》，1986(1)。我国在神判研究方面有不少著作问世，有关神判的进一步了解，可看看夏之乾的《神判》(上海，上海三联书店，1990)、邓敏文的《神判论》(贵阳，贵州人民出版社，1991)、高其才的《中国少数民族习惯法研究》(第四章，北京，清华大学出版社，2003)等。

仁盘　玉连

日映　贵发

福金　仁礼

学继　美昌　　仕美

潘学仁　玉贤　　陈福贞

学茂　　　　永义

依口代笔人潘廷范笔五百文

光　绪　六　年（1880）二月　初二　立[1]

中国古代的盟誓制度,实际上与"天谴"有紧密联系,或者说是"天谴"的组成部分。西周时的盟誓往往将誓言铸之于鼎,"铸器者所期待的不仅是祖先神的佑助,而且也期待着其对某一行动的认可。"[2]

与神判相类似,"冥助"也是一种借助超自然的力量来进行纠纷解决、案件处理的方式。不少人信冥冥之中有着公正的神灵的存在,一些审判官员,也就利用人们的这种心理,把神灵裁判运用到现实的司法审判中去。

《折狱龟鉴·释冤》有则"冥助"察断案情的记述:

南唐升元格:盗物及五缗者死。庐陵豪民曝衣,失新洁衾服,直(值)数十千。村落避远,人罕经行,以为其邻盗之。邻人不胜楚掠,遂自诬服。诘其脏物,即云散鬻于市,无从追究。赴法之日,冤声动天,长吏以闻。先生命员外郎萧俨覆之。俨斋戒祷神,伫雪冤枉。至郡之日,天气晴和,忽有雷声,自西北起,至失物家,震死一牛,剖其腹而得所失物,乃是为啖,犹未消溃也。

《折狱龟鉴》的作者郑克对此评论道:此非智算所及,盖获冥尔,实至诚哀矜之效也。[3]

在中国古代,不少审判官吏往往利用神的观念、天人感应观念,将纷争"断之以天",用此方法来断案解纠。神的力量帮助审判的公平、正义的实现,反映了中国古代社会的秩序维持机制受到宗教、神灵的一定影响。[4]正如梅因所指出的,"东方和西方的法典的遗迹,也都明显地证明不管它们的主要性质是如何的不同,它们中间都混杂着宗教的、民事的以及仅仅是道德的各种命令;而这是和我们从其他来源

---

〔1〕 广西壮族自治区编辑组:《广西少数民族地区碑文、契约资料集》,185～186 页,南宁,广西民族出版社,1987。

〔2〕 详见郭锦:《法律与宗教:略论中国早期法律之性质及其观念》,载高道蕴等编:《美国学者论中国法律传统》,84～110 页,北京,中国政法大学出版社,1994。

〔3〕 《折狱龟鉴·释冤》

〔4〕 在今天的汉族地区,仍然有这方面的观念。赵旭东在华北农村的调查可以作为参考。参见赵旭东:《权力与公正——乡土社会的纠纷解决与权威多元》,190～194 页,天津,天津古籍出版社,2003。

所知道的古代思想完全一致的,至于把法律从道德中分离出来,把宗教从法律中分离出来,则非常明显是属于智力发展的较后阶段的事。"[1]

二、当代中国的法律与宗教关系

当代中国为社会主义国家,以马克思主义为指导思想。马克思主义的辩证唯物主义与历史唯物主义是科学的世界观,主张无神论;在本质上与宗教思想是相对立的。所有社会主义国家都坚持宗教与国家分离,教会与学校分离的原则。社会主义国家的教会不得干预国家事务、司法业务和教育事业,也不能享有任何政治、经济特权。社会主义法的指导思想是马克思主义,不仅彻底摆脱了宗教的影响,并将这一原则反映在自己的内容中。如十月革命后,建立不久的苏维埃政权便于1918年1月23日制定了《关于教会同国家分离的法令》。

由于宗教信仰是思想领域的问题,要使人们摆脱宗教的影响,不能采用行政命令或法律的禁令的办法来实现。毛泽东曾指出:"我们不能用行政命令去消灭宗教,不能强制人们不信教。不能强制人们放弃唯心主义,也不能强制人们相信马克思主义。"[2]在社会主义条件下,处理宗教问题的正确途径应该是在保障宗教信仰自由的前提下,努力建设社会主义的物质文明和精神文明,通过共产主义教育、辩证唯物主义和历史唯物主义教育,提高人民科学文化知识水平,使人们逐步摆脱愚昧、迷信和宗教影响。社会主义法律贯彻马列主义关于"政教分离"和"宗教信仰自由"的原则,确认和保障公民宗教信仰的自由。

当代中国是一个多民族、多宗教的国家,宗教信仰自由是一项长期的基本的宗教政策。我国《宪法》第36条明确规定:"中华人民共和国公民有宗教信仰自由。任何国家机关、社会团体和个人不得强制公民信仰宗教或者不信仰宗教,不得歧视信仰宗教的公民和不信仰宗教的公民。国家保护正常的宗教活动。任何人不得利用宗教进行破坏社会秩序、损害公民健康,妨碍国家教育制度的活动。宗教团体和宗教事务不受外国势力的支配。"这表明宗教信仰纯属公民个人的私事,国家保障宗教信仰自由,保护正常的宗教活动,又禁止利用宗教进行破坏活动,也不允许外国势力以任何方式插手我国宗教团体和宗教事务。[3] 我国的《民族区域自治法》《民法典》《教育法》《劳动法》《义务教育法》《人民代表大会选举法》《村民委员会组织法》《广告法》等法律还规定:公民不分宗教信仰都享有选举权和被选举权;宗教团体的合法财产受法律保护;教育与宗教相分离,公民不分宗教信仰依法享有平等

---

〔1〕 〔英〕梅因:《古代法》,沈景一译,9~10页,北京,商务印书馆,1959。
〔2〕 《毛泽东选集》第5卷,368页,北京,人民出版社,1977。
〔3〕 关于少数民族宗教信仰的法律保障,可参见马继军:《浅谈少数民族宗教信仰法律制度建设问题》,《青海民族研究》,2001(1)。

的受教育机会；各民族人民都要互相尊重语言文字、风俗习惯和宗教信仰；公民在就业上不因宗教信仰不同而受歧视；广告、商标不得含有对民族、宗教歧视性内容。

当代中国实行"政教分离"的原则，坚持宗教独立自主、自办教会的方针。在我国，宗教应在法律范围内活动，因宗教活动所产生的各种社会关系受法律规范的调整。我国制定了《宗教事务条例》(2004,2017 修改，国务院)、《中华人民共和国境内外国人宗教活动管理规定》(1994,国务院)、《中华人民共和国境内外国人宗教活动管理规定》(1994,国务院)、《宗教活动场所登记办法》(1994,国务院宗教事务局)、《中华人民共和国境内外国人宗教活动管理规定实施细则》(2000,国务院宗教事务局)、《宗教社会团体登记管理实施办法》(1991,国务院宗教事务局、民政部)、《新疆维吾尔自治区宗教事务条例》(2014 年 11 月 28 日新疆维吾尔自治区第十二届人民代表大会常务委员会第十一次会议通过)、《江西省宗教事务条例》(2007 年 3 月 29 日江西省第十届人民代表大会常务委员会第二十八次会议通过,2014 年 5 月 29 日江西省第十二届人民代表大会常务委员会第十一次会议修正)、《宁波市宗教活动场所管理办法》(1997 年 3 月 27 日宁波市第十届人民代表大会常务委员会第三十次会议通过,1997 年 6 月 28 日浙江省第八届人民代表大会常务委员会第三十七次会议批准；根据 2012 年 12 月 26 日宁波市第十四届人民代表大会常务委员会第六次会议通过,2013 年 5 月 29 日浙江省第十二届人民代表大会常务委员会第三次会议批准的《宁波市人民代表大会常务委员会关于修改〈宁波市宗教活动场所管理办法〉的决定》修正)、《阿坝藏族羌族自治州宗教事务条例》(2010 年 2 月 8 日阿坝藏族羌族自治州第十届人民代表大会第五次会议通过,2010 年 3 月 31 日四川省第十一届人民代表大会常务委员会第十五次会议批准,2010 年 4 月 13 日阿坝藏族羌族自治州第十届人民代表大会常务委员会公告第 3 号公布,自 2010 年 5 月 1 日起施行)、《宁夏回族自治区宗教活动安全管理暂行办法》(2014 年 4 月 11 日宁夏回族自治区人民政府第 20 次常务会议讨论通过)、《西藏自治区大型宗教活动管理办法》(2012 年 7 月 3 日西藏自治区人民政府第 11 次常务会议审议通过)、《宁夏回族自治区宗教事务若干规定》(2013 年 5 月 31 日宁夏回族自治区人民政府第 7 次常务会议讨论通过)、《上海市宗教印制品管理办法》(1997 年 12 月 31 日上海市人民政府发布,根据 2010 年 12 月 6 日上海市人民政府第 92 次常务会议审议通过、2010 年 12 月 20 日上海市人民政府令第 52 号公布、自公布之日起施行的《上海市人民政府关于修改〈上海市农机事故处理暂行规定〉等 148 件市政府规章的决定》修正)、《广州市宗教活动场所管理办法》(2014 年 11 月 24 日广州市人民政府第 14 届 142 次常务会议讨论通过)、《四川省宗教活动场所消防安全管理规定》(2016 年 7 月 11 日四川省人民政府第 123 次常务会议审议通过,自 2016 年 11 月 1 日起施行)、《广西壮族自治区宗教事务办法》(2019 年 12 月 19 日经自治区第十三届人民政府第 46 次常务会议审议通过,自 2020 年 4 月 1 日起施行)、《天津市宗教事务条例》(2020 年 7 月 29 日天津市第十七届人民代表大会常务委员会第二十一次会议通过,自 2020 年 9 月 1 日起施行)等法律、法规、规章,保障宗教信仰自由,调整宗教关系。

我国对公民宗教信仰自由权利的法律保障,与有关国际公约和文件在这方面的主要内容是基本一致的。《联合国宪章》《世界人权宣言》《经济、社会、文化权利国际公约》《公民权利和政治权利国际公约》、联合国《消除基于宗教或信仰原因的一切形式的不容忍和歧视宣言》以及《维也纳宣言和行动纲领》中关于宗教或信仰自由是一项基本人权,公民有宗教或信仰的选择自由,不得以宗教或信仰原因为由对任何人加以歧视,有宗教礼拜和信仰集会及设立和保持一些场所之自由,有编写、发行宗教或信仰刊物的自由,有按宗教或信仰戒律过宗教节日及举行宗教仪式的自由,促进和保护民族、种族、宗教和语言上属于少数的人的权利等,这些内容在中国的法律、法规中都有明确规定,并得到实行。

我国法律规定,公民在享有宗教信仰自由权利的同时,必须承担法律所规定的义务。在中国,任何人、任何团体,包括任何宗教,都应当维护人民利益,维护法律尊严,维护民族团结,维护国家统一。这与联合国人权公约和文件的有关内容是一致的。《消除基于宗教或信仰原因的一切形式的不容忍和歧视宣言》中提出:"有表明自己选择宗教或信仰的自由,其所受限制只能在法律规定以及为保障公共安全、秩序、卫生或道德、或他人基本权利和自由所必要的范围之内。"《公民权利和政治权利国际公约》也提出:"任何鼓吹民族、种族或宗教仇恨的主张,构成煽动、歧视、敌视或强暴者,应以法律加以制止。"无论信仰宗教的公民还是不信仰宗教的公民,在法律面前一律平等。这也是一个现代文明和法治国家的基本要求。

第二十八章 法律与人权

第一节 人权概述

一、人权的含义

对于人权涵义的理解,我国学术界较有代表性的观点有:①"人权是人按其自然属性和社会本质所应当享有的权利。"[1]②"在无产阶级看来,所谓人权,是指建立在一定社会经济基础上的而为宪法所确认的公民基本权利和自由。"[2]③"人权即人的权利,它反映了人在社会关系中的地位,是一定主体的一种资格和优势,是被一定的社会意识或社会规范认为是'正当的'行为自由,这种行为自由总是同社会和主体的利益有关,并有其他人相应的义务作保证,人权的性质和范围受社会的经济结构以及相应的文化发展所制约,归根到底决定于人们的物质生活条件。"[3]④"科学的人权概念应当是:人权是以一切人作为主体的那种具有普遍意义的自由平等权利。"[4]⑤"人权就是人依其自然属性和社会属性享有和应享有的权利,它受社会经济和文化发展的制约。"[5]⑥"人权即人的权利,是人(或其组合)应当享有和实际享有的,并被社会承认的权利的总和。"[6]⑦"人权一词,依其本义,是指每个人都享有或都应该享有的权利。这包含两层意思:第一层指权利,即'是某某权利';第二层指观念或原则,即'每个人都享有或都应该享有权'。"[7]这些都从不同的角度指出了人权的内涵。

西方人权著作中有影响的人权概念的释义或定义有:①"人权是那些属于每个男女的道德权利,它们之所以为每个男女所有,仅仅因为他们是人。"(英国的麦克法兰)②"人权原理是提出一种关于在道德上合适地对待人和有组织社会的建议。"(澳大利亚的卡曼卡)③人权是"基于人的一切主要需要的有效的道德要求。"(美国的范伯格)④"基于人权因作为人这一事实而被认为当然具有的权利就是人

---

〔1〕 李步云:《社会主义人权的基本理论与实践》,《法学研究》,1992(4)。

〔2〕 胡锦光、韩大元:《当代人权保障制度》,1页,北京,中国政法大学出版社,1993。

〔3〕 孙国华主编:《人权:走向自由的标尺》,48页,济南,山东人民出版社,1993。

〔4〕 宋惠昌:《现代人权论》,20页,北京,人民出版社,1993。

〔5〕 刘海年:《不同文化背景的人权观念》,载刘楠来等编:《人权的普遍性和特殊性》,1页,北京,社会科学文献出版社,1996。

〔6〕 罗玉中、万其刚、刘松山:《人权与法制》,11页,北京,北京大学出版社,2001。

〔7〕 夏勇:《人权概念起源》,导言第Ⅳ页,北京,中国政法大学出版社,2001。

权。"(日本的宫泽俊义)⑤"人权是个人作为面对国家的人的一种伦理权利。"(美国的韦尔曼)⑥人权是"平等地属于所有人的那种普遍的道德权利。"(美国的温斯顿)⑦"人权是一种特殊的权利,一个人之所以拥有这种权利,仅仅因为他是人,因此,他们是最高级的道德权利";"一切人权要求都是一种'最终诉求'";是"根据权利对于社会变革提出的要求。"(美国的唐纳利)⑧"世界人权宣言"所列举的人权只是一些体现了西方制度和价值的理想标准,由于经济文化条件的差别,它们对于第三世界是乌托邦;"只有作为最低限度道德标准的人权概念才是经得起辩驳的。"(英国的米尔恩)⑨"本文所谓'人权',我的意思仅仅指依照当代共同意见,每个人都要对他的社会和政府提出的或被认为应当提出的那些道德上的和政治上的要求。现代国际文件——《世界人权宣言》和一些国际协定——已列举了这些要求。"(美国的亨金)⑩"人权是个多方面的概念。西方委实欣赏那些方面的东西:个人对国家的权利、人有按照自己的良知行事的权利……然而,西方必须大大扩展对人权其他方面的欣赏范围:集体的权利,物质必需品的权利,以及随着人作为特定国家与文化的组成部分而自然产生的权利。"(美国的霍勒曼)[1]

人权,简单说来,就是人的权利或人类的权利。严格地说,人权是人依其自然本性和社会本性而应该享有和必须享有的各项权利,是使人成其为人、使人保持尊严的基本权利。

通常认为,人权可以从广义和狭义两方面来理解。广义的人权是指自有人类社会以来就有的。因为享有人权是人的自然属性和社会属性所决定的,只要有社会存在,人就会有这种要求。因此,奴隶社会和封建社会也有人权问题,但在那个时代里,只是少数人享有特权,而大多数的奴隶、平民却没有人权或只有极少的人权。狭义上的人权是指近代意义上的人权,是公民个人反抗政府专制、反对公权力压迫的权利,它以自由、平等、人道为主要原则和基本特征,这是资产阶级革命的产物。我们现在说的人权,主要指这种狭义上的人权。

二、人权的发展

人权概念的正式提出,是在14世纪到16世纪欧洲文艺复兴时期人文主义出现之后。人权概念最初主要是针对封建特权和僧侣神权提出的。新生的资产阶级在政治上受到来自封建势力和宗教势力的压制,经济上的发展受到很大束缚。资产阶级要为资本主义生产关系的自由发展创造有利的条件,就必须摆脱封建社会对它在各个方面的束缚。因此,资产阶级启蒙思想家提出的人权思想重点强调平等和自由两大主题,主张人人生而平等,生命权利、人身权利、财产权利和追求自由的权利等都不应受到侵犯。恩格斯在《反杜林论》中指出:"社会的经济进步一旦

---

[1] 参见沈宗灵:《二战后西方人权学说的演变》,《中国社会科学》,1992(5)。

把摆脱封建桎梏和通过消除封建不平等来确立权利平等的要求提上日程,这种要求就必定迅速地扩大其范围。……由于人们不再生活在象罗马帝国那样的世界帝国中,而是生活在那些相互平等地交往并且处在差不多相同的资产阶级发展阶段的独立国家所组成的体系中,所以这种要求就很自然地获得了普遍的、超出个别国家范围的性质,而自由和平等也很自然地被宣布为人权。"〔1〕不过,在资产阶级那里,"当人权被视为永恒的,权利就成了现代的作品;当权利被视为自然的,它又是一种社会和法律的建构;当权利被视为绝对的,它又是要受法律限制的;当它被认为是超越政治的,它又是那个时代的政治产物;最后,当它被认为是理性的,它又是资本理性的产物,而不是社会公共理性的产物。"〔2〕

人权由一种思想变为国家的法律、成为制度,经历了一个漫长的过程。1215年,英国国王约翰在封建领主、教会、骑士和城市平民的压力下,被迫签署了《自由大宪章》,内容共63条,主要精神是限制王权,保护封建领主和教会的特权以及骑士和城市平民的一些权益,如不得任意逮捕、监禁、没收财产和放逐等。它是英国历史上最为重要的政治、法律文件之一,是后来据以起草《人身保护令》和《权利法案》两个重要人权文件的基础,因此在谈及人权的起源和发展时,往往提到《大宪章》。1640年和1689年,英国又分别颁布了《人身保护令》和《权利法案》。这两个文件对保护人的一些基本权利做了更为细致的规定,在一定程度上体现了资产阶级人权思想。美国独立战争期间,华盛顿、杰斐逊等资产阶级革命家在1776年起草的《独立宣言》中正式把人权确定为国家的主导思想之一,并较为明确地提出了人权的内容。《独立宣言》写道:"我们认为这些真理是不言而喻的:人人生而平等,他们都从'造物主'那里被赋予了某些不可转让的权利,其中包括生命权、自由权和追求幸福的权利……为了保证这些权利,所以才在人们中间成立政府,而政府的正当权利则系得自被统治者的同意。如果遇有任何一种形式的政府损害这些目的,那么,人民就有权利来改变它或废除它,以建立新的政府。"马克思对美国的《独立宣言》给予了很高的评价,称它是"人类历史上第一个人权宣言"。1789年法国大革命时期制定的《人权宣言》,最先使用了"人权"这一表达形式,其中规定:"在权利方面,人们生来是而且自始至终是平等的……这些权利就是自由、财产、安全和反抗压迫。""自由就是指有权从事一切无害于他人的行为。"《独立宣言》中规定了宗教信仰自由、言论表达自由、反对施行酷刑、实行无罪推定等原则。《独立宣言》还特别强调"财产权是神圣不可侵犯的权利……任何人的财产不得加以剥夺"。法国《人权宣言》和美国《独立宣言》比较全面,系统地体现了资产阶级革命时期人权思想的主要内容。在其后的200多年里,人权的内容不断发展变化,逐步形成了

〔1〕《马克思恩格斯选集》2版,第3卷,447页,北京,人民出版社,1995。

〔2〕[美]科斯塔斯·杜兹纳:《人权的终结》,郭春发译,174页,南京,江苏人民出版社,2002。

当今西方的人权思想和法律制度体系。

近代意义上的人权可区分为三个发展阶段。第一个阶段是资产阶级革命以来很长时期里的人权,主要是人身人格的权利和政治权利与自由,其具体内容主要是言论、信仰、通讯、宗教等自由以及免受非法逮捕和受到公正审判等权利,其产生和确立的标志是美国的《独立宣言》和法国的《人权宣言》。人权的第二个发展阶段,主要是 19 世纪初社会主义运动影响下的人权,其基本内容是经济、社会和文化方面的权利,其在宪法上的表现,在东方以苏联的《被剥削劳动人民权利宣言》为代表,在西方以德国的《魏玛宪法》为代表。人权的第三个发展阶段,主要是从第二次世界大战以后反对殖民主义压迫的民族解放运动中产生并发展起来的,其内容包括民族自决权、发展权、和平权、自然资源永久主权等国际集体人权,其在法律上的表现是《维也纳宣言与行动纲领》和现代各种人权公约。[1]

三、人权的内容

人权的内容是广泛的,根据不同的标准可以作不同的分类。根据权利的性质不同,人权可以划分为三个基本的方面,即人身人格权利(如生命权、人身安全权、人身自由权、思想自由权、人格尊严权、隐私权等),政治权利与自由(如选举权与被选举权、参政议政权、监督权、出版、集会、结社等自由),经济、文化和社会权利(如工作权、最低生活保障权、从事科学文化活动的自由、受教育权、结婚离婚自由等)。这三种权利中,人身人格权利不具有政治性,对任何人都应同样对待,其普遍性程度最高。国际两公约中的《公民权利和政治权利国际公约》实际上包括人身人格权和政治权与自由这两类人权。《经济、社会和文化权利公约》包括了大部分的第三类人权。

根据权利的主体不同,人权又可以划分为个人人权与集体人权两个方面。人权能为个人所享有的为个人人权,上述的三类人权多为个人人权。集体人权有两类,一类是国内集体人权也称特殊群体的人权,如少数民族权利、妇女儿童权利、残疾人的权利、罪犯的权利、消费者的权利等。另一类是国际集体人权。其主体主要是国家,也包括一些地区和国家集团,如自决权、发展权、和平权、环境权等。

人权有三种基本存在形态,这就是应有权利、法定权利和实有权利。康德第一次用哲学的应然和实然范畴对权利进行了区分,把权利分为道德权利(应然权利)和法律权利(实然权利),为人权的三种基本存在形态奠定了基础。人权的应有权利,是指人做为人所应该享有的权利,这是人权的本原。实有权利是指人实际能够

---

[1] 进一步阅读可参见韩德培总主编:《人权理论与实践》,武汉,武汉大学出版社,1995。我国有学者提出了第四代人权概念,如徐显明认为"和谐权是超越前三代人权的第四代人权"(《人权》,2006(2))、马长山提出"数字人权"为代表的"第四代人权"(《中国法学》,2019(5))等。

享受到的权利。在有的情况下,法律详细而明确地规定了各种人应当享有的权利,但人们并不一定能够实际享有。这取决于法律实行得怎样。从应有权利转化为法定权利,再从法定权利转化为实有权利。我们一般谈论的人权和人权保障,主要是从法定权利的角度进行的。这是人权在社会生活中得到实现的基本形式。这表明法制与人权的关系十分密切,是人们理想中应该享有的人权与社会实际生活中实际享有的人权的中介和桥梁。法律是认可与保障人的应有权利的最重要的手段。法定权利是应有权利的法律化,因而是一种更有保障的人权。这三者权利形态之间不是平行关系,而是层次关系,三者的内容有很大一部分是重叠的。随着人类文明的继续向前发展,它们之间在外延上将一步步接近,彼此重叠的部分将日益扩大,但永远存在着矛盾,应有权利永远大于法定权利;法定权利永远大于实有权利。正是这种矛盾,推动着人权不断地得到实现。[1]

四、中国的人权观

1991 年 11 月,中国政府发表《中国的人权状况》白皮书,第一次系统、明确地阐述了中国关于人权概念的内容及基本立场。白皮书指出:随着历史的发展,人权的概念及其内涵也在不断发展。人权是一项个人权利,同时又是一项集体权利。对于广大发展中国家人民来说,最紧迫的人权问题是生存权利和经济、社会和文化发展的权利。中国坚决反对任何国家利用人权问题推行自己的价值观念、意识形态、政治标准和发展模式,借口人权问题干涉别国的内政,使许多发展中国家的主权和尊严受到损害。人权问题本质上是属于一国内部管辖的问题,尊重国家主权和不干涉内政是公认的国际法准则,适用于国际关系的一切领域,也适用于人权问题。任何国家实现和维护人权的道路,都不能脱离该国的历史和经济、政治、文化的具体条件,并需由主权国家通过国内立法对人权制度予以确认和保护。[2]

人权与主权的关系也需要注意。我国反对"人权高于主权"的观点,认为人权在本质上是一国内部管辖事项,国家主权是人权的基础或根本保障,国家主权的行使受到人权保护的限制。

我国认为,生存权和发展权是首要人权,是享受其他人权的前提,没有生存权、发展权,其他一切人权都无从谈起。生存权同发展权密不可分。联合国通过的《发展权利宣言》指出:"发展权利是一项不可剥夺的人权,由于这种权利,每个人和所

〔1〕 详可参见李步云:《论人权之三种存在形式》,《法学研究》,1991(4)。

〔2〕 以后中国发表了有关改造罪犯、妇女、儿童、计划生育、知识产权保护、少数民族、劳动和生活保障等方面的白皮书。详见中国人权发展基金会编:《中国人权事业的进展——中国人权白皮书汇编》,1~21 页,北京,新世界出版社,2003。

2018 年 12 月 12 日国务院新闻办公室发表《改革开放 40 年中国人权事业的发展进步》白皮书,2019 年 9 月 22 日国务院新闻办公室发表《为人民谋幸福:新中国人权事业发展 70 年》白皮书。

有各国人民均有权参与、促进并享受经济、社会、文化和政治的发展,在这种发展中,所有人权和基本自由都能获得充分实现。"[1]

人权普遍性的原则必须同各国国情相结合。在当今世界,人权的普遍性主要体现在联合国的人权文件和国际人权公约中。人权的实现不仅与国际社会的现状相联系,而且与各国所处的一定的社会历史条件相联系,因而从其现实性而言总是不完全的和不完美的。世界上没有任何一个国家的人权状况可以自封完美无缺。[2]

稳定是实现人权的前提,发展是实现人权的关键,法治是实现人权的保障。没有稳定的社会政治环境,人权的实现就没有起码的社会条件。没有经济、社会、文化的发展,人权的实现就没有必不可少的物质基础。而没有建立在民主基础上的法治,人权的实现就没有基本的政治和法律保障。

第二节　法律与人权

人权与国家法律之间存在着不可分割的关系,两者相互作用、相互影响。从更为广泛的意义上讲,人权与法律的关系同时也是一个社会或国家经济、政治、文化、道德与法律之间的关系。在各种社会现象相互作用的过程中,社会中的个人始终是这种作用的出发点和归宿。

一、人权可以作为判断法律善恶的标准

以强调尊重人、关怀人为内容的人权,表达了人类相互之间的深刻认同,不仅作为一种概念,而且是作为一种人类孜孜不倦追求的理想而存在。法律以维护人的尊严与价值作为其价值取向,它像一把尺子,标出了人类生活的文明程度及未来应当达到的文明指标。没有人权,就不会有人类的文明和进步。正是在此意义上,人权是现代民主政治的目的,也是现代法律所要实现的价值目标之一,它构成了法律的人道主义基础。人们可以根据人权的精神来判断法律的善与恶、好与坏。

法律是社会关系的调整器,它的着眼点是人。如果法律自身不体现一定的道德要求,不体现一定的人权精神,不考虑人的最基本的价值需求(生命、自由、荣誉、幸福),根本不反映基本的人道主义内容,那么它不仅是违反人性和道德的纯粹的

---

〔1〕 "马克思主义者和社会主义者一直严厉地批判指出,人权(比如说表现自由)对缺乏实现其物质基础的无产阶级来说只是'画饼充饥'。"参见[日]大沼保昭:《人权、国家与文明》,王志安译,207 页,北京,三联书店,2003。

〔2〕 关于美国人权,可参见李世安的《美国人权政策的历史考察》(石家庄,河北人民出版社,2001)。

暴力工具,而且甚至会变成社会动荡不安的原因。在一定程度上,我们也可以说,法律本身存在着"合理性"问题,即法律应当被人们在内心里得以认同。所以,法制状态的形成,并不完全取决于国家制定法、实在法数量的多少、法律是否完备,而主要看它是不是具有合理性基础,是否为人们基于理解和信任而自觉遵守。至少从人权与法律的关系而言,不体现人权要求的法律就是坏的法律,是永远不会促成法律秩序的法律。而体现人权精神和内容的法律,一般来讲都是好的法律,是体现进步性的法律。具体而言,人权对法律的作用体现在:①它指出了立法和执法所应坚持的最低的人道主义标准和要求;②它可以诊断现实社会生活中非法侵权的症结,从而提出相应的法律救济的措施;③它有利于实现法律的有效性,促进法律的自我完善。

因此,人权是现代法制的核心精神,也是法治的基本价值所在。法治建立在市场经济和民主政治的基础之上,而人权正是市场经济和民主政治的必然产物。市场经济本质上要求主体平等,意思自治,经济交往的目的即在于使主体的利益最大化,其结果必然是要求对市场主体的平等保护。民主政治是市场经济的集中表现,是经济上主体平等在政治上的体现,也必然要求在法律上平等地保护每一个公民。因此,市场经济、民主政治和保障人权三位一体,构成了法治基本精神的不可或缺的支柱。

二、人权需要通过法律保障予以实现

人权并不完全是一个法律概念,人权的实现也不完全取决于法律的保障,它还需要具备社会的经济条件、政治条件和文化条件。然而,人权的法律保护始终是人权实现的最直接的保障手段,人权最终表现为法律权利。一个国家的法制状况如何将直接影响人权实现的程度。

法制是保证人权得以实现的最重要的手段。这是因为:首先,通过立法的形式,人权才得以具体化,这是由法律的规范性决定的。法律是一种人的社会行为规范,其内容即是规定人们的权利和义务,即人们可以怎样做,应该怎样做和不能怎样做。通过法律规范,人拥有哪些人权,怎样行使这些人权,就明确具体化了。别人也就知道了怎样做才可以不侵犯他人享有的人权。其次,通过执法和司法,人权得到最强有力的保障,这是由法律的国家意志性和国家强制力所决定的。人权法律化以后,就获得了国家权力的保护。如果有人侵犯了公民的人权,就会受到法律的制裁,公民也可以得到国家的法律救济,得以恢复自己受损的人权。[1]

从历史和现实的角度看,人权的法律保护主要表现为国内法的保护。这种保护已逐渐形成一个体系,分为立法保护、司法保护、个人保护等。人权的立法保护包括三种形式:首先,国家宪法以根本大法的形式确认人权的一般原则或将个人的人权规定为"公民的基本权利"。[2] 人权的原则是多方面的,除了"尊重人的价值和尊严"外,还包括"法治原则""平等原则""司法救济原则""基本的人道主义待遇原则"等。作为"公民基本权利"存在的人权在宪法中主要分为两类:一类是"公民的政治权利和自由";另一类是公民的"社会权利"。其次,基本的实体法部门将人权转化为公民的各种具体权利(民事权利、劳动权利等)。再次,各种程序法规定了人权行使的方法以及在人权受到阻碍时获得法律救济的措施和程序,国家负有排除该类人权实现障碍和向其提供条件的义务。人权的立法保护实际上表现为一种权利宣告。宣告权利的直接作用是为国家权力设定运行界限,当宣告某项权利是人权时,同时也就宣告了该领域是国家权力禁止介入的。

人权的司法保护主要是指通过司法机关执行法律的活动对人权所进行的保护。司法权的社会功能即是恢复正义与秩序。当人权遇到侵害需要救助和补偿时,司法权是完成这一使命的当然权力。司法的价值,首要的是对人权的守护,传统的对人权的保障的最重要的方式即是司法保护。这种保护除司法机关严格执行法律的规定保护个人权利外,司法机关自身也对人权的实现行使特定的保障职能。司法机关通过司法活动审查普通法律是否与宪法规定的人权(基本权利)的内容相一致,纠正普通法律对"人权"的侵犯。

如贞操权作为一种独立的以人的性自由、性安全、性纯洁为特定内容的人格权,应当由国家司法机关予以保护。

有妇之夫欺骗未婚女子发生性关系 上海首例侵犯贞操权案原告获赔 3 万[3]

有妇之夫欺骗未婚女子发生性关系,受伤害女子以该男子的行为严重侵犯了她的贞操权和健康权为由诉至法院。近日,上海首例侵犯贞操权案在上海市浦东

---

[1] 国家司法考试、法律职业资格考试经常考查法律与人权方面的内容。如 2014 年国家司法考试卷第 15 题为单项选择题:关于法与人权的关系,下列哪一说法是错误的? A.人权不能同时作为道德权利和法律权利而存在 B.按照马克思主义法学的观点,人权不是天赋的,也不是理性的产物 C.人权指出了立法和执法所应坚持的最低的人道主义标准和要求 D.人权被法律化的程度会受到一国民族传统、经济和文化发展水平等因素的影响。参考答案为 A 项。

[2] 2004 年 3 月 14 日十届全国人大二次会议通过了宪法修正案,首次将"人权"概念引入宪法,明确规定"国家尊重和保障人权"。这是中国寻求实行宪政以来的第一次,是当代中国民主宪政的最新发展。第一,确立了人权原则,进一步完善了民主宪政;第二,突出了人权价值和理念,为宪法关于公民权利的规定注入了新的意义;第三,完善了公民权利保障的原则规定,强化了宪法的人权精神。

[3] 富心振:《人民法院报》,2014-09-18。

新区人民法院作出一审判决,李先生应向陈小姐书面赔礼道歉(内容须经法院审查),并赔偿陈小姐精神损害抚慰金3万元。

2009年,时年30岁的陈小姐通过世纪佳缘交友网站认识了李先生,之后几年仅是维持普通朋友关系。从2013年9月开始,陈小姐与李先生频繁约会,双方感情急剧升温,在微信联系中亲昵的互称"老公""老婆"。李先生以各种方式热烈地追求陈小姐,致使陈小姐认为李先生是一个处于单身状态、无人照顾的单身汉。不久,李先生称为了让陈小姐去新加坡提前熟悉他的事业,共同到了新加坡考察,期间双方发生了性关系,李先生并承诺会给陈小姐一个惊天动地的求婚。之后,双方多次发生性关系。

2013年12月开始,陈小姐与李先生的关系开始疏远,李先生表示要中断两人的恋爱关系。2014年2月3日,陈小姐由于无法联系到李先生便撬门进入位于金桥的李先生家,正好撞到李先生及其妻子从斯里兰卡度假归来,后李先生的妻子告诉她,他俩已在2013年1月结婚,以前李先生已经离过一次婚了。此时,陈小姐才如梦初醒。

2014年3月26日,受到情感伤害的陈小姐以李先生采取欺骗手段侵犯其贞操权和健康权为由向浦东新区法院提起诉讼。

法庭上,陈小姐诉说,自己是大龄女青年,对待感情非常谨慎,很认真地付出了感情。他俩在交往中,李先生一直谎称自己未婚,多次要求其做女朋友,对其以老婆相称,也要求其称他为老公以表达娶其为妻的愿望,并采取各种方式骗取自己的感情,直到李先生隐瞒已婚事实被揭穿。可见,李先生的行为严重侵犯自己的贞操权和健康权。现起诉要求判令李先生书面赔礼道歉,赔偿精神损害抚慰金50万元、治疗妇科病的医疗费1540.60元。

李先生的委托代理人辩解,陈小姐所述无事实与法律依据,不予认可。李先生确实追求过陈小姐,但是双方未建立恋爱关系,也没有发生性关系。

在审理中,法院要求李先生本人亲自到庭陈述相关事实,但其未出庭。

人权的个人保护是指公民个人对自己的人权实现依法所采取的保障措施。这是人权主体的自我保障方式。也就是说,当个人的基本权利受到侵犯时,个人可以诉诸法律,通过法律的救助来恢复自己的权利。在现实社会生活中,公民个人依法进行的个人保护,是人权保护的重要一环。这种保护是一种人权主体对权利侵害的抵抗制度。在法治社会里,人权主体对侵害的抵抗已由过去的以暴制暴式的对恶政的抵抗渐转为宪法秩序下的和平抵抗、非暴力反抗。

此外,人权的国际保护也是值得重视的法律保护方式。这是"二战"结束后人权保障的新机制。人权制度在1945年以后,除了主体制度变化外,标准、内容及保障方式也发生了很大变化。在人权标准上,由四部规范构成的世界人权宪章已成为世界各国共用的标准。联合国已制定80余部人权规范;在内容上,20世纪60年代以来产生了大量人权新概念及确立了诸如自决权、发展权、和平权、资源权等新的人权种类;在保障方式上,由过去的单一国内法保护转为国内法、国际法双重保护。人权法已是国际法新的分支,国际社会除联合国经社理事会、人权委员会外,地区间也有专门的人权法院或政府的与非政府的人权保护组织,人权保护的国际间对话与合作已取代了旧时的指责与对抗,这一保障方式使人权受到国际社会更广泛的关注。

在国际人权方面,中国主张:第一,享受人权需要和平的环境。联合国人权理事会应继续重点关注武装冲突引发的大规模粗暴侵犯人权现象,支持国际社会在预防冲突、重建和平和打击各种形式恐怖主义方面加倍努力。第二,享受人权需要可持续的发展。经济全球化的发展并未使各国公平受益,贫困、疾病和环境恶化等问题严重制约了许多发展中国家人民享受各项人权的水平。联合国人权理事会应纠正人权委员会在促进经社文权利方面虚多实少的弊端,动员国际社会和联合国各机构采取有效措施,支持各国实现发展权的努力,特别是帮助最不发达国家消除贫困,实现《发展权宣言》提出的所有人民积极参与和公平受益的发展。第三,享受人权需要和谐包容的社会。在世界许多地方,基于种族、肤色、性别、语言、宗教等各种原因的歧视和偏见依然存在。联合国人权理事会应继续特别关注妇女、儿童、残疾人、移民工人和少数民族等弱势群体的权利,致力于普及人权教育,培养人权文化,构建和谐社会,使所有人享受同等的尊严。支持联合国人权理事会在充分磋商的基础上尽快通过《土著人民权利宣言》。第四,享受人权需要建设性对话与合作。政治对抗是导致人权委员会信誉下降的根源。理事会未来工作的成败,很大程度上取决于不同社会制度和发展水平的国家之间,能否建立平等、互信关系,以建设性方式处理分歧。为此,我们需要克服许多障碍。国别人权审议机制必须改革,以确保其仅适用于大规模粗暴侵犯人权现象。普遍定期审议应确保所有国家,不论大小强弱,都受到公正、公平的对待,其历史、文化、宗教背景和差异得到同等尊重。第五,享受人权需要有效的机制保障。人权委员会为我们留下了一整套国际人权保护体系。联合国人权理事会应在保留现有机制积极方面的基础上大胆改革,更好地服务于现实需要。我们主张整合原人权委员会特别机制,明确其行为准则,提高其可信度、公正性和工作效率。[1]

第三节　当代中国人权的法律保障

我国本着"以人为本"的理念,重视通过法律保障人权。[2] 我国的人权法律保障已经制度化、法制化,我国在法律中关注人的价值、权益和自由,关注人的生活质量、发展潜能和幸福指数,致力于实现人的全面发展;更加注重社会公平,保护弱势群体的利益。2004 年"人权"入宪开创了用宪法保障人权的新时代,为中国人权事业的全面发展,为尊重和保障人权奠定了法律基础。我国将宪法规定的人权原则和各项公民权利具体化到有关的法律法规中去,建立健全了以宪法为基础的行之有效的人权法律保障体系,使公民各项人权的保障做到了有法可依。这些法律涉及政治权利和自由,司法执法中的人权保障、妇女、儿童、老人及残疾人权利,少数民族、归侨侨眷的权益等。我国的人权立法从实际出发,以解决现实问题为中心,将所缔结或参加的有关人权问题的条约转化为国内法上个人能直接享受到的权利,并通过行政、司法等国家机关保证实施,使人权国际保护方面的内容能在我国国内最终得以实现。[3] 司法机关、执法机关贯彻宪法规定的尊重和保障人权原则,依法处理各种侵权违法犯罪。我国加强了对人权法律保障的监督。我国还不断普及人权知识,提高人权意识,使尊重人权、保护人权成为公民的自觉行动。

----

〔1〕 2006 年是国际人权领域具有划时代意义的一年。3 月 15 日,第六十届联合国大会通过第 60/251 号决议,决定成立人权理事会,取代人权委员会。5 月 9 日,联大选举产生包括我国在内的理事会 47 个首届成员国。6 月 19 日,理事会首届会议在瑞士日内瓦召开,标志着联合国人权领域的工作进入一个新阶段。

〔2〕 关于中国古代社会的人权思想、儒家传统对现代人权思想发展的意义,可参见陈启智等主编的《儒家传统与人权·民主思想》(济南,齐鲁书社,2004)中的有关论文。

〔3〕 2013 年 12 月 28 日闭幕的第十二届全国人民代表大会常务委员会第六次会议通过了《关于废止有关劳动教养法律规定的决定》,这意味着已实施 50 多年的劳教制度被依法废止,彰显了我国人权保障制度的进步。同时,通过了《关于调整完善生育政策的决议》,同意启动实施一方是独生子女的夫妇可生育两个孩子的政策。各省、自治区、直辖市人民代表大会或者其常务委员会应当根据人口与计划生育法和本决议,结合本地实际情况,及时修改相关地方性法规或者作出规定。这也体现了我国人权保护的新进展。

我国积极签署有关人权的国际公约。我国已签的国际人权公约包括《联合国人员和有关人权安全公约》《联合国打击跨国有组织犯罪公约》《联合国反腐败公约》《制止恐怖主义爆炸事件的国际公约》《世界人权宣言》《1949 年 8 月 12 日关于战俘待遇之日内瓦公约》《1949 年 8 月 12 日日内瓦四公约关于保护非国际性武装冲突受难者的附加议定书（第二议定书）》《1949 年 8 月 12 日日内瓦四公约关于保护国际性武装冲突受难者的附加议定书（第一议定书）》《1949 年 8 月 12 日关于战时保护平民之日内瓦公约》《1949 年 8 月 12 日改善海上武装部队伤者病者及遇船难者境遇之日内瓦公约》《1949 年月 12 日改善战地武装部队伤者病者境遇之日内瓦公约》《公民权利和政治权利国际公约》《经济、社会及文化权利国际公约》《〈儿童权利公约〉关于买卖儿童、儿童卖淫和儿童色情制品问题的任择议定书》《消除对妇女一切形式歧视公约》《儿童权利公约》《关于难民地位的议定书》《禁止并惩治种族隔离罪行国际公约》《消除一切形式种族歧视国际公约》《男女工人同工同酬公约》《防止及惩治灭绝种族罪公约》《关于难民地位的公约》《禁止酷刑和其他残忍、不人道或有辱人格的待遇或处罚公约》等。[1]

当然，我国人权的法律保障还存在许多问题，需要进一步的总结和完善。在这方面，昆山交通纠纷引发砍人致死案就确立了法律保障人权的良好范例。

昆山交通纠纷引发砍人致死案

当事人于海明被认定为正当防卫不负刑事责任

申琳、姚雪青　《人民日报》2018 年 9 月 2 日 4 版

2018 年 9 月 1 日，江苏省昆山市公安局就昆山交通纠纷引发砍人致死案对外通报：公安机关经过缜密侦查，并商请检察机关提前介入，根据侦查查明的事实，并听取检察机关意见和建议，依据《中华人民共和国刑法》第二十条第三款"对正在进行行凶、杀人、抢劫、强奸、绑架以及其他严重危及人身安全的暴力犯罪，采取防卫行为，造成不法侵害人伤亡的，不属于防卫过当，不负刑事责任"之规定，自行车车主于海明的行为属于正当防卫，不负刑事责任，公安机关依法撤销于海明案件。

当天，昆山市人民检察院针对此案对外通报称：本案中，死者刘海龙持刀行凶，于海明为使本人人身权利免受正在进行的暴力侵害，对侵害人刘海龙采取制止暴力侵害的行为，属于正当防卫，其防卫行为造成刘海龙死亡，不负刑事责任。公

---

〔1〕 详可参见徐显明主编：《国际人权法》(北京，法律出版社，2004)。该书系统介绍了从联合国人权保护制度到区域性人权保护制度在内的国际人权保护机制，详细阐释了公民权利和政治权利、经济、社会和文化权利的具体保护问题，并突出介绍了以民族自决权和发展权为核心的第三代人权。

安机关对此案作撤案处理符合法律规定。[1]

　　人权的法律保障是一个历史的过程，我国人权的法律保障还需要不断地加强和完善，按照以人为本的要求，尊重和保障人权，促进人权事业全面发展。我国需要切实保障人民的生存权和发展权；切实保障公民权利和政治权利；加大人权的司法保护力度；不断提高人民享有经济、社会和文化权利的水平；切实保护公民的财产权利；切实保障少数民族的平等权利和特有权利；加强对残疾人、妇女、儿童、老年人合法权益的保护。[2]

---

〔1〕　2018 年 8 月 27 日江苏省昆山市震川路发生的于海明致刘海龙死亡案，备受社会舆论关注。公安机关经过缜密侦查，并商请检察机关提前介入。根据昆山警方通报，(1)案件基本情况为：2018 年 8 月 27 日 21 时 30 分许，刘海龙驾驶宝马轿车在昆山市震川路西行至顺帆路路口，与同向骑自行车的于海明发生争执。刘海龙从车中取出一把砍刀连续击打于海明后，后被于海明反抢砍刀并捅刺、砍击数刀，刘海龙身受重伤，经抢救无效死亡。(2)涉案人员情况为：刘海龙，男，36 岁，甘肃省镇原县人，暂住昆山市陆家镇某小区，案发前在昆山市陆家镇某企业打工。于海明，男，41 岁，陕西省宁强县人，暂住昆山市青阳路某小区，案发前在昆山市某酒店工程部工作。案发时刘某某(男)、刘某(女)、唐某某(女)与刘海龙同车。刘某某参与殴打于海明，被依法行政拘留十日；刘某、唐某某下车劝解，未参与案件。于海明同行人员袁某某，未参与案件。(3)案件起因为：案发当晚，刘海龙醉酒驾驶皖 AP9G57 宝马轿车(经检测，血液酒精含量 87mg/100ml)，载刘某某、刘某、唐某某沿昆山市震川路西行至顺帆路路口时，向右强行闯入非机动车道，与正常骑自行车的于海明险些碰擦，双方遂发生争执。案件经过为：刘某某先下车与于海明发生争执，经同行人员劝解返回车辆时，刘海龙突然下车，上前推搡、踢打于海明。虽经劝架，刘海龙仍持续追打，后返回宝马轿车取出一把砍刀(经鉴定，该刀为尖角双面开刃，全长 59 厘米，其中刀身长 43 厘米、宽 5 厘米，系管制刀具)，连续用刀击打于海明颈部、腰部、腿部。击打中砍刀甩脱，于海明抢到砍刀，并在争夺中捅刺刘海龙腹部、臀部，砍击右胸、左肩、左肘，刺砍过程持续 7 秒。刘海龙受伤后跑向宝马轿车，于海明继续追砍 2 刀均未砍中，其中 1 刀砍中汽车(经勘查，汽车左后窗下沿有 7 厘米长刀痕)。刘海龙跑向宝马轿车东北侧，于海明返回宝马轿车，将车内刘海龙手机取出放入自己口袋。民警到达现场后，于海明将手机和砍刀主动交给处警民警(于海明称，拿走刘海龙手机是为了防止对方打电话召集人员报复)。参见"警方通报'昆山反杀案'：骑车男子的行为属正当防卫"，https://news.163.com/18/0901/17/DQKQLVKK0001899O.html，2020 年 9 月 3 日最后访问。

〔2〕　关于当代中国人权的发展，可参见夏勇主编：《走向权利的时代——中国公民权利发展研究》，北京，中国政法大学出版社，1995；中国人权发展基后会编：《中国人权事业的进展》，北京，新世界出版社，2003。

参 考 文 献

1.《论语》。

2.《老子》。

3.《韩非子》。

4.（唐）长孙无忌等：《唐律疏议》，北京，中华书局，1983。

5. 钱穆：《国史大纲（上、下）》，北京，商务印书馆，2005。

6. 梁漱溟：《中国文化要义》，上海，学林出版社，2000。

7. 费孝通：《乡土中国》，北京，生活·读书·新知三联书店，1985。

8. 王铭铭等主编：《乡土社会的秩序、公正与权威》，北京，中国政法大学出版社，1997。

9. 项飙：《跨越边界的社区》，北京，生活·读书·新知三联书店，2000。

10. 沈家本：《历代刑法考》，北京，中华书局，1985。

11. 程树德：《九朝律考》，北京，中华书局，1963。

12. 梁启超：《梁启超法学文集》，北京，中国政法大学出版社，2000。

13. 李钟声：《中华法系》（上、下），台北，华欣文化事业中心，1985。

14. 武树臣等：《中国传统法律文化》，北京，北京大学出版社，1994。

15. 陈晓枫：《中国法律文化研究》，郑州，河南人民出版社，1993。

16. 高道蕴等编：《美国学者论中国法律传统》，北京，中国政法大学出版社，1994。

17. 李贵连主编：《二十世纪初期的中国法学》，北京，北京大学出版社，1998。

18. 张恒山主编：《共和国六十年法学论争实录》丛书法理学卷，厦门，厦门大学出版社，2009。

19. 李林主编：《新中国法治建设与法学发展 60 年》，北京，社会科学文献出版社，2010。

20. 李光灿、吕世伦主编：《马克思恩格斯法律思想史》，北京，法律出版社，1991。

21. 董必武：《董必武政治法律文集》，北京，法律出版社，1986。

22. 张文显：《二十世纪西方法哲学思潮研究》，北京，法律出版社，1996。

23. 张文显：《法哲学范畴研究》（修订版），北京，中国政法大学出版社，2001。

24. 吕世伦、文正邦主编：《法哲学论》，北京，中国人民大学出版社，1999。

25. 郭道晖：《法的时代呼唤》，北京，中国法制出版社，1998。

26. 杨仁寿：《法学方法论》，北京，中国政法大学出版社，1999。

27. 周长龄：《法律的起源》，北京，中国人民公安大学出版社，1997。

28. 王人博、程燎原：《法治论》，济南，山东人民出版社，1992。

29. 夏勇主编：《走向权利的时代——中国公民权利发展研究》，北京，中国政法大学出版社，2000。

30. 夏勇：《人权概念起源》，北京，中国政法大学出版社，2001。

31. 张恒山：《义务先定论》，北京，山东人民出版社，1999。

32. 苏力：《法治及其本土资源》，北京，中国政法大学出版社，1996。

33. 乔克裕、黎晓平：《法律价值论》，北京，中国政法大学出版社，1991。

34. 卓泽渊：《法的价值论》，北京，法律出版社，1999。

35. 颜厥安：《法与实践理性》，北京，中国政法大学出版社，2003。

36. 刘作翔：《法律文化论》，西安，陕西人民出版社，1992。

37. 周旺生：《立法论》，北京，北京大学出版社，1994。

38. 赵震江主编：《法律社会学》，北京，北京大学出版社，1998。

39. 高其才、肖建国、胡玉鸿：《司法公正观念源流》，北京，人民法院出版社，2003。

40. 高其才：《中国习惯法论（第三版）》，北京，社会科学文献出版社，2018。

41. 高其才：《多元司法——中国社会的纠纷解决方式及其变革》，北京，法律出版社，2009。

42. 高其才：《法社会学》，北京，北京师范大学出版社，2013。

43. [德]马克思、恩格斯：《德意志意识形态》，《马克思恩格斯全集》第3卷，北京，人民出版社，1960。

44. [苏]阿列克谢耶夫：《法的一般理论》，黄良平等译，北京，法律出版社，1988。

45. [俄]拉扎列夫主编：《法与国家的一般理论》，王哲等译，北京，法律出版社，1999。

46. [俄]马尔琴科：《国家与法的理论》，许晓晴译，北京，中国政法大学出版社，2010。

47. [美]赞恩：《法律的故事》，刘昕等译，南京，江苏人民出版社，1998。

48. [德]拉德布鲁赫：《法学导论》，米健等译，北京，中国大百科全书出版社，1997。

49. [德]卡尔·拉伦兹：《法学方法论》，陈爱娥译，北京，商务印书馆，2003。

50. [美]博登海默：《法理学：法律哲学与法律方法》，邓正来译，北京，中国政法大学出版社，1999。

51. [英]韦恩·莫里斯：《法理学——从古希腊到后现代》，李桂林等译，武汉大学出版社，2003。

52. [德]伯恩·魏德士：《法理学》，丁小春、吴越译，北京，法律出版社，2003。

53. [美]波斯纳：《法理学问题》，苏力译，北京，中国政法大学出版社，2002。

54. [美]戈尔丁：《法律哲学》，齐海滨译，北京，生活·读书·新知三联书店，1987。

55. [美]伯尔曼：《法律与革命——西方法律传统的形成》，贺卫方等译，北京，中国大百科全书出版社，1993。

56. [美]泰格、利维：《法律与资本主义的兴起》，纪琨译，上海，学林出版社，1996。

57. [法]勒内·达维：《当代主要法律体系》，漆竹生译，上海，上海译文出版社，1984。

58. [德]茨威格特、海因·克茨：《比较法总论》，潘汉典等译，贵阳，贵州人民出版社，1992。

59. [古希腊]亚里士多德：《政治学》，吴寿彭译，北京，商务印书馆，1965。

60. [法]卢梭：《社会契约论》，何兆武译，北京，商务印书馆，1980。

61. [法]孟德斯鸠：《论法的精神》（上册），张雁深译，北京，商务印书馆，1961。

62. [英]霍布斯：《利维坦》，黎思复等译，北京，商务印书馆，1985。

63. [英]洛克：《政府论》，叶启芳等译，北京，商务印书馆，1964。

64. [法]罗伯斯比尔：《革命法制和审判》，王之相等译，北京，商务印书馆，1965。

65. [德]黑格尔：《法哲学原理》，范扬等译，北京，商务印书馆，1961。

66. [英]约翰·奥斯丁：《法理学的范围》，刘星译，北京，中国法制出版社，2002。

67. [英]哈特：《法律的概念》，张文显等译，北京，中国大百科全书出版社，1996。

68. [奥]凯尔森：《法与国家的一般理论》，沈宗灵译，北京，中国大百科全书出版社，1996。

69. [奥]凯尔森：《共产主义的法律理论》，王名扬译，中国法制出版社，2004。

70. [美]约翰·罗尔斯：《正义论》，何怀宏等译，北京，中国社会科学出版社，1988。

71. [美]德沃金：《法律帝国》，李常青译，北京，中国大百科全书出版社，1996。

72. [美]德沃金：《认真对待权利》，信春鹰等译，中国大百科全书出版社，1998。

73. [德]萨维尼：《论立法与法学的当代使命》，许章润译，北京，中国法制出版社，2001。

74. [英]梅因:《古代法》,沈景一译,北京,商务印书馆,1959。

75. [美]庞德:《通过法律的社会控制　法律的任务》,沈宗灵等译,北京,商务印书馆,1984。

76. [奥]埃利希:《法社会学原理》,舒国滢译,北京,中国大百科全书出版社,2009。

77. [美]诺内特、塞尔尼茨克:《转变中的法律与社会》,张志铭译,北京,中国政法大学出版社,1994。

78. [英]罗杰·科特威尔:《法律社会学导论》,潘大松等译,北京,华夏出版社,1989。

79. [英]哈耶克:《自由秩序原理》,邓正来译,北京,生活·读书·新知三联书店,1997。

80. [美]阿德勒:《六大观念:真、善、美、自由、平等、正义》,陈珠泉等译,北京,团结出版社,1989。

81. [美]贝勒斯:《法律的原则——一个规范的分析》,张文显等译,北京,中国大百科全书出版社,1996。

82. [英]约瑟夫·拉兹:《法律体系的概念》,吴玉章译,中国法制出版社,2003。

83. [美]霍贝尔:《初民社会的法律》,周勇译,北京,中国社会科学出版社,1993。

84. [日]千叶正士:《法律多元:从日本法律文化迈向一般理论》,强世功等译,北京,中国政法大学出版社,1997。

85. [美]伯尔曼:《法律与宗教》,梁治平译,北京,生活·读书·新知三联书店,1991。

86. [美]本杰明·卡多佐:《司法过程的性质》,苏力译,北京,商务印书馆,1998。

87. [英]米尔恩:《人的权利与人的多样性——人权哲学》,夏勇等译,北京,中国大百科全书出版社,1995。

88. [德]鲁道夫·冯·耶林:《为权利而斗争》,胡宝海译,北京,中国法制出版社,2004。

89. [法]托克维尔:《论美国的民主》,董果良译,北京,商务印书馆,1988。

90. [美]安·塞德曼、罗伯特·塞德曼:《发展进程中的国家与法律:第三世界问题的解决和制度变革》,冯玉军等译,北京,法律出版社,2006。

91. [美]理查德·波斯纳:《法律的经济分析》,蒋兆康译,北京,中国大百科全书出版社,1997。

92. [德]罗伯特·阿列克西:《法律论证理论》,舒国滢译,北京,中国法制出版社,2002。

93. [德]考夫曼:《法律哲学》,刘幸义等译,北京,法律出版社,2004。

94. [英]约瑟夫·拉兹:《法律的权威:法律与道德论文集》,朱峰译,北京,法律出版社2005。

95. [美]本杰明·内森·卡多佐:《法律的生长》,刘培峰、刘骁军译,贵阳,贵州人民出版社,2003。

96. [美]霍姆斯:《普通法》,冉昊、姚中秋译,北京,中国政法大学出版社,2006。

97. [瑞典]亚历山大·佩岑尼克:《法律科学:作为法律知识和法律渊源的法律学说》,桂晓伟译,武汉,武汉大学出版社,2009。

98. [美]鲁道夫·冯·耶林:《法学的概念天国》,柯伟才、于庆生译,北京,中国法制出版社,2009。

99. [美]阿德里安·沃缪勒:《不确定状态下的裁判——法律解释的制度理论》,梁迎修、孟庆友译,北京,北京大学出版社,2011。

100. [美]约翰·奇普曼·格雷:《法律的性质与渊源》,马驰译,北京,中国政法大学出版社,2012。

101. [意]罗道尔夫·萨科:《比较法导论》,费安玲、刘家安、贾婉婷译,北京,商务印书馆,2014。

102. [美]汤姆·R.泰勒:《人们为什么遵守法律》,黄永译,北京,中国法制出版社,2015。

后　记

　　法理学是法学学科中十分重要而又比较难学的一门课,论题广泛,材料丰富,内容全面,观点复杂,理论性强,实践指导意义明显。

　　自1985年9月开始从事《法理学》的教学工作以来,21年时间弹指一挥间,其间我虽也主编、参与编写过法理学的有关教材,但是并没有系统地将自己的教学经验、思考心得进行总结,说来这是件惭愧之事。现在应清华大学出版社之约有机会进行总结和反思,也算弥补了这一缺憾,对自己有了一个基本的交代。

　　在写作中,我注意法理学基本知识、基本概念、基本理论的阐述,注重法理学主要观点的介绍,突出法学基本理论和基本知识的传承,加大对中国问题的关注,联系中国社会法律发展实际,意图从历史态度、多元视角、全球背景、中国情怀诸方面进行法理学思考。既注意内容的全面性,也有一定的前沿性。论题上有拓宽,阐述上有加深。同时,我结合国家司法考试、律师资格考试、法律硕士专业学位研究生入学考试等考试的试题,突出难点、疑点的探讨,加强对容易出现错误之处、容易混淆内容的分析,为全面理解法理学内容和准备各种考试提供一定帮助。

　　法理学学习涉及问题、方法、材料、观点等方面。我们需要发现和思考真实的问题、中国的问题;需要通过科学的、恰当的方法去认识问题;需要运用广泛的材料去理解问题;需要从社会的角度解决问题。我们应该站在社会的立场上运用客观、丰富的材料探讨中国的法律问题。在我看来,除了正史资料、官方文献、典章制度外,政党文件、地方档案、碑刻、族谱、契约文书、方志、笔记文集、小说戏曲、田野资料、口碑资料等,都应成为我们思考中国秩序与中国法律的材料。我们应当从多种多样的判断和结论中进行相对善的选择。

　　在我看来,法理学并不是高高在上,亦非枯燥无味,而是既"上天"又"入地"的,可以通过具象来认识抽象,能够通过个别来总结一般,是可以理解和把握的。心境和方法是学好法理学的两个重要方面。境由心定,学习与生活一样,心境最重要。功利宜在功利外,功利自在过程中。李白有《山中问答》诗:"问余何意栖碧山,笑而不答心自闲。桃花流水窅然去,别有天地非人间。"这一意境、心境颇值追求。会意不在远,片石便有千里势;得趣何须多,只语悠然万古心。

　　进行法理学教学,我的指导思想是让学生进得来、坐得住、听得懂、学得全、思得深、说得出、用得上,我不期望做一个"教主"式的老师,使学生成为跟从自己的门徒,而是希望学生通过学习,在吸收了人类关于法律的思想精髓基础上,培养自身的独立判断、独立分析、独立抉择的能力,养成健全人格、健康心态。我很赞同赛义德在与巴伦波音合著的《对等与悖论》中提出的学生"宣布独立,然后各走自己的路"的观点。我以为,学习本身非为目的,学习是每个学生自由行为、刚正为人、充实生活、幸福在世的必要基础和条件。

在教学中,我希望学生能够全面理解中国社会传统和中国法传统。我们都是传统的产物,传统塑造了我们每一个人,我们也是传统的承继者和弘扬者。不对传统抱有深切的理解,就可能落入历史虚无主义。我以为,在变迁的社会中,对传统的尊重、敬意和民族自尊心仍然是发展和创新的基本动力和基础。

同时,我主张必须从社会来理解法律、把握法律的精神和功能。法律是社会生活、社会行为的规范,法律又是一种文化现象,因此需要从社会的具体情境、结合社会发展阶段来思考法律。脱离生活本身只能对法律作表面的、机械的、僵化的认识。我期待学生不读死书,一切规范与生活结合时才有意义,我们要追寻秩序的"活水之源"。"道""器"共求,笃实、空灵相融。

作为教师,我始终认为,我是过渡时期的一员过渡人物。蔡元培在礼请胡适到北大任教授时认为"胡君真是'旧学遂密'而且'新知深沈'的一个人"。而我则为"旧学"无功底、"新知"又乏严格训练之人,与前辈学人差距甚远。知止而后有定。《礼记·中庸》有云:"君子之道,辟如行远,必自迩;辟如登高,必自卑。"人贵有自知之明、清醒之心,唯其如此才有可能尽力弥补,以免误人子弟。在过渡时期,为法学的知识增量作出一点贡献,当为我的努力方向。

在南国的西丽湖畔,我基本完成了本书的最后定稿。安静的环境、简单的生活却令我常常心潮起伏,我不时回顾自己的教学历程,进一步思考自己的学术之路。

我走上法理学教学岗位、以教书为业,除了要感谢我的太太(曾祖母)、阿婆(祖母)、公公(祖父)高永钊和我父母亲高嘉根、阮秀娣的教养之恩外,我始终对我求学时期的各位老师心怀感激,特别是下列诸位老师对我影响和帮助更大:小学和初中时的王贵康老师、叶宏星老师,高中时的施英波老师、李进老师,文科复习班时的杨仁宗老师,大学时的杨景凡老师、俞荣根老师、黎国智老师、明国辉老师、陈群老师。我也忘不了我的硕士学位论文指导教师李龙老师和博士学位论文指导教师张晋藩老师对我的指点和教诲。龚家炎、胡志强、裴唐寅、刘德朝、夏勇等友好在我求学过程中曾经给予了各种帮助和支持,他们的友情令我倍感温馨。

我感谢我的家人的爱和支持。我的母亲虽是农村妇女,但有文化、有见识,可惜发挥能力的空间有限;在我居深期间母亲为我做可口菜肴,让我在感受到温暖的母爱之时又倍感歉意。我的妻子小袒与我既是大学同学又是同行,她有个性有悟性,少述慎作,深受学生的爱戴。她对生活的态度令我钦佩,她照顾女儿、操持家务予我极大的支持。我们的女儿栉薇聪明有个性,心地善良的她颇有好人缘,而令我开心的是我们之间越来越有共同的话语,相信她能够实现自己的理想。她们是我前行的力量源泉,我更有责任让她们生活得幸福、开心。

感谢方洁、张德军两位编辑,她们的认真劳动保证了本书的质量。

在本书写作时,参考、引用了许多学者、专家的论著和材料,谨向他们致以谢意。

我希望通过对法理学的内容进行事实性梳理,反思法秩序的意义、状况、特点,认识中国社会中的规则,然由于能力的限制,有许多想法没有能够完全实现;本书也肯定存在不少错误和不足之处,欢迎大家批评和指正。

美国瓦尔特·惠特曼的一首诗表示了人类的某种困惑、无奈和想象、希望,愿与大家共勉:

> 不论你望得多远,
> 仍然有无限的空间在外边;
> 无论你能数多久,
> 仍然有无限的时间数不清。

高其才
2007 年 2 月 5 日于京西明理楼楞然斋

第二版后记

本书出版后因特色鲜明而受到学界和社会的肯定。如安徽大学法学院学生孙晓平曾有《法理学教材应该是何模样?》一文,其中有几次提到本书之处。

放在我面前的有这样五本:博登海默,《法理学:法律哲学与法律方法》,法大出版社;高其才,《法理学》,清华出版社;丹尼斯·劳埃德,《法理学》,法律出版社;张文显,《法理学》,北大高教联合出版;沈宗灵,《法理学》,北大出版社。可以说这五本教材还是有一定的代表性的,张文显版的是国家通编教材,高其才版的则体现了在法学界独树一帜的清华风格,沈宗灵版的则是老一辈法理学家的代表作,博登海默版的可以算是译著中相当流行的版本了,而劳埃德版的则是最新翻译的在英语法学界享有盛誉的一个。虽然没有庞德的四卷本法理学,但是博登海默版来自美国,劳埃德版来源自英国,基本代表了西方。沈宗灵版代表了老一辈,高其才版代表了时下的青年法学家。张文显版代表了一般性,高其才版代表了特殊性。

……

二,高其才版。作为国内独树一帜的清华法学院的老师,其著述真是有些清华印记:1.不重意识形态,专心学术。此版略去了通编教材中关于马克思主义法学等等导论部分的废话。2.整合案例来阐释理路,增色枯燥的法理学,可谓本书一大特色。本书所选的众多案例都是多年来很有影响的法律事件,十分值得一读。3.在体制内寻求突破,有所坚持。这算是一个整体的评价,也是清华的特色吧。本书基本体例未能突破通例,但是又有不少新意,从一个侧面来看,反映了整个中国法学的生存状况——委曲求全,坚持信念,努力向上。

……

法理学虽然侧重于法学理论的研究。但是,离开实践法理学同样会失去生命。这一点必须体现在法理学教材当中,这也是一个国际流行的趋势,在西人的法理学著述中,几乎无一例外,都是理论与实践结合、历史与现今通达的典范,很可喜的是,在国内我们也越来越多的看到了这样的教材,高其才版就是一个很好例子。理论与实践的结合,消解了法理学的枯燥,降低了法理学的可解性,同时更是赋予了其更强大的生命力。[1]

---

〔1〕 孙晓平:《法理学教材应该是何模样?》http://article.chinalawinfo.com/ArticleHtml/Article_44459.shtml,最后访问时间 2011-12-13。

这是一家之言,我自然不能太当真。人贵在自知,《吕氏春秋·自知》中有一段话就很耐人寻味:"存亡安危,勿求于外,务在自知……荆成、齐庄不自知而杀,吴王、智伯不自知而亡,宋·中山不自知而灭,晋惠公、赵括不自知而虏,钻荼、庞涓、太子申不自知而死,败莫大于不自知。"国如此,人亦如此。不过,有学生认真看了本书并给予了肯定的评价,对我的努力有一定的理解,这总归是让人高兴的事。

由于时间的推移、社会的变革,本书需要作进一步的修订以适应需要、保持活力。在维持第一版特色的基础上,根据学界的最新成果和我国的最新法律,本书第二版充实了内容,改正了错漏。本书第二版仍然突出追求"活"的法理学、中国的法理学。

由于能力和时间的关系,我的有些想法还没有在第二版中得到体现,我希望自己能够好好琢磨、细细思考,争取在第三版中能够更充分地予以表达。

感谢出版社方洁女士的认真编审;感谢认真阅读完本书的所有读者。

曾经读到晚唐诗人李商隐的《锦瑟》,其意、其境令我心动,特此附入以共吟:

锦瑟无端五十弦,一弦一柱思华年。

庄生晓梦迷蝴蝶,望帝春心托杜鹃。

沧海月明珠有泪,蓝田日暖玉生烟。

此情可待成追忆,只是当时已惘然。

高其才

2011 年 4 月 22 日,时清华百年校庆前夕

第三版后记

第二版出版以来的四年中，我就不断进行修订的准备工作，时时留心，每每看见有关材料就及时补充到有关部分中。这次修订，我改正了存在的错漏，吸纳了最新成果，进一步充实了有关内容。

修订时，我根据 2015 年 3 月 15 日第十二届全国人民代表大会第三次会议通过《全国人民代表大会关于修改〈中华人民共和国立法法〉的决定》等法律的修改、变化，对相关内容进行了修改。

修订时，我也关注了 2014 年 10 月 23 日中国共产党第十八届中央委员会第四次全体会议通过的《中共中央关于全面推进依法治国若干重大问题的决定》，适当地介绍了有关内容。

这次修订，我增加了第十五章第四节《当代中国法律制定得完善》、第十六章第五节《当代中国法律执行的改革与完善》等内容，务使本书反映变化中的中国社会状况。

《法理学》(第二版)2013 年 10 月获北京市教育委员会"2013 年北京高等教育精品教材"，我以为这不算什么太有意义的事情，但也为社会对本教材的一方面肯定。

我比较看重的是学生的反映。《检察日报》曾经刊登了一篇题为《一个本科生眼中的法理学教材》的文章，对本教材有这样的说法：

于此基础上，高其才先生独著的《法理学》，有着目前教材难能可贵的个性。没那么"政治"，但又不那么"传统"，也不"仿外"，能读出是作者自己法理学的理解，"随心所欲不逾矩"。这本书中，作者在法理学这一理论性最强的法学科中引入案例，用案例阐述法理，也可算"理论与实践"相结合，此为特色一。行文没有一般教材那种"套话"，读得出用的是"自己的语言"，此为特色二。阐述法理问题，有明显的古今中外的引述，注释做得更是细致，一些问题点到为止，但都在注释给出深究的"后路"，引人思考，此为特色三。作为一本法理学教材，去政治化和去意识形态化，符合对于现代法治的常识性理解，有着开放性和包容性，由此显出对自由和正义的追求，此为特色四。

难能可贵的是它还做到了"不逾矩"，虽然有上述"随心所欲"，但这毕竟是一本教材，并没有打破传统的编排。在教材编排规矩之外，作者也并没有完全摒弃马克思主义法学,毕竟其作为众多学说的一种,也自有价值。只不过在谈到马克思主义法学以及党和国家的政策等问题时,作者更用一种中立的论述,不卑不亢。

当然,上述对这本教材颇多赞美之词,主要不是吹捧,而是在读到的教材中,这一本有着难得的新鲜感。行文流畅,注释透露的信息量又非常之大,在有一定法理学阅读基础之后,再看这本教材,有融会贯通之功。做学生的,能找到本写得好的"教科书"真是太难了。

我个人还是认为,法学教材培养法律人,必须独立,至少中立,我们只谈法律,倾心法治。在这一点上,独著的教材无疑能做得更好,这是无可争议的事情。[1]

作为作者,我看到有读者对本教材有这样的感觉,心里是比较欣慰的。虽然这是一人之言,不必太放在心上。这令我更认真对待本教材,努力使阅读者不失望、让学生更满意。

另有一位读者,在给我的电子邮件中,有这样的话语:

但这版法理学稍微改变了以上看法,对我来说它很耐读,没有读了五分钟就想呼呼大睡或扔掉它的感觉。有两点原因:其一在于这本书中有大量关于我国自己法律传统和法律现实状况的著作介绍、案例和独特见解,非常契合我的胃口,让我明白这是一本与自己、与自己正在生活于其中的社会和国家具有密切联系的书籍,这多少慰藉了一个非常关心中国法治的法律专业学生的心;其二,便是贯穿于整本书的一种分裂和整合。根据阅读,我认为书中存在三种法律思想,即以古代中国法律制度和民间习惯法为代表的本土法学、马克思主义法学和当代西方(主要是英美德法日奥)的法理学。而且,自始至终,虽然您表现了对本土法学的强烈关注,也都没有彻底偏向其中一种,只是进行介绍,并试图将这三者整合成一个不至凌乱的体系,安排在一本法理学著作中。但就我阅读的感觉,不得不说,三者迥然的差异、对抗非常明显,以至于让我感觉书中有些内容出现的非常突兀。这很能引起关于中国法学向何处去的思考,这就是这本书非常有魅力的一点了。

"分裂和整合"这一看法应是符合事实的,也是我思考比较多并感觉难以处理、需要继续探索的方面。

在社会中,法通过民众的学法、用法、创法而展现其生命力,民众出生后在成长过程中需要不断地了解法、熟悉规范,在社会交往中运用法、解释法、依法办事以实现自身的利益,并随着社会环境的变化而改变法、创制法以满足需要。法理学的全部内容应该围绕此而展开。本书在这方面还需要不断地努力。

第二版出版后,张瑞凤、孙明春等通过各种形式指出了本书存在的各种错误,

---

[1] 陈建:《一个本科生眼中的法理学教材》,《检察日报》,2012-05-17,第 3 版。全文可见陈建的江湖:《精读高其才独著〈法理学〉》,http://jawer.fyfz.cn/b/64647,发表时间:2012-05-02,最后访问时间 2013-11-17。

特此向他们表示感谢。

尽管我十分重视这次修订,但是由于时间、精力、认识等因素所限,没有达到我的设想,本书仍然存在不少问题,希望读者批评、指正。

早春四月,丁香花开;夜归路上,花香静谧,每每令我想起戴望舒的《雨巷》。我喜欢《雨巷》的韵味,特录于此,与读者诸君共赏。

雨 巷

撑着油纸伞,独自
彷徨在悠长,悠长
又寂寥的雨巷,
我希望逢着
一个丁香一样的
结着愁怨的姑娘。

她是有
丁香一样的颜色,
丁香一样的芬芳,
丁香一样的忧愁,
在雨中哀怨,
哀怨又彷徨;
她彷徨在这寂寥的雨巷,
撑着油纸伞
像我一样,
像我一样地
默默彳亍着,
冷漠,凄清,又惆怅。

她静默地走近
走近,又投出
太息一般的眼光,
她飘过
像梦一般的,
像梦一般的凄婉迷茫。

像梦中飘过
一枝丁香的,
我身旁飘过这女郎;
她静默地远了,远了,

到了颓圮的篱墙，
走尽这雨巷。
在雨的哀曲里，
消了她的颜色，
散了她的芬芳，
消散了，甚至她的
太息般的眼光，
丁香般的惆怅。
撑着油纸伞，独自
彷徨在悠长，悠长
又寂寥的雨巷，
我希望飘过
一个丁香一样的
结着愁怨的姑娘。

高其才
2015 年 4 月 20 日谷雨时节

第四版后记

本书第三版出版以来，我国新制定实施了《民法典》等法律，学术界也发表、出版了不少新的作品。为此，需要对本书进行修订，以适应法律、法学和社会的变化，更好地满足读者需要。

第三版出版以来，不少学生在阅读后向我表达了对本教材肯定的意思，令我十分欣慰。特别是一些素不相识的同学，对本书予以推荐，对著者的努力给予认可。如一个网名为"嫣然爆笑"的同学，2016 年 10 月在腾讯网的"兴趣部落"发了《法学教科书，就看这一本——法学精品教材推荐（书目版）》一文，"在近几年的空余时间里，笔者经过在图书馆和网络上的多番勘察、仔细对比，得到以下一些法学教材书目"，推荐的内容标准为：(1)首要关注该教科书的体系设计：一般情况下不选取依据法条顺序编写的教科书，而是选取经过原理化的、体系不会随着现行法的修改而改变的教科书。(2)其次关注其信息量：既然只看一本，那么该教科书中所蕴含的信息量应当足以和多本教科书不相上下，如此才能减少阅读成本。(3)再次关注其形式：一本优秀的教科书应当用多种形式激发初学者的兴趣，如图表、案例、拓展等，而非始终严肃地使用"法言法语"。(4)最后关注其语言表达：是否严谨、是否流畅、是否生动。作者标准为：教科书的作者原则上是中国大陆地区学者，选择的唯一标准在于其作品质量，而非地位名声；个人独著。其中的"十六、法理学：从以上领域抽象出来的主题"推荐了两本教材：一为本书："【传统中寻求个性】高其才《法理学》(清华大学出版社 2015 年第三版)"；另一为"【思维引导模式】刘星《法理学导论》(中国法制出版社 2016 年修订版)"。[1] 这为学生的一家之言，不过我珍视这种民间的评价。

自第三版出版以后，我就一直为修订做准备，随时增添相关材料。本次修订，除了改正文字方面的错讹外，我增写了第十六章第六节"监察执法"，补充、更正了一下表述，替换了一些阅读、分析材料，增加了一些进一步阅读的文献，校正了有关法律条文。希望本版能够跟上我国社会和法治建设发展的步伐，反映最新的学术理念，并尽可能体现我的学术努力和内心追求。不过，限于能力和水平，本次修订仍为小的修改，没有做大规模的改动。原来想增加人名、书名、概念等索引，也考虑

---

[1] 参见嫣然爆笑："法学教科书，就看这一本——法学精品教材推荐（书目版）"，https://www.sohu.com/a/201332911_650779，2020 年 7 月 16 日最后访问。

许久而暂时舍去。

在修订过程中,我看了当当网上购买本书第三版读者从 2015 年 10 月 16 日到 2020 年 7 月 28 日的所有留言,我也看了京东网上购买本书第三版读者从 2015 年 9 月 26 日到 2020 年 8 月 25 日的所有留言,感谢诸位购买者的购买。特别为网名为 m＊＊＊3、他山之人、hmsy0320、发＊＊＊牛、失眠者随笔等的理解而欣慰。对有的读者提出的字体、包装等方面存在的问题,我也与出版社进行了沟通,希望尽可能满足读者诸君的需要。期待读者进一步提出意见和建议,使本书能够不断完善。

本版由清华大学出版社的朱玉霞女士担任责任编辑,我感谢她的认真编校。

在阅读过程中,许多学生通过各种方式指出了本书存在的错漏。特别是中国政法大学学生白冉冉和李能娜、清华大学学生郭鹏、刘圣洁和高成军等,详细指出了书中的问题和可改进之处,我向她(他)表示我的谢意。感谢何海波教授对我询问的及时回复。

本书第三版出版以来,我的个人生活发生了不小的变化,其间的经历一言难尽、甘苦自知。当年写作第三版后记的情景历历在目,而今五年过去,岁月流逝、身体变老、心态有异。我铭记亲友的关心、感恩生活的磨炼,仍会坦然面对、努力前行。我想心中有希望,生活总有意味!

西晋文学家、书法家陆机(261－303 年,字士衡,吴郡(今江苏苏州)人)著有《文赋》,其中的"课虚无以责有,叩寂寞以求音。函绵邈于尺素,吐滂沛乎寸心。言恢之而弥广,思按之而逾深。播芳蕤之馥馥,发青条之森森。粲风飞而猋竖,郁云起乎翰林"令我感慨良多。"课虚无以责有,叩寂寞以求音"的境界令人神往,我特录之,与读者诸君共勉。

高其才

2020 年 9 月 22 日于燕郊

2020 年 11 月 27 日傍晚明 505 室再记